Große Mystiker
Leben und Wirken

GROSSE MYSTIKER
LEBEN UND WIRKEN

Herausgegeben von Gerhard Ruhbach
und Josef Sudbrack

VERLAG C.H.BECK MÜNCHEN

Die Beiträge über Gregor von Nyssa,
Pseudo-Dionysios, Theophan der Rekluse und Charles de Foucauld
wurden übersetzt von *Josef Sudbrack*

CIP-Kurztitelaufnahme der Deutschen Bibliothek

Große Mystiker: Leben u. Wirken / hrsg. von Gerhard Ruhbach u. Josef Sudbrack. (Die Beitr. über Gregor von Nyssa, Pseudo-Dionysios, Theophan d. Rekluse u. Charles de Foucauld wurden übers. von Josef Sudbrack).
– München: Beck, 1984.
ISBN 3 406 30305 6
NE: Ruhbach, Gerhard (Hrsg.)

ISBN 3 406 30305 6

Satz: C.H. Beck'sche Buchdruckerei, Nördlingen
Druck und Bindung: May u. Co., Darmstadt
Printed in Germany

INHALT

Josef Sudbrack

CHRISTLICHE MYSTIK – VORÜBERLEGUNGEN

Die Zeit scheint vorbei, da man über Mystik das Verdikt von Obskurantismus oder von Wirklichkeitsflucht verhängen konnte. Zu sehr bedrängt den Menschen von heute die Frage nach Sinn, nach Erfüllung, nach Transzendenz, nach einem „Mehr" über den alltäglichen Ablauf der Dinge hinaus, und zu groß ist der „Hunger nach Erfahrung" (M. Rutschky) in unserer Zeit – und er wird noch wachsen.

I. „Mystik" heute

So schreibt die Protagonistin der „Grünen", Petra Kelly: „Die innere Verwandtschaft von religiöser Mystik, seelischer Liebe und körperlicher Erotik beruht darauf, daß der wahre Eros seiner Natur nach die Ichschranke überwindet und somit zu einer mystisch transzendentalen Erfahrung führt."[1] Und Peter Sloterdijk hofft in seiner Analyse des modernen Bewußtseins auf „Glücksmomente ..., wenn ‚das Mögliche getan ist' und der größere Zusammenhang zwischen Tun und Lassen sichtbar wird ... Waren ... mystische Vorstöße in solche innerste Zonen vorindividueller Leere bisher ausschließlich eine Sache meditativer Minderheiten, so gibt es heute gute Gründe zu hoffen, daß in unserer von kämpfenden Identifikationen zerrissenen Welt sich endlich auch Mehrheiten für solche Aufklärungen finden werden"[2].

Mystik wird auch in Kreisen der Musik beschworen, von der Unterhaltungsmusik im Stil von Neil Diamond (vgl. den Film: Jonathan Livingston Seagull, Die Möwe Jonathan) bis zur progressiven Musik eines Peter Michael Hamel oder eines Karlheinz Stockhausen. Der Jazz-Spezialist Joachim Ernst Berendt bekennt sich zur „Mystik": „Ein Echo des mantrischen Ur-Klanges, des Nada Brahma, hallt auch in der deutschen Mystik des Mittelalters nach – sogar noch bei Jakob Böhme."[3] Alain Daniélou knüpft die Fäden zwischen Musik-Erfahrung und hinduistisch-buddhistischer Mystik[4]. An christliche Traditionen anknüpfend möchte der Komponist und Orgelvirtuose Oliver Messiaen mystische Werte vermitteln.

In der bildenden Kunst sucht man nicht erst seit den „mystischen Ikonen" Alexej Jawlenskys oder den leuchtenden Farben Emil Noldes mystische Tiefe und mystischen Ausdruck. Wassily Kandinsky lehrte: „Die Mystik ist der rechte Weg, freizubleiben."[5] Heute schreibt H. Kerr über „Mystik und abstrakte Kunst": „Hingewiesen sei ... auf 1. strukturelle Entsprechungen zwischen Mystik und abstrakter Kunst, 2. die historische Rolle, die mystisch-theosophische Tendenzen bei der Emanzipation vom Bildgegenstand haben, 3. die Bedeutung der emanzipatorischen Funktion dieser religiösen Haltung bei späteren Abstrahierungs-Schriften auch als generelles, aktuell wirkendes Prinzip."[6]

Für die Literatur und Geisteswissenschaft sei nur verwiesen auf H. D. Zimmermann, der Zeugnisse alter Mystik (z. B. Dionysios Areopagita) und moderner Literatur (z. B. R. Musil) und Philosophie (z. B. L. Wittgenstein) unter „Mystik" zusammengestellt hat.[7]

Lange vor Fritjof Capra ist Carl Friedrich von Weizsäcker den konvergierenden Tendenzen von Transzendenz-Erfahrung und Atomphysik nachgegangen; er selbst schildert seine eigene „mystische" Erfahrung in Dänemark. Capras Bestseller von 1983 ist demgegenüber ein unkritischer Versuch der Harmonisierung, auch wenn er schreibt: „Das moderne wissenschaftliche Denken in Physik, Biologie und Psychologie führt uns zu einer Sicht der Wirklichkeit, die den Anschauungen der Mystiker und solcher kultureller Traditionen sehr nahe kommt ... Es ist eine Art des Bewußtseins, in der das Individuum sich mit dem Kosmos als Ganzem verbunden fühlt und die somit mit dem traditionellen Begriff des transzendenten menschlichen Geistes identifiziert werden kann."[8]

Im Bereich der Psychologie hat der ehemalige Harvard-Dozent Charles T. Tart mit vielen Mitarbeitern eine „Transpersonale Psychologie"[9] aufgebaut, die in Fortsetzung der „humanistischen Psychologie" von Kübler-Ross oder Maslow diesen Bereich des sogenannten „Mystischen" erforschen will. Stanislav Grof zeigt in seiner Topographie des Unbewußten[10] die innere Verbindung zur Drogenerfahrung auf. Und der Psychiater Ronald D. Laing formuliert griffig: „Mystiker und Schizophrene befinden sich im selben Ozean; doch die Mystiker schwimmen, während die Schizophrenen ertrinken."[11] Am C. G. Jung-Institut hat W. Obrist[12] diese Erfahrungen auf den Begriff gebracht: Die Welt der Religionen sei nur eine Objektivation von Bewußtseinszuständen; man müsse also deren Lehren gleichsam ins Bewußtsein „zurückklappen", um ihre eigentliche Wahrheit zu finden. Und dort geschehe dasjenige, was „Mystik" eigentlich beinhalte: Selbstwerdung, Individuation.

II. Die mystische Erfahrung

Doch mit dem bisher Dargestellten ist kaum getroffen, was in der christlichen – und nicht nur in der christlichen! – Tradition Mystik genannt wird.

Der jüdische Religionsphilosoph Martin Buber bringt uns in „Ich und Du" auf den Weg. Nachdem er die Begegnung von Ich und Du als das unreduzierbare Letzte der Wirklichkeit herausgestellt hat, fragt er: Und die Mystik? Wird dort nicht „Einheit ohne Zweiheit erlebt"? Zur Beantwortung unterscheidet er „zweierlei Geschehen": „Das eine ist das Einswerden der Seele", die „Einheitserfahrung" der Selbstwerdung. Der Mensch kehrt zurück aus dem „Vielen" und wird mit sich selbst eins. Je deutlicher er das „Viele", die Dinge und Vorgänge der Zeit, hinter sich läßt, je tiefer er sich ins eigene Innere sammelt, desto mehr wird er er selbst. „Das ist der entscheidende Augenblick im Menschen", meint Martin Buber. Das ist eine Erfahrung der Einheit ohne Gegenüberstehen, ohne Objekt, ohne Gegenstand, ohne Du.

Doch Martin Buber, der in seiner Jugend dazu neigte, diese Erfahrung als die eigentliche Mystik hinzustellen, unterscheidet davon eine andere Erfahrung, die eigentliche Gottesmystik: „Das andere Geschehen ist jene unausforschliche Art des Beziehungsaktes selbst, darin man Zwei zu Eins werden wähnt ... die Beziehung selbst, ihre vitale Einheit wird so vehement empfunden, daß ihre Glieder vor ihr zu verblassen scheinen." Was Buber damit beschreibt, ist in unserer zwischenmenschlichen Erfahrung das Ereignis der Liebe: Zwei Liebende vergessen sich so sehr, daß die Zweiheit nicht mehr wahrgenommen wird, weil die eine Erfahrung der Liebeshingabe das Bewußtsein erfüllt. Eine solche Liebe ist – nach Martin Buber – auch der Kern dessen, was die Mystiker erfahren: Eine unbeschreibliche Einheit mit dem „Anderen", mit Gott; nicht deshalb, weil der Mensch und Gott verschmelzen, sondern weil der Mensch „entrückt" ist (Ek-Stase) in der Liebe zu Gott, sich selbst vergißt und nur noch „Einheit" erfährt.

Die beiden Erfahrungen, die Martin Buber „Geschehnisse" nennt, weil er die psychologisierende Mißdeutung des Wortes „Erfahrung" vermeiden will, ähneln sich im Phänomenbereich: Sie vermitteln „Einheit" des Ganzen. Aber in der Seinswahrheit sind sie grundverschieden. Hier der menschliche Geist, der in sich selbst ruht; dort der Mensch, der, fasziniert vom göttlichen Du, alles andere, auch sich selbst, vergißt.

Die Identifizierung beider Erfahrungen ist der „gigantische Wahn des in sich zurückgebogenen menschlichen Geistes"; als ob eine alles Gegenüber-Stehende transzendierende Selbsterfahrung schon Erfahrung des lebendigen Gottes sei. Mit dem Wort vom „in sich zurückgebogenen menschlichen Geist" erinnert Martin Buber[13] an das klassische Wort der christlichen Spiritualität vom „homo curvatus" (Augustinus, Bernhard, Luther); der „in sich gekrümmte Mensch" ist der Mensch des „Sein-Wollens wie Gott", der Ursünde: die Gefahr einer sich nicht zum Du, zur Gottes- und Nächstenliebe hin öffnenden „mystischen" Einheitserfahrung.

Martin Bubers Abhebung der Identitätsmystik des Menschen von der Beziehungsmystik auf Gott hin ist wohl zu scharf. Die Erfahrungsberichte und Biographien der christlichen Mystik kennen fließendere Übergänge. Auch der Vergleich der Gottesmystik mit zwischenmenschlicher Liebe kann die Tiefe des mystischen „Geschehnisses" nicht ausschöpfen. Aber als kritischer Prüfstein für die Echtheit der Gottesmystik bleibt Bubers Unterscheidung gültig.

Wenn diese ,,Ek-stase" auf Gott hin dem Menschen zur ,,Einheits"-Erfahrung wird, beginnt dieser zu ahnen, daß Gott nicht nur das Du ist, dem er in Liebe begegnet, sondern auch der Grund, der die Einheits-Erfahrung trägt. Ein eindimensionales Sprechen von Gott und damit von Gotteserfahrung – nur ,,gegenüberstehendes Du" oder nur ,,Meer der Seinseinheit" – wird der göttlichen Wirklichkeit nicht gerecht. Gott, dem das Geschöpf immer und unüberholbar gegenübersteht, ist zugleich die schöpferische Kraft, die diese Erfahrung von Gottes Du erst möglich macht, oder in der christlichen Sprache vom dreieinigen Gott: Der eine Gott ist zugleich der, der mich als Schöpfer übersteigt und mir in Christus sein ewiges Wort, das Menschen wurde, zuspricht, wie auch der Geist, der alles durchlebt und zum göttlichen Du hin öffnet.

Die Erfahrung dieses dreieinigen Lebens Gottes begründet die Bewegtheit der christlichen Mystik. So kann der Urgrund, der unerreichbar Anfang und Ende von allem ist, die Erfahrung des Menschen durchziehen – wie wir es bei Dionysios dem Areopagiten finden; so kann es der eine und einzige göttliche Geist sein, der alles durchwirkt und alles eint – wie der Benediktiner Le Saux die Mystik Indiens ausdeutet; so kann das menschgewordene Wort den Menschen in Liebe begeistern – wie es Bernhard von Clairvaux und Teresa von Avila erfuhren. Aber niemals darf die Akzentsetzung auf einen Zug der Erfahrung aus der Ganzheit des dreieinigen Lebens herausführen, die Ignatius von Loyola im Bild von drei Klaviertasten, von einem Dreiklang erfährt. Deshalb gilt die Unterscheidung des doppelten ,,Geschehnisses" von Selbst- und Gottesmystik, die Martin Buber gibt, für jede christliche Mystik.

Man kann allerdings an vielen Beispielen zeigen, wie christliche Mystiker auch das ,,Geschehnis" des Selbstwerdens, des Ruhens-in-sich, auf dem Weg in die Gottesmystik erfuhren. Jan van Ruusbroec, der flämische Wesensmystiker, der in vielem Meister Eckhart gleicht, ihn aber an Vitalität und Erfahrungstiefe übertrifft, beschreibt die Erfahrung des Selbstbesitzes und beurteilt sie als wertvoll und wichtig; aber dann gibt er ein Kriterium für ihre volle Wahrheit: Sie muß sich zum gegenüberstehenden Gott öffnen, um sich nicht in sich selbst zu verfangen. Teresa von Avila unterscheidet strenger; sie berichtet von einer Erfahrung, die der Zen-Mystik überaus ähnlich ist; aber daraus bricht sie aus und dankt Gott dafür, daß er ihr ,,Mehr" und das Eigentliche geschenkt habe, die Begegnung mit Jesus Christus. Noch eindeutiger lehnt Franz von Sales eine Bewußtseinsmystik ab, die in sich selbst verharrt, statt sich zu überschreiten; er nennt sie ,,dämonisch". Gregor von Nyssa zeigt, daß Selbst-erkenntnis, Selbsterfahrung nur dann die Wahrheit treffen, wenn das Selbst als Bild des Anderen, als Bild Gottes erkannt wird.

Gewiß kann man diese Unterschiede des zweierlei ,,Geschehnisses" verharmlosen oder sogar die zweite Erfahrung als eine ,,kirchlich gebremste Mystik"[14] diffamieren. Aber damit weicht man der Begegnung mit dem Phänomen aus, das die christlichen Mystiker beschreiben. Man müßte eher den anderen Weg gehen und mystische Erfahrungen anderer Religionen befragen, ob sie Andeutungen des „zweiten Geschehnisses" kennen. Der Oxforder Religionswissenschaftler R. C. Zaehner hat gezeigt[15], daß auch die indische Religiosität in ihren Gipfelpunkten (wie im Epos der Bhagavad-Gita) diese Grundunterscheidung ahnt: die Unterscheidung zwischen einer psychologischen oder kosmischen Einheitserfahrung und der Begegnungserfahrung mit dem lebendigen Gott.

III. Züge der christlichen Mystik

Nur wer die Unterschiede kennt, kann auch das Gemeinsame würdigen. Deshalb ist es kein Mauerbau, sondern ein Brückenschlag zu den mystischen Erfahrungen außerhalb des Christentums, wenn wir die Eigengestalt der christlichen Mystik im Blick auf die in diesem Band dargestellten Mystiker nun deutlicher herausarbeiten.

(1) Der Bezug auf Jesus Christus

Der Christ glaubt: Jesus Christus ist Gott und zugleich Mensch wie wir alle. In Christi Kreuzestod steht Gott nicht über uns in unantastbarer Leidlosigkeit, sondern unter uns als jemand, der unser Leid getragen hat.

Diese Überzeugung liegt der christlichen Leidensmystik zugrunde: das Leiden mit Jesus als mystische Erfahrung. Johannes Tauler, der zweite aus dem Dreigespann der „Deutschen Mystiker", scheint uns durch die Leidensmystik Meister Eckhart zu übertreffen; doch auch dieser nennt das Leid „das schnellste Tier" zu Gott. Martin Luthers Gottesbegegnung ist ohne die Komponente des Schmerzes, der leidvollen Angefochtenheit, des „e contrario", Gott-nur-von-hinten-sehen, nicht zu verstehen.

Der Bezug auf Jesus, der nicht nur gelitten, sondern auch unser Alltagsleben geteilt hat, macht verständlich, weshalb eine Gestalt wie Charles de Foucauld mit seiner Nazaret-Nachfolge zu Recht unter die christliche Mystik gezählt wird. Bei Henri Le Saux zeigt gerade sein Jesus-Bezug, daß er bei allem Hineintauchen in die hinduistische Erfahrung Christ geblieben ist. Dag Hammarskjöld sagt es noch klarer.

Viele religionsphänomenologische Betrachtungen beurteilen den Bezug auf Jesus Christus nur als eine konfessionelle Randerscheinung des umfassenderen Mystikphänomens vom „Aufgehen des Menschen in Gott und im Göttlichen", von der „Aufhebung des Ich-Du-Verhältnisses"[16], als mindere Form der eigentlichen Mystik, wo jenseits der Christus-Beziehung der Mensch eins werde mit Gott. Selbst bei einigen christlichen Mystikern klingt es, als werde Gott jenseits von Jesus Christus erfahren. Teresa von Avila tadelt deshalb ihren Freund und Schüler

Johannes vom Kreuz. Für sie gehört der Bezug auf Jesus Christus, in dem sich menschliche Endlichkeit und Gottes Unendlichkeit begegnen, zur kritischen Aufgipfelung der Mystik.

(2) Der bleibende Glaube

Die christliche Mystik darf nicht gemessen werden mit den Kategorien von Haben und Besitzen oder deren Gegenteil; darf auch nicht beschrieben werden als Weg zur Höhe und Angelangtsein auf dem Gipfel, auf dem „Thron des Meisters"; auch wenn die Sprache der Mystiker dazu verleitet. Für Gregor von Nyssa besteht selbst Vollendung in ständigem Weiterwachsen. Teresa von Avila sträubt sich dagegen, die mystische Erfahrung Gottes in die Gewißheit eines „Gott-Besitzens" oder eines sicheren „Bei-Gott-Seins" umzudeuten. Johannes vom Kreuz findet den Höhepunkt der Erfahrung von Gott sogar im „nackten Glauben", ähnlich wie Dag Hammarskjöld. Es scheint, daß Luthers Anfechtung und sein „allein der Glaube" hier noch überboten, weil stärker existentiell erlebt und weniger theologisch reflektiert werden. Es ist die „Erfahrung", daß der Mystiker selbst die „Erfahrung" loslassen muß, um nur noch den „Anderen" anzuschauen. Bei Martin Luther trägt diese Erfahrungsqualität den Namen „Glaube". Karl-Heinz zur Mühlen gibt ihr in seiner Untersuchung über Luthers Verhältnis zur mittelalterlichen Mystik (und zum Nominalismus) den Namen „Nos extra nos", „Wir außerhalb unserer selbst"[17]. Dem entspricht, daß der Vertreter der christlichen „Zen"-Meditation, P. Enomyia-Lassalle, diese Erfahrung des Johannes vom Kreuz im Zen-Buddhismus nicht gefunden hat[18] – bezeichnend, weil die Zen-Weise des Meditierens gerade die Bauch-Erfahrung betont, die A. Bloom als eine Erfahrung des „In-sich-Stehens" und des beruhigten Da-Seins beschreibt.

(3) Gottes- und Nächstenliebe

Was die christliche Mystik vor allem auszeichnet, ist „personale Liebe": eine Haltung, die zugleich den anderen umgreift und in seine eigene Freiheit entläßt; eine Haltung, die in ihrer Innen-Erfahrung zugleich sich selbst übersteigt auf den anderen hin; eine Erfahrung, die den anderen nicht „verzehrt" wie die „Große Mutter" der mythischen Erfahrung, die sich auch nicht selbst verschlingen läßt von einer solchen Absolutheit, sondern die den anderen „er selbst" sein läßt. Teilhard de Chardin hat dies in seinen Schriften immer wieder beschrieben: „Die Liebe schließt die Liebenden enger zusammen, ohne sie zu verschmelzen, und die Liebe läßt sie in dieser gegenseitigen Berührung eine Erhöhung finden, die hundertmal mehr ist als jeder einsame Stolz ... Nur die Liebe vermag durch Vereinigung die Wesen als solche zu vollenden ... Erreichen zwei Liebende je einen vollkommeneren Besitz von sich selbst als in dem Augenblick, in dem – wie sie sagen – einer sich im andern *verliert?* ... Die Einigung personalisiert ...“[19]

Die Berichte der christlichen Mystik können das verdeutlichen. Sie bezeugen, daß selbst die mystische Erfahrung – vielleicht im Gegensatz zu mancher fernöstlichen Mystik – nicht den letzten Wertmaßstab und Gipfel darstellt. In den mittelalterlichen Kommentaren zu Dionysios Areopagita wurde der Satz geprägt und immer neu wiederholt: „Die Liebe tritt ein, wo das Wissen draußen bleibt“ (Hugo von St. Viktor), wobei in der damaligen Sprache „Wissen“ alles das umfaßt, dessen sich der Mensch ge-„wiß“ sein kann, die intellektuelle Einsicht ebenso wie die emotionale oder auch sonstige Erfahrung, so tief sie sein mag. Für Teresa von Avila stehen die Werke, das Tun, das „Hinaustreten“ in die Nächstenliebe über jeder „mystischen Erfahrung“ und sind – wie Franz von Sales betont – Kriterium für deren Echtheit. Meister Eckhart hat dies in seiner berühmten zweiten Predigt über Maria und Martha theoretisiert.

(4) Erfahrung des „Herzens“

Ist Mystik vor allem Liebe, dann wird verständlich, warum das „Herz“ als Organ der mystischen Erfahrung im Christentum eine so große Rolle spielt; Franz von Sales, Augustinus und Bernhard von Clairvaux stimmen hier überein. Ein moderner Theologe des ostkirchlichen Christentums beschreibt in der Nachfolge Symeons des Neuen Theologen, Gregor Palamas‘ und Theophans des Reklusen die mystische Tradition des Hesychasmus, wie er auf dem Berge Athos gepflegt wird, als „Vom Geist ins Herz“: „Die Aufmerksamkeit sammelt sich oberhalb des Herzens, wie auf einem Wachturm, von dem aus der Geist jene Gedanken und Gefühle überschaut, die sich in das Herz, das Heiligtum des Gebets, einzuschleichen suchen ... Im Herzen konzentriert erlangt der Gedanke eine vollkommene Einheit, getragen durch eine einheitliche Gestimmtheit von menschlicher Intensität ...“[20] Das „Herz“ als Organ der Liebe und seine „Erfahrung“ gehören zu den Ur-Worten und Ur-Metaphern menschlichen Erlebens.

IV. Individualität und Geschichte

Eine Eigenart der vorliegenden Sammlung, die einen ausgewogenen, breiten Überblick, aber keine Vollständigkeit bieten will, ist die Vielfalt und Verschiedenheit der „großen Mystiker“, die Differenziertheit als ein Wesenszug der christlichen Mystik. Diese Eigenart ergibt sich konsequent einmal aus der Überzeugung, daß die Einigung in der Liebe die Liebenden nicht nivelliert, sondern weiter individualisiert. Zum anderen resultiert die Verschiedenheit daraus, daß der Mystiker seine eigene historische Situation ernst nimmt, die Geschichte ebenso hineinnimmt in die mystische Erfahrung, wie er aus dieser zurückwirkt auf die Geschichte.

(1) Liebe personalisiert

„Die wahre Einigung – das heißt die geistige Einigung, die Einigung der Synthese – differenziert die Elemente, die sie zusammenführt. Das ist kein Paradox, sondern das Gesetz jeder Erfahrung. Haben zwei Wesen, die sich lieben, jemals ein lebendigeres Bewußtsein von jedem von ihnen als dann, wenn eins im andern ertrunken ist?" Diese Beobachtung Teilhard de Chardins[21] wird durch die vorliegende Sammlung bestätigt, zum Beispiel durch die Auswahl der drei Mystiker unseres Jahrhunderts: der Sahara-Einsiedler Charles de Foucauld, dessen Schriften so trocken wirken; der so sachlich und vornehm distanzierte schwedische Weltbürger Dag Hammarskjöld; und der Benediktiner Henri Le Saux, der sich so tief in die indische Spiritualität eingelassen hat, daß manche an seiner Christlichkeit zweifeln. Andere Gestalten wie Therese von Lisieux, Adrienne von Speyr oder der Libanese Charbel Makhlouf, die aus Umfangsgründen nicht aufgenommen werden konnten, hätten es ebenso bestätigt: Das Vereinende ist die Gestalt Jesu Christi; ein jeder der Mystiker bezieht sich intensiv auf ihn. Doch jeder wird dadurch noch mehr er selbst und von den anderen verschieden. So ergibt sich die pascal-artige, unbedingte Antwort des von Gottes Du Betroffenen (Hammarskjöld), das franziskanische „Arm mit dem armen Jesus" (Foucauld) und die Seinserfahrung des christlichen Hindumönchs (Le Saux).

Ein so differenziertes Erscheinungsbild der christlichen Mystik ist kein Oberflächenphänomen, sondern gehört wesentlich zu ihr. Die „Menschlichkeit" der Mystik resultiert aus der Christus-Begegnung des Mystikers, durch deren Erfahrung er sein individuelles menschliches Profil weiter ausprägt. Man vergleiche noch die drei Mystiker der Reformationszeit: Martin Luthers glühende, impulsive Wort- und Jesus-Erfahrung, Ignatius von Loyolas kluge, abwägende Dreifaltigkeitsmystik und Teresa von Avila, die in ihrer frischen Unmittelbarkeit den Charme einer großen Frau ausstrahlt. Und wie verschieden sind doch in ihrer Ähnlichkeit die bild- und leibhafte Christuserfahrung Hildegards von Bingen und Friedrich Christoph Oetingers! Oder man vergleiche den gemütstiefen Erlebnisgehalt, der sich im Strom der ostkirchlichen Tradition zeigt – von Gregor von Nyssa bis zu Theophan dem Reklusen –, mit der brillanten Klarheit und Radikalität der deutschen und englischen Mystik, mit Meister Eckhart und der Wolke des Nichtwissens. Man halte nebeneinander die intellektuell hochstehende Mystik Gregor von Nyssas, die Weisheit Theophans und die überquellende Begeisterung Bernhards von Clairvaux – immer zeigt sich, daß die persönliche Begegnung mit dem einen Gott in Jesus Christus die Individualität nicht mindert, sondern verstärkt.

(2) Verantwortung für Welt und Geschichte

Der aufmerksame Leser wird über viele Eigenarten der vorgestellten Mystiker erstaunt sein. Am stärksten wird wohl die Nähe zur Geschichte und zum sozialen Engagement beeindrucken, die im deutlichen Gegensatz zu einer weit verbreiteten Auffassung steht. Sogar der „Große Brockhaus" meint: „Vom numinosen Wirklichkeitserlebnis des Mystikers aus wird die Mannigfaltigkeit der Welt hinsichtlich ihrer Realität wie ihres Wertes negativ beurteilt."[22] Aber selbst für den christlichen Hindu-Mönch Le Saux trifft dies nicht zu. Er wollte zwischen den Kulturen Brücken schlagen, aber keine Unterschiede nivellieren.

Bei den westlichen Mystikern ist ihr geschichtliches und soziales Engagement fast eine Selbstverständlichkeit. Von Augustinus bis zu Dag Hammarskjöld, dem UNO-Generalsekretär, wird politische Verantwortung groß geschrieben. „Mystik und Politik" hat deshalb mit Recht J. B. Metz sein provozierendes Büchlein über das Ordensleben untertitelt.[23] Der Mystiker der Armut Bernhard von Clairvaux, der den Kreuzzug predigt, nennt sich die „Chimäre" des Jahrhunderts. Der Sahara-Einsiedler Charles de Foucauld kämpft gegen die Versklavung der Tuaregs durch die Kolonialmächte. Meister Eckhart, unermüdlicher Hochschullehrer, hat die Tatkraft der Martha höher eingeschätzt als die Ruhe der Maria. Martin Luthers mystische Erfahrung der Gnade wird zum Antrieb einer Reformation, die das Antlitz nicht nur Europas verändert. Ignatius von Loyola sucht und findet „Gott in allen Dingen" der Natur und Geschichte, Teresa von Avila vergißt „ihre eigene Ruhe" in der leidenschaftlichen Hingabe an die Ordensreform.

Auch die Gestalten der östlichen Christenheit engagieren sich, genau besehen, für Welt und Geschichte. Gregor von Nyssas Vorbilder sind nicht die Einsiedler, sondern der geschichtsmächtige Moses und der missionarische Paulus. Von dem unbekannt gebliebenen Pseudo-Dionysios wissen wir, welch starken, auch politisch wirksamen Einfluß sein Schrifttum auf das Abendland ausgeübt hat. Selbst Theophan der Rekluse zieht sich in seine Klosterzelle zurück, um Kirche und Welt besser dienen zu können, „allerdings auf eine andere Weise".

Es ist hier nicht der Ort, um den Ursachen der Blindheit einer bestimmten Richtung der „Mystik"-Forschung und -Popularisierung nachzugehen.[24] Die Zeugen und Zeugnisse des vorliegenden Buches sprechen eine andere Sprache. Der Glaube an Gottes Menschwerdung ist dem christlichen Mystiker zur Erfahrung geworden: Gott selbst ist durch Jesus Christus auch in unserer geschichtlichen und sozialen Wirklichkeit präsent. Gott hat sich von unserer Welt und Geschichte nicht distanziert, sondern in sie inkarniert. Das bezeugen die christlichen Mystiker, unter ihnen noch jüngst Pierre Teilhard de Chardin (1881–1955), der, wie viele andere, aus Umfangsgründen nicht mehr in diesen Band aufgenommen werden konnte. Er schreibt, indem er die nichtchristliche östliche Mystik der christlichen westlichen Mystik gegenüberstellt: „Für *die östliche Mystik* vollzieht sich die Lösung des Vielen zum Einen durch Unterdrückung des Vielen. Die Einheit hat nichts mit diesem Vielen gemeinsam, von dem man sich trennen muß ... *(Die westliche Mystik)* geht von der Idee aus, daß das Viele konvergenter Natur ist, mögliche Elemente einer graduellen Einheit, die zu Einheiten höherer Ordnung führt. Die Einheit wird erzielt, indem die Dinge in höchstmöglicher Form in sich selbst verwirklicht werden. Infolgedessen liegt die einzige Möglichkeit, das gegenwärtige Leben zu leben, darin, sich als Ziel zu setzen, die Welt zu vollenden ... Die westliche Mystik ist die legitime *Weiterführung einer christlichen Haltung* ... Für den heiligen Paulus ist das Antlitz der Welt eine große Anziehungsbewegung der Kreaturen auf Gott, Gott steigt durch Christus in das Viele herab, um es an sich zu ziehen.“[25]

Mariette Canévet

GREGOR VON NYSSA

(ca. 333–ca. 394)

I. Leben

Das Geburtsjahr von Gregor von Nyssa kann nicht vor dem Jahr 331 angesetzt werden (Altaner/Stuiber nimmt 335, Dörrie 338/9 an), da sein Bruder Basileios um 329 geboren wurde und zwischen beiden zumindest noch ein weiteres Kind, Naukratios, zur Welt kam. Der Geburtsort muß entweder in Kappadokien liegen, woher die Familie der Mutter stammt und wo sein Vater das Amt eines Rhetors (Lehrer der Rhetorik) ausübte; oder er liegt in der Provinz Pontos, von woher der väterliche Zweig der Familie stammt. Im ,,Leben der Makrina" nennt Gregor die Provinz Pontos ,,unsere Heimat". Auf jeden Fall spielt sich sein Leben in diesen beiden Provinzen ab; denn er wurde Bischof von Nyssa in Kappadokien, und seine Kindheits- und Jugenderinnerungen umkreisen den Familienbesitz von Annesoi, einem Ort in den wilden, einsamen Bergen von Pontos – alle Orte im Gebiet der heutigen Türkei.

Gregor wird in eine unruhige Epoche hineingeboren, in der zwei entgegengesetzte Strömungen aufeinandertreffen: Die heidnische Kultur findet noch einmal eine letzte Blüte unter Kaiser Julian (361–363); und zugleich nimmt die monastische Bewegung ihren Anfang und erwächst zu voller Reife – vom älteren Bruder Gregors, von Basileios, stammt ja der große Regelentwurf, der bis heute in der Ostkirche maßgeblich geblieben ist. Die Familie steht beiden Einflüssen offen gegenüber. Gregor selbst hat wahrscheinlich nicht, wie sein Bruder Basileios, die großen, für die damalige Zeit bestimmenden Universitäten besucht; aber von früher Jugend an empfing er von seinem Vater, Basileios dem Älteren, dem Rhetor im kappadokischen Kaisereia, den Geschmack an der profanen Kultur, die damals bis in die entlegenen Provinzen des Kaiserreiches vorgedrungen war. Und sicherlich hat ihm sein Bruder Basileios 355, nach seiner Rückkehr aus Athen, den Enthusiasmus für die Sophistik und die Bewunderung für den hochberühmten Rhetor Libanios weitergegeben. ,,Ich widme Euch", schrieb Gregor, Bezug nehmend auf den Rhetor und sein Werk, ,,im grenzenlosen Eifer alle Zeit und Kraft meiner Muße und entbrenne in leidenschaftlicher Liebe zur Schönheit eurer Kunst." Und tatsächlich bezeugen die Werke Gregors den Hochstand seiner geistes- und naturwissenschaftlichen Bildung, aber auch seiner schriftstellerischen Fertigkeit.

Aber grundlegend war in seiner Familie der monastische Einfluß. Den Kindern wurde ein tiefer Glaube geschenkt; die Großeltern väterlicherseits, die einem reichen Adelsgeschlecht angehörten, wurden zur Zeit des Galerius wegen ihres christlichen Glaubens verfolgt, ihres Besitztums beraubt und mußten für sieben Jahre in die Berge flüchten. Auch die Familie mütterlicherseits, die großen Einfluß in Kappadokien hatte, wurde von der Christenverfolgung betroffen. Makrina, Gregors Schwester, war es wohl, die das Familienleben zu einem monastischen Leben umgestaltete. Schon mit zwölf Jahren entschloß sie sich, ,,für sich allein zu leben" (wie das monastische Leben bezeichnet wurde), blieb aber, wie es für den jungfräulichen Stand der damaligen Zeit üblich war, unter der Obhut und im Schutze der Eltern. Nach dem Tode ihres Vaters veranlaßte sie auch ihre Mutter Emmeleia, diese Lebensform mit ihr zu teilen; auch die Hausangestellten übernahmen diese Lebensweise, und so spielte sich in den Gebäuden von Annesoi eine Art mönchischen Lebens ab: Gebet, Studium der Schrift, niedrige und schlichte Handarbeit, Gastfreundlichkeit. Einer der Brüder, Naukratios, zog sich mit zweiundzwanzig Jahren an einen nicht weit von zu Hause entfernten Ort zurück, um – trotz seiner wissenschaftlichen Begabung – ,,ein einsames und armes Leben zu führen", und nahm nichts anderes dahin mit ,,als sich selbst". 358, nach einer Reise, auf der er die Mönche von Mesopotamien, Syrien und Ägypten kennenlernte, kehrte auch Basileios mit einigen Freunden Annesoi den Rücken.

Gregor bleibt zurückhaltend gegenüber diesem religiösen Eifer; und soweit man es vermuten darf, zeigt sich darin schon beim Jüngling ein Grundzug seines Charakters: behutsames Maßhalten, das ihn allerdings gelegentlich zaudernd und unsicher werden läßt. Die Laufbahn, die er als kirchlicher Lektor eingeschlagen hat, gibt er um 364 auf und will Rhetor werden. Gregor von Nazianz, der Freund des Basileios und der ganzen Familie, tadelt ihn aber unmittelbar darauf: ,,Wach aus der Trunkenheit auf, ehe es zu spät ist; komm zu dir; rechtfertige dich vor den Gläubigen, rechtfertige dich vor Gott, vor den Altären und vor den Mysterien, von denen du dich entfernt hast. Bring keine solche kunstvollen Rhetorensätze vor wie: ,Aber was soll's; bin ich nicht auch als Rhetor ein Christ? Bin ich nicht auch Glaubender, wenn ich mich unter den jungen Leuten bewege?'"[1] Gregor wollte sich in dieser Jugendkrise offensichtlich nicht von seinem Glauben abwenden; im Gegenteil, er wollte ihn mit seinen profanen Plänen und Wünschen versöhnen. Eine ähnliche Haltung gegenüber dem religiösen Engagement kann man auch bei einer anderen Gelegenheit feststellen: Einige Jahre später lud ihn seine Mutter dringend zu einer Festlichkeit ein, die in einem Marktflecken nahe Annesoi zu Ehren der vierzig Märtyrer von Sebasteia abgehalten wurde: Ihre Reliquien sollten feierlich empfangen werden. ,,Ich war weit entfernt, noch jung und stets in profaner Umgebung. Und als es soweit war, hatte ich keine Zeit und nahm die Einladung ziemlich schlecht gelaunt an. Im

Stillen schimpfte ich auf meine Mutter, daß sie die Feier nicht auf eine günstigere Zeit gelegt habe."[2] Als Gregor am Vorabend des Festes ankam und man dort vor dem Reliquienschrein die Psalmen betete, zog er sich – ermüdet oder gelangweilt – in einen benachbarten Hof zurück, um zu schlafen. Aber sein Gewissen ließ ihm keine Ruhe, und so träumte er von Soldaten, die ihm den Eintritt in den Garten verwehrten; nur einer von ihnen ließ sich rühren und erlangte für Gregor Verzeihung von Gott. Gregor wachte auf, bereute und lief zum Reliquienschrein, wo er in Tränen ausbrach.

Er wurde also Rhetor, und in dieser profanen Stellung heiratete er – so wenigstens muß man aus den Aussagen erschließen, die er selbst im 3. Kapitel seines Traktates über die Jungfräulichkeit niedergelegt hat. Aber auch hier zeigen sich Unsicherheit und Schwanken des jungen Gregor; denn er spielt später auf seine Heirat an mit einem Ausdruck des Bedauerns, nicht von Anfang an den mönchischen Weg gewählt zu haben:

„Glücklich diejenigen, die noch frei sind, die höheren Güter zu erwählen, die sich noch nicht hinter die Mauer zurückgezogen haben, wo sie im Alltagsleben untergehen; das nämlich ist mit uns der Fall; wir haben uns durch einen Abgrund vom Ruhm der Jungfräulichkeit getrennt; dorthin zurückkehren kann niemand, der einmal den Schritt in das weltliche Leben hinein getan hat."[3]

Vielleicht ist es nur eine geistreiche Phrase, die Ermahnung zum jungfräulichen Leben einzuleiten mit der Klage über den eigenen Ehestand. Gregors Leben aber hat bald darauf eine neue Orientierung gewonnen.

Basileios nämlich, seit 370 Bischof von Kaisareia, ist den Nachstellungen des Kaisers Valens gegen die Verteidiger des Konzils von Nikaia ausgesetzt und bemüht sich deshalb, zuverlässige Männer um sich zu sammeln; aus diesem Grund läßt er Gregor zum Bischof der Stadt Nyssa wählen. Er besorgt auch die Wahl seines Freundes Gregor von Nazianz zum Bischof von Sasine. Letzterer allerdings ist verärgert und weigert sich, den Bischofsthron zu besteigen. Gregor von Nyssa aber, mit seinem anschmiegsamen, fast unterwürfigen Charakter und voll Bewunderung für den älteren Bruder, gehorcht. Er sucht sogar Gregor von Nazianz auf, um ihn zu besänftigen; dazu schreibt letzterer: „Er kommt, um mich zu trösten, mich zu versöhnen und mich für die Wege des Geistes lenksamer zu machen."[4] Gregor von Nyssa wird allerdings wegen seiner so gut bezeugten Nachgiebigkeit zu keiner großen Hilfe für Basileios, der ihn ob seiner „Naivität" tadelt. So fragt Basileios eines Tages den Bischof von Samosata, Eusebios, um Rat wegen „der Angelegenheiten, die durch die Schlichtheit Gregors auf uns zukommen. Er hat sich nämlich auch dem Konzil von Ankyra angeschlossen und läßt keine Gelegenheit aus, uns Schwierigkeiten zu bereiten". Als es 374 darum geht, einen Unterhändler zu Papst Damasus zu schicken, rät Basileios ab, Gregor zu wählen: „Wenn es sich um einen wohlwollenden Menschen handeln würde, dann würde er Gregor achten und es käme eine gute Verhandlung zustande; aber es handelt sich um einen eingebildeten und hochmütigen Mann, der auf seinem hohen Roß thront und von daher unfähig ist, auf andere zu hören, die von unten her ihm die Wahrheit sagen; welchen Nutzen könnte es daher für unsere Angelegenheiten haben, ihm einen Menschen wie Gregor gegenüberzustellen, dem Schmeicheln und serviles Dienen völlig fremd sind?"[5] In seiner anziehenden, aber arglosen und kompromißlosen Einfachheit stolpert Gregor auch bald in den Hinterhalt seiner Feinde. Man klagt ihn an, Geld verschleudert zu haben und irregulär geweiht zu sein. Er wird verhaftet. Aber in der Kälte des Gefängnisses bekommt er Lungenentzündung und einen Hexenschuß, und so können seine Freunde ihn aus dem Gefängnis herausholen, um ihn zu pflegen. Doch er muß in die Verbannung gehen. Als er 377 zurückkehren darf, wird er wie zum Entgelt für das erlittene Unrecht im Triumphzug von den Einwohnern der Stadt Nyssa empfangen.

Der Tod des Basileios, am 1. Januar 379, traf ihn unvorbereitet. Er brachte eine entscheidende Wende im Leben Gregors. Vielleicht hatte ihn vorher die starke Persönlichkeit seines Bruders erdrückt, vielleicht hat ihn sein anschmiegsamer, „naiver" Charakter dazu gebracht, sich in allen schwierigen Entscheidungen und delikaten Situationen Basileios anzuvertrauen? Nun aber, auf sich allein gestellt, wächst er aus Liebe zur Kirche und aus Verantwortungsbewußtsein zu einer kämpferischen Gestalt.

Natürlich ist das keine plötzliche Wende. Zuerst macht sich Gregor an die Arbeit, einiges von dem zu vervollständigen und an umstrittenen Stellen zu ergänzen, was Basileios in Grundzügen niedergelegt hatte; es handelt sich insbesondere um Abhandlungen über die Erschaffung der Welt und des Menschen (die Traktate: „Über die Erschaffung des Menschen" und „Zum Sechstagewerk"). Und weil Eunomios (über dessen Lehre weiter unten) nicht aufhört, gegen Basileios zu agitieren, beginnt Gregor eine neue Reihe von Schriften, „Die Widerlegung des Eunomios"; auch damit setzt er fort, was Basileios begonnen hatte. In ähnlicher Taktik wie Basileios sorgt Gregor dafür, daß sein Bruder Siena 380 zum Bischof von Sebaste gewählt wird. Er stürzt sich weiterhin in die Polemik, schreibt nicht nur Schriften gegen Eunomios, sondern immer mehr auch andere theologische Traktate, wie ein Buch „Gegen Apollinarios" (der das volle Mensch-Sein Jesu abschwächt). Der Höhepunkt seiner Laufbahn ist 381, als er auf dem Zweiten ökumenischen Konzil von Konstantinopel den Ideen der „Kappadokier" (das sind mit ihm Basileios und Gregor von Nazianz) zum Triumph verhilft. Nach der Synode von Konstantinopel im Jahr 382 bekommt er einen offiziellen Auftrag für Jerusalem und (die römische Provinz) Arabien. Am Hofe Theodosios' war er hoch geachtet, wie die ehrenvolle Tatsache zeigt, daß er 385 die Grabrede der Prinzessin Pulcheria und wenig später die Grabrede der Kaiserin Flacilla halten darf.

All diese Aktivitäten haben ihn aber nicht vom Wesentlichen abgezogen, sondern seine zaudernde, selbstbefangene Persönlichkeit befreit. Die verantwortungsvollen Aufgaben, die er weder vorhergesehen noch sich gewünscht hat, lenken seinen Blick auf die Kirche statt auf sich selbst und die eigenen Vorlieben. Von seinen letzten Lebensjahren weiß man nichts, aber man kennt seine Werke, die er in dieser für die monastische Spiritualität so fruchtbaren Zeit schreibt. Die beiden letzten („Das Leben des Mose" und „Die Homilien über das Hohelied Salomos") bezeugen den Rang und die Tiefe seines geistlichen Lebens. Kardinal Daniélou vermutet, daß sein Einfluß am Königshof mit der Umsiedlung des Theodosios nach Mailand und wegen der Streitigkeiten zwischen Gregor und dem Metropoliten Helliados geschwunden sei. Man kann aber auch mutmaßen, daß die theologischen Fragen weniger dringlich wurden und Gregor sich gedrängt fühlte, das mönchische Anliegen des Basileios weiter zu pflegen. Wie dem auch sei, Gregors Entscheidung ist getragen von kraftvoller innerer Reife.

Die letzten Lebensjahre Gregors gehen im Dunkel unter. Man weiß nur noch, daß er bei der Synode von Konstantinopel im Jahre 394 dabei war.

II. Werke

Gregors Gesamtwerk ist vom Umfang wie vom Stoff her gesehen sehr reich; es bezeugt die Verschiedenheit der Gebiete, auf denen er der Kirche seine Dienste anbieten konnte: theologische Traktate, aszetische Abhandlungen, geistliche Werke, Ansprachen und anderes. Eine genaue Chronologie läßt sich nur schwer aufstellen. Man weiß, daß der Traktat „Über die Jungfräulichkeit" 371 auf Bitten des Basileios verfaßt wurde. Am Anfang seiner schriftstellerischen Laufbahn stehen auch ein „Kommentar zum Buch der Psalmen" „Homilien über das Vater-Unser" und „Homilien über die Seligpreisungen". Unmittelbar nach dem Tod des Basileios schrieb er seinen Traktat „Über die Erschaffung des Menschen" und sein „Zum Sechstagewerk". Gregor schreibt, daß er damit nur einige Fragen klären wolle, die in bezug auf die Erschaffung noch offen ständen, während der ganze Komplex durch Basileios in ausreichender Form behandelt worden sei. Trotz dieser bescheidenen Behauptungen zeigt sich Gregor in diesen Traktaten sehr originell.

Wahrscheinlich ein Jahr später, 380, stirbt Makrina, die die ganze Familie in ein monastisches Leben hineingeführt hatte. Gregor ist von ihrem Tod sehr berührt und schreibt zwei Abhandlungen über sie: das „Leben der Makrina", eine Art Biographie, die in mitfühlender und menschlicher Weise Leben und Tod der Heiligen erzählt; der andere Traktat „Über die Seele und über die Auferstehung" ist eine Art „christlichen Phaidons" (nach Platons berühmten Dialog des todgeweihten Sokrates über die Unsterblichkeit der Seele): Gregor gibt die Unterhaltungen wieder, die er mit der sterbenden Makrina über die Unsterblichkeit der Seele und den Glauben an die Auferstehung geführt hatte.

In der Frühzeit seiner literarischen Laufbahn sind Gregors Ansichten über das geistliche Leben eher aszetisch als mystisch, das heißt, das menschliche Tun und Sich-Bereiten ist stärker betont als die Erfahrung und das Geschenk Gottes. Doch man darf den Gegensatz nicht übertreiben. Der Traktat ,,Über die Jungfräulichkeit" legt schon eine Grundidee der mystischen Theologie Gregors nieder: Der Mensch ist als Bild Gottes geschaffen; dieses Bild aber ist wie ein Spiegel vom Schmutz der Sünde verunreinigt worden; Ziel des geistlichen Lebens ist es, die Ursprünglichkeit des Bildes in seiner Reinheit wiederherzustellen. Der Mensch soll sich durch die Kontemplation freimachen bis zum Übersteigen des Sinnenhaften; denn Gott ist jenseits aller menschlichen Faßbarkeit; Gottes Schönheit ist ,,ohne Form", ,,weit entfernt von allem, was man im Bereich von Leib und Sinnenhaftigkeit erblicken kann". Sie ist geistig anschaubar (intelligibel), aber nicht abstrakt wie ein philosophischer Begriff. Man muß sich auf den dreifaltigen Gott hinbewegen, um ihn zu ,,schauen". Aber schon jetzt schränkt Gregor die Möglichkeit, Gott zu sehen, auch ein: ,,Der große David ... sah, daß Gottes Schönheit unerreichbar bleibt. ... und in dieser Weise nur kann ein Mensch sie erblicken." In seinem Wesen bleibt Gott für das Geschöpf unfaßbar; und dies führt sogar in die Versuchung, die Sehnsucht nach Gottesschau aufzugeben ,,unter dem Vorwand, daß dieses Ziel offensichtlich viel zu hoch sei für unsere Möglichkeiten". Aber man kann Gott indirekt sehen in dem Spiegel, den die gereinigte Seele darstellt; denn das Reich Gottes ist in uns. Somit wird die Kontemplation in der Tat zur Mitte des christlichen Lebens und die Jungfräulichkeit zur Vorwegnahme der ewigen Seligkeit.

Damals beschäftigt sich Gregor auch mit den Stufen der Reinigung. Seinen ,,Kommentar zum Buch der Psalmen" unterteilt er nach einem Aufstiegsschema in fünf Stufen, gemäß den fünf Teilen des Psalters. Die Seele beginnt den Aufstieg, wenn sie Tugenden zu erwerben sucht und dadurch aus dem Irrgarten der Übel hinausgelangt; dann aber, nachdem sie vom Guten gekostet hat, spürt sie in sich den Durst nach dem lebendigen Wasser, wie der Hirsch in Psalm 41. Auf der dritten Stufe lernt die Seele, angetrieben vom unstillbaren Durst nach dem lebendigen Wasser, ihr Verhältnis zu den Dingen dieser Welt und den Angelegenheiten der Gegenwart zu korrigieren. Auf der vierten Stufe befinden sich die Menschen, die wie Paulus im dritten Himmel oder wie Mose schon mit Gott verbunden sind. Die fünfte Stufe aber vollendet sich in der Hoffnung, daß die Menschen (die in der Sünde gespalten und getrennt waren) sich mit den Engeln vereinen zu einem einzigen Lobgesang Gottes. Der zweite Teil des ,,Kommentars zum Buch der Psalmen" erklärt den Sinn der Psalmentitel; Gregor findet in ihnen eine Lehre über die Wege der Tugend und eine Einladung, Gott zu loben.

Zur gleichen Zeit wurden wahrscheinlich die ,,Homilien über die Seligpreisungen" niedergeschrieben; auch sie bemühen sich, das geistliche Leben in Stufen einzuteilen. Die acht Seligpreisungen entsprechen den acht Sprossen einer Leiter, die die Seele besteigen muß, um ,,den geistlichen Berg der hohen Kontemplation" zu erklettern. Die Armen im Geist sind arm an Bösem und reich an Tugend. Die Sanftmütigen sind keinesfalls ,,weich", sondern tapfer im Kampf gegen dic Sünde und die Leidenschaften. Die Weinenden weinen über ihre Sünden, leiden an dem Bösen, das auf dieser Welt das Gute durchzieht, und erhalten die Tröstung des Heiligen Geistes. Die Hungrigen und Durstigen nach Gerechtigkeit entsagen den unersättlichen Gelüsten, um Hunger nach dem zu haben, was gerecht ist vor Gott, das heißt nach dem Himmelsbrot, das allein sättigt. Am gefeiertsten aus den Seligpreisungs-Homilien Gregors ist die sechste über die, die ein reines Herz haben. Einen ersten Gedanken, daß die mit reinem Herzen Gott sehen, konfrontiert Gregor mit Schriftzeugnissen nach denen ,,niemand Gott je gesehen habe" (Joh 1, 18) und ,,niemand Gott sehen kann und leben" (Ex 33, 20). Aber Gott kann kein trügerisches Versprechen machen. Und so entwirft die sechste Homilie einen wunderbaren kleinen Traktat über die Kontemplation.

Die dogmatischen Abhandlungen, die Gregor in der Zeit um 381 (dem Jahr des Konzils von Konstantinopel) und später schrieb, sind für den Leser, der an Spiritualität interessiert ist, weniger wichtig. Aber auch sie beeinflussen die spätere mystische Lehre Gregors. Es ging damals um Eunomios, einen Rationalisten; für ihn ist Gott rundum verständlich und verstandesmäßig faßbar durch den Begriff einer unerzeugten göttlichen Natur; damit aber gilt das Gott-Sein nicht mehr von Christus, der vom Vater gezeugt ist. Gregor nun verteidigt das Gott-Sein Jesu, indem er herausstellt: Die göttliche Natur in sich ist unfaßbar für alle unsere Denkvorstellungen. Sie ist doch allein ungeschaffen. Unser Geist hingegen, der einen Anfang hat, ist geschaffen und daher begrenzt; deshalb auch kann er sich nur endliche Ideen bilden im Maße seiner eigenen Begrenzung; er wird niemals fähig sein, die Unendlichkeit Gottes zu umfassen. Zwei Grundfolgerungen zieht Gregor aus dieser metaphysischen Einsicht. Die erste betrifft die Praxis des Umgangs mit der Bibel: Es braucht eine dogmatische Auslegung der Schrift, um der Seele, die sich zu Gott erheben will, den rechten Weg zu weisen. Aber die dogmatische Sprache ist eine begriffliche und kann dazu verführen, daß man sich mit den Aussagen über Gott zufrieden gibt und darin gleichsam einkapselt. Hier bietet die symbolische Sprache eine Hilfe; ihre Bildhaftigkeit trägt unausschöpfbare Bedeutungstiefen, die jedesmal, wenn die Begriffssprache etwas zu eindeutig umrissen hat, zu neuem Übersteigen der Verstandesinhalte auffordern. Deshalb auch wechselt Gregor ständig vom dogmatischen Denken zum symbolischen Begreifen und bleibt in gewissem Sinne als Theologe immer auch ein Dichter.

Die zweite Folgerung aus seiner metaphysischen Einsicht in die

Unendlichkeit Gottes ist die geistliche Lehre, die ihn berühmt machte: das unaufhörliche, unbegrenzte Weiterschreiten der Seele auch im Jenseits der Vollendung. Die Natur Gottes ist unendlich; die Natur der Seele begrenzt; deshalb kann die Seele Gott niemals in seiner Ganzheit umfassen, soviel sie auch von ihm erfassen mag. Sie ist deshalb unaufhörlich zu einer stets größeren Teilhabe an Gott aufgerufen; Gott überbordet auf allen Seiten dasjenige, was die Seele je neu von ihm erfaßt. Die Seele ist damit ständig nach vorne auf weiteres hin ausgestreckt, vergessend das, was hinter ihr liegt, wie Paulus in Phil 3, 13 schreibt – ein Satz, den Gregor nicht nur für das geistliche Leben im Diesseits, sondern auch für das ewige Leben anwendet. Das ist seine berühmte Lehre von der Ep-ektase (nach Phil 3, 13: Nach-vorne-hin-ausstrecken).

Natürlich wurde diese Lehre, als logische Konsequenz aus Gregors Metaphysik, nicht mit einemmal ausgearbeitet. Daher versucht man auch, entlang ihrer Entwicklung die geistlichen Schriften Gregors nach 381 zeitlich einzuordnen. In dieser Reihenfolge stehen unter den wichtigeren Schriften die ,,Homilien über das Buch des Predigers" an erster Stelle; sie wurden als lebendige Ansprachen gehalten und dann als Traktate neu gefaßt. Es gibt dort wunderschöne Seiten, die schon im ausladenden, lyrischen Stil der großen Werke geschrieben wurden; dazu gehören die Ausführungen über den Ausruf des Predigers: ,,Wahn über Wahn, und alles ist Wahn", der nicht zur Verachtung der Schöpfung verleiten dürfe, denn Gott habe sie erschaffen und sein Werk sei schön. Das sinnenhafte Leben sei der menschlichen Natur gegeben worden, damit das Erkennen der sichtbaren Welt die Seele zur Anerkenntnis der ungeschaffenen Wirklichkeit führe. Der Kommentar lehrt nun, die falschen Werte der vergänglichen Welt zu beurteilen, und zeigt die Wege, sich darüber zu erheben, um ,,schweigend die unaussprechliche Macht im Heiligtum der Seele anzubeten".

Eine kleine Schrift, ,,Über das christliche Bekenntnis", definiert das menschliche Leben als Nachahmung der göttlichen Natur; sie zeigt, daß dieses Ideal nicht zu hoch stehe, denn die menschliche Natur sei nach dem Bilde Gottes geschaffen. Nachahmung der göttlichen Natur ist auch der Stoff der Schrift ,,Über die Vollkommenheit"; sie ist aufgebaut als Meditation der verschiedenen christologischen Titel – was heißt es für uns, wenn die Namen Christi lauten: ,,Anfang", ,,Friede", ,,Abglanz der Herrlichkeit", ,,Eckstein", ,,Bild des unsichtbaren Gottes", ,,Erstgeborener der Schöpfung"? Das alles gewinne nur dann seine volle Bedeutung, wenn Christus Grund unseres ganzen Lebens geworden sei, wenn er in unserer Seele ohne Einschränkungen bewirken könne, daß unsere Teilhabe an ihm vollkommen werde. Die Möglichkeit, uns zu ändern, sei uns gegeben worden, damit wir uns zum Besseren hin verändern und uns unaufhörlich ,,von Herrlichkeit zu Herrlichkeit" umformen können.

Am Ende seines Lebens schreibt Gregor seine beiden wichtigsten mystischen Traktate, in denen er das Thema der Epektase, das in ,,Über die Vollkommenheit" skizziert wurde, breit entfaltet. Es sind ,,Das Leben des Mose" und die ,,Homilien zum Hohenlied Salomos". ,,Das Leben des Mose" wurde 392 auf Bitten eines Mönches verfaßt und stellt eine erbauliche Nacherzählung des Moselebens im Stil der jüdischen Haggada dar. In der allegorischen Exegese des 2. Teils wird Mose zum Symbol der Seele in deren mystischem Aufstieg; nachdem er das Übel, das durch Ägypten symbolisiert wird, verlassen habe, steige er auf zum Berg der Erkenntnis Gottes; und dort erfahre er, daß Gott zwar irgendwie unerkennbar bleibt, daß aber der unersättliche Durst nach ihm dennoch ein wahrhaftes Anschauen Gottes sei; es gebe kein Ende des Aufsteigens hinauf zum Guten, weil das Gute in sich selbst ohne Grenze sei.

Das Hohelied Salomos besingt im Ursinn die Liebe von Braut und Bräutigam, wird aber im Verständnis der Alten Kirche zum Gleichnis für den Gipfel des geistlichen Lebens eines Christen. Gregor sagt uns, daß schon die Hebräer das Buch nicht einem jeden in die Hand gaben. Im Strom dieser Tradition ist Gregor auch erst gegen Ende seines Lebens an die Kommentierung dieses Buches gegangen; es sind fünfzehn Homilien, die durch Schnellschreiber während der lebendigen Ansprachen mitgeschrieben und dann in einen Gesamtentwurf gebracht wurden. Dieser Kommentar ist das bedeutendste Werk geistlicher Theologie, das Gregor verfaßt hat. Ausführlich dargestellt findet man dort alle Themen aus den vorangehenden Schriften: Der Kampf gegen die Leidenschaften, um die Einheit von Leib und Seele wiederherzustellen; das sakramentale Leben, das die Glieder Christi zu einem einzigen Leib vereint; Meditationen über die Rolle der Menschwerdung; und natürlich das Thema der Epektase, das sich durch den ganzen Kommentar hindurchzieht; denn unaufhörlich werde die Seele eingeladen, ,,von Anfang zu Anfang durch immer neue Anfänge, die nie ein Ende haben", weiterzugehen.

Ein etwas eigenartiger Text ist Gregor nicht eindeutig zuzuweisen und von unsicherer Datierung: ,,Über das christliche Institut". Er ist als Leitfaden für Mönche gedacht. Das Werk geht in einer bei Gregor sonst nicht bekannten Weise auf konkrete Details und Einzelheiten des monastischen Lebens ein. Der erste Teil umreißt die Spiritualität des mönchischen Lebens; durch das gemeinsame Wirken von göttlicher Gnade und menschlicher Freiheit soll es die Befreiung vom Schmutz der Sünde, die Kontemplation der geistigen Schönheit und die Vereinigung mit Christus durch die Jungfräulichkeit ermöglichen. Der zweite Teil behandelt das Leben in Gemeinschaft, das Prinzip der Selbstentäußerung im Gehorsam wie den streng gemeinsamen Besitz aller Güter und die Rolle und Pflichten des Oberen. Der Traktat hat wohl die Absicht, kontemplatives Leben und Beten zu verteidigen, indem er sie gegen die Gefahr des Illuminismus (der rein auf subjektive, innere Erleuchtung aufbauenden Lehre einer Mönchssekte) schützt und die Rechtgläubigkeit einer Mystik des Einswerdens mit Gott aufzeigt.

III. Spiritualität

1. Was ist der Mensch?

Gregors Nachsinnen über die Anthropologie ist reich entwickelt. Er hat dem Thema mehrere Traktate gewidmet, und seine ganze Spiritualität beruht auf ihr. In der Nachfolge der griechischen Philosophie kennt er in der Gesamt-Schöpfung zwei einander entgegenstehende Wirklichkeiten: die eine sinnenhaft und materiell, die andere geistig. Gregor fügt dieser Unterscheidung eine weitere, nun typisch christliche hinzu: Auch die geistige Welt umfaßt zwei Wirklichkeiten; die eine ist unerschaffen, aber Schöpfer der Seienden, immer sich selbst gleich, jenseits allen Wachstums und aller Verminderung; sie ist unendlich; das ist die göttliche Natur. Die andere ist geschaffen, bleibt stets abhängig vom Schöpfer, der ihr das Sein schenkt; und bleibt in diesem Sinne stets einbeschlossen in die Grenzen des Geschöpfs:

„Durch die Schöpfung zum Sein erhoben, ist sie immer der ersten Ursache zugewandt, und durch die Teilhabe an der transzendenten Wirklichkeit ist sie stets im Guten bewahrt, und so, in einem gewissen Sinn, wird sie ständig geschaffen."[6]

Diese zweite Wirklichkeit hat aufgrund ihrer Geistigkeit nicht teil an der engen Umgrenzung der sinnenhaften Natur; unbegrenzt wächst sie durch die ständige Teilhabe an dem Gut, von dem sie abhängt: „Die Vermehrung der Güter läßt sie ständig größer werden, und dies so sehr, daß man sie für etwas halten darf, das keine Grenze hat."

Die Stufenleiter des Seins ist also folgendermaßen gebaut: auf der einen Seite die unbegrenzte schöpferische Geistigkeit; auf der anderen Seite die Schöpfung, die wiederum unterteilt ist in die geschaffene Geistigkeit, deren Sein nur bestehen kann, wenn es sich ständig übersteigt; und in das Sinnenhafte. Auf dieser Stufenleiter kommt dem Menschen ein wesentlicher Platz zu, von dem der geistige Zusammenhalt des Universums abhängt. Gregor übernimmt nämlich die griechische Idee eines Zusammenhangs des Universums – vom Stein, dessen Natur rein materiell ist, bis zum Menschen:

„Die Stufen des Lebens werden in voranschreitender Ordnung sichtbar; nach der unbelebten Natur, die wie ein Fundament ist, auf dem die beseelten Wesen aufruhen, erwähnt Mose (im Schöpfungsbericht) das Werden des natürlichen Lebens, das in den Pflanzen existiert; darüber stellt er das Werden der Seienden, die mit Sinnen ausgestattet sind. Unter den Seienden, die ihr Leben vom Fleisch erhalten, gibt es in fortschreitend logischer Entfaltung sinnesbegabte Wesen, die keine geistige Natur haben; und dann gibt es mit Geist begabte Seiende, die deshalb im Leib existieren, weil sie sich in einen sinnenhaften Organismus ergossen haben. So ist, an letzter Stelle, nach Pflanzen und Tieren, der Mensch erschaffen worden. Die Natur nämlich schreitet voran zur Vollkommenheit gemäß der Ordnung und auf geregelten Wegen."

Gregor nennt die Stellung des Menschen im Kosmos eine Grenzsituation zwischen sinnenhaft und geistig. Aus ihr ergibt sich auch die Funktion des Menschen, daß nämlich von ihm die Einheit des Kosmos mit dem Schöpfer, die Ausgießung des Geistes in das Sinnenhafte hinein abhängt. Gott hat im Menschen ein Ineinander von sinnenhaft und geistig geschaffen:

„Was aus Erde gemacht ist, wurde so erhoben durch die Vereinigung mit dem Göttlichen, und ein und dieselbe Gnade hat sich in die Schöpfung ergossen; die niedere Natur hat sich mit derjenigen vermischt, die jenseits der Welt ist."

Wenn der Mensch sich von Gott abwendet, zerstört er die kosmische Einheit, und die untere Natur fällt mit ihm, dem Menschen, in die Dunkelheit hinein.

Doch die Würde des Menschen kommt nicht von seiner Grenzsituation zwischen den beiden Wirklichkeiten her; der Mensch ist darüber hinaus nach Gen 1, 26 als „Bild Gottes" geschaffen. In der Zeit Gregors ist das Thema vom „Bild Gottes" nicht neu, aber bei ihm bekommt es überragende Bedeutung und wird zur Mitte der geistlichen Theologie. Im Bericht über die Erschaffung des Menschen findet Gregor Gottes Grundabsicht mit seiner Schöpfung dargelegt. Gen 1, 26 gibt Gottes ersten Plan wieder, denjenigen, der erst mit dem Ende der Zeiten voll verwirklicht werden wird.

Was nun sind die Züge des Bildes Gottes im Menschen? Unmittelbar auf das Wort: „Laßt uns den Menschen machen nach unserem Bild und Gleichnis", sagt Gott nach dem Bericht der Genesis, daß der Mensch über die ganze Schöpfung herrschen soll. Aufgrund ihrer Ähnlichkeit mit dem ewigen König übt auch die Seele eine königliche Funktion aus; sie ist dadurch über alle Abhängigkeit erhoben und Herr der Welt und ihrer selbst – nach dem Bild der höchsten Freiheit. Durch die Teilhabe an der göttlichen Freiheit hat der Mensch die Bestimmung, in der Angleichung an Gott um so freier zu werden, je mehr er Gottes Freiheit widerspiegelt.

Mit der Teilhabe an Gott hat der Mensch auch teil an Gottes Eigenschaften: Verstand, Weisheit, Reinheit, Leidenschaftslosigkeit, Unzerstörbarkeit, Unschuld, Glückseligkeit. Die Seele also besitzt alle Züge Gottes und damit auch den Zug der Unerfaßbarkeit:

„Wenn die Natur erfaßt werden könnte, während gerade dies beim Urbild nicht möglich ist, dann würde dieser Unterschied auch das Abbild-sein zerstören. Aber da wir die Natur unseres Geistes, der Bild seines Schöpfers ist, nicht erkennen können, besitzt auch dieser in sich eine genaue Entsprechung zu dem, der sein Herrscher ist, und er trägt durch das Geheimnis, das in ihm lebt, das Siegel der unfaßbaren Natur in sich."[7]

Das Geheimnis der menschlichen Person ist also der Ausdruck ihrer Ähnlichkeit mit Gott.

Gott hat den Menschen nach seinem Bild geschaffen, damit zwischen dem Menschen und ihm eine gewisse „Verwandtschaft" bestehe. Gregor weiß ja mit der platonischen Philosophie, daß nur Gleiches Gleiches erkennen kann. Doch diese Verwandtschaft besteht nicht im unbeweglichen Rückspiegeln des Urbilds; sie schafft vielmehr in der menschlichen Natur eine Sehnsucht, sich dem zu nähern, dem sie gleicht, einen Elan zum Schönen, dessen Merkmale sie an sich trägt und von dem sie deshalb auch angezogen wird. Diese Verwandtschaft bewirkt Liebe. Das Verlangen aber entspringt nicht einfach aus dem Menschen – es wird ja hervorgerufen durch die Verwandtschaft zur göttlichen Natur, die Gott in uns hineingegeben hat; und so ist es letztlich Gott selbst, der uns in dieser Weise an sich zieht:

„Der Mensch ist mit Leben, Verstand, Weisheit und all den Eigenschaften erschaffen worden, die des Göttlichen würdig sind, damit eine jede von ihnen Sehnsucht erwecke nach dem, der ihm verwandt ist."[8]

Der Mensch hat zwar als geschaffenes Wesen Leben und Existenz durch Teilhabe, bleibt aber grundsätzlich vom transzendenten, unendlichen und unfaßbaren Gott unterschieden; aber Gottes Bild in der Seele verursacht eine gewisse Verwandtschaft mit dem Göttlichen und ist für den Menschen das einzige Mittel, den Gott zu finden, nach dem er sich sehnt, um ihn inmitten der eigenen Seele in dem Maße anzuschauen, wie diese ein Spiegelbild von ihm ist. Das ist das Thema der 6. Homilie über die Seligpreisungen:

„Was dem Guten ähnlich ist, ist zweifelsohne auch selbst gut. Wer also sich selbst betrachtet, sieht in sich selbst den Gegenstand seines Sehnens. Und so gelangt der, der ein reines Herz hat, zur Seligkeit; denn wenn er seine eigene Reinheit anschaut, sieht er im Bild den Archetyp."[9]

Diese Ähnlichkeit mit Gott, diese Verwandtschaft, durch die Gott die Seele an sich zieht, ist ihr vom ersten Augenblick der Schöpfung an gegeben. Aber das bedeutet nichts Statisches, denn die menschliche Natur ist von Anfang an durch eine Dynamik geprägt: Aus dem Nichts strebt sie zum Sein. Sie ist also durch ein ständiges Sich-Ändern charakterisiert – auf das Gute hin, wenn sie sich Gott nähert und immer mehr teil an ihm hat; auf das Nichts hin, wenn sie sich von ihm entfernt.

„Das Geschöpf nähert sich dem Guten nur durch Teilhabe an dem, der besser ist als es selbst. Es hat nicht nur einfach angefangen zu existieren, sondern es mußte auch anfangen, im Guten zu leben; und es befindet sich überdies in einem Zustand des ständigen Beginnens; denn es kann stets weiterwachsen zum Guten hinan."[10]

So ist der Mensch fähig, voll über das Geschenk der Freiheit zu verfügen. Auf der Grenze zwischen Gut und Böse kann er sich Gott zuwenden und ihn immer mehr in sich abbilden. Aber er hat von Natur aus auch die Möglichkeit, sich dem Nichts zuzuwenden, woher er gekommen ist. Er muß also wählen; er ist frei, aber er kann nicht unveränderlich bleiben. Die natürliche Bewegung des Menschen wird in dem Maße ein aktives Tun, wie der Mensch das Gute tut; aber sie wird ein Zustand der

Schwäche (griechisch: „Passion", Leidenschaft), wenn der Mensch sich durch das Böse zum Nichts hinziehen läßt.

2. Die Sünde

Hiermit ist die „ideale", aber nicht die tatsächliche Situation des Menschen beschrieben; „aktuell" ist er nämlich durch die Sünde geprägt. Warum aber hat der Mensch gesündigt, und was ist Sünde überhaupt? Sein Fall besteht nicht darin, daß er Gut und Böse unterscheiden wollte, denn Gott hat ihm ja die Gabe der Unterscheidung gegeben; er besteht darin, daß der Mensch das Böse im biblischen Sinn des Wortes „erkennen" wollte, das heißt: daß er dessen Erfahrung machen wollte. Weiter noch: Der Mensch zwischen Geist und Sinnlichkeit hat einen falschen Maßstab genommen; statt die Dinge mit dem Blick auf Gott zu beurteilen, hat er für gut erachtet, was seiner Sinnlichkeit gut vorkam. Das Böse bedeutet Gespalten-sein; der Dämon tut nichts anderes, als auf sinnliche Weise gut erscheinen zu lassen, was es in Wirklichkeit nicht ist. Und angetrieben durch seinen Elan zum Guten stürzt der Mensch kopfüber in die Täuschung; denn er wendet seine Unterscheidungskraft nicht an. Die göttliche Pädagogik aber nimmt diese Eigenart des Bösen auf. Gott nämlich läßt den Menschen seine Illusion auskosten; und durch diese Erfahrung wird dieser sich selbst Rechenschaft darüber geben, daß dasjenige, was so gut erscheint, einen bitteren Geschmack hat. Diese göttliche Pädagogik geht bis zum Ende. Den Menschen, der sich während des irdischen Lebens vom Bösen abgewandt hat, wird die Hölle durch eine noch strengere Prüfung in eine endgültige Reinigung zurückführen. Für Gregor kann die böse Hinneigung dieser Erfahrung nicht endgültig widerstehen, und es gibt keinen auf ewig Verdammten. (Bis heute denken Theologen wie H. U. v. Balthasar über diese Frage nach.)

Die schlechte Wahl des Menschen hat das Böse zuerst in die Welt gesetzt. Daher leben wir unser weltliches Dasein in einer Verflechtung von Gut und Böse, und die Aufgabe des Christen besteht darin, dem einen zu sterben, damit das andere allein in uns existiere. Als zweite Konsequenz daraus hat der Mensch sich mit der Sünde der zyklischen Bewegung der Materie verschrieben. Als er das Sinnenhafte zum Maßstab für das Gute nahm, statt es im Blick auf Gott hin zu beurteilen, hat er sich selbst in die sinnenhafte Welt eingebunden. Der Mensch ist damit in den unaufhörlichen Kreislauf von Sattheit und Ekel eingetreten. Sinnenhaftes Vergnügen kennt ja keine Sättigung, und die Materie kann sich selbst nicht von ihrer Begrenztheit befreien. Um diesen Teufelskreis zu durchbrechen, mußte Gott durch die Menschwerdung eingreifen; dadurch hat er das ständige Schwanken, das der menschlichen Kreatur innewohnt, umgewandelt und in eine einzige Richtung, die zum Guten führt, gelenkt. Wer Christus anhängt, ist aus diesem Kreislauf gerettet und von seinen Leidenschaften befreit.

Aber die Sünde hat noch tiefere Folgen. Wer sich in freier Wahl dem materiellen Leben zuwendet, hat sich in materielle Bedingungen hineinbegeben, die ausgeschlossen bleiben vom Plan der Vergöttlichung, vom Fortschritt auf das Gute hin, von der Seligkeit, die Gott in sich hat und die sich erst am Ende der Zeiten voll verwirklichen wird. Vorübergehend hat der Mensch sich also in eine Welt des Vergänglichen hineinversetzt; und nach Gottes Vorhersicht hat er sich diesem angepaßt. Das ist unser biologischer Zustand, der mit Geburt, körperlichem Wachstum, Altwerden und Sterben umrissen ist. Auch die Sexualität, wodurch das Menschengeschlecht in der Zeit vermehrt wird, gehört nach Gregor zu dem, was er unser „Gewand von Haut" nennt, aus dem der Tod uns befreien wird.

„Wenn wir diese tote und häßliche Haut, die vom Fell der Tiere gemacht ist und uns umkleidet, abgeworfen haben – unter dieser Haut verstehe ich die Form der tierischen Natur, mit der wir uns wegen des Handels-eins-werdens mit dem sinnenhaften Leben umkleidet haben –, dann werfen wir mit ihr auch alles das ab, was uns mit der tierischen Haut noch überdies übergezogen wurde. Und diese, unserer Natur übergezogenen Dinge sind: die Einheit mit dem Leib, die Empfängnis, die Geburt, die Zeit des Stillens, die Nahrung, die Süchte, die Jugend, die Reife, das Alter und der Tod."[11]

Im Unterschied allerdings zu den Leidenschaften, die durch die Mühe einer bewußten Askese langsam abgelegt werden können, sind die eben aufgezählten Wirklichkeiten nicht in sich schlecht. Sie entspringen einfachhin der Anpassung an die Vergänglichkeit, werden eines Tages hinfällig und verschwinden bei der letzten Reinigung des Menschen im Tod. Wie ein Töpfer es mit der Tonvase macht, in die Blei eingesickert ist und sich verfestigt hat, so zerschlägt Gott beim Tod die Vase unseres Körpers, entfernt die Bleispuren und formt von neuem eine Vase in der ursprünglichen Gestalt.

3. Das geistliche Leben

Geistliches Leben bedeutet also: In Erwartung der letzten Reinigung Sorge dafür tragen, daß das Bild Gottes, das die Sünde ausgelöscht hat, in uns wieder aufscheint. Wie ein unsauberer Spiegel ist die Seele mit einer Art von Schmutz bedeckt, der sie daran hindert, das Urbild widerzuspiegeln. Die Rückkehr zur Gnade, wie sie ursprünglich in jeder Seele war, ist nur möglich, weil Christus durch seine Inkarnation für einen jeden von uns Grund und Ursache der Wiederherstellung geworden ist. Dieses Geschenk, das Gott uns durch die Inkarnation macht, wird nur in dem Maße wirklich und wirksam, wie eine Seele sich ihm angleicht. Das Heil besteht also im Zusammenwirken von göttlicher Gnade und menschlicher Freiheit: „Das Göttliche bekommt für uns immer nur eine solche Gestalt, wie wir uns in Freiheit vor Gott zeigen."

Es ist nämlich Eigenart der menschlichen Natur, daß sie sich in dasjenige umformt, was sie betrachtet.

,,Sie ist geschaffen, das zu übernehmen, was ihr gefällt, und sie formt sich auf das hin um, wohin die Neigung des freien Willens sie führt. Übernimmt sie die Leidenschaft des Zornes, wird sie zornig."[12]

Wenn aber die Seele ihr Außen auf das *Wort* richtet, ist es dieses Wort, das sie aufnimmt; ist es das Wort, wohinein sie sich umformt, und ist es das Wort, dem sie nahekommt. Gregor also setzt ganz bewußt die Kontemplation in die Mitte des geistlichen Lebens: ,,Man kann sich nur zu Gott erheben, indem man seine Augen ständig auf das Gute dort oben richtet."[13]

Die Gotteserkenntnis ist also ein Zentralanliegen. Der Seele, die auf der Suche nach Gott ist, wird es zuerst regelrecht schwindelig vor der Unendlichkeit seines Wesens, die das Erkennen für unseren begrenzten Geist unerreichbar macht. ,,Sie findet nichts, keinen Ort, keine Zeit, kein Maß und überhaupt nichts, was dem Geist einen Ausgangspunkt geben könnte."[14] Und das ist die wahre Gotteserkenntnis, eine ,,Erkenntnis" seiner Transzendenz über alles Geschaffene hinaus:

,,Die wahre Erkenntnis dessen, was man sucht, und dessen wahre Schau besteht eben im Verständnis, daß das, was man sucht, alles Erkennen übersteigt, daß es in jeder Hinsicht durch seine Unfaßbarkeit wie durch eine Nacht (von uns) geschieden ist."[15]

Der Seele droht deshalb die Gefahr – und Gregor spricht öfters davon –, daß sie verzweifelt und daß ihr ,,jede Idee von Gott (aus den Händen) gleitet". Aber der Mensch hat dennoch einen Weg, um Gott zu ,,begreifen"; es ist die einzige Möglichkeit: Es ist der Glaube. Der Christ wird wie Abraham aufgefordert, sein Land zu verlassen; das meint, alle Gedanken von Gott, die unvermeidbar niedrig und begrenzt sind, zu überschreiten, um Gott in einem nackten und reinen Glauben zu ,,erfassen". Dieser Glaube ist ein Elan der Liebe; er ermöglicht ein tatsächliches ,,Begreifen" von Gott über alle ,,Begrifflichkeit" hinaus; er schenkt eine sichtbare Wahrnehmung von Gott, die aber schwach und undeutlich bleibt.

Gregor nennt sie ,,Tropfen der Nacht", indem er in der XI. Homilie zum Hohenlied Salomos ein Bild des biblischen Textes aufgreift. In diesem ,,Begreifen" gibt es kein ,,Erkennen" Gottes, der ja transzendent bleibt, aber man ,,findet" ihn.

,,Als ich die ganze Schöpfung verließ und alles hinter mir ließ, was in ihr erkennbar ist, als ich auf die Hilfe des Verstehens verzichtete, fand ich durch den Glauben den, den ich liebe; ich halte mich an den, den ich im Begreifen des Glaubens gefunden habe und lasse ihn nicht entkommen, bis daß er eintritt in mein Zimmer."[16]

Das ,,Begreifen" Gottes jenseits der Begrifflichkeit bedeutet aber nicht, daß der Glaube keinen Inhalt habe. Glaube ist für Gregor Glaube an Christus; er bietet sich uns zu unserem Heil in der zweifachen Weise an, die unserer doppelten Natur entspricht, der sinnenhaften und der geistigen:

„Weil das menschliche Sein ein zweifaches ist, gebildet aus einer Seele und einem Leib, müssen die Menschen auf ihrem Weg zum Heil notwendigerweise zweifachen Kontakt – sowohl mit Seele wie mit Leib – mit dem Chorführer nehmen, der sie zum Leben leitet."[17]

Die geistige Erkenntnis Gottes geschieht durch die Heilige Schrift; denn das *Wort* dringt in den Geist ein wie ein spirituelles Wasser, das Tropfen für Tropfen von den Heiligen und den Gott-Begeisterten hervorquillt. Propheten, Evangelisten, Apostel schöpfen für uns aus verborgenen und unsichtbaren Quellen und werden für uns zu Flußbetten, die von diesen Wassern erfüllt sind. Aber was bedeutet dann noch der Einwurf, daß alles Begreifen abgeworfen werden muß? Das heißt: Weil Gott größer ist als alles, was wir von ihm begreifen können, ist die Seele aufgefordert, niemals bei dem stehenzubleiben, was sie jeweils von Gott erblickt hat; sie muß immer neu tiefer eindringen ins Innere; sie muß jedesmal die Gegenwart Gottes tiefer erschauen. Und was vom „Begreifen" des Wortes Gottes gilt, gilt auch von den Sakramenten, dem anderen Mittel, durch das sich Gott nicht nur dem Geist greifbar macht, sondern auch der Sensibilität und dem menschlichen Leib, und den Menschen Rettung schenkt.

Der Mensch allerdings als endliches Geschöpf besitzt von sich aus keineswegs diese Fähigkeit des ständigen Überschritts; es ist die Einwohnung Christi, die seine eigenen Begrenztheiten ständig weitet. Geistliches Leben ist somit eine Geburt Christi in uns:

„Jesus, das Kind in uns, nimmt bei denen, die es aufnehmen, in ihrer Weise zu an Weisheit, Alter und Gnade. Das geschieht nicht in gleicher Weise bei jedem, sondern paßt sich dem Maß derjenigen an, in denen es geschieht. Je nach den Fähigkeiten dessen, der es aufnimmt, zeigt sich Christus als Kind, Fortschreitender oder schon Vollendeter."[18]

Die Seele ist nicht ein einfacher Ort, wo Christus aufgenommen wird, sondern es entsteht eine Symbiose zwischen ihr und dem *Wort,* welche sie umformt und unaufhörlich weitet. Und das ereignet sich bei der Annahme Christi in der Schrift und ebenso bei der in den Sakramenten:

„Die Liebe bewirkt eine physische Einheit mit der Seele. ... Deshalb gibt derjenige, der immer existiert, sich uns bewußt als Speise, damit wir, die wir ihn in uns aufgenommen haben, dasjenige werden, das er selbst ist."[19]

Man sieht: Gregors Mystik ist von Grund auf kirchlich, sakramental und christozentrisch.

So wie die Natur Gottes unendlich ist, zieht die Einigung der Seele mit Gott diese in einen unaufhörlich wachsenden Fortschritt hinein. Selbst in dem Augenblick, in dem die Seele ganz und gar erfüllt und bis ins Innerste geeint ist, wird sie durch die Gegenwart Gottes von neuem geweitet und fähig gemacht, noch mehr zu ersehnen. Im Unterschied zum sinnenhaften Ersehnen, ist diese Sehnsucht nach Gott jedesmal erfüllt, kennt aber weder Satt-werden noch Überdruß. Der Mensch ist also aufgefordert, die Grenzen seiner Natur zu überschreiten. Das ist das Prinzip seiner Vergöttlichung: Vergessend, was hinter ihr ist und was sie eben noch neu ergriffen hat, ist die Seele dazu bestimmt, für alle Ewigkeit ständig voranschreitend an den göttlichen Gütern teilzuhaben – das ist die Seligkeit.

4. Die Lehre vom Endzustand

Die Grundwirkung der Sünde ist die Abspaltung. Und daher kämpft das Fleisch in jedem Menschen gegen den Geist; der äußere Mensch ist getrennt vom inneren Menschen; das Menschsein ist zerschlagen in verschiedene Geschlechter, es findet sich getrennt von der Natur der reinen Geister. Und alle diese Trennungen zerstören das einzig-eine Lob des einzig-einen Gottes, zu dem die gesamte Schöpfung berufen ist.

Tugend und geistliches Leben haben also die der Sünde entgegengesetzte Aufgabe: damit zu beginnen, jetzt schon die zerbrochene Einheit wiederherzustellen. Äußere gute Taten legen in jedem Menschen mehr und mehr seine innere Reinheit offen. Gregor sieht also in den Tugenden nicht so sehr ein aszetisches Tun, das vorbereitet zur Kontemplation, sondern ein immer intensiveres Ausstrahlen der Gegenwart Gottes. In Christus zuerst geschah die Versöhnung von Fleisch und Geist; von ihm her soll das gleiche bei jedem geschehen in dem Maße, wie er Christus in sich wirken läßt. Christus wird also zum „Angelpunkt", an dem die zwei Seiten unseres Person-seins, Seele und Leib, sich gemeinsam zu der stets gleichen Höhe erheben. Grund dieser „Erbauung" aber ist die Nachahmung Christi, der allein die vollkommene Tugend ist. Paulus, der im Inneren die unzugängliche und transzendente Gnade erstrebt, wird selbst hinwiederum nach außen zu einem „Wohlgeruch Christi"; der göttliche Bräutigam durchströmt sein ganzes Leben mit dem Balsam seiner Tugenden, und dadurch wird auch das Leben des Paulus zu einem Wohlgeruch, den alle anderen einatmen dürfen. Die letzten Homilien über das Hohelied betonen unaufhörlich, wie sehr der Lobgesang der Tugenden der Braut ein Zeichen für die Einwohnung Gottes in ihr ist. Sie übt alle Tugenden aus und zeigt, daß die Tugenden nichts anderes sind als das Einwohnen des wahrhaften Wortes in ihr. „Ich bin meinem Vielgeliebten, und mein Vielgeliebter ist mir: Das ist Richtschnur und Definition der Tugend", sagt die XV. Homilie über das Hohelied Salomos. Die Tugend wird aus einer liebenden Schau Gottes geboren, aus einer Einigung mit Christus, der in uns den Zusammenklang dessen, was getrennt war, wiederherstellt. In diesem Sinne also wird nach Gregor Christus „unser Friede".

Die Einheit ist bestimmend für die ganze Kirche, in der eine nun endlich wieder eins-werdende Menschheit errichtet wird. Vom Wohlgeruch Christi angezogen, wird Paulus zum Wohlgeruch für die anderen.

Gregors geistliche Vorbilder sind nicht die Einsiedler, sondern Paulus und Mose, die Hirten des Volkes, oder die Braut des Hohenlieds, die mahnende Worte an die Mädchen richtet. Die Aufspaltung des Menschseins hat ja ihre Folgen für die Einheit des Individuums; denn das wahre Bild Gottes ist nicht die Einzelseele, sondern die gesamte Menschheit, die wieder eins-geworden ist. Wenn der Einzelmensch zur Einheit zurückfindet, strahlt dies auch auf die anderen über, und das Gut, das die Sünde zerstört hat, wird wiederhergestellt,

„bis daß alle, die das gleiche ersehnen, eins geworden sind und, da nun kein Übel mehr in einem jeden von ihnen übriggeblieben ist, Gott alles in all denen geworden ist, die durch die Einheit der Teilhabe am Guten miteinander verwoben sind, jeder mit jedem."

Das letzte ist dann die Vereinigung der Menschheit mit der Engelwelt. Und das erst wird die von Gott gewollte Zeit wiederherstellen, in der die geistige Natur, also Menschen und Engel, „einen einzigen Chor bilden, der auf den gleichen Chorführer blickt",[20] auf Christus. Die Einheit der Stufenleiter des Seienden ist wiederhergestellt, und durch Christus ist das Universum heimgekehrt in die Einheit mit Gott.

Nun also ist die Menschheit durch ihre Einheit ein reines Bild der Einzigkeit Gottes und durch ihre ständig wachsende Sehnsucht ein Bild seiner unendlichen Liebe.

IV. Einfluß

Der Einfluß Gregors auf Leben und Mystik späterer Zeit ist noch dunkel; diesem Thema sind erst wenige Studien gewidmet worden. Sicher hat Gregor Bedeutung für die syrische Geistigkeit, denn es gibt Übersetzungen seiner Werke vom 6. bis zum 10. Jahrhundert und darüber hinaus (Homilien über das Hohelied Salomos, „Über die Seligpreisungen", „Über das Vater-Unser"; die Traktate „Zum Sechstagewerk" und „Über die Erschaffung des Menschen"; „Das Gespräch mit Makrina"; „Die katechetischen Unterweisungen"; „Der Traktat über die Jungfräulichkeit" usw.).

Gregors Einfluß im christlichen Osten ist für den Bereich der Spiritualität viel stärker als auf dem eigentlich aszetischen Gebiet. Viele seiner Ideen wurden durch die Vermittlung des Pseudo-Dionysius bekannt. Manche Gemeinsamkeiten zwischen beiden Autoren gehören aber zum größeren Überlieferungsstrom des alexandrinischen Denkens: die Notwendigkeit des Kampfes gegen die Leidenschaften, die Bedeutung des tugendhaften Lebens, das Ideal des engelgleichen Lebens, die Leidenschaftslosigkeit. Ein direkter Einfluß läßt sich aufzeigen, wo Gott als unerkennbar bejaht wird, daß er sich nur durch seine „Energien", seine

Gerechtigkeit, seine Güte, seine Vorsehung und seinen Frieden, offenbart, wo somit das Thema der Dunkelheit zum Zentrum des geistlichen Lebens gemacht wird. Man hat auch versucht, Beziehungen zwischen Gregor von Nyssa und westlichen Mystikern der Nachtspiritualität, besonders mit Johannes vom Kreuz, herzustellen; aber ein direkter Einfluß ist nicht aufzuzeigen. Wahrscheinlich ist es Pseudo-Dionysius, dessen Ausstrahlung diese Spiritualität verbreitet hat.

Im christlichen Osten findet man die Grundthemen der Mystik Gregors – vermittelt durch die systematische Rezeption des Pseudo-Dionysius – bei Maximos dem Bekenner. Nach I. Meyendorff kann man in den Werken Gregors von Nyssa und Maximos' die ersten Ansätze einer Mystik der „Orthodoxie" finden, die dann von Gregor Palamas ausgearbeitet wird. Gregor Palamas kannte Gregor von Nyssa, und man findet in seinen Schriften manche wörtlichen Zitate des Nysseners. Von ihm übernimmt er manche seiner Thesen: daß Gott in seinem Wesen unerkennbar bleibt und daß dasjenige, was wir von ihm erkennen, immer durch die Begrenztheit unserer Aufnahmefähigkeit eingeschränkt ist; daß aber Gott in seiner Unsichtbarkeit in uns gegenwärtig ist und sich im Spiegel-Bild erkennen läßt. Gregor Palamas systematisiert die von Gregor von Nyssa skizzierte Unterscheidung zwischen dem unerkennbaren göttlichen Wesen und den göttlichen Energien. Und wie Gregor von Nyssa glaubt auch er für das Jenseits an ein unbegrenztes geistliches Voranschreiten.

Diese letzte Thematik, die sonst unter geistlichen Autoren weniger bekannt ist, erlaubt auch die Vermutung an einen Einfluß Gregors auf Scotus Eriugena und Wilhelm von Saint-Thierry. Aber die einzige sichere Spur für diese Epoche ist die Schrift „Über die Erschaffung des Menschen", die Scotus Eriugena übersetzt hat; das gilt auch für die Anthropologie Wilhelm von Saint-Thierrys und – wahrscheinlich durch seine Vermittlung – für die Anthropologie, die Bernhard von Clairvaux in der 80. und 82. Ansprache zum Hohenlied Salomos entwirft.

Der Einfluß Gregors auf die Nachwelt ist also meist unbestimmt und nur schwer genau aufzuzeigen. Doch Gregor steht am Anfang großer mystischer Traditionen: in der Ostkirche am Anfang der Tradition, die in Gott zwischen Wesen und Energien unterscheidet, und in der lateinischen Kirche am Beginn der sogenannten „Nachtmystik". Vom reichen Fließen der Quelle aber hängt die Tiefe des Stroms ab.

Heinrich Bacht

EUAGRIOS PONTIKOS

(ca. 345–ca. 399)

Auch die Geschichte der christlichen Mystik kann mit Überraschungen aufwarten. Noch bis zum Beginn unseres Jahrhunderts spielte in ihr der Name des Euagrios Pontikos (lat. Evagrius Ponticus) eine sehr bescheidene Rolle. Wenn man sich seiner erinnerte, dann rangierte er unter den großen Meistern der christlichen *Askese* oder unter den großen *Moralisten.*[1] Erst seit W. Bousset in seinen ,,Euagriosstudien"[2] auf die epochale Bedeutung des Euagrios als Mystikers hingewiesen hatte, änderte sich die wissenschaftliche Landschaft grundlegend. Seither wissen wir, daß in seinen Werken ,,wie in einem Brennspiegel die Gedankenarbeit der großen Lehrer des christlichen Alexandria zusammengefaßt war",[3] und daß er für Jahrhunderte die asketische und mystische Literatur der Griechen und Syrer so entscheidend beeinflußte, daß beispielsweise noch Maximos der Bekenner (gestorben 662), der große Erklärer des Pseudo-Dionysios, seine ganze geistliche Lehre nicht diesem ,,Vater der christlichen Mystik" entlehnte, sondern eben dem Euagrios, und das zu einer Zeit, da auf diesem schon ein Jahrhundert lang das Verwerfungsurteil des 5. Allgemeinen Konzils (von Konstantinopel, 553) lag.[4] Und wenn noch bis vor einigen Jahrzehnten über das literarische Erbe des Euagrios gerade als Folge der kirchenamtlichen Verurteilung heillose Ratlosigkeit bestand, so ist mittlerweile durch Forscher wie A. und C. Guillaumont, H. U. von Balthasar, I. Hausherr und andere die notwendige literarkritische Grundlage geschaffen worden, um mit Zuverlässigkeit an die geistesgeschichtliche Einordnung dieses gelehrtesten unter den frühägyptischen Mönchen heranzugehen.

I. Das Leben

Im Vergleich mit vielen anderen seiner Zeitgenossen im ,,Goldenen Jahrhundert" der frühen Patristik, das uns eine solche Fülle großer Namen in Ost und West beschert hat, sind wir über die Lebensgeschichte des Euagrios sehr gut unterrichtet. Das verdanken wir neben den beiden großen Kirchenhistorikern Sokrates (gestorben nach 439) und Sozomenos (gestorben nach 450) vor allem dem Schüler des Euagrios, Bischof Palladios von Helenopolis, dem Verfasser der berühmten ,,Historia Lausiaca".[5] Um 345 wurde Euagrios als Sohn eines Chorbischofs in dem wenig bekannten Ort Ebora in der Provinz Pontos am Schwarzen Meer geboren. Der Ort lag nahe bei Annesoi am Ufer des Iris, wo die Familie des Basileios des Großen ein Anwesen hatte, auf das dieser sich eine zeitlang mit seinem Freund Gregor von Nazianz zurückzog (337/338). Schon früh finden wir Euagrios in Verbindung mit den großen Kappadokiern. Basileios weihte ihn zum Lektor. Daß Euagrios für einige Zeit der Mönchsgemeinde unter Basileios angehört hat, wird neuestens bestritten; fest steht dagegen, daß er im Umgang mit Basileios und seinen Gesinnungsgenossen ersten Kontakt mit den Ideen des Origenes gefunden hat. Vor allem mit Gregor von Nazianz verband ihn enge Freundschaft. Euagrios sprach von ihm als dem ,,Meister", der ihn ,,gepflanzt habe". Gregor war es auch, der ihm die Diakonenweihe erteilte. Kein Wunder daß dieser ihn auch in seinem Testament bedacht hat.[6] Als Gregor 378 auf Drängen des Kaisers Theodosios I. den Patriarchenstuhl von Konstantinopel bestieg, nahm er seinen Diakon Euagrios mit. So finden wir diesen im Jahr 381 auf der Reichssynode von Konstantinopel, auf der er sich als geschickter Dialektiker einen Namen machte. Als Gregor noch im gleichen Jahr enttäuscht und verbittert den Patriarchenstuhl wieder aufgab, blieb Euagrios als Archidiakon des neuen Erzbischofs Nektarios (gestorben 397) zurück, der seine dialektische Gewandtheit im Disput mit den Irrlehrern zu schätzen wußte. Aber dann kam das Ereignis, das der hoffnungsvollen Karriere des jungen Klerikers ein jähes Ende setzte. Zwischen ihm und der Gattin eines hohen Beamten entspann sich ein Verhältnis, das sich zur Tragödie zu entwickeln drohte. Ein aufregender Warntraum öffnete ihm die Augen für die Gefahr, in die er sich begeben hatte. Eiligst verließ er die Hauptstadt und begab sich nach Jerusalem. Warum er gerade diesen Ort wählte, ist nicht überliefert.

Dort schloß er sich dem Kreis um die Römerin Melania die Ältere[7] und ihren geistlichen Berater Rufinus von Aquileja (gestorben 410) an. Melania und Rufinus waren entschiedene Anhänger des Origenes. Vielleicht haben wir darin sogar die Erklärung für die Wahl Jerusalems zu suchen, nachdem Euagrios bereits durch seine kappadokischen Lehrer und Freunde für die Sache des Alexandriners gewonnen worden war. Noch herrschte Friede, da Bischof Epiphanios von Cypern, der ,,Ketzerjäger vom Dienst", seine Kampagne gegen Origenes noch nicht begonnen hatte und Patriarch Theophilos von Alexandrien noch seine schützende Hand über die Anhänger des Origenes hielt. In Jerusalem befiel eine rätselhafte Krankheit den Neuankömmling. Trotz aller Bemühungen wollte sich keine Heilung einstellen. Es war Melania, die mit scharfem Blick erkannte, daß es sich um ein ,,psychogenes Leiden" handelte. Als Euagrios bekannte, daß er seinen in Konstantinopel gefaßten Entschluß zu radikalem Lebenswandel nur lässig erfüllt habe, drang sie in ihn, nun endlich ernst zu machen. Auf ihren Rat hin brach er nach

Ägypten auf.[8] Das war im Jahre 383. Seit langem hatten sich in Unterägypten auf der linken Nilseite größere Mönchsgruppen in mehr oder minder lockeren Verbänden niedergelassen, in der nitrischen Wüste, ungefähr 50 km südöstlich von Alexandrien und noch weiter südlich in der Kellienwüste (*Kellien,* nach den Mönchskolonien, wo jeder einzelne für sich in einer *Zelle* wohnte).[9] Zunächst blieb Euagrios für zwei Jahre in Nitrien, um sich auf die strenge Anachorese (Einsiedlerleben) in den Kellien (Zellen) vorzubereiten. Damals lebten noch einige der großen Männer der ägyptischen Mönchsgeschichte, darunter vor allem Makarios „der Ägypter" und der Priestermönch Makarios von Alexandrien. Beide gewannen großen Einfluß auf die mönchische Prägung des Euagrios. Die „Apophthegmata Patrum", jene einzigartige Sammlung von „Vätersprüchen" aus dem Anfang des 5. Jahrhunderts, haben uns einige Texte überliefert, die deutlich machen, daß es dem hochgebildeten Mann nicht leicht gemacht wurde, in dieser neuen Umgebung heimisch zu werden. Ein Beispiel sei zitiert: Eines Tages hatte Euagrios in einer Mönchsversammlung zu einer anstehenden Frage das Wort ergriffen. Darauf sagte der Priester der Kellien: „Abba, wir wissen, daß du, wenn du in deiner Heimat geblieben wärest, sicherlich als Bischof an der Spitze vieler Leute ständest. Aber hier bist du jetzt ein Fremder!" Da neigte Euagrios zerknirscht sein Haupt und sprach: „Ja, so ist es, Vater. Aber ein Mal habe ich gesprochen (und) ich werde es nicht wieder tun."[10] Euagrios war klug genug, um zu begreifen, daß die aus der asketischen Praxis gewonnene Erfahrung hilfreicher sein kann als ein noch so intensives Bücherstudium.[11]

Besonders herzliche Aufnahme fand Euagrios bei den „origenistischen Mönchen", die schon vor seiner Ankunft von sich reden machten. Epiphanios hatte schon zehn Jahre zuvor in seinem „Arzneikasten" beklagt, daß bei manchen Mönchen Ägyptens, die bei ihresgleichen hoches Ansehen genossen, die Ideen des Origenes verbreitet seien (man befürchtete eine spirituelle Intellektualisierung des konkreten Glaubens).[12] Einzelheiten erfahren wir bei Palladios: Den Mittelpunkt bildeten die vier „Langen Brüder", an ihrer Spitze Ammonios, dem das elfte Kapitel der „Historia Lausiaca" gewidmet ist.[13] Palladios weiß über seine Askese Erstaunliches zu berichten. Kein Wunder, daß Erzbischof Theophilos ihn gerne in die Hierarchie aufgenommen hätte. Kurz entschlossen schnitt Ammonios sich das linke Ohr ab und drohte sich auch noch die Zunge abzuschneiden, wenn man nicht von ihm ablasse. Ebenso staunenswert war seine hohe Bildung. Er kannte nicht nur die ganze Heilige Schrift auswendig, sondern beschäftigte sich auch mit großem Eifer mit dem Studium des Origenes und seiner Schüler. Um die vier „Langen Brüder" sammelten sich zahlreiche Gesinnungsgenossen. Ihr Ruf drang über die Grenzen Ägyptens hinaus. Als Melania die Ältere im Jahr 373/74 die nitrische Wüste besuchte, nahm sie mit ihnen Kontakt auf. Das gleiche tat fast um dieselbe Zeit Rufinus von Aquileja.[14] Als der Arianismus

(Lehre des Arius: Christus ist nicht wahrer Gott) unter Kaiser Valens (364–378) eine Zeitlang die Oberhand gewann, mußten diese Mönche nach Diocäsarea in Palästina ins Exil, wo ihnen Melania zu Hilfe kam.

Es war also nicht von ungefähr, daß Melania 383 dem Euagrios riet, gerade in die ägyptische Wüste zu gehen, um sich in das entschiedene Mönchtum einweihen zu lassen. Euagrios schloß sich besonders dem Ammonios an, dem er das Zeugnis gab: „Ich habe niemals einen Menschen gesehen, in dem jede Leidenschaft so gänzlich erstorben war."[15] Die beiden Männer schlossen bald eine enge Freundschaft. Euagrios berichtet selbst, daß sie zusammen einen Besuch bei dem wegen seiner prophetischen Gabe hochberühmten Mönch Johannes von Lykopolis gemacht hätten.[16] Wenn Palladios in diesem Kontext von der „synodia" (Reisegesellschaft) des Euagrios spricht, dürfen wir annehmen, daß dieser mittlerweile zum führenden Mann bei den nitrischen Mönchen geworden war. Es konnte daher nicht ausbleiben, daß er in die damals ausgetragene Kontroverse über die rechte Gottesvorstellung (Anthropomorphiten-Streit: darf man sich Gott „menschlich", anthropomorph, vorstellen?) hineingezogen wurde. Die breite Masse der Mönche stieß sich an der von Origenes entwickelten allegorischen Auslegung der biblischen Gottesaussagen; sie nahmen die biblische Bildrede von der „Leibhaftigkeit" Gottes wortwörtlich. Seit wir wissen, daß der unter dem Namen des Neilos von Ankyra überlieferte „Traktat über das Gebet" von Euagrios stammt,[17] kennen wir die Position, die Euagrios in diesem Streit bezogen hat. Es gibt sogar gute Gründe für die Annahme,[18] daß Euagrios durch seine subtile Theologie diesen Streit entfacht hat.[19] Solange Erzbischof Theophilos seine wohlwollende Einstellung zum Origenismus bewahrte, bestand keine Gefahr. Als er in seinem Osterfestbrief vom Jahre 399 gegen die Anthropomorphiten Stellung nahm, erhob sich in den breiten Mönchskreisen heftiger Widerspruch, unter dessen Druck Theophilos seine Einstellung zu Ammonios und seinen Genossen radikal änderte. In den sich anschließenden Streitereien spielte ein ehemaliger Vertrauter des Erzbischofs namens Isidor, Vorsteher des Fremdenhospizes von Alexandrien, eine wichtige Rolle. Da dieser ein notorischer Origenist war, geriet alles, was zu Origenes hielt, in dies allgemeine Desaster mit hinein. Isidor flüchtete sich zu den „Langen Brüdern", die den Mut hatten, sich öffentlich für ihn einzusetzen. Als Theophilos mit einer Militäreskorte in die nitrische Wüste eindrang, ergriffen die Origenisten die Flucht und brachten sich beim Erzbischof Johannes Chrysostomos in Konstantinopel in Sicherheit. Euagrios blieb von dieser Katastrophe unberührt, da er bald nach Epiphanie 399 gestorben war.

II. Das Werk

„Nachdem Euagrios 15 Jahre lang das Herz von allem Irdischen gänzlich geläutert hatte, wurde ihm die Gabe der Weisheit, der Erkenntnis und der Unterscheidung der Geister verliehen. Nun schrieb er drei Bücher: die ‚Hierá', die ‚Mönche' und die ‚Gegenreden', in denen er die Weise, den Dämonen zu widerstehen, darlegt." In diese Worte faßt Palladios[20] das literarische Werk des Euagrios zusammen. Deutlicher ist die Angabe bei dem alten Kirchenhistoriker Sokrates[21]; dort werden folgende Werke aufgezählt: „‚Der Mönch' (= Praktikós), das über das tätige Leben handelt; der ‚Gnostikós', worin über die geistliche Erkenntnis gehandelt wird, weiter die ‚Gegenreden', eine Sammlung von Bibeltexten zur Abwehr versucherischer Gedanken (Logismoi), endlich die 600 ‚Problemata gnostiká', zu denen noch zwei in Versen abgefaßte Schriften (Sticherá) kommen, eine für Koinobiten, die andere für eine Nonne." All diese von Sokrates genannten Schriften sind uns erhalten; sie stellen die erste Gruppe von Schriften innerhalb der literarischen Hinterlassenschaft des Euagrios dar.[22]

1. Der „Praktikós" besteht aus hundert kurzen „Kapiteln", bildet also eine „Centurie" (nach centum = hundert).[23] Der von J. B. Cotelier im Jahr 1686 edierte Text[24] war schon von J. Muyldermans[25] als völlig entstellt nachgewiesen worden. Mittlerweile haben wir dank der unermüdlichen Forscherarbeit von Antoine und Claire Guillaumont eine zuverlässige Edition, der eine reich kommentierte französische Übersetzung beigegeben ist.[26] Inhaltlich liegt der Wert dieser Schrift darin, daß sie am vollständigsten die spezifisch asketische Lehrmeinung des Euagrios bietet.

2. Den Prolog zum „Praktikós" bildet ein Brief des Euagrios an den „geliebten Bruder Anatolios vom Heiligen Berg". Man vermutet dahinter einen Mönch vom Kloster der Melania, das diese am Ölberg in Jerusalem gegründet hatte und wo Euagrios für einige Zeit gelebt hatte.[27] In dem Brief kündigt Euagrios als Fortsetzung des „Praktikós" eine Schrift über das „gnostische Leben" an, kurz „Gnostikós" genannt. Diese schmale Schrift – sie umfaßt nur eine halbe Centurie – ist im griechischen Original nur fragmentarisch erhalten, dafür besitzen wir sie aber vollständig in einer syrischen und armenischen Übersetzung.[28] Die Weise, wie Euagrios dieses Werk ankündigt, zeigt, daß er um ihren esoterischen Charakter durchaus weiß.

3. In dem gleichen Brief an Anatolios erwähnt Euagrios noch ein drittes Werk, über das Sokrates ausführlicher berichtet.[29] Es sind die „Kephálaia gnostiká", wohl das Hauptwerk des Euagrios. Wegen des ausgeprägten origenistischen Einschlags geriet es in der Orthodoxie auf die „schwarze Liste". Das erklärt, daß vom griechischen Original nur Fragmente erhalten sind. Dagegen besitzen wir eine armenische und

zwei syrische Übersetzungen des ganzen Werkes, wobei die eine einen vom Origenismus weithin purgierten Text darstellt.[30]

4. Das von Palladios, Sokrates und Gennadios erwähnte Werk ,,Antirrhéticos", das nur in Syrisch und Armenisch erhalten ist, bietet eine in acht (nach der Zahl der ,,acht bösen Gedanken") Teile gegliederte Sammlung von Bibeltexten zur Abwehr versucherischer Gedanken dar. Insgesamt sind so 487 Bibelstellen aneinandergereiht.[31]

5. Während die bisher genannten Werke für Anachoreten (Einsiedlermönche) bestimmt sind, wenden sich zwei in gebundener Rede verfaßte Schriften an Koinobiten (in Gemeinschaft lebende Mönche). Der griechische Text wurde seinerzeit von H. Greßmann ediert.[32] Es handelt sich um 137 bzw. 56 meist in Form eines Distichons gehaltene Verse mit Ratschlägen für die Anfänger des geistlichen Lebens.

6. Ähnlichen Einführungscharakter hat auch die Schrift über die ,,Fundamente der mönchischen Angelegenheiten", die in der Patrologie von Abbé Migne abgedruckt ist.[33] Der in manchen Handschriften beigefügte Titel ,,hypotýposis" (= Skizze, Entwurf) deutet an, daß es sich um recht elementare oder auch selbstverständliche Dinge des mönchischen Lebens wie Rückzug aus der Welt, Verzicht auf die Ehe und ähnliches mehr handelt.

7. Seit den Forschungen von H. U. von Balthasar[34] steht fest, daß Euagrios auch eine Anzahl von Bibelkommentaren hinterlassen hat, auf die möglicherweise Palladios mit dem Titel ,,Hierá" hinweisen wollte.[35] Es geht dabei vor allem um einen Kommentar zum Buch der Sprichwörter, von dem uns größere Stücke in den Bibelkatenen (,,ketten"-artige Sammlung) erhalten sind. Der Psalmenkommentar scheint sogar vollständig überliefert zu sein. Gerade in diesem Werk hat Euagrios viele seiner tragenden Ideen ausgesprochen. Dabei geht es ihm vorrangig um die Aufdeckung des geistlichen Sinnes der biblischen Ausdrücke und Formulierungen.[36]

8. Zwei wichtige Werke des Euagrios waren bis vor kurzem verschollen, weil sie unter dem Namen des Neilos von Ankyra (gestorben um 430) überliefert wurden. Es handelt sich um die Abhandlung ,,Über das Gebet", die in der PG (Patrologia Graeca von J.-P. Migne) 79, 1165–1200 unter diesem Pseudonym zu finden ist. Es ist das Verdienst von I. Hausherr SJ, diese Fehlzuweisung endgültig behoben zu haben.[37] Die andere Schrift ist die Abhandlung ,,De malignis cogitationibus" (Über die schlechten Gedanken), die in PG 79, 1199–1228 (1200–1233) zu finden ist.

9. Schließlich sind noch die Briefe des Euagrios zu nennen. An die 67 Briefe sind uns in einer syrischen Version überliefert; sie sind von W. Frankenberg mit einer Rückübersetzung ins Griechische veröffentlicht.[38] Unter diesen Briefen ist vor allem ein Brief an Melania die Ältere zu erwähnen. Ein anderer Brief, der an Mönche in der Nähe von Kaisareia (Cäsarea) gerichtet ist, wurde unter den Briefen des Basileios des

Großen nachgewiesen. Im Unterschied zu den anderen Schriften des Euagrios ist er ganz mit den dogmatischen Kontroversen jener Zeit (Arianismus, Gottheit des Heiligen Geistes) befaßt.[39]

Trotz der Fortschritte, welche die Euagrios-Forschung in diesem Jahrhundert gemacht hat, steht sie immer noch vor der schwierigen Aufgabe, in die Vielzahl von Texten, die möglicherweise auf Euagrios zurückgehen, Klarheit zu bringen. Man wird weiterhin damit rechnen müssen, daß euagrianisches Eigengut unter fremdem Namen zutage tritt.

III. Die Bedeutung des Euagrios für die Mystik

1. Die Einheit von Askese und Mystik

Daß in unserer Zeit die Rede von der Mystik – was immer man jeweils darunter verstehen mag – eine unerwartete Aufwertung erlebt, braucht nicht lange bewiesen zu werden. Man braucht ja nur auf die steigende Flut einschlägiger Publikationen quer über die geographische und ideologische Landschaft zu schauen. Daß dabei in praxi die entsprechenden Bemühungen oft nur kurzlebiges Strohfeuer sind, liegt daran, daß zumeist eine der grundlegenden Einsichten im Umgang mit den höheren Weisen des religiösen Erlebens, d. h. der Mystik, nicht ,,realisiert" wird – nämlich die, daß es nirgends in der Welt echte mystische Erfahrung gibt ohne eine vorgängige ernsthafte und mühsame asketische Anstrengung. Zurecht wurde noch unlängst einem bekannten Theologen nach einem Vortrag zum Thema ,,Meditation als Weg zur Lebensmeisterung" von einem sachkundigen Zuhörer entgegengehalten, daß er zu unbedachtsam in seinem Auditorium die trügerische Erwartung geweckt habe, als ob dieses asketische Grundgesetz heutigentages außer Kraft gesetzt sei.

Euagrios jedenfalls, wie auch die Mönchsväter jener Aufbruchszeit, deren Erfahrungen er reflektierte, haben ihre Gesprächspartner keinen Augenblick darüber im Unklaren gelassen, daß die Erreichung der ,,Beschauung" nur jenen sich öffnet, die zunächst auf dem Weg des tätigen Bemühens, der ,,Praktiké"", bis zur ,,Apátheia", d. h. zur Leidenschaftslosigkeit und völligen Gelassenheit gelangt sind.[40] Wenn wir also das Anliegen und die bleibende Aktualität des Euagrios verstehen wollen, müssen wir damit beginnen, daß wir jene Schriften besprechen, in denen er vom ,,tätigen Leben" handelt. Es sind dies übrigens jene Schriften, in denen Euagrios sich als der vielgerühmte ,,Moralist" und überraschend feinfühlige ,,Psychologe" bewährt, als den man ihn im Abendland eine zeitlang allein zu sehen gewohnt war. Es ist also kein Zufall, daß diese Schriften im griechischen Original erhalten sind, während seine eigentlich ,,mystischen" Werke durchweg nur in syrischen oder armenischen Übersetzungen überliefert sind.

In einer ungemein lesenswerten Studie über die „Großen Strömungen der ostkirchlichen Spiritualität" hat I. Hausherr[41] darauf hingewiesen, daß der Zugang zur frühchristlichen Frömmigkeit nur auf dem Hintergrund der Väterlehre der drei ersten Jahrhunderte zu gewinnen ist. Der gemeinsame Grundzug in der Spiritualität eines Ignatios von Antiocheia und Eirenaios (Irenäus) von Lyon, eines Diodor von Tarsos, eines Aphraates von Persien und der anderen besteht darin, daß der Mensch für sie vor allem freier Wille ist, der befähigt ist zu Liebe und Hingabe. Darum besteht nach ihnen die Vollkommenheit in der vollendeten Liebe und in der Selbstverleugnung, die sich in der Liebe bewährt. Im Maße, wie die christliche Spiritualität unter den Einfluß des hellenistischen Denkens geriet, wie es vor allem von den Alexandrinern Klemens und Origenes gepflegt wurde, verschoben sich die Akzente zugunsten eines auswuchernden Intellektualismus. Es ist nicht zufällig, daß gerade Klemens von Alexandrien uns das berühmte Wort des Anaxagoras von Klazomenai überliefert hat, wonach „Sinn und Ziel des Lebens die Schau (theoría) ist". Demgemäß hatte Plato im Rahmen seiner psychologischen Dreiteilung die wissensbegierigen Griechen vom Intellekt her, die Skythen von ihrem gewalttätigen Zorn und die Semiten von ihrer Habgier her „definiert". Was im Gefolge Platos und des Aristoteles die Stoiker und Kyniker für das gemeinmenschliche Verhalten beschrieben hatten, das wurde durch den Juden Philo von Alexandreia und die vorchristliche Gnosis in den religiösen Bereich übertragen. Religion wurde als die wahre Philosophie verstanden und demgemäß die „theoría" als Ziel aller Religion. Es sind die Ideen des Origenes (gestorben 253/54), wenn Euagrios an den Anfang des „Praktikós" den lapidaren Satz stellt: „Das Christentum ist das Gesetz Christi in seiner Zusammensetzung aus praktischer, physischer und theologischer Erkenntnis"[42]. In diesem Grundschema ist die Liebe nicht mehr das Ziel des ganzen Vollkommenheitsstrebens, sondern sie ist nur die Tür, die zur Gnosis (zur Erkenntnis) führt; sie ist nicht mehr die Königin im Himmelreich, d. i. der höheren Beschauung, sondern sie öffnet als Abschluß der niederen Beschauung den Zugang zu diesem Reich. Dahinter steht das von Plato über Origenes überkommene Schema, wonach der Mensch „Geist" (noûs) ist, während „Seele" (mit dem Gemütswert der Liebe) und „Leib" nur „Zutaten" sind. Vermittelst der auf dem Wege der Askese errungenen „apátheia" (Leidenschaftslosigkeit) erfaßt der Geist die letzten Gründe (logoi) der geschaffenen Dinge (die erwähnte „physische" Erkenntnis), um dann nach einem weiteren Aufstieg seinem eigenen, von aller Ungeistigkeit geläuterten Wesen gegenüberzustehen, in welchem er wie in einem Spiegel das Gotteslicht aufleuchten sieht. Das ist das letzte Ziel; erst wenn einer dies erreicht hat, ist er wahrhaft Mensch und zugleich vollkommenes Bild Gottes, Tempel des Dreieinen, Sohn Gottes, ja Gott durch Gnade.[43]

Die unterste Stufe auf diesem Weg ist also die „praktiké", das „tätige

Leben". Dies besteht in der konsequenten Bemühung um die möglichste Reinheit der Seele durch Ausrottung aller Leidenschaften, Beobachtung der Gebote und Ausübung aller Tugenden. Nach den Worten des Euagrios ist „das tätige Leben eine geistliche Bemühung mit dem Ziel, jenen Teil der Seele, der das Prinzip der Leidenschaften ist, zu reinigen" (Prakt. I, 78)[44]. Negativ geht es um die Bekämpfung der Leidenschaften (der Seele wie des Leibes), in denen Euagrios widervernünftige „Bewegungen" der Seele gegen die eigene Natur sieht, wodurch sie an das Stoffliche gekettet wird. In diesem Kontext entwickelt Euagrios, gestützt auf die reichen Erfahrungen der Wüstenväter, wie sie uns beispielsweise in den „Vätersprüchen" überliefert sind,[45] sein System von den „acht (bösen) Gedanken bzw. Lastern"[46], dessen „erster literarischer Vertreter er gewesen ist".[47] Die Beschreibung dieser „Laster" (Euagrios bringt sie in der Abfolge: Völlerei – Unzucht – Geiz – Traurigkeit – Zorn – Verdrossenheit – Ruhmsucht – Stolz) zeigt ihn als Meister psychologischer Einfühlung.[48] Das gilt vor allem für die Schilderung der „akedía" (Verdrossenheit), die keiner so lebenswahr beschrieben hat wie er.[49]

Ins Positive gewendet meint das „praktische Leben" die Befolgung der göttlichen Gebote und die Erringung der Tugenden. Wer die Gebote erfüllt, lebt „nach der Natur". Innerhalb der Tugenden gibt es, ähnlich wie im Bereich der „Laster", innere Verknüpfungen, für die es bekanntlich in den Tugendkatalogen des Neuen Testamentes Vorbilder gab.[50] Bei Euagrios ist die Grundlage der Glaube, von dem man zur Gottesfurcht, von dort zur Enthaltsamkeit, dann zur Geduld, dann zur Hoffnung und schließlich zur „apátheia" und zur Liebe Gottes aufsteigt. Damit ist der Gipfel und das Ziel des „tätigen Lebens" erreicht. Die immer wieder so hoch gepriesene „apátheia" – K. Rahner[51] übersetzt das Wort mit „Seelenfriede, Gelassenheit, Ledigkeit und Abgeschiedenheit der Seele" – hat dem Euagrios die entschiedene Gegnerschaft vor allem von seiten des Hieronymus eingebracht, denn sie mache aus dem Menschen „einen Gott oder einen Stein". Doch wohl zu Unrecht, da Euagrios nicht leugnet, daß es auch auf dem Gipfel der „Leidenschaftslosigkeit" an Versuchungen nicht fehlt. „Der Begriff der apátheia, der Gemeingut der ganzen griechischen Askese ist, verdient den spottenden Tadel des Hieronymus nicht" (K. Rahner). Und wenn in Verbindung mit der „apátheia" die (Gottes-)Liebe als Endziel des tätigen Lebens genannt wird, dann ist zu bedenken, daß sie ihrerseits in Beziehung zur Erkenntnis Gottes gebracht wird. „Wenn man auch nicht behaupten kann, daß die Gottesliebe im System des Euagrios keinen ehrenvollen Platz hätte, so macht sich doch in der Art, wie sie ihren Platz im tätigen Leben angewiesen erhält und die Erkenntnis Gottes in ihren Begriff selbst aufgenommen wird, ein etwas übertriebener Intellektualismus geltend."[52]

2. Die Stufen des beschaulichen Lebens

Nur wer zur Höhe des in der „apátheia" befriedeten und von der Liebe durchströmten Selbstbesitzes gelangt ist, kann den Weg der Beschauung („gnósis", „theoría") gehen. Es ist von vornherein festzuhalten, daß dieses Erkennen, das als Ziel und Lohn des asketischen Weges verheißen wird, mehr ist als das durchgängige theologische Kennenlernen. Es schließt sittliche Wesenszüge ein: es ist „heilige Erkenntnis", die nur den „Reinen" zugänglich ist und die radikal anders ist als die Erkenntnis der Weltdinge, die jedermann offensteht.

Gemäß dem für Euagrios typischen Stufenprinzip[53] umfaßt auch die „Beschauung" wieder verschiedene Stufen. Zunächst ist da die Stufe der „Weltschau" oder „physiké". Sie liegt tiefer als die „Gottesschau", die „theologiké"; darum setzt sie noch ein geringeres Maß an Reinheit des Geistes voraus. Diese „Weltschau" wird ihrerseits unterteilt in die beiden Stufen der Schau der körperlichen und der unkörperlichen Dinge. Denn es ist zu wissen, daß alle Weltdinge eine geheimnisvolle, religiös-sittliche Bedeutsamkeit haben, die sich der „profanen" Erkenntnis nicht auftut. Auf der hier anvisierten Stufe werden die Dinge „zum Spiegel, Herold, Brief, die uns die verborgene Weisheit, Macht und Güte Gottes offenbaren",[54] ohne freilich in das innere Wesen Gottes, vor allem in sein trinitarisches Geheimnis einzuführen. Zu dieser gnadenhaften Weltschau bedürfen wir der fünf geistlichen Sinne, die nur demjenigen gegeben werden, der zur „apátheia" gelangt ist; dabei ist anzumerken, daß Euagrios zu den ersten gehört, die dieses für die abendländische Mystik so hochbedeutsame Kapitel aufgegriffen haben.[55]

Von der Schau der körperhaften Dinge steigt der Geist zur Schau der immateriellen Geschöpfe auf. Auch diese Schau geschieht mittels der genannten geistlichen Sinne. So spricht Euagrios davon, daß die geistlichen Menschen den üblen Geruch der Dämonen wahrnehmen, während andere den Wohlduft der Worte des Herrn einatmen. Ob diese beiden Formen der Beschauung der geschaffenen Dinge bereits als mystische Erfahrungen einzuschätzen sind, muß offenbleiben. Dieser Vorbehalt ist um so notwendiger, als Euagrios die Stufe der „physiké" so nachdrücklich von der theología" (bzw. „theologiké") abgrenzt.[56]

Verlangte schon die soeben beschriebene Stufe der „Schau" Gottes im Spiegel der Geschöpfe die geduldige und ausdauernde Läuterung von Seele und Geist, so gilt das noch viel mehr von der höchsten Stufe des beschaulichen Lebens, von der „theología", der Schau Gottes im Geheimnis der Dreifaltigkeit. Nicht nur die Seele als der Sitz der Leidenschaften muß gereinigt werden, sondern auch der Geist selbst muß von allen eigenen Gedanken frei und ledig werden. Er muß ganz „nackt", leer von allem Eigenen werden. Alle anderen Ideen und Vorstellungen müssen schweigen. Dieser letzte Aufstieg ist reine Gnade Gottes, „überströmende Gabe der Gnade".[57] Dieser Gipfel der Beschauung, der weder gelehrt noch gelernt werden kann, ist nach Euagrios das „reine Gebet"; es heißt „rein", weil darin nicht mehr – wie im Bittgebet – irgendetwas erfleht wird; vielmehr verharrt die Seele im einfachen, durch nichts abgelenkten Blick auf den Dreifaltigen Gott. Euagrios kann das auch so ausdrücken, daß hier das beseligende Licht der Dreifaltigkeit im Menschen aufleuchtet. Nicht so, als ob dem Geist ein Erkenntnisbild als Abbild des unendlichen Gottes eingeprägt würde! Denn das hieße, „das wesenhafte Licht durch ein anderes Licht sehen wollen".[58] Alle Versuche, dieses Geschehen und Erleben in Worte und Bilder zu fassen, müssen scheitern. Denn diese Erkenntnis ist „einfach", unzusammengesetzt, grenzenlos.

„Es ist ein Überwältigt-werden von der Unbegreiflichkeit, von der Grenzenlosigkeit des Unendlichen. Aber darum ist diese lichteste Erkenntnis, dieses Überflutetwerden vom Licht Gottes auch das tiefste Dunkel."[59] Darum gilt die Seligpreisung: „Selig, wer einging in das Nichtwissen sonder Grenzen".[60]

In seiner Interpretation der euagrianischen Mystik stellt L. Bouyer drei Fragen, deren Beantwortung für das Verständnis der Dinge unerläßlich ist.[61] Erstens – kann der Mensch aus eigenem Bemühen, etwa dadurch, daß er alle unterscheidenden Gedanken verdrängt, zu dieser Erfahrung gelangen, vorausgesetzt, daß er die vorausliegenden Stufen gewissenhaft durchschritten hat? Die Frage legt sich dadurch nahe, daß Euagrios selbst wiederholt davon spricht, daß der Beter „seinen Geist vor der (Wahrnehmung von) Gestalt bewahren soll" und ihn „oberhalb von Gestalten hält".[62] Besonders wird man an die Mahnung denken müssen:

„Stelle dir, wenn du betest, die Vielfalt nicht bildhaft vor und vermeide es, deinen Geist dem Eindruck irgend einer Form zu öffnen, sondern geh frei von aller Stoffgebundenheit zu dem, der ohne Körperlichkeit ist („immatériel à l'immatériel")."[63]

Solchen Texten stehen dann aber wieder andere entgegen, in welchen Euagrios formell von dem „Charisma der Gottesschau" spricht.[64] Vielleicht wird man sagen müssen, daß sich für Euagrios die ganze Frage noch nicht mit solcher Dringlichkeit stellt, wie wir sie empfinden.

Die zweite Frage betrifft das von Euagrios der Gottesschau zugeschriebene „unendliche Nichtwissen". Dahin gehören auch die Texte, in denen er die gnadengeschenkte Gottesschau ein Schauen „des Ortes Gottes" nennt. Natürlich weiß er, daß es für Gott als Geist keinen „Ort" gibt. Daher betont er, daß „der Ort Gottes der Friede" ist, der Friede aber ist die Freiheit von der Leidenschaft in der Vernunftseele. Wer danach verlangt, daß Gott in ihm wohnt, der soll sich um die „apátheia" bemühen.

Die dritte Frage zielt auf den Inhalt der höchsten Weise der Beschauung. Wenn die Dreifaltigkeit gemeint ist, wie verträgt sich das mit der steten Behauptung, diese Schau liege jenseits aller Form und Gestalt. Euagrios hat diese Schwierigkeit durchaus empfunden und ist nach Auskunft seines Briefes an Gregor von Nyssa (nach anderen Handschriften an Gregor von Nazianz) von ihr verwirrt.[65] In dem unter dem Namen des Basileios überlieferten Brief, den seinerzeit R. Melcher seinem wahren Autor zurückgestellt hat,[66] verweist Euagrios zur Lösung auf die absolute Einfachheit Gottes, die keinerlei Trennung und Vervielfältigung zuläßt. Von daher gelangt er zu der typisch euagrianischen Unterscheidung zwischen dem ,,Reich Christi", womit ,,die Schau gemeint ist, die sich auf die körperhaften Wesen bezieht", und dem ,,Reich des Vaters", womit die Schau der Gottheit selbst gemeint ist. Darin ist freilich ein Schritt über die Menschheit Christi hinaus vollzogen. Kein Wunder, wenn Hausherr[67] dazu die kritische Anmerkung macht: ,,Es läßt sich nicht verhehlen, daß es Euagrios nicht gelungen ist, die Trinitätslehre in seine Mystik zu integrieren. Er mag in seinen Centurien noch so oft von der ,Schau der Heiligen Dreifaltigkeit' reden, in dem Aufstieg des menschlichen Geistes spielen weder der Vater als Vater, noch der Sohn als Sohn, noch – vor allen Dingen – der Heilige Geist eine nennenswerte Rolle. Die ,Heilige Dreifaltigkeit' ist bloß eine christliche Redeweise von der Gottheit, der Monade. Die Mystik des Euagrios bleibt Philosophie, doch keine Theologie im eigentlichen Sinn."[68]

3. Um die Christlichkeit der Mystik des Euagrios

Wie oben dargelegt wurde, hat H. U. von Balthasar wie wenige zur Wiederentdeckung des wahren Euagrios beigetragen. Er war es, der den Nachweis geführt hat, daß die bei Palladios[69] erwähnten ,,Hierá" die Schriftkommentare des Euagrios sind, die bis dahin allerdings nur in unbedeutenden Fragmenten bekannt waren, und das meist unter dem Namen des Origenes. Balthasar war es auch, der durch mühselige ,,Mosaik-Arbeit" den Proverbien- und Psalmenkommentar des Euagrios wieder zugänglich gemacht hat. Dabei erlebte er die Befriedigung, daß 20 Jahre später M. J. Rondeau in einem griechischen Kodex des XI. Jahrhunderts, der in der Vatikanischen Bibliothek aufbewahrt wird, den Text des Psalmenkommentars nachweisen konnte.[70] Noch wichtiger war die von Balthasar im gleichen Jahr 1939 veröffentlichte Abhandlung über ,,Metaphysik und Mystik des Evagrius Ponticus".[71] Darin bemüht er sich, ,,den Wesenskern der Weltanschauung dieses einzigartigen Mannes ... in seiner letzten Konsequenz und Geschlossenheit" darzulegen.[72] Dabei ging es ihm vor allem darum, den Zusammenhang zwischen Euagrios und Origenes zu präzisieren. Das erstaunliche Ergebnis lautet: ,,Evagrius hat das immer ... fließende und bewegliche System des Alexandriners in eine letzte, mathematisch-scharfe Präzision gebracht, alle Beweglichkeit zugunsten einer ehernen Systematik geopfert und dieses so vereinfachte System mit der letzten Folgerichtigkeit durchgehalten ... Er ist origenistischer als Origenes, und von diesem Origenismus her ... ist allein die evagrianische Mystik zu verstehen."[73] Von hier aus wird aber auch verständlich, daß Euagrios in manchen seiner Thesen den Bereich der Orthodoxie verließ. Daß man sich dessen lange Zeit nicht mehr bewußt war, liegt daran, daß man sich früher fast nur auf jene asketischen Euagrios-Schriften bezog, die von den Verurteilungen des 2. Konzils von Konstantinopel, 553, nicht betroffen waren.[74] Erst seit wir die sechs „Kephálaia Gnostika" des Euagrios in ihrer unkorrigierten Gestalt – dank der Forscherarbeit von A. Guillaumont – in Händen haben, können wir nicht nur die Intensität der Abhängigkeit des Euagrios von Origenes ermessen, sondern auch begreifen, wo die Grenzen der Orthodoxie in seinem System liegen bzw. überschritten sind. Balthasar scheut sich sogar nicht zu schreiben, daß „die Mystik des Evagrius in ihrer völlig konsequenten Geschlossenheit dem Buddhismus wesentlich näher steht, als dem Christentum. Der subtile Idealismus des Mahâyāna, für den Körperwelt und Individualität nur Schein ist, für den alle Praktik nur Mittel ist zur vollen Entsinnlichung – das ist das Grunderleben des Evagrius".[75] Was den frommen Mönch der Kellienwüste zutiefst in seinem metaphysischen Entwurf bestimmt, das ist nach Balthasars Deutung „das gemeinsame Erbe vom fernen Asien bis zum Neuplatonismus: religiöses Denken unter dem doppelten Vorzeichen des Impersonalen (daher Tendenz zur Identität) und des Weltverhängnisses (daher Neigung, Schuld mit Endlichkeit gleichzusetzen)".[76]

Seit diese Worte geschrieben wurden, ist die Euagriosforschung weiter fortgeschritten und zwingt zu einigen Korrekturen. Darauf macht W. Löser in seiner Dissertation über „H. U. von Balthasar als Interpret der Theologie der Kirchenväter" aufmerksam.[77] Diese Korrekturen beziehen sich auf drei Themen: „die evagrianische Christologie, die Interpretation der zweiten Schöpfung, und die Bedeutung der Einheit von Gott und Geist in der mystischen Erfahrung".[78] Löser glaubt aus alledem folgern zu sollen, daß „eine größere Zurückhaltung in der Beurteilung der (Nicht-)Christlichkeit des evagrianischen Denkens" am Platze ist.

IV. Wirkung

Wie aus dem Vorstehenden deutlich geworden sein dürfte, ist die Wirkungsgeschichte des Euagrios im wesentlichen von seiner Bindung an den Origenismus in seinen verschiedenen Entwicklungsphasen bestimmt.[79] In der origenistischen Krise des 4. Jahrhunderts, die vor allem an die Namen des Epiphanios von Salamis und Theophilos von Alexandreia geknüpft ist[80], tritt der Name des Euagrios kaum nach vorn. Doch die großen Themen, um die es in dieser Kontroverse ging, lassen sich wie bei Origenes so auch bei Euagrios nachweisen. Die Themen sind der Allegorismus, der „die Wahrheit – vielleicht würde man besser sagen: den Literalsinn – der Schrift durch Rückgriff auf die Dunkelheit der Allegorie verschwinden läßt"[81]; sodann die Kosmologie mit der Idee einer doppelten Schöpfung, zuerst der unkörperlichen und dann der körperlichen Wesen, und der damit verknüpften Vorstellung von der Präexistenz der Seelen;[82] ferner die Eschatologie, die Lehre vom Endzustand, die ganz von dieser Kosmologie her zu verstehen ist;[83] und endlich die Christologie, um deretwillen Euagrios in die Kontroversen des Origenismus, wie sie im 6. Jahrhundert, zumal auf dem 5. Ökumenischen Konzil (= Konstantinopel II) aufbrachen, hineingezogen wurde.[84]

Nachdem es um den Origenismus und die Lehren des Euagrios im 5. Jahrhundert still geblieben war,[85] änderte sich im Lauf des 6. Jahrhunderts die Szene. Schon im Jahre 514 entdeckte der Abt der „Neuen Laura" bei Jerusalem namens Agapet, daß unter seinen Mönchen vier waren, „die sich als Christen und fromme Leute ausgaben, in Wirklichkeit aber sich an das Geschwätz der gottlosen Heiden, Juden und Manichäer über die Präexistenz hielten, wie es von Origenes, Euagrios und Didymos (dem Blinden) herkam".[86] Diese kleine Gruppe gewann im Lauf der nächsten Jahrzehnte vor allem in Konstantinopel selbst immer mehr Zulauf und Ansehen. Ihrer Agitation ist es zu verdanken, daß auf dem von Kaiser Justinian im Jahre 553 einberufenen Konzil, in dem es eigentlich um die Bekräftigung der Christologie des Konzils von Chalkedon (451) ging, auch der Origenismus und sein entschiedenster Vertreter Euagrios verurteilt wurden.[87] In 15 Anathematismen (Verurteilungen, Verdammungen) wurden noch vor dem Beginn der eigentlichen Konzilsverhandlungen die Sonderlehren des Euagrios, so wie sie in den „Kephalaia Gnostika" nachweisbar sind, verurteilt.[88] Durch diese kirchenamtliche Verurteilung gerieten Name und Andenken des Euagrios in weltweiten Mißkredit. Wenn sein Schrifttum dennoch weit verbreitet wurde, gelang dies dadurch, daß vieles unter den Schutz von Pseudonymen gestellt wurde, anderes außerhalb des Einflußbereiches der chalkedonischen Orthodoxie ins Syrische und Armenische übersetzt wurde. Außerdem gab es die Möglichkeit, die euagrianischen Ideen dadurch zu verbreiten, daß man den Namen des Autors schlichtweg verschwieg.

Diesen Weg ist im lateinischen Westen vor allem Johannes Cassianus († um 430/35) gegangen, der fleißig für die Verbreitung des euagrianischen Geistesgutes gesorgt hat, ohne seinen Namen auch nur *ein* Mal zu erwähnen. Wenn Rufinus von Aquileja und Gennadius von Marseille auch einige Schriften des Euagrios ins Lateinische übertrugen, so beschränkten sie sich geflissentlich auf das asketisch-monastische Gedankengut, während sie seine spekulativen und mystischen Schriften wohlbedacht beiseite ließen.

Im griechischen Bereich bedeutete die Verurteilung von 553 ein deutlich wirksames Hemmnis für die Verbreitung der Ideen des Euagrios. Sein großes Werk der „Kephalaia Gnostika" verschwand spätestens seit dem 7. Jahrhundert aus der griechischen Überlieferung. Seitdem finden sich dort nur noch meist harmlose Fragmente in verschiedenen Florilegien. Zumal in der „Philokalia" des Makarios von Korinth und des

Nikodemos Hagiorites finden sich viele Euagriostexte. Aber auch so blieb sein Einfluß im Bereich der asketisch-mystischen Tradition des griechischen Sprachbereiches erheblich. Nach Guillaumont[89] gibt es kaum einen geistlichen Autor im byzantinischen Umkreis, bei dem dieser Einfluß nicht durchschimmerte, auch wenn sein Name höchstens mit einem abschätzigen Beiwort genannt wird. Wie sehr beispielsweise ein Autor vom Rang eines Maximos der Bekenner von Euagrios abhängt, hat seinerzeit M. Viller gezeigt.[90] Das gleiche läßt sich von Johannes Klimakos sagen.

Anders liegen die Dinge außerhalb von Byzanz. Unter dem Schutz der Heterodoxie konnten dort alle, auch die „gewagtesten" Werke des Euagrios übersetzt und verbreitet werden. Bisweilen haben die syrischen Übersetzer aber auch den origenistischen Einschlag gemildert. Das gilt vor allem für eine der beiden Übersetzungen der „Kephalaia Gnostika", desgleichen für manche der syrischen Kommentare; es sei nur an den Nestorianer Babai den Großen (6./7. Jh.) und an den Jakobiten Dionysios Bar Salibi (12. Jh.) erinnert. Der berühmte jakobitische Theologe Barhebraeus (13. Jh.) beruft sich in seinem Werk „Leuchte der Heiligtümer" immer wieder auf Euagrios und stellt ihn mit den anerkannten Kirchenvätern auf eine Stufe. Bleibt noch hinzuzufügen, daß vom Syrischen her auch eine arabische, armenische und iranische (sogdianischer Dialekt) Übersetzung überliefert ist ... Es war also keine Übertreibung wenn H. U. von Balthasar bereits im Jahre 1939 schrieb: „... Euagrios ist nicht nur der fast unbeschränkte Herrscher der gesamten syrischen und byzantinischen Mystik, sondern er hat auch die abendländische Mystik und Aszetik in ganz ausschlaggebender Weise beeinflußt."[91]

Wolfgang Wieland

AUGUSTINUS

(354–430)

Man spricht gegenwärtig viel von religiöser Erfahrung, nicht weil in der Kirche und dem von ihr geprägten Glauben so viele Erfahrungen freigesetzt würden, sondern aus einem Mangel heraus. Vielen Christen begegnet Gott selbst nur noch als Gegenstand der Überlieferung, *über* den man spricht, *in* dem man aber nicht lebt. Deshalb meldet sich die Sehnsucht nach unmittelbarer Gegenwärtigkeit Gottes, nach erlebter, individueller Gotteserfahrung, ganz im Sinne der mystischen Tradition einer „Cognitio dei quasi experimentalis", eines Erfahrungswissens von Gott.

In dieser Situation kann ein Glaubender und Suchender wie Augustinus, kann sein „ruheloses Herz" (Conf. 1,1,1) Wegbereiter sein. Denn die Gestalt seines Glaubens ist wie kaum eine andere Ausdruck durchlebter und durchlittener Erfahrungen. Sie ist gekennzeichnet durch lebensnahe, individuelle Konkretheit: Augustinus hat seine theologischen oder philosophischen Lehren und seine spirituellen Einsichten individuell gewonnen, individuell vorgetragen und, vor allem in den Confessiones (Bekenntnisse), auch an sich selbst exemplifiziert. Das hat durch die Jahrhunderte bis heute die bleibende Faszination Augustins und seine fortzeugende Kreativität ausgemacht. An Augustinus konnten sich neue Erfahrungen entzünden, weil er teilnehmen ließ an eigenen Erfahrungen.

„Gott und die Seele will ich erkennen, sonst nichts" (Sol. 1, 7): Das „äußerliche" Wort der Bibel oder der autoritative Glaube der Kirche konnte ihm in diesem Streben nicht genügen; er suchte vielmehr durch diese hindurch ein unmittelbares, „experimentelles", erfahrungsmäßiges Innewerden Gottes. „Crede ut intelligas" (S. 43, 7, 9), so lautet das hier zentrale Motiv über seinem ganzen Leben. Frei übersetzt: Ich will mich glaubend einlassen auf die Worte der Bibel und den Glauben der Kirche vom Geheimnis Gottes, aber so, daß ich mich dadurch dem unaussprechlichen Geheimnis Gottes selbst öffne, ihm Raum gebe und mich bereite für sein unmittelbares Erspüren und Erfahren.

I. Leben und Werk

1. Jugend und Hochschule: Erfahrung vielfältiger Zerrissenheit

Augustinus kam am 13. November 354 in Thagaste, einer kleiner Stadt im römischen Nordafrika, zur Welt. Es war eine Welt im Umbruch, in die er hineingeboren wurde und die ihm, den sensibel Wahrnehmenden, eine Grunderfahrung aufdrängte, von der er Zeit seines Lebens nicht mehr loskam: die Erfahrung tiefer Zerrissenheit und Brüchigkeit menschlichen Lebens und menschlicher Geschichte.

Die antike Welt, das römische Imperium und seine Kultur, über Jahrhunderte selbstverständlicher Lebensrahmen und Symbol für Beständigkeit und Sicherheit, standen am Rande ihrer Auflösung. Die Westgoten unter Alarich erobern 410 die „Ewige Stadt Rom“. Und am Ende seines Lebens belagern die Vandalen Augustins Bischofsstadt Hippo: Die Geschichtszeit ist wie ein Meer, ruhelos, gepeitscht, haltlos, zerfließend und bitter – mit diesem Bild bringt Augustinus immer wieder diese Erfahrung einer zerfallenden Welt zum Ausdruck.

Unmittelbarer hat Augustinus den inneren, kulturellen Zerfall der Alten Welt wahrgenommen: Im Schulbetrieb, so erinnert er sich in den Confessiones, kam es weniger auf humane Werte und Orientierungen an, als vielmehr auf schöne Worte und rhetorische Kunst. Sarkastisch beschreibt er, wie es dem Anwalt vor Gericht wichtiger ist, das Wort „homo“ entgegen der sich einbürgernden vulgären Sprechweise „richtig“ auszusprechen, als darum, dem Menschen selbst, dem „Homo“, Recht zukommen zu lassen. (Conf. 1, 18, 29) Diese veräußerlichte „klappernde Bildung Spätroms“ konnte seinem unruhigen, sucherischen Herzen nicht genügen. Die Begegnung mit einem Dialog Ciceros über die Weisheit deckte dieses sein tieferes Sehnen auf: nach Lebenswahrheit und wahrem Leben. Fasziniert liest er das Buch, nicht aus rhetorischem Interesse am Stil, sondern um des Inhalts willen, wegen der großen Fragen und der größten Frage nach dem Weltgrund. Doch wo und wie nach Antwort suchen?

Augustinus greift zur Bibel. Aber ihre Sprache mißfällt dem angehenden Rhetoriklehrer. Darauf schließt er sich einer extremen Gruppe von Menschen an, den Manichäern, und bleibt ihr neun Jahre als Sympathisant, nicht als Vollmitglied, verbunden. Von den Manichäern fühlte er sich angezogen, weil sie ihm vernünftige Antwort auf seine neu erwachten philosophischen Fragen versprachen und sich zugleich als wahre Christen empfahlen. Mehr als dieses Versprechen rationaler Wahrheitsfindung spricht ihn aber etwas anderes an: Der manichäische Dualismus kommt seinem damaligen Lebensgefühl entgegen, der zunehmenden Erfahrung abgründiger Zerrissenheiten in ihm selbst und der Unfähigkeit, sich diesen Zerrissenheiten zu stellen.

Augustinus beschreibt diese Zerrissenheit später als „Kampf zwischen mir und mir selbst" (Conf. 8, 11, 27): Seine Gedanken bohrten nach wahrer Erkenntnis; aber ein „fleischliches" Schwergewicht zieht seinen Geist in das „Dorngestrüpp der Sinnlichkeit" (Conf. 2, 3, 6) und läßt sein Herz an den Dingen dieser Welt hängen. Ansehen und Bewunderung unter Freunden waren ihm wichtig, er war von Ehrgeiz erfüllt und sehnte sich nach weltlicher Karriere. Vor allem aber war er bedrängt und verwirrt von den Gefühlen und Leidenschaften seiner unbändig aufbrechenden Sexualität. „So stürzte ich mich in ein Liebesverhältnis, nach dessen Fessel mich verlangte." (Conf. 3, 1, 1) Mit 17 Jahren tut sich Augustinus mit einem jungen Mädchen zusammen, dem er 15 Jahre lang treu bleibt und das ihm, dem noch nicht 18jährigen, einen Sohn schenkt.

Augustinus fühlt, wie ihn seine Sinnlichkeit und Weltverfallenheit nicht nur allgemein von den Dingen des Geistes entfernen, sondern zugleich von jener anderen Welt, an die seine Mutter glaubte. Und vielleicht gewinnt seine innere Zerrissenheit deshalb an Schärfe, weil sich in ihr zugleich ein Konflikt zwischen Vater und Mutter spiegelt: zwischen Patrizius, dem römisch gesinnten Heiden, der sich sorglos über die Zeichen aufbrechender Sexualität bei seinem Sohn freut, ehrgeizig für dessen Karriere lebt und von der vergeistigten christlichen Religion nichts wissen will (erst kurz vor seinem Tod läßt er sich taufen) – und seiner Mutter Monika, der eifrigen und herben Christin. Augustinus steht zwischen beiden.

„Schon damals also war ich gläubig, wie auch die Mutter und das ganze Haus, der Vater allein ausgenommen. Aber er konnte bei mir das Vorrecht mütterlicher Gläubigkeit nicht entkräften ... Der Mutter größte Sorge aber war, daß du, mein Gott, mir Vater seiest, mehr als jener." (Conf. 1, 11, 17)

Diese Sätze Augustins lassen das Ausmaß und die bedrängende Nähe des Zwiespalts erahnen, in dem Augustinus lebte.

Diese Erfahrungen bedrängen Augustinus mit Fragen: Wer bin ich? Was ist der Mensch? Was ist das Böse? Und mehr und mehr wird er sich selbst zum Rätsel. (Conf. 4, 4, 9) In dieser Situation bieten ihm die manichäischen Vorstellungen Entlastung. Denn die Zerrissenheiten des menschlichen Herzens werden hier verlagert in den Kampf zweier Prinzipien, in den Kampf zwischen Gott und Gegen-Gott. Die Welt und der Mensch sind nur Schlachtfeld dieses Kampfes:

„Ich war des Glaubens, daß nicht wir es seien, die sündigen, sondern es sündige in uns eine andere, nicht näher bekannte Natur, und meinem Hochmut schmeichelte der Gedanke, außer Schuld zu sein und, wenn ich etwas Böses getan hatte, nicht bekennen zu müssen, daß ich es getan." (Conf. 5, 10, 18)

Für einige Jahre hatte Augustins unruhiges Herz scheinbare Ruhe. Er übernimmt, nach Abschluß seiner Studien, eine Lehrtätigkeit in seiner Heimatstadt Thagaste und bald darauf, ab 375/76, in Karthago. Der erträumte berufliche Erfolg bleibt aus. Nach und nach verliert auch der Manichäismus für Augustinus viel von seiner anfänglichen Faszination und Anziehungskraft. Die innere Distanzierung wächst, als sich ihm 383 die Möglichkeit bietet, als Rhetoriklehrer nach Rom zu gehen – es ist zugleich eine Art Flucht vor der Mutter, die ihn mit ihrer Heilssorge bedrängt. In Rom liest er Schriften der sogenannten Akademiker, die eine grundsätzliche Skepsis gegenüber aller Wahrheitsbehauptung empfehlen; und befreit und resigniert zugleich macht er sich deren Meinung zu eigen. Da wird er, durch Fürsprache einflußreicher Freunde, als Lehrer der Rhetorik nach Mailand, den Sitz des weströmischen Hofes, gerufen. Mailand sollte das Damaskus Augustins werden.

2. Bekehrung: Einheit, Innerlichkeit, Überweltlichkeit

In Mailand begegnete er dem Bischof Ambrosius. Zunächst war er angelockt von seiner Redekunst und ging in die Kirche, um seine geschliffene Sprache zu hören. Aber bald faszinierte ihn auch der Inhalt: Die Religion des Ambrosius war zutiefst vergeistigt und überweltlich. Augustinus erinnert sich an ein Leitmotiv seiner Predigt, das ihm besonders wichtig wurde, weil es ihm in befreiender Weise die Bibel erschloß: „Der Buchstabe tötet, der Geist ist's, der lebendig macht." (Conf. 6, 4, 6) Ambrosius deckte den unter dem Schleier irdischer Geschichten verborgenen geistlichen Sinn der Bibel auf, an deren buchstäblichem Sinn sich Augustinus gestoßen hatte. Augustinus merkte erfreut, daß sich die katholische Lehre durchaus nicht vor philosophischen Ansprüchen zu verbergen brauchte. Freilich: Was Ambrosius predigte, war das die Wahrheit? Augustinus blieb bewußt unentschieden. Die akademische Skepsis hatte ihn gelehrt, vorsichtig zu sein; er wollte sich nicht mehr zu schnell festlegen. (Conf. 6, 4, 6) Erst allmählich neigte sich sein Herz der Religion zu, die ihm schon als Kind eingepflanzt worden war, und „von jener Zeit an gab ich der katholischen Lehre den Vorzug" (Conf. 6, 5, 7).

In dieser Zeit geraten einige Schriften des neuplatonischen Philosophen Plotin in Augustins Hände. Diese von starkem religiösen Empfinden, ja mystischer Glut und Erlösungssehnsucht geprägten Schriften entzünden ein „unglaubliches Feuer" in Augustins Seele. (C. Acad. 2, 2, 5) Seine tiefsten Sehnsüchte, nach Einheit und Heimkehr aus der Zerrissenheit und Zerstreuung, und immer schon geahnte Wahrheit fand er hier ausgesprochen. Denn Plotins Welt ist keine gespaltene Welt, keine manichäische Zweiwelt aus der Feindschaft des Urgrunds mit sich selbst, sondern eine Welt, die Einheit des Alls von dem Einem her, dem unwandelbaren Seinsgrund, aus dem alles Wandelbare kommt und das selbst unversehrt und ohne Minderung bleibt. Das Böse ist keine eigene Wirklichkeit, sondern ein Mangel Gottes, eine Abwendung von Gott. Der Weg zur Einheit besteht in der Rückkehr aus der äußeren Vielheit dieser Welt nach innen, in die Welt des Geistes und über diesen hinaus zu

Gott, den Ursprungsquell, der ,,innerlicher als mein Innerstes und höher als mein Höchstes" ist (Conf. 3, 6, 11).

Augustinus konnte sich in den plotinischen Schriften wie in einem Spiegel erkennen. Sein religiöses Fühlen, das berühmte ,,Auf dich hin hast du uns erschaffen und unruhig ist unser Herz, bis es ruht in dir" (Conf. 1, 1, 1) fand er auch dort. Er erkennt aber auch, daß, was er bei Plotin liest, sich ebenso in den biblischen Schriften findet. ,,Schwankend, zögernd und doch mich beeilend" greift er deshalb zur Bibel, besonders zu den Briefen des Apostels Paulus, um seine Intuition zu überprüfen. Erleichterung stellt sich ein: ,,Allmählich fand ich, daß alles Wahre, das ich bei den Platonikern gelesen, auch hier gesagt wurde, aber nicht ohne Preisung deiner Gnade". (Conf. 7, 21, 27) Diese Übereinstimmung ist es, die Augustinus erst recht entbrennen läßt. (Beata v. 1, 4) Wenn er sich ein Jahr später durch Ambrosius taufen lassen und endgültig in den Raum der katholischen Kirche eintreten wird, dann tut er das nicht als bedingungslos Glaubender, für den nun die Weisheit der Philosophie durch geoffenbarte Wahrheit ersetzt würde, sondern als ein ,,wissender Glaubender", der der Überzeugung ist, daß sich die menschliche Vernunft innerhalb der überkommenen Orthodoxie der Kirche schöpferisch entfalten und Glauben allmählich in Verstehen überführt werden kann: ,,Denn ich bin nun einmal ein Mensch, der in seinem Verlangen ungeduldig ist, das Wahre nicht nur zu glauben, sondern zum Verstehen zu gelangen." (C. Acad. 3, 20, 43)

Noch aber ist Augustinus nicht soweit. Er muß erst noch einmal mit seiner Schwachheit konfrontiert werden und schmerzhaft erfahren, daß es eine Sache ist, eine richtige Erkenntnis Gottes und seiner Weltordnung erlangt zu haben und der Wahrheit Gottes gewiß zu sein, eine andere aber, fest in Gott zu stehen und ihm gemäß zu leben. (Conf. 8, 1, 1) Er muß erfahren, daß eine Umkehr der Vernunft zum wahren Ziel des Menschen ohne eine damit einhergehende ganzheitlichere, seinsmäßige Umkehr und Heilung ohne Kraft bleibt. Zwar folgt er schon dem Ruf zur Einkehr des Menschen in sich selbst: Verlier dich nicht ans Draußen, geh vielmehr in dein Innerstes, in dir selbst findest du die Wahrheit. (Vera rel. 39, 72) Aber gerade an den Höhepunkten solcher Einkehr, wenn er in mystischer Erfahrung an Gott rührt, spürt er das ganze Gewicht seines alten, gottfernen Lebens, das ihn wieder von Gott wegzieht.

,,Aufgefordert also, zu mir selbst zurückzukehren, betrat ich, von dir geführt, mein Innerstes, und ich vermochte es, weil du mein Helfer geworden. Ich trat ein und schaute mit dem Auge meiner Seele, so schwach es war, hoch über diesem selben Auge meiner Seele, hoch über meinem Geist das unwandelbare Licht ... O ewige Wahrheit und wahre Liebe und liebenswerte Ewigkeit! Du bist es, du mein Gott, nach dir ist mein Sehnen Tag und Nacht. Und sobald ich deiner inne ward, da nahmst du mich hin, damit ich sähe, daß etwas sei, was ich sehen sollte, aber ich noch nicht der wäre, der es zu sehen vermöchte. Und du schlugst, blendhell in mich strahlend, zurück meines Auges Unkraft, und ich erschauerte in Liebe und Erschrecken. Und ich fand mich weit von dir in der Entfremdung." (Conf. 7, 10, 16)

Und Augustinus bekennt:

„Ich konnte nicht verstehen, daß ich dich schon liebte, nicht statt deiner ein Hirngespinst, aber gleichwohl in der Freude an meinem Gott kein Beharren fand: Von deiner Schöne zu dir hingerissen, ward ich bald durch meine eigene Schwere von dir wieder weggerissen und fiel mit Seufzen zurück ins Alte; und diese Schwere war mein gewohntes Haften an den Dingen dieser Welt ... Ich war ohne Zweifel gelangt bis an das, was Ist, war dorthin gelangt in dem blitzenden Moment eines zitternden Erblickens ...; aber daran mich festzuschauen, das vermochte ich nicht." (Conf. 7, 17, 23)

Diese Defiziterfahrung läßt Augustinus entdecken und würdigen, was er in der Bibel, nicht aber bei den Platonikern fand: die Niedrigkeit und Demut (humilitas) des Menschen Jesus, des menschgewordenen Gottes. „Und ich suchte den Weg, auf dem ich die Kraft gewänne, die mich rüsten könnte zum Genusse deiner; und ich fand ihn nicht, bis daß ich ihn umfing, den Mittler zwischen Gott und den Menschen, den Menschen Jesus Christus." (Conf. 7, 18, 24) Die Platoniker, so urteilt Augustinus später, hatten zwar ein wahres Wissen von Gott; aber in diesem Wissen blähten sie sich auf und täuschten sich, in hochfahrender Selbstgenügsamkeit und trügerischem Autonomieanspruch. So kam es, daß sie zwar das Ziel, die wahre Heimat des Menschen, von ferne sahen, auf den Weg dahin aber wieder in die Irre gingen und zurückfielen in die alte Entfremdung. Sie hätten eines Weges bedurft, der ihr Leben verläßlich auf das erkannte Ziel hinlenkt. Dieser Weg ist Jesus Christus. Denn in ihm hat sich Gott selbst in die Äußerlichkeit dieser Welt und des Menschen herabgelassen, um den Menschen von dort „einzusammeln" und heimzuführen. (C. Acad. 3, 19, 42) Wer sich in Anerkenntnis seiner Schwachheit demütig auf die demütige Hingabe, die Niedrigkeit und Armut Christi einläßt, für den verwandelt sich nach und nach seine alte Schwere, das aufgeblasene und eigensüchtige Trachten nach den Dingen dieser Welt, in eine neue Lebensausrichtung, die liebende Hingabe an Gott: Das Wort Gottes, die ewige Wahrheit, kam in unsere Niedrigkeit, damit es die der Welt verfallenen, aufgeblasenen Menschen „aus ihrer Eigenhöhe hinabdrücke und auf seine Seite bringe, den Hochmut brechend und die Liebe nährend: Sie sollten nicht noch weiter ins Selbstgenügen sich verirren, sondern ihre Schwachheit fühlen, wenn sie zu ihren Füßen die Gottheit sehen ...; sie sollten, im Gefühle ihrer Ohnmacht, sich zu ihr zu Boden werfen – sie aber stünde auf, um sie mit sich emporzuheben." (Conf. 7, 18, 24)

„Noch aber hielt ich mich nicht", so bekennt Augustinus, „demütig an den Demutvollen." (Conf. 7, 18, 24) Nach der leidvollen intellektuellen Krise, in der es um wahre Erkenntnis ging, stürzt er so in eine noch leidvollere und demütigende Willenskrise: „In mir kämpften zwei Willen miteinander, beide die meinigen, der eine alt, der andere neu, vom Fleische der eine, vom Geist der andere, und ihre Zwietracht zerriß mir die Seele" (Conf. 8, 5, 10): Schon fühlte er sich hingezogen, den Weg Christi zu gehen und sich ganz an Gott zu halten. Das aber schien ihm nur im entschlossenen Bruch mit allen bisherigen Bindungen möglich zu sein, im Verzicht auf irdisches Glück, auf Karriere, Reichtum und die Zärtlichkeit der Frau. Diese Beschwernisse auf sich zu nehmen, fand er aber noch nicht den Mut. Erst vor einem Jahr hatte er, auf Betreiben seiner Mutter, die Frau, der er 15 Jahre lang verbunden war, blutenden Herzens nach Afrika zurückgeschickt, um eine standesgemäße und für seine Karriere vorteilhafte, bürgerliche Heirat anzustreben; weil er aber die all zu junge Braut erst in zwei Jahren heiraten konnte und sich zugleich unfähig fühlte, auf die Zärtlichkeit der Frau zu verzichten, nahm er bis dahin ein anderes Mädchen zu sich ... Der innere Konflikt spitzt sich zu, als er von beeindruckenden Beispielen christlicher Demut und entschiedener Absage an die Welt hört.

Der Priester Simplician erzählt ihm von der Bekehrung des Marius Victorinus, dessen Plotin-Übersetzung Augustinus gelesen hatte. Durch Studium christlicher Bücher hatte sich dieser gelehrte Mann, der in der heidnischen Welt Roms einen großen Namen hatte, von der Wahrheit des christlichen Glaubens überzeugt. Anders aber als bisher Augustinus rang er sich auch dazu durch, sich unter das Joch der Demut des Menschgewordenen zu beugen und sich taufen zu lassen, auch wenn er dadurch sein öffentliches Amt als Professor der Rhetorik verlor. Und Pontician, ein frommer kaiserlicher Offizier und Landsmann Augustins, berichtet ihm von der Lebensgeschichte des ägyptischen Einsiedlers Antonius und wie diese Lebensgeschichte zwei ihm bekannte junge Hofbeamte in Trier veranlaßt hat, ohne weiteres ihre Karriere aufzugeben und das Mönchsleben zu wählen. Augustinus fühlt sich durch diese Erzählungen endgültig vor sich selbst entlarvt:

„Du holtest hinter meinem Rücken mich hervor ... und stelltest mich meinem Antlitz gegenüber ... Ich sah mich und schauderte und es war nicht, wohin ich hätte vor mir fliehen können ... Jetzt war der Tag gekommen, da ich nackt ward vor mir und mein Gewissen hart mich anließ." (Conf. 8, 7, 16. 18)

Augustins Krise, beschrieben in der berühmten Szene im Garten zu Mailand, geht ihrem Höhepunkt entgegen, der alle Merkmale eines Nervenzusammenbruchs an sich hat. In diesem Zusammenbruch erwächst ihm endlich Gewißheit und Entschiedenheit, und er beginnt, 32-jährig, ein neues Leben.

Augustinus gibt alle Heiratspläne auf, bricht seine berufliche Laufbahn ab und zieht sich, im Herbst 386, zusammen mit Freunden sowie seiner Mutter und seinem Sohn Adeodatus, auf das Landgut Cassiciacum zurück. Ein halbes Jahr später, Ostern 387, wird der Bruch mit dem alten Leben durch die Taufe besiegelt. In der Zwischenzeit lebt Augustinus mit den Seinen in Cassiciacum ein Leben in schöpferischer Muße, gewidmet philosophischen Gesprächen, dem Studium und dem Gebet, voller Zuversicht, zu einer sicheren Erkenntnis der unwandelbaren Wahrheit Gottes zu gelangen. Die hier im Gespräch mit den Freunden entstandenen Schriften „Gegen die Akademiker", „Vom wahren Glück", „Über die Ordnung" und „Selbstgespräche" sind beredte Zeugnisse dieser Hochgestimmtheit Augustinus.

„Glaube mir oder glaube eher ihm, der sagte: ‚Suchet, und ihr werdet finden', ein solches Mühen um Erkenntnis wird nicht in Verzweiflung enden, sondern größere Klarheit geben als die der Zahlen." (C. Acad. 2, 3, 9)

Auf dem Weg zurück nach Afrika, in der Hafenstadt Ostia, stirbt Augustinus Mutter. In ihren letzten Lebenstagen führten sie und er in intensivem Gespür für die Regungen ihrer Seelen Gespräche, in denen beider tiefste Sehnsüchte zusammenflossen und sie in mystischer Erfahrung an das unaussprechliche Ziel ihrer Sehnsucht rührten. Die literarisch gestaltete Schilderung des Gesprächs in den Confessiones zeigt etwas von der Herzmitte nicht nur des Augustinus jener Zeit. Sie läßt Anteil haben an einem von Sehnsucht erfüllten Menschen, der aus den Zerrissenheiten des Daseins hinüberstrebt in die Einheit des wirklichen Seins. Sie ist zugleich ein Nachhall der Ergriffenheit Augustins von der plotinischen Mystik:

„Als der Tag schon nahe war, an dem sie aus der Zeitlichkeit hinweg scheiden sollte ... da hattest du's, wie ich glaube, nach deiner stillgeheimen Art gefügt, daß wir beide, ich mit ihr allein, ans Fenster gelehnt standen, von dem hinab man auf den Garten des Hauses sah ... So im Alleinsein kamen wir süß-vertraulich ins Gespräch und, vergessend was hinter uns lag und auslangend nach dem, was vor uns liegt, fragten wir uns im Angesicht der Wahrheit, welcher Art wohl dereinst das ewige Leben der Heiligen sei ..., nach welchem begierig unser Herz lechzte. ... Da erhoben wir uns mit heißerer Inbrunst nach dem unwandelbaren Sein selbst und durchwanderten stufenweise die ganze Körperwelt ... Und höher stiegen wir auf im Betrachten, Bereden, Bewundern deiner Werke, und wir gelangten zu unserer Geisteswelt. Und wir schritten hinaus über sie, um die Gefilde unerschöpflicher Fülle zu erreichen ...; dort ist das Leben Weisheit, die Weisheit, durch die alles Geschöpfliche entsteht, alles, was je gewesen ist und was je sein wird; sie selbst aber ist ohne Werden, sie ist, wie sie gewesen ist, und so wird sie immerfort sein ... Und während wir so reden von dieser ewigen Weisheit, voll Sehnsucht nach ihr, da streiften wir sie leise in einem vollen Schlag des Herzens; da seufzten wir auf ... Und wir wandten uns wieder dem Getön der Rede zu, bei der das Wort Anfang und Ende hat ...
Wir sagten uns also: Brächte es einer dahin, daß ihm alles Getöse der Sinnlichkeit verstummte, daß ihm schwänden alle Inbilder von Erde, Wasser, Luft, daß ihm schwände auch das Himmelsgewölbe und selbst die Seele gegen sich verstummte und selbstvergessen über sich hinausschritte, daß ihm verstummten die Traumbilder und bildhaften Eingebungen, daß jede Art Sprache, jede Art Zeichen und alles, was in Flüchtigkeit sich ereignet, ihm völlig verstummte ... und er allein spräche, nicht durch die Dinge, nur durch sich selbst, so daß wir ... ihn selbst

vernähmen, den wir in allem Geschaffenen lieben, ihn selbst ganz ohne dieses, wie wir eben jetzt uns nach ihm reckten und in windschnell flüchtigem Gedanken an die ewige, über allen beharrende Weisheit rührten; und wenn dies Dauer hätte und alles andere Schauen, von Art so völlig anders, uns entschwände . . .: Ist nicht dies es, was da gesagt ist: Geh ein in die Freude deines Herrn?" (Conf. 9, 10)

3. Bekenntnisse: Was hast du, was du nicht empfangen hättest

Die Weiterreise verzögert sich um fast ein Jahr. Augustinus verbringt diese Zeit in Rom, vor allem mit literarischer Arbeit. Im Spätsommer 388 kehrt er schließlich in seine Heimat zurück und läßt sich mit seiner kleinen Gruppe in Thagaste nieder. Er bleibt dort bis Anfang 391, dem hochgesteckten Ideal verpflichtet, fern vom Getöse der vergänglichen Dinge ,,in Ruhe Gott ähnlich zu werden – deificari in otio" (Ep. 10, 2).

Augustins Schriften dieser Zeit sind dem Weg der Seele zur Erkenntnis der Wahrheit und zur ungetrübten Schau des göttlichen Lichtes gewidmet: In ,,De quantitate animae" (Vom Ausmaß der Seele) beschreibt er die Stufen ihres Aufstiegs von den Nebelschleiern körperlicher Vorstellungen bis zum bleibenden Genuß des wahren Gutes, ,,dem leisen Wehen der Heiterkeit und der Ewigkeit", und ist überzeugt, daß die Seele schon in diesem Leben dahin gelangen kann. In ,,De musica" (Von der Musik) beschäftigt er sich in langwierigen Denkbewegungen mit ,,vorletzten" Fragen wie denen der freien Künste, um dadurch den Geist einzuüben (exercitatio animi) und empfänglich zu machen für die eine Wahrheit Gottes selbst. In der Schrift ,,De magistro" (Vom Lehrer) entwickelt er erkenntnistheoretische Grundsätze, die zeit seines Lebens für sein Denken Gültigkeit behalten: Ausgehend von einer Analyse der Sprache kommt er zu dem Schluß, daß alle wahre Erkenntnis, in der Menschen übereinkommen, einen gemeinsamen inneren Lehrer voraussetzt. Die äußeren Worte sind nur Mahner zur Hinwendung nach innen, wo die dem Menschen innerliche und ihn zugleich transzendierende Wahrheit spricht. In den Schriften ,,De Genesi contra Manichaeos" (Vom Buch Genesis gegen die Manichäer) und ,,De moribus Ecclesiae Catholicae et de moribus Manichaeorum" (Vom Leben der Katholischen Kirche und vom Leben der Manichäer) und dann vor allem in der programmatischen Schrift ,,De vera religione" (Von der wahren Religion) schiebt sich die Frage nach dem Verhältnis von Autoritätsglauben und Vernunfteinsicht in den Vordergrund: Die Vernunft des gefallenen Menschen ist der göttlichen Wahrheit entfremdet. Gott kam der Schwachheit des Menschen jedoch entgegen in einem dessen gefallener Seinslage und dessen Denkvermögen angepaßten, sichtbaren und autoritativen Heilsweg (christliche Religion, Bibel, Kirche). Wer sich auf ihn glaubend einläßt, dessen Geist wird für den Empfang der Wahrheit gereinigt, so daß er nach und nach wieder zur vollen Vernunfteinsicht gelangt. – Warum aber entscheidet sich der Mensch oft für andere Wege? Mit dieser

Frage beschäftigt sich Augustinus in „De libero arbitrio" (Vom freien Willen). Gegen die Behauptung der Manichäer, der Wille des Menschen sei von irgendeiner Macht der Finsternis bestimmt, vertritt Augustinus hier einen sehr optimistischen Standpunkt: Nichts ist so sehr in der Macht des Willens wie der Wille selbst. Implizierte dies aber nicht eine Leichtigkeit des Tuns und eine Freiheit, deren sich der Mensch in der Praxis eben nicht erfreut? Die Dinge liegen also offensichtlich komplizierter; Augustinus sieht das, findet dafür aber noch keine angemessene Erklärung.

Die Frage ließ ihn aber nicht mehr los. Und so beginnt es in Augustins Leben und Denken erneut zu gären: In Afrika, wo der Konflikt zwischen Katholiken und Manichäern besonders scharf war, wird er zunehmend von seiner manichäischen Vergangenheit eingeholt und muß sich ihr stellen: Woher kommt die offenkundige Dauerhaftigkeit des Bösen und Dunklen im Menschen? Zunehmend spürt er auch, wie seine eigenen optimistischen Erwartungen, schon im gegenwärtigen Leben das Leben des vollendeten Menschen der Weisheit zu erlangen, an der Wirklichkeit des Menschen zerbrechen; und er begreift das ganze Ausmaß seiner Erdgebundenheit und seine daraus sich ergebende *bleibende* Angewiesenheit auf die Niedrigkeit Christi. In den zwischen 397 und 401 entstandenen Confessiones, bekennt er sich demütig zur Erfahrung seiner *bleibenden* Begrenztheit:

„Manchmal entrückst du mein Inneres in einen so ungewöhnlichen Zustand unsäglichen Glücks ... Aber – ich sinke, jammervoll beladen, zurück ins alte Leben, der Alltag schlingt mich wieder ein und nimmt mich fest in seine Bande: Ich klage schwer, aber schwer auch bleiben die Bande. So kann Gewohnheit lasten! Hier, wo ich zu sein vermag, mag ich nicht sein; dort, wo ich sein möchte, vermag ich nicht zu sein: elend im Haben, elend im Mangel." (10, 40, 65)

Die Ernüchterung wurde beschleunigt durch eine äußere Veränderung im Leben Augustins. Im Frühjahr 391 besuchte er die Hafenstadt Hippo. Der greise Bischof Valerius suchte dort gerade einen Priester als Hilfe. Im Gottesdienst wird Augustinus, der inzwischen in der afrikanischen Kirche einen Namen hatte, von Gläubigen erkannt, ergriffen, zum Bischof gezerrt und bedrängt, Priester der Stadt zu werden. Augustinus sträubt sich, gibt dann aber doch unter Tränen seine Zustimmung und wird von Valerius zum Priester geweiht. Entgegen der üblichen Praxis, die das Predigen dem Bischof vorbehielt, beauftragt ihn dieser mit dem Predigtdienst. Vier Jahre später wird Augustinus zum Mitbischof des Valerius geweiht und tritt nach dessen Tod im Jahre 396 die Nachfolge als Bischof von Hippo an. Er bleibt es bis zu seinem Tod.

Seine Erfahrungen als Priester in Hippo verstärkten zunächst Augustins Wahrnehmung der widerspenstigen Elemente im menschlichen Verhalten. Sah er sich doch einer halb barbarischen Gemeinde gegenüber, die an alten Gebräuchen festhielt und sich nur schwer für jenseitig gründende Wahrheit, Sittlichkeit und Frömmigkeit gewinnen ließ. In den antimanichäischen Schriften dieser Zeit thematisiert er diese Erfahrung. Er entdeckt die zwingende Macht der *Gewohnheit* und sieht den Menschen durch seine eigene Vergangenheit gebunden: Zwar hat der Mensch zunächst die Macht, etwas zu tun oder nicht zu tun. Aber die Summe der eigenen Entscheidungen legt sich schließlich als Gewohnheit auf ihn und wird ihm zum Gefängnis. (C. Fort. 22)

Zur weiteren Klärung des Problems wendet sich Augustinus schließlich erneut dem Apostel Paulus zu. Im Juni 394 hält er in Karthago Vorträge über verschiedene Einzelfragen zum Römerbrief; er beginnt einen Kommentar zum Römerbrief und vollendet einen zum Galaterbrief. Im Gegensatz zur Zeit seiner Bekehrung, da er Paulus vor allem als Protagonisten eines geistigen Aufstiegs verstand, der von der Erneuerung des inneren Menschen und dem Ablegen des äußeren sprach, sieht er ihn jetzt als den, der unerbittlich die bleibende Spannung zwischen Geist und Fleisch im Menschen aufdeckt. In zunehmendem Maße wird sich Augustinus damit der Tiefe der den Menschen heilenden Gnade bewußt: Gnade ist nicht erst das innerliche Aufleuchten der Wahrheit; sie erschöpft sich darüber hinaus auch nicht in dem Angebot eines äußeren Heilsweges. Gnade ist auch schon das Sicheinlassen-können auf diesen Weg.

Den letzten Schritt hin zu dieser Erkenntnis vollzieht Augustinus in einer 396 entstandenen Schrift an Simplician, der sich mit mehreren Problemen an Augustinus gewandt hatte. Eines davon betraf die Darstellung von Gottes freier Gnadenwahl im Römerbrief: Warum hat Gott den Jakob geliebt, den Esau aber gehaßt? „Auf der Suche nach einer Lösung dieses Problems", so urteilt Augustinus gegen Ende seines Lebens in den Retractationes, in denen er noch einmal alle seine Werke durchgeht, „habe ich mir in meiner Antwort alle Mühe gegeben, die Wahlfreiheit des menschlichen Willens aufrechtzuerhalten. Aber Gottes Gnade behielt die Oberhand. Es gab keinen Ausweg als die Folgerung, der Apostel habe die offensichtlichste Wahrheit ausgesprochen als er sagte: ‚Wer hat dich ausgezeichnet? Was hast du denn, was du nicht empfangen hättest?'." (Retr. 2, 1) Augustinus macht die entscheidende Entdeckung, daß der menschliche Wille, soll er zum Handeln bewegt werden, nicht nur eines „äußeren" Motives bedarf, eines ihn treffenden Anstoßes oder Rufes, sondern darüberhinaus und vor allem einer aus seinem Gemüt kommenden inneren Motivation: Er muß affiziert werden in seiner „Lust". Augustinus entdeckt die Freude (delectatio) als eigentliche Quelle menschlichen Handelns. Die Lust aber, so seine Analyse, entzieht sich der Kraft unserer Selbstbestimmung, sie ist unvorhersehbar. Sie ist damit der Ort des tiefgeheimen Wirkens Gottes im Menschen:

„Wer kann aus ganzem Herzen das umfangen, woran er keinen Gefallen hat? Wer aber hat es in seiner Macht, daß das, woran er Gefallen haben könnte, ihm auch über den Weg kommt, und daß er an dem, was ihm über den Weg kommt, auch tatsächlich Gefallen hat? Daß wir also an jenen Dingen Gefallen haben, durch die wir auf Gott hin vorwärts gebracht werden, ist nicht das Werk unserer bewußten Absicht und unseres eigenen Wollens ..., sondern hängt ab von einer innerlichen Inspiration durch die Gnade Gottes." (Div. qu. Simpl. 2, 2, 21)

Die neuen Einsichten nehmen dem Menschen jede Selbstzuversicht und geben ihn ganz Gott anheim. Niemand kann sich der in seiner Seele verborgenen Kräfte sicher sein. Dies zwingt Augustinus, sein bisheriges Leben neu zu überdenken. Er beginnt, seine Bekenntnisse zu schreiben, die Confessiones. Und er wendet sich darin seiner Vergangenheit zu, von der Notwendigkeit besessen, zu verstehen, was wirklich mit ihm bis heute geschehen ist. So exemplifiziert Augustinus am eigenen Leben, was er in seinem Schreiben an Simplician theoretisch dargelegt hatte: das Zentralproblem der menschlichen Motivation. Er schreibt in den Bekenntnissen die Geschichte seines Herzens, die Geschichte einander widerstrebender Arten von Liebe in ihm selbst. Und die Erforschung all der offenen oder geheimen Strebungen seines Herzens läßt ihn bekennen:

„Ein abgründiges Geheimnis ist sich der Mensch. Selbst noch seine Haare, die du, Herr, gezählt hast, und von denen keines verlorengeht bei dir, sind leichter zu zählen, als was sich regt und bewegt in seinem Herzen." (Conf. 4, 14, 22)

Die Bekenntnisse werden so zum großen Schuldbekenntnis und zum Eingeständnis eigener Hilflosigkeit. Augustinus bekennt sich endgültig zur Erfahrung der Zerrissenheit seines Lebens. Und er bekennt damit zugleich, daß eine eigenständige Selbstgestaltung und Selbstverwirklichung eine Illusion ist, der Mensch vielmehr einer Heilung bedarf, die außerhalb seiner eigenen Möglichkeiten liegt. Er rechnet zu jeder Zeit mit abgründig Bösem im Menschen. Anders aber als die Manichäer, die das Böse und die Zerrissenheit verabsolutierten, bekennt er, daß Gott, der Schöpfer aller guten Dinge, den Menschen durch alles Böse und durch die Zerrissenheit hindurch zur Einheit und wahren Heimat zurückführen kann.

So kommt es zur anderen Seite des Schuldbekenntnisses, zum Lobbekenntnis: Die Confessiones sind durchdrungen von einem tiefen Gespür für die Allgegenwart Gottes und seine führende Hand. Alles, auch die eigene Tragödie, wird Augustinus zum Anruf Gottes:

„Du hast gerufen und geschrien und meine Taubheit zerrissen; du hast geblitzt, geleuchtet und meine Blindheit verscheucht; du hast Duft verbreitet, und ich sog den Hauch und schnaube jetzt nach dir; ich habe gekostet, nun hungere ich und dürste; du hast mich berührt, und ich brenne nach dem Frieden in dir." (Conf. 10, 27, 38)

Gott ist der eigentlich Handelnde in seiner individuellen Lebensgeschichte; er ist der Beweggrund, der all die chaotischen Bewegungen des Menschen im Hinblick auf dessen jenseitige Bestimmung ordnet. Das ist der tiefste Sinn des Satzes: Auf dich hin hast du uns erschaffen, und unruhig ist unser Herz, bis es ruht in dir.

Augustinus bricht deshalb seine Bekenntnisse nicht mit der Schilderung seiner Bekehrung im neunten Buch ab. Denn er hat erfahren, daß es nicht möglich ist, so einfach seine alte Identität abzustreifen; die eigene Vergangenheit ist weiterhin Teil seiner selbst. Noch immer sind Abgründe in ihm, und er muß sich deshalb sagen: „Es steckt etwas im Menschen, was auch der eigene Geist des Menschen nicht weiß." (Conf. 10, 5, 7) Deshalb erforscht er im zehnten Buch den gegenwärtigen Zustand seiner Seele. Er weiß: Nicht vor sich selbst weglaufen, sondern sich in die eigene Seele schauen und sich selbst erkennen, das ist Voraussetzung für ein Fortschreiten in das Geheimnis Gottes. Ebenso selbstverständlich münden deshalb die Bekenntnisse in die drei Bücher, in denen Augustinus, ausgehend von den ersten Versen des Schöpfungsberichtes, diesem Geheimnis nachsinnt. Und wie eine Zusammenfassung augustinischen Denkens und Lebens klingt der berühmte Satz aus dem dreizehnten Buch:

„Meine Schwerkraft ist meine Liebe; sie zieht mich, wohin immer es mich zieht. Durch dich, an deiner Gabe fangen wir Feuer und es zieht uns nach der Höhe; wir entbrennen, und schon sind wir in Bewegung." (Conf. 13, 9, 10)

4. Bischof von Hippo: Im Dienst am Volk Gottes

Augustinus fiel es nicht leicht, den Dienst als Priester und Bischof der Kirche zu übernehmen. Um so erstaunlicher ist es zu sehen, wie er mit der gleichen Intensität, mit der er sich auf das Abenteuer seines Geistes und seiner abgründigen Seele eingelassen hatte, nun als Bischof an den Menschen seiner Umwelt und ihren Fragen Anteil hat. Die 250 uns erhaltenen Briefe Augustins sind dafür überzeugendstes Beispiel. Fast sein gesamtes schriftstellerisches Schaffen als Bischof erwächst aus dem Gebot der Stunde mit ihren unabweisbaren Tagesfragen; deren Beantwortung freilich führt Augustins ins Grundsätzliche und Überweltliche drängenden Geist zumeist weit über den konkreten Anlaß hinaus.

Zentrum und Schwerpunkt seiner vielfältigen Aufgaben als Bischof ist für Augustinus die *Auslegung der Bibel*. Er widmet sich ihr in grundlegenden exegetischen und hermeneutischen Werken: In dem 396 begonnenen und erst 426 vollendeten Werk „De doctrina christiana" (Von der christlichen Lehre) entwickelt er Grundsätze für die Bibelauslegung. Im Jahre 400 schreibt er „De consensu evangelistarum" (Vom Übereinklang der Evangelisten), eine Schrift, die Augustins Vorstellung von der Bibel als einer von Gott her inspirierten Schrift enthält, in der jedes Wort voller jenseitiger Bedeutung ist. Zwischen 401 und 414 entsteht der große Genesiskommentar „De Genesi ad litteram", der für Augustins Schöpfungs- und Erkenntnistheologie maßgeblich ist; das zwölfte Buch, eine Reflexion über das Paradies, aus dem Adam vertrieben und in das Paulus in einer ekstatischen Erfahrung entrückt wurde, ist eine ausführliche Darstellung von Augustins Psychologie und Theologie der inneren Erfahrung. Das Hauptfeld der Bibelarbeit Augustins liegt in seiner unermüdlichen Predigttätigkeit. Das umfangreiche Werk des Psalmenkommentars, entstanden zwischen 392 und 420, die Traktate zum Johannesevangelium, an denen Augustinus zwischen 414 und 417 gearbeitet hat, sowie die Sammlung der über 400 Predigten geben davon Zeugnis. Dabei ist Predigen für Augustinus keine reine Freude; er versteht es vielmehr als demütigen Dienst an der Schwachheit der Menschen: Befriedigender und beglückender ist es für ihn, zuerst selbst über den biblischen Text nachzusinnen, sich der unauslotbaren und unaussprechlichen Wahrheit zu öffnen, auf die die Worte der Bibel verweisen wollen, und so im Innern der Seele etwas von dieser Wahrheit zu spüren und in ihrer Schau fortzuschreiten. Am liebsten, so gesteht Augustinus, möchte er bei dieser inneren Schau der Wahrheit bleiben; aber um der ihm anvertrauten Menschen willen muß er wieder zurück und in seiner Predigt etwas von dieser Wahrheit zu sagen versuchen:

„Wenn wir also betrübt sind, weil die Zuhörer unsere innere Schau nicht zu fassen vermögen, von dessen Höhe wir sozusagen herabsteigen müssen, um uns mit trägen Silben aufzuhalten, die hinter dem Gedanken weit zurückbleiben ...; und wenn wir dann, weil das gesprochene Wort dem Gedanken so unähnlich ist, nur widerwillig sprechen und lieber gleich ganz schweigen, dann wollen wir bedenken, was uns *der* im voraus geboten hat, der uns auch ein Beispiel gegeben hat ... Mag nämlich der Unterschied zwischen unserem Sprechen und der Lebendigkeit unserer Einsicht noch so groß sein, weit größer ist der Unterschied zwischen dem sterblichen Fleisch und der Gleichheit mit Gott. Und doch hat sich Christus, obwohl er in dieser Gestalt Gottes war, selbst entäußert.“ (Cat. rud. 10, 15)

Am Beispiel Christi also lernt Augustinus, daß er selbst seine tiefsten mystischen Erfahrungen nicht einfach für sich macht, sondern zugleich auch für andere. Er muß immer wieder seine innerlichsten Erfahrungen entäußern, um der an die äußeren Dinge gebundenen schwachen Menschen willen.

Ein zweites großes Feld, auf dem Augustinus als Bischof seine Kraft verzehrt, sind die *innerkirchlichen Kontroversen:* Mit den Manichäern, den Donatisten und den Pelagianern.

Mit den Manichäern ficht Augustinus fast bis zu seinem Tod. Kern der Auseinandersetzung ist nicht mehr, wie in den ersten Jahren, das Verhältnis von Glaube und Verstehen, sondern die Frage nach dem rechten Verstehen der Bibel selbst: Die Manichäer meinten, in der Lehre Manis die autoritative Offenbarung der Wahrheit und Deutung der Bibel zu haben, die es ihnen erlaubt, in der Bibel Wahres von Falschem zu unterscheiden. Gegen diesen eigenmächtigen hermeneutischen Anspruch der Manichäer setzt Augustinus die unversehrte Autorität und Wahrheit der *ganzen* Schrift. Um dies rechtfertigen und begründen zu können, muß er aber die augenscheinliche Differenz zwischen Altem und Neuem Testament, welche die Manichäer zu ihrer Bibelkritik veranlaßte, in irgendeiner Weise bewältigen. Er tut dies, indem er die beiden Testamente vermittels eines allegorisch-typologisch hergestellten Sinnbezugs als eine Einheit begreift und so das Problem der Unterschiede von der Sachebene auf die bloße Zeichenebene herunternimmt: Was im Neuen Testament offen gegeben ist, das wurde im Alten Testament unter anderen Zeichen figürlich dargestellt.

Zwanzig Jahre lang rang Augustinus mit dem Donatismus, einer Bewegung, die Anfang des 4. Jahrhunderts in der diokletianischen Verfolgung entstanden war. Gegen eine Kirche, die von Halbchristen durchsetzt war, vertraten rigoristische Erneuerer die Meinung, eine solche Kirche hätte ihre wahre Identität verloren und ihre Gebete und Sakramente wären automatisch wirkungslos. Der Streit hatte schließlich zur Spaltung der nordafrikanischen Kirche und jeder einzelnen Gemeinde geführt. In den über 20 Streitschriften gegen die Donatisten besteht Augustinus auf der objektiven Heiligkeit der Kirche: Gottes Heilswerk kann nicht durch die Unheiligkeit seiner Diener zunichte gemacht werden. Und er arbeitet die theologische Bedeutung der sichtbaren Einheit der Kirche heraus: Die Kirche ist die in die Geschichte der Menschheit hinein verlängerte Menschheit Christi. Das Bekenntnis zur Niedrigkeit und Demut (humilitas) Christi verlangt damit zugleich ein Bekenntnis zur sichtbaren Kirche. Und das Bleiben in dieser Kirche trotz ihrer Makel und trotz theoretischer Kontroversen ist dann selbst ein Akt der Demut und Niedrigkeit. Es gehört zur tiefen Tragik Augustins, daß diese Überlegungen ihn schließlich dazu führten, aus Sorge um das Heil der Donatisten zu deren gewaltsamer Eingliederung in die sichtbare Einheit der Kirche ja zu sagen und damit der Inquisition den Weg zu bereiten.

In der Auseinandersetzung um den Pelagianismus schließlich stand Augustins ureigenste Lebenserfahrung zur Debatte: die Erfahrung der Wirklichkeit und Wirksamkeit der Gnade, die den Menschen durch alle seine Zerrissenheiten hindurch heimholt. Daß diese Gnade nicht nur in einer äußeren Hilfe bestehen darf, sondern einen in sich zerrissenen Willen zu allererst innerlich heilen muß, genau das leugnete Pelagius. Das Lebensgefühl dieses englischen Laienmönches war dem des Augustinus ziemlich entgegengesetzt: kraftvoll, unkompliziert und voller Optimismus, die menschliche Natur besitze aus sich heraus die Fähigkeit zur sittlichen Vollkommenheit. Die Gnade bestand für ihn in den Geboten Gottes und in dem Beispiel, das Christus uns gegeben hat. Diesem Beispiel zu folgen, liege in der Macht des Menschen. Einem scharfsinnigen Beobachter des menschlichen Herzens wie Augustinus mußte dieses Denken naiv erscheinen. Augustinus reagiert scharf in einer langen Folge polemischer Schriften. Er versucht in diesen Schriften seine Grunderfahrung von Gottes tiefgeheimer Führung des Menschen in ein gedankliches System zu bringen und mit unerbittlicher Logik in all ihren Implikationen zu Ende zu denken. Dabei verdüstern sich seine Gedanken zunehmend zu der Vorstellung einer unabwendbaren Verwerfung des weitaus größeren Teiles der Menschheit (massa dammnata) und zu einem Gottesbild von erdrückender Qual.

Über die vielen geschilderten Arbeiten hinaus findet Augustins schöpferischer Geist die Kraft zu drei seiner *größten Werke:* Confessiones/Bekenntnisse (397–401), De Trinitate/Von der Dreieinigkeit (399–419) und De civitate Dei/Vom Gottesstaat (413–427). Die ersten beiden veranschaulichen eindrücklich Augustins Programm „Gott und die Seele". In den Confessiones durchforscht er die Zerklüftungen seiner Seele, um darin dem allein einenden und heimholenden, unergründlichen Gott auf die Spur zu kommen. In dem tiefsinnigen Werk „De Trinitate" versucht er das Menschenmögliche, um das Geheimnis Gottes zu enträtseln; und er tut es, indem er das Ebenbild Gottes, die Vernunftseele des Menschen, analysiert. Das Werk ist ein einziger großer Versuch, das von Gott Geglaubte in ein unmittelbares Wissen aufzuheben: In den ersten acht Büchern entfaltet Augustinus zunächst den biblisch-kirchlichen Glauben vom drei-einen Gott. In den folgenden sieben Büchern macht er sich dann daran, über eine Selbstauslegung des menschlichen Geistes zu einem Verstehen dieses Glaubens zu gelangen; die langen und sich wie in Kreisen bewegenden Denkanstrengungen versteht Augustinus zugleich wieder als eine Art Training des Geistes, das den Geist für den Empfang göttlicher Wahrheit zubereiten soll. In „De civitate Dei" erhebt Augustinus das Drama der menschlichen Seele ins Weltgeschichtliche: Die zwei Willen, deren Widerstreit Augustinus in sich so leidvoll erfahren mußte und seine Seele zerrissen machte (und noch macht), bestimmen auch das Drama der menschlichen Geschichte. Denn an ihnen scheidet sich die Menschheit in zwei ineinander verwobene Reiche (civitates), in das irdische, dessen Grundgesetz die Selbst- und Weltliebe ist, die bis zur Verachtung Gottes geht, und in das himmlische, dessen Grundgesetz die Liebe zu Gott ist, die bis zum Nichtachten des Selbst und der Welt geht (Civ. 14, 28):

„Diese zwei verschiedenen Strebungen (amores), die eine auf Gott gerichtet, die andere verkehrt; die eine uneigennützig, die andere auf Privates fixiert ...; die eine Gott ergeben, die andere begierig ihm gleich zu sein; die eine ruhig, die andere voller Wirren ...; die eine sich selbst und dem Nächsten gleich Gutes wünschend, die andere gewillt, den Nächsten für sich gefügig zu machen; die eine bei der Weisung für den Nächsten auf dessen Nutzen bedacht, die andere auf eigenen; – diese zwei Strebungen also nahmen ihren Anfang bei den Engeln und sie machen den Unterschied aus zwischen den beiden im Menschengeschlecht gegründeten Bürgerschaften (civitates), der der Gerechten und der der Sünder. Solange die Weltzeit läuft, sind beide Bürgerschaften miteinander vermischt. Beim letzten Gericht werden dann beide voneinander geschieden." (Gen. litt. 11, 15, 20)

Am 28. August 430 fand Augustins unruhiges Herz die Ruhe. Er starb, während seine Stadt von arianischen Vandalen belagert wurde. Von seinem Werk blieben seine vielen Bücher, von denen Possidius, sein Biograph, meinte, kein Mensch könne sie je alle lesen, und aus deren Unerschöpflichkeit bis heute geschöpft wird.

II. Bedeutung

1. Mystische Erfahrung: Der unbegreifliche, aber berührbare Gott

„Gott im Geiste ein wenig zu *berühren,* das ist eine große Glückseligkeit, ihn jedoch zu *begreifen,* das ist gänzlich unmöglich" (S. 117, 5) – auf diesen Nenner bringt Augustinus, was als Vermächtnis seines gottergriffenen und gottzentrierten Lebens und Denkens gelten kann. Gott ist unfaßbar und unbegreiflich – gegen materialistische und verdinglichende Gottesvorstellungen, vor allem der Manichäer, mußte Augustinus dies zuerst in seiner wörtlichen Bedeutung verstehen lernen: Der einzelne Mensch oder die ganze Welt in ihrer Ausdehnung faßt Gott nicht. Gott ist überall der Ganze, und doch faßt ihn kein Ding als den Ganzen. (Conf. 1, 3, 3) Unfaßlich und unbegreifbar ist Gott dann aber vor allem im übertragenen Sinn: Gott ist durch menschliches Denken nicht einzuholen, er ist nicht begrifflich faßbar, man kann ihn nicht definieren.

„Was also sollen wir von Gott sagen, meine Brüder? Wenn du nämlich erfaßt hast, was du sagen willst, dann ist das Erfaßte nicht Gott. Wenn du etwas begreifen konntest, dann hast du etwas anderes als Gott begriffen. Wenn du sozusagen begreifen konntest, dann hast du dich durch dein Denken in die Irre führen lassen. Wenn du also begriffen hast, dann ist es nicht die Sache, um die es hier geht; wenn sie es aber ist, dann nur so, daß du nicht begriffen hast. Wie also willst du sprechen von dem, was du nicht hast begreifen können?" (S. 52, 6, 16)
„Zwinge dein Herz, das Göttliche zu denken, dräng es, bestürm es. Wenn dir beim Denken etwas Körperähnliches einfällt, verwirfs, noch kannst du nicht sagen: das ist Gott. Sag wenigstens: das ist Gott nicht. Wann nämlich wirst du sagen können: das ist Gott? Nicht einmal, wenn du schauen wirst. Denn was du schauen wirst, ist unaussprechlich." (S. 53, 11, 12)

Seit seiner ersten Faszination von der neuplatonischen Mystik bis in die pelagianische Kontroverse hinein ist Gott für Augustinus das unauslotbare Geheimnis geblieben, von dem es nur eine *„wissende Unwissenheit"* gibt. In den Confessiones z. B. bekennt er in Anbetracht der Unbegreiflichkeit, daß der zeitlose Gott dennoch alle Zeiten in sich enthält und aus sich hervorgehen läßt: In dieser Sache sei es besser, Gott im Nichtfinden zu finden als ihn in einem vermeintlichen Finden doch nicht zu finden. (Conf. 1, 6, 10) Und im 130. Brief heißt es vom göttlichen Lebensquell:

„Was wir so nicht denken können, wie es ist, das kennen wir offenbar nicht; wir verwerfen vielmehr, auf was immer unsere Gedanken kommen ... Es ist also in uns, so möchte ich sagen, eine Art belehrte Unwissenheit (quaedam docta ignorantia), belehrt jedoch vom Geiste Gottes, der unserer Schwachheit zu Hilfe kommt." (Ep. 130, 14, 27f)

Gott ist unbegreiflich und unfaßbar und deshalb unsagbar. Das spürt Augustinus, wenn es darum geht, eigene Gotteserfahrungen oder innere Einsichten in die göttliche Wahrheit anderen mitzuteilen. Am liebsten wollte er dann schweigen:

„Was machen wir? Sollen wir schweigen? Wenn es doch erlaubt wäre. Vielleicht nämlich wird schweigend etwas Richtiges über die unaussprechliche Sache gedacht. Denn worüber Worte gemacht werden können, das ist nicht unaussprechlich. Gott aber ist unaussprechlich." (S. 117, 7)

Augustinus schweigt trotzdem nicht: Von Gott muß man sprechen, schon um wenigstens gegen Irrende zu sagen, wie Gott nicht ist. Vor allem aber ist das Sprechen von Gott eine existentielle Notwendigkeit für den, der den lebendigen Gott erfahren hat. Der von Gott Ergriffene muß sprechen, und er kann eigentlich nicht genug sagen. Er muß lobend und preisend sagen, wovon er erfüllt ist.

Augustinus ist ein von Gott Ergriffener. Er lebt, denkt und spricht aus einer intensiven, den ganzen Menschen ergreifenden, mystischen Erfahrung der Gegenwart Gottes; und er kennt Augenblicke besonderer mystischer Ergriffenheit, in denen seine Seele „in einem vollen Schlag des Herzens" die ewige Weisheit Gottes selbst berührte.

Augustinus beschreibt die mystische Erfahrung der Gegenwart Gottes auf mehrfache Weise. Grundlegend ist das *„Spüren Gottes" (sentire Deum),* das durch die Liebe im Menschen hervorgebracht wird (En. ps. 99, 5f): Wer sich auf die durch Hingabe und Liebe gekennzeichnete Lebensform Jesu Christi einläßt, wird nach und nach innerlich umgewandelt und zur gottgerichteten Liebe erneuert; dadurch wird er seinsmäßig wieder Gott ähnlich, der selbst die Liebe ist. Je mehr der Mensch so seine ursprüngliche Ähnlichkeit mit Gott wiedererlangt und in der Liebe wächst, desto mehr beginnt er, in seiner Liebe und durch sie hindurch Gott zu erspüren, den jenseitig-innerlichen Grund seiner Liebe. Und er macht die Erfahrung, daß sich diese existentielle Erfahrung Gottes nicht mehr mit Worten wiedergeben läßt – und dies ist ein Ausweis für die Echtheit der Gotteserfahrung:

„Wenn du beginnst, Gott ähnlich zu werden und ihm auf diese Weise nahe zu kommen und ihn zu erspüren – in dem Maße, als in dir die Liebe wächst, denn Gott ist die Liebe –, dann wirst du etwas erfahren, wovon du zuvor sprachst und doch nicht sprachst. Denn bevor du Gott spürtest, glaubtest du, ihn aussagen zu können; nun, wo du ihn zu erspüren beginnst, merkst du, daß sich, was du erspürst, nicht mehr aussagen läßt." (En. ps. 99, 6)

Das beginnende Erspüren Gottes weckt im Menschen erst recht die Sehnsucht nach Gott, so daß er sich nun mit noch „heißerer Inbrunst" (ardentior affectus) dem göttlichen Sein entgegenstreckt. (Conf. 9, 10, 23) Hervorgerufen wird dieses Aufflammen der Sehnsucht wiederum von Gott. Er „inspiriert" diese Sehnsucht der menschlichen Seele (Conf. 13, 1, 1) und läßt sich von ihr als den anziehenden, faszinierenden Gott erfahren. Er ruft, leuchtet, duftet, läßt den Menschen von sich kosten, so daß er nach ihm hungert und dürstet; er berührt sein Herz, so daß er von Sehnsucht nach dem Frieden in Gott entbrennt. (Conf. 10, 27, 38) Was der Mensch hierbei bisweilen erfährt und spürt, vergleicht Augustinus mit einer lieblichen Melodie aus der Welt Gottes: Ein ,,süßer Geschmack (dulcedo), eine innerlich erfahrene tiefgeheime Lust, wie wenn vom Hause Gottes her eine liebliche Melodie ertönte", erfüllt sein Herz, lockt ihn und führt ihn auf dem Weg heim in das Haus Gottes; ,,von dem ewigen und immerwährenden Fest im Hause Gottes ertönt dem Ohr des Herzens ein lieblicher Wohlklang, doch nur, wenn die Welt nicht lärmt." (En. ps. 41, 9) Das Vernehmen dieser Melodie Gottes verlangt vom Menschen höchste Aktivität: Er muß sich gänzlich vom Getöse dieser Welt abwenden, auch sich selbst zum Schweigen bringen und sich ganz und ungeteilt dem göttlichen Sein zuwenden. Zugleich ist er darin der passiv Empfangende; denn Gott selbst ist es, der den Menschen durch die Inspiration der Liebe über sich hinaus erhebt und sich ihm in der Melodie der Transzendenz schenkt. In den Confessiones hebt Augustinus den ekstatischen Charakter dieser Gotteserfahrung hervor:

,,Und manchmal entrückst du mein Inneres in einen so ungewöhnlichen Zustand (affectus) unsäglichen Glücks (dulcedo); wenn es je noch in seiner Vollkommenheit mir währen sollte, so wird das – ich weiß nicht was – es sein, was dieses Leben hier nie sein wird." (10, 40, 65)

In den bisher beschriebenen Weisen der Gotteserfahrung ist ausschließlich die affektive Seite dieser Erfahrung hervorgehoben. Es handelt sich um eine mystische Erfahrung der Gegenwart Gottes, ohne daß der menschliche Geist Gott selbst schaut. Augustinus kennt aber sehr wohl ekstatische Gotteserfahrungen, die auch den Intellekt ansprechen. In der Schilderung der Vision von Ostia beschreibt er sie als ein ,,leises Streifen der Weisheit in einem vollen Schlag des Herzens" (Conf. 9, 10, 24), als ein ,,Berühren der ewigen, über allem beharrenden Weisheit in windschnell flüchtigem Gedanken" und als einen ,,kurzen Moment der inneren Schau" (9, 10, 25), verbunden mit einer Freude, die einen Vorgeschmack des Himmels bedeutet.

Das Berühren Gottes in diesen ekstatischen Erlebnissen ist mehr und etwas anderes als alles, was in bildhaften menschlichen Vorstellungen gleichnishaft geschaut wird. Es ist ein wirkliches und unmittelbares, wenn auch noch unvollkommenes Schauen der lichten Wahrheit Gottes selbst. Die Unvollkommenheit besteht nicht nur darin, daß die Schau nur einen kurzen, blitzenden Augenblick währt; sie ist vor allem nur ein sehr partielles Erblicken, eben ein ,,leichtes Berühren der ewigen Weisheit". Nicht Gott in seiner Totalität wird geschaut, sondern ,,etwas" davon, soviel der menschliche Geist eben fassen kann:

,,Wenn die Seele, so wie sie von der unmittelbaren sinnlichen Erfahrung in bildhafte Visionen entrückt wurde, auch noch von diesen bildhaften Vorstellungen entrückt wird, so daß sie gleichsam in jene Region des Geistigen und Intelligiblen gelangt, wo ohne jedes körperähnliche Bild die helle Wahrheit geschaut wird, dann wird sie nicht mehr durch die Nebel irriger Vorstellungen verdunkelt ... Eine einzige Tugend ist dort: zu lieben, was du siehst. Und das höchste Glück besteht dort darin, auch zu haben, was du liebst ... Dorthin zu gelangen, wo die Ruhe ohne Sorge und die Schau der Wahrheit unaussprechlich sein wird, gilt all unser Mühen."

Einschränkend fügt Augustinus hinzu: „... soweit der menschliche Geist gemäß der Gnade des ihn ergreifenden und zu sich erhebenden Gottes diese Herrlichkeit Gottes zu fassen vermag." (Gn. litt. 12, 24, 54)

Augustinus glaubt, daß einige Heilige – und mehrmals nennt er ausdrücklich Moses und Paulus – eine besonders intensive Entrückung erfahren haben und so schon in diesem Leben zu einer vollkommenen mystischen Schau Gottes in seiner ursprünglichen Lichthaftigkeit und Fülle gelangt seien (Ep. 147, 13, 31), auch wenn sie wegen ihres Dienstauftrages an den Schwachen nicht bei dieser herausragenden Schau bleiben durften. (En. ps. 30, II s. 1, 1) Er ist aber der Überzeugung, daß unendlich viele Abstufungen zu dieser vollen Schau möglich sind und daß Gott ihm in ekstatischen Augenblicken ein seinem Fassungsvermögen entsprechendes partielles Schauen des göttlichen Lichtes gewährt hat. Um so mehr weiß er sich noch auf dem Weg einer in diesem Leben nicht endenden Gottsuche:

„Wir suchen Gott als einen, der noch gefunden werden muß. Wir suchen ihn weiter als schon Gefundenen. Damit er als noch zu Findender gesucht wird, ist er verborgen. Damit er als schon Gefundener weiter gesucht wird, ist er unermeßlich ... Er sättigt den Suchenden nach dessen Fassungsvermögen, und den Findenden macht er aufnahmefähiger, damit er von neuem nach Sättigung verlangt, sobald er aufnahmefähiger geworden ist ...: bis wir zu jenem Leben gelangen, wo wir so erfüllt sein werden, daß wir nicht noch empfänglicher werden können." (Io. ev. 63, 1)

Und ebenso weiß er sich, trotz aller schon gewährten inneren Schau, bei dieser Suche immer wieder angewiesen auf den autoritativen Glauben:

„Ich will dich suchen ..., indem ich an dich glaube." (Conf. 1, 1, 1)

Der Mensch, der um seine bleibende Schwachheit weiß, sucht Gott, indem er glaubt, d. h. indem er sich vertrauend einläßt auf die Demut des Menschseins Jesu Christi und die kirchliche Verkündigung davon und sich von der hier gelegten Spur mitnehmen läßt zur Gottheit Jesu Christi, soweit er dafür empfänglich ist.

2. Katholischer Spiritualismus: Zwischen Glauben und Erfahren

Der Mensch ist nicht ohne weiteres in der Lage, Gott unmittelbar und ursprünglich zu schauen. Er ist vielmehr auf die Vermittlung durch Zeichen angewiesen. In dieser Angewiesenheit auf äußere Zeichen sieht Augustinus die grundlegende, durch die Ursünde der Selbstüberhebung (superbia) bedingte Heilsdifferenz des Menschen. Die Bibel ist deren Ausdruck. Denn sie ist ein dem menschlichen Fassungsvermögen angeglichenes Sprechen Gottes; sie ist Abschattung der göttlichen Wahrheit, nicht ihre lichte Offenbarung. Zugleich ist sie aber auch Hilfsmittel, zu einem allmählichen Vernehmen dieser Wahrheit zu gelangen:

„Gott erquickt den Menschen jetzt aus den Wolken, d. h., aus den Schriften der Propheten und der Apostel ... Erst nach der Sünde begann der Mensch, sich auf der Erde abzumühen und jener Wolken zu bedürfen. Vor der Sünde aber ... erquickte Gott die Seele aus einem *inneren* Quell. Er sprach zu ihr in ihrem Intellekt, so daß sie nicht von *draußen* Worte aufnehmen mußte wie aus den genannten Wolken den Regen ... Solange aber die Seele aus einem solchen Quell erquickt wurde, hatte sie ihr Innerstes noch nicht durch *Selbstüberhebung* (superbia) hinausgeworfen. Weil sie sich aber aus Selbstüberhebung zu den äußeren Dingen hin aufblähte, wurde sie nicht mehr aus dem inneren Quell erquickt ... und deshalb bedarf sie nun des Regens aus den Wolken, d. h. einer Unterweisung aus menschlichen Worten ... Wenn sie doch nur den Regen der Wahrheit aus diesen Wolken gern aufnähme." (Gen. c. Man. 2, 4, 5f)

Selbstüberhebung bedeutet Abkehr von der inneren Wahrheitsquelle und deshalb Blindheit gegenüber dem umwandelbar Wahren sowie Gebundenheit des Denkens an Materialität. Und weil die Selbstüberhebung in die ontologische Struktur des Menschseins eingeschrieben ist, gilt die Angewiesenheit auf sinnenfällige Zeichen auch dort, wo die Bewegung der Selbstüberhebung umgekehrt und der Mensch zum Quell der göttlichen Wahrheit zurückgeführt werden soll. Gott geht nun einen indirekten Weg über Welthaftigkeit, Sprache und Geschichte. Er spricht zum Menschen durch die Schriften der Propheten und der Apostel. Sprache aber gehört dem Seinsbereich des Draußen an und kann im Blick auf die unwandelbare innere und überweltliche Wahrheit nur eine äußerlich hinweisende, nicht aber innerlich erschließende Funktion haben. Die Bibel wird deshalb erst dann zu einem nützlichen Zeichen, wenn sie in der ihr spezifischen Verweisfunktion gesehen wird und so den menschlichen Geist ganz auf den Empfang unaussprechlicher Wahrheit ausgerichtet sein läßt. Doch der Mensch kann auf die genannte Verweisfunktion solange nicht eingehen, als er selbst in seinem pervertierten Sein keinen Wandel vollzogen hat. Das Sprechen Gottes in der Bibel wird also erst dann fruchtbar, wenn der Mensch durch Gottes Geist zur Haltung der gottgerichteten Liebe befreit wird. Aber auch dann ist die Einsicht nicht einfach „erzwingbar". Vielmehr ist sie die Frucht einer dem menschlichen Verfügungswillen entzogenen Erleuchtung. Augustinus spricht daher dort, wo es um das *Verstehen* der Bibel geht, häufig von innerlicher *Offenbarung:* Gott offenbart dem einzelnen, worauf das in den biblischen Schriften Berichtete verweist. Und erst wo Gott offenbart, ergießt sich, im Bild gesprochen, Regen der Wahrheit. Jedoch geschieht diese Offenbarung in diesem Leben erst anfanghaft. Sie bleibt noch gebunden an die äußere Vermittlung durch die Bibel. Erst in der eschatologischen Vollendung wird Wahrheit wieder ohne alle Zeichen unmittelbar aus ihrem ursprünglichem Quell vernommen:

„Wenn also unser Herr Jesus Christus wiederkommt und, wie der Apostel Paulus sagt, das im Finstern Verborgene erleuchtet und die Gedanken des Herzens an den Tag bringt ..., dann werden keine *Leuchten* mehr nötig sein: dann wird uns kein Prophet mehr vorgelesen ..., nicht einmal mehr das Evangelium werden wir brauchen ... Was werden wir also sehen, nachdem all diese *Hilfsmittel* abgetan sind? Womit wird unser Geist genährt werden? ...: ‚Im Anfang war das Wort, und das Wort war bei Gott, und Gott war das Wort'. Zur *Quelle* wirst du kommen, von welcher hier ein wenig Tau auf dich herab kam; das reine *Licht* wirst du sehen, von welchem jetzt ein schwacher Strahl auf gewundenem Wege in dein dunkles Herz gesenkt wurde." (Io. ev. 35, 9)

Jetzt also bleibt der augustinische Mensch auf das äußere Wort der Bibel angewiesen; aber durch innerliche Offenbarung empfängt er schon etwas von der lichten Wahrheit, auf die die Bibel den Geist des Menschen lenken will. Der Mensch kann sich um die Worte der Bibel mühen, er kann suchen und anklopfen und sich so für ein Verstehen bereiten; erschließen muß sich die Wahrheit selbst:

„Halte dein Gesetz denen, die anklopfen, nicht verschlossen. Denn nicht umsonst hast du gewollt, daß auf so vielen Blättern dunkle Geheimnisse aufgezeigt wurden ... Enthülle (revela) sie mir ...; laß mich Gnade finden vor dir, daß sich meinem Klopfen das verborgene Innere deiner Worte auftue." (Conf. 11, 2, 3f)

Dieselben Worte der Bibel „sollten denen keine Rätselworte mehr sein, die sie durch Offenbarung des Heiligen Geistes verstanden haben würden" (Io. ev. 104, 1). Diese Gedanken sind die genaue bibelhermeneutische Entsprechung der Zeichen- und Sprachtheorie, wie sie Augustinus in „Vom Lehrer" entwickelt hat: Die äußeren Wortzeichen der Bibel vermitteln den von ihr bedeuteten intellegiblen Gegenstand nicht. Dieser wird vielmehr erst dann eingesehen, wenn Gott selbst zum Menschen innerlich „spricht" und ihn etwas von seiner Wahrheit unmittelbar sehen läßt.

Dieses hermeneutische Konzept erlaubt es Augustinus nicht, sich auf einer einmal gefundenen Deutung biblischer Texte auszuruhen. Er muß immer weiter suchen und immer neue Verstehensmöglichkeiten zutage fördern. Denn der biblische Text ist unerschöpflich. Die von ihm intendierte Wahrheit ist größer als jede einzelne wahre Deutung. Augustinus übt deshalb scharfe Kritik an denen, die ihre eigene Deutung als die einzig wahre behaupten. Er wirft ihnen Selbstüberhebung vor. Denn sie bestehen auf ihrer Deutung nicht aus Liebe zur Wahrheit, sondern nur, weil sie verliebt sind in die eigenen Gedanken. Sie beanspruchen die Wahrheit im Grunde als ihren Privatbesitz, über den sie allein verfügen, und müssen sie deshalb verfehlen. Augustinus betont dagegen die Unerschöpflichkeit und Unauslotbarkeit der Wahrheit; die wahre Bedeutung eines biblischen Textes ist nicht verfügbar und auch gar nicht fixierbar:

„Weil deine Wahrheit, Herr, nicht mir gehört, nicht diesem oder jenem, sondern uns allen, die du zu ihrer gemeinsamen Teilhabe öffentlich rufst, hast du uns schrecklich gemahnt, sie nicht etwa als privates Gut (privatam) beanspruchen zu wollen, da wir sonst ihrer verlustig gingen (privemur). Denn jeder, der für sich allein beansprucht, was du allen zum Genusse darbietest, wer als sein Eigentum haben will, was allen gehört, wird vom Gemeinsamen weg in das Seinige abgetrieben, und d. h. von der Wahrheit weg in die Lüge." (Conf. 13, 25, 38).

Die fortschreitende Erfahrung der unergründlichen biblischen Wahrheit erfolgt für Augustinus also einerseits auf Grund charismatischer Offenbarung; dennoch weiß er sich dabei immer geleitet und in die rechte Bahn gelenkt von den Grundsätzen des biblisch-kirchlichen Glaubens. Sie bedeutet einerseits ein Transzendieren des verstehenden Geistes in die Unmittelbarkeit der göttlichen Wahrheit; wegen der bleibenden Unvollkommenheit der dabei ermöglichten Wahrheitsschau weiß er sich dabei aber doch immer zurückgebunden an die „Glaubensnorm". (Doctr. chr. 3, 2, 2) Augustins Geistigkeit kann deshalb als „katholischer Spiritualismus" (Rudolf Lorenz) gekennzeichnet werden.

Die gleiche Dialektik begegnet, wo Augustinus über den Sinn seiner Predigttätigkeit nachdenkt. Zwar ist ihm unzweifelhaft, daß in dieser Weltzeit das Wort der Verkündung so wie das Wort der Bibel notwendiges Hilfmittel ist. Ebenso klar ist ihm aber auch, daß dieses Wort nicht von sich aus in die Herzen der Hörer dringt. Die Predigt kann das Verstehen der Wahrheit nicht bewirken. Bei aller äußeren Bemühung des Predigers ist Verstehen letztlich ein unverfügbares Geschenk aus Offenbarung. Die Worte des Predigers sind nur der Anlaß dafür, daß Gott selbst im Hörer innerlich spricht und ihn erleuchtet. Es sind äußere Zeichen, die ihren Sinn erst dann erfüllen, wenn Gott selbst die mit dem Wortzeichen gemeinten Sachen innerlich aufscheinen läßt. In Traktat 26 zum Johannesevangelium sagt Augustinus dazu:

„Alle Menschen, die zum Gottesreich gehören, werden von Gott selbst belehrt, nicht von Menschen. Und wenn sie etwas von Menschen hören, dann wird ihnen doch das, was sie dabei verstehen, innerlich gegeben, es leuchtet in ihrem Innern auf, es wird innerlich offenbart ... Nur den Schall von Worten bringe ich an euer Ohr. Welchen Sinn hat also mein Sprechen, wenn nicht der offenbart, der in euerm Innern wohnt? Ich bin wie der Gärtner, der einen Baum äußerlich pflegt; innerlich aber wirkt der Schöpfer selbst."

Die Tätigkeit des Predigers ist damit nicht als unnütz und überflüssig abgetan; nur ihre Grenzen sind sichtbar gemacht. Innerhalb dieser Grenzen hat sie die wichtige Funktion, die Hörer aufmerksam zu machen, so daß sie selbst zu suchen und zu fragen anfangen und sich nach der unverfügbaren Wahrheit ausstrecken. Deshalb stellt ihnen Augustinus im Verlauf der Predigt immer wieder direkte Fragen, weist auf Aporien hin und wirft neue Probleme auf, nur um ihre Aufmerksamkeit zu intensivieren und sie so für die gnadenhafte Erschließung des biblischen Textes zu disponieren. In diesem Bemühen verweist er seine Zuhörer immer wieder von sich weg auf den eigentlichen, inneren Lehrer. Denn der innere Lehrer gibt das Verstehen, auch wenn die Predigt dabei Vermittlungsdienst leistet. Auf ihn sollen sie hören. Er spricht besser und ursprünglicher als der Prediger.

„Ich will nun darüber sprechen, so gut ich kann. Der aber offenbare euch besser, der in euch wohnt. Er gebe euch die innerliche Einsicht und damit zugleich die Liebe zu dem, was ihr einseht." (S. 169, 6, 8)

Prägnanten Ausdruck findet diese dialektische Bewegung zwischen außen und innen, sinnhaftem Zeichen und intellegibler Sache, sprachlichem Hören und sprachlosem Verstehen in Augustins Programm „Crede ut intelligas": „Laß dich ein auf den biblisch-kirchlichen Glauben, damit du auf diesem Wege zu ursprünglicher Einsicht gelangst." Der Fortschritt vom Glauben zum Wissen besteht in der Ablösung des Glaubens durch das Schauen. Er bedeutet die Ablösung der äußerlich vermittelnden Autorität der Kirche und der Bibel durch die innerlich offenbarende Wahrheit selbst:

„Der katholische Glaube wird den Gläubigen im Symbolum in knapper und einprägsamer Fassung bekannt gemacht. Dadurch wird den *Anfängern im Glauben,* denen, die zwar schon in Christus wiedergeboren sind, die aber noch nicht gestärkt sind durch eine sorgfältige und geistliche Denkarbeit an der Bibel, mit wenigen Worten vorgesetzt, was sie für's erste zu glauben haben ... Es gibt aber auch *geistig Fortgeschrittene (spirituales),* denen die Gnade zuteil wurde, den katholischen Glauben nicht nur in jenen Worten aufzunehmen und zu glauben, sondern darüber hinaus durch göttliche Offenbarung zu verstehen und einzusehen." (F. et symb. 1, 1)

Die Anfänger im Glauben, die noch an sinnenhafte Vorstellungen gebunden sind und von Augustinus deshalb die Fleischlichen (carnales) genannt werden, nehmen in der Form des ihrem Fassungsvermögen angepaßten, abgeschatteten Glaubens entgegen, was die Geistigen (spirituales) darüber hinaus durch die innerlich offenbarende Wahrheit selbst unmittelbar einsehen und festhalten: „Denn dem Fleischlichen wurde noch nicht offenbart, damit er, was er glaubt, auch weiß." (Io. ev. 98, 2)

„Der Glaube sucht", heißt es in „Von der Dreieinigkeit" 15, 1, 2 kurz und bündig, „die Einsicht findet". Der Glaube, um den es hier geht, erschöpft sich nicht in einem statischen Akt des Für-wahr-haltens, sondern setzt eine Denk- und Suchbewegung in Gang. Glauben ist ein „mit Zustimmung denken" (De praed. sanct. 2, 5), ein raumgebendes Sicheinlassen auf den Glaubensinhalt in seiner über sich hinausverweisenden Zeichenhaftigkeit. Im Johanneskommentar (48, 1) beschreibt Augustinus diese Bewegung des Glaubens als intentionale Anstrengung (labor intentionis): Der Glaubende richtet seine ganze Aufmerksamkeit auf das Geglaubte und zugleich über es hinaus. Er öffnet sich dadurch auf ein mögliches Verstehen hin. Die vom Glauben in Gang gesetzte und getragene intentionale Anstrengung und Denkarbeit kann dieses Verstehen zwar nicht erzwingen; sie ist aber doch eine vorbereitende Einübung, die den menschlichen Geist für die Offenbarung der Wahrheit empfänglich macht. Der Fortschritt vom Glauben zum Wissen vollzieht sich, wenn sich die göttliche Wahrheit selbst gnadenhaft erschließt. Dieser Fortschritt vom Glauben zum Wissen vollzieht sich in diesem Leben freilich nur in sehr beschränktem Maß. Augustinus ist sich bewußt, daß dem Menschen nur in den seltensten Fällen eine auch nur annähernd vollkommene innere, lichthafte Offenbarung zuteil wird, daß also auch die geistig Fortgeschrittenen immer wieder auf den Weg des demütigen Glaubens verwiesen sind. Auch sie bleiben zurückgebunden an den Raum der heilenden Niedrigkeit Christi, wollen sie nicht in Selbstüberhebung auch die schon gefundene Wahrheit wieder verlieren. (Ep. 120, 1, 4) Augustinus scheut sich deshalb nicht, auch sich selbst noch zu den Fleischlichen und zu den Anfängern im Glauben zu rechnen. Er bewegt sich in einer bleibenden Dialektik zwischen biblisch kirchlichem Glauben und ursprünglicher Einsicht. Auch seine innerlichste mystische Erfahrung der gnadenhaften Freiheit und unauslotbaren Tiefe der Wahrheit bleibt gebunden an die konkrete Gestalt des kirchlichen Glaubens.

Die innerliche Offenbarung, durch die der Mensch auf dem Weg vom Glauben zum Wissen ein wenig voranschreitet, ist für Augustinus eine ganzheitliche Erfahrung, deren affektive Seite ebenso wichtig ist wie die intellektuelle: Die von Gott innerlich offenbarte Wahrheit bezaubert den Menschen durch ihren „Geschmack"; sie zieht seine Liebe auf sich durch die „unaussprechliche Süßigkeit", die sie ganz tief in seinem Innersten spüren läßt. (Gr. Christi 1, 13, 15)

Klassischen Ausdruck hat dieser Gedanke im Traktat 26 zum Johannesevangelium gefunden. Augustinus fragt nach der Bedeutung des Satzes Jesu Christi „Niemand kommt zu mir, wenn ihn der Vater nicht zieht" (Joh 6, 44) und sagt: Der Vater zieht den Menschen nicht gegen seinen Willen, sondern dadurch, daß er dessen Willen durch Liebe in Bewegung setzt. Die treibenden Kräfte sind nicht Zwang, sondern Gefallen, Lust, Faszination, Liebe. Denn es gibt nicht nur sinnliche Lust, sondern auch Lust des Geistes. Derjenige wird also zu Christus gezogen, der fasziniert ist von seiner Wahrheit. Nur derjenige kann aber von dieser Wahrheit Christi fasziniert sein, dem sie der Vater innerlich in einem lustvollen Geschehen offenbart:

„Siehe, wie er gezogen wurde und vom Vater gezogen wurde: ‚Selig bist du Simon, Sohn des Jona, denn nicht Fleisch und Blut hat dir das geoffenbart, sondern mein Vater in den Himmeln.' (Mt 16, 16f) *Diese Offenbarung, das ist die Anziehung* ... Denn wenn schon die irdischen Wonnen und Lüste anziehen, sobald sie den Liebenden gezeigt werden ..., sollte dann etwa der vom Vater geoffenbarte Christus nicht anziehen?" (36, 5)

Gott lehrt also den Menschen seine Wahrheit so, daß er dadurch zugleich die Freude an dieser Wahrheit bewirkt (docendo delectat; 26, 7). Offenbarung der Wahrheit und Inspiration der Liebe ist ein einziger, unverfügbar-innerlicher Vorgang, in welchem Gott den Menschen auf wunderbare Weise ganzheitlich in Anspruch nimmt und wirkmächtig ergreift. Augustinus ist ein von dieser Wahrheit und dieser Liebe innerlich zutiefst Ergriffener. Und dieses Ergriffensein gibt seinem ganzen Leben und Denken eine durchgängige mystische Dimension.

III. Zur Wirkung

Eine Wirkungsgeschichte Augustins zu schreiben, verlangte eine Darstellung weiter Teile der abendländischen Geistesgeschichte. Bis ins 13. Jahrhundert hinein war sein Denken für Theologie und Philosophie inhaltlich und methodisch bestimmend; Luther und Calvin beriefen sich auf ihn; und noch heute gibt es kein theologisches Werk von Rang, in dem nicht Augustinus begegnete. Nur einige kurze Anmerkungen zur mystischen Tradition seien deshalb angefügt: Die mittelalterliche Mystik lebt von augustinischen Grundgedanken, von der glühenden Gottsuche seines ,,ruhelosen Herzens", seinem ,,Gott und die Seele, sonst nichts". Vornehmlich Bernhard von Clairvaux ist es zu verdanken, daß unter Aufnahme der augustinischen ,,fruitio Dei" (Verkosten Gottes) die Mystik ihre kirchliche Sanktionierung erhielt. Die mystische Dimension des augustinischen Werks insgesamt, wie sie oben unter dem Stichwort ,,katholischer Spiritualismus" beschrieben wurde, prägt Theologen wie Anselm von Canterbury, Peter Abaelard, Hugo von St. Victor und Petrus Lombardus. Die zunehmende Aristotelisierung der augustinischen Gedanken verdrängte jedoch diese mystische Dimension im kirchlich-theologischen Denken. Die späten Folgen dieser Verdrängung lassen sich an den Verengungen der neuzeitlichen Offenbarungsdiskussion ablesen. In einer Entwicklung, die im katholischen Raum im Vaticanum I (Konzil von 1869/70) ihren Höhepunkt fand, wurde Offenbarung zunehmend als etwas verstanden, was Augustinus bei den Pelagianern als steriles Buchstabenwissen kritisiert hatte: als objektiv gegebene und verfügbare Lehre, die nicht mehr in ihrer Bezogenheit zur unauslotbaren subjektiven Gotteserfahrung gesehen wurde; Offenbarung wurde zu satzhaft mitgeteilten übernatürlichen Wahrheiten verobjektiviert und verdinglicht. Die mystisch gefärbte Theologie Augustins dagegen lebt aus dem Bewußtsein und aus der Erfahrung, daß satzhafte Mitteilung nur die eine, äußerliche Seite der Offenbarung ist. Offenbarung im eigentlichen Sinn ist für ihn etwas Unsagbares, ein unverfügbares und ursprüngliches, wirklichkeitserschließendes und sinnstiftendes Geschehen, das weder durch verkündigende noch reflektierende Sprache eingeholt werden kann. Vielleicht vermag Augustinus uns Heutigen vor allem darin neue Anstöße und Orientierung zu geben.

Maurice de Gandillac

PSEUDO-DIONYSIOS

(6. Jh.)

I. Geschichtliche Daten

Von Dionysios, dem Areopagiten, also einem Mitglied des Gerichtshofs von Athen, der durch Paulus bekehrt wurde und als der erste Bischof von Athen gilt, kennt man kaum mehr als den Namen. Trotz einer langen und zählebigen Tradition kann er nicht der echte Verfasser der ,,Mystischen Theologie" gewesen sein. So heißt eine kurze Schrift, die mit drei anderen Werken und zehn Briefen zusammen unter seinem Namen überliefert ist und im Westen wie im Osten einen tiefgehenden Einfluß auf die christliche Spiritualität ausgeübt hat. Die Wissenschaftler zweifeln heute nicht mehr daran, daß diese ,,dionysianischen Schriften", das ,,Corpus Dionysiacum", wenige Jahre vor 533 entstanden sein müssen; das ist das Datum des Konzils von Konstantinopel, auf dem nach heutigem Wissen zum erstenmal diese Texte zitiert und als Autorität in der theologischen Diskussion um die zweifache Natur Christi (Gott und Mensch) ins Spiel gebracht wurden.

Dionysios (den wir im weiteren der Einfachheit halber ohne das ,,Pseudo-" zitieren, mit dem die kritische Forschung den Urheber des ,,Corpus Dionysiacum" versieht) ist ein Autor mit einem überaus großen Einfluß, von dem nicht einmal eine Minimal-Biographie zu erstellen ist. Bevor wir die wichtigsten Argumente zusammenfassen, mit denen die kritische Forschung eine schöne Legende zerstörte, sei noch kurz an das Echo erinnert, das er wegen dieser Legende hatte. Für uns haben seine Schriften keine größere Bedeutung, als sie aufgrund ihrer Aussage verdienen; aber der lange Zeit strahlende Nimbus ihres Autors als eines ,,Paulusschülers" verschaffte ihnen unter allen überlieferten Texten des christlichen Altertums ein außergewöhnliches Prestige.

Dionysios galt als der griechische Weise, der in der Areopagrede des heiligen Paulus eine authentische Erfüllung der Ahnung vom ,,unbekannten Gott" erfahren durfte. (Die Apostelgeschichte 17, 18–34 spricht von epikuräischen und stoischen Philosophen.) Er liefert damit ein gutes Beispiel für die Assimilation des großen hellenistischen Erbes durch das Christentum. Man kehrte aber die Zeit- und Abhängigkeitsfolge um und machte ihn zum Urheber (vielleicht den bedeutendsten) jener neuplatonischen Tradition, der er in Wirklichkeit einen beträchtlichen Teil seiner Denk- und Schreibweise verdankt.

Die Anspielung des „Corpus Dionysiacum" auf die Sonnenfinsternis, die nach den Evangelien Jesu Tod begleitete, und die Andeutung, daß der Autor der Schriften beim Tod Mariens im „Obergemach" von Jerusalem dabeigewesen sei, luden dazu ein, Dionysios für einen engen Freund der Apostel und der seligen Jungfrau zu halten. Da er als Vertrauter eines gewissen Hierotheos, der enger Begleiter des heiligen Paulus gewesen sein sollte, auch als Erbe eines Teils der Geheimnisse galt, die dem Heidenapostel bei seinem „raptus", seiner Ekstase vor Damaskus zuteil wurden, erhielten die ihm zugeschriebenen Schriften einen quasikanonischen Rang.

Erwähnen wir noch den frommen Irrtum, der im lateinischen Westen (und nicht nur in Frankreich) aus dem Areopagiten den ersten Bischof der Lutetia Parisiorum, von Paris, machte; als Martyrer soll er sein eigenes Haupt, das ihm der Henker abgeschlagen hatte, von Montmartre bis zu dem Ort getragen haben, wo die Kirche Saint-Denis jetzt steht. Zur Zeit Ludwigs des Frommen schrieb Hilduin diese Legende nieder, die das ganze Mittelalter entzückte; die Deutschen ergänzten sie, indem sie behaupteten, die Reliquien des Dionysios seien nach Regensburg transportiert worden.

Ein Verdienst kann man Abt Hilduin aber nicht absprechen: Mit Hilfe von Basilianer-Mönchen ließ er das Manuskript des „Corpus Dionysiacum" ins Latein übertragen. Der byzantinische König Michael hatte es dem karolingischen Kaiser angeboten, und am 8. Oktober 827 wurde es nach Saint-Denis gebracht – nicht ohne, wie man erzählt, zahlreiche Wunderzeichen. Die Wort-für-Wort-Übertragung vom Griechischen, die oft genug kaum verständlich ist, wurde etwa zwanzig Jahre später durch Johannes Scotus Eriugena verbessert und damit zum Text, den noch Hugo von Sankt-Viktor und Albert der Große benutzten.

Es besteht kein Zweifel darüber, daß diese Zuweisung falsch ist: Die Bücher des „Corpus Dionysiacum" beschreiben kirchliche Einrichtungen und liturgische Gebräuche, die den ersten christlichen Generationen noch unbekannt waren; so kennen sie die monastische Profeß und den Gesang des Glaubensbekenntnisses; sie sprechen vom vierten Evangelium und von der Apokalypse als „alte Traditionen"; sie berufen sich auf die Autorität des heiligen Ignatius, der im zweiten Jahrhundert lebte; sie benutzen trinitarische Formeln, die auf späteren Diskussionen beruhen und von den monophysitischen Streitigkeiten (frühestens ab Cyrill von Alexandrien, † 444; es ging um die Frage der personalen Einheit Jesu Christi) herrühren. Schlußendlich zeigt ein aufmerksames Studium des philosophischen Wortschatzes, daß der Autor des „Corpus Dionysiacum" weitgehend von Proklos († 485) abhängt, einem Neuplatoniker (also zur Schule des Plotinos gehörend). An ihn lehnt sich Dionysios in Fragen nach dem Bösen fast wörtlich an. Die immer wieder versuchten

Konjekturen über Ort und Umwelt des ,,Corpus Dionysiacum" (Ägypten, Kappadozien, eher noch Syrien?) sind willkürlich.

II. Werk

Mehrmals verweist der Autor auf weitere – entweder fiktive oder verlorene – eigene Bücher: Hymnen an Gott; Abhandlungen über das Sinnliche und das Intelligible, über die Seele, über den Gerechten; auf Theologische Skizzen, die die Kraftlosigkeit der Worte vor dem trinitarischen Geheimnis beweisen sollen; auf eine Symbolische Theologie, die über die sinnenhaften Bilder handelt, die notwendigerweise von den Theologen (d. h. von den inspirierten Verfassern der Heiligen Schriften) benutzt werden, um die ,,wirkenden Funktionen" und die ,,aktiven Kräfte" des Guten ,,jenseits allen Glanzes und aller Benennung" zu umschreiben. Es sind Themen, die auch im überlieferten ,,Corpus" oft behandelt werden.

Dieses nun enthält, so wie es uns überliefert wurde, folgende Werke (sie sollen kurz nach der Ordnung der Manuskripte und mit der Spaltenzahl der Patrologia Graeca des Abbé Migne (Bd. III) aufgezählt werden, um eine Vorstellung von ihrer Länge zu geben): Die himmlische Hierarchie (120 A–340 B); Die kirchliche Hierarchie (396 C–569 A); Die göttlichen Namen (585 B–984 A); Die mystische Theologie (997 A–1048 B); und dazu 10 Briefe (1065 A–1117 A). Es ist hilfreich, den Inhalt eines jeden Textes in groben Zügen zu skizzieren, bevor man auf die Aussage des Gesamtcorpus eingeht.

,,Die himmlische Hierarchie" beginnt mit Jak 1,17: ,,Jede gute Gabe und jedes vollkommene Geschenk kommt von oben, vom Vater der Lichter", und entwickelt von daher den Grundbegriff der Hierarchie; deren Bedeutung im dionysianischen Corpus und deren paradoxes Verhältnis zur Unmittelbarkeit der mystischen Intuition werden noch genauer zu bestimmen sein. Dann entfaltet der Autor den Grundsatz, daß die ,,unähnlichen", am wenigsten stimmigen Bilder dennoch die weniger ungeeigneten sind, um sich den unergründlichen Geheimnissen zu nähern. Der Rest des Buches betrachtet die ,,himmlischen Wesenheiten" (oder die Legionen der Engel) in ihren triadisch, also im Dreierrhythmus, aufgebauten ,,heiligen Ordnungen" und präzisiert deren wichtige Mittlerfunktionen.

,,Die kirchliche Hierarchie" geht den irdischen Verlängerungen der himmlischen ,,Ordnungen" nach; sie beginnt mit Jesus als ,,Prinzip und Substanz" aller Heiligung; er ,,vollendet durch Einigung" die menschlichen Unterschiedenheiten; er ,,vergöttlicht" ,,Fähigkeiten und Veranlagungen"; er verteilt alle Gewalten. Der Verfasser spricht dann über Taufe, Eucharistie und Firmung; die Kindertaufe gestattet er unter der Bedingung, daß die Paten sich um die Erziehung ,,innerhalb der göttlichen Ordnungen" bemühen. Drei priesterliche Ordnungen gibt es, darunter die Triade der ,,Eingeweihten", wo die Mönche den höchsten und die ,,Gereinigten" den untersten Platz innehaben. Er erwähnt weder das Sakrament der Eheschließung noch das der Buße. (Den ,,Büßern" als der dritten Klasse der ,,Gereinigten" ist der Zugang zur Kommunion verwehrt.) Breit werden die Begräbnisriten behandelt; es sind die einzigen kultischen Vollzüge, zu denen auch die ,,Profanen" zugelassen sind, damit sie im voraus etwas von der Seligkeit verkosten dürfen, die den Heiligen verheißen ist. Dionysios bejaht das Gebet für die Toten, hebt die Auferstehung hervor und lehrt, daß es eine Vergeltung der Verdienste auch in leiblicher Weise gebe, weil der Leib den Kampf der Seele mitgekämpft habe.

,,Die göttlichen Namen" stellen gleich am Anfang die Offenbarung durch den Geist den Wahrscheinlichkeiten der einfachen menschlichen Weisheit entgegen. Nachdem jeder ,,verwegene" Gebrauch der Sprache und des Gedankens für die ,,überwesentliche und geheimnisvolle Gottheit" (das heißt: alle Schlüsse, die nicht auf der Heiligen Schrift beruhen) zurückgewiesen ist, stellt der Verfasser sein Vorhaben vor: Er möchte im Maße seiner Begrenztheit, dank der Gabe, die er von seinen Meistern überliefert bekam, nun selbst die ,,unvorstellbare und wunderbare Einfachheit", die Ursache und Ziel von allem ist, nach Kräften und innerhalb der bleibenden Verhüllung darstellen. In Kürze behandelt er die Dreifaltigkeit in ihrer geheimnisvollen Beziehung zum Urprinzip, das er ,,Thearchie" nennt; dann die Inkarnation, das ,,Sich-Anpassen" der Gottheit an die ,,menschliche Gestalt", ein Geheimnis, das selbst die Engel nicht verstehen. Dann kommt Dionysios auf die wichtigsten Namen zu sprechen, die man Gott zuweisen kann. An dieser Stelle beschäftigt er sich, im Zusammenhang mit der Behandlung des Guten, auch lang und breit mit dem Bösen, das nichts ist als ,,Mangel" (,,Privation"), entstanden durch partielle Schwächen. Indem Dionysios den ekstatischen Zug der Liebe unterstreicht, zieht er das Wort ,,Eros" (strebende Liebe) dem Wort ,,Agape" (Freundschaftsliebe) vor. Das Wort ,,Sein" gebraucht er nur für den Vorgang, mit dem die ,,Thearchie" die Totalität des Existierenden ins Leben ruft. Die ,,Thearchie" selbst kann Leben, Weisheit, Intelligenz, Verstand, Wahrheit, Macht, Gerechtigkeit genannt werden, aber auch (nun auf der Ebene der Offenbarung, die bei Dionysios nicht von der ersten Ebene zu trennen ist): Glaube, Heil und Erlösung. Im folgenden wird die Sprache stärker platonisch; Dionysios kommt auf die Diaden (Zweiheiten) zu sprechen: Groß und Klein, Gleich und Anders, Ähnlich und Unähnlich, Ruhe und Bewegung; er zeigt, daß ein jedes dieser entgegengesetzten Worte unter einem gewissen Aspekt von Gott ausgesagt wird. Zuletzt geht es über Zeit und Ewigkeit, die wiederum in dem Einen, den die Schrift den ,,Alten der Tage" nennt, unzertrennbare Wirklichkeit sind. Am Schluß wird gezeigt, daß allein der ,,negative Weg" oder ,,die Verneinung" es ermöglicht, in einer nicht-schauenden Schau die absolute Transzendenz des

,,Vollkommenen" und des ,,Einzigen", der zugleich Einer und Drei ist, zu begreifen.

In der ,,Mystischen Theologie" häufen sich die superlativen Aussagen. Der Autor ruft die ,,überwesenhafte Trinität, die mehr ist als nur göttlich und mehr als nur gut", an; er will nicht nur ,,jenseits allen Lichtes", sondern ,,jenseits sogar des Nicht-Erkennens" hinführen, dorthin, wo ,,die einfachen, absoluten und unvergänglichen Geheimnisse der Theologie sich in der überhellen Dunkelheit des Schweigens offenbaren". Damit ist gesagt, daß diese nächtliche Entschleierung zuletzt nichts anderes sein dürfte als ein schweigendes Wort aus einem verschlossenen Mund. ,,Mystik" ist totale Entäußerung, die Sein wie Nicht-Sein gleichermaßen hinter sich läßt, die sich selbst total überschreitet. Damit wird sie zur kürzesten aller Theologien, zum Wort des Nicht-Sprechens, dessen Wiederholung vergeblich und eitel wäre. Aber Dionysios hört nicht auf zu mahnen und zu wünschen, daß seine überaus kostbaren Unterweisungen nur an wahrhaft ,,Eingeweihte" weitergegeben werden, an die einzigen, die die inadäquaten Wege der Bilder verlassen können, um ,,jenseits von Ja und Nein" zu sein. Aber dann kommt Dionysios doch auf die Symbolik des Buches Exodus zu sprechen; auf die Dunkelheit, in die Mose allein eintritt, nachdem er die Trompeten und die Lagerfeuer der Israeliten hinter sich gelassen hat, was als Symbol der vollständigen Reinigung gilt. Jetzt ist er ,,durch das, was besser ist als er selbst, mit dem vereint, der sich jenseits aller Erkenntnis befindet". In plotinischen Bildaussagen vergleicht Dionysios die geistliche Arbeit der inneren Loslösung mit dem Meißel des Bildhauers, der all das vom Marmor weghaut, was die wahrhafte Form noch verbirgt. Aber die mystische Theologie muß selbst das Bildhafte übersteigen. Und für dieses Begreifen des Unbegreifbaren zählt Dionysios alles das auf, was zu übersteigen ist: selbstverständlich die Vorstellungsbilder und Meinungen, aber auch die geistigen Kategorien wie Wissen, Wahrheit, Licht, Vater-sein und Sohnschaft, Einheit, ja selbst die Gottheit. Damit scheint er in gewisser Weise all das zurückzulassen, was in seinen anderen Schriften erarbeitet wurde. Dieser Überstieg ist etwas ganz anderes als eine Synthese im Hegel'schen Sinn; die vollkommene Apophase (Verneinung) will ,,selbst die Verneinung" überschreiten und in geheimnisvoller Weise, ohne jede Diskursivität, den ,,Glanz" berühren, der sich nur den ,,Intellekten, die ihre Augen zu schließen wissen", zeigt.

Die Briefe I und V greifen das Thema des ,,überwesentlichen Gottes" auf, der sich nur durch den Weg des Nichts-Wissens zu erkennen gibt. Brief II behandelt jene Einheit, die auch den Urgrund des Guten (und der Trinität) transzendiert. Brief III unterstreicht das Moment des Plötzlichen (exaiphnès), mit dem sich jedes Geheimnis, besonders aber das der Inkarnation, enthüllt. Brief IV beschäftigt sich mit der doppelten Eigenschaft Christi, der zugleich ,,Sohn des Menschen" und ,,Mehr als Mensch" ist. In eher anekdotischer Form tadelt Brief VI einen Priester

Sosipater wegen seiner Intoleranz und seines polemischen Eifers. Der viel längere Brief VII greift das gleiche Thema auf; er ist an den „Groß-Priester", das meint den Bischof Polykarp, gerichtet und gibt dem Autor Gelegenheit, seine Ankläger zu widerlegen; man warf ihm nämlich vor, „mit den Waffen der Griechen gegen die Griechen anzugehen"; nach Dionysios aber sind es umgekehrt die Heiden, die „in gottloser Weise die göttlichen Waffen gegen die göttlichen Wirklichkeiten" erheben und Gott die Macht absprechen, Wunder zu wirken, zum Beispiel die Sonne stillstehen und den Mond zurückschreiten zu lassen. Brief VIII ist der längste; er predigt Milde und Vergebung von Unrecht; Dionysios betont den Grundsatz, daß alle Gerechtigkeit innerhalb der hierarchischen Wege sich abspiele; ein jeder habe unter allen Umständen in den Grenzen seiner „Ordnung" und seiner „heiligen Funktionen" zu verharren. In einem Stil, der vom übrigen „Corpus Dionysiacum" recht verschieden ist, berichtet dieser Brief von der Vision eines gewissen Karpos, in der Jesus selbst erscheint, um zwei Sünder den dämonischen Schlangen zu entreißen und sie den „Engeln, den Freunden der Menschen", einzugliedern. Brief IX will nach der „Mystischen Theologie" geschrieben sein und nimmt deren Grundmotiv der vollkommenen Entäußerung auf; sie führe über alle Bilder, die aus der sinnenhaften Welt stammen, hinaus, wobei aber diese Bilder dennoch eine positive Bedeutung für den Aufstieg zur Weisheit behalten. Brief X ist sehr kurz und wendet sich an Johannes in der Einsamkeit von Patmos. In den Briefen wird auch das zweifache (das paulinische und das johanneische) Patronat unterstrichen, unter das sich der unbekannte Autor in der eindrucksvollen Maske des Areopagiten stellen möchte.

III. Lehre

Diese summarische Übersicht hat dem Leser wohl deutlich gemacht, daß das „Corpus Dionysiacum" zwar gewissen Vorstellungen Raum gibt, die mit einer Art von „natürlicher Theodizee", einer aus Philosophie und Vernunfterkennen aufsteigenden Gotteslehre zusammenhängen, daß ihm aber der Gegensatz und selbst die einfache Unterscheidung von Glaubens- und Vernunftbereich völlig fremd sind. Nur im Nachvollzug dieser Einheit erschließen sich die Schriften.

a) Die Vermittlung des göttlichen Lichts

Das zentrale Thema der „Hierarchie", also der stufenweisen Übermittlung des Wissens, das von Gott stammt und zu Gott führt, ist vom ersten Ansatz her nur möglich durch den Rekurs auf die Offenbarungs-Logia (Worte), auf die „überweltlichen Aussagen" der Heiligen Schriften. Sie sind die einzigen Wege, die den weltlichen Menschen einführen können in dasjenige, was grundsätzlich Mysterium ist – mag dessen Licht noch so hell leuchten. Darauf beruht auch das Paradox der dionysianischen „Erleuchtung" (Ellampsis), wie das erste Sakrament, die Taufe, genannt wird; dieses Paradox prägt auch alle weiteren Lichtgeschenke, mittels derer sich die Reinigung des Unvollkommenen und die Einigung des Geschöpfs mit dem Schöpfer vollzieht.

Nach dem Vorbild der Platoniker wird dieses Ausstrahlen des Lichts mit dem Scheinen der Sonne verglichen – die Alten glaubten nämlich, daß das Sonnenlicht sich ohne Substanzverlust durch reines Strahlen ausbreite; die Himmelskörper bestanden nach ihnen aus der unvergänglichen „quinta essentia" (der fünften Wesenheit nach den vier Grundelementen). Das göttliche Licht wird deshalb in seinem Scheinen gleicherweise allen angeboten. Wenn der Verfasser des „Corpus Dionysiacum" von „Philosophie" spricht – gleichgültig, ob es um Job geht, der für die Weisheit unvermeidbare Prüfungen erlitt (E. H. III, 3, 4), oder ob es sich um die Mönche handelt, die den „zur Vereinigung führenden" Weg der inneren Vollendung praktizieren (VI, 3, 2) –, ist man versucht, das Wort „Philosophie" in dem Sinne zu nehmen, wie es späterhin dem Wort „doctrina sacra" (heilige Lehre) entgegengestellt wurde, also ungefähr als „Welt-Weisheit". Aber mit dieser Vereinfachung würde nicht beachtet, was R. Roques sehr gut bemerkte, daß nämlich die Hierarchie der Erleuchtungen ebensosehr eine „Ordnung" (also ein Mehr oder Weniger bei den Empfängern) voraussetzt, wie sie ein göttliches „Gebot" (für alle) ist; man darf das eine – die hierarchische Struktur – niemals von dem anderen – der freien Entscheidung – trennen.

Das von Gott kommende und zu ihm zurückführende Licht kann man vielleicht „Theosophie" (M. T. 1, 1) nennen; man bekommt Anteil an ihm durch eine „Initiation", eine Einweihung, (der Autor benutzt die Sprache der Mysterienkulte); aber es ist dennoch nicht, wie bei den dualistischen Gnostikern, vom Wesen her für eine kleine Gruppe von „Spirituellen" reserviert, die allein der Herrschaft eines bösen Demiurgen entronnen sind. Es bietet sich in seiner Ganzheit allen Geschöpfen an, die es aufnehmen und weitergeben können, jenen himmlischen Wesen, die so symbolerfüllte Namen tragen: Seraphim, Cherubim, Throne. Diese reinigen, erleuchten und führen auch die anderen, die in der Hierarchie nach ihnen kommen, zur Einheit „in einer seit Ewigkeit beweglichen Festigkeit". Ihnen enthüllen sie, soweit möglich, das unsagbare Geheimnis der Dreifaltigkeit, das im heiligen Hymnus des Tris-Hagion (dreimal heilig; C. H. VII, 4) besungen wird.

Die zweite, von der Urerleuchtung weiter entfernte Ordnung der himmlischen Wesenheiten, die Herrschaften, die Tugenden und die Mächte (wiederum Worte voll emblematischer Bedeutung) reflektieren auf ihre Weise das Licht und geben den Strahl, der nun etwas weniger hell ist (VIII, 2), weiter an die dritte hierarchische Ordnung der „Fürsten, der Erzengel und der Engel"; deren Funktion ist die Vermittlung des Lichts an die Menschen. Selbst für Mose ist nach Dionysios – trotz der ausdrücklichen Texte von Ex 19–34 – diese göttliche Offenbarung nur durch die Vermittlung der Engel möglich. Und das gilt auch – wozu jetzt die Exegese bessere Hinweise gibt – für Zacharias, für Maria, für Josef und selbst für Jesus; er, die ,,überwesenhafte Ursache, die bis zu uns gekommen ist, ohne seine Unveränderlichkeit zu verlieren" (C. H. IV, 4), hielt sich dennoch an das Gesetz der hierarchischen, stufenweisen Vermittlung. Gegenstand einer langen Diskussion ist der Fall des Propheten Jesaias; denn auch da, wo er (Jes 6, 2) von einem Seraph spricht, der ihn reinigt, handelt es sich nach Dionysios um einen Engel, der von der allerhöchsten Wesenheit delegiert wurde (C. H. XIII, 1, 3).

Auch die ,,Boten" – die ,,Aggeloi", wie die nächste Klasse der himmlischen Wesenheiten heißt – bilden, wie die höheren Ordnungen, ein homogenes Ganzes, worin die drei Elemente gleichen Rang haben; sie haben als Auftrag nicht so sehr das Behüten der Individuen, sondern den Schutz der Nationen – nach Dan 10, 13.20–21, wo Michael als Archont, als Herrscher der Juden beschrieben wird, der, bevor noch der Archont der Griechen kommt, gegen den der Perser kämpft. Aber es gibt für alle Geschöpfe nur ein ,,einziges Prinzip" und eine ,,einzige Vorsehung", und man darf daher nicht glauben, daß der göttliche Urgrund nur das jüdische Volk schützt und den Schutz der anderen menschlichen Gemeinschaften untergeordneten Würdenträgern überlasse. Deshalb wurde jeder Volksgemeinschaft von Anfang an ein eigener Engel zugeteilt; er hat den Auftrag, es so hoch, wie es breit ist, Dem entgegenzuheben, der ,,alle sichtbaren und unsichtbaren Mächte übersteigt" (C. H. IX, 4).

Diese Lehre stammt aus Ideen, die sich bei Jamblichos und Kaiser Julian, dem Apostaten, finden; in der griechischen Patristik faßte sie Fuß über den Septuaginta-Text von Dtn 32, 8; dort heißt es nämlich, daß das Erbe der Nationen ,,nach der Zahl der Engel Gottes" aufgeteilt werde, während der hebräische Text liest: ,,nach der Zahl der Kinder Israels". Die beste Auslegung der oben erwähnten Stelle beim Propheten Daniel besagt, daß in den Archonten der Perser und der Griechen Dämonen zu sehen seien. Origenes deutete die Zuweisung der heidnischen Völker an verschiedene Schutzengel als Folge der Sünde; je weiter die einzelnen sich vom ,,Osten", das heißt vom ,,Licht", entfernt hätten, desto geringer wäre der Rang des Geistes, dem sie anheimgegeben seien. Für Dionysios aber besitzen alle Heidenvölker, auch die Ägypter und die Babylonier, Boten, die ihnen zur Hilfe gegeben sind und die er ,,Schüler des wahren Gottes" nennt (C. H. 9, 4). Sie sind es zweifelsohne, auf die sich später der Cusaner, ein großer Leser des ,,Corpus Dionysiacum", beruft, um in seinem visionären Traum vom Frieden des Glaubens (De Pace Fidei) die Versöhnung der Religionen vorzubereiten.

Unabhängig von den Einzelbotschaften, die den Heiligen und Propheten durch die unterste der himmlischen Ordnungen zuteil werden, setzt sich die vermittelnde Mitteilung der göttlichen Geheimnisse in unsere Welt hinein fort durch die sakramentale Einweihung, was nun Aufgabe der kirchlichen Hierarchie ist. Hier taucht ein Problem auf, in dem sich etwas von den Unklarheiten im dionysianischen Corpus widerspiegelt. Es ist die zweifache Rolle Christi; er steht nämlich über den Seraphim, im Ursprung aller Erleuchtung; denn als das Wort ist er ein integraler Bestandteil der thearchischen Einheit. Aber aufgrund seiner Menschwerdung handelt er ebenso auch als Urheber der irdischen Hierarchie. Hier nämlich ist das Gut, das die immateriellen Wesenheiten in seiner ganzen Reinheit empfangen, von den Menschen nur mittels Bilder und biblischer Symbole zu ergreifen; und die Priester müssen obendrein darauf achten, sie in Verhüllung nur dem vollkommen eingeweihten Gläubigen weiterzugeben (E. C. I, 4–5).

Die kirchliche Hierarchie besteht aus ,,Hohenpriestern", aus ,,Opfernden" und aus ,,Dienern", die alle nach ihrer Weise und ihren Kräften die drei Funktionen des Reinigens, des Erleuchtens und des Vereinigens ausüben. Sie sollen zwar – den Blick auf das bleibende, thearchische Grundbild Jesus gerichtet und damit die ,,heilige Beständigkeit der Engel" nachahmend, ,,wie sie dazu fähig sind" – je nach der Aufgabe ihres eigenen liturgischen Tuns das ,,Göttliche menschlich" und ,,das Immaterielle materiell machen" (ebd., 5). Aber für alle verkündet das höchste Glied der priesterlichen Hierarchie die ,,wahre, gute Nachricht"; und diese hat nicht so sehr das Opfer im Blick, durch das eine von der Erbsünde gänzlich korrumpierte Menschheit dem Dämon entrissen wird, sondern berichtet von der liebenden und mitleidsvollen ,,Mühe", mit der sich Gott ,,dem Menschen geeint hat"; denn er wollte sich ,,wie Feuer jedermann angleichen", der fähig ist, die vergöttlichende Kindschaft anzunehmen.

Der Autor des ,,Corpus Dionysiacum" lehnt zwar die paulinische Schau vom Fall aller Menschen in Adam und von der Ohnmacht des alten Gesetzes nicht ab, aber im allgemeinen hat er eine andere Perspektive und legt den Ton auf die Botschaft, die bei Joh 1, 12–13 steht: ,,Allen, die ihn aufnahmen, gab er Macht, Kinder Gottes zu werden, allen, die an seinen Namen glauben, die nicht aus dem Willen des Fleisches, sondern aus Gott geboren sind." (E. H. II, 2, 1)

Der Getaufte ,,widersagt" der Gottlosigkeit, trennt sich von seinem ,,Nichtwissen". Das Sakrament ist aber damit für ihn keineswegs ein Exorzismus (Teufelsaustreibung); es ist eine Neugeburt, ein Teilhaben am göttlichen Geheimnis, ein ,,Sich-Nähern dem vollkommenen Gut", eine ,,symbolische Einweihung" in ,,die Geheimnisse des Geistes", wie sie die ,,göttliche Seligkeit" in ihrer Güte jedem anbietet, der ,,mit den Augen des Geistes" (I, 3, 1) ihre Geheimnisse betrachtet. Der Wortschatz ist hier offensichtlich platonisch, die strebende Liebe an die vorrangige ,,geistige" Schau gebunden – auch die himmlischen Wesenheiten werden ja – wie bei Proklos – zugleich ,,verstehend und verstehbar" genannt.

Doch der Verfasser leugnet nicht, daß auch der mit Geist Begabte sich aufgrund seiner Freiheit dem Licht, das sich unaufhörlich in gleichbleibender Großzügigkeit anbietet, verschließen kann. Aber diese Verfehlung wird fast nur als eine Unaufmerksamkeit charakterisiert, was der Lehre Plotins nahekommt, nach der die Seelen-Hypostasen durch ihre Unaufmerksamkeit in die zeitliche Zerstreuung hineinfielen. Dionysios benutzt hierbei auch weniger strenge Worte, als wenn er die Tollkühnheit desjenigen schildert, der die Mittlerschaften übersteigen will, die Augen vorzeitig öffnet und dabei wie durch einen Blitzschlag sofort erblindet (II, 3, 3).

Das Thema des Ur-,,Abfalls" fehlt zwar nicht im Corpus. Der Verfasser entfaltet es als Auslieferung der Menschen an den Tod (des Leibes) und als ihr Ausgeliefert-sein an die ,,boshaften Fallen des Feindes" (III, 3, 11); aber er erwähnt dabei nicht die totale Verknechtung der gefallenen Menschheit. Und auch bei der Beschreibung des Gnadengeschenks der unverdienten Heilsgaben liegt der Akzent auf der Willensanstrengung des geistigen Wesens, das fest und sicher in ,,unbeirrbarer Mannhaftigkeit" zum Einen strebt, um sich dadurch von allem zu befreien, was seine ,,Angleichung" an die ,,göttliche Gestalt" verhindert – eine fast stoisch zu nennende Auffassung. Dieses Mühen kommt allerdings nur zum Ziel, wenn der Eingeweihte in geheimnisvoller Weise durch das Sakrament der Erleuchtung, also durch das dreifache Taufbad, am Tod und am Begräbnis Christi teilhat. Die Grablegung Christi wird zwar nicht ausdrücklich als Sühneopfer hingestellt, aber dennoch als ,,Quell des Lebens"; denn nach Joh 13, 30 war Jesus während der drei Tage bis Ostern dem Zugriff des ,,Fürsten dieser Welt" völlig entnommen. Der Hinweis auf dieses Triduum zeigt, daß das Thema der Ursünde im platonisch-stoischen Kontext zwar keine zentrale Bedeutung hat, aber dennoch nicht total aufgesogen wurde durch die Auffassung des Bösen als reiner Schwachheit.

Das ,,Sakrament der Sakramente" aber ist für Dionysios dasjenige, das er Synaxis, ,,Vereinigung", nennt. Es steht nur den Gläubigen offen, die sich mit ihren Brüdern versöhnt haben. Zu Beginn des Ritus werden die Neophyten, die Neu-Eingeweihten, durch Lesungen belehrt. Das Austeilen von Brot und Wein im Andenken an das Abendmahl und die geheimnisvolle Eingliederung der Gereinigten in den mystischen Leib Jesu hilft ihnen, ,,in Gott zu leben"; es vereint das, was zerstreut ist, und verdient deshalb den Namen ,,Kommunion", Vereinigung, wodurch ,,in Wahrheit das Wesen der Wirkung" ausgedrückt ist (III, 1). Die Katechumenen sind zu dieser Eucharistie nur deshalb nicht zugelassen, weil in ihnen die allmähliche Bereitung der ,,göttlichen Geburt" noch nicht zu Ende gekommen ist. Ein unvermitteltes Schauen ins Licht würde sie ,,auf die Erde werfen" und wie eine ,,Fehlgeburt" sterben lassen (III, 6). Bei den ,,Energumenen", den Eingeweihten, die wieder Sünder geworden sind, scheint Dionysios anzunehmen, daß der erneute Fall mehr auf ungenügender Unterrichtung denn auf grundsätzlicher Bosheit beruhe. Aber auch sie haben sich von der göttlichen Gewalt abgewandt, um ,,Fühlen und Sitten der verabscheuungswürdigen Dämonen" anzunehmen. Wenn der Verfasser auf die Hölle zu sprechen kommt und den Angriff der ,,aufsässigen Legionen" erwähnt, vor dem Christus die Menschen durch sein ,,vergöttlichendes Licht" rettet (III, 3, 11), dann spricht er bemerkenswerterweise nicht von einer ,,massa damnata" (die im voraus zur Verdammnis bestimmte Menge, die Tertullian und Augustinus quälte); er zieht es vor, die Barmherzigkeit herauszustellen, die – wie in der Schau des Karpos – den Sünder vor dem Verderben rettet. (Brief IX).

b) Christentum und Neuplatonismus

Damit ist das Grauen, das der gnostische Dualismus in sich birgt, eindeutig zurückgewiesen; in einem Text aus den ,,Göttlichen Namen" widerlegt Dionysios diesen Dualismus deutlich und ausdrücklich: ,,Es wäre absurd, wenn der Ursprung selbst nicht einfach und einartig, sondern geteilt und zweigestaltig, mit sich selbst im Widerstreit und sich entfremdet wäre. Ebenso unmöglich ist es, zu glauben, daß zwei entgegengesetzte Uranfänge der Dinge gegeneinander kämpften und daß deren Widerstreit sich im Inneren des Universums zeige. Wenn man das annähme, dann wäre Gott nicht frei von Sorge und Unlust; dann gäbe es etwas anderes, das ihm zur Last fiele; und alles würde eine Beute der Unordnung sein und läge im ständigen Kampf gegeneinander. Aber das Gute eint alles Seiende durch gegenseitige Freundschaft, und die Hagiographen feiern es unter den Namen des absoluten Friedens und des Friedensspenders." (D. N. IV, 21, mit Bezug auf Joh 12, 27) Noch stärker als Plotinos betont Dionysios in einer langen, zweifelsohne von Proklos inspirierten Passage, daß niemals ,,irgend etwas an den Seienden vom Bösen herstamme" und daß ein ,,absolutes Böses" in sich wiedersprüchlich sei; denn es würde sich ,,selbst zerstören" (IV, 19). Wie das Gute solche Gegensätzlichkeiten übersteigt, ist auch das Böse im eigentlichen Sinn weder Sein noch Nicht-Sein. Aber es ist weniger als Sein, nämlich Entleerung, Schwächung und Verderbnis des Seienden; deshalb kann es auf keine Weise jemals – auch nicht indirekt – Quell des Seins oder des Guten sein. Damit müßte das Paradoxe der ,,glückseligen Schuld" unmöglich sein, obgleich man es bei einem so dionysianischen Mystiker wie Meister Eckhart gelegentlich findet. Die Dämonen werden nicht im Blick auf ihre Existenz böse genannt (sie sind Seiende, die von dem Guten Sein, Leben und Geist empfangen haben), sondern im Blick auf das, was sie nicht sind, also in dem Maße, wie sie die Ausübungen ihrer Gaben aufgegeben haben.

Doch weiterhin muß betont werden, daß die Weltschau des ,,Corpus Dionysiacum" bei allem, was sie von der hellenistischen Weltsicht übernommen hat, dennoch auf Einsichten aufruht, die den heidnischen Weisen unbekannt waren oder gar bewußt von ihnen abgewiesen wurden: die Erschaffung der Welt aus dem Nichts durch Gottes Freiheit; Gottes freies Gnadengeschenk, das jedem Geschöpf angeboten ist. So wichtig die Himmelslichter sind, die ,,den zyklischen Ablauf der Zeit bestimmen" (D. N. IV, 4), so bedeutend die Funktion der Sonne ist, die nicht nur Abbild des Guten, sondern auch kosmischer Ursprung von Bewegung und Wärme ist, und so wichtig auch die heiligen Dienste der himmlischen Hierarchie sind – sie alle tun in keiner Weise der schöpferischen Einmaligkeit und der universalen Vorhersicht des thearchischen Guten einen Abtrag (C. H. IX, 4). Alles zeigt vielmehr, daß der göttliche Weltenherrscher in ununterscheidbarer Einmaligkeit die natürliche Struktur des Universums – wie man es mit undionysianischen Worten bezeichnen kann – und die übernatürlichen Wege zur vollständigen Rückkehr zu Gott in der Hand hat.

So ist also der Kosmos – der der Dinge wie der der Menschen, wobei so nichtige Kleinigkeiten wie der Schmuck der Frauen (Brief IX erwähnt ihn) auch nicht ausgenommen sind – vor allem ein System von Zeichen und Symbolen (ähnlich, wenn auch nicht so ausgeprägt, wie es später bei Bonaventura sein wird). Dabei sind (nach Dionysios) die als am gröbsten materiell geltenden Symbole dennoch nach der Lehre der ,,theologoi" weniger gefährlich als die geistigen Metaphern, weil letztere, die im Grunde ebenso unfähig sind, das Unaussprechbare auszusprechen, Gefahr laufen zu täuschen; denn man kann, um ein Beispiel zu bringen, glauben, daß die himmlischen Wesenheiten goldene Statuen oder Lichtwesen seien oder daß Gott selbst der Morgenstern sei; aber wenn man die Engel mittels Flammenrädern oder durch bunte Pferde oder Gott durch einen Leoparden oder durch ein irdenes Gefäß symbolisiert, läuft man kaum Gefahr, das Bezeichnende mit dem Bezeichneten zu verwechseln (C. H. II, 1–4).

Der grundsätzliche Primat der Apophase, der negativen Theologie, macht es unmöglich, die symbolischen Bezüge semiologisch zu systematisieren. Er hat auch zur Folge, daß alles, was der Autor über die Funktionen einer jeden Ordnung innerhalb der Hierarchie aussagt, im Allgemeinen bleibt und nur annäherungsweise und ohne klare Abgrenzungen zu fassen ist. Natürlich entsprechen die Dreiteilungen im ,,Corpus Dionysiacum" den neuplatonischen Triaden; hier wie dort spielt das Heraustreten (proodos) und das Zurückkehren (epistrophe) eine Wesensrolle. Aber während Plotinos den Abstieg vom Einen zur Weltseele über die Zwischenstufen der Intelligenz schildert, und während Jamblichos und Proklos sorgfältig die Intelligenz dem Leben und das Leben dem Sein unterordnen, weist Dionysios, wie wir zeigten, alle diese Namen und eine Fülle von anderen dem zu, den er als Thearchie beschreibt; damit betont er ebenso die Relativität der Ausdrucksweise wie deren grundsätzliche Inadäquatheit. Die himmlischen Intelligenzen haben damit jeden Charakter von Untergottheiten verloren; als reine Mittlergestalten haben und geben sie nichts anderes weiter als was sie vom einzigen Uranfang empfangen haben, vom Quell des Lebens und des Lichts.

Dieser also befindet sich um ein Unendliches näher beim Geringsten seiner Geschöpfe, als es die in sich verschanzte Einheit des Proklos mit ihrer völligen „Unvermittelbarkeit" sein kann. Unter diesem Blickwinkel, in dem die Liebe des Vaters zu seinen Kindern durch alle hierarchischen Stufenschemata sichtbar wird, gewinnt die wichtige Grundbotschaft der Heiligen Schrift, das Geheimnis der Menschwerdung, eine immer zentralere Stellung. In Jesus, der zugleich göttliche Person und Mensch unter Brüdern ist, bekommt die Gabe des Vaters der Lichter für alle Menschen ihren vollen Wert und ihre authentische Wirksamkeit: „Hervorgehend aus dem Einen, das es selbst von Natur aus ist, kam das Wort in unsere Welt, in den Bereich der Unterschiedenheit, ohne sich zu verändern." (E. H. III III 13)

c) Spiritualität

Was die spirituelle Lehre des „Corpus Dionysiacum" anbetrifft, ist vor allem zu betonen, daß der „Geist" auch des allerniedrigsten Menschen grundsätzlich befähigt ist, auf dem Weg der „Kindschaft" eine wahrhafte „Vergöttlichung" zu empfangen. Das „noetische" Moment bei Dionysius impliziert also in keiner Weise eine Aristokratie wissenschaftlicher Subtilitäten. Die „Vergöttlichung" aber ist ausgesprochen „ekstatisch"; denn die Dynamik des Eros führt über all das hinaus, was zum „Geist" gehört; und dies in einer zweifachen Entäußerung: erst von allen Seienden und dann von sich selbst. Ohne diese Ekstase kann kein Sein sich mit dem „überhellen Strahl" der gütigen Thearchie vereinen (D. N. VII, 3). Diese Theosis (Vergöttlichung) ist vorbereitet durch eine überaus langwierige Askese der Reinigung, kommt aber dann ebenso „plötzlich" zum Durchbruch, wie nach Maleachi (3, 1) der Eintritt des Herrn in den Tempel geschieht (Brief III). Ein Doppeltes ist dabei untrennbar eins: der Ausschluß allen Wissens, des sinnenhaften und des geistigen, und das unsagbare Einfließen des Lichts, das von ganz anderer Natur ist (M. T. I, 3). Es liegt also einerseits eine reine Passivität vor, auf die Dionysios hinweist, wenn er seinen Meister Hierotheos vorstellt als jemanden, „der sich dem Mitleben und der Gemeinschaft mit Gott hingab" (D. N. III, 2); aber zugleich damit gibt es ein echtes, liebendes Mitwirken, das nämlich, das Paulus sagen läßt: „Christus lebt in mir." (Gal 2, 20; D. N. IV, 13)

Der spirituelle Aspekt der dionysianischen Schriften hat wohl den dauerhaftesten Einfluß auf einen zentralen Strom der christlichen Mystik ausgeübt. Besonders wichtig wurde das Bild der Dunkelheit, das sich zwar auch bei Gregor von Nyssa findet; aber die Kappadozier wurden, besonders im Westen, weniger gelesen als der vermeintliche Schüler des

Hierotheos. Die dionysianische Dunkelheit hat einen doppelten Zug: den der Nacht oder, anders benannt, den des Schweigens, wodurch zuerst das Transzendente selbst in seinem substantiell undurchdringbaren Geheimnis charakterisiert ist; und diese Dunkelheit weist dann auf das demütige Mühen der Seele hin, die sich mehr und mehr entäußert, damit langsam, wenn auch unvollkommen und nur asymptotisch, sich entleert und dadurch sich selbst übergibt; das aber ist die Bedingung für die unsichtbare und unaussprechbare selige Gegenwart.

IV. Einfluß

Die Autorität, die Dionysios schon im achten Jahrhundert (seit dem Laterankonzil) hatte, verdankt er besonders Maximos, der 602 den Bekennertod starb. Durch seine Kommentare hat dieser nämlich das dionysianische Lehrgebäude grundsätzlich christologisch ausgerichtet. Er hat die Bedeutung der Fleischwerdung ebenso unterstrichen wie die des Eros als conditio sine qua non für die Fortsetzung der irdischen Pilgerschaft des Menschengeschlechts, das durch den Tod besiegt war, in die ewige Kindschaft, die der Erlöser verkündete.

Johannes Scotus Eriugena hat zwei Jahrhunderte später im Westen nicht nur das „Corpus Dionysiacum“ übersetzt. Er war auch ein selbständiger und starker Denker, der die von Dionysios umgedeuteten neuplatonischen Denkschemata übernahm und die absteigende Hierarchie als einen logischen Übergang vom Genus zu den Spezies und dann zu den Individuen ausdeutete. Er nannte auch die Thearchie die „ungeschaffene, nicht-schaffende“ Natur; über allem Sein stehend offenbare sie sich in der Welt (in der „geschaffenen, nicht-schaffenden“ Natur) durch die sich allmählich entfaltende Sendung des Wortes (der „ungeschaffenen, schaffenden“ Natur) und der Ideen (der „geschaffenen, schaffenden“ Natur). In dieser Reihenfolge der „Theophanien“, der Erscheinungen des Göttlichen, spielen die Ordnungen der Engel nur eine untergeordnete Rolle; hingegen ist die Menschheit durch Christus von Anfang an in Gott gegenwärtig. Auf der anderen Seite aber kennt der Ire noch über die Auferstehung des Fleisches hinaus (die er androgyn, mann-weiblich, auffaßt, eine Thematik, die dem „Corpus Dionysiacum“ fremd ist) in origenistischer Weise eine Letzt-Integration des Fleisches in den Geist hinein und eine Rückkehr von allem zum Einen, was mit dem Buchstaben des Dogmas von der Ewigkeit der Hölle kaum zu vereinen ist. Wie bei Dionysios umgreift die Apophase (die Verneinung) die Kataphase (die Bejahung), und Ja und Nein werden überdies überschritten durch eine „superlative“ Theologie, die sich auf das überwesenhafte Nichts richtet.

Der Platonismus der Schule von Chartres scheint dem Denken des Boethius (complicatio-explicatio; Zusammenfaltung-Entfaltung) näherzustehen als dem dionysianischen Schauen durch Nicht-Schauen. Auch die Mystik der Viktoriner hat dionysianische Züge, wobei – wie im Schrifttum des heiligen Bernhard – die ekstatischen Formulierungen, die eine Vermischung des vergöttlichten Geschöpfs mit dem Schöpfer nahelegen könnten, sorgfältig vermieden werden. Zu Beginn des 13. Jahrhunderts entwickelt Robert Grosseteste, der von neuem Dionysios übersetzt und kommentiert, das Thema des spirituellen Lichts, aus dem eine Art von durchsichtiger und feiner Körperlichkeit zu uns hier hervorgehe. Nach Albert dem Großen und besonders Bonaventura, der die „Mystische Theologie" auslegte, gibt der heilige Thomas die Gedanken des Areopagiten wie auch die des heiligen Augustinus in einer reichhaltigen, „frommen Weise des Lesens" mit klugen Korrektiven wieder. Er exegetisiert die „Göttlichen Namen" und weist der negativen Theologie als Begrenzung dessen, was aufgrund der Seinsanalogie erschlossen wird, ihren Platz an: Wir wissen, „daß" Gott ist, aber niemals „das, was" er ist. Von Aristoteles nimmt der Aquinate den „ersten" seiner „Wege" der beweisenden Aufstiege zum Ersten Beweger (Gott), dem Sein, das in sich subsistiert; auf Dionysios bezieht er sich, wenn er das Geschenk der Liebe beschreibt, das im schöpferischen „Ausfluß" aus Gott besteht, im Ausstrahlen von Sein und von Licht.

Trotz seiner thomistischen Ausbildung verdankt Meister Eckhart dem dionysianischen, wie auch dem augustinischen Platonismus die zentrale Lehre der Rückkehr zu sich selbst, bis hin zum Seelengrund, den der thüringer Prediger gelegentlich sogar „ungeschaffen" nennt. Damit steht er der Auffassung einer völligen Immanenz des Göttlichen im geschaffenen All näher als der Auffassung eines gradualistisch-aufsteigenden Stufenkosmos. Bei ihm klingt das dominierende Bild der absoluten Leere untrennbar zusammen mit dem Angebot einer vollkommenen Fülle, die plötzlich durchbricht und als Versinken in das „ungeschaffene Meer der reinen Gottheit" geschieht, wie es Angelus Silesius drei Jahrhunderte später beschreibt.

Nikolaus von Kues wurde durch das Studium Meister Eckharts tief beeinflußt; aber zugleich schätzt er ihn als gefährlich für den unvorbereiteten Leser ein. Etwa ab 1439 wird er durch das „Corpus Dionysiacum" zu seiner „docta ignorantia", seinem „gelehrten Nicht-Wissen", inspiriert. In dem Briefwechsel mit den Mönchen von Tegernsee verteidigt er ein – im dionysianischen Sinn erfaßtes – mystisches Erlebnis, das er selbst (wie er bekennt) doch niemals hatte. Noch dialektischer als der Areopagite bezieht er sich in seiner „Jagd nach der Weisheit" auf den „göttlichen" Platon und auf Proklos, auf den er sich, obgleich er kaum griechisch lesen konnte, dennoch sehr deutlich stützte. In dieser Schrift betrachtet er das „Feld des Lichts", auf dem sich Dionysios als „der größte Erforscher der göttlichen Dinge" offenbart. Nach ihm findet Marsilio Ficino nur noch geringere Unterschiede zwischen den plotinischen Emanationen und den dionysianischen Lichterscheinungen. Er stellt den Verfasser des ,,Corpus Dionysiacum" wie auch die Platoniker in die mythische Entwicklungslinie, in der Mose nahe bei Orpheus und Hermes Trismegistos nahe bei Zarathustra stehen. Von der Lektüre des ,,Größten der Platoniker" behält er besonders die Bedeutung der Mittlerschaft zurück, die die himmlischen Hierarchien zwischen Geist und Materie, zwischen Ewigkeit und Zeit ausüben. Faber Stapulensis hingegen, sein französischer Freund, der den Cusanus herausgab und seine spirituelle Laufbahn in der Nähe des Kalvinismus beendete, betonte von Anfang an den Gegensatz zwischen Hellenismus und Christentum; er stellte Dionysios, den Meister des Schweigens, gegen Aristoteles, den Meister des Redens. Im Gegensatz zum Cusaner und zu Ficino glaubte er, daß die Neuplatoniker das authentische Erbe des – wie er meinte – athenischen Konvertiten des heiligen Paulus stark verformt haben.

Johann Gerson blieb in seiner Mystischen Theologie weit unterhalb der dionysianischen Ekstase. Aber bei Johannes vom Kreuz spielen die ,,Nächte" wieder eine wichtige Rolle. Der ,,Passivität" der teresianischen Mystik, die dem ,,Theopathein", dem ,,Gott-Erleiden", des Dionysios nahesteht, galten manche Angriffe. Nach Reformation und Gegenreformation verblaßt der Glaube an die Apostolizität des Areopagiten; Bossuet klagt ihn an als den ,,gewandten Unbekannten", von dem er vermutet, daß er den ,,Quietisten" als Kronzeuge gilt. Allmählich verliert Dionysios seine bis dahin unangegriffene Autorität.

Ein guter Kenner der Mystik und der iranischen Engellehre, Henry Corbin, schätzte ihn hoch; auch bei vielen geistlichen Christen wird er sehr geachtet; aber er läuft auch Gefahr, gnostisch verstanden zu werden, wodurch allerdings der wahre Gehalt des ,,Corpus Dionysiacum" völlig verfälscht würde.

Hermenegild M. Biedermann

SYMEON, DER NEUE THEOLOGE
(949–1022)

Über Symeon sind wir ziemlich gut unterrichtet. Sein Schüler Niketas Stethatos (ca. 1000–1080), ein begeisterter Verehrer seines Meisters, schrieb eine längere und eine kürzere Biographie Symeons. Allerdings scheint nur die letztere erhalten zu sein. Sie wurde von I. Hausherr in einer gewissenhaften Ausgabe, zusammen mit einer gründlichen Einleitung und mit einer französischen Übersetzung, diese von G. Horn, veröffentlicht (s. Lit.). Ihre Daten werden verbürgt, vielfach ergänzt und bereichert durch Symeon selbst, dessen schriftliche Hinterlassenschaft voller selbstbiographischer Angaben ist. Die Vita ist nach dem Urteil ihres Herausgebers eine „These": Ihr unübersehbares Ziel ist der Nachweis der Heiligkeit Symeons. Niketas verdanken wir auch die erste Sammlung und Herausgabe der Schriften Symeons, ohne Zweifel aus dem gleichen Anliegen heraus veranstaltet. Konnte er wegen seines Alters Symeons persönliche Führung auch nur kurze Zeit erfahren, so war er dennoch mit seinem Gedankengut aufs beste vertraut. Vorsicht ist ihm gegenüber wohl geboten, wenn es um sein allzu negatives Urteil über Gegner geht. An Symeons geistliches Erbe dagegen führt er uns mit großer Liebe und Treue heran.

I. Leben

Symeon, dessen Taufname vielleicht Georgios war, wurde zu Galatai in Paphlagonien (Kleinasien) geboren, wahrscheinlich im Jahre 949. Die Chronologie seines Lebens ist freilich noch immer umstritten, ohne daß sich daraus wesentliche Folgerungen für Deutung und Zusammenhang der einzelnen Daten ergäben. Seine Eltern gehörten dem byzantinischen Provinzadel an. Ein Onkel namens Basileios lebte in der Hauptstadt und verfügte über offenbar gute Beziehungen zum Kaiserhof. Es war die Zeit der makedonischen Dynastie. Symeon wurde im Alter von etwa elf Jahren diesem Oheim anvertraut, um ihm den Besuch der höheren Schulen, aber auch einen frühen Zugang zum Hof zu ermöglichen. Der Plan scheiterte am Widerstand des Zöglings. Nach Absolvierung des Grundkurses, der Grammatik, lehnte er weiteren Schulbesuch ab und weigerte sich ebenso, Dienst am Hof zu tun. Allerdings führte er dann doch die

Titel eines Senators und Spatharokubikularios (Hofkämmerer mit dem Recht des Stabtragens), was offensichtlich keine weiteren Verpflichtungen mit sich brachte.

Doch sein Leben scheint ihm leer, ohne Sinn und Ziel. Er sucht nach geistlicher Führung und findet sie bei einem Mönch des Studitenklosters: Symeon, dem der Beiname Eulabes, der „Gottesfürchtige", von der Nachwelt gegeben wurde, vielleicht gerade auf Grund des Zeugnisses seines Schülers. Von ihm erhielt dieser als Wegweisung das „Geistliche Leben" des Markos Eremites. Die Lektüre regte ihn zur täglichen Gewissensprüfung und zu ausgedehnten nächtlichen Gebetsübungen an. Nach seiner eigenen Aussage führte Symeon eine Zeitlang gewissermaßen ein zweigleisiges Leben: bei Tag im Dienst eines Patrikios, d. h. eines hohen Hofbeamten, in der Nacht im Dienst eines ungleich höheren, des höchsten Herrn in Gebet und unter vielen Tränen. Er war etwa zwanzig Jahre alt, als ihm eine erste Schau des göttlichen Lichts zuteil wurde. Ihm war völlig klar, daß er dies dem Gebet seines Geistlichen Vaters verdankte, den er in einem noch helleren Licht dabeistehen sah. Doch dauerte es weitere sechs oder sieben Jahre, bis Symeon selbst sich entschloß, Mönch zu werden, nach vielen Versuchen übrigens von seiten seiner Familie, ihn von diesem Entschluß abzubringen. Er trat in das Kloster seines Geistlichen Vaters ein, dessen Namen er wohl bei der Gelegenheit erhielt und mit dem er zunächst auch die Zelle teilte.

Der junge Mönch stellte sich ganz unter die Führung seines Geistlichen Vaters, der in seinen Augen voll des Heiligen Geistes war. Doch die ausschließliche Meister-Schüler-Bindung stieß in der Mönchsgemeinschaft rasch auf entschiedenen Widerstand, nicht zuletzt auch beim Hegumenos (Vorsteher) des Klosters. Wenn sein späterer Biograph, Niketas Stethatos, dahinter nur Neid und Eifersucht sehen will, ist ihm freilich nicht ohne weiteres zu glauben. Wahrscheinlich empfand man das Verhältnis auch als Störung der geltenden Gemeinschaftsordnung. Da Symeon und vermutlich beide sich weigerten, dem Einspruch nachzugeben, übersiedelte der Schüler noch im ersten Jahr seines Mönchtums in das Mamaskloster am Xylokerkostor (heute Belgrad Kapou), blieb aber weiterhin unter der Führung seines Geistlichen Vaters. Offenbar erbrachte diese überzeugende Früchte. Denn wenig später, mit dreißig Jahren, wurde Symeon zum Priester geweiht und schon ein Jahr danach unter Zustimmung des Patriachen Nikolaos Chrysoberges zum Hegumenos (Vorsteher) gewählt (etwa 980).

Es ist nicht schwer zu erahnen, durch welche innere Spannungen Symeons Weg bis dahin ging. Und auf den jungen Abt wartete von neuem keine leichte Aufgabe. Galt es doch, das Mamaskloster im Äußern wie im Innern zu erneuern. Am Ausgang des 6. Jh. von Kaiser Maurikios gestiftet, war es baulich in einem traurigen Zustand, und trauriger noch war die Verfassung der Mönchsgemeinschaft, die es bewohnte. Symeon restaurierte nicht nur die Mauern, er führte auch das innere Leben der Insassen zu neuer Blüte. Das Programm, das ihn dabei leitete, hat er uns selbst in seiner ersten Katechese über die Liebe überliefert. Nie wurde er müde, seine Mönche zur treuen Erfüllung der „Gebote", deren erstes für ihn „Umkehr" hieß, zu ermahnen. Bald mehrte sich auch ihre Zahl beträchtlich. Und immer verkündete er als das Ziel des christlichen Lebens überhaupt – nicht nur eines hinter Klostermauern – die Schau des göttlichen Lichtes, die spürbare Erfahrung des Dreieinigen Gottes in diesem Licht schon im irdischen Leben. Hier aber meldete sich dann der Widerspruch innerhalb der Klostergemeinschaft wie bald auch bei den Vertretern der Kirchenleitung. Als Symeon schließlich begann, seinen Geistlichen Vater nach dessen Tod um 986/87 durch die Aufstellung einer Ikone und die Feier eines Jahresfestes öffentlich zu verehren, kam es zu einer Revolte unter den Mönchen, ungefähr fünfzehn Jahre nachdem er die Leitung des Klosters übernommen hatte. Der Patriarch Sisinnios (995–998), an den sie sich wandten, entschied aber zugunsten des Abtes und schloß die Aufrührer aus dem Kloster aus. Es spricht für Symeon, daß er sich für die Verurteilten einsetzte und ihre Wiederzulassung erreichte, wovon allerdings nur ein Teil Gebrauch machte. Etwa zehn Jahre später, 1005, übergab Symeon die Leitung seinem Schüler Arsenios. Sein Abschiedswort ist uns als Katechese 18 erhalten.

Doch bald erhob sich ein neuer Sturm, diesmal von außen. Erreger war der Synkellos (Zellengefährte) des Patriarchen Sergios II. (1001–1019), Stephanos, früher Metropolit von Nikomedeia. Niketas stellt ihn in seiner Symeonbiographie in einem sehr trüben Licht dar; aber in Handschriften des gleichen Jahrhunderts erscheint sein Name mit der ehrenden Beifügung eines „Heiligen", und von anderer Seite wissen wir, daß er sich hoher Wertschätzung erfreute und vom Kaiser mit wichtiger Mission betraut wurde. Seine theologische Bildung im schulmäßigen Sinn erkannte auch Symeon an. In seinen Augen freilich war dies keine wahre „Theologia", die niemals die Schule vermitteln, sondern allein der Hl. Geist wirken und schenken könne. Umgekehrt scheint Stephanos die Rechtgläubigkeit Symeons angezweifelt zu haben, wogegen sich dieser in eher sarkastischer Weise wehrte. Wir besitzen noch seine Antwort in der 21. Hymne. Darüber hinaus griff Stephanos auch den Kult des Geistlichen Vaters von neuem an, und zwar grundsätzlich, indem er Symeon Eulabes die Heiligkeit des Lebens absprach, und das genau an der Stelle, die seinem Schüler besonders teuer war: bei der „apátheia" (Gelassenheit, Leidenschaftslosigkeit), die er seinem Meister im höchsten Grad zuerkannte. Stephanos dagegen nahm hier den stärksten Anstoß, und wir müssen zugeben, daß Symeons Gegenwehr streckenweise einen eher peinlichen Eindruck erweckt (vgl. die 15. Hymne). Der Streit zwischen den beiden zog sich über beinahe sechs Jahre hin und endete diesmal mit der Verbannung Symeons am 3. Januar 1009 nach Palukiton, auf der anderen Seite der Propontis, doch im Angesicht gleichsam der Hauptstadt. Von einem Freund, Christophoros Phaguras, erhielt er eine halb zerfallene Kapelle zum Geschenk und baute sie zu einem kleinen Kloster aus. Die Verbannung dauerte zunächst nicht lange. Symeon wurde vom Patriarchen zurückgerufen, angeblich wurde ihm ein Bischofsstuhl in Aussicht gestellt, aber er lehnte alles ab und entschied sich für den weiteren Verbleib am Ort seines Exils. Der Patriarch soll ihn deshalb einen ,,wahren Studiten" genannt haben, wohl im Hinblick auf den Widerstand, der immer wieder vom Studioskloster ausging, wenn die offizielle Kirchenleitung den staatlichen Machthabern zu sehr zu Willen zu sein schien. Symeon baute sein Kloster zur heiligen Marina weiter aus und feierte nun hier das Fest seines Geistlichen Vaters im alten Glanz. Wenn wir seinem Biographen folgen dürfen, geschah dies sogar unter der Teilnahme fast des ganzen Klerus der ,,Großen Kirche Gottes" und vieler Mönche und Laien. In dieser Zeit entstanden die meisten seiner Hymnen.

Nach einem letzten Besuch in seiner Heimat befiel Symeon eine Krankheit, die seine Kräfte vollkommen aufzehrte. Er starb, nach der heute fast allgemein angenommenen Chronologie, am 12. März 1022, im Alter von dreiundsiebzig Jahren, nach dreizehn Jahren, zumeist freiwilligen, Exils. Dreißig Jahre später wurden seine Überreste nach Konstantinopel übertragen, nach dem Zeugnis des Niketas entsprechend Symeons eigener Vorhersage.

II. Werke

Dreizehn Jahre nach Symeons Tod hat sein Schüler Niketas Stethatos sich daran gemacht, die Hinterlassenschaft seines Meisters zu sammeln und herauszugeben. Nach seiner eigenen Aussage wurde er von Symeon selbst in einer Vision dazu veranlaßt. Das überkommene Material legt allerdings den Schluß nahe, daß Niketas manches entweder nicht erreicht oder auch beiseite gelassen hat; schließlich könnte einiges auch verlorengegangen sein. Als erster hat sich B. Krivochéine um eine gewissenhafte Darstellung der handschriftlichen Überlieferung bemüht und zugleich das Verhältnis der einzelnen Ströme zueinander untersucht.[1] Seine Arbeit wurde inzwischen durch weitere Gelehrte, die mit ihm und neben ihm die Schriften Symeons in den Sources Chrétiennes herausgegeben haben, fortgesetzt und vervollkommnet. Die Ergebnisse bilden die Grundlage für die folgende Vorstellung der Werke Symeons, soweit sie bekannt und als gesichert gelten.

Eine erste, zugleich die umfangreichste Gruppe liegt uns in den asketischen Unterweisungen und den theologischen und ethischen Abhandlungen vor. Sie läßt sich mühelos in mehrere Einheiten gliedern:

1. Vierunddreißig Katechesen, in der Hauptsache ,,Vorträge", die Symeon als Hegumenos vor den Mönchen des Mamasklosters hielt, in der Zeit also von 980 bis 1005, oder wenigstens bis 988, d. h. vor der

Revolte eines Teils seiner Mönche. Sie sind das wichtigste Zeugnis seiner asketisch-mystischen Theologie. Symeon ist stets bemüht, sie durch Hinweise und Beispiele aus seiner eigenen geistlichen Erfahrung zu erhellen und zu bekräftigen, wodurch die Katechesen streckenweise beinahe den Charakter von „Bekenntnissen" annehmen. Wir erhalten darum zugleich wesentliche Einblicke in sein eigenes Leben, das gleichsam wie in einem Kaleidoskop immer wieder aufscheint. Diesen Katechesen stehen zwei „Danksagungen" inhaltlich und auch formal nahe. Die erste wird darum oft direkt als 35. Katechese aufgeführt, während die zweite allerdings, trotz naher und nicht zu übersehender Verwandtschaft mit der anderen, in den Handschriften verschiedene Standorte gefunden hat. Beide „Danksagungen" sind besonders reich an autobiographischen Angaben und überaus interessant zu lesen. – Katechesen und Eucharistien wurden, zusammen mit einer gründlichen Einleitung, von B. Krivochéine kritisch herausgegeben in den Sources Chrétiennes 96 (1963), 104 (1964) und 113 (1965). Die beigegebene französische Übersetzung wurde von J. Paramelle erstellt.

2. Drei theologische und fünfzehn ethische Abhandlungen (Logoi, Worte), wozu noch etwa fünf „Briefe" zu zählen wären. Offenbar sieht Symeon auch bei diesen Abhandlungen in den Mönchen seine eigentlichen und unmittelbaren Adressaten. Doch haben sie offensichtlich einen anderen Hintergrund. Sie haben wesentlich einen polemisch-apologetischen Charakter angesichts seiner Gegner, die ihm zunächst aus monastischen Kreisen, dann aber auch aus dem gelehrten Milieu der offiziellen Kirche erstanden. Der Herausgeber der Abhandlungen faßt sein Urteil dahin zusammen: „Die theologischen und ethischen Traktate zeigen uns besser als irgendein anderes Werk die Größe der Anstrengung des Mystikers und ihre Grenzen" (SC 122, S. 35). Die kritische Veröffentlichung verdanken wir J. Darrouzès. Er gab dem Text eine französische Übersetzung bei und versah ihn mit einer gründlichen Einleitung in den SC 122 (1966) und 129 (1967). – Von den Briefen dagegen wurde erst ein einziger kritisch herausgegeben: Peri Exomologeseōs in Karl Holl, Enthusiasmus und Bußgewalt beim griechischen Mönchtum. Eine Studie zu Symeon dem Neuen Theologen, (Leipzig 1898).

3. Überarbeitungen des Erbes Symeons – Ek tēs Syggraphēs – stellen die 33 Logoi und 24 Logoi en Kephalaiois dar. Von den zuerst genannten sind sieben identisch mit Katechesen Symeons, andere aus beiden Sammlungen folgen den Katechesen in längeren oder kürzeren Abschnitten bzw. sind aus solchen kompiliert zu neuen Einheiten. Anreden fehlen hier. Passagen, die sich nur auf das Mönchsleben beziehen können, sei es im exhortativen, sei es im kritischen Sinn, wurden von dem oder den Bearbeitern ausgeschieden, ebenso die persönlichen Züge und Hinweise aus Symeons Leben. Ähnliches gilt in der Regel von der Kritik an der offiziellen Kirche. Andererseits scheinen beide Sammlungen, die zweite mehr noch als die erste, manches Material aus Symeons

Schrifttum bewahrt zu haben, das anderswo in der handschriftlichen Überlieferung nicht erhalten ist. Es wird freilich kaum möglich sein, die Echtheit im einzelnen exakt festzustellen. Unbekannt ist auch, ob es sich um einen oder mehrere Redaktoren handelt. Das älteste handschriftliche Zeugnis besitzen wir aus dem 12. Jahrhundert. Die „Reden" wurden von Jakob Pontanus in lateinischer Übersetzung 1603 herausgegeben und in der Patrologia Graeca des Abbé Migne, Bd. 120, 321–602 nachgedruckt.

4. Der gleichen Thematik asketisch-mystischer Unterweisung sind auch die kurzen „Kapitel" verpflichtet, nach bewährtem Vorbild in zwei Centurien geordnet, zwischen denen eine dritte Kette von fünfundzwanzig Kapiteln ihren Platz hat. Die Bezeichnung als „praktische", „theologische", „gnostische" Kapitel weist auf die Einteilung oder „Stufen" des geistlichen Lebens hin. Sie befassen sich also mit dem aktiven sittlichen Streben nach der Tugend (Praxis), der Erkenntnis Gottes auf Grund der von Gott erleuchteten Einsicht (Gnosis) und der Schau Gottes im Licht (Theorie/Theologie). Es gibt Übereinstimmungen dieser Capita mit den Katechesen (so besonders mit Kat. 28) wie mit den ethischen Abhandlungen. Die Weise der Abhängigkeit ist kaum zu klären. Inhaltlich bieten die Kapitel dieselben Gedanken über die Einigung mit Gott und über die Schau Gottes, wie sie dem Gesamtwerk Symeons eigen sind. Vermutlich aus verschiedenen Lebensabschnitten stammend, wurden sie von ihm selbst verhältnismäßig spät zu einer Sammlung vereinigt, vielleicht nach dem Beispiel eines Maximos. Eine kritische Ausgabe besorgte J. Darrouzès in SC 51 (1957), zusammen mit einer franz. Übersetzung.

5. Von anderer Art sind die 58 Hymnen Symeons, formell jedenfalls, im Inhalt dagegen seiner Spiritualität völlig konform. Das gewissermaßen „ekstatische" Moment ist schon im Titel ausgesprochen: Tōn Theiōn Hymnōn hoi erōtes, was wir vielleicht übersetzen dürfen mit: „die Liebeswonnen der göttlichen Hymnen". Ihre Abfassung scheint Symeons ganzen Lebensweg begleitet zu haben, wenn auch eine größere Anzahl von ihnen der Zeit seines „Exils" angehören wird. Die überlieferte Anordnung ist das Werk des Herausgebers Niketas, der auch eine Einleitung und zu manchen besonders herausfordernden Stellen darin Scholien (Erläuterungen) verfaßte. Geschrieben in freien Rhythmen, sind sie das tiefste und kongenialste Zeugnis der mystischen Erfahrungen Symeons. Eine Ausnahme ist wohl die 21. Hymne, die nur der Form, nicht dem Inhalt nach hier einzuordnen ist: die versifizierte, eher sarkastische Antwort an seinen Gegner am Patriarchat, den Synkellos Stephanos. – Vielfach in Dialogform abgefaßt, meinen sie nicht fiktive, sondern echte Zwiegespräche Symeons mit Christus. Eine kritische Ausgabe besorgte erstmals J. Koder in den SC 156 (1969), 174 (1971) und 196 (1973). Die beigefügte französische Übersetzung wurde von J. Paramelle (1–15), L. Neyrand (16–40) und von beiden zusammen (41–58) erarbeitet. Von

der 16. Hymne an ist jeweils eine hilfreiche detaillierte Inhaltsangabe eingeführt. Eine deutsche Übersetzung der von Pontanus lateinisch 1603 veröffentlichten Auswahl, aufgenommen in Patrologia Graeca, Bd. 120, 507–602, stammt von K. Kirchhoff: Licht vom Licht (1930, ^{2}1951).

Anzumerken ist noch ein „Dialog mit einem Scholastiker", gr./fr. hg. von E. des Places, in Rech. Sc. Rel. 40 (1952) 129–138. Der Herausgeber will ihn Diadochos von Photike zuteilen; A. Wenger und B. Krivochéine plädieren für Symeons Autorschaft. Eine lateinische Übersetzung findet sich in der Patrologia Graeca Bd. 120, 709–712.

III. Bedeutung

Überblickt man das reiche Schrifttum Symeons, stellt sich leicht der Wunsch ein, eine Art System seiner asketisch-mystischen Lehre und Menschenführung herausarbeiten zu wollen. Der Versuch muß scheitern. Nicht theoretische, und seien es noch so tiefgründige Erörterungen über ein Thema „Geistliches Leben" oder „Weg zur Vollkommenheit" finden wir bei ihm, etwa nach dem Vorbild der Scala Paradisi (Paradiesesleiter) eines Johannes Klimakos; auch keinen Aufriß mystischen Aufstiegs wie in der Vita Moysis (Leben des Moses) des Gregor von Nyssa, noch eine spekulative Einlassung in die metaphysischen Gründe der Glaubenswahrheiten wie bei Maximos, dem Bekenner. Symeon hat diese und andere Väter sehr wohl gekannt und fleißig aus ihnen geschöpft. Sie waren für ihn Anreger, nicht Vorbilder in seinem eigenen Werk als geistlicher Schriftsteller. H.-G. Beck[2] urteilt zu Recht: Das System Symeons „ist im Grunde er selbst, seine persönliche mystische Erfahrung, von deren Echtheit und Richtigkeit er so tief durchdrungen ist, daß er immer wieder geneigt ist, das Persönliche zum Allgemeingültigen zu erheben. Dieses Persönliche, die Eruption der Erfahrung ist aber auch das Größte an seiner Lehre und Mystik. Ihr eignet eine Unmittelbarkeit wie selten dem System eines anderen byzantinischen Mystikers, und schon deswegen gehört er zu den Größten unter ihnen." Vergebens suchen wir bei ihm auch nach einer Gebetslehre: Symeon betet – betet vor seinen Mönchen in den Katechesen, betet in seinen Hymnen vor aller Welt, um Hörer und Leser mit hineinzureißen in sein eigenes Beten. Von woher auch immer wir es unternehmen, eine durchgehende Ordnung in seine Hinterlassenschaft einzubringen, die Glut seines Geistes, der Strom seiner Gedanken, die Fülle seines Erlebens durchbrechen und überfluten sie in nicht zu widerstehender Macht.

Natürlich kennt auch Symeon den dreifachen Stufenweg der Reinigung, Erleuchtung und Einigung. Wenn er davon spricht, steht er ganz auf den Schultern seiner Vorgänger. Es ist nicht schwer, Verbindungslinien zu den Kappadokiern, zu Isaak dem Syrer, Johannes Klimakos oder Maximos zu erkennen und nachzuziehen. Er führt diese und andere selber in seinen Schriften an, an anderen Stellen sind seine ,,Quellen" ohne große Mühe aufzufinden. W. Völker ist ihnen mit großem Fleiß und aus gründlicher Kenntnis der asketischen und mystischen Theologie vor ihm nachgegangen. Immer wieder trifft er auf ,,gängige Münze" in Symeons Schrifttum, und er hat damit zweifellos recht. Dennoch bleibt es eine offene Frage, ob ein derart gründliches Quellenstudium den Geist Symeons wirklich zu erschließen vermag. Denn was immer von ihm aufgenommen wurde, angefangen von der Hl. Schrift, dann aus den Werken und Viten der Väter und Mönche, es ist in ihn eingegangen und ist sein innerstes Eigentum geworden, über das er übrigens nicht selten mit großer Freiheit verfügt. Er versteht sich selbst als Sprachrohr des Herrn, der die Worte der Weisung ,,durch seine unreine Zunge, seinen befleckten Mund der Schrift anvertraut als Hinweis zu Umkehr und Reue und als untrüglichen und wahrhaftigen Weg für jene, die aus ganzer Seele gerettet werden wollen" (Kat. 33, 229–232). Und glühenden Herzens dankt er,

> ,,daß du Mitleid mit mir hattest und mir gegeben hast, dies (die unschaubaren Geheimnisse göttlichen Heilsplans) zu schauen und so niederzuschreiben und meinen Gefährten deine Menschenliebe zu verkünden, daß Völker, Stämme und Sprachen nun eingeweiht sind." (H. 13, 87–90)

Symeon gibt seinen Mönchen sehr klare und nüchterne Anweisungen für ihren Weg, tut es im Grunde in allen seinen Katechesen. Vor allem die 14. und die 26. sind rechte Einführungen in das asketische Leben.[3] Der Mönch ist für ihn ein Mensch, der alles Sichtbare verachtet, doch wieder nicht nur die äußere Welt, nein, auch seine Seele, sich selbst, um sich ungeteilt auf Gottes Gebote einzulassen. Von ihnen das erste heißt ,,Umkehr", nach Jesu Evangelium (Mt 4, 17). Es ist die ,,Ordnung des Vollzugs", die angezielt wird. Daß die innerste Kraft der Umkehr die Liebe ist, setzt Symeon voraus. Darum beginnt er seine Tätigkeit als Hegumenos (Vorsteher) mit einer Katechese über die Liebe: sie ist freilich vor allem das Geschenk des Herrn, der für uns Mensch geworden ist und das Leiden auf sich genommen hat. Es ist erst diese Liebe, die alle Werke des Menschen, auch des Mönches, wertvoll macht, den Mönch als Jünger Christi ausweist (dazu Kat. 1 passim).

Gleich aber wird ein Charakteristikum symeonischer Spiritualität offenbar: Unabdingbar notwendig für Aufbruch und Fortschritt auf dem Weg zur Vollkommenheit ist die vorbehaltlose Unterstellung unter die Führung des ,,Geistlichen Vaters". Seine eigene Erfahrung spricht sich darin aus. Symeon Eulabes war es, der den jungen suchenden Georgios an die Hand genommen und ihm die entscheidende, hilfreiche Wegeweisung gegeben hatte, die sein ganzes weiteres Leben bestimmen sollte. Daß er selbst als Mönch den Namen seines Geistlichen Vaters erhielt, erscheint in der Lebensgeschichte der beiden Symeon wie die Einsetzung des Jüngeren zum Erben. Darum kann sich dieser später nicht genug darin tun, die Stellung und Bedeutung des geistlichen Führers aufzuzeigen. Er nennt ihn ,,Meister und Experten", ,,Mittler und Hirten", ,,Diener und Jünger Christi", dem der Herr den Suchenden anvertraut; wieder ,,Jünger und Apostel" des Herrn, ,,Beistand und Helfer". In der Kat. 20 zieht er direkt die Parallele Christus-Geistlicher Vater aus. Und wenn er besonders in den beiden ,,Eucharistien" mit starken Worten ausspricht, was für ihn selber der ,,Geistliche Vater" bedeutet, können wir gut verstehen, daß er sich ein Mönchsleben ohne solche Führung einfach nicht vorzustellen vermochte. Eindringlich weist er darum die Novizen an, Stunde für Stunde oder wenigstens jeden Abend sich ihm bis in die geheimsten Gedanken zu offenbaren (vgl. Kat. 26). Wer sich dem entziehen will, läuft in seinen Augen Gefahr, seine Berufung zu verspielen und als untauglicher Arbeiter verurteilt zu werden. Müssen doch die Worte des Geistlichen Vaters nicht anders angenommen werden, als kämen sie aus Gottes Mund. Ihm folgen, heißt Christus folgen, ob hinaus in das öffentliche Leben, ob zum Mahl mit ihm in den Abendmahlsaal oder hin zur Passion, ob schließlich zur Herrlichkeit im Licht (vgl. Kat. 20). Einen wahrhaften Geistlichen Vater finden ist darum Gnade, Gabe des Hl. Geistes, um die der Anfänger im geistlichen Leben heiß und inständig beten muß.

Eher schlicht klingt, was Symeon als Voraussetzung eines echten Mönchslebens aufzeigt: Hoffnung aus unerschütterlichem Glauben, daß Gott seine Verheißungen wahrmachen wird, und unverdrossene Treue in der Erfüllung der Gebote. Freilich betont er: *aller* Gebote; die Übertretung eines einzelnen macht das ganze Werk zunichte. Er baut auf Jesu Zusage im Evangelium, gewiß, daß sein Wort sich schon hier und jetzt erfüllen wird durch den Heiligen Geist. Denn alle Heilsbegegnung mit dem Vater durch den Sohn geschieht im Heiligen Geist; er ist nach einem Wort I. Hausherrs[4] der ,,Schlüssel" zur Tür, die in das ewige Leben führt (vgl. Kat. 33, 107–144). Für Symeon aber ist es bezeichnend, daß er unter den ,,Geboten" zwei an den Anfang stellt: die Umkehr, wie schon erwähnt, und das Gebet, genauer: das Bittgebet. Auch dabei beruft er sich auf Jesu Verkündung. Vor allem mit der Notwendigkeit der (ständigen) Umkehr, um auf dem Weg zum ,,vollen Mannesalter" unaufhörlich, wenn freilich auch in kleinen Schritten, voranzuschreiten, hängt es zusammen, daß Bußgesinnung (Pénthos) und Tränen in Symeons Leben und Lehre eine so große Rolle spielen.[5] Die Tränen sind durchaus im realistischen Sinn zu verstehen. Sie sind nach seiner Überzeugung unerläßlich, um die Vergebung der Sünden zu erlangen, und sie bieten die sichere Gewähr, zur Gottesschau zugelassen zu werden (vgl. Kat. 4, 470–492). Symeon spricht übrigens nicht selten von der Nachahmung Christi; er versteht sie aber nicht im Sinne unserer ,,Nachfolge", sondern als Teilnahme vor allem an Christi Passion: Sie gewähre den Eintritt in das Himmelreich, wie der Herr selber es ihm in einer Vision geoffenbart habe (H. 40). Dann steht er wieder in der großen Mönchsüberlieferung, wenn ihm die Demut als Fundament, die Liebe aber als Krönung im Kosmos christlicher Tugend und Vollkommenheit erscheinen. Und wenn die Väter die Apátheia (Leidenschaftslosigkeit) als Lohn unablässigen Mühens und als das höchste Geschenk des Geistes preisen, geht er mit ihnen völlig einig, um doch gerade die Wertung dieser Tugend plötzlich in überraschendem Maße zu übersteigern. Der Grund ist nicht zu übersehen, erinnert man sich an seine Lebensgeschichte: Alles setzt er ein, die Haltung und die Heiligkeit seines Geistlichen Vaters Symeon Eulabes gegen Anwürfe aus Mönchskreisen wie von seiten des Synkellos Stephanos zu rechtfertigen. Er führt eine scharfe Klinge, aber eben in diesem Einsatz vermag er nicht recht zu überzeugen (vgl. eth. Abh. 6 und H. 15).

Symeons eigenstes Gut ist seine Lehre von der Schau Gottes, der Theoria, der allein wahren und vollkommenen Theologia. Was ihm unter allen Vertretern byzantinischer Askese und Mystik einen einmaligen und unverwechselbaren Platz und Rang gibt, ist seine immer wieder ausgesprochene und gegen alle Einwände festgehaltene Überzeugung, daß die Gottesschau schon hier und jetzt für alle bestimmt und darum allen zugänglich ist. Sie ist das Ziel der Erfüllung der Gebote, der Umkehr und des unablässigen Gebetes, der Lohn der Demut und die Frucht der Liebe. Die Apátheia, der Sieg über die Leidenschaften, findet in ihr erst ihre eigentliche und vollkommene Krönung.

Auch Symeons Aussagen über Gott, voll Ehrfurcht und voll Glut in einem, bewegen sich wie alles menschliche Reden von Gott vor allem in den Bahnen der Apophatie (Nichtaussagbarkeit): Gott ist unsichtbar, unzugänglich, unerreichbar, unbegreiflich und unaussagbar. So haben sich alle Theologen und Väter ausgedrückt, Symeon kann ihnen da nichts Neues hinzufügen. Will er Positives aussprechen, dann nennt er Gott „Schöpfer" im Blick auf die Welt, im Blick auf das innergöttliche Geheimnis der Trinität ist ihm der Vater der „ursprungslose Ursprung". Gott ist der Namenlose schlechthin, und vereinigt in sich doch alle Namen. Symeon weiß um die engen Grenzen unserer Gotteserkenntnis, und er ist von ihnen bedrückt, zumal Gottes Wesen unserer Einsicht ganz und gar verschlossen bleibt. Dann wieder betont er mit um so größerem Nachdruck als den einzigen Weg zur Gottesbegegnung die persönliche Erfahrung Gottes und des Göttlichen. Nicht intellektuelle Erkenntnis, sondern die Peíra (geistliche Erfahrung) des Herzens bietet Gewähr, daß wir Gemeinschaft mit Gott gewinnen und an seinem Leben teilnehmen können. Sie macht sein eigenes innerstes Leben aus, zu ihr will er seine Mönche im Mamaskloster wie seine geistlichen Kinder in der Welt hinführen. Er nimmt dafür den Widerstand und schließlich die Revolte eines Teils der Mönche in Kauf. Anfeindung und Verdächtigung von seiten offizieller kirchlicher Kreise wie die Anklage vor dem Patriarchen und die Verbannung vermögen ihn nicht von seiner Überzeugung abzubringen.

Das allmähliche Wachsen, die voranschreitende Vertiefung und Vervollkommnung der Schau versucht Symeon an Hand eines Gleichnisses darzustellen: Es ist wie bei einem Menschen, der am Ufer des Meeres steht. Er sieht die grenzenlose Wasserfläche vor sich, doch nur einen Teil davon vermag er aufzunehmen. So schaut, wer gewürdigt wurde, den unendlichen Ozean göttlicher Herrlichkeit zu erkennen, nicht seine wirkliche Größe, sondern nur eben so viel, als die inneren Augen der Seele aufzufassen vermögen. Doch der Mensch kann in das Wasser hineinschreiten, soweit er es wünscht; ebenso können die „geistigen Menschen" (Pneumatikoi) in der Schau mit dem Lichte Gottes in Verbindung treten im Maße ihres Verlangens. Und wie ein Mensch, der schließlich ganz in das Wasser untertaucht, die Sicht auf die Dinge außerhalb völlig verliert, so verfallen auch die, die des göttlichen Lichtes teilhaft geworden sind, entsprechend ihrem Fortschreiten in der göttlichen Einsicht dem (äußeren) Nichtwissen: Sie sind zur vollendeten Schau und Erfahrung gelangt (vgl. Centurie II 11–16). Dabei wird Symeon nicht müde, die unabdingbare Voraussetzung der Umkehr in Demut und reuevollen Tränen zu betonen, und er tut es „mit wahrhaftigen und wunderbaren Worten aus dem Mund des Herrn" selbst (vgl. H. 32). Die Schau geschieht im Geistvermögen (Nūs) des Menschen, das der Gottesgeist (Pneuma) gereinigt und „einfach" gemacht hat; denn Gott, der im Licht geschaut wird, ist der schlechthin Einfache.

Symeon gibt uns wiederholt lebendige Schilderungen vom Verlauf einer Schau, wie er sie erfahren hat. Sie stellen wesentlich sein eigenstes Gut dar, ob in den Katechesen, wenn er seine Mönche auf den Weg mystischer Erfahrung und Einigung führen will, oder in den Hymnen, die Bekenntnis vor aller Welt und Dank vor dem sich offenbarenden Herrn zugleich sein wollen. Immer betont er die „Fühlbarkeit" der Einwohnung des Geistes und die erfahrbare Wirklichkeit des anwesenden Herrn und des gegenwärtigen Dreieinigen Gottes (gnōstōs – aisthētōs, erkennbar – erfühlbar) in der Schau. Mit Vehemenz wehrt er sich gegen die Einwürfe seiner Gegner, die behaupten, solche Erfahrungen seien allein den ersten Zeiten des Christentums vorbehalten gewesen. Nachdrücklich erklärt er, die Gaben des Geistes im Leben hier seien zwar nur eine gnadenvolle Vorwegnahme, ein Angeld der zukünftigen Vollendung in der vollkommenen Einigung mit Gott, aber ohne das „geistige Licht" unterwegs könne niemand die Fülle des göttlichen Lichtes am Ziel erhoffen. Davon will er niemals abgehen, wenn er auch in den Forderungen sittlichen Vollkommenheitsstrebens gegenüber den Menschen in der Welt sich mancherlei Mäßigung auferlegt.

Natürlich, Symeon hat auch für Verständnis und Darstellung der mystischen Schau aus den Quellen der Überlieferung geschöpft. Aber nicht nur seine Zeitgenossen, auch moderne Leser sind von der Radikalität seiner Aussagen oftmals betroffen, vielleicht schockiert. Andererseits steht Symeon fest auf dem Boden des trinitarischen wie des christologischen Dogmas seiner Kirche. Die Definition von Chalkedon kann er geradezu wörtlich in seine Hymnen einbauen. In der Tat ist seine Mystik ganz auf Christus bezogen, mehr als jede andere vor ihm. Daher haben auch die Sakramente, die Taufe und vor allem die Eucharistie, einen unverwechselbaren Platz in seinem Denken und in seiner Menschenführung. Von der Inkarnation her begründet er die Möglichkeit und die Wirklichkeit der Schau. Christus ist es, mit dem er in der Vision Zwiesprache hält. Zugleich ist es das Phōs trisypóstaton, das dreipersönliche Licht, das sich ihm offenbart. Klar unterscheidet er zwischen der „natürlichen Einheit" von Vater und Sohn in Gott und der mystischen Einigung zwischen Gott und dem Menschen aus „Setzung und Gnade". Der Mensch wird in dieser Ordnung zum Abbild des Christusgeheimnisses: Auch er ist als der irdische Mensch dittós, schwach und sündig, doch kraft der Gnade teilhaft der „unberührbaren" (unerreichbaren, göttlichen) Wirklichkeit (vgl. H. 25).

Mag es uns gewiß schwer fallen, Symeon in vielem zu folgen, mögen wir, wie schon nicht wenige zu seiner Zeit, nach unserer Überzeugung schwerwiegende Einwände gegen seine Gedanken erheben, wir können uns dennoch der begeisterten und begeisternden Glut seiner Unterweisungen und Hymnen kaum entziehen.

IV. Nachwirkung

Niketas Stethatos hat seinerzeit der von ihm veranstalteten Erstausgabe der Hymnen ein Vorwort vorangestellt. Darin können wir lesen:

> „Natürlich und aufrichtig lernte er von Gott die unaussprechlichen Geheimnisse, schrieb sie nieder und gab sie neidlos allen weiter zu geistlicher Freude und zum Nutzen zugleich ... Daher ist seine Zunge in Feuer geläutertes Silber und voll der Gerechtigkeit ist seine Seele. Seine Lippen – Lippen eines wahren Gerechten – besitzen tiefe Einsicht und sein Mund läßt Gnade und unaussagbare Weisheit Gottes entströmen." (SC 156, S. 118f.)

Das sind gewichtige Worte über die Hinterlassenschaft eines geistlichen Schriftstellers, auch eines von seinem Biographen als Heiligen verehrten Mannes, selbst wenn man byzantinische Rhetorik glaubt in Anschlag bringen zu sollen. Liest man sie unbefangen, legt sich die Vermutung nahe, Symeon habe auf die Nachwelt eine überragende oder doch bedeutsame Wirkung ausgeübt. In Wirklichkeit war dem nicht ganz so, betrachtet man die historischen Daten. Schon der Bestand der handschriftlichen Überlieferung aus der frühen Zeit rät uns Zurückhaltung an. Gewiß mehren sich die Zeugnisse seit dem 14. Jahrhundert, aber gerade die Hymnen bleiben bezeichnenderweise hinter der übrigen Produktion an Abschriften zurück.

Eines ist noch einmal besonders auffallend und merkwürdig: Ganz offensichtlich blieb Symeons Name, die Erinnerung also an ihn, die ganze nachfolgende Zeit über immer lebendig. Aber er verband sich, mehr als mit Symeons eigenem Erbe, mit einer Schrift, die unter seinem Namen jahrhundertelang umging, aber sicher nicht von ihm stammt. Sie trägt den Titel: ,,Methode des heiligen Gebets".[6] Diese Schrift wurde hochbedeutsam für die hesychastische Bewegung, ist aber auf jeden Fall jünger als Symeon, der keinesfalls unter die Hesychasten gerechnet werden kann. Gregorios Palamas, nicht der Vater, wohl aber der glühende Verteidiger dieser Bewegung in der byzantinischen Mystik, kennt zwar Symeons Namen, erwähnt seine Biographie, zitiert aber weder sie noch Schriften Symeons selber; wenn er davon spricht, meint auch er ziemlich sicher die eben genannte ,,Methode", die Einführung in das hesychastische Gebet.

Symeons Stellung innerhalb seiner Kirche und ihrer geistlichen Tradition ist insgesamt von besonderer Art. Seine Theologie war, denkt man an das Dogma, ohne Zweifel rechtgläubig. Es fiel ihm nicht schwer, sich gegenüber dem Synkellos (Zellengefährten) Stephanos in dieser Hinsicht zu rechtfertigen. Auch seine Askese und sein mystischer Weg sind vom breiten Strom der orthodoxen Überlieferung getragen und genährt. Dennoch läßt er sich nicht in den gewohnten Rahmen einordnen. Keine Bewegung und keine Strömung in der Geschichte des byzantinischen Mönchtums können ihn wirklich für sich vereinnahmen. Doch man gab ihm den Beinamen des ,,Neuen Theologen", stellte ihn damit für das Empfinden vieler an die Seite des Evangelisten Johannes und eines Gregor von Nazianz, die beide den Ehrentitel ,,Theologe" tragen. Manches wurde über die Bedeutung des Namens geschrieben. Uns will scheinen, daß damit ausgesagt sein soll, er habe die wahre Theologia erneuert, habe wieder zur Mitte alles asketischen und mystischen Strebens zurückgeführt, zur Schau Gottes im Licht. Auch wenn die vielen ihm nicht auf seinem Weg direkt zu folgen vermochten, sie sahen doch in ihm den fruchtbaren Anreger. Möglicherweise war dies auch der Grund, warum man ihm den Traktat über die hesychastische Gebetsweise zuteilen wollte. Jedenfalls fand man bei ihm verwandte Gedanken.

Für das Weiterwirken Symeons in die neuere Zeit hinein war die Aufnahme eines größeren Teils seiner ,,capita" in die Philokalia des Nikodemos Hagiorites wichtig. Sie erschien 1782 in Venedig. Diese kurzen Sentenzen hatten sich schon vorher, aus der handschriftlichen Bezeugung zu schließen, einer größeren Bekanntheit erfreut. Jetzt waren sie in ein Sammelwerk eingegangen, das zum ,,geistlichen Handbuch" der Mönche und vieler frommen Weltleute werden sollte. Die Philokalie übernahm außerdem auch die 22. Katechese Symeons und, wieder unter seinem Namen, die Einführung in das hesychastische Gebet. Beide Stükke finden sich, in neugriechischer Übersetzung oder besser Paraphrase, auch in der neuesten griechischen Ausgabe des Werkes vom Jahr 1963. Und noch immer trägt die ,,Méthodos" Symeons Namen!

Eine erste Druckausgabe der Schriften Symeons veranstaltete Dionysios Zagoraios, 1790 ebenfalls in Venedig erschienen, in zweiter Auflage 1886 in Syros. Die Edition bringt die Texte in der neugriechischen Sprache der Zeit, bezeichnenderweise aber die Hymnen im Urtext, wohl um ihre Lektüre zu erschweren oder nicht für alle zugänglich zu machen; die Vermutung liegt jedenfalls nahe. Offenbar sehr bewußt wurden auch einzelne Texte ganz ausgeschlossen. Deutlich wird die Reserve des Herausgebers sichtbar; mit dem „ganzen Symeon" vermochte er sich nicht zu identifizieren. In unseren Tagen ist das Interesse an Symeons Weg und Werk sicher sehr stark gewachsen. Wieweit sie sich für die asketische Praxis im östlichen Mönchtum heute als fruchtbar erweisen, darüber steht uns kein Urteil zu. Zu keiner Zeit jedenfalls wurde der Hauptvorbehalt, den man von Anfang an gegen ihn ins Feld führte, wirklich ausgeräumt – der nämlich gegen seine kompromißlos vorgetragene Lehre von der Schau Gottes für alle und jeden schon in diesem Leben.

Symeon hat seinen Platz im Heiligenkalender der orthodoxen Kirche gefunden, wenn auch einen bescheidenen und nicht ganz unumstrittenen. Als die Bollandisten, die gelehrten Erforscher der Heiligenbiographien, seine Vita in die Acta Sanctorum aufnehmen wollten, da hat noch Combefis davon abgeraten: Symeon sei ein zweifelhafter Heiliger. Dieses Urteil widersprach freilich völlig der Intention seines Biographen Niketas. Das unter Mitwirkung der griechisch-orthodoxen Kirche herausgegebene „Lexikon für Religion und Ethik" vermerkt als seinen Gedächtnistag den 12. März, den Todestag, merkt jedoch auch zweimal an, daß seine Anerkennung als Heiliger und seine Verehrung nicht allgemein angenommen seien. Unter dem gleichen Tag ist er im Heortologion (Heiligenkalender), herausgegeben von M. Gedeon, verzeichnet, mit der Bemerkung, sein Gedächtnis sei in den Klöstern Studiu, Mamas und Marina gefeiert worden, d. h. an den Stationen seines Lebensweges. In die offiziellen Minäen (Festoffizien) der griechischen und der slavischen Kirchen ist sein Name nicht aufgenommen worden. Krivochéine[7] allerdings berichtet, die Feier seines Gedächtnisses finde nicht an seinem Todestag, sondern am 12. Oktober statt. Es war uns nicht möglich, einen Beleg dafür in unseren liturgischen Quellen zu finden. Auch er bemerkt, keine Kirche sei jemals ihm geweiht worden. Das einzige Offizium zu seiner Ehre, das wir kennen, wurde sehr spät, von Nikodemos Hagiorites im 18. Jh., geschaffen und erst 1877 in Syros gedruckt. – Deutlich wird wohl aus all dem, daß Person und Werk Symeons nie vorbehaltlos anerkannt wurden. Wenn heute ein Wandel zum Positiven eingetreten ist, mag dazu auch das Interesse westlicher Forscher beigetragen haben.

Bernardin Schellenberger

BERNHARD VON CLAIRVAUX
(1090–1153)

I. Leben

Bernhard von Clairvaux wurde 1090 als dritter Sohn eines burgundischen Adeligen, des Tescelin le Saur, Herrn von Fontaine bei Dijon, und seiner Gemahlin Aleth de Montbard geboren. Nachdem er bei Kanonikern in Châtillon eine gediegene geisteswisssenschaftliche Ausbildung genossen hatte, trat er 1112 (nach anderen Autoren 1113) in das Kloster Cîteaux ein, das erst 1098 von Benediktinern als Reformkloster gegründet worden und durch seine außergewöhnliche Strenge bekannt war. Bernhard hatte dreißig Verwandte und Freunde dafür gewonnen, mit ihm zusammen diesen Schritt zu tun. Bereits im Sommer 1115 wurde er an der Spitze von zwölf Mönchen ausgesandt, um ein Tochterkloster zu gründen: Clairvaux, dem er bis zu seinem Tod 1153 als Abt vorstand. Übersteigerte Askese ließ ihn so schwer krank werden, daß er 1118 genötigt wurde, sich zur Erholung für ein Jahr in eine Hütte auf dem Klostergrund zurückzuziehen. Doch blieb ihm für den Rest seines Lebens ein schweres Magenleiden. Im selben Jahr begann die lange Reihe von rund siebzig weiteren Klostergründungen, die Bernhard von Clairvaux aus unternahm. Ab 1128 engagierte er sich immer stärker in (kirchen-)politischen Angelegenheiten. Er fungierte auf dem Konzil von Troyes als Sekretär und vermittelte im Jahr darauf in einem Streit zwischen Ludwig dem Dicken und dem Bischof von Paris, 1129/30 zwischen Ludwig VI. und dem Erzbischof von Sens. Als sich ab 1130 zwei Päpste, Innozenz II. und Anaklet II., gegenseitig den Anspruch auf den Stuhl Petri streitig machten, ergriff Bernhard Partei für Innozenz II. Auf dem Konzil zu Étampes 1130 gewann er Ludwig VI. und die französischen Bischöfe für seinen Kandidaten. König Lothar und der deutsche Klerus schlossen sich kurz danach dieser Entscheidung an, und 1130/31 bewegte Bernhard auch den König von England, Innozenz II. anzuerkennen. Im März 1131 trafen sich der Papst und König Lothar, der die Krise des Papstes nutzen wollte, um die Aufhebung des Wormser Konkordats zu erzwingen und das Investiturrecht der Bischöfe durch Ring und Stab wiederzuerlangen; aber Bernhards energisches Auftreten vereitelte die Erfüllung dieses Wunsches. 1133 begab sich Bernhard, vom Papst dazu eingeladen, auf eine längere Reise durch Italien; er vermittelte im Krieg zwischen Pisa und Genua und wohnte der Kaiserkrönung Lothars in Rom bei. 1135 bewegte er auf dem Fürstentag zu Bamberg den Kaiser zum Einschreiten gegen den König von Sizilien, einen Gegner des Papstes. Um dem Kaiser freie Hand für eine Aktion in Italien zu verschaffen, vermittelte Bernhard zwischen ihm und den Hohenstaufen. Daran schloß sich eine weitere Reise durch Italien an. 1137 wurde er wieder zu Vermittlungen zwischen dem Papst, dem Kaiser und dem König von Sizilien nach Rom gerufen. Er überredete dort 1138 Viktor IV., der die Nachfolge des verstorbenen Gegenpapstes Anaklet II. angetreten hatte, zur öffentlichen Abdankung. 1140 wurden auf dem Konzil zu Sens unter Bernhards Einfluß die Schriften des Petrus Abälard verworfen. 1143 vermittelte der Abt von Clairvaux im Krieg zwischen König Ludwig VII. und dem Grafen von der Champagne. Papst Innozenz II. warf ihm im selben Jahr vor, er mische sich zu viel in die Politik ein. 1145 wurde ein früherer Mönch von Clairvaux als Eugen III. Papst. Clairvaux wurde von da an zunehmend zum Zentrum kirchenpolitischer Entscheidungen, so daß es hieß, der eigentliche Papst sei Bernhard. Im selben Jahr unternahm er Predigtreisen gegen Häretiker ins Languedoc, nach Bordeaux, Toulouse und Albi. 1146 rief er auf Befehl des Papstes auf der Synode zu Vézelay den (2.) Kreuzzug aus und durchreiste danach bis zum Frühjahr 1147 als Kreuzzugsprediger Flandern, Deutschland und Frankreich. Ende 1149 kam die Nachricht vom katastrophalen Scheitern des Kreuzzugs. 1150 wurde Bernhard auf dem Konzil von Chartres zum Anführer eines neuen Kreuzzugs gewählt, doch blieb diese Wahl ohne praktische Folgen. Im Frühjahr 1153 gelang es ihm schließlich noch, in Lothringen schwere politische Spannungen zu schlichten. Nach der Heimkehr erkrankte er und starb am 20. August. 1174 wurde er heiliggesprochen.

II. Werk

1. Prägender Einfluß auf Orden und Kirche

Das bewegte äußere Leben Bernhards erscheint als starker Kontrast zu seinem Wirken als Mönch und zu seinen Lehren als Mystiker, in einem Maß, daß manche Autoren geradezu eine Gespaltenheit seiner Persönlichkeit unterstellen. Der Mann, der einige Jahrzehnte die Geschichte Europas entscheidend mitprägte, lebte zugleich mit einer Hingabe und Überzeugungskraft sein Mönchsleben, daß er zahllose Menschen dafür begeisterte. Ihm verdankt die im Kloster Cîteaux begonnene Reform zum größten Teil ihren Erfolg: er beseelte die dortige Askese mit der Glut seiner Mystik, er gab dem daraus neu entstehenden Orden maßgebend sein Gepräge (er beeinflußte die Richtlinien über Lebensweise, Gesang, Baustil) und sorgte durch seine Predigten und Schriften für die

Verbreitung des neuen Ideals, so daß der Orden im Jahr seines Todes rund 350 Klöster mit zum Teil mehreren hundert Mönchen zählte und das Wort umging, die ganze Welt drohe zisterziensisch zu werden.

Doch war Bernhards innerkirchliche Reformtätigkeit nicht auf seinen eigenen Orden beschränkt. Er wurde zum Lehrmeister des Mönchslebens überhaupt. Was er über die Rolle der Regel Benedikts und der äbtlichen Autorität und über asketische Fragen äußerte, führte auch in vielen Benediktinerklöstern zu Reformen. Ferner half er mit Rat und Tat bei der Erneuerung anderer Mönchs- und Kanonikerorden; er förderte den Ritterorden der Tempelherren, und in den Bistümern brachte er Mönche aus Cîteaux und Clairvaux auf die Bischofsstühle. Er entwickelte eine Lehre von der begrenzten Gewaltanwendung und sorgte dafür, daß sie auf verschiedene Kriege seiner Zeit dämpfend wirkte. Er setzte sich energisch für die Reform des Klerus, des Lebensstils der Prälaten und der Römischen Kurie ein.

Dies alles war zeitgeschichtlich bedingt und zum größten Teil auch begrenzt. Seine geistliche, mystische Lehre indes hat nachhaltig durch die Jahrhunderte weitergewirkt.

2. *Schriften*

Bernhards verhältnismäßig spontansten Texte sind seine *Briefe* (Ep.), von denen uns rund 500 aus den Jahren 1116 bis 1153 erhalten geblieben sind. „Verhältnismäßig" deshalb, weil sie noch zu Lebzeiten Bernhards in einer ersten Sammlung zusammengestellt und von ihm selbst für die Veröffentlichung überarbeitet worden sind. Die neuere Forschung (besonders der führende Bernhard-Fachmann Jean Leclercq OSB) hat ermittelt, wie alle Briefe, Predigten und Schriften Bernhards immer wieder von ihm selbst oder von Sekretären stilistisch ausgefeilt und sehr gezielt für die Publikation hergerichtet worden sind, und daß folglich der Anschein, sie stellten Protokolle spontaner Äußerungen dar, meistens trügt. Bernhards Briefe behandeln alle nur denkbaren Themen und Angelegenheiten, von kurzen sachlichen oder organisatorischen Klärungen über politische Schreiben bis zu geistlichen Ratschlägen und ausführlichen theologisch-mystischen Abhandlungen (z. B. Ep. 11 über Wesen und Stufen der Liebe; Ep. 77 ein theologischer Traktat über die Taufe).

Sehr persönlich begegnet er uns auch in seinen zahlreichen *Predigten,* die mehr als die Hälfte seines Werkes ausmachen. Er hat mit seinen Mönchen sehr intensiv aus der Bibel und mit den liturgischen Jahreszeiten gelebt, und dazu gehörte die ständige lebendige Auslegung durch die Predigt, ein Dienst, dessen Anspruch Bernhard zuweilen belastete, den er jedoch mit hinreißender Leidenschaft wahrnahm. Überliefert sind uns rund einhundertzwanzig einzelne Predigten über die Feste des Kirchenjahres und der Heiligen, zwei kurze Predigtreihen über die Verkündigungsperikope Lk 1, 26–38 und über den 90. (91.) Psalm und fast fünfhundert kurze Predigttexte, -skizzen und -fragmente, von denen hundertfünfundzwanzig als ,,Sermones de Diversis" (Div., ,,Predigten über verschiedene Themen") zusammengefaßt sind. Alle diese Texte beziehen sich im Wesentlichen nur auf das innerklösterliche und mystische Leben, denn Bernhards politische Ansprachen sind uns nicht überliefert worden. Das ist ein Hinweis darauf, daß er selbst und seine Umgebung im geistlichen Leben und Wirken seine eigentliche Aufgabe sahen und die Dokumente seines politischen Wirkens nicht mit der gleichen Sorgfalt sammeln und der Nachwelt erhalten wollten.

Am bekanntesten und wichtigsten sind seine 86 *Predigten über das Hohelied* (Cant.), die er 1135 als fortlaufenden Kommentar zu den einzelnen Versen des Hohenliedes Salomos begann und mit Unterbrechungen bis zu seinem Tod fortführte; allerdings ist er nur bis zu Vers 3, 1 gekommen. Die englischen Zisterzienser Gilbert von Hoiland (gestorben 1172) und Johannes von Ford (1140–1214) haben diesen Kommentar mit 48 bzw. 120 weiteren Predigten bis zum letzten Vers des Hohenliedes fortgeführt. In seinen Hoheliedpredigten, an denen er zwanzig Jahre lang sorgfältig gearbeitet hat, entwickelt Bernhard am lebendigsten und tiefsten seine von Erfahrung getragene Lehre des Weges der Seele zu Gott, die zur Braut des göttlichen *Wortes* heranreift und in einer mystischen Hochzeit mit Christus vermählt wird. Die Predigten 77 bis 85, die er kurz vor seinem Tod verfaßte, enthalten eine anspruchsvolle Beschreibung der Vereinigung mit Gott, wie sie Bernhard erfahren hat.

Die meisten der zahlreichen *Abhandlungen* Bernhards sind im Grunde recht lang geratene Briefe, die er auf entsprechende Anfragen hin schrieb. 1125 entstand für seinen Freund Wilhelm von Saint-Thierry auf dessen Bitte hin sein erster größerer Traktat: die ,,Apologie". Es handelt sich um eine – stellenweise recht polemische – Auseinandersetzung mit dem cluniazensischen Stil des Mönchslebens. Sie war der Anstoß zu einem Statut, mit dem sich die Zisterzienser einen nüchternen, herben Bau- und Kunststil auferlegten. ,,De laude novae militiae" (,,Das Lob der neuen Art von Kriegsdienst") ist ein zwischen 1128 und 1136 verfaßtes Schreiben an die Tempelritter; ,,De moribus et officiis episcoporum" (,,Über Lebensstil und Pflichten der Bischöfe") entstand zwischen 1126 und 1128 und war dem Erzbischof von Sens zugedacht, der sich zu einem Leben im Sinn der Gregorianischen Kirchenreform bekehrt hatte. Mit ,,De baptismo" (,,Über die Taufe", 1138) beantwortete Bernhard einige Fragen Hugos von St. Viktor, und der ,,Traktat gegen Abälard" (um 1140) war ein Schreiben an Papst Innozenz II., in dem er mit stellenweise allzu harten Worten seinen theologischen Gegner anprangerte. Bereits zwischen 1126 und 1135 hatte er Wilhelm von Saint-Thierry die dogmatische Abhandlung ,,De gratia et libero arbitrio" (,,Über die Gnade und den freien Willen") gewidmet. Erwähnen wir noch der Vollständigkeit halber das zwischen 1148 und 1152 verfaßte ,,Leben des heiligen Malachias", des Erzbischofs von Armagh in Irland, eines engen Freundes Bernhards, der 1148 verstorben war, und den Traktat „De praecepto et dispensatione" („Über die Vorschrift und die Dispens", vor 1143/44), eine Schrift für die Benediktiner in Chartres, die eine Reihe von Fragen bezüglich der Regel Benedikts, der Vollmachten des Abtes und der Gewissensfreiheit der Mönche hatten.

Damit können wir uns jenen Schriften Bernhards zuwenden, die – zusammen mit den bereits genannten Hoheliedpredigten – die wichtigsten Texte über sein mystisches Leben und Lehren enthalten.

Eines seiner frühesten Werke – vor 1124/25 – ist aus Ansprachen des jungen Abtes vor seinen Mönchen über das 7. Kapitel der Regel Benedikts entstanden, das „Die Stufen der Demut" beschreibt. Bernhards Werk trägt den Titel „De gradibus humilitatis et superbiae" (Grad.; „Über die Stufen der Demut und des Stolzes") und bietet eine Darstellung der Mystik, die im Kern bereits alles enthält, was der reifere Mann in seinen letzten Hoheliedpredigten kurz vor seinem Tod weiter entfaltet hat. Kurz danach – 1125 – schrieb er an den Prior der Großen Kartause einen ausführlichen Brief über die Liebe zu Gott (Ep. 11), den er später in seine Abhandlung „De diligendo Deo" (Dil.; „Über die Gottesliebe") integrierte, ein Werk, das die Grunderfahrung seines eigenen Lebens und die Mitte und das Prinzip seiner mystischen Lehre mitteilt:

> „Der Grund, weshalb wir Gott lieben sollen, ist ganz einfach Gott, und das Maß ist die Maßlosigkeit" (Dil. I, 1), denn „mit Leichtigkeit werden die Menschen einer immer größeren Liebe fähig, wenn ihnen aufgeht, daß sie immer noch mehr geliebt werden." (Dil. III, 7)

Zugänge zu dieser Mitte der Erfahrung des Geliebtwerdens und des Liebens finden sich in zwei weiteren Schriften Bernhards, in den fünf Büchern „De consideratione" (Cons.; „Über das Nachdenken"), ein Werk der Erbauung und Ermahnung an Papst Eugen III. (1152), das in allen Jahrhunderten gern gelesen und in Kontroversen um die Vollmachten des Papstes von allen Parteien zitiert wurde, und in „De conversione" (Conv.; „Über die Bekehrung", 1140), einer erweiterten Fassung der Ansprache Bernhards vor dem Pariser Klerus. In beiden Werken wird der zerstreute, in Zwängen und Blindheiten verfangene Mensch recht überzeugend geschildert und stufenweise zur Erfahrung Gottes hingeführt.

III. Mystische Lehre

Bernhard steht mit seiner Mystik am Übergang des patristischen Zeitalters zur Moderne. Einerseits „der letzte der (Kirchen-)Väter" (wie ihn der Humanist Nicolaus Faber, gestorben 1612, nannte), ist er einer der ersten „neuzeitlichen" Mystiker. Das „Moderne" an seiner Spiritualität besteht nicht in einer „modernen" neuen Theorie, denn er greift durchweg traditionelle Themen und Begriffe auf, sondern in einer neuen, sehr persönlichen Art, eigene Erfahrungen ins Wort zu bringen und bei seinen Lesern und Zuhörern entsprechende Erfahrungen zu wecken.

Es ist wichtig zu sehen, daß sich Bernhard im Strom eines neuen Frömmigkeitsstils bewegt, der bereits vor ihm, seit der Mitte des 11. Jahrhunderts, in Europa eingesetzt hatte. Charakteristisch dafür war eine neue Weise des Zugangs der Menschen zu Jesus Christus. Bis dahin hatte die Verehrung der *Gottheit* Christi im Vordergrund gestanden, wie sie in der Romanik und im byzantinischen Raum geläufig war (und es in den orthodoxen Kirchen bis heute ist). Stellte sich dort der Mensch in Anbetung und heiliger Scheu einzeln und vor allem gemeinsam in erhebenden liturgischen Feiern in die Gegenwart des allbeherrschenden Sohnes Gottes, um Anteil an seiner göttlichen Gnade und Herrlichkeit zu erbitten und schon teilzunehmen an der himmlischen Liturgie der Erlösten, so wandte sich jetzt die Aufmerksamkeit der Gottsucher dem irdischen Schicksal Jesu Christi zu: jetzt umfing der Einzelne in affektiver Liebe den armen, leidenden Gottesknecht; er erkannte in ihm das Abbild seines eigenen armen, mühseligen Lebens wieder und fand in seiner Nachfolge den Weg zur Erlösung. Hatte zuvor der feierliche Gottesdienst im Mittelpunkt gestanden, wie ihn die Mönche in den zahllosen Klöstern Clunys mit einem großartigen „Luxus für Gott" entfaltet hatten, so galt jetzt als Ideal, den armen Jesus nachzuahmen, der in Gehorsam, Demut und restloser Hingabe den Willen des Vaters im Himmel erfüllt und den das Erbarmen mit seinen Menschenbrüdern dazu bewegt, ihr Leiden und Sterben bis in seine letzten Konsequenzen zu teilen.

Die Folge dieses neuen Frömmigkeitsstils war, daß die Menschen allenthalben einen ihm entsprechenden neuen *Lebens*stil suchten, der geprägt sein sollte von Armut, Einfachheit, strenger Askese und körperlicher Arbeit. Zur gleichen Zeit wurde die frühe orientalische Mönchstradition im Abendland neu bekannt; sie verlieh der Armutsbewegung des 11. Jahrhunderts einen stark eremitischen Zug. Daraus gingen die bis heute bestehenden Orden der Kartäuser und Kamaldulenser hervor, und auch das Kloster Cîteaux war 1098, anderthalb Jahrzehnte vor Bernhards Eintritt, von Männern gegründet worden, die zum größten Teil aus der eremitischen Bewegung stammten. Die Zisterzienser wurden zwar, nicht zuletzt unter Bernhards Einfluß, ein Orden, dessen hervorstechendstes Merkmal das intensive Gemeinschaftsleben ist, aber zugleich war ihre Frömmigkeit geprägt vom Interesse für den Einzelnen, und alle geistliche Unterweisung richtete sich an den Einzelnen, kreiste um seine intime Beziehung zu Gott und seine persönlichen, mit einem neuen psychologischen Interesse und Gespür beschriebenen Erfahrungen mit Gott. Viel gelesen wurde in dieser Zeit Augustinus, der sich in seinen „Bekenntnissen" als überzeugender „Einzelner" dargestellt hat.

Am Anfang des geistlichen Weges steht für Bernhard die Besinnung auf sich selbst, die nüchterne Bilanz seiner eigenen inneren und äußeren

Verfassung. Er erfährt sich als komplizierten, spannungsgeladenen, widersprüchlichen Menschen. „Ich bin gleichsam die Chimäre meines Jahrhunderts. Ich lebe weder das Leben eines Mönches, noch das eines Laien. Dem klösterlichen Lebensstand habe ich schon längst entsagt, aber nicht dem Gewand." (Ep. 250, 4) Er erkennt, daß die eigentliche Armut des Menschen in seiner inneren Ruhelosigkeit besteht:

„Wer ist ärmer im Geist als der, welcher in seinem ganzen Geist keinen Ruheplatz findet, keinen Ort, wohin er sein Haupt legen könnte?" (Conv. VII, 12)

Er beschreibt, wie jeder Mensch mehr oder weniger in einer Entfremdung von sich selbst und darum in einer Schein-Rolle lebt.

Sage dir „nicht unwillig und voll Ärger, sondern voll Mit-leid und Sympathie: ‚Jeder Mensch ist ein Lügner' (Ps 116, 11). Jeder Mensch ist schwach, jeder Mensch ist armselig und hilflos." (Grad. V, 16)

Zur theologischen Deutung dieses Zustandes der Entfremdung bedient sich Bernhard traditioneller Begriffe: der Mensch finde sich „im Land der Unebenbildlichkeit" (in regione dissimilitudinis) vor. Erstmals von Platon formuliert und dann von Plotin und Augustinus übernommen, bezeichnete der Begriff „dissimilitudo" den Zustand des Werdens zwischen dem Nichtsein des Nichts und dem unwandelbaren Sein Gottes. Bernhard ersetzte diese ontologische Sicht durch eine existentiell-heilstheologische, moralische: „unebenbildlich" werde der Mensch durch die Sünde, durch den Ungehorsam gegen Gott. Kennzeichnend für seine Mystik ist, daß bei ihm nicht die ontologische Verfaßtheit oder der psychologische Zustand des Menschen die entscheidende Rolle für sein Verhältnis zu Gott spielen, sondern die Ausrichtung seines *Willens:* Vereinigung mit Gott bedeutet ihm im Wesen das Einswerden mit dem *Wollen* Gottes in der Liebe.

Letztlich kann nur von da her sein eigenes zerrissenes Leben auf *einen* Nenner gebracht werden: seine vielfältigen Aktionen kamen alle von der einen und einzigen Grundentscheidung her, stets das tun zu wollen, was *Gott* von ihm verlangte. „Gott will es!" war die zündende Parole in seinen Kreuzzugspredigten, mochte er sich in diesem Punkt getäuscht haben oder nicht; subjektiv war dies jedenfalls für ihn das Entscheidende. Mystik im Sinne Bernhards ist folglich die intensive personale Beziehung zum Du Gottes und der rückhaltlose Gehorsam diesem Du gegenüber; die unablässige Bereitschaft, aus sich selbst herauszugehen und sich sich selbst nehmen zu lassen. Mystische Ekstase ist deshalb bei Bernhard im Grund eine *Gehorsams*-Ekstase. Das verleiht seinem Leben und seiner Lehre Lebendigkeit und Vielseitigkeit und eine bleibende Nähe zu den Menschen und zur Politik, denn wenn er für kurze Augenblicke in der Ekstase ganz zu Gott hingerissen wird, „reißt ihn am gewalttätigsten davon die Liebe zu den Brüdern weg, die ihn zurückruft." (Dil. X, 27) „Die Liebe Gottes stachelt uns an, uns um das Heil unserer Brüder zu kümmern." (Cant. 58, 3)

Doch stellt dieses Leben und Handeln aus der Fülle der Liebe den Endzustand dar. Gewöhnlich erfährt der Mensch vor allem seine Gebrochenheit. Bernhard bedient sich wiederum traditioneller Formulierungen, wenn er ausführt, daß der Mensch, als „Bild und Ebenbild Gottes" (in imaginem et similitudinem Dei, nach Gen 1, 26) erschaffen, durch den Ungehorsam der Sünde seine Ebenbildlichkeit (similitudo) verloren habe. Unauslöschlich geblieben aber sind ihm die Merkmale seiner Verwiesenheit auf Gott: er bleibt Bild (imago) Gottes, vor allem durch seinen unzerstörbaren freien Willen (libertas a necessitate), dem jedoch die Fähigkeit zur freien Wahl (liberum consilium) und die Kraft, das Gewählte auszuführen (liberum complacitum) abhanden gekommen sind. Darin besteht der wesentliche Riß im Zustand des sündigen Menschen: angelegt auf Freiheit und unermeßliches Glück (als imago Dei), findet er sich gefesselt und gelähmt in der Enge seiner Schwächen und Begrenzungen (infolge des Verlusts der similitudo Dei). Er hat Grund zu einem hohen, unerschütterlichen Selbstbewußtsein, denn er ist dazu berufen, Gott ähnlich zu werden, und zugleich zu tiefer Beschämung, weil er faktisch am Boden liegt. Bernhard leitet dazu an, dies gründlich in einem systematischen Bemühen um Selbsterkenntnis zu bedenken. Dann verpufft der Stolz, der sich infolge des Mangels an richtiger Selbsteinschätzung aufgebläht hat, und zugleich wird die latente Verzweiflung, die aus dem Mangel an Gotteserkenntnis stammt, entschärft.

Sünde ist ihrem Wesen nach eine Verengung des Menschen auf sein eigenes Wollen und Vermögen, ist „voluntas propria", „Eigen-Wille". Ein Bild aus dem Gleichnis vom Verlorenen Sohn veranschaulicht die Verfassung des Sünders: im Adel des Aufrechtstehenden, des „Sohnes" und „Erben" erschaffen, der zum Himmel blickt, hat er sich auf den Boden gekrümmt und frißt aus den Trögen der Schweine. Diese „curvatio", „Krümmung" seines Wesens äußert sich im Sich-Zurückbeugen auf sich selbst, in einer narzißtischen Re-flexion, in der Nabelschau und Verkapselung in sich selbst, die das gerade Gegenteil wahrer Selbsterkenntnis ist. Der gekrümmte Mensch stöhnt „unter der unerträglichen Last seines Eigen-Willens, statt das süße Joch und die leichte Bürde der Liebe zu ertragen" (Ep. 11, 5), die „nicht sucht, was ihr allein nützlich ist, sondern was vielen nützt" (Ep. 11, 4).

Bernhards Optimismus und seine feine Psychologie und Pädagogik werden deutlich, wenn er ausführt, selbst in dieser ichbezogenen Liebe (amor carnalis) des Sünders stecke ein Körnchen Wahrheit: sie stelle die erste, wenn auch völlig unzulängliche Stufe jener Liebe dar, die der Mensch zu lernen habe. Es entspreche einem gesunden Instinkt, sich selbst zu lieben und um sein Ich zu bangen; nur müsse diese Eigen-Liebe aus ihrer Engführung und Versklavung in die Begehrlichkeit (cupido), in der sie ständig kurzsichtig mit falschen Mitteln falsche, enttäuschende Befriedigung suche, befreit werden; sie müsse ausgeweitet und „geordnet" werden zu einer grenzenlosen Liebe und zur Erfahrung eines unbegrenzten Geliebtwerdens. Dann gelangt der Mensch wieder zur ,,staunenswerten, wunderbaren Ebenbildlichkeit mit Gott, die einhergeht mit dem Schauen Gottes, oder vielmehr: die das Schauen Gottes selbst ist. Ich sage aber: in der Liebe, denn die Liebe ist jenes Schauen, jene Ebenbildlichkeit." (Cant. 82, 8)

Bernhard verspricht sich von einer nüchternen Einschätzung seiner selbst die Fähigkeit, für andere Menschen ein Gespür zu bekommen, weil man entdeckt, daß wir alle Schicksalsgefährten sind.

,,Der Blick auf die eigenen Nöte öffnet den Blick für die Nöte der anderen; und durch das, was man selbst erleidet, wird man fähig, mit anderen Leidenden mitzuleiden." (Grad. V,18)

Die ,,voluntas propria", der Eigen-Wille, kann sich so allmählich zur ,,voluntas communis", zum Gemein-Willen, zur Solidarität entwickeln. Mit-leidende ,,weiten ihre Zuneigung auf ihre Mitmenschen aus. Durch die Liebe werden sie mit ihnen derart gleichförmig, daß sie ihre Stärken und ihre Schwächen wie ihre eigenen Stärken und Schwächen empfinden." (Grad. III, 6)

Der Mensch, der es lernt, von sich selbst wegzublicken, kann noch einen Dritten entdecken, der seine Armut teilt und der zugleich die Möglichkeit in sie hineingetragen hat, ihre Grenzen zu sprengen: den in Jesus Christus selbst arm gewordenen Gott. Ja: seit Jesus Christus einer von uns geworden ist, sind unser Elend und unsere Mühsal das, was uns mit ihm verbindet.

,,Es gibt viele Menschen, die unter Mühsal und Schmerzen leiden; aber sie tun es nur gezwungen und sagen nicht ja dazu. Sie sind nicht dem Bild des Sohnes Gottes gleichförmig. Wenn ich ihn aber freiwillig nachahme, ist mir das die sicherste Gewähr, daß für mich das Leben des Erlösers und sein Menschsein fruchtbar werden. Das gibt der Mühsal und dem Leiden einen ganz eigenen Geschmack und seine Frucht." (Pr. am Karmittwoch 12)

Bernhard erkennt in seinen Erfahrungen schwerster Belastung, Krankheit, Bedrängnis und Anfechtung: Wie es mir hierin ergeht, so ist es auch Jesus Christus ergangen. Folglich macht mich das ihm sehr ähnlich und vereint mich mit ihm. Die daraus erwachsende ,,Passionsmystik" sucht die volle Identifikation mit Christus, der ganz wie wir geworden ist. ,,Indem wir mit ihm gleichförmig werden, werden wir umgewandelt, transformamur cum conformamur." (Cant. 62, 5) So steht in der Mitte bernhardscher Frömmigkeit die Betrachtung des irdischen Lebens und Leidens Jesu Christi. Dabei malt er sich nicht, wie es spätere Mystiker tun, bis in alle Einzelheiten die Szenen der Lebengeschichte Jesu aus, sondern ihn interessiert vor allem seine Grundhaltung, sein ,,modus" (Cant. 11, 3), sich zu verhalten: sein Sich-Hergeben bis zum Letzten (exinanitio), seine Entäußerung, Erniedrigung und Demut, sein Dienen, sein Gehorsam. Im übrigen ist ihm der Lebensweg Jesu mehr als ein formales Modell und Vorbild: der Weg Jesu Christi hat für den, der ihn beschreitet, eine sakramentale, umwandelnde Wirkung. Aus dem Ähnlichwerden mit Christus wird Schicksalsgemeinschaft, Einswerden, Erlösung, Durchbruch zum neuen Leben. Gern zitiert Bernhard die Schriftstelle 1 Kor 6,17: „Wer dem Herrn anhängt (im Kontext geht das oft ins Bild über: Wer den Herrn umarmt, umklammert), wird *ein* Geist mit ihm." Die oft gemalte Legende, wie der Gekreuzigte seine Arme vom Balken löst und den vor ihm knieenden Bernhard umfängt, bringt diese Mitte bernhardscher Mystik treffend zum Ausdruck.

„Je mehr der Mensch über Jesus Christus nachdenkt und liest, je mehr er zu ihm betet und ihm gehorcht, desto vertrauter wird er mit ihm, und ganz allmählich leuchtet ihm Gott spürbar auf. Die Folge ist, daß er immer mehr Geschmack an Gott findet. Und wenn er so verkostet, wie gut der Herr ist, gelangt er auf die erste Stufe der Liebe, wo er Gott nicht mehr um seines eigenen Gewinnes, sondern um seiner selbst willen liebt. In diesem Zustand bleibt man dann lange; und ich weiß nicht, ob ein Mensch in diesem Leben ganz so weit kommen kann, daß er (auf einer weiteren Stufe) sich selbst nur noch um Gottes willen liebt." (Dil. XV, 39)

In jener langen Zeit, die den größten, den alltäglichsten Teil des Lebens ausmacht, kann der Mensch nach Bernhards Erfahrung Gott besonders in der Heiligen Schrift finden. Die Bibel hat für ihn geradezu sakramentalen Charakter, so sehr, daß in seiner geistlichen Lehre gegenüber der Schrift die Sakramente im strengen Sinn (die ihm selbstverständliche Grundlage sind) auffallend stark zurücktreten zugunsten der lebendigen Begegnung mit Gott in seinem Wort. Hinter dem Schleier der Worte der Bibel entdeckt er Christus selbst, das ewige *Wort* des Vaters. Wenn er seine mystische Gotteserfahrung erläutert, spricht er deshalb gern von der Begegnung mit dem *Wort,* vom Heimgesuchtwerden vom *Wort:*

„Wenn ich spüre, wie mein Sinn geöffnet wird für das Verständnis der Heiligen Schrift, oder wie das Licht der Weisheit gleichsam aus meinem Innersten hervorsprudelt, oder wie mir von oben Licht eingegossen wird und sich mir Geheimnisse erschließen, oder wie der Himmel mir sozusagen seinen unermeßlich weiten Schoß öffnet und von oben meinen Geist mit einem überreichen Regen von Meditationsanregungen überschüttet: dann zweifle ich nicht, daß der Bräutigam da ist. Denn das sind die Schätze des *Wortes,* und aus seiner Fülle empfangen wir all dies." (Cant. 69,6)

Die Bibel wurde Bernhards Lebenselement. Ihm war die Sprachgestalt der lateinischen „Vulgata" (die damals offizielle Bibelübersetzung) derart in Fleisch und Blut übergegangen, daß er buchstäblich den „Dialekt" der Bibel sprach: ihre Redewendungen und Formulierungen lassen sich gar nicht klar als Zitate aus seinen eigenen Worten herauslösen. Nicht wegen seines geschliffenen Lateins, sondern weil er es verstanden hat, als Schüler des großen Origenes auch aus Stellen der Bibel, die anderen trocken und hart wie Fels vorkommen, den „Honig" ihres geistlichen Sinnes fließen zu lassen (ein Bild von Origenes, in Anspielung auf Dtn

32, 13 und Ps 81, 17), ist Bernhard der Titel „Doctor mellifluus" (honigfließender Lehrer) zuteil geworden.

Mit seinem johanneischen Sinn für das *Wort* vereint Bernhard eine Vorliebe für die Christusmystik des Paulus. Diese wiederum verbindet er mit den Bildern und Texten des alttestamentlichen „Hohenliedes". Mit einer geradezu weiblichen, fraulichen Sensibilität erlebt und beschreibt er sein Ich als „anima", als „Seele", die sich nach Gott sehnt, und die Gesänge der Sehnsucht und des Suchens und Findens von Bräutigam und Braut werden ihm zu Liedern seiner Liebe zu Gott. Diese Sprache bräutlicher Liebe schenkt Bernhards Mystik nicht nur ihre menschliche Wärme und Poesie, sondern schließt auch jede Versuchung zur Auflösung der Person in einem diffusen „Göttlichen" aus: seine Mystik ist wesentlich dialogischer Natur.

Wenn Bernhard die Schrift auslegt, dann treibt er keine sachliche Exegese, denn „nicht die theoretische Erörterung, sondern die eigene Heiligkeit hilft zum Begreifen" (Cons. V, 14, 30). Damit ist er noch Kirchenvater alter Schule, in der die Wahrheitserkenntnis ein sittliches Tun war, ein Sich-Hergeben und Gepacktwerden des ganzen Menschen, Askese, geistliche Arbeit und Gebet in einem.

„Das Wesentliche liegt im sehnsüchtigen Streben; man erreicht es nicht mit der Vernunft, sondern indem man ihm gleichförmig wird." (Cant. 67,8)

Von da her war Bernhard die kritisch-distanzierte Auseinandersetzung mit Heiliger Schrift und Dogma, wie sie die zeitgenössischen Lehrer an den Schulen zu treiben begannen, innerlich fremd. Ja, er empfand sie als bedrohlich und bekämpfte mit einer Leidenschaft, die nicht immer die Regeln der Fairneß und Sachlichkeit einhielt, Lehrer wie Abälard und Gilbert von Poitiers. Allerdings eignet sich Bernhard nicht als Patron eines fragwürdigen, einseitig vom Gefühl oder von der Askese beherrschten Obskurantismus.

Denn „Bildung ohne Liebe bläht auf; Liebe ohne Bildung verirrt sich. Die Braut des *Wortes* darf nicht dumm sein; aber eine aufgeblasene Braut duldet der Vater auch nicht." (Cant. 69, 2)

Zwei Gesichtspunkte der Mystik Bernhards bedürfen noch besonderer Erwähnung: seine Einstellung zur Kirche und seine Marienverehrung. Man kann ihn als ausgeprägt „kirchlichen" Mystiker bezeichnen, da für ihn Christus und seine Kirche „zwei in einem Fleisch" sind (Cant. 27, 7); die Kirche ist der mystische Leib Christi, in den der einzelne Gläubige einverleibt wird, und in dem Maß, in dem er in und mit der Kirche lebt, wird er selbst zur Braut Christi. Das erklärt seinen rastlosen Einsatz für die konkrete Kirche auf Erden, deren Wunden er als die Wunden Christi und als seine eigenen Wunden empfand.

Die Marienverehrung nimmt im Gesamt des Denkens und der geistlichen Physiognomie Bernhards einen ganz eigenen, nicht in seine streng christozentrisch ausgerichtete Mystik integrierten Raum ein. Er spricht relativ selten von Maria, und er hat keinen neuen, originellen Beitrag zur traditionellen Lehre der Kirche über Maria geleistet. Jedoch ist das wenige, was er über Maria ausgeführt hat, derart gut und persönlich formuliert, daß es den Anstoß zur Entfaltung der nachfolgenden Marienfrömmigkeit geben konnte. Seinen Ruf als Marien-Mystiker und Begründer einer sehr affektiven Marienverehrung haben ihm allerdings Schriften anderer Autoren eingebracht, namentlich zwei Werke des Zisterziensers Oger (Oglerius) von Locedio (gestorben 1214), die nach seinem Tod verfaßt und lange unter Bernhards Namen verbreitet worden sind.

Besser als der Titel „Doctor marianus“ (Lehrer über Maria) würde ihn der Titel „Doctor caritatis“ (Lehrer der Liebe) kennzeichnen. Er hat einen, nein, *den* Weg der Liebe zu Gott und zu den Menschen gelebt und bis auf die Höhen der auf Erden möglichen Erfahrung verfolgt, dorthin,

wo „der gute und getreue Knecht in die Freude seines Herrn eingeführt (Mt 25, 21) und trunken sein wird von der Fülle des Hauses Gottes (Ps 36, 9). Er wird dann auf eine wunderbare Weise sozusagen ganz sich selbst vergessen, gleichsam ganz und gar sich selbst entschwinden und ganz in Gott eingehen. Von da an wird er ihm anhangen und *ein* Geist mit ihm sein (vgl. 1 Kor 6, 17)“ (Dil. XV, 39).

Die beiden letzten Sätze sind eine behutsame Beschreibung der mystischen Ekstase, des Aus-stehens des Menschen aus sich selbst in Gott hinein, die in ihrer Vollendung und Dauer erst nach diesem irdischen Leben erreicht, aber für kurze Augenblicke doch schon als gnadenhaftes Geschenk erfahren werden kann. Die ekstatischen Erfahrungen, die Bernhard mit den Ausdrücken „raptus“ (Hingerissenwerden) und „excessus“ (Außersichtretens) bezeichnet, erweisen sich ganz folgerichtig als die Vollendung seiner Lehre von der Liebe. Sie werden von keinerlei außergewöhnlichen Umständen begleitet, sondern stellen den Zustand vollkommener Liebe dar, eine Einschmelzung restlos aller Wahrnehmungen und Strebungen in die allumfassende Liebe Gottes:

„Die Liebe hat an sich selbst genug. Wo die Liebe einzieht, reißt sie alle anderen Empfindungen und Strebungen an sich und nimmt sie gefangen. Deshalb *liebt* die Seele, die liebt, und sie kennt nichts anderes mehr als: lieben.“ (Cant. 83, 3)

Die Ekstase ist der Anfang jener Daseinsweise, die als Dauerzustand erst nach diesem Leben möglich ist: sie bedeutet vollkommenes Einsein mit Gott in der Liebe.

„Das Fleisch und Blut, das tönerne Gefäß, die irdische Wohnstatt: Wann können sie das fassen? Wann erfahren sie dieses Angerührtwerden: daß der Geist, trunken von göttlicher Liebe, sich selbst vergißt, wie ein Gefäß in sich selbst zerbricht, ganz in Gott eingeht, Gott anhängt und *ein* Geist mit ihm wird (1 Kor 6,17)? Daß er sagt: ‚Mein Fleisch und mein Herz vergehen, Gott ist der Gott meines Herzens, und mein Anteil ist Gott in Ewigkeit‘ (Ps 73, 26)? Selig nenne ich den und heilig, dem geschenkt wird, etwas derartiges in diesem sterblichen Leib zu erfahren, selten zwar, aber doch zuweilen; oder auch nur einmal, und dies ganz plötzlich, im Zeitraum eines einzigen winzigen Augenblicks. Denn das ist ein Anteil am Zustand der Himmlischen, nicht Sache menschlichen Empfindens: dich sozusagen zu verlieren, gleichsam als wärest du nicht mehr; dich selbst überhaupt nicht mehr zu spüren, deiner selbst entledigt und nahezu zu Nichts geworden zu sein." (Dil. X, 27)

IV. Wirkungsgeschichte

Bei Bernhards Tod waren seine Schriften bereits weit verbreitet. Bis heute sind mehr als 1500 Manuskripte, von denen fast die Hälfte noch zu seinen Lebzeiten angefertigt worden sind, durch alle Katastrophen hindurch erhalten geblieben, eine Anzahl, die einmalig in der Literaturgeschichte ist. Seine politischen und theologischen Anliegen sind rasch in Vergessenheit geraten, aber seine mystische Theologie hat im Zisterzienserorden nachhaltig weitergewirkt und im 12. und 13. Jahrhundert zahlreiche weitere Autoren inspiriert. In den Frauenklöstern erwuchs daraus im 13. Jahrhundert die Herz-Jesu-Verehrung und -Mystik. Bernhards Theologie, die von der Erfahrung des Einzelnen ausgeht, und sein Erfahrungsbegriff beeinflußten die Franziskanertheologen des 13. Jahrhunderts, deren Orden im zweiten Schub jener Armutsbewegung entstanden ist, die im 11. Jahrhundert eingesetzt und bereits ihr geistliches Ideal der Nachfolge des armen Jesus von Nazareth vorausgenommen hatte. Alexander von Hales und Bonaventura zitierten Bernhards Werke reichlich, und Bonaventura übernahm seine Devise: „Meine höchste Philosophie ist es, Jesus Christus zu kennen, und zwar als Gekreuzigten." (Cant. 43, 4) Die von Bernhard so überzeugend entwickelte Jesusfrömmigkeit inspirierte den Dichter des Hymnus „Jesu dulcis memoria", der lange Bernhard selbst zugeschrieben wurde und prägte die „devotio moderna" (die „neue Frömmigkeit" um Geert Groote und die Brüder des gemeinsamen Lebens im 15. Jh.) der folgenden Jahrhunderte entscheidend mit. Seine Polemik gegen die aufkommende scholastische Methode war vergeblich, und in den nachfolgenden Jahrhunderten sollten theologische Wissenschaft und mystische Frömmigkeit auf weite Strecken getrennte Wege gehen: die „devotio moderna" ist von einem spürbaren Ressentiment gegen die Schulen beseelt. Entsprechende Anweisungen in der „Nachfolge Christi" (Endfassung 1441) z. B. lassen darüber keinen Zweifel, und dieses Buch, in Mystikerkreisen entstanden, die mit Bernhards Schriften sehr vertraut waren, war bis in unser Jahrhundert *der* klassische Leitfaden mystischer Innerlichkeit. Dante stand unter dem Einfluß der marianischen Legendenbildung um Bernhard, stellte ihn in seiner „Göttlichen Komödie" an einen bevorzugten Platz im „Paradiso" und legte ihm ein kostbares Mariengebet in den Mund, was vermutlich Goethe inspiriert hat, ihn in der Schlußszene von „Faust II" als „Doctor Marianus" auftreten zu lassen. Unmittelbar aus

Bernhards Werken hat Dante die Lehre vom Stufenweg der Liebe übernommen, den er in seiner ,,Göttlichen Komödie" aufgezeichnet hat.

Von den rheinischen Dominikanermystikern des 14. Jahrhunderts stand vor allem Heinrich Sense stark unter Bernhards Einfluß. Zur gleichen Zeit wurden zahlreiche fromme Schriften mit der Neigung zu süßlicher, allzu sentimentaler Frömmigkeit unter Bernhards Namen in Umlauf gesetzt, und seit der Erfindung der Buchdruckerkunst wurden Bernhards Werke öfter als diejenigen irgendeines anderen Kirchenvaters gedruckt.

Martin Luther hat Bernhard sehr geschätzt und verdankte ihm wesentliche Anregungen: die Liebe zum Wort Gottes, die innere Verbindung von Selbsterkenntnis und Gotteserkenntnis, den Vorrang des Einzelnen, die Berufung auf die eigene Erfahrung in der Theologie. Deshalb wurde Bernhard auch in protestantischen Kreisen geschätzt und gern gelesen.

Im 17. und 18. Jahrhundert modelten sich Barock und Rokoko einen Bernhard nach ihrem Geschmack zurecht. Mit Vorliebe wurden alle Apokryphen und Legenden um ihn gedruckt, übersetzt, ausgemalt, illustriert: er wurde zum ekstatischen Heiligen, zum ,,honigsüßen" Lehrer, zum pathetischen Marienliebhaber, den die Jungfrau von ihrer Muttermilch trinken läßt, zum verzückten Mystiker mit dem Bienenkorb auf den Altären, der kaum mehr etwas mit dem historischen Bernhard zu tun hatte. Dieses Bild wirkt, vor allem im deutschen Sprachraum, bis heute nach. Für ein nüchterneres Bild des Heiligen sorgten erst wieder die geistlichen Autoren im Frankreich des 17. und 18. Jahrhunderts. Der Benediktiner Jean Mabillon brachte 1667 eine vollständige Ausgabe aller echten Werke Bernhards heraus. In den Kontroversen der Zeit um den Jansenismus und in den Disputen zwischen Fénelon und Bossuet beriefen sich alle Parteien auf Bernhard. Bérulle und die Spiritualisten der Französischen Schule fühlten sich als seine geistlichen Verwandten. Pascal lernte von Bernhard, das ,,Herz" und seine Gründe ernstzunehmen, und sein ,,Du würdest mich nicht suchen, wenn du mich nicht schon gefunden hättest", entnahm er Bernhards ,,De diligendo Deo".

Im 19. Jahrhundert wurde Bernhard für die Apologeten zu einem strahlenden Beweis für die Geistesmacht der mittelalterlichen Frömmigkeit, während ihre Gegner seinen Kontrahenten Abälard zur Symbolfigur der Kämpfe gegen den Obskurantismus der Kirche erhoben. Adolf von Harnack erklärte, in den Schriften Bernhards lasse sich ,,der religiöse Genius des zwölften Jahrhunderts" am klarsten finden. 1895 legte der französische Abbé Elphegius Vacandard mit seiner zweibändigen Lebensbeschreibung Bernhards, die bis heute durch kein besseres Werk überholt ist, den Grund zu einer historisch sauberen Biographie Bernhards. Für die Theologie erschloß ihn erst 1934 Etienne Gilson mit seinem Buch über Bernhards Mystik.

Im deutschen Sprachraum sind diese Ansätze zu einer historisch und spirituell seriösen und zugleich zeitgemäßen Werkausgabe und Darstellung Bernhards bis heute nicht richtig fortgeführt worden. Seine Werke sind in keiner vollständigen Übersetzung zugänglich; die sechsbändige deutsche Ausgabe seiner Predigten stammt aus dem Anfang der dreißiger Jahre. Es gibt wohl eine ganze Anzahl verstreuter Einzelstudien und einige volkstümliche Bernhard-Romane, aber die Neuentdeckung des großen Mystikers ist vorerst nur im französischen und neuerdings im angelsächsischen Sprachraum fruchtbar geworden.

Adelgundis Führkötter/Josef Sudbrack

HILDEGARD VON BINGEN

(1098–1179)

Wer das Mittelalter nur mit dem Beiwort „finster" kennt und wer das Christentum als frauenfeindlich ansieht, aber auch wir anderen stehen vor einem überraschenden Phänomen: Eine Frau, Hildegard von Bingen, Äbtissin des 1150 von ihr gegründeten Klosters Rupertsberg bei Bingen, war drei Jahrzehnte hindurch die Ratgeberin ungezählt vieler Menschen von nah und fern. Ihr literarisches Werk bezeugt ebenso erstaunliche naturwissenschaftliche Kenntisse wie eine tiefe mystische Erfahrung. Sie gewinnt gerade in unseren Tagen an Bedeutung.

I. Leben[1]

Hildegard wurde 1098 in Bermersheim bei Alzey in Rheinhessen geboren. Sie war das letzte von zehn Kindern. Die Namen von drei Brüdern sind uns überliefert: Drutwin wird 1127 in einer Urkunde des Klosters Spanheim nach seinem Vater, Hildebert von Vermersheim (= Bermersheim), als Zeuge genannt; Hugo, der das Amt des Domkantors an der Mainzer Kathedrale innehatte, wird als Zeuge in drei Rupertsberger Urkunden aufgeführt; Rorich, Kanonikus in Tholey (Saar), wurde in das älteste Totenverzeichnis des Rupertsberger Klosters eingetragen. Von den vier Schwestern, Irmengard, Odilia, Jutta und Clementia, gehörte letztere der Schwesterngemeinschaft im Rupertsberger Kloster an. Vier der zehn Kinder des Edelfreien Hildebert von Vermersheim und seiner Gattin Mechthild erwählten also den geistlichen Stand.

Da die Eltern an ihrer Jüngsten schon früh eine besondere Gabe wahrnahmen, die Gabe der *„Schau"* (Visio), übergaben sie Hildegard 1106 im Alter von acht Jahren der Meisterin Jutta von Spanheim zur Ausbildung. Juttas Klause, eine Stiftung ihres Vaters, des Grafen Stephan von Spanheim, war an das landschaftlich herrlich gelegene Mönchskloster Disibodenberg am Zusammenfluß von Glan und Nahe angebaut. Sie entwikkelte sich in den folgenden Jahrzehnten infolge zahlreichen Nachwuchses zu einem Kloster.

Im reiferen Alter entschied sich Hildegard, die als Zögling (nutrita) in die Klause eingetreten war, freiwillig für das klösterliche Leben nach der Benediktusregel und empfing zwischen 1112 und 1115 von Bischof Otto von Bamberg, der den Erzbischof Adalbert von Mainz vertrat, den Schleier.

Die älteste *Hildegard-Vita* (Lebensbeschreibung), deren erstes Buch von dem Disibodenberger Mönch Gottfried, Hildegards zweitem Sekretär, 1173/74 verfaßt wurde, berichtet:

„Nach Ablegung der monastischen Gelübde und Empfang des geweihten Schleiers machte sie große Fortschritte und stieg von Tugend zu Tugend auf. Mit Anerkennung und Freude gewahrte dies ihre ehrwürdige Mutter Jutta und nahm voll Bewunderung wahr, wie aus der Schülerin die Lehrmeisterin wurde und eine Wegbereiterin auf den Höhenpfaden [der Tugend]. ... Doch wie sich im Feuerofen das Gefäß des Töpfers bewährt, so gelangt die Tugend im Leiden zur Vollendung. Beinahe von Kindheit an hatte sie fast ständig an schmerzlichen Krankheiten zu leiden, so daß sie nur selten gehen konnte. Und da ihr Körper ununterbrochen Schwankungen unterworfen war, glich ihr Leben dem Bild eines kostbaren Sterbens.“[2]

Hildegard „litt“ unter ihren „Schauungen“:

Eines Tages, als „sie an einer langwierigen Krankheit daniederlag, eröffnete sie zuerst einem Mönch, den sie sich als Lehrer erwählt hatte [Volmar], und durch diesen ihrem Abt [Kuno] in Furcht und Demut den Grund ihres Leidens. Dieser erwog das außergewöhnliche Ereignis. Da er jedoch erkannte, daß bei Gott nichts unmöglich ist, berief er die Klügsten des Klosters und legte ihnen das Gehörte zur Beurteilung vor. Er fragte Hildegard aus nach ihren Schriften und Visionen und riet ihr, das kundzutun, was Gott ihr eingebe. Sobald sie mit dem Schreiben begann, kehrten ihre früheren Körperkräfte zurück, und sie erhob sich wieder von ihrem Lager. Da war der Abt von dem ungewöhnlichen Ereignis überzeugt. Weil ihm aber das eigene Urteil nicht genügte, sah er sich verpflichtet, die Sache der Öffentlichkeit vorzulegen. Er begab sich zur Mutterkirche nach Mainz und berichtete das Gehörte dem Erzbischof Heinrich und dem Domkapitel.“[3]

Weder Abt Kuno vom Disibodenberg noch Erzbischof Heinrich I. von Mainz konnten Hildegard die ersehnte Sicherheit geben. Im Leben Hildegards, die nach dem Tod ihrer Meisterin Jutta (1136) zur Äbtissin gewählt worden war, sollte im Jahr 1148 eine entscheidende Wende eintreten.

„Um diese Zeit hielt Papst Eugen seligen Angedenkens zu Trier eine allgemeine Kirchenversammlung ab.[4] ... Der Bischof von Mainz und die höhere Geistlichkeit hielten es für gut, die Angelegenheit Hildegards dem Papst zu unterbreiten, um durch seine Autorität zu erfahren, was anzunehmen und was zu verwerfen sei.

Daher sandte er den Bischof von Verdun und mit ihm den Primizerius Adelbert und andere geeignete Männer zu dem Kloster, wo die Jungfrau so viele Jahre als Inkluse (Einsiedlerin in einer Klause) lebte[5], und hieß sie, ... die Vorgänge bei ihr selbst zu erforschen. ... Hildegard gab ihnen einfach und schlicht Auskunft. Sie kehrten zum Papst zurück und berichteten unter der großen Erwartung aller Versammelten, was sie in Erfahrung gebracht hatten.

Nachdem der Papst dies vernommen, ließ er sich die Schriften der heiligen Hildegard vorlegen[6] ... Und als er die Antwort der Männer, die er zur Untersuchung entsandt hatte, verkündete, rief er die Herzen aller zum Lobe des Schöpfers und zur jubelnden Mitfreude auf. Auch Abt Bernhard seligen Angedenkens war dort zugegen. Er ergriff das Wort und forderte unter dem Beifall aller den Papst auf, er möge nicht dulden, daß ein solch hellstrahlendes Licht von Schweigen überdeckt würde ... Der Papst richtete an die heilige Jungfrau ein Schreiben, in dem er ihr im Namen Christi und des heiligen Petrus die Erlaubnis erteilte, alles, was sie im Heiligen Geiste erkenne, kundzutun, und ermunterte sie zum Schreiben."[7]

Die Schriften, aus denen Papst Eugen den versammelten Bischöfen, Kardinälen und Äbten vorgelesen hatte, waren Teile aus Hildegards erstem großen Visionswerk „Scivias" (Wisse die Wege). Zehn Jahre arbeitete sie unter großer Mühsal an diesem Buch, mit dessen Niederschrift sie 1141 angefangen hatte. Mit dem „Liber vitae meritorum", dem „Buch der Lebensverdienste" (H. Schipperges gibt ihm den Titel: „Der Mensch in der Verantwortung") und dem „Liber divinorum operum" oder „De operatione Dei", dem „Buch der Gotteswerke", in der Übersetzung „Welt und Mensch" genannt, bildet es das Corpus der Hildegard'schen Visionen.

Man darf sich aber Hildegard nicht als eine weltfremde Visionärin vorstellen. Als Äbtissin von Rupertsberg gründete sie 1165 ein zweites Kloster oberhalb von Rüdesheim, in Eibingen, einem leerstehenden Augustiner-Doppelkloster. Dieses im Dorf Eibingen gelegene Kloster wurde bei der Säkularisation (1802) aufgehoben und nach und nach abgebrochen. Von 1900 bis 1904 wurde oberhalb von Eibingen die Abtei St. Hildegard erbaut, in der Benediktinerinnen heute das geistige Erbe ihrer Gründer-Äbtissin pflegen. Die Hildegard-Vita deutet Schwierigkeiten an, die einige opferscheue Töchter ihrer Äbtissin bereiteten. Diese Nonnen gingen den von ihnen geforderten notwendigen Verzichten aus dem Weg; sie murrten, verließen das Kloster und kehrten schließlich in die Welt zurück. Ein tiefes Leid für Hildegard.

Schmerzliche und erfreuliche Erfahrungen waren es, die Hildegard in ihrer Gemeinschaft sammelte. Dort gab es gegensätzliche Charaktere und daher auch Zusammenstöße. Solche Erlebnisse sind der Hintergrund der zweiten, oben erwähnten Visionsschrift, dem „Buch der Lebensverdienste", an dem sie von 1158–1163 arbeitete.

Wie sehr sie eine Tochter der rheinischen Landschaft war, mit den grünen Hängen, den fleißigen Winzern, dem lebendigen Strom, der eine Verbindung zwischen Nord und Süd schafft, zeigt das dritte Buch über „Welt und Mensch". In diesem monumentalen Werk schaut Hildegard in zehn Visionen Kosmos und Mensch in ihren Beziehungen zueinander und das Universum in seinem unablösbaren Zusammenhang mit dem dreifaltigen Schöpfergott.

Hildegard wurde zu einer weisen, von Gott erfüllten Frau, bei der Menschen von nah und fern in allen möglichen Lebensfragen Rat suchten. Aus ihrer – sicherlich durch die visionäre Kraft intensivierten –

Naturverbundenheit schrieb sie Bücher über Pharmakologie und Medizin, die sie als eine der ersten Naturheilkundler ausweisen.

Am tiefsten in ihre Menschlichkeit lassen uns ihre zahlreichen Briefe blicken. Richardis von Stade, eine Mitschwester, der Hildegard besonders vertraute (sie leistete ihr Sekretärinnendienste), wurde auf Betreiben ihres Bruders, des Erzbischofs Hartwig von Bremen, von den dortigen Nonnen zur Äbtissin des Stiftes Bassum bei Bremen gewählt. Von ihren vornehmen Verwandten und anderen Würdenträgern beeinflußt, nahm Richardis gegen den Willen Hildegards die lockende Würde an und zog nach Bassum. Der Briefwechsel Hildegards mit diesen hohen Protektoren zeigt, wie sie alles versuchte, um Richardis zurückzugewinnen. Schließlich wandte sich die Rupertsberger Äbtissin in einem Schreiben an Papst Eugen III. Der Antwortbrief des Papstes an Hildegard brachte am Schluß die Weisung: Richardis solle entweder in Bassum nach der Benediktusregel leben oder aber sich wieder der Leitung Hildegards unterstellen. Richardis blieb in Bassum. Hildegards Brief an die Äbtissin im nordischen Stift gibt uns Einblick in das schmerzerfüllte Herz der geistlichen Mutter, die sich anklagte, gefehlt, gesündigt zu haben, weil sie Richardis allzusehr geliebt hatte.

Das Drama war noch nicht zu Ende. Richardis bereute ihren Schritt und machte eine Eingabe mit der Bitte um die Erlaubnis, wieder zum Rupertsberg zurückkehren zu dürfen. Da erkrankte sie plötzlich zu Tode. Erzbischof Hartwig schildert in einem Brief an Hildegard, in dem er ihr den Tod seiner Schwester mitteilte, deren völlige Umkehr auf dem Sterbelager. Hildegard war gerührt. Ihr schauender Blick umspannte das ganze Gefüge der Ereignisse. So antwortete sie Erzbischof Hartwig:

„O wie groß ist das Wunder bei der Rettung jener Seelen, auf die Gott so geschaut, daß sein Ruhm in ihnen nicht verdunkelt wird! ... Also geschah es mit meiner Tochter Richardis, die ich meine Tochter und zugleich meine Mutter nenne. Die alte Schlange wollte sie durch den hohen Adel ihres Geschlechts von der seligen Ehre abziehen. ... Doch Gott liebte sie noch mehr. Daher wollte er seine Geliebte dem feindlichen Liebhaber, der Welt, nicht überlassen. Nun verbanne ich aus meinem Herzen den Schmerz, den Du mir bereitet hast mit dieser meiner Tochter. Gott gewähre Dir durch die Fürsprache der Heiligen den Tau seiner Gnade und den seligen Lohn in der künftigen Welt.“[8]

Nicht nur klosterinterne Schwierigkeiten berührten das Herz der Heiligen. Kaiser Friedrich I. hatte 1159 durch Aufstellung eines Gegenpapstes ein kirchliches Schisma herbeigeführt. 1163 erbat Hildegard von ihm eine Schutzurkunde für das Rupertsberger Kloster; sie stand ihm noch neutral gegenüber. Doch schon 1164, nach der Ernennung des zweiten Gegenpapstes, Paschalis III., und der Vertreibung Konrads von Wittelsbach von seinem erzbischöflichen Sitz in Mainz, stellte sie sich in einem Schreiben an den Herrscher gegen Friedrich und warnte ihn vor törichtem, bösem Handeln. Nach Einsetzung des dritten „Kaiserpapstes“,

Kalixt III., 1168, schrieb Hildegard einen Brief von schneidender Schärfe an den Herrscher:

„Der da ist, spricht: Die Widerspenstigkeit zerstöre ich, und den Widerspruch derer, die mir trotzen, zermalme ich durch mich selbst. Wehe, wehe, diesem bösen Tun der Frevler, die mich verachten! Das höre, König, wenn Du leben willst, sonst wird mein Schwert Dich durchbohren!"[9]

Nur ein von Gott berufener Mensch, die „prophetissa teutonica", durfte und konnte es wagen, dem höchsten weltlichen Herrscher solch ernste und tadelnde Worte zu sagen.

Im Bild dieser außergewöhnlichen Frau darf die musische Begabung nicht unbeachtet bleiben. Sie kann einem Menschen, dem die Glaubenswelt der Heiligen noch verschlossen ist, einen Zugang zur visionären Welt Hildegards eröffnen. Schon die Visionsschriften zeigen nicht nur die charismatische Begabung der heiligen Hildegard, sondern auch die starke natürliche Schaukraft, das Dichterisch-Musische dieser genialen Frau. Mit allen Sinnen offen für das, was ihr begegnete, war die Seherin feinfühlig für das Wort und das Bild, den Ton und den Klang. Die musikalische Gabe der Äbtissin vom Rupertsberg fand ihren Ausdruck in ihren Liedern, die aber zugleich von ihrer charismatisch-seherischen Kraft durchdrungen sind.

Noch heute zeigen die Melodien, die Hildegard zu ihren Texten komponierte, eine eigenständige Kraft. In ihrem Singspiel stehen wir zum Beispiel vor Texten und Melodien, von denen die Seherin sagt, sie seien eine „Symphonie der Harmonie himmlischer Offenbarungen"[10]. Zwar übernimmt Hildegard Elemente der Gregorianik, sprengt aber deren Rahmen. Der außergewöhnliche Tonumfang kann zwei Oktaven überschreiten. Abt Dr. Urbanus Bomm aus Maria Laach schreibt dazu: „Was sich die heilige Hildegard von der Seele gesungen hat, bleibt einmalig. Es wieder zum Erklingen zu bringen, dazu bedarf es einer Sängerin von großer Stimme und nicht minder gottvollem Herzen."[11]

Das eine Charisma von Schau-Mystik und von prophetischer Sendung, der Dienst-Mystik, zeigt sich in seiner ganzen Größe und inneren Verpflichtung im letzten Lebensjahr der Rupertsberger Äbtissin, beim Konflikt zwischen der Mainzer Kurie und Hildegard; es ging um ein über das Kloster verhängtes Interdikt. Die Seherin hatte einen ehemals exkommunizierten Edelmann, der sich aber mit der Kirche wieder ausgesöhnt und die Sakramente empfangen hatte, auf ihrem Klosterfriedhof bestatten lassen. Als die Mainzer Prälaten (in Abwesenheit ihres Erzbischofs Christian I., der am 3. Laterankonzil vom 5. bis 19. März 1179 in Rom teilnahm) anordneten, die Leiche zu exhumieren, kam die Äbtissin dieser Aufforderung nicht nach. Sie bekam das Interdikt für die ganze kösterliche Gemeinschaft angedroht: Verbot des öffentlichen Gottesdienstes und des Kommunionempfangs für den Rupertsberger Konvent. Bei verschlossenen Türen hätten die Nonnen mit gedämpfter Stimme die Psalmen und Lesungen zu rezitieren. Auch dürften keine Glocken geläutet werden.

Die greise Seherin erschrak zutiefst. In dieser schwerwiegenden, verantwortungsvollen Entscheidung empfing sie in der Schau die Weisung, den Toten in der geweihten Erde zu lassen und um ihr Recht zu kämpfen. Mit dem Äbtissinnenstab zeichnete sie daher ein Kreuz über das Grab und verwischte seine Grenzen, um es unkenntlich zu machen. Dann nahm sie schweren Herzens das Interdikt auf sich und ihre klösterliche Familie – für jede einzelne Nonne und den ganzen Konvent eine schmerzliche Prüfung.

Für die Mainzer Prälaten verfaßte Hildegard sodann ein ausführliches Schreiben über den Verlauf der Ereignisse und die Rechtslage des Falles. Der Brief zeigt Hildegard noch einmal in ihrer Genialität und charismatischen Begabung, die sie unbeirrbar machte im Denken und Handeln. Die ausführlichen Darlegungen in diesem Brief über Ursprung, Sinn, Bedeutung und Aufgabe des liturgischen Gesangs gehören zum Tiefsten, was Hildegard über Musik geschrieben hat. Hier spürt man den inneren Bezug der Seherin und Prophetin zum Klang und Ton. Es ging Hildegard ja um das ungerechte Interdikt, das ihrem Konvent den täglichen Gesang des Lobes Gottes verbot.

„. . . Auch schaute ich etwas darüber, daß wir bis jetzt im Gehorsam gegen euch den Gesang des göttlichen Offiziums [öffentlich] unterlassen und es nur mit leiser Rezitation verrichten. Und ich vernahm eine vom lebendigen Licht ausgehende Rede über die verschiedenen Arten [der Musikinstrumente] beim Gotteslob. . . . Adam hatte den Gleichklang mit der Stimme der Engel, den er im Paradies besaß, verloren und ist – wie einer, der beim Erwachen aus dem Schlafe von dem, was er im Traum geschaut, nichts oder nur Unsicheres weiß – dem Erkennen, mit dem er vor der Sünde begabt war, entschlafen. . . .

Gott aber durchströmt die Seelen der Auserwählten mit dem Licht der Wahrheit und rettet sie dadurch für die frühere Beseligung. Er trug in sich den Ratschluß, einst die Herzen vieler durch Eingießung des prophetischen Geistes zu erneuern . . .

Bedenkt also: Wie der Leib Christi vom Heiligen Geist aus der unversehrten Jungfrau Maria geboren wurde, so hat auch in der Kirche das Singen des Gotteslobes als Widerhall der himmlischen Harmonie seine Wurzeln vom Heiligen Geist."[12]

Hildegard wandte sich in einem Schreiben auch an den in Rom weilenden Erzbischof Christian I. Nach einer von ihm nochmals angeordneten Untersuchung wurde das Interdikt aufgehoben. Hildegard hatte in ihrer prophetischen Schau das Recht erkannt und im Gehorsam der Kirche gegenüber das Interdikt auf sich genommen, bis diese die Rechtslage geklärt hatte und Hildegards Ansicht zustimmen mußte.[13]

Das schwerwiegende Ereignis des Interdikts fiel in das Todesjahr der Seherin. Als Hildegard am 17. September 1179 in die ewige unverhüllte Schau des lebendigen Lichtes hinüberging, hatte sie die ihr aufgetragene Sendung erfüllt.

II. Werke

a) Grundlegend für die weiteren Schriften ist Hildegards erstes großes Werk „Scivias", „Wisse die Wege". Das Buch umfaßt drei Teile und möchte den Erlösungsweg zeigen, auf dem das „lebendige Licht" zu den Menschen kommt. Das erste Buch mit sechs Visionen zeigt Gott, den Vater, als Schöpfergott des Kosmos. Das zweite Buch mit sieben Visionen veranschaulicht die Erlösung durch Christus und die Fortsetzung des Heilswerkes durch die Kirche; es hat den Sohn im Mittelpunkt. Das dritte Buch mit dreizehn Visionen stellt das Wachsen des Gottesreiches durch das Wirken des Heiligen Geistes in Form eines Heilsgebäudes dar und umfaßt die Zeit vom Anfang des Gottesreiches bis zu seiner Vollendung am Jüngsten Tag (nach Chr. Meier).

b) Unter den anderen Visionsbüchern stellt das *„Buch der Lebensverdienste"* eine Lebenskunde dar. Fünfunddreißig Gegensatzpaare von Gut und Böse, von Tugend und Laster werden aufgeführt, in denen Gesinnung und Haltung des Menschen sich spiegeln. Sie zeichnen ebenso das Bild des Menschen von heute wie das der Vergangenheit.

Ihre dritte Visionsschrift mit zehn Schauungen, der „Liber Divinorum Operum", das *„Buch der Gotteswerke"*, entsteht in der Meditation des Prologs des Johannesevangeliums. Hildegard erfährt – und ihre Erfahrung wird wie stets bei ihr zum Schauen und zum Hören Gottes – die Einheit der biblischen Offenbarung mit der Offenbarung Gottes durch seine Schöpfung der Welt. Sie spürt in sich eine ähnliche Geist-Inspiration (In-spirare ist vom Wortsinn her Einhauchen des Geistes) wie Johannes der Evangelist, der an der Seite des Herrn liegen durfte (Joh. 13, 23–25). Und darin erfährt sie den Auftrag für eine neue Schrift: „In ihr sollten viele Fragen der göttlich-geheimnisvollen Schöpfung untersucht werden."[14]

In diesem Werk schildert Hildegard die Schöpfung in ihrer engen Beziehung zum Schöpfergott. Der Mensch steht inmitten der Weltelemente, die ihn tragen, ihm dienen und die er in der von Gott gesetzten Ordnung sich untertan machen soll.

Es ist das grandioseste Werk der Heiligen. Der lebendige Gott trägt in sich alles Leben, und aus ihm allein fließt alles Leben. In seinem Wort aber drückt sich der Vater aus; und sein Wort spricht in Jesus Christus zu uns. In ihm und durch ihn erhält kraft der schöpferischen Liebe Gottes der Kosmos Wirklichkeit. Gottes Liebe trägt alles Geschaffene. Das fleischgewordene Wort aber ist Sinn und Ziel der Schöpfung. Und weil das Wort Mensch geworden ist, ist der Mensch die Mitte des Kosmos.

Die Eibinger Hildegard-Forscherin M. Schrader schreibt: „Das ‚Buch der Gotteswerke' stellt eine überaus tiefe Kosmologie und Anthropologie dar und eine grandiose Theodizee (‚Rechtfertigung Gottes', welchen Namen Leibniz geprägt hat)."[15]

c) Wichtig und überaus bezeichnend für den Horizont der Äbtissin sind ihre Schriften über die *Naturkunde (Physica)* und die *Heilkunde (Causae et curae – Die Krankheiten und ihre Heilungen),* die erst nach der Veröffentlichung der kritischen Edition wissenschaftlich auswertbar und praktisch anwendbar sind.[16] Dazu kommen noch Arbeiten mit anderen Themen.

d) Von außerordentlicher Bedeutung ist ihr *Briefwechsel.* Mehr als dreihundert Briefe sind uns überliefert. Sie richten sich an Persönlichkeiten des ganzen Abendlandes, an Päpste, Kaiser und Könige, Bischöfe, Äbte und Äbtissinen, an Priester und Mönche, an klösterliche Konvente und an Weltleute (ad saeculares homines).

Es sind nicht nur mahnende und ermunternde Worte, sondern zum großen Teil visionäre Schriften, in denen Hildegard als eine von Gott beauftragte Prophetin zu diesem konkreten Menschen spricht. Oftmals reflektierte Hildegard in diesen Briefen auch Gestalt und Gehalt ihrer Sendung. Besonders wichtig ist ihr Briefwechsel mit Papst Eugen III., mit dem sie sich seit der Trierer Synode besonders verbunden fühlte.

e) Die *poetischen und musikalischen Schriften* Hildegards – insofern man überhaupt eine solche spezifische Trennung bei durchwegs von Musik und Poesie getragenen Werken vornehmen darf – liegen in einer vorzüglichen Ausgabe vor.[17] Eine Schallplatte[18] kann auch dem Laien einen Zugang zu ihrer Musikalität verschaffen.

Hildegard schreibt in dem schon erwähnten Brief an die Mainzer Prälaten: „Die Seele umschließt eine Symphonie und ist selbst eine tönende Symphonie."[19] Sie nennt ihre 77 Lieder auch eine „Symphonie über den Wohlklang der göttlichen Offenbarungen"[20]. Mit Antiphonen, Responsorien und Hymnen fängt sie den Lobgesang auf, den sie in der Schöpfung Gottes erlauscht, fügt ihn in den Melodien der Offenbarung zusammen und gibt so ihren Schwestern und befreundeten Klöstern einen Lobgesang für das feierliche Gotteslob.

III. Spiritualität

Wie bei anderen Autoren der vorreformatorischen Zeit kann es in die Irre führen, Gotteserfahrung und Gottesschau der Hildegard von Bingen einfachhin mit dem modernen Wort „Mystik" zu benennen. Was heute mit „Mystik" ausgedrückt wird, findet sich bei Hildegard in vollem Umfang; aber es steht bei ihr in größerem, lebendigerem Umfeld. Deshalb wurde es vorgezogen, thematisch von „Spiritualität" zu sprechen.

Das Verständnis von Hildegards Spiritualität bringt für den modernen Menschen nämlich nicht unerhebliche Schwierigkeiten, aber zugleich große Chancen. Die Heilige lebt noch in der ausgehenden antiken Welt, christlich gesprochen, in der ausgehenden Welt der Kirchenväter und ist die wohl bedeutendste mittelalterliche Schriftstellerin (Chr. Meier). Sie lebt also in einer Welterfahrung, die durchsichtig ist für das Göttliche; damals hatte sich die Begegnung des Menschen mit der Natur und mit den Mitmenschen noch nicht säkularistisch gleichsam gegen die Welt Gottes verschlossen; für jeden – Christen oder Nicht-Christen – waren Umwelt und eigene Innenwelt noch offen für die Transzendenz.

Die Schwierigkeit des modernen Menschen besteht also darin, daß er sich hineinleben muß in diese Welt-Sicht und Welt-Erfahrung. Aber vielleicht ist es für die unmittelbare Gegenwart, in der überall, oft in sehr dubiosen Winkeln, eine Sehnsucht nach Transzendenz, nach dem ,,Mehr" jenseits des Alltags, nach dem Göttlichen aufbricht, doch nicht mehr so schwierig, mit Hildegard mitzudenken, mitzufühlen und ein wenig mit-zu-erfahren.[21]

Darin aber liegt die Chance für die Begegnung mit der ,,Deutschen Prophetin": Sie kann uns einen sicheren, genuinen Weg zu einer Spiritualität führen, die Gott und Gotteserfahrung ernst nimmt und – wie das Leben Hildegards vielfach zeigt – dadurch die Weltverantwortung nicht aufgibt, sondern noch bewußter und noch christlicher auf sich nimmt.

1. *Hildegards mystisches Schauen*

Ihr erstes große Visionsbuch, ,,Scivias", beginnt mit einer Praetestificatio, Protestificatio, also einer Vorrede, die Hildegard nach Abschluß des Buches verfaßte und an den Beginn von ,,Scivias" stellte:

,,Und siehe! Im dreiundvierzigsten Jahre meines Lebenslaufes schaute ich ein himmlisches Gesicht. Zitternd und mit großer Furcht spannte sich ihm mein Geist entgegen. Ich sah einen sehr großen Glanz. Eine Stimme erscholl daraus. Sie sprach zu mir: ,Gebrechlicher Mensch, Asche von Asche, sage und schreibe, was du siehst und hörst! Doch weil du schüchtern bist zum Reden, einfältig zur Auslegung und ungelehrt, das Geschaute zu beschreiben, sage und schreibe es nicht nach der Redeweise der Menschen, nicht nach der Erkenntnis menschlicher Erfindung noch nach dem Willen menschlicher Abfassung, sondern aus der Gabe heraus, die dir in den himmlischen Gesichten zuteil wird, wie du es in den Wundern Gottes siehst und hörst' ... Die Kraft und das Mysterium verborgener, wunderbarer Gesichte erfuhr ich geheimnisvoll in meinem Innern seit meinem fünften Lebensjahr, so wie ich sie auch heute noch erfahre. Doch tat ich es keinem Menschen kund, außer einigen wenigen, die wie ich im Ordensstande lebten. Ich deckte alles mit Schweigen zu bis zu der Zeit, da Gott es durch seine Gnade offenbaren wollte. Die Gesichte, die ich schaue, empfange ich nicht in traumhaften Zuständen, nicht im Schlafe oder in Geistesgestörtheit, nicht mit den Augen des Körpers oder den Ohren des äußeren Menschen und nicht an abgelegenen Orten, so wie Gott will. Wie das geschieht, ist für den mit Fleisch bekleideten Menschen schwer zu verstehen ..."[22]

Den modernen Menschen, auch den, der sich mit der heutigen Mystikliteratur und diesen Erfahrungen beschäftigt, erstaunt die Einheit, die sich hier zeigt zwischen der Unmittelbarkeit zu Gott, in der es zu dem oft erzählten Drängen Gottes zum Niederschreiben und dem Zurückweichen des Mystikers kommt, und der vollbewußten Klarheit, mit der Hildegard erkennt, schaut, hört und auch ihren Sekretär einbezieht. Das hat gar nichts mehr zu tun mit den verschwommenen Irrationalismen vieler moderner „Mystiker". Hildegard gehört auch nicht zu den verquälten, stammelnden Visionärinnen, die am Rande des Christentums ihre Erfahrungen machen. Ihre Schau ist klar wie Kristall.

In der ersten Vision des dritten Buchs von Scivias berichtet sie, in welcher Intimität ihr diese Schauungen geschenkt werden. Wir erfahren, was die Seherin und Prophetin in ihrem Innern erlebt, wenn sie ihre Visionen schaut und die Auditionen, also die Erklärungen und Deutungen der Stimme des himmlischen Vaters, vernimmt. Es ist ein vertrautes Zwiegespräch zwischen ihr und dem sie beschenkenden Gott:

„Und ich hörte, wie der auf dem Throne Sitzende zu mir sprach: ‚Schreibe, was du siehst und hörst!' Da antwortete ich aus dem innersten Erkennen meines Schauens: ‚Ich bitte dich, Herr, gib mir Verstehen, daß ich diese Geheimnisse in Worte fassen kann. Verlaß mich nicht, sondern gib mir Kraft aus der Morgenröte deiner Gerechtigkeit, in der dein Sohn sich offenbarte. . . .' Und wiederum hörte ich, wie er sprach: ‚Wie schön sind deine Augen, wenn du Gottes Taten kundtust und wenn in ihnen die Morgenröte des göttlichen Ratschlusses aufleuchtet.' Ich hinwieder antwortete aus dem innersten Erkennen dieser Schau: ‚Wie Asche und Aschenstaub bin ich vor dir im tiefsten Grunde meiner Seele und wie verwehender Staub. ... Denn schwer mühe ich mich ab mit dieser Schau ... Groß ist meine Furcht, und ich wage nicht, deine Geheimnisse kundzutun. O Vater voll Güte und Milde, belehre mich, was dein Wille ist und was ich reden soll. Vater, schauererregender, liebreichster, der du voll jeglicher Gnade bist, verlaß mich nicht, sondern bewahre mich in deiner Barmherzigkeit!' Und wiederum hörte ich, wie die Stimme sprach: ‚Rede, wie du belehrt bist. Ich will, daß du redest, obgleich du Asche bist. Rede, offenbare das Brot, das der Sohn Gottes ist! Leben in feuriger Liebe ist er' . . ."[23]

Hier wird in aller Deutlichkeit klar, daß Gott mit der Prophetin Hildegard „von Mund zu Mund" spricht, so wie er einst mit Moses sprach (Chr. Meier, nach Ex 4, 12ff). Und ehe ein moderner Leser sich nicht hat packen lassen von der unmittelbaren Kraft dieses Zeugnisses, wäre es verfehlt, psychologische oder entmythologisierende Unterscheidungen anzubringen. Hildegards Bericht stammt nicht aus legendären Urzeiten, sondern ist erhärtet durch viele Zeugen ihrer Umwelt, besonders aber besiegelt durch ihre Tatkraft, ihre Umsicht und ihre Weltgewandtheit.

Hildegards Visionen und Auditionen („Hörungen") spielen sich ab im Medium der biblischen Schriften; das zeigt besonders das dritte große Visionsbuch, das „Buch der Gotteswerke". Der Leser von heute, dem trotz seines christlichen Glaubens die Bibel ein fremdes Buch geworden ist, muß sich bewußt machen, daß darin Gottes Wort in einmaliger Weise Menschenwort geworden ist, daß dieses Buch ihm Zugang schenkt zu Gottes ewigem Sinnen und Planen, daß er die Geschichte der Liebe Gottes zu den Menschen und zur Welt dargestellt findet, das Auf und Ab des Alten Testaments und das endgültige, unüberholbare Ja der

Menschwerdung Gottes, von der das Neue Testament berichtet. Erst in diesem Glaubenswissen, in dem das Herz der Inspiration der Heiligen Schriften ausgesprochen ist, kann man den vollen Zugang gewinnen zur Erfahrung Hildegards:

„Ich sah eine geheimnisvolle, wunderbare Schau, so daß ich zuinnerst erschüttert wurde und die Empfindungen meines Körpers erloschen. Denn mein Bewußtsein wurde derart gewandelt, als ob ich mich selbst nicht mehr kennte. Und wie sanfte Regentropfen träufelte es aus dem Hauche Gottes in das Erkennen meiner Seele, so wie der Heilige Geist den Evangelisten Johannes erfüllt hat, als er an Jesu Brust die tiefgründige Offenbarung empfing, wobei sein Geist von der heiligen Gottheit derart berührt wurde, daß er die verborgenen Geheimnisse und Werke offenbarte, da er sprach: ‚Im Anfang war das Wort' (Joh 1) usw. Denn das Wort, das vor den Geschöpfen ohne Anfang war und das nach ihnen ohne Ende sein wird, hieß alle Kreaturen hervorgehen. Und er schuf sein Werk, ähnlich wie der Werkmeister sein Werk zum Leuchten bringt. Was vor dem Zeitenbeginn in seinem Ratschluß vorherbestimmt war, erschien jetzt in sichtbarer Weise. Daher ist der Mensch mit aller Kreatur das Werk Gottes. Aber der Mensch ist auch der Werkmann Gottes, er muß der Schatten der Geheimnisse Gottes sein und in allem die heilige Dreifaltigkeit offenbaren: er, den Gott zu seinem Bild und Gleichnis schuf ... Jedes Wort dieses Evangeliums, das vom Anfang des Werkes Gottes handelt, lehrte mich die genannte Schau und ließ es mich auslegen. Und ich sah, daß diese Auslegung der Anfang einer anderen Schrift sein müßte, die noch nicht offenbar geworden war. In ihr sollten viele Fragen der göttlich-geheimnisvollen Schöpfung untersucht werden."[24]

In Worten der christlichen Glaubenslehre ausgedrückt heißt dies: Gott, der ewige Uranfang, spricht seit Anbeginn sein Wesen aus in seinem ewigen Wort; in ihm erschuf er die Welt; und dieses Wort wurde Mensch, wie – vom Geiste Gottes inspiriert – die Heiligen Schriften verkünden. Also gibt es in jeder wahren Gotteserfahrung eine Einheit zwischen dem Erkennen Gottes im Wort der Schrift, dem Erkennen Gottes im Wunderwerk der Schöpfung und dem Erkennen Gottes, wie er sich selbst von Anbeginn an im Wort aussagt. Und diese Einheit, die in Worten ausgedrückt wie eine Summierung wirkt, ist in Wirklichkeit mehr eins und tiefer als alles das, was menschlicher Geist an Einheiten konstruieren, erträumen und erahnen kann. Es ist die letzte, dreifaltig gelebte Einheit der Gesamtwirklichkeit.

Was dogmatisch stammelnd ausgedrückt wurde, hat Hildegard erfahren. Ihr Werk, ihr Leben, ihre Person ist ein einziges Zeugnis dieser Wahrheit.

Ein vierter Erfahrungsbereich soll noch einmal zeigen, daß Hildegard keineswegs im Trüben irgendwelcher esoterischer Erlebnisse fischte, sondern hell und klar eine einmalige Nähe zum göttlichen Wort erfahren und einmalig nah das göttliche Wort schauen durfte – oder schauen mußte, wie es manchmal unter Seufzern aus ihren Berichten erklingt.

Im Herbst 1178 treffen wir in der Rupertsberger Schreibstube einen Mönch von ausgeprägter Eigenart: Wibert, den letzten Sekretär der Seherin, der 1124/1125 in Gembloux bei Namur geboren wurde. In der Klosterschule der dortigen hochberühmten Abtei hatte er eine ausgezeichnete Bildung erfahren. Er wurde dort Mönch und hörte von Hildegard. Es kostete einiges Hin und Her, bis er auf seine Anfragen von Hildegard Auskunft über ihre Visionen erhielt. Wibert selbst bekam – wiederum nach einigem Hin und Her – von seinem Abt die Erlaubnis, eine Zeitlang bei Hildegard Sekretärsdienste zu leisten. Er erlebte auf dem Rupertsberg auch den Tod der Heiligen.

In einem Brief antwortet Hildegard ihm auf Fragen über die Art und Weise ihrer Visionen. Dieses Dokument gehört zum Kostbarsten und Reifsten, was die Seherin vom Rupertsberg geschrieben hat:

„. . . Das, was ich schaue, kann ich nicht vollkommen wissen, solange ich in der Dienstbarkeit des Leibes und der unsichtbaren Seele bin . . . Von meiner Kindheit an, als meine Gebeine, Nerven und Adern noch nicht erstarkt waren, erfreue ich mich der Gabe dieser Schau in meiner Seele bis zur gegenwärtigen Stunde, wo ich doch schon mehr als siebzig Jahre alt bin. Und meineSeele steigt – wie Gott will – in dieser Schau empor bis in die Höhe des Firmaments . . . Ich sehe aber diese Dinge nicht mit den äußeren Augen und höre sie nicht mit den äußeren Ohren, auch nehme ich sie nicht mit den Gedanken meines Herzens wahr noch durch irgendeine Vermittlung meiner fünf Sinne. Ich sehe sie vielmehr einzig in meiner Seele, mit offenen leiblichen Augen, so daß ich dabei niemals die Bewußtlosigkeit einer Ekstase erleide, sondern wachend schaue ich dies bei Tag und bei Nacht.

Das Licht, das ich schaue, ist nicht an den Raum gebunden. Es ist viel, viel lichter als eine Wolke, die die Sonne in sich trägt. Weder Höhe noch Länge noch Breite vermag ich an ihm zu erkennen. Es wird mir als ‚Schatten des lebendigen Lichtes' bezeichnet. Und wie Sonne, Mond und Sterne in Wassern sich spiegeln, so leuchten mir Schriften, Reden, Kräfte und gewisse Werke der Menschen in ihm auf. . . . Alles, was ich in der Schau sehe und lerne, das behalte ich lange Zeit in meinem Gedächtnis, weil, sobald ich es sehe oder höre, es in mein Gedächtnis eingeht. Ich sehe, höre und weiß gleichzeitig, und wie in einem Augenblick erlerne ich das, was ich weiß. . . . In diesem Lichte sehe ich zuweilen, aber nicht oft, ein anderes Licht, das mir das ‚Lebendige Licht' genannt wird. Wann und wie ich es schaue, kann ich nicht sagen. Aber solange ich es schaue, wird alle Traurigkeit und alle Angst von mir genommen, so daß ich mich wie ein einfaches junges Mädchen fühle und nicht wie eine alte Frau . . . In beidem, in Leib und Seele, kenne ich mich selbst nicht und erachte mich gleich dem Nichts. Ich strecke mich aus nach dem lebendigen Gott und überlasse all dies Ihm, damit Er, der weder Anfang noch Ende hat, mich in all dem vor dem Bösen bewahre."[25]

In diesem Bericht von dem doppelten Licht hat sich die Grunderfahrung christlicher Mystik niedergeschlagen: daß in der Hinwendung zu Gott dem Menschen eine Helligkeit geschenkt werden kann, die ihm mystische Weite bedeutet – bei Hildegard war es die Tiefensicht in die Wirklichkeit der Schöpfung –; aber weiterhin, daß dieses Licht, das Hildegard den „Schatten des lebendigen Lichtes" nennt, dennoch nur das Sich-Spiegeln Gottes im Herzen des Menschen ist; und drittens, daß dieses Spiegeln nur dann gültig ist, wenn der Mensch es als Widerschein erkennt, wenn er sich ,,gleich dem Nichts erachtet" und sich ,,ausstreckt nach dem lebendigen Gott".

2. Die Einheitssicht von Gott und Welt

In einer – auch innerhalb der christlichen Mystik – ungewöhnlichen Klarheit und Klarsichtigkeit sieht (und hört) Hildegard in diesem Licht die Wahrheit.

(1) Hildegard hat ihr Erstlingswerk ,,Scivias" im dreifaltigen Rhythmus, Vater, Sohn, Geist, gegliedert. Aber in jedem der drei Teile kommt immer wieder der Bezug auf Gott in seinem dreifaltigen Leben zum Ausdruck. Gott ist zugleich jenseits der Schöpfung als deren Anfang, wie er mit seiner Kraft die ganze Schöpfung durchwaltet.

Das zweite Buch von ,,Scivias" schildert in höchst eigenständigen Bildern zuerst Schöpfung und Fall und veranschaulicht anschließend das gesamte Erlösungswerk durch den menschgewordenen Sohn Gottes. Aus der folgenden Schau, der Trinitäts-Vision, in der die Seherin das Geheimnis des dreifaltigen Gottes in verschiedenen Bildern zeichnet, seien zwei eindrucksvolle Passagen herausgegriffen. Beim Nachvollzug ist es wichtig, die Bildaussagen nicht wie allegorische Metaphern in ein uneigentliches Nur-Bild und eine eigentlich gemeinte Wirklichkeit zu zergliedern; etwa in der Art: Gott ist ähnlich wie . . .; man muß – in der Art des Realsymbols – den inneren ontologischen, wenn auch analogen Zusammenhang des Bildes und des am Bild Gezeigten realisieren, um Hildegard zu verstehen:

,,Im *Wort* kann man drei Dinge unterscheiden, in denen die Dreiheit einer Gottheit schaubar wird. Inwiefern?

> Im Wort sind Schall, Prägung und Hauch.
> Der Schall bewirkt, daß das Wort gehört wird,
> die Prägung, daß es verstanden wird,
> der Hauch trägt es seinem Ziele zu.
> Im Schall erkenne den Vater,
> der mit unsichtbarer Macht alles weithin offenbart,
> in der Prägung den Sohn,
> der wunderbar aus dem Vater gezeugt ist,
> im Hauch den Heiligen Geist,
> der Milde in ihnen wirkt.
> Wie also die drei Dinge in dem einen Wort sind,
> so ist die hocherhabene Dreifaltigkeit
> in der hocherhabenen Einheit."[26]

Die Selbständigkeit, mit der Hildegard über die augustinischen und dionysischen Spekulationen hinaus sich symbolschöpferisch zeigt, darf als ein Hinweis dafür gelten, daß dieses ,,Bild" nicht erdacht, sondern ,,erschaut" ist, modern gesprochen: daß wir eine genuin mystische Erfahrung von Gott vor uns haben.

Ähnliches gilt von einem zweiten ,,Bild", das sich auch in ,,Scivias" findet:

,,Auch die *Flamme* hat in dem einen Brand drei Kräfte. So ist der eine Gott in drei Personen:

Die Flamme brennt in glänzendem Licht,
in purpurnem Hauch
und in feuriger Glut.
In dem glänzenden Licht betrachte den Vater,
in dem purpurnen Hauch erkenne den Sohn,
in der feurigen Glut schaue den Heiligen Geist.

Wo weder das glänzende Licht noch der purpurne Hauch noch die feurige Glut ist, da ist auch keine Flamme. Wie in der einen Flamme diese drei Kräfte erschaut werden, so die drei Personen in der Einheit der Gottheit."[27]

M. Schrader beschreibt die Metaphysik dieses Schauens folgendermaßen: ,,Das Symbol ist ein Grundelement ihrer Schauungen ... Die Bildwelt beruht auf einer vorverstandlichen, intuitiven Schau der Wirklichkeit, was Hildegard in den – natürlicherweise – stärker artikulierten Symbolen auszusprechen versucht. Das Transzendente übersteigt die Möglichkeiten des menschlichen Denkens. Aber dennoch existieren zwischen dem Sichtbaren und dem Unsichtbaren metaphysische Beziehungen. Das Irdische, das Sichtbare ist letztlich nur ein Zeichen, ein Symbol für die unsichtbare Welt des Jenseits. Und dieses wird vom menschlichen Geist hinwiederum durch die Transparenz, die Durchlässigkeit der sichtbaren Welt berührt. Der Symbolismus also öffnet den Weg zur Erkenntnis der Wirklichkeitsstruktur. In ihren Visionen taucht Hildegard in diese Bedeutungsdynamik der Symbole ein und läßt damit die Ausstrahlungskraft der göttlichen Realitäten sichtbar werden. Bei ihr ist die Weisheit der Bilder erfüllt von einer inneren Dynamik, einem mitreißenden Reichtum, voll von Geheimnis. Deshalb braucht es auch eine himmlische Stimme, die einen Schlüssel zu den Bildern liefert, die alle Einzelheiten erklärt, und die verborgenen Mysterien entziffert."[28]

(2) Erst auf dem Hintergrund dieser symbolischen Gesamtschau wird Hildegards Schau der sichtbaren Welt verständlich. Wie sehr in ihren naturwissenschaftlichen und kosmologischen Schriften die Transparenz der Schöpfungswirklichkeit zum dreifaltigen Gott alle Ausführungen trägt, möge ein Zitat aus der ersten Vision des dritten Hauptwerks, des ,,Buches der Gotteswerke", ,,Welt und Mensch", zeigen. Hildegard erblickt eine Gestalt von wunderbarer Schönheit. Es ist Gott, der Urlebendige, von dem alles Sein und Leben ausgeht, und der zugleich ewig, dreipersönlich, absolut verschieden von der Welt in sich lebt:

,,Und die Gestalt sprach: Ich, die höchste feurige Kraft, entzünde alle Lebensfunken. Nichts Tödliches sprühe ich aus. Ich entscheide das Sein. Mit meinen Flügeln umfliege ich den Erdkreis, denn ich habe ihn mit der Weisheit richtig geordnet. Ich, das feurige Leben der Gottwesenheit, flamme über die Schönheit der Felder, ich leuchte in den Wassern, brenne in der Sonne, im Mond und in den

Sternen. Und mit luftigem Wind – gleichsam wie mit unsichtbarem Leben, das alles erhält – erwecke ich alles zu gewaltigem Leben. Luft lebt im Grünen und Blühen. Die Wasser fließen, als ob sie lebten. Und auch die Sonne lebt in ihrem Licht . . . Ich, die feurige Kraft, ruhe in all diesem verborgen. Sie alle verbrennen durch mich, so wie der Hauch, die Seele, den Menschen ständig belebt und bewegt, und wie die im Feuer wehende Flamme. Sie alle leben in ihrer Wesenheit. Nichts Totes wird in ihnen erfunden. Denn ich bin das Leben."[29]

(3) Dem transzendenten Schöpfergott verdanken alle Kreaturen ihr Sein und Leben. Der Mensch, die Mitte der Schöpfung, der als Mikrokosmos (als Gesamtwelt im Kleinen) die Elemente des Makrokosmos (die Gesamtwelt) in sich trägt, hat durch seinen geisterfüllten Dienst die Aufgabe, die ganze Schöpfung in Dank und Lobpreis zu Gott emporzutragen und so am Werk Gottes mitzuwirken.

Aus dieser Grundschau entwickelt Hildegard in der mittleren der drei großen Visionsschriften, im „Buch der Lebensverdienste", „Der Mensch in der Verantwortung", eine Art von Ethik. Doch das moderne Wort paßt ganz und gar nicht. 35 Gegensatzpaare von Gut und Böse, von Tugend und Laster werden vorgeführt. An der Gestalthaftigkeit dieser Paare (wobei auffälliger-, aber typischerweise nur die Gestalten der Laster auch in ihrem Aussehen geschildert werden) erkennt man, daß die Sätze Hildegards Schauungen, Visionen entfalten.

Über den *Zorn* (woran sich als Antwort die *Geduld* anschließt):

„Diese Gestalt hatte ein Menschenantlitz. Nur ihr Mund glich dem eines Skorpions, und ihre Augen waren so verdreht, daß man das Weiße mehr sah als die Pupille. Ihre Arme sahen aus wie Menschenarme, aber ihre Hände waren gekrümmt und gingen in lange Krallen über. Brust, Leib und Rücken hatte sie wie ein Krebs, Schenkel wie eine Heuschrecke und Füße wie eine Viper. Sie hatte sich so zwischen die Speichen eines stillstehenden Mühlrades gedrückt, daß sie mit ihren Händen die oberen Speichen umfaßte und mit ihren Füßen auf den unteren stand. Haare hatte sie nicht auf ihrem Haupt, sondern war nackt am ganzen Leib und entsandte viel Feuer wie Fackelbrände aus ihrem Mund. Sie sprach: Ich trete und strecke alles nieder, was mir Unrecht tut. Warum soll ich Unbilden ertragen? Was einer von mir nicht erfahren will, damit soll er auch mich nicht kränken. Ich schlage Wunden mit dem Schwert und haue mit Prügeln drein, wenn jemand mir Leid antut.

Ich hörte eine Stimme, in der Sturmwolke, die dieser Gestalt Antwort gab: Ich erklang in der Höhe und berührte die Erde und quoll aus der Erde wie Balsam. Du aber bist voller Trug. Blut ist deine Labung, schwarz bist du immerdar. Ich aber bin die milde Luft aller keimenden Grüne. Blumen und Früchte jeglicher Tugend lasse ich sprossen und errichte aus ihnen einen festen Bau in den Herzen der Menschen. So vollende ich alles, was ich beginne, ich harre aus und zertrete niemanden. Ich umfriede alles mit Ruhe, und niemand verdammt mich. Doch wenn du einen Turm aufrichtest, werfe ich ihn nieder mit einem einzigen Wort und zerstreue all seine Beute. So wirst du umgehauen, ich aber werde bleiben in Ewigkeit."[30]

Der Text spricht für sich selbst: die materielle Greifbarkeit des Lasters und die von Gott her geschenkte Gabe der Tugend. Darauf hingewiesen sei nur, daß Hildegard in der Farbe ,,Grün" (viriditas, Grünheit) die göttliche Lebenskraft erblickte, die bis in das Leuchten der kostbaren Steine die gesamte Wirklichkeit der Schöpfung durchzieht – sicherlich ein Erbgut der Tochter der grünenden rheinischen Landschaft.

Aus der Kraft ihrer Einheits-Schau wird sie die ,,prophetissa teutonica", die ,,Deutsche Prophetin", die das Drama der Menschengeschichte überblickt bis zum Endkampf und Endsieg Gottes über das Böse. In der letzten, der dreizehnten Schau des dritten Buchs von ,,Scivias" sieht Hildegard durch alle Kämpfe hindurch die himmlische Herrlichkeit. Es ist bezeichnend, daß ihre ,,Schau" gerade hier zum ,,Hören" wird. Sie vernimmt die großen, alles menschliche Begreifen übersteigenden Klänge und Lobgesänge des Himmels.

Die Schlußworte – im Anschluß an eine jubelvolle Interpretation des 150. Psalms – charakterisieren die Schrift als Prophetie:

,,Wer immer seinen Fluch wider diese Prophetie schleudert, über den soll der Fluch kommen, den Isaak aussprach. Doch vom Segen des himmlischen Taus soll überströmt werden, wer sie umfängt, in seinem Herzen festhält und ihr freie Wege bahnt."[31]

Mit dem Mut eines Johannes des Täufers nimmt Hildegard aus ihrem Engagement für die Menschen auch klare, oftmals prophetische Stellung zu Tagesfragen und bedrängenden Mißständen. So schreibt sie nach ihrer Predigtreise von 1162 nach Köln, Werden und vielleicht bis Lüttich an den Domdekan Philipp und den Klerus von Köln:

,,Der da war und der da ist und der da kommen wird, spricht zu den Hirten der Kirche ... Geliebte Söhne, die ihr nach der ausdrücklichen Weisung des Herrenwortes meine Herde leitet: warum schämt ihr euch nicht, während doch alle anderen Kreaturen die Vorschriften, die sie von ihrem Meister haben, nicht vernachlässigen, sondern erfüllen! Ich habe euch eingesetzt wie die Sonne und die übrigen Lichter, damit ihr den Menschen leuchtet durch das Feuer der Lehre ... Eure Zungen aber sind stumm beim laut rufenden Posaunenschall der Stimme Gottes ... Ihr seid Nacht, die Finsternis aushaucht, und ein Volk, das nicht arbeitet und aus Trägheit nicht im Lichte wandelt. Wie eine nackte Schlange sich in ihre Höhle verkriecht, so begebt ihr euch in den Gestank niedrigen Viehes ... Ihr habt keine Augen, wenn eure Werke den Menschen nicht leuchten im Feuer des Heiligen Geistes und ihr ihnen das gute Beispiel nicht immer wieder vorlebt. ... Bald seid ihr Soldaten, bald Knechte, bald Possenreißer. Mit eurem leeren Getue verscheucht ihr aber bestenfalls im Sommer einige Fliegen ... Ihr solltet eine Feuersäule sein, den Menschen vorausziehen, sie aufrufen, gute Werke zu tun, und sprechen: Ergreift die Zucht, damit der Herr nicht zürnt und ihr zugrunde geht, fernab vom rechten Weg (Ps 2, 12)."

Etwas resigniert endet der Brief:

,,Ich furchtsame, armselige Frau bin zwei Jahre hindurch sehr gedrängt worden, dies vor Magistern, Doktoren und anderen Gelehrten an bedeutenden Orten, wo sie wohnen, persönlich vorzutragen. Weil aber die Kirche in einer Spaltung war, habe ich dies Predigen aufgegeben."[32]

(4) Man darf nicht müde werden, die Einheit der Hildegard'schen Schau zu betonen; es ist keine Einheit, in der jede Einzelheit verschlungen wird wie in manchen nicht-christlichen Erfahrungen, sondern eine Einheit, die aufgrund des dreifaltigen göttlichen Lebens Reichtum, Fülle, Individualität, Personalität schöpferisch hervorgehen läßt. Gleichsam gesammelt ist diese Einheitsharmonie im menschgewordenen Wort Gottes, das den Brennpunkt der Mystik der Seherin ausmacht.

In der achten Vision des dritten Teils von Scivias sieht Hildegard die Menschheit Jesu Christi als eine gewaltige Säule, an der die Gotteskräfte Demut, Liebe, Gottesfurcht, Gehorsam und Glaube als starke Arbeiter auf- und absteigen.

„Ganz in der Höhe der umschatteten Säule sah ich noch eine andere, überaus schöne Gestalt ... Und die Gestalt rief mit lauter Stimme in die Welt hinaus und redete so zu den Menschen: ‚Ich bin die *Gnade Gottes,* meine Kindlein. Darum hört mich und versteht mich! Denn das Licht der Seele gebe ich denen, die mein Wort fassen, und dann bewahre ich sie in dieser Segnung, damit sie nicht zum Bösen zurückkehren. ... Schon bevor der Mensch mich mit seinen Sinnen erkennt und ehe sein Verstehen mich innerlich erfaßt, bin ich für ihn das Haupt und die Wurzel der Fruchtbarkeit, die Kraft und die Stärke der festen Stadt, die auf dem Felsen gebaut ist. Darum, geliebte Söhne, lauft und eilt auf dem Wege der Wahrheit, die das Licht der Welt ist: Jesus Christus, der Sohn Gottes, der euch in seinem Blute erlöst hat, damit ihr nach eurem Hinübergang zu ihm gelangen könnt!‘“[33]

So vollenden die Gotteskräfte das Heilswerk im Menschen und das Heilsgebäude der Menschheit, die im Kosmos der Schöpfung lebt; die tragende Säule von allem aber ist Jesus, der Herr.

3. Die Mystik der geistlichen Sinne

Wie Hildegards Schau objektiv ihren Brennpunkt hat in Jesus Christus, der lebendigen Säule, die die Schöpfung trägt, so kann auch der subjektive Brennpunkt in Hildegards Erfahrung nicht in einer isolierten Geisterfahrung jenseits der Körperlichkeit liegen. Es kann nicht die „scintilla animae“ sein, die von manchen Mystikern in ein gleichsam leibfreies Zentrum der Seele verlegt wird. Hildegards Erfahrung ruht in der Tiefe, wo der Mensch – als leibliches Wesen – ursprünglich er selbst ist und von wo aus er sich entfaltet in die Vielfalt des konkreten Daseins. Wenn Hildegard davon spricht, daß sie nicht mit den körperlichen Sinnen erfährt, dann bedeutet dies keineswegs, daß sie aus dem symbolhaften Raum der Bedeutungsfülle hinausgetreten ist, sondern daß sie ihn aufbricht und rückführt in die Fülle Gottes. Das neuplatonische und auch hinduistisch-buddhistische Modell von der Außen- und Körper-Welt, die von der reinen Geistes-Welt geschieden ist, versagt vor der Mystik Hildegards.

Hier soll gemäß dem Vorhaben, in Hildegards Sprache zu bleiben, an einem Bereich der klassischen christlichen Spiritualität und Mystik diese symphonische Einheit von Hildegards Erleben gezeigt werden. Hildegard kann als Lehrmeisterin einer Mystik der ,,geistlichen Sinne" angesehen werden, also einer Gotteserfahrung, in der die Bild-, Ton-, Fühl-Welt der menschlichen Sinne so sehr verinnerlicht, im analogen Sinn des Symbols verdichtet und auf Gott hin geöffnet wird, daß der äußere Reichtum zusammenklingend sich übersteigt zur Erfahrung Gottes.

Den oben zitierten Brief an den Kölner Klerus beginnt Hildegard folgendermaßen:

,,Der da war, der da ist, und der kommen wird, spricht zu den Hirten der Kirche wie folgt: Ich habe das Firmament mit all seinem Schmuck festgelegt, und es mangelt an nichts. Hat es doch gleichsam Augen zum Sehen, Ohren zum Hören, die Nase zum Riechen und den Mund zum Schmecken. Denn die Sonne ist ja wie das Licht ihrer Augen, der Wind wie das Gehör ihrer Ohren, die Luft wie ihr Riechen und der Tau, der aus dem Grünen träufelt, wie der Hauch des Mundes. Auch zeigt der Mond der Gezeiten Zeit an und ist ein Hinweis auf der Menschen Wissen. Die Sterne bekunden in ihrem Kreislauf eine gewisse Vernunft, wie ja Vernunft überhaupt so vieles zu fassen vermag. Vierfach habe ich die Angeln der Welt gefestigt: mit Feuer, Wolken und Wasser, um damit alle Enden der Erde wie Adern zu verflechten. Die Steine habe ich mit Feuer und Wasser gleichsam wie Knochen durchfeuchtet, und die Erde habe ich mit Feuchte und Grüne wie das Mark des lebendigen Organismus gefestigt."[34]

Der Makrokosmos der Schöpfung ist also ,,gleichsam" ein Mensch, wobei das ,,gleichsam" nicht verflüchtigt werden darf zur leeren Allegorie.

Im Menschen selbst herrscht nämlich die gleiche Ordnung wie im Kosmos; und diese ist dazu geschaffen, in all der Sinnen- und Sinn-Fülle Gott und sein Wirken zu ,,schauen". Hildegard ,,vernimmt" dies in der vierten ,,Vision" des Buches ,,Welt und Mensch":

,,Sein Werk (des Sohnes Gottes, der das Leben der Schöpfung ausmacht) ist in die Gestalt des Menschen eingezeichnet ... Das Rund seines Hirnschädels weist auf die beherrschende Kraft des Menschen hin ... Wenn die Haare das Haupt schmücken, so sind damit des Menschen künstlerische Fähigkeiten gemeint. Auch in den Augenbrauen gibt Gott einen Hinweis auf des Menschen Kraft ... Daneben erscheinen sie als Zierde des Angesichts und sind wie der Winde Flügelschlag ..., weht doch auch der Wind aus Gotteskraft, und das Wehen des Windes ist seiner Fittiche Schlag. Weiterhin offenbart Gott in den Augen des Menschen sein Wissen ... Mit Hilfe des Sehvermögens nämlich erkennt und unterscheidet der Mensch alles. ... Weiter öffnet Gott im Hörvermögen des Menschen alle Klänge des Ruhmes über die verborgenen Geheimnisse und die Engelscharen ... Ja, sogar aus sich selbst heraus kommt hier der Mensch zu einem Verständnis des Ganzen ... Über die Nase zeigt Gott fernerhin die Weisheit, die als duftende Ordnung in allen Kunstwerken ruht. ... Endlich bezeichnet Gott durch den Mund des Menschen Sein Wort, durch das Er alles erschaffen hat, gleich wie durch den Mund alles mit dem Klang des Geistes herausgebracht wird ... Und wie Wangen und Kinn um den Mund gelagert sind, so prägte sich diesem Wort bei Seinem Tönen jener Ursprung der gesamten Kreatur ein, damals, als alles erschaffen wurde, da ‚im Anfang war das Wort, und das Wort war bei Gott, und Gott war das Wort'."[35]

IV. Wirkung

Hildegard hat ihr großes Werk nicht im Alleingang geschaffen. Sie bedurfte der Mitteilung, des Austausches, vor allem auch der Mitarbeit befreundeter Frauen und Männer. Schwester Richardis von Stade war ihr als Sekretärin bei der Abfassung der „Scivias" behilflich. Besonders ihr Magister Volmar, ihr ehemaliger Lehrer, Mönch vom Disibodenberg und Propst des Rupertsberger Klosters, stand ihr als kluger und treuer Sekretär von 1141 bis zu seinem Tode (1173) zur Seite. Später, von 1177 an, fand sie Hilfe bei Wibert von Gembloux.[36]

Heute ist Hildegard von Bingen besonders durch die Illustrationen zu ihrem Werk in breiterer Öffentlichkeit bekannt. Ihre bilderreichen, sich wesentlich in visuellen Vorstellungen konstituierenden Werke boten natürlichen Anreiz zu einer solchen Ausstattung. Zu zwei der drei Visionswerke, „Scivias" und „Liber divinorum operum", wurden auch tatsächlich mehr oder weniger schnell nach ihrer Entstehung Bilderhandschriften geschaffen. Die auf dem Rupertsberg hergestellte Scivias-Handschrift, die unter den Augen Hildegards geschaffen wurde, ist seit 1945 verschollen; doch existiert ein überaus wertvolles Pergament-Faksimile in Originalgröße, in den Jahren 1927 bis 1933 von den Benediktinerinnen der Abtei St. Hildegard in Eibingen gefertigt.[37]

Bei der Fülle und Dichte von Hildegards Werk ist es verständlich, aber überaus bedauerlich, daß ihre geschichtliche Wirkung gering und das Eigentliche verstellend war. Die „Exzerpte der wichtigsten Prophezeiungen der Seherin", die Gebeno, Prior der Zisterzienserabtei Eberbach, 1220 zusammenstellte, bestimmten lange Zeit das Hildegardbild. Hier ist Hildegard eine „Vorausseherin" der letzten fünf Endzeiten der Welt (daher wird das Buch auch „Penta-Chronon", „Fünf-Zeiten-Chronik", genannt), wobei die erste schon mit dem Jahre 1100 begonnen haben soll. Der bekannte Magister Heinrich Heynbuch von Langenstein nahm zum Beispiel 1383 die „Weissagungen und Ermahnungen der bewundesungswürdigen deutschen Sybille Hildegard" auf und deutete sie auf das Schisma seiner Jahre. Die Weltchronik Hartmann Schedels gibt Hildegard einen wichtigen Platz. Abt Johannes Trithemius (1462–1516), der Liebhaber magischer Künste, schätzt Hildegard. In der Reformationszeit wird Hildegard bei Andreas Osiander oder Flacius Illyricus und anderen zur Zeugin gegen die katholische Kirche. Aber die Bollandisten D. Papebroch und G. Henschen stellten schon 1660 stichhaltige Untersuchungen über die Heilige an. Natürlich hat es auch Stimmen gegeben, die von Hildegard als einer „hochgradigen Hysterikerin" sprechen.[38]

Durch die Ausgabe von Abbé Migne (1852) mit den Ergänzungen durch J.-B. Pitra (1882) konnte – trotz vereinzelter früherer Editionen wie der von ,,Scivias" durch J. Lefèvre 1513 – die echte Begegnung mit Hildegard erst beginnen.

Inzwischen liegen die kritische Ausgabe von ,,Scivias" und gute Übersetzungen in deutscher Sprache vor. Die 77 ,,Lieder" und der ,,Ordo Virtutum" sind ebenfalls kritisch ediert und übersetzt. Die Achthundertjahrfeier von 1979 brachte verschiedene wichtige Veröffentlichungen. Das in den letzten Jahrzehnten stark angewachsene Interesse an Hildegard von Bingen in Forschung und Populärwissenschaft wird in den zwei Bänden der ,,Hildegard-Bibliographie" von Werner Lauter erkennbar.[39]

Den Heutigen, die wie die Menschen aller Zeiten in Anfechtung, Kampf und Bedrohung leben, kann Hildegard Vorbild sein in ihrer Beziehung zu Gott und den Menschen. Die Grundhaltung dieser demütigen und zugleich mutigen Frau ist die Beharrlichkeit und Treue in der Nachfolge Christi. Ihre Schau der ungeschaffenen und geschaffenen Wahrheiten, ihre Mystik hat noch längst nicht die Bedeutung erlangt, die ihr im heutigen Gespräch über Gott und Gotteserfahrung zukommen sollte.

Jürgen Kuhlmann

GREGOR PALAMAS

(1296–1359)

„Als der Mönch seine Pflichten als Gastgeber erfüllt hatte, setzte er sich neben mich an die hölzerne Brüstung seiner Terrasse und schaute wieder aufs Meer hinaus. Ich trank das letzte Schlückchen meines Kafedáki, trank den letzten Schluck Wasser, bevor die Sonne das Glas erwärmte, und blickte gleichfalls mit ihm aufs Meer. Da stand auf einmal die Zeit still. Es war eigentlich nichts Besonderes, was da geschah, keine Vision oder so etwas Ähnliches, sondern einfach ein Hinauswitschen – ich kann es nicht anders nennen – aus dem Gitter der Sekunden in die Zeitlosigkeit. Da stand ein uralter Mann, das Haupt umleuchtet von einem silbernen Haar- und Bartkranz, und schaute aufs Meer, aber der Blick war auf nichts gerichtet – er suchte nichts, denn das Meer war leer und der Himmel war leer und er stand schon immer da und die Leere war immer da. Und das Meer schimmerte im Licht und der Himmel schimmerte im Licht und das Licht drang durch die sattgrünen Blätter des Feigenbaumes und durch die hellgrünen Blätter des Weinstocks, die zwischen dem Himmel und dem Meer sich abzeichneten, und ließ die dunklen Rippen der durchleuchteten Blätter hervortreten, und selbst die alten Holzbalken schienen durchleuchtet und ließen die tief eingekerbten Rinnen ihrer Maserung hervortreten. Und das glitzernde Licht des Meeres ging ohne Grenzlinie in das glitzernde Licht des Himmels über und es war *ein* Licht und *eine* Leere oder *eine* Fülle, wie man es nennen will, die sich gegen die Sonne hin verdichtete, die nunmehr fast im Zenit stand, und der Strom der Gedanken und der Ablauf der Bilder hörte auf und ich hatte nur die eine Empfindung: wenn das Licht noch um einen einzigen Grad sich verstärkt, dann löst sich alles auch im physischen Sinn vollends in Licht auf und wird selber Licht, der Mönch vor mir, das Meer, der Himmel, das Feld, die Blätter, die Balken, ich selbst, dann wird alles verwandelt in das Licht und geht ein in die Strahlen, die sich um die Quelle des Lichts im Zenit verdichten.“[1]

So erfährt sich, 1963, auf dem Heiligen Berg der deutsche Professor plötzlich als Mystiker. Im Glanz dieses Lichtes zergeht auch der verbreitete Professorenzweifel, ob Gregor Palamas überhaupt ein Mystiker gewesen sei. Jener Mann, der die inneren Erfahrungen der Athosmönche gegen gelehrte Arroganz verteidigte und dabei ungewollt selbst zum spitzfindigen Theologen werden mußte, er ist – trotz aller Begriffsunterscheidungen und politischen Streitigkeiten – doch stets der ins große Einheitslicht einverwandelte Einsiedler geblieben.

Kein Wunder, daß sein Denken nach sechshundert Jahren aufs neue die Menschen ergreift. Heller als ihr Atomblitz kann die westliche Aufklärung nicht mehr werden; da tut jenes andere Licht not, das nicht die Erde in den kalten Himmel zerplatzen läßt, das vielmehr auch uns sonnenhell auf dem Antlitz jenes Menschen erstrahlt, in dessen Person Himmel und Erde für immer eins geworden sind. Nicht vor die Aufklärung zurück wollen wir, doch müssen wir über sie hinaus zur Verklärung finden. Über das Taborlicht hat aber keiner tiefer gedacht als der Athosmönch Gregor Palamas.

I. Leben

Konstantin Palamas war Senator und Prinzenerzieher in der Kaiserstadt Konstantinopel, sein ältester Sohn Gregorios, 1296 geboren, gehörte einer vornehmen Familie an. Auch einer frommen; sogar während der Senatssitzungen pflegte sein Vater sich dem ,,reinen Gebet" zu überlassen – als der Kaiser ihn einmal ansprach, so wird berichtet, habe der tiefversunkene Herr Senator es nicht bemerkt. Erst sieben war Gregor, als der Vater starb. Jetzt sorgte der Kaiser selbst für die Erziehung des Jungen. Er hatte ihn wohl für die höhere Beamtenlaufbahn vorgesehen, jedenfalls nicht für den kirchlichen Dienst, denn Gregor besuchte nicht die Patriarchatsschule, sondern die kaiserliche Universität. Deren Rektor soll, als der Siebzehnjährige vor dem gesamten Hof einmal über die aristotelische Logik vortrug, verwundert zum Kaiser gesagt haben: ,,Auch Aristoteles selbst, wäre er hier, würde ihn loben."

Doch nicht den Weg zum wohldotierten Staatsamt ging der junge Mann weiter. Sein Vater hatte sich noch auf dem Sterbelager die Mönchstonsur geben lassen; Athosmönche, wenn sie gerade in der Hauptstadt weilten, waren die geistlichen Ratgeber der Familie. Mit zwanzig Jahren entschließt Gregor sich, dem Glanz der Welt zu entsagen. Die Mutter und zwei Schwestern treten in Stadtklöster ein, er selbst widersteht den ehrenvollen Bitten des Kaisers und macht sich mit den zwei jüngeren Brüdern auf den Weg zum Heiligen Berg Athos.

Dort lebte er ,,in Fasten, Nachtwachen und unablässigem Gebet" die nächsten neun Jahre, zuerst unter der Leitung eines alten Mönchs in kleiner Gemeinschaft, dann im Großkloster Lawra, wo er zum Kantor bestellt wurde. Es folgten zwei Jahre in einer Einsiedelei, dann wurde er um 1325 durch Türkeneinfälle vom Athos vertrieben und zog in die nahegelegene Großstadt Thessaloniki.

Dort wurde er im kanonischen Alter von dreißig Jahren zum Priester geweiht und zog anschließend mit zehn Gefährten in eine Einsiedelei der makedonischen Berge. Die fünf Wochentage über lebt er dort in vollkommener Einsamkeit, den Samstag und Sonntag verbringt er, in Gottesdienst und geistlichem Austausch, zusammen mit den Brüdern. Dieser Mittelweg zwischen zerstreuendem Gemeinschaftsleben und totalem Eremitentum wird von der hesychastischen Tradition seit jeher am meisten empfohlen.

Fünf Jahre darauf war die Gegend durch serbische Streifzüge so unsicher geworden, daß Gregor zum Athos zurückkehrte. Er ließ sich in einer Einsiedelei nahe bei Lawra nieder und behielt den gewohnten Wochenrhythmus bei. Mit 38 Jahren begann er zu schreiben: ein Heiligenleben, ein Marienbüchlein sowie, um 1336, zwei „apodiktische Traktate" über den Hervorgang des Heiligen Geistes, natürlich gegen die Lateiner, die in dem alten Streit lehrten, daß er nicht nur vom Vater, sondern ebenso vom Sohn ausgehe. Gregor wußte nicht, daß er damit den Auftakt zum „Palamismus-Streit" gab, der bis heute die Geister scheidet.

Um 1330 war der Philosoph Barlaam aus Kalabrien in sein Stammland Hellas zurückgekehrt, um im Geist der beginnenden Renaissance das klassische Erbe zu erforschen. Zwischendurch verfaßte auch er antilateinische Schriften über den Heiligen Geist. Darin vertrat er die These, weil Gott unerkennbar sei, sollten die Lateiner nicht länger behaupten, den Hervorgang des Geistes aus dem Sohn beweisen zu können.

Über diesen Punkt kam es 1337 zu einem Briefwechsel zwischen Barlaam und Palamas. Dieser bestand darauf: weil der unerkennbare Gott sich geoffenbart hat, gibt es durchaus dogmatische Beweise. Unterdessen lernte Barlaam die Mönche näher kennen und geriet als stolzer Denker in Zorn, als er von ihnen vernahm, der Leib habe am Gebet Anteil. Er veröffentlichte Artikel, in denen er die Mönche als „Nabelseelen" verspottete. Das trug ihm einen Verweis des Patriarchen ein. Barlaam sah jedoch das in Gefahr, was er für vernünftigen Gottesdienst hielt, und ließ die Mönche nicht in Frieden.

Von jetzt an war der Konflikt nicht mehr zu vermeiden. Palamas verteidigt die übernatürliche Erfahrung der Mönche: das Licht, das sie sehen, sei nicht sinnlich, sondern göttlich, verdiene also nicht des Philosophen Spott. Dieser erwidert: Ihr behauptet also, Gott schon in diesem Leben zu schauen, das aber ist häretisch. – Natürlich sehen wir nicht Gottes Wesen, ist die Antwort, niemand kann es sehen, auch nicht im Himmel. Wohl aber schauen wir, und das schon jetzt, Gottes „Energien", seine gnädigen Zuwendungen, in denen er uns Heutigen nicht minder kund wird als der Urkirche. – Vor dieser unerhörten Unterscheidung kann der gebildete Humanist samt seinen byzantinischen Freunden nur zurückschaudern; ist denn Gott nicht unendlich einfach, so daß Wesen und Tat bei ihm streng identisch sind?

Den nun anhebenden Kampf kurz und gleichwohl exakt zu schildern ist unmöglich, zu viele Motive – theologische, kirchliche, dynastische, gesellschaftliche, weltpolitische – schlingen sich ineinander. 1341 stirbt der Kaiser, zwei Thronanwärter bekriegen sich jahrelang, von außen drohen Türken, Serben sowie, noch verhaßter, die Lateiner. Abwechselnd sitzen Gegner und Anhänger Gregors auf dem Patriarchenstuhl. Auf einer Synode siegt seine Lehre, die Minderheit hält ein Gegenkonzil und wird anschließend abgesetzt. Von 1343 bis 1347 wird Palamas im Kaiserpalast als Gefangener gehalten, am 4. Nov. 1344 gar vom Patriarchen exkommuniziert. Schreiben aber kann er gerade in diesen Jahren besonders viel. 1347 wendet sich das Geschick. Er wird zum Bischof geweiht, in seinem Bistum Thessaloniki herrschen jedoch seit fünf Jahren die „Zeloten", ein revolutionäres Volksregiment. Sie würden ihn nur akzeptieren, wenn er in der Messe das Gebet für den Kaiser wegließe. 1350 erobert dieser die Stadt; mit einem Bußgebet im Tor übernimmt Gregor seine Diözese.

1351 findet endlich ein feierliches Konzil statt; 25 Metropoliten und sieben Bischöfe nehmen daran teil. Die Antipalamiten bekommen die Gelegenheit, ihre Ansichten ausführlich darzulegen und zu begründen. Doch am Ende wird gegen sie der Bann ausgesprochen. Sie werden verhaftet. Um sechs Fragen ging es während dieser Debatten:

1. Gibt es in Gott einen Unterschied zwischen Wesen und Energie? – Ja.

2. Wenn ja, ist die Energie dann geschaffen oder ungeschaffen? – Ungeschaffen.

3. Wenn die Energie ungeschaffen ist, wieso ist Gott dann nicht zusammengesetzt? – Weil es sich nicht um zwei Wesenswirklichkeiten handelt, sondern beide dem einen lebendigen Gott zugehören.

4. Kann man auf die Energie den Begriff „Gottheit" anwenden, ohne in eine Zweigötterlehre zu verfallen? – Ja, die Väter tun es.

5. Ist es recht und traditionsgemäß, wenn man sagt, das Wesen liege über die Energien hinaus? – Ja, die Väter tun es.

6. Da es eine Teilhabe an Gott gibt: ist das eine Teilhabe am Wesen oder an der Energie? – Die Väter haben deutlich gesagt, daß Gottes Wesen unteilhabbar ist, während Gottes Leben oder Energie sich den Menschen wirklich offenbart und mitteilt.

Nach diesem Triumph waren die kirchlichen Probleme gelöst. Doch gerät Gregor auf der Heimfahrt vom Konzil zuerst in einen Seesturm und durfte wegen politischer Wirren dann wieder nicht in seine Bischofsstadt. Ein Vierteljahr verbrachte er auf dem Athos. Es folgen Jahre eifriger Seelsorge in schwierigster Zeit. Bürgerkrieg und Revolution haben schlimme Wunden geschlagen. Die neu etablierten Reichen hören in einer Predigt:

„Unser ganzer Ruhm liegt darin, daß wir einander Unrecht tun und die Armen beleidigen ... Und selbst wenn wir so tun, als hielten wir untereinander einen Scheinfrieden, wir die Mächtigen, so vermehren wir noch die Gewalt, die wir den Armen antun, und legen noch schwerere Lasten auf alle, die mit ihren Händen arbeiten. Welcher Soldat begnügt sich mit seinem Sold? Welcher Beamte verlegt sich nicht aufs Rauben? Ja, die Armen schreien auf gegen euch alle, die Hochgestellten, euch deren Umgebung, euch das Militär, und eure Dienerschaft. Sie können die erbarmungslose Unmenschlichkeit derer da oben nicht mehr aushalten, die Gewalt und das Unrecht, die ihr dauernd gegen sie verübt, weil ihr mächtiger seid als die Landarbeiter; schon hat der Sturzbach des Unrechts sogar die Mönche erfaßt ..."

Unterwegs in einer Friedensmission, um den jungen Kaiser mit einem Gegner zu versöhnen, wird Palamas im Februar 1354 von Türken gefangen und, weil das Lösegeld nicht kommt, ein Jahr lang von Stadt zu Stadt durch Kleinasien geschleppt. In Briefen beschreibt er das Leben der Christen unter dem Türkenjoch und lobt die Toleranz der Besatzer. Endlich ist die hohe Summe aufgebracht, im Sommer 1355 ist Gregor wieder in Thessaloniki.

Vier Jahre sind ihm noch vergönnt. Er predigt, besucht Klöster, schreibt auch noch einiges. Am 12. Nov. 1359 ist Gregor Palamas gestorben. Bald wird von Wundern gesprochen, seine Verehrung beginnt sowohl in der Bischofsstadt als auch auf dem Athos. Knapp zehn Jahre später wird er vom Patriarchen offiziell heiliggesprochen, seither feiert die orthodoxe Kirche am zweiten Fastensonntag sein Fest.

II. Werk

1. *Die wichtigsten Schriften*

Das Schriftenverzeichnis von Gregor Palamas umfaßt 71 Titel, dazu kommen 63 Predigten. Auf deutsch scheint bislang nur sein Glaubensbekenntnis veröffentlicht zu sein, das er während seiner Haftzeit abfaßte; durch die Verlesung beim Konzil von 1351 wurde es zu einem offiziellen Dokument. Eine Reihe von Werken sind, samt lateinischer Übersetzung, in den Bänden 150 und 151 der „Patrologia Graeca" von Migne abgedruckt. Besonders wichtig ist der „Tomos hagioretikos", das – von Palamas verfaßte – Manifest der Athosmönche, als sie sich (ca. 1339) schon in der Frühphase des Streites ausdrücklich gegen Barlaam und hinter ihren Verteidiger Palamas stellten (150, 1225–1236).

Zu empfehlen ist auch der Dialog „Theophanes" von 1343. In der Form eines Gespräches zwischen einem Orthodoxen und einem vom Barlaamismus Bekehrten legt Palamas seine Lehre dar (150, 909–960; recht korrekter Text). Westlichen Lesern am zugänglichsten, weil mit französischer Übersetzung veröffentlicht, ist das frühe Hauptwerk, die drei „Triaden", so genannt, weil jede aus drei selbständigen Traktaten besteht. Gregor schrieb sie in den Jahren 1338 bis 1341. Am Anfang steht, noch ganz unsystematisch, die Verteidigung der mönchischen Geisterfahrungen gegen die Anwürfe des wissensstolzen Rationalisten; die letzte Triade lehrt das bereits voll ausgereifte System des Palamismus.

2. *Das zentrale Anliegen*

In diesem kurzen Beitrag kann es nicht des Näheren um die vielen einzelnen Werke gehen, sondern um *das* Werk, die Denkleistung. Ihr Quellgrund ist die unmittelbare Erfahrung der Athosmönche, das Erlebnis ihrer geistgeschenkten Einheit mit Gott. Hier vollzieht sich Wirklichkeit, nicht bloß Verstandesgeklingel:

„Wenn du eine Stadt noch nicht gesehen hast und an sie denkst: durch das Denken erlebst du sie nicht. So auch bei Gott und dem Göttlichen: durch Denken und Theologisieren erlebst du sie nicht. Es ist wie beim Gold: wenn du es nicht spürbar besitzest, spürbar in Händen hältst und spürbar siehst, magst du tausendmal den Begriff ‚Gold' im Verstand haben, du besitzest und siehst darum doch überhaupt kein Gold. Ebenso magst du tausendmal über die göttlichen Schätze nachdenken – wenn du das Göttliche nicht erlebst, nicht mit geistigen, überverständlichen Augen schaust, so siehst du weder noch hast du noch besitzest du etwas Göttliches in Wahrheit."[2]

Allerdings will auch die göttliche Einheitserfahrung *verstanden,* das heißt, in Begriffen erfaßt sein. Klugerweise stützt Palamas sich dabei auf die Sprachleistung der ersten Christen, die dem Offenbarungsereignis am nächsten stehen. Aus vielen Bibeltexten führe ich nur zwei an: „Wir sind zu neuen Menschen geworden durch den *Heiligen Geist,* den Gott als Gabe Jesu Christi unseres Heilandes reichlich *über uns ausgegossen* hat." (Tit 3, 6) „Gott hat uns die kostbarsten und großen Zusagen geschenkt, durch die *ihr die göttliche Natur mit innehaben* sollt, wenn ihr der Vergänglichkeit der Welt mit ihrer Sucht entflohen seid." (2 Petr 1, 4) Während viele moderne Westchristen solche Sätze kaum kennen und nicht verstehen, nimmt Palamas sie als hochwillkommene Deutung der eigenen Erfahrung auf.

Freilich kennt er, aus Tradition und Erfahrung, auch die Gegenwahrheit: Gott ist unendlich erhaben über uns Geschöpfe und alles, was Sinne und Verstand erfassen können. Aus dieser Spannung erwächst, wie er 1343 im reifen Dialog „Theophanes" bekennt, sein systematisches Denken:

„Du siehst, daß beides uns von den ehrwürdigen Theologen überliefert worden ist: wie Gottes Wesen sowohl unteilhabbar ist als auch irgendwie teilhabbar; sowohl haben wir die göttliche Natur mit inne als wir auch keineswegs ihre Mitinhaber sind. Beides müssen wir festhalten und der Frömmigkeit zur Norm setzen." (932 D)

3. Vom äußeren zum inneren Verständnis

Palamas ist am Kaiserhof aufgewachsen, hat vor Mosaiken gebetet, die den Glanz des All-Herrschers widerstrahlen. „Die Kirche gab Gott die Attribute, die ausschließlich des Kaisers waren" (Whitehead); als Kind seiner Zeit und Gesellschaft hat Gregor dieses autokratische Gottesbild geteilt, gelegentlich auch zur Verdeutlichung seiner Gedanken benutzt. So wehrt er sich gegen Barlaams Vorwurf der Zweigötterei mit dem Argument, auch der Kaiser und sein Reich würden nicht dadurch verdoppelt, daß die kaiserlichen Erlasse, seiner Person gegenüber, ein gewisses Eigendasein hätten: also seien auch Gottes Wesen und seine Energien nicht zwei, sondern der eine Gott. (Tr III, 2, 27; 691)

Doch konnte der Einheitsmystiker mittels dieses veräußerlichten „Denkzeuges" seine tiefste Botschaft nicht sagen. Deshalb greift er beiläufige Hinweise einiger Kirchenväter auf und denkt sie kühn zu einem System weiter, das unser Verhältnis zu Gott ganz und gar im *inneren* Erfahrungsraum eines Menschen abgebildet sein läßt.

Der erste Traktat der dritten Triade hat den Untertitel „Über die Vergottung". Dort lesen wir:

„Über Natur, Tugend und Erkenntnis ist die Gnade der Vergottung unendlich (gemäß dem hl. Maximos) hinaus; denn jede Tugend und die Nachahmung Gottes, die an uns liegt, bereiten auf die göttliche Einigung zwar vor; die Gnade aber vollzieht sie selbst, die unsagbare Einigung. Denn durch sie ist der ganze Gott in den ganzen Würdigen, und die ganzen Heiligen sind ganz im ganzen Gott, indem sie ihren Gott ganz ergreifen und als Lohn ihres Aufstiegs zu ihm nur Gott selbst besitzen, ihn, der sich zu ihnen verhält *auf die Weise der Seele zum Körper, wie zu eigenen Gliedern,* und sie würdigt, in Ihm selbst zu sein." (Tr. III, 1, 27; 609)[3]

Wenige Seiten später erläutert Palamas diesen selben Gedanken mit seiner berühmten Unterscheidung:

„Auf die Weise der Seele zum Körper verhält Gott sich zu den Würdigen wie zu eigenen Gliedern ... und ‚der Geist des Sohnes ist reichlich auf uns ausgegossen' (Tit. 3, 6), aber nicht geschaffen, sondern von uns aufgenommen und durch uns sprechend – doch sollst du nicht meinen, Gott werde nach dem überwesenhaften Wesen gesehen, vielmehr nach seiner vergottenden Gabe und Energie, nach der Gnade der Adoption, der ungewordenen Vergottung." (Tr. III, 1, 29; 613)

In der Folge beruft er sich einmal auf einen Vergleich des hl. Basileios, wo Gott ebenfalls nicht als Gegenüber „jenseits", sondern als subjektives Prinzip „inseits" des Menschen gesehen wird – nein, das gerade nicht, sondern selbst sieht:

„Sobald wir die *eigene* Würde des Heiligen Geistes bedenken, erschauen wir Ihn beim Vater und Sohn; lassen wir uns aber von der *Gnade* anmuten, die auf ihre Empfänger wirkt, so sagen wir, daß der Geist in uns ist, ‚ausgegossen auf uns, nicht geschaffen, uns gegeben, nicht gemacht, geschenkt, nicht hergestellt'. In den noch Unvollkommenen ist er da (wieder mit dem hl. Basileios zu sprechen) wie eine gewisse Geneigtheit, weil die Meinung unstabil ist, in den Vollkommeneren wie eine erworbene Gewohnheit, bei manchen eingewurzelt, ja sogar noch mehr: *‚Wie die Sehkraft im gesunden Auge,* so ist die Energie des Geistes in der gereinigten Seele.'" (Tr. III, 1, 33; 623)

Im 2. Traktat führt Palamas diesen Vergleich noch reicher durch; Gewährsmann ist jetzt der Pseudo-Areopagite:

„Wie die Seele gemäß dem großen Dionysios ‚einförmiglich all die Kräfte in sich hat, die für den Leib sorgen', wie also die Seele trotz ausgerissener Augen oder ertaubter Ohren dennoch in sich selbst die leibfürsorglichen Kräfte hat, so hatte auch Gott schon vor dem Bestand der Welt die weltfürsorglichen Kräfte; und wie die Seele nicht schlichthin die fürsorglichen Kräfte ist, sondern die Kräfte hat, so eben auch Gott; und wie die Seele eine, einfach und unzusammengesetzt ist – keineswegs ob der Kräfte in ihr vermannigfacht oder zusammengesetzt –, so geht auch Gott, der nicht bloß vielvermögend, sondern allmächtig ist, wegen der Kräfte in Ihm nicht aus dem Einiglichen und der Einfachheit heraus." (Tr. III, 2, 22; 681)

Es folgt eine Meditation, die Gregor nicht als polemischer Denker schrieb, sondern als geistlicher Lehrer, und zwar für die Erzieherin der kaiserlichen Prinzessinnen. „An die hochwürdigste Nonne Xene über Leidenschaften und Tugenden sowie über die Früchte der Muße des Gemüts", so heißt das spirituelle Hauptwerk, das Palamas etwa in seinem fünfzigsten Lebensjahr verfaßt hat, mitten in den schlimmsten Wirren und doch in Ruhe des Geistes.

Scheinbar klingt in diesem Text alles ganz traditionell, jedem Christen ist solche Sprache vertraut. Allerdings wissen wir jetzt, welches Rahmenmodell hier das Verständnis leitet (Gott verhält sich zu uns Menschen wie ich zu meinen einzelnen Gliedern); wenn Gregor deshalb „so – wie" sagt, dann ist das nicht der übertriebene Vergleich eines Redners, sondern eine exakt definierte Entsprechung: wörtlich zu verstehen. Es macht einen wichtigen Unterschied, ob jemand in lockeren Bildern spricht oder in strengen Begriffen; Worte wie die folgenden kann man von mancher Kanzel hören, und doch haben sie im Munde Gregors, weil systematisch gemeint, ihren besonders eindringlichen Ernst. Sieht man nicht geradezu den herausgerissenen Zahn vor sich, eben noch so „vital" – und jetzt bloß mehr ein armes totes Ding?

„Wie die Trennung der Seele vom Leib der Tod des Leibes ist, so ist die Trennung Gottes von der Seele der Tod der Seele, und das ist der eigentliche Tod. Ebenso besteht auch im Leben der Seele das eigentliche Leben; das Leben der Seele aber ist die Einigung mit Gott, so wie das des Leibes die Einigung mit der Seele ist ... Jenes Leben ist aber nicht nur das der Seele, sondern auch des Leibes; denn es macht auch diesen durch die Auferstehung unsterblich, weil es nicht nur von der Sterblichkeit erlöst ist, sondern – mehr noch – vom niemals aufhörenden Tod, jener künftigen Pein." (PG 150, 1048f.; C)

III. Bedeutung

1. *Wir sind Gottes Energien*

Bis heute sind Palamiten und Antipalamiten über Gregors Bedeutung gegensätzlicher Ansicht. Nach den einen hat er die griechische Kirche zu lächerlichen Irrtümern verführt, die anderen ehren in ihm das Bollwerk der Orthodoxie gegen westliche Dekadenz. Die soeben im Wortlaut gebrachten Texte erlauben uns jedoch, dem Umstrittenen selbst, und zwar im Kern seines Denkens, zu begegnen. Verstehen kann sie allerdings nur, wer sich von ihnen auf die eigene Erfahrung hinweisen läßt und *diese* (nicht alte Sätze) neu begreift. Das kann abenteuerlich werden. Denn eine solche Deutung der biblischen Lehre, daß der Mensch Bild Gottes ist, findet sich meines Wissens im Westen nirgends. Nicht die losgelassene Schöpfung eines außerweltlichen Herrn ist hier die Welt, dem man ergeben sich fügt oder empört sich versagt, auch nicht der Ausfaltungsprozeß des Weltgeistes, der nur im Werden das Sein hat. Jenes fatale Dreigeschrei von Theismus, Atheismus und Pantheismus, als das die ideologiezerrissene westliche Kultur uns umlärmt – Gregor Palamas hat es schon vor sechshundert Jahren zum wunderbar harmonischen Dreiklang versöhnt: *Gott* eint sich die *Welt* als seinen *Leib,* in Ihm ähnlich zusammengefaßt wie die Vielheit meiner Finger, Augen und Ohren in meinem bewußt tastenden, sehenden, hörenden Ich (Palamas nennt das solcherart *beteiligte* Ich: „Energien"), während mein *„reines"* Ich, das inseits aller sinnlichen Anteilnahmen sich vollziehende Selbstbewußtsein als solches (ich bin ich!), dem „Wesen" Gottes entspricht.

Die Vergottung, so dürfen wir Palamas weiterdenken, hätte ihr Gleichnis dann darin, daß ich zum Beispiel den frischen Wind auf meiner Backe spüre und dabei *als* diese erfrischte Backe mir selig bewußt bin: auch die Frische ist ich und ich bin sie, kein anderer als jenes tiefe Ich, welches auch abgesehen von jeder Beteiligung in lichter Selbstklarheit lebt.

Natürlich – Palamas hat recht – versteht das nur, wer es erfährt. Den Leibvergleich kann aber jeder leicht erfahren und an ihm die Struktur sich deutlich machen. Daß sie *wirklich* ein Gleichnis für Gottes Beziehung zu uns ist, das zu erfahren ist freilich nicht jedem gegeben. Mir hat sich diese Heilswahrheit so bezeugt, daß ich der Kirche, die auch in ihrem Oststamm unfehlbar ist, den Glauben Gregors glaubte. Die zentrale Überzeugung eines von ihr so verehrten Heiligen kann keine Irrlehre sein.

2. *Mystik des Heiligen Geistes*

Was ist der Vorzug dieses Denkens, verglichen mit gewissen abergläubischen Annahmen unserer Zivilisation?

a) „Gott ist das Sein der Seienden." Eine der ewigen göttlichen Energien, von denen Palamas spricht, ist das Sein. Daß es uns gibt, ist also nicht bloß losgelöstes *Resultat* eines göttlichen Schöpfungsvorganges, ungefähr als gliche der Schöpfer einem Uhrmacher – stellen nicht viele es sich so ähnlich vor? Sondern unser Sein ist der innere *Selbstvollzug* der schöpferischen Energie – etwa so, wie das Glättegefühl, welches meine den Füller haltenden Finger jetzt verspüren, in Wahrheit *meine* unmittelbar eigene Wirklichkeit ist. Weit weg ist hier die selbstentfremdete Idee, als wäre Sein bloß so etwas wie Vorhandenheit, noch weiter die Angst der Ausgebeuteten, daß ihr Sein am Ende nichts anderes bedeute als Ware-Sein oder Minifunktion-Sein in einem ebenso perfekten wie sinnlosen Mechanismus.

b) Begründung der Menschenwürde. Die Erlösten heißen in der östlichen Tradition oft „die Würdigen". Vielen wissenschaftsgläubigen Zeitgenossen ist noch nie bewußt geworden, daß „Menschenwürde" kein wissenschaftlicher Begriff ist. Wären wir nichts als hochkomplexe Zusammenballungen von Zellen, die sich auf Moleküle, Atome, letztlich Elementarteilchen zurückführen lassen – woher käme uns Würde? Man hat ausgerechnet, wie viele Dollar ein Mensch wert ist, wenn man seine Grundstoffe im Chemiegroßhandel kauft – im Ernst: waren die Menschenversuche der KZ-Mediziner nicht *eine* logische Konsequenz des herrschenden Wissenschaftsmonismus? Und ist nicht schon die distanziert unbeteiligte Kühle, welche unsere drangvollen U-Bahnen und leeren Hochhauskorridore gleichermaßen bestimmt und gegen die viele sich so wütend auflehnen, ein exakter Ausdruck der neuzeitlichen Grundannahme, das Sein komme nur je dem einzelnen Seienden zu und sei deshalb auch selbst nicht eines, sondern unverbunden ins Viele zerstreut? Einander Würde zuerkennen können getrennte Wesen aber nur, wenn sie aus der wechselseitigen Objektivierung ausbrechen, so daß jeder den anderen als Verwirklichung eines *gemeinsamen* Würdeprinzips ehren muß und kann. Zu solchem Ausbruch in die eine Weite hilft der palamitische Denkansatz. Wo jeder von sich glaubt: mein Gutes ist nicht nur *von* Gott *gewirkt,* sondern selber *wirklich* eine göttliche Energie, da fordert die Logik den Schluß: auch dein Gutes ist eine Energie Gottes. Daraus ergibt sich, weit über zähneknirschende „Toleranz" hinaus, jene tief fundierte gegenseitige *Anerkennung* der Menschenwürde, die allein diesen Begriff aus dem Papier der UNO-Deklarationen in Fleisch und Geist unserer Lebensstunden überführt.

Gott sei Dank deshalb, daß Palamas recht hat: nicht nur sind meine Zellen in mir geheimnisvoll geeint, sondern auch im Großen leben alle Wesen des Kosmosleibes im unendlich überwirklichen Ich als dessen eigener Selbstvollzug.[4] Wer das glaubt, kann als Vorgesetzter, Dienstleister oder Kollege noch im armseligsten „Fall" ehrfürchtig die Hoheit der göttlichen Menschenwürde achten – sein Alltag wird dadurch nicht leichter, aber erfüllt, mit knisternder Hochspannungsenergie geladen.

c) Unmittelbare Sinnerfahrung. Ein Mensch, der von sich (und seinen Mitmenschen!) fest hofft, daß wir Selbstvollzüge der göttlichen Energie sind, wird weniger als der Durchschnittszeitgenosse von äußeren Sinnvermittlern abhängen, wird Ideologien, Medien, Institutionen freier gegenüberstehen. Selbstbewußtsein erwächst ihm nicht daraus, daß er für oder gegen dies und jenes ist, sondern aus der geglaubten Anwesenheit der sinnsprudelnden Quelle in jedem Augenblick.

Weil Palamas die Würdigen mit ihr vereint glaubt, deshalb verdient seine Lehre die Bezeichnung „Pneuma-Mystik". Gottes Heiliger Geist

ist ja eben die Wechselliebe und Wir-Einheit von Vater und Sohn, an welcher wir, die adoptierten ,,Kinder im Sohn", auf je besondere Weise teilhaben dürfen. Solche Mystik des Heiligen Geistes gelebt und gelehrt zu haben ist Gregors Verdienst – und Grenze.

3. Der Grund der Gegnerschaft

Warum ist diese faszinierende Botschaft aber derart angefeindet worden? Nun, es hat sich in jenem Jahrhundert die europäische Neuzeit vorbereitet. Nicht auf alles zumal kann der Menschengeist sich konzentrieren. Sieht Ferdinand seiner Sabine ins Auge, dann kann er das entweder als Liebender oder als Augenarzt tun, nie zugleich ausdrücklich als beides. Das Auge als selbständiges Organ mit eigenen realen (d. h. ,,sachlichen") Sinnbezügen, unabhängig von dem Sinn, den der Blick der es beseelenden Person meint: eben das ist jene moderne, westliche Wahrheit, die durchaus *auch* stimmt und keinesfalls nur die Kritik des Orthodoxen verdient, der da hinweist auf ,,das Drama des Mittelalters im Westen, seine Mitte die Entheiligung der Welt durch die thomistische Theologie, die tragische Opposition seitens einer Menge mystischer ‚Untergrund'-Häresien, die hoffnungslos in der geschaffenen Welt irgendwie Heiligkeit wiederzufinden suchten, der strenge und zusammenhängende Prozeß, der vom Thomismus zu Descartes führte und von Descartes zur derzeitigen technologischen Vergewaltigung der natürlichen und geschichtlichen Wirklichkeit."[5]

Der nachmoderne Westler sollte zugeben, daß Sinn und Ziel des Auges vor allem sein Blick ist! Und doch – das ist die westliche Wahrheit – kann gerade die recht verstandene Liebe vom Arzt verlangen, daß er *nicht* als Liebender den Blick, sondern mit sachlichem Interesse das Auge der Frau erforscht. Lehrt Palamas die Verklärungsmystik des Heiligen Geistes, jene strahlende Einheit Gottes mit seinem Kosmos-Logos, in der keine Sonderheit mehr gilt, so darf es daneben auch die ,,Mystik" des Logos samt seinem vielbunten Universum geben.

IV. Wirkung

Deren jüngste Phase hat den Leser soeben gestreift. Begonnen hatte sie mit einem siegreichen Fanfarenstoß: ,,Die Synode von 1351 war der feierlichste Akt, mit dem die orthodoxe Kirche die Lehre von Gregor Palamas bestätigt hat. Es handelte sich nicht im strengen Sinn um ein oekumenisches Konzil, sondern um eine Bischofssynode des Patriarchats von Konstantinopel, ihre Entscheidungen wurden jedoch im Lauf des 14. Jahrhunderts von der Gesamtheit der Ostkirche angenommen."[6]

Ein Jahrhundert später brach die Katastrophe über Ostrom herein. 1453 ist die byzantinische Kultur durch das Türkenschwert mit lange währender Ohnmacht geschlagen worden. Die Nachkommen haben die Schätze der Vergangenheit zwar treu bewahrt; sie schöpferisch weiterzubilden, dazu fehlte ihnen die äußere Basis. Die Russen sind in das Erbe eingetreten – es gibt eine großartige Lichtmystik der Starzen –, doch wurden sie stärker vom Magnetismus des fortschrittlichen Westens bewegt. Höchstens auf dem Heiligen Berg und anderen Halb-Inseln blieben Gregors Gedanken lebendig; die Schultheologie der orthodoxen Welt hat sie zusehends vergessen. Noch heute sind die Lehrbücher ihrer Studenten nicht palamitisch geprägt.

Auf dem ersten all-orthodoxen Theologenkongreß 1936 zu Athen rief dann der Russe Georgij Florovskij dazu auf, zur patristisch-orthodoxen Tradition des Palamismus zurückzukehren. Dies geschieht seither mehr und mehr. 1950 erschien in Stuttgart ein Buch über die Ostkirche; dort lesen wir die palamitischen Sätze: „Auch der Begriff des ‚Seins' ist auf Gott nicht anwendbar, denn Gott ist ja der Schöpfer des Seins und steht als solcher über dem Sein. Der über alles erhabene, alles überragende Gott ist aber doch der Welt immanent, nämlich in Seinen Energien; in diesen offenbart er sich der Welt und wirkt in der Welt. Jedes geschaffene Sein existiert überhaupt nur, weil es an den göttlichen Energien teil hat. Gott ist in Seinen Energien das Sein aller Wesen. Durch Teilnahme an den Energien kann sich das Geschöpf Gott nahen und mit ihm in Gemeinschaft treten."[7]

Pünktlich zum 600. Todestag erschien dann 1959 die umfassende und profunde „Einführung" von J. Meyendorff. Sie wurde zum Ausgangspunkt des neu erwachenden Interesses auch auf katholischer und evangelischer Seite. Schon in einem „Bulletin" von 1972 sind aus dem vergangenen Jahrzehnt über 300 einschlägige Studien östlicher und westlicher Autoren aufgeführt.

Ich bin überzeugt: das Denken von Gregor Palamas hat Zukunft.[8] Seine „Pneuma-Mystik" gehört unverlierbar zur erhofften spirituellen Weltkultur von morgen. Erinnern wir uns der anfangs geschilderten Athos-„Vision". Palamas und die Seinen bezeugen eben jenes all-einende Licht. Es läßt zwar die Struktur von Balken und Weinlaub deutlich hervortreten, nicht aber sind derlei Einzelheiten in solch ewigem Augen-Blick des Ganzen *wichtig* für das einheitstrunkene Schauen des Begeisterten. Es muß hienieden immer wieder aufhören: „Plötzlich hatte ich wieder die Empfindung der Zeit. Ich hatte schon viel zu lange hier verweilt ... Ich mußte mich beeilen, zur Lawra hinabzusteigen, um nicht den Anschluß an mein Schiff zu verpassen."[9] Wir können uns heute nicht mehr vorstellen, *wie* wichtig es den ersten modernen Menschen damals erscheinen mußte, beim spürbaren Anbruch der Neuzeit aktiv dabei zu sein. Deshalb haben ihre Wegbereiter, nüchtern aufs Einzelne aus, sich mit *ihrem* Recht gegen den Palamismus gesträubt.

Vier Berge. Es gibt eine seltsame historische Verknüpfung, die den Gegensatz von palamitischer und westlicher Einstellung symbolkräftig vor uns hinstellt. Gregors Hauptgegner, jener Barlaam aus Kalabrien, kehrte 1341 nach Italien zurück und wurde später der Griechischlehrer von Petrarca. Nun, im nämlichen Jahr 1336, da Palamas im Athoslicht meditierte und über den Heiligen Geist zu schreiben begann, stieg Petrarca, damals zweiunddreißigjährig, auf einen anderen Berg. Zurück vom Gipfel des Mont-Ventoux in der Provence, beschrieb er in einem Brief seine Erschütterung. ,,Diese Darstellung ist für die damalige Zeit ein geradezu epochales Ereignis, denn sie bedeutet nichts Geringeres als die *Entdeckung der Landschaft,* und in ihr kommt ein erstes Aufleuchten jenes Raumbewußtseins zum Durchbruch, das in der Folge grundlegend die Stellung des europäischen Menschen in und zu der Welt verändert ... Die allseitige Bindung mit Himmel und Erde, die noch eine fraglose, eine undistanzierte unperspektivische Bindung war, zerreißt in dem Augenblicke, da ein Teil der ,Natur', durch seinen persönlichen Blick räumlich aus dem Ganzen herausgelöst, zu einem Stück *Land* wird, das er *schafft* ... Dann freilich wuchs – man ist versucht zu sagen, von jenem Tage Petrarcas an – die Verantwortung des Menschen in einer Weise, von der wir angesichts der Situation unserer Zeit bezweifeln müssen, ob er ihr gewachsen war."[10]

Petrarca blickt auf das bestimmte Einzelne *unter* sich; der Athospilger schaut ins schimmernde Licht *um ihn her;* Moses auf dem Sinai lauscht, nach *oben,* der Stimme des unsichtbaren Gottes: dreifach ist das Absolute nicht nur in sich, dreifach offenbart es sich auch uns. Sozusagen die Einheit jener drei Berge, so glaubt die Christenheit, hat sich bei der Verklärung auf dem Berg Tabor gezeigt: Von oben spricht Gottes Stimme, blendendes Licht umstrahlt die Jünger und die vertraute Hand Jesu, des Freundes, bleibt ihnen faßbar.

Deshalb sollten wir nicht länger für die eine oder andere Einseitigkeit fechten. Auch in unserem Jahrhundert weht neu und ursprünglich die Heilige Windsbraut (,,ruach", Geist, war für Jesus ein weibliches Wort). Was Sie heute will, ist die Wiedervereinigung der über den Globus hin zerstreuten Geistfetzen zu einem ,,heiligen common sense" der einen Menschheit. Davon sind viele ergriffen, weitaus mehr kapseln sich in ihre allzu eng gewordenen Ideologien ein, so daß ihr Glaubenswein in Gefahr steht, zu häretischem Essig umzukippen.

Jene kraftvollen Worte, die der heilige Gregor Palamas an den Anfang des ,,Tomos hagioretikos" gesetzt hat[11], sie mögen uns zum selben Mut inspirieren, mit dem damals er seine spirituelle Aufgabe erfüllt hat:

,,So wie einst die Propheten in Israel die Wahrheiten, die wir heute als Dogmen bekennen, nur als Mysterien besaßen und in andeutenden, geheimnisvollen Worten vom Sohn und vom Heiligen Geiste sprachen; und wie man sich wohl denken kann, daß jemand, der ihre Worte nicht mit der gebührenden Ehrfurcht aufnahm, ihnen im Namen der Lehre vom *einen* Gott entgegengetreten wäre, die damals allein schon offenbart war; so sind auch jetzt die Herrlichkeiten, die den Heiligen Gottes im Jenseits verheißen werden, für die Bekenner des Evangeliums noch

Mysterien und nur denen offenbar, denen es gegeben ist, im Geiste zu schauen und die dieses Schauen als ein Pfand der künftigen Herrlichkeit besitzen. Aber so wie das, was die Propheten lehrten, später offenbar wurde und die Lehre von der Heiligen Dreifaltigkeit sich als vereinbar mit der Lehre von dem einen Gott erwies, so werden auch, wenn der neue Äon anbricht, diese Mysterien sich als mit unserem Glauben übereinstimmend erweisen. Doch die Propheten besaßen damals schon, was erst später auf der ganzen Erde verkündet wurde. Und so besitzen die, welche die Welt verlassen und sich der Ruhe in Gott ergeben haben, schon jetzt das vom Geist Verheißene in ihrer eigenen, unmittelbaren Erfahrung."

Alois M. Haas

MEISTER ECKHART

(ca. 1260 – ca. 1328)

Daß Meister Eckhart seiner Bedeutung nach gleichzeitig der Geschichte der Philosophie, der Theologie und der christlichen Spiritualität rechtens zugehört, mag für die Nachgekommenen Interpretationsschwierigkeiten aufgeben, ist aber im Rahmen der christlichen Tradition eine Erscheinung, die bis heute und – so ist zu hoffen – auch weiterhin keine unübliche sein dürfte. Immer wieder sind im Christentum (und andere Religionen kennen Vergleichbares!) Frauen und Männer hervorgetreten, die ihre breite Wissenskompetenz voll in den Dienst des ,,Einen Notwendigen" gestellt haben und so neben der Vorbildlichkeit ihrer existentiellen Heiligkeit ein Werk hinterließen, das eine geniale Kombination der damals herrschenden Wissens- und Erfahrungsformen darstellt. Sie verhielten sich im Sinne von 1 Kor 2, 15f. als ,,geistige Menschen", denen die Verfügbarkeit über alles übertragen ist: ,,Der geistige Mensch . . . beurteilt alles, ohne daß jemand ihn beurteilen könnte." Tatsächlich macht es gerade das Verwirrende an solchen Menschen aus, daß sie sich einfachen Erklärungsmustern und kleinlichen Einordnungsversuchen entziehen und versagen. Sie zu interpretieren, müßte gerade etwas von dieser Größe, die sich nicht leichthin domestizieren läßt, deutlich machen können.

Das Werk und auch die darin bloß in Umrissen sichtbar werdende Gestalt des Meisters gehören sicherlich in diesen Umkreis der christlichen Überlieferung, der sich durch seine Unabgeltbarkeit und unreduzierbare Fülle auszeichnet. So ist Meister Eckhart einer unter andern Zeugen, die von der Herrlichkeitsgestalt der christlichen Lebensoption etwas sichtbar zu machen versuchen. In der Radikalität, mit der er – unter Aufnahme neuplatonischer Philosopheme – die christlichen Offenbarungsgehalte zu einer kompromißlosen Unmittelbarkeit eines Lebens mit und in Gott steigert, ist er vergleichbar nur mit wenigen frühchristlichen Theologen.

I. Leben

Mag es an der kirchlichen Verurteilung Meister Eckharts nach seinem Tode (1329) oder an der Diskretion des Meisters liegen, Tatsache ist, daß wir von seinem Leben relativ wenig wissen, obwohl es – und das ist nachhaltig zu betonen – ein durch weitreichende Aktivitäten geprägtes Leben gewesen sein muß. Eckhart ist – vermutlich nichtadligen Standes – um 1260 herum zur Welt gekommen. Jung muß er in den Erfurter Konvent der Dominikaner – einem seit dem Beginn des 13. Jahrhunderts (1215) immer machtvoller sich ausbreitenden Bettelorden – eingetreten sein. Schon um 1277, als Bischof Tempier unter andern philosophischen und theologischen Sätzen auch solche von Eckharts Ordensbruder Thomas von Aquin (1225–1274) verurteilte, hat er in Paris die Artes (die 7 klassischen ,,Künste", als Grundlage des akademischen Studiums) studiert. Vor 1280 begann er in Köln mit dem Theologiestudium, wo er Albert den Großen (1206–1280) noch persönlich kennen gelernt hat. 1293–94 liest er in Paris die Sentenzen (das theologische Lehrbuch des Petrus Lombardus); Ostern, den 18. April 1294, hält er daselbst eine Predigt. Nach seiner Rückkehr aus Paris wird er Prior von Erfurt und bald auch Vikar von Thüringen. Diese Ernennung muß er vom damaligen Provinzial der Teutonia (der ,,deutschen" Ordensprovinz), Dietrich von Freiberg, erhalten haben, der ihn in seinen philosophischen Ansichten tief beeinflußt haben muß. Als Prior von Erfurt hat er seine *Reden der Unterscheidung* – eine Form der alten monastischen Kollationen (unterweisende Gespräche) – vor den jungen Dominikanern seines Konvents gehalten. Spätestens 1300 mußte Eckhart sein Amt als Prior zugunsten seines Vikariats, das ausgedehnte Wanderungen zu den ihm anvertrauten Klöstern erforderte, aufgeben.

1302–03 wirkte Eckhart als *magister actu regens,* d. h. als Professor für Theologie, auf dem den Nichtfranzosen vorbehaltenen Lehrstuhl in Paris. Aus dieser Zeit sind uns zwei Quaestionen (die scholastische Form, Fragen – Quaestiones – kontrovers zur Lösung zu führen), Reste einer Disputation mit dem Franziskanermagister Gonsalvus und eine Predigt zu Ehren des hl. Augustinus erhalten. Nach Erfurt zurückgekehrt übernahm Eckhart 1303–1311 das Provinzialat der nach einer Teilung der Teutonia neugeschaffenen Provinz Saxonia. Aus Zeugnissen läßt sich erschließen, daß der Meister in diesen Jahren äußerst engagiert war in der Sorge für die bestehenden Männer- und Frauenklöster seines Ordens, in der Organisation und Durchführung von Provinzialkapiteln, sogar auch in politischen und ökonomisch schwierigen Fragen von Klosterneugründungen (Braunschweig, Dortmund, Groningen). 1311–1313 widerfuhr Meister Eckhart in der nochmaligen Berufung auf das Pariser Magisterium eine große Ehre. Wenige Quaestionen, allenfalls ein Teil der Schriftkommentare sind aus dieser Zeit erhalten.

Nach seinem letzten Pariser Aufenthalt sehen wir Eckhart nicht in seine Heimatprovinz zurückkehren, sondern nach Straßburg, wo er von 1313/14–1322 weilen wird. Der Grund wird der sein, daß der Ordensgeneral Eckhart einen Sonderauftrag übertrug, nämlich die Aufsicht über die süddeutschen Schwesternkonvente. Jedenfalls belegen drei Zeugnisse (zwei Schenkungsurkunden und ein Schreiben des Ordensgenerals ans

Kloster Unterlinden) und zwei Hinweise in den Nonnenviten aus Katharinental bei Dießenhofen am Rhein und Oetenbach bei Zürich, daß Meister Eckhart persönlichen Anteil sowohl politisch-ökonomischer wie seelsorglicher Art an den Frauenkonventen nahm. Das konnte er nur als Vikar des Ordensgenerals. Neben diesen Aufgaben wird er am *Opus tripartitum* gearbeitet haben. Es ist denkbar, daß er sein *Buch der göttlichen Tröstung* und seine Predigt *Von dem edeln Menschen* in den Jahren 1313/14 verfaßte, vielleicht sogar in irgendeinem Bezug zum Kloster Töss, wo Elisabeth, die Stieftochter der ungarischen Königin Agnes (die eigentliche Adressatin des Trostbuchs) als Nonne lebte. In Straßburg hat Eckhart auch Predigten gehalten.

Wohl 1323 wird Eckhart vom Ordensgeneral als *magister in theologia* ans Generalstudium in Köln geschickt. Neben ihm wirkte dort als Lektor Nikolaus von Straßburg. In Köln mag Heinrich Seuse Eckharts Schüler gewesen sein. Neben der theologischen Unterweisung seiner Studenten hat hier Eckhart in der Dominikanerkirche, aber auch in manch anderer Kirche der Stadt (Machabäerkirche, Mariengarten etc.) eine rege Predigttätigkeit entfaltet.

Eckharts Wirksamkeit am Generalstudium wurde im Jahr 1326 empfindlich gestört durch eine Maßnahme des Kölner Erzbischofs Heinrich von Virneburg. Ohne daß wir den exakten Anlaß dazu wüßten, ließ dieser die Schriften und Predigten Meister Eckharts von einer Kommission auf allfällige Häresien und Irrtümer untersuchen. Insgesamt vier oder fünf Listen mit beanstandeten Sätzen werden dem Meister nacheinander zugestellt, auf die er in einer *Rechtfertigungsschrift* reagiert, indem er zunächst die Kompetenz der Richter in Frage zieht, sodann auch deren Befähigung. Am 24. Januar 1327 beklagt sich Eckhart bei der Kommission, sie zöge den Prozeß unangemessen in die Länge, am 13. Februar desselben Jahres verliest er in der Dominikanerkirche vor dem Volk in lateinischer und deutscher Sprache eine Erklärung, in der er jeden allfälligen Irrtum in Glaubenssachen verwirft. Eckhart reist schließlich selber nach Avignon, um dort am päpstlichen Hof seine Sache zu vertreten. Noch in Avignon oder auf der Rückreise muß er – vor dem April 1328 – gestorben sein.

Am 27. März 1329 erscheint eine päpstliche Verurteilungsbulle ‚In agro dominico', in der 28 Sätze Eckharts verurteilt werden: 17 als irrig und häretisch, 11 als der Häresie verdächtig. Der Papst verfügt, daß die Bulle nur im Bereich des Erzbistums Köln zu veröffentlichen sei.

II. Werk

Bleibt von der historischen Persönlichkeit Meister Eckharts – von seiner individuellen Art, seinem Aussehen wissen wir nichts – nur wenig konkret Faßbares, so spricht um so stärker das Werk, das sich schon rein äußerlich in zwei Teile, in einen deutschsprachigen und lateinischen Teil, aufgliedern läßt. Man geht nicht fehl, wenn man das lateinische Werk – das ungewöhnlich schmal, d.h. in bloß vier Handschriften, überliefert ist! – den wissenschaftlichen Interessen Eckharts zuordnet und die deutschen Predigten und Traktate als Ausdruck seiner seelsorglichen Absichten nimmt. Über die Intention, die ihn bei der Edition seiner wissenschaftlichen philosophisch-theologischen Werke leitet, hat sich Eckhart dahin geäußert, daß es ihm angelegen sei, die Gehalte des christlichen Glaubens und der Hl. Schrift durch die natürlichen Vernunftgründe der Philosophen auszulegen (*ea quae sacra asserit fides christiana et utriusque testamenti scriptura exponere per rationes naturales philosophorum*. In Joh. n. 2; LW 3, 4). Hier verbindet sich eine theologische Absicht mit einer philosophischen Methodik, ein Vorgehen, das sich im gigantischen Projekt eines *Opus tripartitum* (Dreigliedriges Werk) hätte niederschlagen sollen, das in einem ersten Teil ein *Opus propositionum* (Werk der Sätze) mit 1000 Thesen, in einem zweiten ein *Opus quaestionum* (Werk der Fragen) und in einem dritten das *Opus expositionum* (Werk der Entfaltungen) mit Schriftkommentaren und (lat.) Predigt(entwürf)en hätte umfassen müssen. Verwirklicht von diesem umfassend gedachten Programm ist eine Anzahl von Vorreden, darunter die wichtigste zum gesamten *Opus tripartitum,* in der das auf den ersten Blick „Ungeheuerliche, Zweifelhafte oder Falsche" (LW 1, 152, 4) des Werkentwurfs in den Zusammenhang der Schrift und der kirchlichen Autoritäten gerückt wird. Ein paar wenige Quaestionen liegen vor, dazu eine Vielzahl von Predigtentwürfen und ein paar Schriftkommentare zu Genesis, Exodus, Sapientia und zum Johannesevangelium. Eckharts Autorschaft zum Sentenzenkommentar im cod. Brügge 491 bleibt bis heute strittig. Um das Neuartige seines theologisch-philosophischen Werks scheint Eckhart gewußt zu haben, denn im Prolog zum Gesamtwerk (LW 1, 149, 1) erklärt er, seine Mitbrüder hätten ihn gedrängt, *nova et rara,* Neues und Ungewöhnliches, in seine Schriftkommentare aufzunehmen, da dieses einen angenehmeren Reiz aufs Gemüt ausübe. Diese im Gewand eines Topos daherkommende Versicherung stellt Eckharts Werk in einen betonten Gegensatz gegen die im Mittelalter übliche Absichtserklärung, im vorliegenden Werk werde bloß eine *materia usitata* (der übliche Stoff) neu vorgestellt.

Das deutschsprachige Werk Eckharts umfaßt drei Traktate und ca. 150 für die eckhartsche Verfasserschaft zu beanspruchende Predigten, von denen ca. 100 als eindeutig echt erwiesen werden können. 86 dieser Predigten liegen in der mustergültigen Edition durch Josef Quint bisher (in drei Bänden) vor; ein vierter Predigtband wird von Georg Steer (Eichstätt) vorbereitet. Die Echtheit der vorliegenden Predigten konnte Quint durch ein abgestuftes System von Kriterien sichern, durch Übereinstimmung von Textstellen mit der Rechtfertigungsschrift und den Prozeßakten oder mit Stücken des *Opus sermonum* (Predigtwerk; DW 1), durch Rückverweise auf Stellen der als gesichert geltenden Predigten und durch gewichtige Textparallelen (DW 2), durch Rückverweise auf die Predigten von DW 2 und beachtliche Übereinstimmungen mit gesicherten deutschen und lateinischen Texten Eckharts (DW 3). Weiteres, Eckhart sicher zuweisbares Predigtgut – etwa Restbestände von Corporaüberlieferungen – wird sicherlich durch die weitere Erforschung der überlieferungsgeschichtlichen Verhältnisse gefunden werden können. Das Vertrauen in die Authentizität der eckhartschen Predigten ist heute bei weitem größer als früher, da man meinte, die heute vorliegenden handschriftlichen Zeugnisse seien nichts als ungewisse *reportationes,* d. h. Nachschriften von Nonnen. P.-G. Völker und Kurt Ruh konnten mit gewichtigen Gründen nachweisen, daß Eckhart selber an der Redaktion seiner Predigten sehr viel mehr beteiligt war, als es bisher schien.

III. Lehre

In der Geschichte der abendländischen Mystik stellt Meister Eckhart einen Typ dar, der sich hier nicht allzu häufig, aber auch nicht völlig vereinzelt findet. Es handelt sich um Mystiker, die – unter den Einflüssen des Neuplatonismus – das philosophische Studium mit der geistlichen Erfahrung oder mystischen Praxis in einen Einklang zu bringen versuchen, eine Kombination, in der die Erkenntnis nie bloß theoretisch, sondern immer als heilkräftig in Richtung auf den *Durchbruch* zum göttlichen Leben aufgefaßt wurde. Beispiele solcher Mystik finden wir im Islam in der ehrwürdigen Gestalt Sohravardîs (1155–1191) oder im Judentum in Moses ben Jakob Cordovevo (1522–1570), um nur deren Präsenz in den monotheistischen Religionen zu bezeugen. Daß Philosophie und Mystik sich zu *einer* Lebensfigur zusammenzuschließen vermögen, liegt nicht bloß daran, daß die philosophische Erfahrung in ihrem Vorstoß zum Absoluten an die Grenze des Sagbaren gelangt – in die Aporie – und damit der mystischen Erfahrung nahekommt, sondern vor allem auch – positiv – daran, daß der Denkende, der die unendliche Einheit Gottes gedanklich zu erfahren trachtet, nicht außerhalb ihrer gedacht werden kann: Der Denkende wird zum exemplarischen Fall jener Einheit, die er denkend umkreist. So können bei Meister Eckhart alle Philosopheme zu Theologumena werden, weil ja immer schon alles Philosophische bei ihm im Dienst der Auslegung des christlichen Glaubens steht. Das heißt für ihn nicht das alte Schema: „Philosophie als Magd der Theologie" repristinieren, sondern die eigentlich philosophische Dynamik des Denkens vermag in sich mit der theologischen Wahrheit zu harmonieren. Deshalb Eckharts Optimismus, „mit Hilfe der natürlichen Gründe der Philosophen" die Lehren des christlichen Glaubens und der Schrift auslegen zu können.

Praktisch bedeutet das, daß man Eckhart und seiner Intention nicht gerecht wird, wenn man bloß sein deutschsprachiges oder umgekehrt bloß sein lateinisches Werk zur Deutung heranzieht. Beide sind mit- und ineinander zu deuten. Was in den wagemutigen Formulierungen der deutschen Schriften oft ungeschützt dasteht, läßt sich von den lateinischen, eher schulmäßig organisierten Ausführungen her leicht aufschlüsseln. Auch wenn im Folgenden die Zitate aus den deutschen Schriften zu überwiegen scheinen, sind deren Deutungen doch oft den lateinischen Schriften entnommen. Bei einer Darstellung des Mystikers Eckhart ist das Dominieren jenes Aspekts an seinem Werk legitim, in dem seine mystische Lehre sich am unmittelbarsten ausspricht. Das geschieht aber ohne Zweifel in den deutschen Predigten und Traktaten, die Eckhart als *Lebmeister* und nicht als *Lesmeister* (= Lektor = Professor) verfaßt hat.

Bei der Deutung Eckharts als Mystiker muß gleich von allem Anfang an ein Mißverständnis abgewehrt werden: Eckhart ist nicht Mystiker, der die *cognitio Dei experimentalis* (die Erfahrungskenntnis von Gott) – wie Bonaventura die mystische Erfahrung umschrieben hat – im Sinne spektakulärer seelischer Ereignisse und senkrecht einfallender Theophanien verstanden hat. Seine Einheitserfahrung mit Gott ist kein isoliertes seelisches Ereignis im Sinne der älteren Kontemplationsmystik – bloß *rara hora et parva mora* (zu seltener Stunde und kurze Zeit[1]) geschehend –, sondern die währende Seinsgegenwart Gottes am Grund der menschlichen Existenz. Diese Einheit ist unvordenklicher als alle denkbaren seelischen Erschütterungen, in denen sie wahrgenommen werden könnte. So weist denn Eckhart alle isolierten Theophanien und Gotteserfahrungen ab (LW 2, 617, 1ff.) und läßt eigentlich nur ein denkendes Umkreisen Gottes gelten, das sich aber nie mit einem gedachten Gott zufrieden gibt, dessen unvordenkliche Gegenwärtigkeit als eine seinsspendende Überfülle von geschenktem Leben in den Blick rückt. Gott ist immer noch größer und dem Menschen und allem Geschaffenen tiefer vereint, als es sich das menschliche Denkvermögen auszurechnen vermag. Von dieser denkerisch und existentiell verbürgten Erfahrung gibt Eckhart immer wieder Rechenschaft in Form einer Rede, hinter der nicht ein Predigerkalkül, sondern die Einsicht steht, daß der Mensch nicht zu lernen hat, was er tun soll, sondern wie er zu sein hat (DW 5, 197, 7), damit er zu Gott kommt, bei dem er immer schon ist. Mit andern Worten: Eckharts Predigt verlangt Identifikation des Zuhörenden mit dem Gehörten, das der Sprechende authentisch vermittelt. Daher seine Aufforderung:

„Nû bite ich iuch, daz ir alsô sît, daz ir verstât dise rede; wan ich sage iu in der êwigen wârheit: ir ensît denne glîch dirre wârheit, von der wir nû sprechen wellen, sô enmuget ir mich niht verstân." (DW 2, 487, 5ff.)

Damit ist ein mystisches Kommunikationsmodell vorgestellt, das Sender und Empfänger der Botschaft in eine Einheit zwingt, die der Sender, der Prediger, als Ausgangsbasis seines Sprechens immer schon besitzt. Eckhart spricht in und aus der Wahrheit, an der er teilhat, nicht bloß als passiver Teilhaber, sondern als „mitewürker" (DW 3, 398, 13), der von der Wahrheit Gottes selber enteignet ist, so daß die Wahrheit selber aus ihm spricht: „Möhtet ir gemerken mit mînem herzen, ir verstüendet wol, waz ich spriche, wan ez ist wâr und diu wârheit sprichet ez selbe." (DW 1, 41, 5ff.) Die subjektive Wahrheit des Predigers wird zum genügenden Grund der objektiven Wahrheit Gottes: „Mir genüeget, daz in mir und in gote wâr sî, daz ich spriche und schrîbe." (DW 5, 60, 13ff.) Eckharts kerygmatische Autorität will sich also nicht abstützen auf eine rein subjektive Erfahrung – das wäre Arroganz –, sondern auf subjektive Erfahrung, die immer schon übers Ich hinaus in Gott als dessen Seinsspender und Erhalter ist. Eckharts Ich-Aussagen als Prediger sind im Letzten Aussagen über Gott und seine gnadenhaft gewährte Einheit mit ihm. Seine Rede ist deshalb ein „geworten von innen her ûz" (DW 1, 66, 3ff.), weil dieses Innen nicht die subjektive Tiefe des Menschen darstellt (etwa im Sinne eines Unbewußten), sondern die immer noch abgründiger präsente Gegenwart Gottes selber im Menschen – als Seinsspender, als Sprecher des Wortes, das der Mensch – im Anschluß an die Inkarnation Gottes – gnadenhaft selber sein darf. Das Wort Gottes wird in der Seele geboren: „daz êwige wort (wirt) gesprochen in dem innegisten und in dem lûtersten und in dem hoehsten der sêlen vernünftikeit, und dâ geschiht disiu geburt." (Pf. 105, 3ff.) Für den Prediger gilt als Voraussetzung, daß die Kohärenz zwischen innerem und äußerem Wort unverbrüchlich und ungetrübt bleibe.

Um einen Leitfaden zu haben, an dem Lehre und mystische Erfahrung Eckharts demonstrierbar ist, halte ich mich im Folgenden an das Predigtprogramm, das Eckhart selber formuliert hat:

„Swenne ich predige, sô pflige ich ze sprechenne von abegescheidenheit und daz der mensche ledic werde sîn selbes und aller dinge. Ze dem andern mâle, daz man wider îngebildet werde in daz einvaltige guot, daz got ist. Ze dem dritten mâle, daz man gedenke der grôzen edelkeit, die got an die sêle hât geleget, daz der mensche dâ mite kome in ein wunder ze gote. Ze dem vierden mâle von götlîcher natûre lûterkeit – waz klârheit an götlîcher natûre sî, daz ist unsprechelich. Got ist ein wort, ein ungesprochen wort." (DW 2, 528, 5-529, 2)

(„Wenn ich predige, so pflege ich zu sprechen von Abgeschiedenheit und daß der Mensch ledig werden soll seiner selbst und aller Dinge. Zum zweiten, daß man wieder eingebildet werden soll in das einfaltige Gut, das Gott ist. Zum dritten, daß man des großen Adels gedenken soll, den Gott in die Seele gelegt hat, auf daß der Mensch damit auf wunderbare Weise zu Gott komme. Zum vierten von der Lauterkeit göttlicher Natur – welcher Glanz in göttlicher Natur sei, das ist unaussprechlich. Gott ist ein Wort, ein unausgesprochenes Wort.")

1. „Abgeschiedenheit" ist nach Meister Eckhart keine Tugend unter anderen, sondern meint etwas Grundsätzliches: das völlige Gestorbensein gegenüber allem Hinderlichen auf dem Weg zu Gott, das eigentliche Durchgebrochensein in die „Weiselosigkeit", „Ledigkeit", „geistige Armut", Selbstlosigkeit und „Gelassenheit". Ziel dieser totalen asketischen Bemühung, die letztlich keine Techniken und „Übungen" mehr kennt, ist „daz blôze wesen gotes" (DW 3, 322, 6), das sich selber durch „Weiselosigkeit", „Warumlosigkeit" und „Abgeschiedenheit" defi-

niert, d. h., das nicht näher umschrieben oder genannt werden kann, sondern als negatio negationis („Verneinung der Verneinung", LW 1, 43, 4ff. „versagen des versagennes", DW 1, 361, 10) sich schlechterdings allen Bestimmungen entzieht. Zum spekulativen Hintergrund der „Abgeschiedenheit" gehört auch die aristotelische Vorstellung von der *tabula rasa* (der leeren Tafel) oder dem farblosen und daher farbempfänglichen Auge.[2] Nur unbegrenzte Offenheit im Sinne reinen Leerwerdens verbürgt die Möglichkeit des göttlichen Gnadenzustroms: „laere sin aller crêatûre ist gotes vol sîn, und vol sîn aller crêatûre ist gotes laere sîn." (DW 5, 413, 3f.) Der Mensch erst, der abgeschieden ist von allem Hinderlichen, kann „in die groeste glîcheit mit gote" (DW 5, 412, 4) gelangen, denn: „daz got ist got, daz hât er von sîner unbewegelîchen abegescheidenheit." (DW 5, 412, 4f.) Und als Fazit: „sol der mensche gote glîch werden, als verre als ein crêatûre glîcheit mit gote gehaben mag, daz muoz geschehen mit abegescheidenheit." (DW 5, 412, 7ff.)

Der Verzicht, der in der Haltung der „abegescheidenheit" geleistet werden muß, ist inhaltlich nicht aufzurechnen, da er total ist. Immerhin ergeben sich interessante und überraschende Konsequenzen gerade für ein religiöses und mystisches Leben. Denn nicht nur Einzelheiten des menschlichen Lebens und der Frömmigkeitspraxis müssen in ihrer letzten Relativität eingesehen werden, sondern selbst und gerade die fromme Zuwendung zu Gott muß in ihrem subjektiv-egoistischen Charakter durchschaut und demontiert werden: Wir müssen Gott bitten, „daz wir gotes ledic werden" (DW 2, 493, 8) „daz (man) got durch got lâze" (daß man Gott um Gottes willen lasse, DW 1, 196, 6f.). Ganz im Sinne der negatio negationis kann auch hier letztlich nur etwas Positives in der Aussage über Gott gemeint sein, da alle negativen Aussagen über ihn bei Eckhart durchwegs auf die nicht beschreibbare Größe Gottes zielen. „Gott" ist in diesem Zusammenhang der zur Erschaffung der Welt drängende, nach außen gewendete, „reiche" Gott der Seinsfreudigkeit, nicht der in sich selber ruhende, alles Zu-Erschaffende in sich enthaltende Gott, der als der Eine kategorial nicht umschrieben werden kann. Eckhart spricht in diesem Zusammenhang oft von der „Gottheit". „Gott" ist Gott unter dem Aspekt seiner dreifaltigen Selbstentäußerung nach außen, die „Gottheit" ist Gott unter dem Aspekt seiner Einheit. Es wäre gewiß nicht im Sinne Meister Eckharts, den „gottheitlichen" Aspekt Gottes gegenüber dem „göttlichen" in der Weise zu verabsolutieren, als ob dieser gegenüber jenem völlig preiszugeben sei; richtig ist wohl, daß zwar eine letzte Einigung mit Gott nur in seinem gottheitlichen Aspekt denkbar ist, daß aber die göttliche Bewegung nach außen – vor allem im Bild der Gottesgeburt – dem Menschen den „Durchbruch" in die innere Einheit der Gottheit je neu vermittelt und gnadenhaft möglich macht. Die Hineinnahme des Menschen in die göttliche Abgeschiedenheit und Gottheit hat ihren Ermöglichungsgrund in der göttlichen Selbstergießung nach außen.

Die Abgeschiedenheit ist für Eckhart daher keine stoische Apathie, selbst wenn gewiße Formulierungen auf diese philosophische Tradition sicherlich hinweisen. Die Unbeweglichkeit des Gemüts ist eine Qualität des ,,inneren Menschen"; sie ist ein Sein-Lassen gerade auch dessen, was Leid ist. Aber gerade Leid ist doch das ,,schnellste Tier", das den Menschen in die Abgeschiedenheit verfügt und daher notwendig (DW 5, 433, 1 ff.). Abgeschiedenheit, wie sie sich im ganzen Menschen äußert, ist daher weit eher eine grundsätzliche Wehrlosigkeit und Offenheit des Menschen als eine Form der Selbstbewahrung.

Im Grunde ratifiziert Eckhart in seiner Auffassung von der Abgeschiedenheit seine Konzeption der Geschöpflichkeit des Menschen, die sich philosophisch in seiner Analogielehre niederschlug. Alles Kreatürliche ist für ihn durch seine Nichtigkeit geprägt: ,,Alle crêaturen sint ein lûter niht" (DW 1, 69, 8; 70, Anm. 1, weitere Stellen). Sie haben von sich her kein eigenes Sein, denn ihr Sein ,,swebet an der gegenwerticheit gotes" (DW 1, 70, 2f.). Da der Mensch und die Kreaturen ja doch existieren – die Selbsterkenntnis richtet sich für Eckhart gerade nicht auf die Akte, sondern auf das dem Menschen eigene nichtige *Sein* (DW 5, 197, 7) –, ist diese Seinsweise näher zu bestimmen. Wenn die Kreatur von sich her nichts ist – unum purum nihil (ein eines, reines Nichts) (RS) –, dann hat sie ihr Sein anderswoher, nämlich von Gott, der sie mit seinem nicht abbrechenden Seinszustrom zum Existieren ermächtigt, unaufhörlich, je jetzt. Das schon biblische adhaerere Deo (Gott anhangen) bekommt so bei Eckhart eine außerordentliche Insistenz (LW 4, 434, 7) und meint die schlechthinnige Abhängigkeit des Existierenden von Gottes Seinsgnade. Das Geschöpf ,,hat" sein Sein immerfort bloß im uneigentlichen Sinn als etwas Geliehenes, während einzig Gott das Sein im eigentlichen Sinne zukommt (LW 2, 280 ff.).

Abgeschiedenheit ist in ihrem negativen Aspekt deshalb nichts anderes als die existentielle Wahrnehmung der Nichtigkeit und Seinslosigkeit, des bloßen Bildcharakters der menschlichen Existenz – man hat von einer eigentlichen ,,Spiegelontologie" (Mieth) gesprochen –, während Abgeschiedenheit nach ihrer positiven Seite die letztliche gnadenhafte Einheit des Geschöpfs in und mit Gott meint. Am Menschen ist es, diese doppelte Erfahrung – der Nichtigkeit und der Seinsgnade – in seinem Leben zu ratifizieren.

2. Es ist weiter nichts als eine Konsequenz des eckhartschen Analogiedenkens, wenn er als zweites Predigtthema die Wiedereinbildung in Gott nennt. Wenn der Mensch als Geschöpf nichts ist, dann ist seine Neigung zum Sein konstitutiv und zwingend. Das Sein aber ist nur in Gott gegeben, genauer: in Gott als dem Ursprung von allem Geschaffenen. Die mystische Rückkehr des Geschöpfs in Gott stützt sich daher ab auf die Lehre vom duplex esse, vom doppelten Sein alles Geschaffenen. In der Genesis-Erklärung heißt es:

,,Jedes Geschöpf hat ein zweifaches Sein. Das eine ist in seinen ursprünglichen

Ursachen, jedenfalls im Wort Gottes, und das ist ein festes und beständiges Sein. Deswegen ist auch das Wissen von vergänglichen Dingen selbst unvergänglich, fest und beständig. Denn das Wissen erfaßt ein Ding in seinen Ursachen. Das andere (Sein) ist das Sein, das die Dinge in der äußeren Wirklichkeit, in der ihnen eigentümlichen Form haben. Das erste ist das Sein in der Kraft (ihrer Ursache), das zweite ist das durch die (eigene) Form bestimmte Sein, und das ist meist unstet und veränderlich." (LW 1, 238, 1–7, n. 77)

Dem esse virtuale oder causale (Sein in der Kraft oder in der Ursache) steht also das esse formale (durch eigene Form bestimmte Sein) gegenüber. Dieses ist das Seiende, das ens hoc et hoc (dieses und dieses Sein), jenes das *ens* (Sein) schlechthin. Seiendes ist durch Nichtigkeit gekennzeichnet, das Sein durch Beständigkeit. Es ist klar, daß für Eckhart – und für eine ganze antike und mittelalterliche Traditionskette – das Seiende sein wahres und und wirkliches Sein nur *in Gott* und nicht in sich selbst haben kann, daß ,,in Gott alles Seiende auf eine ausgezeichnetere Weise existiere als in sich selbst" (oportet omnia eminentius existere ex natura quam etiam in seipsis, Thomas von Aquin, De sub. sep. Nr. 123).

Diesen modus nobilior oder eminentior (diese vornehmere oder höhere Weise) gilt es nach Eckhart zurückzugewinnen.[3] Denn, da ,,allez ein vorgewürket dinc" (DW 5, 416, 4) ist, liegt alles daran, den von Gott geplanten Urbildcharakter zurückzugewinnen, weil dieser einzig dem Abbild seine (allerdings flüchtige) Existenzform verleiht. Die ,,kraft in der sêle" von der Eckhart öfter spricht, ist nichts anderes als das im konkret seienden Geschöpf anwesende esse virtuale, das archetypische Sein, wo noch ungeschieden alles Geschaffene (das Glühwürmchen wie die Mücke und der Mensch) als Gott in Gott ruht. Diese Seinsweise ist die ,,edle", d. h. letztlich authentische Seinsweise, derer sich der Mensch in der Gnade zu versichern hat.

Als Ereignisbegriffe für diesen Vorgang der Wiedereinbildung des Abbilds ins Urbild kennt Eckhart verschiedene Vorstellungen. Vorrangig sind hier die Metaphern vom Durchbruch und der Sohnesgeburt. Beide führen zur gewünschten Einheit mit Gott.

Ereignisbezogen ist sonderlich der Begriff des *Durchbrechens,* den Eckhart für den Vorgang der Seele und Gottheit vereinenden Dynamik gebraucht.[4] Führt das ,,ûzvliezen" das Geschöpf in die irdische, zeitlich-räumlich strukturierte Verfaßtheit, so bringt das ,,durchbrechen" in die namenlose Gottheit – ,,in den grunt, in den bodem, in den river und in die quelle der gotheit" (Pf. 181, 16f.) – eine viel ,,edlere" Seinsweise, die ewig sein wird: ,,ich bin, daz ich was und daz ich bliben sol nû und iemermê" (DW 2, 504, 8f.); ,,wan ich enphâhe in disem durchbrechen, daz ich und got einz sîn" (505, 4f.). Es geht dabei um eine Einheit mit der Gottheit, die unvordenklich immer schon in der vorgeburtlichen Existenzweise des Menschen – ,,in dem êrsten beginne der êrsten lûterkeit" (DW 1, 382, 5) – angelegt ist. Der Mensch muß also werden, der er war, als er noch nicht war – eine Formel, die auch der islamischen

Mystik bestens bekannt ist –, damit er eingehe ,,in die verborgene heimlicheit sîner (= Gottes) verborgenen gotheit, dâ er ruowet mit im selber mit allen crêatûren" (DW 1, 388, 13f.).

Im Rückgriff auf die christliche Überlieferung bot sich Eckhart das alte Theologumenon von der Gottesgeburt in der Seele des Gläubigen an, um denselben Vorgang der Einigung des Menschen mit Gott faßbar zu beschreiben. Er hat dieses dynamische Bild und diese Glaubensrealität zu seinem zentralen Lehrstück ausgearbeitet. Die Wiedereinbildung des Menschen in Gott verkürzt die zeitliche Dimension zwischen Schöpfung und Endzeit – sub specie aeternitatis (im Blickwinkel der Ewigkeit), die Sehart, die Eckhart einzig angemessen scheint – zu einem Punkt. Die ,,Mitte der Zeit", die Inkarnation Gottes, umfaßt als Heilswirklichkeit dabei Schöpfung und Ende des Menschen. In der Art, wie Eckhart endzeitlich-mystisch denkt, werden *creatio* und *incarnatio,* Erschaffung der Welt und Menschwerdung Gottes, in ein und demselben ,,in principio" so sehr zusammen und ineinander gerückt, daß sie in solcher Identität derart Heilswirklichkeit werden, daß das Ende der Zeit dem in die Gottheit gnadenhaft durchbrechenden Menschen als deren exemplarischer Anfang geschenkt wird.

Solche Implikation der Zeiten in die eine, nur punktuell faßbare Heilszeit konkretisiert sich für Eckhart in der Sohnesgeburt im Menschen. Was einst in Bethlehem geschah, geschieht immer und jetzt in jedem Menschen, wenn er es nur wahrnehmen würde.[5] Der Vorgang einer inneren Gestaltwerdung Christi, des göttlichen Wortes, im Menschen zeigt sich nach Eckhart folgendermaßen: Indem Gottvater seinen Sohn als Wort spricht, spricht er – diesem göttlichen Wort gleich – den Geist eines jeden Menschen und die gesamte Schöpfung und gebiert so in die Menschenseele seinen eigenen Sohn wie in seiner eigenen Natur,[6] sodaß der Mensch – gnadenhaft – derselbe Sohn ist und die Macht bekommt, sich selber und alles Geschaffene mit dem Vater worthaft mitzuzeugen[7]. Eckhart treibt diesen Gedanken bis zum Paradox, daß das menschliche Ich – einbezogen in diese Sohnesgeburt – Ursache seiner selbst und aller Dinge und sein wesentliches Sein oberhalb von ,,Gott" habe.[8]

Eckharts Fassung der Gott-Mensch-Einheit haftet nichts Statisches an. Diese Einheit ist immer eine ,,Einheit im Vollzug" (Welte), eine Einheit mit Geschehenscharakter. Die Bilder, die Eckhart dafür gebraucht, zeigen es, aber auch seine ausdrückliche Aussage, die auf eine Wirkeinheit abhebt: ,,Got und ich wir sint ein in disem gewürke; er würket und ich gewirde." (DW 1, 114, 4f.) Gott ist für Eckhart kein deistisch sich von der Schöpfung absentierendes Wesen, sondern immer und überall ,,ein got der gegenwerticheit".

3. Der ,,Adel der Seele" besteht nun genau in der Abgeschiedenheit[9], darin der ,,innere Mensch", der ,,Geist", das ,,Bild Gottes in der Seele" zu Sein, Leben und Seligkeit der Schau Gottes durchbricht (Predigt ,,Vom edeln Menschen").

Zentrale Termini für diesen innersten Bereich des Menschen – von dem wir alle organologischen, zeitlich-räumlichen und psychologischen Bestimmungen fernhalten müssen – sind die folgenden: ,,grunt der sêle", ,,vünkelîn der redelicheit" (oder: ,,der vernünfticheit") oder lateinisch: abditum mentis, ratio superior u. a. oder dann Metaphern wie Haupt, Mann, Hut, Wesen, Burg, Bürgelein, Wirbel, Licht, Kraft, Etwas in der Seele, oberster Wipfel etc. Gerade die Fülle der Begriffe zeigt an, daß es sich bei dem damit Bezeichneten nicht um etwas Statisches und Fixes handelt, sondern um etwas Dynamisches, darin die lebendige Beziehung zwischen Mensch und Gott selber und nicht deren organische Träger genannt werden sollen. Es geht um den dynamischen Bezug des Menschen zu Gott in seinem lebendigsten Quellpunkt, wo die Unterscheidungen zwischen Geber (des Seins) und Empfänger schwierig werden; die Beziehung selbst soll genannt werden. Augustinisch handelt es sich um einen interior locus, non locus (innerer Ort, der kein Ort ist)[10], wenn vom ,,vünkelîn" oder ,,bürgelîn" die Rede ist.[11] Und da diese Begriffe die ,,Einheit im Vollzug" zwischen Gott und Mensch bezeichnen, sind ihnen Kategorien wie ,,Geschaffenheit" oder ,,Ungeschaffenheit", welche die Inquisitoren an sie herantrugen, inadäquat.[12] Es geht um Aspekte des Sprechens: Als intellectus inquantum intellectus (divinus) (Vernunft, insofern sie [göttliche] Vernunft ist) ist der Seelenfunke reine göttliche Vernunft, in der Art dagegen wie er in der Seele als potentia animae (als ,,Kraft in der Seele") in Erscheinung tritt, ist er unter psychologischem Aspekt etwas Geschaffenes und so unter die Kategorie des hoc et hoc, des Seienden also, zu reihen. Eckhart liegt aber letztlich an dem Vorgang, am Vollzug dieser Einheit, darin sich die Seinsverleihung von seiten Gottes ans Geschöpf in Form höchsten Lebens fraglos (,,sunder warumbe") und spontan vollzieht. Das Geschöpf, insonderheit der Mensch, erhält in diesem Vorgang mit seiner Menschwerdung auch seine Vergöttlichung, da – wie wir gesehen haben – Schöpfung, Menschwerdung und Endzeit im Nu der göttlichen Seinsvermittlung zusammenfallen. Die Gefahr solch konsequenter Seinsmystik ist die – und das haben die Inquisitoren genau gesehen –, daß der Gnadenvorgang in einen zwanghaft natürlichen umgeformt wird, sodaß Gott schließlich seine eigene Freiheit darin verlieren würde. Eckhart hat dagegen immer wieder auf den Gnadencharakter dieses Ereignisses hingewiesen, ohne doch auf der andern Seite das gewissermaßen Automatische der göttlichen Seinsverleihung sprachlich zu differenzieren.

Eckharts Ethos, das aus dieser mystischen Ontologie entspringt, ist das einer pathetischen Konzeption der ,,Gerechtigkeit", die sich aufgrund der ,,Abgeschiedenheit", die ja reine Empfänglichkeit ist, als Fruchtbarkeit göttlichen Lebens im Menschen ergibt. Aber es ist – ganz im Sinne der Spiegelontologie – diese Gerechtigkeit des Menschen nicht eine, die dem Menschen zugehören würde. Es ist immer ganz *Gottes* Gerechtigkeit. Der Gerechte hat seine Gerechtigkeit totaliter ab aliquo extra (in Gänze von etwas, das außerhalb ist) (LW 2, 281, 1 ff.), und doch besteht keine Differenz zwischen dem Gerechten und der Gerechtigkeit, die Gott ist. Eine Differenz gibt es einzig in der Art des Habens dieser Gerechtigkeit: Der Gerechte „empfängt" die Gerechtigkeit (als jene Gottes); die Gerechtigkeit, die Gott ist, „gebiert" die Gerechtigkeit in den Gerechten (DW 5, 9, 4 ff.). Diese Verhältnisbestimmung betrifft natürlich nicht nur die Gerechtigkeit, sondern auch alle Transzendentalien (Ens, Unum, Verum – Seiend, Eins, Wahr) und die anderen perfectiones generales, d. h. Positives bezeichnenden Allgemeinbegriffe wie Güte, Weisheit usw. Wir treffen hier auf eine Allgegenwart Gottes in seiner Schöpfung, die in solcher Schärfe neu und erstaunlich tönt: Gott ist der Zeugende und Gebärende derart, daß er sich „durch seine Ununterschiedenheit (von allem Geschaffenen) unterscheidet" (LW 2, 490, 7 f.); er ist damit als *der Eine* bestimmt, der alles Geschaffene durchwaltet und allem Seienden (als Sein) tiefer und innerlicher ist als es sich je selber verstehen könnte.

Das Ethos des alltäglichen Handelns rückt nun ebenfalls und notwendigerweise in diesen Umkreis der von Gott begnadeten und geadelten Seele. Diese ratifiziert, da sie im Sein gefestigt ist, in ihrem Handeln die göttliche Güte und Gerechtigkeit, die ihr innerlicher ist als sie sich selber. Das menschliche Handeln nimmt hierin teil an der göttlichen Freiheit und Spontaneität, aber auch in der darin vermittelten gereiften Lebenserfahrung, Besonnenheit und Übung richtigen Handelns. Der Abgeschiedene, der zum Adel seiner Seele gefunden hat, ist jener, der zu reifem und mündigem Handeln findet, zum „gewerbe". Prototyp dieser gereiften Haltung ist Martha – die in der dominikanischen Spiritualität der Zeit ohnehin sehr verehrt wurde – und weniger Maria.[13] Auch in diesem Punkt wendet sich Eckhart als Bettelmönch gegen die ältere Kontemplationsmystik.

4. Das vierte Predigtziel Eckharts: der Aufweis der Lauterkeit der göttlichen Natur und der Hinweis auf deren unausprechlichen Glanz ist gewiß die tiefste Motivation für alle drei voranstehend besprochenen Ziele. Seine Spiritualität und Mystik läuft auf einen Herzpunkt zu: „Dar ûf setze al dîn studieren daz dir got grôz werde." (DW 5, 199, 4 f.) Der Mensch wird in einem radikalen Sinn von sich – von seinen religiösen Übungen, von seinen „Weisen", mit Gott umzugehen – weggerufen und verwiesen auf die Herrlichkeit des Seins, das Gott ist. Es geht um nichts anderes als um das völlige, abstrichlose Geltenlassen Gottes. Alle apophatische (verneinende) Theologie wird hier zum Zwecke der größeren Ehre und Herrlichkeit Gottes eingesetzt; selbst die Bezeichnung Gottes als „Nichts"[14] meint nichts anderes als den „überswank der lûterkeit sînes wesens" (DW 1, 329, 2 f.). Kommt dazu, daß dieser „grunt gotes" in rätselhafter Zuwendung zum „grunt der sêle" steht, die nicht weiß, womit sie diese Gnade verdient haben könnte. Beide Gründe sind aber im Letzten „von allen Namen frei und allen Formen bloß" (DW 1, 40,

2), sodaß in solcher gemeinsamer Anonymität die Einheit zweier möglich scheint, nicht so, daß beide in unbestimmbare Nichtigkeit eingingen, sondern so, daß die trinitarische Bewegung Gottes die menschliche aufnimmt und in die Einheit je neu, unbeendbar, überführt:

Nû nimet der heilige geist die sêle, die geheiligeten stat, in dem lûtersten und in dem hoehsten und treit sie ûf in sînen ursprunc, daz ist in den vater, in den grunt, in daz êrste, dâ der sun wesen inne hât, aldâ glîche widerruowet diu êwige wîsheit ,in der gewîhten und in der geheiligeten stat', in dem innigesten." (DW 1, 302, 4ff.)

Namenlosigkeit, ja aber nur für die Aufnahme eines neuen funktionalen Namens: ,,Unser Name ist: daß wir geboren werden sollen, und des Vaters Name ist: gebären, wo die Gottheit ausglimmt aus der ersten Lauterkeit, die eine Fülle aller Lauterkeit ist" (DW 1, 217, 2ff.). Aufgabe des Geschöpfs ist ,,Entwachsen", die Schale Entzwei-Brechen, damit der Kern – die erste Lauterkeit der göttlichen Herrlichkeit – frei werde.[15] Nochmals und gesteigert wäre auf Eckharts Exemplarismus hinzuweisen, nach dem der Mensch in seiner Rückkehr in Gott seine ,,Gleichheit" mit ihm findet. ,,Gleichheit" ist der Schlüssel aller menschlichen Bemühung um Gott, ,,Gleichheit" aber nur als ein gnadenhaftes Entgegenkommen und Immer-schon-tiefer-Anwesendsein der göttlichen Gnade:

,,Daz ouge, dâ inne ich got sihe, daz ist daz selbe ouge, dâ inne mich got sihet; mîn ouge und gotes ouge daz ist éin ouge und éin gesiht und éin bekennen (Erkennen) und éin minnen." (DW 1, 201, 5ff.)

IV. Wirkung

Eckhart muß zu seinen Lebzeiten eine außerordentliche Anziehungskraft ausgeübt haben. Seine Zeitgenossen – Mitbrüder und Schwestern in den zahlreichen Nonnenkonventen der Dominikaner, aber auch die Bürger der Städte, in denen er predigte – müssen ihn verehrt haben. Um so schärfer und empfindlicher muß die kirchliche Verurteilung im Jahre 1329 gewirkt haben: Sie verurteilte Eckhart für Jahrhunderte zur Anonymität. Seine Schriften wurden nicht mehr in großen umfassenden Korpora überliefert, sondern Streuüberlieferung war ihnen nun beschieden. Einzelne deutschsprachige Predigten wurden in Taulersche Predigtsammlungen aufgenommen, ohne als eckhartsche gekennzeichnet zu sein. So dürfte Eckhart auf Luther eingewirkt haben, aber auch in den Pietismus. Eckhart wurde erst im 19. Jahrhundert eigentlich neu entdeckt, durch Franz von Baader vor allem. Bis sich eine ernsthafte Eckhartforschung auf wissenschaftlicher Basis ausbilden konnte – eine Entwicklung, die sich des wesentlichen Beitrags Heinrich Seuse Denifles erfreuen durfte – vergingen aber viele Jahrzehnte. Auffällig ist, daß neben der Ausgestaltung eines Eckhartbildes, das diesen Namen verdient, Eckhart wie selten eine andere Gestalt der christlichen Überlieferung immer wieder in den Dienst von Ideologien gestellt wurde, die ihm wesensfremd sein mußten. Eckhart wurde vor allem durch die völkisch-nationalsozialistische Ideologie Alfons Rosenbergs, neuerdings durch den Marxismus als Kirchenvater vereinnahmt. So grotesk diese Vereinnahmungen heute scheinen, so ernst waren sie gemeint. Auch heute droht Eckhart wieder eine ihm wesensfremde Einbeziehung in die Welle der Zuwendung zu östlichen Meditationspraktiken. Sicherlich ist Eckhart *der* christliche Gesprächspartner für östliche Religionen, aber es darf dabei nicht übersehen werden, daß er gerade *jegliche Technik* des Sich-in-Beziehung-Setzens zum Absoluten schärfstens verurteilt hat, daß seine apophatische Theologie ihren Ort nur hat im grenzenlosen Geltenlassen der göttlichen Herrlichkeit.

Wolfgang Riehle

DIE WOLKE DES NICHTWISSENS
(14. Jh.)

I. Mittelalterliche Mystik in England

Auch in England hat die Mystik im Mittelalter eine ausgesprochene Blütezeit erlebt. Hier erhielt die mystische Spiritualität einen entscheidenden Impuls, als Zisterziensermönche von ihrem Abt Bernhard von Clairvaux auf die Insel gesandt wurden, um auch dort jene neue ,,affektive" Religiosität zu verbreiten, die den Höhepunkt des christlichen Lebens in der Liebeshingabe der Seele an die Person des Mensch gewordenen Gottes sah. Noch heute kann der Englandreisende die eindrucksvollen Ruinen der Zisterzienserabteien von Byland, Fountains und Rievaulx (alle in der Grafschaft Yorkshire) als architektonische Manifestation dieser neuen Spiritualität bewundern.

Während es zunächst zahlreiche Einsiedler sind, die diese auf ganz persönlichem Erleben beruhende Frömmigkeit zu ihrem Lebensinhalt machen, entsteht dann im 14. Jahrhundert eine mystische Bewegung im eigentlichen Sinne, da viele Menschen von dem Wunsch nach einem Leben getragen waren, das eine unmittelbare Gotteserfahrung ermöglicht. Im Zuge dieser Entwicklung ist eine vielfältige Literatur entstanden, die neben lateinischen Werken auch zahlreiche beeindruckende volkssprachliche Texte umfaßt. Wir begegnen zunächst dem um 1300 geborenen Richard Rolle, der mit achtzehn Jahren sein Studium in Oxford abbricht, in die Einsamkeit flieht und dort mystische Werke in einer glutvollen, an Heinrich Seuse erinnernden Sprache schreibt. Von allen englischen Mystikern spiegeln seine Texte am intensivsten den Einfluß der bernhardischen und franziskanischen Mystik wider. Rolle lebt aber nicht in ausschließlicher Abgeschiedenheit, sondern hält auch Predigten und ist für die geistliche Unterweisung von Nonnen tätig.

Eine sehr einnehmende Erscheinung in der englischen Mystik ist Walter Hilton. Er hat in Cambridge und Paris studiert und wählt ebenfalls die Lebensform des Einsiedlers, die er aber recht bald aufgibt; sein Leben beschließt er als Augustinerchorherr. Die augustinische Theologie ist es auch, die den maßvollen Charakter seiner mystischen Texte mitbestimmt. In seinem Hauptwerk, der *Stufenleiter zur Vollkommenheit,* geht es ihm um die Frage, wie man mit Hilfe der Kontemplation die verlorene Gottebenbildlichkeit zurückerlangen könne. Der Mensch müsse die Bindungen an die irdische Welt aufgeben, worauf er zunächst nichts als eine dunkle Nacht gewahr werde. Wenn er aber die rechte Liebe zu Gott besitze, werde er durch diese Nacht hindurch zum Licht der göttlichen Erkenntnis gelangen, eine Aussage, die schon auf den Verfasser der *Wolke* vorausweist, der zu gleicher Zeit wie Hilton wirkte.

Dieser Generation gehört auch eine Mystikerin an, deren Name als ,,Juliana" überliefert ist und die ein Einsiedlerleben in einer Zelle neben oder innerhalb ihrer Heimatkirche von Norwich führte. In ihrem einzigartigen Werk, den *Offenbarungen göttlicher Liebe,* das der Tradition mystischer Frauenliteratur entsprechend in die Form von geistigen Visionen gekleidet ist, geht es ihr um Gottes Plan mit der gesamten Menschheit. Dabei erhält sie die tröstliche Gewißheit, daß die Welt bis ans Ende von der göttlichen Liebe getragen werde und daß selbst die Sünde eine wichtige Stelle im göttlichen Heilsplan einnehme. Es ist erstaunlich, von welcher gedanklichen Tiefe diese geistlichen Gesichte durchdrungen sind. Da sie sich selbst als völlig ungebildet bezeichnet, bedurfte sie sicher der Unterweisung eines Seelenführers; dieser muß ihr vor allem eine gründliche Kenntnis der Bibel und der Schriften der Kirchenväter vermittelt haben. Ebenso bemerkenswert ist jedoch, daß Juliana in einer vom Mann dominierten Welt die eigene spirituelle Erfahrung als Legitimation dafür betrachtet, als Autor eines Werkes an die Öffentlichkeit zu treten. So stellt sie die recht selbstbewußte Frage, ob sie denn, nur weil sie eine Frau sei, nicht auch von der Güte Gottes künden dürfe? Da auch sie nicht völlig weltabgeschieden lebt, sondern ihre innere Reife in den Dienst am Menschen stellt, empfängt sie bereitwillig Ratsuchende aller Art. Unter diesen ist auch Margery Kempe, die Frau des Bürgermeisters einer englischen Stadt. Sie entscheidet sich als Folge einer geistlichen Bekehrung dafür, nur noch als Braut Christi zu leben, was sie in schwere Konflikte mit der Gesellschaft bringt. Diese Erfahrungen beschreibt sie in ihrem Lebensbericht, der ersten Autobiographie in englischer Sprache. Freilich kündigt sich bei Margery Kempe auch schon die im 15. Jahrhundert immer mehr um sich greifende Verflachung der Mystik an.

Was waren nun aber die Gründe dafür, daß sich vor allem im späteren 14. Jahrhundert in England immer mehr Menschen für die mystische Spritualität interessierten und daß daraus eine breite Bewegung entstand? Es sind Gründe, von denen manche auch heute besonders aktuell anmuten, wie es überhaupt geradezu Mode geworden ist, die Situation des 14. Jahrhunderts mit unserer eigenen Zeit zu vergleichen – ein Buch wie B. Tuchmans *Der ferne Spiegel*[1], welches das Leben jener Zeit recht anschaulich schildert, ist ein Beispiel dafür. Da ist das im 14. Jahrhundert stark verbreitete Gefühl der Unsicherheit und Bedrohtheit menschlicher Existenz. Die Erfahrung des plötzlichen Todes vieler Menschen war allgemein verbreitet; denn in den Jahren zwischen 1348 und 1369 schlug die als ,,Schwarzer Tod" gefürchtete Pest mehrfach heftig zu und raffte bis zu einem Drittel der Bevölkerung hinweg, sodaß teilweise ganze Dörfer ausgerottet wurden. Da ist ferner die zur Lebenswirklichkeit jener Zeit gehörende Kriegsatmosphäre, denn England befand sich in einer immer wieder entfachten Auseinandersetzung mit Frankreich, die als 100jähriger Krieg bekannt ist. Dieser mußte durch hohe Abgaben der Bevölkerung finanziert werden. An dem Überhandnehmen der Steuern litt vor allem auch das bäuerliche Proletariat – England war noch wesentlich ein Agrarstaat – und seine zunehmende Verarmung führte zur Bauernrevolte von 1381, die freilich keine wesentliche Verbesserung der Verhältnisse brachte. Auf der anderen Seite haben wir aber in jener Zeit auch schon die Anfänge eines kapitalistischen Unternehmertums durch die enorme Ausweitung des Wollhandels und die beträchtliche Produktivität einzelner Handwerkszweige. Man staunt übrigens, wie schon damals der unerträgliche Lärm und die schlechte Luft der Stadt London von einem ihrer leidtragenden Bewohner in einem satirischen Gedicht kritisiert werden. Als Folge der beginnenden Bedeutung der Geldwirtschaft verbreitete sich eine bis dahin nie dagewesene Gier nach Geld und materiellem Besitz und griff selbst auf den Klerus, die Bettelorden, teilweise auch auf die monastischen Orden (mit der rühmlichen Ausnahme der Kartäuser) über, und die kritischen Geister der Zeit waren darüber sehr beunruhigt. Der Zustand der Kirche, die sich in der berühmten babylonischen Gefangenschaft (Residenz der Päpste in Avignon statt in Rom) befand und die zwei Päpste hatte, welche sich im Großen Schisma heftig befehdeten, war nicht dazu angetan, den zunehmend kritisch denkenden Gläubigen religiöse Geborgenheit und persönliche Heilsgewißheit zu vermitteln. So kam es, daß zu jener Zeit viele Menschen unter dem enttäuschenden Eindruck der Fragwürdigkeit alles Irdischen den ernsten Wunsch hegten, einen persönlichen, unmittelbaren Weg zur Begegnung mit Gott durch die Mystik zu finden.

Die Leserschaft, für welche die mystischen Texte verfaßt wurden, setzte sich zu einem großen Teil aus dem Bürgertum sowie dem niederen und höheren Adel zusammen, was wir einigen aufschlußreichen Nachlässen, die uns aus jener Zeit erhalten sind, entnehmen können. Es fällt dabei auf, daß ein großer Prozentsatz dieses Publikums von Frauen gebildet wurde, von denen viele aus mangelnder sozialer Sicherheit Schutz in den Klöstern suchten. Eine große Zahl von Männern und Frauen bemühte sich jedoch um spirituelle Erfahrungen, ohne daß sie deswegen ihre sozialen Bindungen aufgeben wollten. Für solche Leser verfaßte beispielsweise Walter Hilton eigens einen Brief über die besondere Lebensform des ,,gemischten", Aktivität und Kontemplation verbindenden Lebens. Da immer mehr Laien in ihrer eigenen Sprache darin unterwiesen werden wollten, wie man mystischer Erfahrung teilhaftig werden könne, entstand ein großes Bedürfnis nach geeigneten Texten. Diese Aufgabe übernahmen vorwiegend die Orden, in England vor allem die Kartäuser. Von überragender Bedeutung war jedoch die geistliche Betreuung dieses Laienpublikums durch die eigens dafür bestimmten Seelenführer, zu denen auch der Verfasser der *Wolke* gehörte.

II. Die Schriften des Verfassers der „Wolke des Nichtwissens"

So sehr man sich auch bemüht hat, die Anonymität des Verfassers der Wolke zu enträtseln, bleibt er noch immer hinter seinem Werk verborgen, was offenbar seine volle Absicht war. Aus seinem Werk zweifelsfreie Rückschlüsse auf sein äußeres Leben zu gewinnen, ist kaum mehr möglich. Es läßt sich lediglich sagen, daß er nach Abschluß seines Studiums in Oxford oder Cambridge den Beruf eines Priesters, sei es eines Ordenspriesters oder Weltgeistlichen, ausübte. Während wir kaum einen Hinweis auf seine äußere Biographie in seinem Werk vorfinden, spiegelt sich darin, und dies ist viel wichtiger, seine geistige Persönlichkeit wider. Er ist wohltuend frei von geistiger Enge und asketischem Rigorismus und hat großes Verständnis für die Anfangsschwierigkeiten des Lesers. Obwohl er eine umfassende und fundierte theologische Bildung besitzt, läßt er durchblicken, daß theologische Gelehrsamkeit keineswegs eine Garantie für spirituelle Erfahrungen bietet, ja eher hinderlich ist. Bei einem Teil seines Lesepublikums muß es sich um Leute gehandelt haben, die in mönchischer oder einsiedlerhafter Zurückgezogenheit lebten. Daß diese vorwiegend auf dem Lande zu finden waren, ist auch deshalb wahrscheinlich, weil der Autor seine veranschaulichenden Vergleiche vorzugsweise aus dem ländlichen Bereich wählt. Seine besondere Aufgabe bestand sicher darin, sich als Seelenführer um Menschen zu kümmern, die sich die mystische Erfahrung zum Ziel gesetzt hatten. Mit diesen stand er in regem mündlichen und schriftlichen Kontakt. Einige seiner Werke sind geradezu als schriftliche Antworten auf Anfragen aus dem Kreis seiner Anhänger konzipiert. Zum Teil handelt es sich bei seinen Adressaten aber auch um Leser, die sich weiterhin im aktiven Leben bewähren wollten, dieses jedoch mit einer Bereicherung durch eigenes spirituelles Erleben zu verbinden suchten. Dies zeigt sich besonders deutlich in dem wohl auch von unserem Autor stammenden Werk *Über die Unterscheidung seelischer Regungen*. Denn hier wird klar ausgesagt, daß man, um kontemplative Erfahrungen zu erleben, sich nicht für eine bestimmte Lebensform entscheiden müsse, sondern daß diese überall, selbst bei den alltäglichsten Verrichtungen, möglich sei. Kontemplation habe wesentlich mit geistiger Freiheit zu tun, und wenn man sich um die Freiheit der Kinder Gottes im Sinne des Apostels Paulus (Röm. 8, 21) bemühe, dann sei die Voraussetzung für eine unmittelbare Begegnung mit Gott gegeben.

Nach den eigenen Angaben unseres Autors stammen von ihm außer der *Wolke* noch die Schrift *Das Buch vom geheimen Rat* und ein *Brief über das Gebet*. Die *Wolke* ist zu Recht sein bekanntestes Werk geworden, denn in ihr entwickelt er die Grundgedanken seiner Mystik, während die anderen Schriften im wesentlichen Ergänzungen bzw. Modifikationen seiner Hauptgedanken enthalten. So bemerkt er etwa im *Buch vom geheimen Rat,* der Mensch müsse lernen, Gott als seinen Grund, den Grund seiner Seele zu erkennen, wobei er in eine gewisse Nähe zu Meister Eckhart gerät, obwohl, wie wir sehen werden, seine Mystik von diesem doch recht verschieden ist.

Gemeinsam ist diesen Werken eine starke Verankerung in der Bibel und der Tradition der lateinischen Theologie. Der Autor ist auch sehr darum bemüht, sich von pseudo-mystischen Bewegungen abzusetzen, die es auch damals in beträchtlicher Zahl gegeben hat. Zudem erscheint es besonders bemerkenswert, daß in diesen Texten der Wunsch nach einer kontemplativen Gotteserfahrung nicht primär durch eine zornige Enttäuschung über den Zustand der Welt motiviert ist. Wir haben es nicht mit einem selbstgefälligen Rückzug in die eigene Innerlichkeit zu tun, sondern die mystische Erfahrung wird, auch wenn die geschichtlichen Umstände sicher den Wunsch nach ihr verstärkt haben, nicht als eine Flucht vor der Wirklichkeit erlebt. Daran läßt insbesondere die *Wolke* keinen Zweifel, die wir nun näher betrachten wollen.

III. Die Grundgedanken der „Wolke des Nichtwissens"

Eine immer breiter werdende Leserschaft hat in den letzten Jahrzehnten die Bedeutung der *Wolke* für die Erneuerung der Spiritualität in unserer Zeit erkannt. Zu den Gründen für die Anziehungskraft dieses Textes gehört sein Verzicht auf asketischen Rigorismus ebenso wie die Tatsache, daß uns aus ihm ein Autor entgegentritt, der Vertrauen erweckt, weil er seine eigene spirituelle Erfahrung mit einbringt. Seine *Wolke* verfaßt er nicht ohne einiges Zögern, denn im Bewußtsein der grundlegenden mystischen Paradoxie, daß sich die Erfahrung des Göttlichen letztlich außerhalb und jenseits der Sprache vollzieht, muß er sich beständig fragen, ob er sich beim Gebrauch einer ihm unzulänglich scheinenden Sprache dem Leser auch verständlich machen kann. Mit dieser kritischen Reflexion über die Grenzen der sprachlichen Ausdrucksfähigkeit geht unser Autor weit über den in seiner Zeit üblichen Bewußtseinsstand hinaus.

Auf den ersten Seiten wird der Leser darüber aufgeklärt, daß er bisher seine Zeit, die doch etwas sehr Kostbares und Unwiederbringliches sei, ganz nutzlos zugebracht habe. Sehr modern mutet in seinem Aussagekern der folgende Satz aus der *Wolke* an: „Die Zeit ist für den Menschen geschaffen und nicht der Mensch für die Zeit." (Kap. 4) Unser Autor beurteilt die Zeit von der Ewigkeit Gottes her, er weist auf ihren Vorläufigkeitscharakter hin und stellt sie unter den Anspruch Gottes: Gott als Geber der Zeit verlange Rechenschaft darüber, wie dieses Gut verwendet wurde. Richtig angewandt ist sie, wenn man wach und empfänglich bleibt für die Möglichkeit der Begegnung mit Gott. Diese ereignet sich aber jeweils nur in kurzen Augenblicken; solche Augenblicke werden als Schnittpunkte von Zeit und Ewigkeit erkannt, weshalb sie das Verlangen nach ihrer häufigen Wiederkehr erwecken.

Wie ereignet sich nun aber für den Verfasser der *Wolke* die Erfahrung des Göttlichen? Unser Text ist sich mit vielen mystischen Werken darin einig, daß es dem Menschen unmöglich sei, mit Hilfe seiner begrenzten Intellektualität Gott zu erkennen, denn dieser entziehe sich als der ganz Andere jedem Versuch, ihn zu „erfassen". Allerdings sei es möglich, durch die Liebe eine unmittelbare Gotteserfahrung zu erlangen. Und eben darum geht es bei dem mystischen „Werk", von dem unser Autor so oft redet. Es besteht im Grunde in einer ganz und unbedingt auf Gott gerichteten Liebesregung: „Richtig verstanden ist es bloß eine plötzliche Regung, die gleichsam unversehens schnell zu Gott überspringt, wie ein Funke aus der Kohlenglut schießt" (Kap. 4); denn die Liebe ist eine „Kraft, die alle Dinge miteinander vereint" (Kap. 4), und mit ihr läßt sich Gott „fassen und halten" (Kap. 6). Durch diese Liebe kann der Mensch zur Erfahrung der göttlichen Gegenwart gelangen. Von den drei Seelenkräften: Gedächtnis, Verstand und Wille, welche die mittelalterliche Theologie kannte, legt unser Autor demnach das größte Gewicht auf die Willensfähigkeit des Menschen, denn die Liebeshingabe ist eine Willensregung der Seele. Dem Willen wird allerdings nur insofern die eigentlich erkennende Kraft zugeschrieben, als er sich auf Gott als seinen Ursprung richtet und versucht, mit dem göttlichen Willen zur Übereinstimmung zu kommen. Sünde wird so als die Zerstörung der anfänglichen Einheit von göttlichem und menschlichem Willen, ja einfach als fehlgeleiteter Wille, definiert.

Es mag hier angebracht sein, an den heute wieder sehr aktuellen Philosophen Arthur Schopenhauer zu erinnern, denn auch er sieht den Menschen ganz vom Willen bestimmt. Da jedoch dieser Wille durch seine Selbstverwirklichung in einer elenden Welt nur Unruhe, Kampf und Leid verursache, solle man sich von dieser Zwangslage durch eine völlige Verneinung des Willens befreien. Diese Willensverneinung sieht Schopenhauer bereits in der christlichen Mystik, die er „quietistisch" nennt, vor allem aber im Buddhismus zur Forderung erhoben.[2] Auch unsere *Wolke* ist schon mehrfach mit dem Buddhismus in Zusammenhang gebracht worden, ja man versuchte geradezu, ihre mystische Lehre mit ihm in Einklang zu bringen. Doch ist weder die christliche Mystik quietistisch, noch ist eine Verneinung des Willens das Ziel der *Wolke,* sondern dieser bleibt durchaus erhalten, der Mensch versucht nur, seinen Willen dem göttlichen Willen anzugleichen.

Das mystische „Werk" wird nun dem Leser sozusagen in drei Schritten vorgeführt: Als Grundlage dient die Lektüre der Bibel, denn durch sie erfahre der Mensch das Ausmaß und die Folgen seines fehlgeleiteten

Willens. Die Bibel sei ein Spiegel, durch den der Mensch in einer zweiten Stufe zur Meditation gelange und sich dabei selbst erkennen könne. Die Erkenntnis des eigenen Selbst führe zur Demut vor Gott und gleichzeitig zu dem Wunsch nach Befreiung von der Sünde. Diese muß erfolgt sein, bevor überhaupt eine spirituelle Erfahrung möglich wird. Sodann kommt es darauf an, sich im geistigen Gebet als der dritten Stufe des mystischen Werkes ganz auf Gott zu konzentrieren und alle konkreten Gedanken und Wünsche auszuschalten. Unser Autor verdeutlicht diese Haltung mit Vorliebe durch die metaphorische Aussage, daß die Seele sich nackt auf Gott ausrichte und sich ihm in „blinder" Unbedingtheit hingebe.

Die Vermeidung jedes konkreten Gedankens schließt aber auch alles bewußte Denken an Gott ein; die Seele ist nicht einmal mehr darauf bedacht, Gott „haben" zu wollen. Sie liebt ihn auch nicht um irgend einer Eigenschaft willen. Für sie ist Gott als „Der Ist" auch die Quelle ihres Lebens. Dabei geht unser Autor nicht ganz so weit wie Meister Eckhart, der in radikaler Zuspitzung den Menschen sogar auffordert, Gottes „ledig" zu werden. Doch die *Wolke* kommt immerhin recht nahe an diese Aussage heran; denn der Autor läßt den Leser fragen, ob er sich denn etwa, um Gott zu erfahren, im Nichts aufhalten solle, und gibt selbst die Antwort, daß Gott am ehesten im Nichts und im Nirgend zu finden sei. Alle großen christlichen Mystiker in der Nachfolge des Pseudo-Dionysius wissen aber, daß hier, wie es einige Jahrzehnte nach der *Wolke* Nikolaus von Kues so treffend ausdrückt, sich eine *coincidentia oppositorum* (ein Zusammenfall von Gegensätzen) ereignet und das Nichts sich in paradoxer Weise als die Fülle des Seins enthüllt:

„Wer nimmt sich heraus, es das Nichts zu nennen? Sicherlich unser äußerer Mensch, nicht unser innerer; unser innerer nennt es das All." (Kap. 68)

Dieses Verweilen im Nichts ist eine Art geistiges Sterben, denn es verlöschen vor allem Verstand und Vernunft, wie es im *Traktat über das Studium der Weisheit* heißt, doch ist dies gleichsam ein „Sterben um zu leben". Der Mensch, welcher sich so entblößt, tritt in eine „Wolke des Nichtwissens" ein, die er in seinem Leben nie völlig überwinden kann; doch wenn er sich in seinem Liebeswerk übt und versucht, diese hindernde Wolke mit dem spitzen Pfeil seiner Liebe zu durchstoßen, dann geschieht es, daß Gott zuweilen Strahlen seines göttlichen Lichts zu ihm sendet. Alle konkreten und ablenkenden Gedanken, nicht zuletzt auch die Beschlagnahme durch materielle Dinge, vermögen ihn nicht mehr zu stören, da er sie alle unter einer Wolke des Vergessens hinuntergedrückt hat. Freilich wird besonders der Anfänger diesen Versuch, sich von allen Gedanken und Wünschen freizuhalten, als die eigentliche Mühe bei diesem Werk empfinden, und erst nach einiger Übung stellt sich, wie unser Autor sagt, der Erfolg ein.

Man kann von der in der dunklen Wolke „wohnenden" Seele kaum reden, ohne auch an die „dunkle Nacht" der Seele des großen spanischen Mystikers Johannes vom Kreuz aus dem 16. Jahrhundert zu erinnern. Bei Johannes erleidet die Seele in dieser dunklen Nacht Qual und Pein, weil sie angesichts der göttlichen Präsenz ihre eigene Nichtigkeit erfährt; Gott hülle die geistige Substanz der Seele „in eine so tiefe und schwarze Finsternis ein, daß sie sich angesichts und in Anbetracht ihres Elends der Vernichtung und Auflösung durch einen schrecklichen Geistestod preisgegeben glaubt".[3] Sie fühlt sich von Gott verstoßen, verworfen, ja dem höllischen Verderben preisgegeben. Demgegenüber schlägt unser Autor seiner Grundtendenz entsprechend einen sehr viel maßvolleren Ton an: er unterläßt es, den Leser in derartige Zweifel zu versetzen, obwohl auch er darauf hinweist, daß das Verweilen in der Wolke des Nichtwissens nicht nur von der Freude der Gottesbegegnung bestimmt ist, sondern auch eine Zeit ungewissen Wartens, ja sogar des vernichtenden Sterbens bedeutet.

Von diesem Vernichten ist indes nicht die Liebesregung betroffen, denn sie bleibt auf Gott gezielt, selbst nachdem jeder Gedanke an Gott abgewiesen wurde. Sie äußert sich in dem bereits erwähnten mystischen Gebet, das sich im Grunde jenseits der Sprache vollzieht. Wenn dieses rein geistige Gebet sich aber als zu schwierig erweise, solle man allenfalls ein kurzes, einsilbiges Wort, wie etwa den einsilbigen Begriff „Gott" zu Hilfe nehmen und gleichsam die Liebesregung sich in diesem Wort konkretisieren lassen. Die besondere Art dieses Gebets verdeutlicht unser Autor mit seiner Kunst, abstrakte Vorgänge bildhaft zu veranschaulichen, durch den Vergleich mit einem Menschen, dessen Haus in Flammen steht: Wegen seiner existentiellen Betroffenheit sei dieser Mensch weder in der Verfassung noch in der Lage, kunstvoll formulierte Sätze zu äußern, sondern es reiche bei ihm gerade noch dazu, „Feuer, Feuer", oder „Hilfe, Hilfe" zu rufen. Unser Text fügt hinzu, daß dieses Werk der Hingabe nur „im Grund des Geistes und der Seele" erfüllt werden könne und Gott nur in diesem innersten Zentrum des Menschen zu erfahren sei (Kap. 37); denn: da Gott selbst Geist ist, müsse man ihn, wie es schon bei Johannes (4, 24) heißt, im Geist und in der Wahrheit anbeten.

Wenn hier vom „Grund des Geistes und der Seele" die Rede ist, so ist dies freilich, wie schon angedeutet, dennoch nicht gleichzusetzen mit Meister Eckharts berühmtem Seelengrund, weil unser Autor die Eckhartsche Vorstellung der Gottesgeburt im Seelengrund nicht kennt. Dieser Grund des Geistes ist in der *Wolke* das innerste Zentrum der Seele, ihr eigentliches Sein, das sie von Gott hat, wie es das *Buch vom geheimen Rat* andeutet. Zwar nimmt unser Text einmal die Idee von der mystischen Vergottung der Seele, die eine lange Tradition hat, auf, und erklärt, daß sie durch das Werk ihrer mystischen Hingabe gottähnlich gemacht werde, doch beeilt sich der Autor hinzuzufügen, daß der Mensch trotzdem noch weit unter Gott bleibe.

Freilich läßt sich die mystische Vereinigung, obwohl sie auf dem Willen beruht, nicht durch eine willentliche Anstrengung herbeiführen. Vielmehr wird dieses Ereignis in unserem Text als ein göttliches Gnadengeschenk verstanden. Und daraus folgt zugleich, daß nicht jede Erwartung einer solchen Erfahrung Erfüllung findet und daß andererseits die Seele, welche diese Erfahrung macht, ihr auch wieder plötzlich beraubt werden kann. Im *Buch vom geheimen Rat* lesen wir einmal, daß Gott dieses Gnadengeschenk immer wieder entziehe, damit dadurch der verlangende Wille der Seele noch gesteigert werde. Doch obwohl diese Liebe aus Gnade erfolge, sei der Mensch dennoch befähigt, seinen Teil zur Verwirklichung dieser wirkenden Gnade beizutragen. So heißt es einmal: ,,Unsere Seele wird durch die Kraft dieser umwandelnden Gnade fähig, Gott durch die Liebe ganz zu fassen" (Kap. 4). Das mystische Werk wird im weiteren Verlauf der Argumentation unseres Textes verstanden als ein von Gott stammendes wirkendes ,,Etwas":

> ,,Laß dieses wirkende Etwas mit dir tun, was es will, und dich führen, wohin es will. Laß es das Wirkende sein und laß sein Tun an dir geschehen ... sei du nur das Haus und laß es den Hausherrn sein, der darin wohnt ... Es genüge dir, daß du dich von einem Etwas freudig bewegt fühlst, von dem du nicht weißt, was es ist; du weißt nur, daß du bei deiner Regung an nichts Geringeres als an Gott denkst und daß dein Verlangen bloß und unmittelbar auf ihn gerichtet ist." (Kap. 34)

Darüber hinaus macht unser Autor eine weitere wichtige Einschränkung: Die unbedingte und ,,nackte" Hingabe an die unendliche Wesenheit Gottes in der Wolke des Nichtwissens kann nicht zu einer völligen Verschmelzung des Menschen mit Gott führen, da der Mensch auch in jenen Augenblicken mystischer Erfahrung doch noch seiner Geschöpflichkeit verhaftet bleibt. Dies zu erkennen, ist wichtig, wenn man die charakteristische Eigenheit der christlichen Mystik, etwa im Vergleich zum Buddhismus, erfassen will. Die Lehre der *Wolke* kann nicht so verstanden werden, daß der Mensch sein Selbst völlig loszuwerden sucht, um in einem ekstatischen Akt gleichsam im Unendlichen aufzugehen. Zu groß wäre ja dann auch die Enttäuschung bei der Rückkehr in die Endlichkeit. Vielmehr spiegelt unser Text die fundamentale Paradoxie der christlichen Mystik exakt wider: Gott wird zwar als eine unendliche Wesenheit gesehen, die sich nicht in menschlichen Kategorien beschreiben und fassen läßt und die daher nur aus der Negation, nur durch eine Definition dessen, was er nicht ist, verständlich wird. Andererseits aber tritt Gott in der christlichen Mystik dem Menschen als ein personales Du gegenüber, und dieser ist zum Dialog mit ihm befähigt, weil er Gottes Ebenbildlichkeit in sich trägt, die gerade durch die mystische Begegnung mit Gott in ihren ursprünglichen Zustand zurückversetzt (,,reformiert") wird. So überrascht es nicht, daß im Mittelalter auch bei der ,,negativen" Mystik des Pseudo-Dionysius häufig der Versuch gemacht wird, sie mit der personalen Christusmystik zu verbinden.

Christliche Mystik ist darum etwas anderes als der buddhistische Yoga, bei dem es sich nicht um eine personale Gottesbeziehung, sondern um eine meditative Technik handelt.

Auch unser Verfasser der *Wolke* bezieht die Christusmystik mit ein. Er betont, daß die Gottesliebe der Kontemplativen durch eine vorausgehende Versenkung in die Menschheit Christi entzündet worden sei und verdeutlicht dies anhand der bekannten neutestamentlichen Maria-Martha-Episode. Das Mittelalter hat mit Vorliebe den Besuch Jesu bei Maria und Martha und das unterschiedliche Verhalten der beiden Schwestern in mystischem Sinne gedeutet und die beiden Frauen als Symbole für die konträren Lebensformen der „vita contemplativa" und „vita activa" (des beschaulichen und des tätigen Lebens) aufgefaßt. Dabei konnten freilich von den einzelnen Autoren unterschiedliche Akzentuierungen vorgenommen werden. Der Autor der *Wolke* präsentiert Martha und Maria als Symbole des aktiven und kontemplativen Lebens, doch werden die Frauen zugleich mit Rücksicht auf die damaligen Leser, die noch mit der höfischen Kultur vertraut waren, in einen höfischen Rahmen gestellt. So tritt Jesus der geschäftigen Martha mit gewählter Höflichkeit gegenüber und vermeidet es, ihre Tätigkeit abzuwerten. Unser Autor fügt sogar hinzu, sie sei eine große Heilige gewesen. Es wäre demnach schon aus diesem Grunde nicht richtig, die *Wolke* als einen Text zu bezeichnen, der nur die Kontemplation als Lebensform kennt. Freilich hat unser Autor das Verhältnis zwischen Jesus und Maria mit größerer Wärme gezeichnet. Vor allem überträgt nun die *Wolke* das für die höfische Dichtung zentrale Verhältnis des Ritters zur Dame auf Christus und Maria, die als Symbol der kontemplativen Seele dient. Sie bringt dem höfisch „gesitteten" Jesus ihre Liebe entgegen; sie tut dies, weil sie weiß, daß er sie zuerst geliebt hat und kommt dadurch der johanneischen Forderung nach: „Lasset uns ihn lieben, denn er hat uns zuerst geliebt" (1 Joh 2, 19). Die Verbindung zwischen der „negativen" Mystik und der Liebe zum Mensch gewordenen Gott wird nun in der *Wolke* dadurch vollzogen, daß Maria ihre Liebe in die Wolke des Nichtwissens gleichsam „hineinhängte". Und obwohl sie Jesus gegenüber saß, sei sie von der Göttlichkeit seiner Person so gebannt gewesen, daß sie sozusagen gar nicht dazugekommen sei, auf irgendwelche äußere Akzidentien zu achten und etwa die Schönheit und Vollkommenheit seiner physischen Erscheinung oder seiner Rede zu bewundern.

Am Ende unseres Überblicks ist aber auch ergänzend zu betonen, daß die mystische Liebe des Menschen zu Gott nicht etwas wesentlich anderes ist als die Liebe, die von jedem Christen gefordert wird, nämlich die Gottes- und Nächstenliebe. Darauf macht unser Autor besonders aufmerksam, und er zitiert das bekannte paulinische Wort, daß die Liebe des Gesetzes Erfüllung sei (Röm 13, 10). Demnach ist die mystische Liebe von der *caritas* des normalen Gläubigen nur durch den Grad ihrer Intensität verschieden. So weiß sich unser Text mit der Tradition der christlichen Mystik darin einig, daß die mystische Spiritualität nicht in einem wie immer gearteten Gegensatz zur Frömmigkeit des gewöhnlichen Christen steht, sondern intensiviertes christliches Leben ist. Durch sein mystisches ,,Werk" fühlt sich der Kontemplative zugleich mit allen Menschen in Liebe verbunden und zu tätiger Nächstenliebe aufgerufen.

Blicken wir nun noch einmal auf den Anfang der *Wolke* zurück: Sie beginnt mit einem kurzen, dem Prolog vorangestellten Gebet. Darin bittet der Verfasser Gott stellvertretend für den Leser um die Reinigung des Herzens, damit es befähigt werde zu vollkommener Liebe und zum würdigen Lobpreis Gottes. Er möge dies tun, da ihm alle Herzen offen seien und ihm nichts Geheimes verborgen bleibe. Mit subtilen sprachlichen Anklängen an die spätere Argumentation faßt dieses konzise Gebet die Grundthematik der *Wolke* zusammen. Zugleich enthält es aber auch nichts, was nicht ebenfalls auf den durchschnittlichen Gläubigen zu beziehen wäre. Es ist darum bezeichnend und aufschlußreich, daß dieses Gebet mit seiner einfachen Sprache nicht eigens für die *Wolke* verfaßt wurde, sondern die Übersetzung einer sehr alten Messe-Kollekte darstellt, die Alkuin, der große Theologe Karls des Großen, überliefert hat. Offenbar direkt aus der *Wolke* hat dann Erzbischof Cranmer dieses Gebet in sein ,,Book of Common Prayer", die Liturgie der anglikanischen Kirche, übernommen, wo es noch heute in sonntäglichem Gebrauch ist. Doch dies führt uns zur Frage nach der Wirkungsgeschichte unseres Textes.

IV. Wirkung

Von dem mittelalterlichen Text *Die Wolke des Nichtwissens* sind uns noch heute 18 Handschriften erhalten, die freilich aus einem Zeitraum von insgesamt dreihundert Jahren stammen. Daraus läßt sich ersehen, daß das Werk trotz seines hohen geistigen Anspruchs eine beachtliche Verbreitung gefunden hat. Dabei ist noch gar nicht berücksichtigt, daß die Handschriften auch häufig ausgeliehen wurden und daher stark zirkulierten. Zur Verbreitung unseres Textes trugen vor allem die Kartäuser viel bei: Von diesem Orden stammt eine sehr bemerkenswerte Handschrift, in der die *Wolke* durch die Übersetzung eines französischen mystischen Werkes ergänzt wird, das sich *Spiegel der einfachen Seelen* nennt. Dieser Text entstand im Umkreis der Brüder vom freien Geist, einer mystischen Bewegung, die infolge einer zu einseitigen Rezeption der Lehre Meister Eckharts die mystische Freiheit als untätigen Quietismus mißverstand. Zweifellos wurde die *Wolke* auch in der Nebenabsicht verfaßt, vor derartigen pseudo-religiösen Bewegungen zu warnen. Wir wissen ferner, daß die *Wolke* im Wandel der Zeiten die bevorzugte Lektüre einflußreicher und zugleich ganz unterschiedlicher Persönlichkeiten gewesen ist: Wir finden sie bei einem standhaften Anhänger der römischen

Kirche, der seine Opposition gegen Englands Abspaltung von Rom durch Heinrich VIII. mit dem Leben bezahlte; sie ist aber auch bei einem wohlhabenden städtischen Kaufmann sowie einem führenden Kopf der frühen englischen Baptisten anzutreffen.[4]

Wie bereits erwähnt, war im 15. Jahrhundert in England die große Zeit der Mystik schon vorbei, obwohl sich in einzelnen Klöstern noch eine mystische Spiritualität weiter erhielt. Mit der Reformation setzte vollends eine gravierende Zäsur ein. Nicht nur wurden die katholischen Gläubigen aus England vertrieben, sondern man verwarf, was aus dem Mittelalter stammte, ohne daß man beispielsweise bei den mystischen Texten die Frage ihrer Vereinbarkeit mit der Heiligen Schrift geprüft hätte. Die Mitglieder der als Folge der Reformation aufgelösten Orden waren nach Frankreich und den Niederlanden geflüchtet. Erst als es in Frankreich in der letzten Phase der Gegenreformation zur Bildung neuer englischer Ordenskongregationen kam, läßt sich im Zusammenhang mit der Rezeption der spanischen Mystik des 16. Jahrhunderts ein Wiederaufleben der englischen Mystik beobachten, und nun begegnen wir auch wieder der *Wolke*. Denn der Benediktinerpater Augustine Baker, der neun Jahre lang Seelenführer eines englischen Nonnenkonvents im französischen Cambrai war, hatte eine besondere Vorliebe für unseren Text, zu dem er 1629 einen eigenen Kommentar verfaßte.[5] Baker lag eine wahrscheinlich von einem emigrierten Kartäuser stammende Handschrift aus dem 16. Jahrhundert vor, die er aus der Bibliothek eines englischen Kapuzinerpaters erhielt.[6]

Als gedrucktes Buch erschien die *Wolke* indes erstmals im Jahre 1871 in der nicht vollständigen Fassung Bakers, und damit begann ihre Wirkung in unserer Zeit. Daß sie gerade in den letzten Jahrzehnten des 19. Jahrhunderts nach einer langen Zeit der Vergessenheit wieder neu entdeckt wurde, kann kaum ein Zufall sein. Denn schon damals begannen sich die heute besonders aktuellen Probleme der hochindustrialisierten Gesellschaft abzuzeichnen. Schon damals waren Zweifel an einem naiven Fortschrittsoptimismus laut geworden. Und angesichts des durch die immer neuen Erkenntnisse der Naturwissenschaften sich ausbreitenden Skeptizismus war gleichzeitig als Gegenreaktion auch das Bedürfnis nach einer neuen fundierten Spiritualität entstanden, zu welcher insbesondere Kardinal John Henry Newman viel beigetragen hat. In diesem Zusammenhang ist auch das neue Interesse an einem Text wie der *Wolke* zu sehen. Es ist weiterhin bemerkenswert, daß die *Wolke* drei Jahre vor Beginn des Ersten Weltkrieges erneut erschien – diesmal in einer vollständigen, auf der handschriftlichen Überlieferung basierenden Ausgabe. Sie wurde besorgt von Evelyn Underhill, einer Dichterin und praktizierenden Mystikerin, die selbst u. a. auch eine große, noch heute gültige Studie über die Mystik verfaßt hat. Wiederum entsprach die Veröffentlichung unseres Textes einem besonderen Bedürfnis der Zeit. Denn gerade auch die Jahre vor dem Ersten Weltkrieg waren durch eine stark um sich greifende geistige Orientierungslosigkeit und Sinnentleertheit gekennzeichnet. Der von Schopenhauer als Lebensprinzip erkannte ,,Wille" war von seinem Schüler Nietzsche zu einem positiv gesehenen Willen zur Macht umgedeutet worden. Auf politisch-nationaler Ebene trug dieser Machtwille entscheidend zur Katastrophe des Weltkrieges bei.

Um sich die geistige Situation jener Jahre zu vergegenwärtigen, empfiehlt sich die Lektüre der frühen Gedichte T. S. Eliots.[7] Dieser Dichter hat dann in seinem 1922 erschienenen Werk *Das wüste Land*[8] die Weltkriegskatastrophe und die anhaltende geistige Dürre im lyrischen Vers zu thematisieren versucht, nicht ohne diese Dichtung mit dem andeutenden Verweis auf die Möglichkeit einer Erneuerung der Welt durch die Geistigkeit westlicher wie östlicher Mystik zu beschließen. Mit diesem Ausblick auf mystische Texte bleibt Eliot keineswegs allein, vielmehr sind die berühmten Zwanziger Jahre nicht nur die vielzitierten ,,Wilden Zwanziger Jahre" gewesen, sondern in jenem Jahrzehnt ist auch in auffallender Weise ein verstärktes Interesse an mystischer Literatur zu beobachten: Es mehren sich die Monographien über mystische Spiritualität, wieder wird die *Wolke* in einer Neuausgabe angeboten, sie erscheint in französischer Übersetzung, und in dieser Zeit wird sie auch in Deutschland zusammen mit den anderen englischen Mystikern wenigstens auszugsweise durch die Anthologie mystischer Texte von Otto Karrer[9] vorgestellt.

Inzwischen hatte die unheilvolle politische Entwicklung zum Ausbruch des Zweiten Weltkrieges geführt. Wieder schuf Eliot aus dieser Erfahrung eine Dichtung – die *Vier Quartette,*[10] deren letztes mit dem Titel ,,Little Gidding" unter dem Eindruck der Bombardierung Londons durch die Deutschen entstand. Hier wird paradoxerweise die größte Gottverlassenheit zugleich als Möglichkeit für die Erfahrung des Göttlichen im Irdischen, des Schnittpunktes von Zeit und Ewigkeit, gesehen, womit ein Kerngedanke negativer Mystik, also auch der *Wolke,* wieder aufgegriffen wird. Den Flammen, in denen das vom Feind getroffene London steht, setzt Eliot in dieser Dichtung das Feuer des Geistes, aus dem sich die Liebe entzündet, entgegen: ,,Liebe ist der nicht vertraute Name, Hinter dem die Hand sich birgt, Die das Flammenhemd gewirkt."[11] Indem der Sprecher des Gedichts auf diese Liebe vertraut, bezieht er sich zugleich auf die beiden englischen Mystiker Juliana von Norwich und den Autor der *Wolke,* und spielt in wörtlichen Zitaten auf sie an: ,,Und alles wird gut sein, Und jederlei Ding wird gut sein ..." Julianas zuversichtliche Zukunftsvision wird in Aussicht gestellt für den, der in den Worten der *Wolke* ,,Angezogen [ist] durch diese Liebe und die Ausrufung dieser Stimme".[12]

Nachdem die *Wolke* zusammen mit den mit ihr verwandten Texten in den Fünfziger Jahren in einer wissenschaftlichen Ausgabe erschienen war, folgten vollständige Übersetzungen ins Deutsche und Japanische, und im englischen Sprachraum erschien zu den bereits vorhandenen

Ausgaben noch eine Taschenbuchedition. Etwa vom Beginn der frühen Siebziger Jahre an wurde unser Text im Zusammenhang mit dem neuen, intensiven Interesse an der mittelalterlichen Mystik einem breiten Publikum bekannt. Zeit- und kulturkritische Bestseller-Publikationen wie E. Schumachers *Rat für die Ratlosen*[13] oder E. Fromms *Haben oder Sein*[14] griffen u. a. auch den Kerngedanken der *Wolke,* nämlich die Befreiung von allen auf irdische Ziele gerichteten Wünschen als Voraussetzung für die Erfahrung des Göttlichen auf und stellten sie dem Leser als eine Möglichkeit vor, zu einer neuen, den Materialismus überwindenden Lebensweise zu finden. Wenn Fromm dabei auf die Parallelität zwischen unserem Text und dem Zen-Buddhismus verweist und die *Wolke* geradezu als Zen-Text im christlichen Bereich wertet, so entspricht dies einem Modetrend, der sich in den letzten Jahrzehnten verbreitet hat und der auch wohl der Grund ist für die Übersetzung der *Wolke* ins Japanische. Auch wenn es richtig ist, daß gewisse Ähnlichkeiten nicht zu übersehen sind, wäre es trotzdem grundfalsch, unseren Text sozusagen in die buddhistische Spiritualität einzuordnen – aus Gründen, die in unserer Darstellung der *Wolke* deutlich geworden sind. Die *Wolke* ist viel mehr als ein Meditationstext, der den Yoga ermöglicht. Durch das in ihr beschriebene „Werk" vermag der Leser eine göttliche Seinserfahrung zu erlangen, ohne den Umweg über die dem westlichen Menschen nicht vertraute buddhistische Geistigkeit gehen zu müssen. Jedoch kann die *Wolke* andererseits sehr wohl dazu dienen, den Dialog zwischen den Religionen zu fördern.

Reinhard Schwarz

MARTIN LUTHER

(1483–1546)

Nur wenige haben die Geschichte des Christentums in einer so einschneidenden und umstrittenen Weise geprägt wie Martin Luther. Er entfachte Streit durch den Aufruf an die Kirche und an die Theologie, sich auf ihre biblischen Grundlagen zu besinnen und selbstkritisch Fehlentwicklungen zu erkennen und zu bereinigen. Zu den Dingen, die er an der christlichen Frömmigkeit seiner Zeit mißbilligte, gehörten auch bestimmte Formen dessen, was gewöhnlich als Mystik bezeichnet wird, vor allem ein rein beschauliches, frommer Versenkung hingegebenes Leben und die außerordentliche religiöse Wertschätzung von Visionen und Träumen. Und als sich Anhänger der Reformation – besonders Thomas Müntzer (gestorben 1525) – auf ein unvermitteltes, zeitloses Wirken des heiligen Geistes beriefen, trat Luther dem energisch entgegen und betonte die Bindung des Glaubens an das ,,äußere" Wort der Bibel und der geschichtlichen Christuspredigt. So konnte der Eindruck entstehen, daß Luther ein Gegner der Mystik gewesen ist. Das ist jedoch eine schiefe Ansicht. Denn Luthers Verständnis des christlichen Geistes reicht in die Schichten der Mystik.

Wenn wir unter Mystik das Innewerden eines Vereintseins mit Gott verstehen, finden wir bei Luther Mystik. Im Herzstück seiner Theologie war ihm das Bewußtsein einer engsten Gemeinschaft des Glaubenden mit Christus unverzichtbar. Die Entfaltung dieses Glaubensbewußtseins enthält Elemente, die mit mystischen Traditionen des Mittelalters locker verwandt sind. Dennoch kann man den Komplex der Mystik Luthers weder im ganzen noch in einzelnen Elementen geradlinig aus der mittelalterlichen Mystik ableiten. Im Kontext der Theologie Luthers hat sich das, was wir seine Mystik nennen können, als etwas höchst Eigentümliches herausgebildet.

I. Luthers Begegnungen mit Traditionen christlicher Mystik

1. Mystische Ereignisse in Luthers Leben?

In der Biographie Martin Luthers (geb. am 10. November 1483, gest. am 18. Februar 1546), die wir voraussetzen, gibt es kein Ereignis, das wir deshalb als ein mystisches Erlebnis bezeichnen könnten, weil es mit einer Ekstase, einer Vision oder Audition oder einer Traumerfahrung verbunden gewesen wäre. Es war in diesem Sinne weder ein mystisches Erlebnis, das bei Luther 1505 die Hinwendung zum mönchischen Leben ausgelöst hat, noch war das ein mystisches Erlebnis, was in der Lutherliteratur häufig als die reformatorische Entdeckung bezeichnet wird.

In offener Landschaft von einem Gewitter überrascht und von einem Blitzschlag in Todesangst versetzt, entschloß sich der 22jährige Magister der Philosophie und Student der Jurisprudenz für das Mönchsleben. Ihn hatte die Angst überfallen, plötzlich sterben zu müssen und des ewigen Lebens nicht würdig zu sein. Der Entschluß für das mönchische Leben entsprang der herrschenden Ansicht, daß der Mönch sich eher Würdigkeit für das ewige Leben erwerben kann als der Weltchrist. Nicht weil er in mystischem Erleben eine himmlische Stimme gehört oder eine überirdische Erscheinung geschaut hätte, sondern weil ihn gut kirchliche Frömmigkeit dazu motivierte, trat Luther ins Kloster ein, und zwar in das Erfurter Kloster des Bettelordens der Augustiner-Eremiten.

Nach erster Bewährung im Mönchsstand wurde er von seinen Vorgesetzten dazu bestimmt, sich noch zusätzlich zum Priester weihen zu lassen, um so seinem Orden und der Kirche in besonderer Weise geistlich zu dienen. Danach wurde ihm aufgetragen, sich durch das Theologiestudium noch eine wissenschaftliche Qualifikation zu erwerben. Er war schon auf Wunsch seines Ordensvorgesetzten Johannes von Staupitz in das Wittenberger Augustinerkloster übergewechselt, als er an der jungen kursächsischen Universität Wittenberg 1512 mit der Promotion zum Doktor der Theologie die höchste Stufe des wissenschaftlichen Studiums erreichte. Dadurch war er zur selbständigen theologischen Lehrtätigkeit berechtigt und übernahm auf Wunsch des Johannes von Staupitz dessen theologische Professur an der Wittenberger Universität. In allen seinen Vorlesungen, die er von nun an bis zum Jahre 1545 gehalten hat, legte er einzelne Schriften der Bibel aus, vor allem Schriften des Alten Testamentes. Neben seiner Tätigkeit als Professor hat Luther etwa seit 1514 regelmäßig in der Wittenberger Stadtkirche der Gemeinde über biblische Texte gepredigt. So nimmt in Luthers Werk die Bibelauslegung in der Gestalt von Vorlesungen und Predigten den weitaus größten Raum ein.[1] Die lateinische Schriftauslegung auf dem Katheder und die deutschsprachige auf der Kanzel standen beide unter der Frage nach dem rechten Glauben, nach dem wahren Wesen christlicher Frömmigkeit, nach der biblisch begründeten Gotteserfahrung.

Luther war Mönch, Priester und Theologe in einer Person. Als Mönch wollte er sein Leben der Christusnachfolge so führen, daß er im Jüngsten Gericht vor Christus, dem göttlichen Richter, bestehen und in das ewige Leben der vollendeten Gottesgemeinschaft eingehen könnte. Als Priester wollte er der Kirche mit der regelmäßigen Darbringung des Meßopfers und in den Aufgaben der Beichtseelsorge dienen. In der theologischen Arbeit wollte er über den Weg des Christen zum ewigen Heil und über die Heilsvermittlung in der Christenheit nachdenken. Doch er begnügte sich nicht mit den vorgezeichneten Bahnen des mönchischen Lebens, den vorgeschriebenen Pflichten des priesterlichen Dienstes, den schulmäßig festgelegten Fragestellungen des theologischen Denkens. Nicht zu übersehen ist sein Drang, im Lichte der Bibel Klarheit über die eigene Religiosität und den christlichen Glauben überhaupt zu gewinnen.[2]

Das Streben nach Gotteserkenntnis und Selbsterkenntnis[3] zielte in der religiösen Mentalität wie im theologischen Denken des Mittelalters darauf, daß der Mensch sich in seiner Heilsbedürftigkeit erkennt und sowohl der Barmherzigkeit als auch der Gerechtigkeit Gottes begegnet. Der Barmherzigkeit Gottes begegnete er in der Gnade, die ihm die Kirche mit Hinweis auf die Menschwerdung des Gottessohnes und auf dessen Kreuzestod mitteilte. Die Gerechtigkeit Gottes wurde ihm vorgehalten als eine richterliche Gerechtigkeit, mit der Christus im Jüngsten Gericht jeden Menschen daraufhin prüft, ob er sich durch die kirchliche Gnade hat reinigen lassen und sich im Gnadenleben so bewährt hat, daß er anerkennenswert gerecht ist und würdig für das ewige Leben in der Gottesgemeinschaft. Wer vor der göttlichen Gerechtigkeit am Ende der Zeit bestehen wollte, mußte nach herrschender Ansicht durch die kirchliche Gnade und ein rechtschaffen frommes Leben das Prädikat der Gerechtigkeit für sich gewinnen. Dieses hart fordernde Verständnis von Gottes Gerechtigkeit machte Luther schwer zu schaffen, je mehr er die Unzulänglichkeit selbst des mönchischen Lebens erkannte. Auf dem Boden der spätmittelalterlichen Religiosität, die auch ihm den Weg ins Kloster gewiesen hatte, konnte er sich jedoch den Begriff „Gerechtigkeit Gottes“ in den biblischen Texten gar nicht anders als im Sinne der richterlichen Gerechtigkeit deuten. Selbst der Paulus-Text Röm 1, 17 war dann so zu verstehen, daß durch Christus, der am Jüngsten Tage in Gottes Vollmacht über die Menschen urteilen wird, Gottes Gerichtsgerechtigkeit in voller Wahrheit offenbart worden ist. Gewiß gab es gegenüber der Beunruhigung durch dieses Verständnis von Gottes Gerechtigkeit immer auch den Hinweis auf die Gnadenmittel der Kirche und auf die, wie es schien, keineswegs aussichtslose Möglichkeit, im Zusammenwirken mit den übernatürlichen Gnadenkräften Gerechtigkeit vor Gott zu erwerben.

Luther befragte die biblischen Texte, ob sie dieses Verständnis von Gottes Gerechtigkeit stützten. Intensives exegetisches Nachdenken brachte ihn schließlich zu der Erkenntnis, daß die biblischen Texte doch anders von Gottes Gerechtigkeit reden: Sie meinen eigentlich ein Handeln Gottes, in welchem Gott dem Menschen seine Gnade so zuwendet, daß der Mensch nun schon unmittelbar von Gott zum ewigen Leben angenommen ist, also aus Gottes Barmherzigkeit die Gerechtigkeit empfängt, die vor Gott gilt, um die Wendung zu gebrauchen, die Luther später bei seiner Übersetzung der zentralen Paulus-Stellen (Röm 1, 17; 3, 21.25 f; 10, 3; 2. Kor 5, 21) verwendete. Diese exegetische Einsicht hat

Luther später wiederholt als ein für ihn ungeheuer befreiendes Ereignis erwähnt. Das war kein Erlebnis mystischer Entrückung und Erleuchtung. Es war vielmehr das Aufleuchten einer Erkenntnis, die in der Schriftauslegung gewonnen war und tief in die Gotteserfahrung hineinreichte. Die Erkenntnis bewährte sich im weiteren Klärungsprozeß der religiösen Probleme. Rückblickend konnte Luther 1545 in seiner Vorrede zum 1. Band seiner lateinischen Werke die beglückende Wirkung jener Erkenntnisstunde fast so beschreiben, als habe es sich um ein mystisches Erlebnis gehandelt:

„Da hatte ich das Empfinden, ich sei geradezu von neuem geboren und durch geöffnete Tore in das Paradies selbst eingetreten".

Daß es sich jedoch nicht um ein Entrückungserlebnis handelte, wird allein schon aus der Fortsetzung des zitierten Textes deutlich:

„Da zeigte mir sofort die ganze Schrift ein anderes Gesicht. Ich durchlief dann die Schrift nach dem Gedächtnis und sammelte entsprechende Vorkommen auch bei anderen Vokabeln: z. B. Werk Gottes, das heißt: was Gott in uns wirkt; Kraft Gottes, durch die er uns kräftig macht, Weisheit Gottes, durch die er uns weise macht, Stärke Gottes, Heil Gottes, Herrlichkeit Gottes."[4]

Luther fand sein neugewonnenes Verständnis des Ausdruckes „Gerechtigkeit Gottes" auch in den Schriften Augustins bestätigt, in denen der Kirchenvater gegenüber einem zeitgenössischen Christen namens Pelagius und dessen Anhängern für ein tieferes als ein bloß moralisches Verständnis von Sünde und Gnade stritt. Diese Schriften lernte Luther kennen, als er 1515 seine Vorlesung über den Römerbrief begann. Andere Schriften Augustins hatte er schon in den vorangegangenen Jahren gelesen.

Bei seinem Bemühen, die Probleme des geistlichen Lebens im Gespräch mit der Bibel zu klären, fand Luther die größte Unterstützung in der Lektüre Augustins und Bernhards von Clairvaux. Denn beide Männer haben in ihrer Schriftauslegung die Fragen der religiösen Erfahrung mitbedacht, und zwar bis in die Tiefen der Gottes- und Christuserfahrung. In welchem Maße Luther im Nachdenken über seine eigene Christus- und Gotteserfahrung von Augustin und Bernhard gefördert worden ist, läßt sich schwer ermessen. Die Anregungen liegen vor allem im Medium der Schriftauslegung; sie lassen sich nicht einfach an Zitaten oder an bestimmten theologischen Begriffen ablesen, obwohl die Forschung durch die Auswertung solcher Indizien noch einige Aufschlüsse gewinnen könnte.

2. Luther und Autoren der Mystik

Schon ehe er mit den antipelagianischen Schriften Augustins bekannt wurde, also vor 1515, hat Luther in reichem Maße Augustin gelesen. Dessen große Werke *Von der Dreieinigkeit* (De Trinitate) und *Vom Gottes-*

staat (De civitate Dei) lernte er um 1509 kennen, um die gleiche Zeit auch die *Bekenntnisse* (Confessiones),[5] in denen er erfuhr, wie der Kirchenvater meditierend seiner Gotteserfahrung bewußt wurde. Bei der Ausarbeitung seiner ersten Vorlesung, 1513–1515 über die Psalmen, hat Luther nachweislich intensiv die Psalmenauslegungen des Kirchenvaters studiert, die sich aus Predigten zusammensetzen. Vermutlich hat Luther damals oder schon früher auch noch andere Predigtsammlungen Augustins gelesen. Wenngleich er in späteren Jahren Augustin vor allem wegen seiner antipelagianischen Schriften gerühmt hat, weil sie ihm Rückhalt gaben in seinem Kampf gegen die gängige kirchliche Gnadenauffassung und Werkgerechtigkeit, so dürfen wir doch nicht den Einfluß unterschätzen, den Augustin vor allem mit seinen *Bekenntnissen* und seinen Predigtauslegungen von Bibeltexten auf ihn ausgeübt hat. Luther nannte Augustin den besten Schriftausleger vor allen anderen.[6]

Neben Augustin hat Bernhard von Clairvaux, vor allem durch seine Predigten,[7] auf die Entwicklung von Luthers religiöser Mentalität eingewirkt. Seine Predigten – hauptsächlich muß man an die Predigten über das Hohelied denken – stellt Luther noch über die Predigten Augustins, weil Bernhard die religiöse Erfahrung noch stärker auf Christus beziehe, indem er dessen Wohltaten betone und die Herzen für ihn entflamme.[8] Wie sehr es Luther darauf ankam, religiöse Erfahrung mit Hilfe biblischer Texte, vor allem der Psalmen, zu durchleuchten, deutet er 1519 mit der Äußerung an, daß Bernhard ähnlich wie Augustin in vorzüglicher Weise den Psaltertext in affektives Erleben umgesetzt und die ganze Fülle seiner religiösen ,,Bildung" (eruditio) aus dieser Quelle geschöpft habe.[9]

In seiner Begegnung mit Bernhard hat es sich Luther eingeprägt, daß der Glaube auf den gekreuzigten Christus blicken soll, um der Barmherzigkeit Gottes inne zu werden.[10] Der wahre Glaube stütze sich in persönlicher, vom heiligen Geist gewirkter Gewißheit auf die Vergebung in Christus; nur in der persönlichen Aneignung des Gnadenangebotes werde der Mensch vor Gott gerecht.[11] Und durch die Legende ließ sich Luther, ohne historische Kritik zu üben, Bernhard als den Zeugen eines festen Christusglauben schildern. Bernhard gibt dort ein Beispiel dafür, wie der Christ selbst den schwersten Anklagen des Teufels ein vor Gott gültiges Recht entgegenhalten kann, das Christus durch sein Leiden erworben hat, aber ganz dem Glaubenden zur Verfügung stellt.[12]

Auch mit dem breiten Strom der mystischen Tradition, der von den Schriften des Pseudo-Dionysius Areopagita ausgeht, ist Luther in seinen frühen Jahren in Berührung gekommen. Daß er die Schriften des Areopagiten, vor allem dessen *Mystica theologia,* selber gelesen hat, ist nicht ausgeschlossen. Eher ist jedoch anzunehmen, daß er mit Gedankengut des Areopagiten indirekt bekannt wurde. Der Franziskanertheologe Bonaventura (gestorben 1274) und der von Luther noch etwas häufiger erwähnte französische Theologe Johannes Gerson (gestorben 1429) kommen hauptsächlich als Vermittler in Betracht. Luther äußert sich in frühen Jahren (1513/14) noch positiv über den Weg der areopagitischen Mystik mit ihrem Ziel einer Vereinigung mit dem reinen Sein Gottes, das sich in einem unbegreiflichen Dunkel verbirgt, das schlechthin unaussagbar ist und von dem nur in Übersteigerungen oder Negationen gesprochen werden kann.[13] Den Aufstieg zu Gott sollte der Mensch im kontemplativen Leben suchen, indem er den Verstand Schritt für Schritt von den Vorstellungen und Begriffen entblößt und den Willen von allen gegenständlichen Zielen abzieht und in die Willenlosigkeit zurücknimmt. Luther hat nach späteren Andeutungen in seinen ersten Mönchsjahren selber versucht, auf diesem ,,spekulativen" Weg zu einer mystischen Vereinigung der Seele mit Gott zu gelangen. Darin war eingeschlossen ein Aufschwung der Verstandes- und Willenskräfte über den Mensch gewordenen Christus hinaus zu dessen reiner Gottheit.[14] Doch dann erkannte Luther, daß die Fülle des Heils für unsere Glaubenserfahrung ganz und gar in dem Mensch gewordenen Gottessohn gegeben ist.[15] Die Bemühungen der spekulativen Mystik mußte er nun für vergeblich und vermessen halten. Aus demselben Grunde verurteilte er die im spätmittelalterlichen Mönchtum hoch bewerteten Begegnungen mit Christus oder Maria in Träumen oder Visionen.[16] Und ebenso kritisierte er es, als Anhänger der Reformation – Andreas Bodenstein genannt Karlstadt, Thomas Müntzer, Sebastian Franck – unter dem Einfluß mystischer Tradition das äußere Gotteswort abwerteten in der Meinung, der Mensch könne Gottes Geist oder Gottes ungeschaffenes Wort, den Logos, unvermittelt innerlich vernehmen, wenn die Seele sich aus den irdischen Bindungen löst.[17]

Luthers bewußte Abkehr von der areopagitischen Mystik, der er sich allerdings nie ganz verschrieben hatte, vollzog sich gerade in der Zeit, als er mit Johannes Tauler bekannt wurde und sich für ihn begeisterte. Seine Worte der Anerkennung, ja der Begeisterung für diesen deutschen Mystiker stammen vor allem aus den Jahren 1518 bis 1522. Die bei Tauler vorhandenen Elemente der neuplatonischen oder areopagitischen Mystik ignorierte Luther und sprach gerade zu dieser Zeit den Wunsch aus, der Areopagite solle wegen seines höchst gefährlichen ,,Platonisierens" – gemeint war die Befrachtung von kirchlichen Gegebenheiten mit himmlischer Seinsmacht – aus der Theologie verbannt werden.[18]

Was ihn an Johannes Tauler faszinierte, war dessen Rede von den Anfechtungen der Gottesferne, in denen der Glaubende seinen einzigen Halt an Christus selber findet, da er von dem gekreuzigten Herrn aus den Evangelien erfährt, daß Gott ihn nicht preisgegeben hat, daß sich Gott selber in dem gekreuzigten Herrn verbirgt. Wer darum wahrhaft glaubt, will sich nur dem Herrn anheimgeben, sich seinem Willen überlassen und ist so auch bereit, die Pein der Gottesferne in Todes- und Höllennot zu ertragen. Die Gottesferne ist dann im Herrn selber aufgehoben. Von diesem glaubenden, hoffenden, liebenden Verbundensein mit dem

Herrn, das auch die bittersten Empfindungen der Gottesferne auf sich nimmt, sagt das Hohelied (8, 6): „Liebe ist stark wie der Tod und ihr Eifer fest wie die Hölle". Solche Gedanken schöpfte Luther aus Tauler[19] und konnte dadurch jene Frömmigkeit überwinden, die auf angenehme, „süße" Empfindungen ausgerichtet war und nicht ausschließlich nach dem Willen des Herrn fragte. Darum bekämpfte Luther nun die Ablaßfrömmigkeit ebenso wie das Verlangen nach außerordentlichen religiösen Erfahrungen; und er konnte sich dabei auf Tauler berufen,[20] den er gerne den scholastischen Theologen, den Gewährsmännern seiner Gegner im Ablaßstreit, entgegensetzte. Taulers Lehre von dem zutiefst göttlichen Grund der Seele und von der Geburt des Gottessohnes aus dem Seelengrund blieb ohne Einfluß auf Luther. Er entnahm stattdessen den Predigten Taulers den Gedanken, daß der Mensch sich völlig an das Handeln Gottes hinzugeben habe[21], damit Gott sein Gnadenleben im Menschen schaffen kann.

Voller Begeisterung veröffentlichte Luther 1516 einen anonymen erbaulichen Traktat, der ihm gerade in die Hände gekommen war und den er mit Recht dem spätmittelalterlichen Einflußbereich Taulers zuwies. Als er zwei Jahre später eine umfangreichere Fassung desselben Traktates kennenlernte, ließ er sie ebenfalls sofort drucken.[22] Diese *„Theologia Deutsch"* verstand Luther ganz im Sinne seiner eigenen paulinischen Theologie als eine Belehrung, wie wir als alter Mensch uns selbst verhaftet sind und deshalb sterben müssen, wenn durch Christus ein neuer Mensch zum Leben erstehen soll.[23]

Der Wortschatz von Luthers deutschen erbaulichen Schriften der Jahre 1517 bis 1521 – vor allem in seiner Auslegung der Bußpsalmen und des Magnifikat – ist beeinflußt von Tauler und der Theologia Deutsch. Auch der Gedanke der mystischen Gelassenheit, des Loslassens alles Selbstisch-Eigenen klingt bei Luther an. Seine Begegnung mit der Mystik Taulers und der Theologia Deutsch ab 1516 geschah jedoch zu einer Zeit, als er schon voll im Begriff war, sich mit Hilfe der antipelagianischen Schriften Augustins die Theologie des Paulus anzueignen. Er las Tauler und die Theologia Deutsch aus dem Blickwinkel seiner eigenen, auf Paulus aufbauenden Theologie und entnahm der deutschen Mystik Gedanken, die seine eigene Kreuzestheologie mit ihrer radikalen Bindung alles Glaubens und Hoffens an den gekreuzigten Herrn bekräftigen und den Kampf gegen die scholastische Theologie sowie die kirchliche Werkfrömmigkeit unterstützen konnten. Luthers Kreuzestheologie hatte es so selbstverständlich mit dem geschichtlichen Jesus zu tun und setzte schon so sicher die Glaubensvermittlung durch das biblische Zeugnis voraus, daß die neuplatonischen Elemente der Taulerschen Mystik bei Luther gar nicht zur Wirkung kamen. Während bei Luther selber der Einfluß der deutschen Mystik seit 1522 zurückging, gerieten andere Männer des evangelischen Lagers viel stärker in den Bannkreis der deutschen Mystik.[24] Sie nahmen auch Elemente der neuplatonischen Geistigkeit in sich auf und wurden Wegbereiter eines neuen christlichen, sozusagen protestantischen Spiritualismus.

II. Geistliche Gemeinschaft mit Christus

Wir können Luther nur dann einen Platz in der Geschichte der christlichen Mystik anweisen, wenn wir Mystik nicht durch ekstatische Erlebnisse bestimmt sein lassen, sondern dadurch, daß sie die Religiosität in der Erfahrung eines Einsseins mit Gott gipfeln läßt. Wie dieses Einssein mit Gott erfahren und gedacht werden könne, ist in der Geschichte der christlichen Mystik unterschiedlich beantwortet worden. Luther hat seine eigene Antwort gefunden und hat sich zugleich von anderen ihm bekannten Erscheinungsformen der christlichen Mystik entschieden distanziert.

1. Eins mit Christus im Glauben an Gottes Wort

In der akademischen Schriftauslegung wie in der Predigt des reifen Luther begegnen uns mehrere Gedankenkomplexe, die eine engste Gemeinschaft des Glaubenden mit Christus und dadurch mit Gott zum Inhalt haben. Ihren Angelpunkt haben diese Gedanken in der Rechtfertigungslehre: Die Gerechtigkeit, mit der sich der Mensch von Gott akzeptiert wissen darf, empfängt er nur in Christus, indem er sich glaubend auf Christus verläßt.

Im Nachwort zu seinem ersten deutschsprachigen Werk, einer kurzen Auslegung der sieben Bußpsalmen, hat Luther schon 1517 den Grundgedanken seines Rechtfertigungsglaubens ausgesprochen. Gegenüber dem Vorwurf der Einseitigkeit – er wolle ,,immer von Gottes Gerechtigkeit und Gnaden die Schrift auslegen" – bekräftigt er: ,,Christus ist Gottes Gnade, Barmherzigkeit, Gerechtigkeit, Wahrheit, Weisheit, Stärke, Trost und Seligkeit, uns von Gott gegeben ohne allen Verdienst."[25] Christus dürfe aber, wie Luther sogleich betont,[26] nicht bloß für die Ursache der Gerechtigkeit gehalten werden, so daß er zwar dem Menschen Gerechtigkeit gebe, jedoch selber ,,draußen" bleibe. Denn solche von Christus nur verursachte und nicht mit ihm selbst verbundene Gerechtigkeit ,,ist tot, ja sie ist nimmer gegeben, Christus sei dann selbst auch da, gleichwie die Glänze der Sonne und Hitze des Feuers ist nicht, wo die Sonne und das Feuer nicht ist". Damit grenzt sich Luther von einer damals beliebten Form der Passionsmeditation ab, die – trotz minutiöser Betrachtung des leidenden Erlösers – Christus nur für den heilsgeschichtlichen Urheber der kirchlich sakramentalen Gnade hielt. Dazu muß am Rande angemerkt werden: Auch die reformatorische Rechtfertigkeitslehre konnte später eine Einseitigkeit erhalten, als man in Christus nur die heilsgeschichtliche Ursache für Gottes Rechtfertigungsurteil über den Glaubenden erblickte. – In späteren Jahren (1531)[27] hat Luther noch einmal gegenüber der mittelalterlichen Rechtfertigungslehre in markanter Formulierung betont, für ihn bedeute die Aussage „Christus ist meine Gerechtigkeit" die Absage an die Vorstellung eines „objektiven Christus", der nur der Lehrer oder Geber der vor Gott gültigen Gerechtigkeit sei. Ihm sei Christus vielmehr selber Gabe und Lehre, so daß wir in ihm alles haben können. Das Christuswort Joh 14,6 „Ich bin der Weg, die Wahrheit und das Leben" meine auch nicht, daß Christus solches in uns wirkt und dabei gleichsam außerhalb von uns bleibe. In uns müsse er sein, bleiben, leben, reden; es könne nicht genug sein, daß wir von ihm Kunde empfangen und weitergeben. Luther legt demnach darauf Wert, daß Christus selber im Glaubenden gegenwärtig sei; er erinnert mit 2. Kor 6,16 an die biblische Rede von einem Einwohnen Gottes in den Menschen, wodurch sie zu Gliedern des Gottesvolkes und zum Tempel des lebendigen Gottes werden. So sehr Luther ein Gegenwärtigsein Christi im Glaubenden für notwendig hält, so wenig kann er davon absehen, daß Christus in seiner geschichtlichen Erscheinung der Erlöser des Menschen ist, und zwar in dessen eigener geschichtlicher Lebensnot. Der mit dem Mensch gewordenen Gottessohn vereinende Glaube befreit von der Macht des Gesetzes, der Werke, der Welt und des Teufels.

Die Stoßkraft der Rechtfertigungslehre richtete Luther gegen die menschliche Neigung, die Lebenszuversicht und das Selbstbewußtsein auf eigene Werke zu gründen; seien es Werke, die Gott selber vom Menschen fordert und von denen der Mensch sich ebensowenig dispensieren darf, wie er sich dem Leben in der von Gott geschaffenen Welt entziehen darf; seien es Werke, die der Mensch in Gestalt religiöser Verhaltensweisen Gott als besonders angenehme Leistung darzubringen meint. Auch wenn er es nicht ständig darlegte, meinte Luther doch stets, daß der Christusglaube, der den Menschen von der Selbstrechtfertigung und der Werkgerechtigkeit befreit, eine geistliche Gemeinschaft mit Christus stiftet und darin die vor Gott gültige Gerechtigkeit vermittelt. Im Glauben wird der Mensch von der befreienden Botschaft des Evangeliums ergriffen, indem der Glaube in Christus den gegenwärtigen Erlöser innerhalb der eigenen Lebenswirklichkeit ergreift. Es ist ein Ergreifen im Ergriffenwerden. Der Glaube ist nicht ein Akt des Willens oder Verstandes, der sich von der Lebenswirklichkeit abstrahierend zu Gott, zu dessen Sein und Wollen an sich erhebt und so eine mystische Vereinigung mit Gott sucht. Wenn sich der Glaube auf Christus, den Gekreuzigten, richtet, erkennt er in dessen Leiden und Sterben die Realität der eigenen Sünde und des eigenen Todes; die Auferstehung Christi erfährt er glaubend als den Sieg über die Sünde, den Tod und den Teufel, die das Gewissen in Bedrängnis bringen. Christus und der Glaube verbinden sich zu einer Einheit, weil das Evangelium den Mensch gewordenen Christus in der Gegenwart zum Heil anbietet.[28] Wie Luther an der mittelalterlichen Christusmeditation bemängelt, daß sie trotz aller Intensität in einem distanzierten Verhältnis zu Christus verharrt,[29] so kritisiert er es nicht weniger, wenn einige Männer der Reformation das Verhältnis des Glaubens zu Christus einseitig spiritualisierten und lehrten, der auferstandene Christus sei in der Realität seines verklärten Leibes im Himmel, der Glaube könne sich nur gedanklich den Mensch gewordenen Christus vergegenwärtigen.[30] Glauben heißt für Luther nicht eine Christusvorstellung sich bilden, sondern durch das Evangelium im Gewissen gegen die Macht des Todes, der Sünde, des Teufels Christus präsent werden lassen.

Denn ,,der Herr sagt (vgl. Joh 6,56) nicht: deine Gedanken von mir sind in mir oder: meine Gedanken sind in dir, sondern: du, du bist in mir und ich, ich bin in dir . . ., daß ich in ihm mit Leib, Leben, Seele, Frommkeit, Gerechtigkeit, mit Sünden, Torheit und Weisheit sei, und er, Christus, wiederum in mir auch sei mit seiner Heiligkeit, Gerechtigkeit, Weisheit und Seligkeit".[31]

Die mittelalterliche Mystik der Gottesliebe hatte der Liebe die Kraft zugeschrieben, den Frommen mit Gott, dem geliebten Gegenüber, zu vereinigen, ja auch in ihn zu verwandeln. Diese Funktionen der Gottesliebe übernimmt nun in der evangelischen Religiosität der Glaube in seinem Verhältnis zum Gotteswort, dem Evangelium, dem alle Prädikate des göttlichen Heils zukommen. Der Glaube vereint den Menschen derart mit dem Evangelium, daß die Heilsprädikate des Evangeliums zu Prädikaten des Glaubenden werden.[32] Der Glaube vereint das Herz mit dem Christuswort; er verbindet beide, wie in einem Satz die Kopula Subjekt und Prädikat zu einer Einheit und Wahrheit verbindet. So wird aus Glaube, Wort und Herz eine Sache.[33]

Die Verlagerung der mit Gott vereinenden Kraft von der Gottesliebe in den Glauben bedeutete für Luther, daß der Mensch schon unter den Bedingungen dieses Lebens der Zuwendung Gottes in einem höheren Grade inne werden kann als durch die Gottesliebe, die abstrahierend auf Gott an und für sich gerichtet ist.[34] Luther scheut sich nicht, Ausdrücke der Vereinigung, die in der mittelalterlichen Mystik gebräuchlich waren, für das vom Glauben bewirkte Einswerden mit dem Gotteswort zu verwenden.[35] Christus verbindet sich mit der Christenheit und mit jedem Christen zu einem Einssein, das seinem eigenen Einssein mit Gott entspricht (Joh 17, 10f. 21ff). Auf keiner dieser beiden Seiten darf die Einheit verstanden werden als ein Einssein im Denken und Wollen oder als ein bloßes Gleichgestimmtsein. Dieses unum esse (Eins-Sein) übertrifft ein gedankliches oder willentliches Einigsein. Darum spricht Luther von dem einen Ding oder Wesen und von dem einen ,,Kuchen", den Christus und die Christen in ihrem Einssein bilden, zu dem sie gleichsam zusammengebacken sind. Zu einer solchen Einheit sind auch die Glieder eines Leibes zusammengeschlossen. Mit Nachdruck greift Luther deshalb den paulinischen Gedanken vom Leib Christi auf: alle Christen stehen als Glieder der Christenheit mit Christus in der Gemeinschaft eines Leibes, während Christus mit Gott selber eins ist. In Christus ist beides verklammert, sein eigenes Einssein mit Gott und sein Einssein mit der Christenheit und allen ihren Gliedern. Dementsprechend erläutert Luther das Einssein, von dem in Joh 17,21 die Rede ist, durch die Wendung „Ein Leib, Ding, Kuchen"[36] und fügt hinzu:

„Der Christ hängt an der Christenheit, die Christenheit an Christus, Christus am Vater. Wer also uns trifft, trifft nicht uns, sondern die Christenheit, Christus und den Vater ... Umgekehrt, wenn jemand einen Christen ehrt, so ehrt er die Christenheit, Christus und den Vater. So hat Christus sich und uns ineinandergekettet."[37]

Die Einheit der Christen mit Christus wird durch den Zusammenschluß von Wort und Glaube hergestellt. Im Abendmahl wird das bekräftigt, was der Glaube selber schon im Ergreifen des Christuswortes bewirkt.[38] Wir können das Einssein der Christen mit Christus als eine Lebensgemeinschaft verstehen, in der das Leben der Christen verkettet ist mit dem Leben der Christenheit und jeder Christ in Christus das Leben empfängt, das in Gott selber gründet.

2. Im Einssein mit Christus den Anfechtungen widerstehen

Um in Luthers Gedanken noch weiter einzudringen, müssen wir uns fragen: Warum hat er ein so starkes Interesse daran, daß das im Glauben wirksam werdende Einssein des Christen mit Christus über eine Eintracht im Denken und Wollen weit hinausgeht? Die Antwort liegt in der Lebenserfahrung des Glaubens. Nur in der engsten Gemeinschaft mit Christus kann der Glaubende den Anfechtungen standhalten, wenn ihn der Tod ängstet, wenn ihn das Bewußtsein seiner Sünde bedrängt, wenn ihm der Teufel Gottes Forderungen entgegenhält und ihn als Sünder anklagt, wenn ihm die Gottesferne zur unentrinnbaren Verdammnis zu werden droht. Gegenüber diesen Bedrohungen genügt nicht die subjektive Stärke des Glaubens. „Wenn es zum Treffen kommt", wie Luther sagt,[39] hilft nur, daß der Mensch im Glauben mit Christus eins ist, damit die Sünde, der Tod, die Hölle an der Gerechtigkeit Christi, an dessen Leben und Seligkeit zerbrechen: „solle aber ein Schrecken des Gewissens untergedrückt werden, der Teufel verjagt, der Tod überwunden werden, da wird eine göttliche Gewalt zugehören und nicht ein Gedanken; es muß ein anders in dir sein, daß er finde eine Kraft in dir, die ihm zu stark sei, davor er sich scheue, fliehe und du ihm obsiegest".[40] In der Anfechtung will nach Luthers Verständnis der biblischen Texte Christus in die Situation mit eintreten und den Glaubenden nicht allein lassen.

„Darum so ists dem Herrn Christo ein Ernst, daß er saget [Joh 6, 56], wenn du an ihn gläubest, so sollst du bei ihm bleiben, ob du schon noch etwas gebrechlich bist; das schadet nicht; denn ‚ich bin in dir, und mangelt dir etwas, so habe ich Gerechtigkeit, Heiligkeit und Weisheit die Fülle. Ich habe keine Gebrechen; hast du aber Schwachheit, so ist sie in mir und ich will sehen, daß ich ihr rate [=

abhelfe] und deine Schwachheit in meiner Kraft und Stärke ersäufe und deine Sünde in meiner Gerechtigkeit untergehe und dein Tod in meinem Leben verschlungen werde'. Dies ist die rechte Meinung und Verstand dieses Textes, daß wer an ihn gläubet, bei dem ist er.“[41]

Luther weiß von der affektiven Beunruhigung durch die Anfechtung, wenn sie das Herz erfaßt. Deshalb kann der Christusglaube dem Herzen Mut geben; für den Glauben spricht Christus in der gegenwärtigen Situation zum Herzen.[42] Im Zuspruch Christi vernimmt der Glaube die Stimme Gottes, des Schöpfers, der Mensch geworden und den zerstörerischen Mächten entgegengetreten ist. Aus Luthers Schilderungen der Anfechtungssituation wird deutlich, wie wenig das Einssein mit Christus ein substantielles Verschmelzen meint, wie weit sich Luther von jenen Traditionen der Mystik entfernt, in denen ein Prozeß der Läuterung und Entweltlichung dem Menschen in seiner geistig-seelischen Substanz zur Vereinigung mit Gott verhelfen soll.

Obgleich Luther betont, daß Christus im Glaubenden Wohnung nimmt und ihm seine Gerechtigkeit und sein Leben zu eigen gibt, stützt sich der Glaubende in der Anfechtung doch nicht auf eigene Gerechtigkeit, eigenes Leben, als seien sie von der Person Christi getrennt; sie bleiben die fremde Gerechtigkeit, das fremde Leben Christi.[43] Das Einssein mit Christus löst sich nicht von der Situation, in der die Stellvertretung Christi als Akt seiner Person erfahren wird.

Bei der Auslegung von Gal 2,20 – „Ich lebe, doch nun nicht ich, sondern Christus lebt in mir“ – wagt Luther einen Spitzensatz über das Einssein des Glaubenden mit Christus: „Der Glaube macht aus dir und Christus gleichsam eine Person, so daß du von Christus nicht geschieden werden magst, vielmehr ihm anhangest.“[44] Luther denkt nicht an ein mysteriöses Verschmelzen der Personen mit einem Aufgehen des glaubenden Ich in einem überpersönlichen Christussubjekt; er meint auch hier ein wechselseitiges Sich-Identifizieren zwischen Christus und dem Glaubenden im Hinblick auf das Heil des Gottessohnes und das Unheil des Menschen. Angesichts der Frage nach dem Heil gestattet es Christus dem heillosen Menschen, sich glaubend mit ihm als dem Menschen des Heils zu identifizieren; umgekehrt identifiziert sich Christus mit dem Sünder und nimmt am Kreuz den Tod des Heillosen auf sich.[45] Die Lebendigkeit des Glaubens liegt darin, daß er in der Lebenserfahrung die Stellvertretung Christi in Anspruch nimmt und der Frage nach dem Heil, die in der unausweichlichen Konfrontation mit Gottes Gesetz aufbricht, die in Christus gegebene Antwort entgegenhält.[46]

Die Glaubenserfahrung des Herzens und Gewissens befreit zur Nächstenliebe. Darum hat das Abendmahl, wie Luther im Anschluß an 1. Kor 10, 16f. feststellt, einen doppelten „Nutzen“,[47] zum einen, „daß wir werden ein Kuchen mit Christo“ und sein Heil zugeeignet bekommen, zum andern, „daß wir auch werden ein Kuchen miteinander als mit dem Nächsten“. Das zweite hängt am ersten, da nur der Mensch, der nicht um sein Heil besorgt zu sein braucht, sich seinem Nächsten hingeben kann; ,, so wir denn mit Christo ein Kuchen sind, so wirkt dasselbige soviel, daß wir auch untereinander ein Ding werden ... keiner ist für sich selbst, sondern ein jeglicher wirft und breitet sich unter den anderen durch die Liebe. Wenn du arm bist, schwach, ungesund, bin ich ein Christ, so gebe ich mich dahin in alle deine Not ... all mein Leben gehet dir zugut."[48]

3. Der Tausch zwischen Bruder und Bruder, zwischen Bräutigam und Braut

Daß der Glaubende, aufgenommen in die Lebensgemeinschaft mit Christus, durch die Stellvertretung Christi dessen Heilsgüter zugeeignet erhält, entfaltet Luther vor allem in zwei Vorstellungen, die ihm durch biblische Texte vorgegeben sind. Es ist einmal die Vorstellung von einem Bruderschaftsverhältnis zwischen Christus und den Seinen. Es ist sodann die auch sonst in der Geschichte der christlichen Mystik bedeutsame Vorstellung von der Gemeinschaft zwischen Bräutigam und Braut, bezogen einerseits auf Christus und anderseits auf die Christenheit oder den Einzelchristen. Im Zentrum beider Vorstellungen steht bei Luther die geistliche Erfahrung der Stellvertretung Christi, die Luther häufig einen ,,Tausch" oder ,,Wechsel" zwischen Christus und den Glaubenden nennt.[49]

Luther meint den ,,fröhlichen" – das heißt erfreulichen – Tausch, den Christus herbeiführt, indem er die Sünde des Menschen auf sich nimmt, auch die menschliche Gottverlassenheit und den Tod erleidet und doch durchbricht. Das ermöglicht einen Austausch der Heils- und Unheilsprädikate zwischen Christus und den Menschen: Gerechtigkeit gegen Sünde, Weisheit gegen Torheit, Leben gegen Tod, Seligkeit gegen Verdammnis. Das Bindeglied in diesem Tausch ist der Glaube, durch den der Mensch einerseits sein eigenes Unheil erkennt und anerkennt und anderseits sich auf Gottes Heil in Christus verläßt.[50]

Der Gedanke des Tausches oder Wechsels begegnet schon bei den Kirchenvätern und in alten liturgischen Texten der lateinischen Kirche.[51] Der antike Warenhandel beruhte auf einem Gütertausch, bei dem jeder der beiden Handelspartner von dem gab, was er im Überfluß hatte, um zu empfangen, was ihm mangelte. Daran anknüpfend konnte Augustin die Ansicht äußern: Wir Menschen haben im Überfluß das Verflochtensein ins irdische Leben durch unsere Geburt, die Mühen der Arbeit und das Sterbenmüssen; Christus kommt wie ein Kaufmann zu uns und nimmt das, was wir als Tauschgüter abgeben möchten, und gibt uns dafür seine Güter in der geistlichen Neugeburt, der Auferstehung und ewigen Herrschaft in seinem Reich.[52]

Die altkirchliche Tradition wollte vor allem die Bedeutung der Menschwerdung des Gottessohnes durch den Gedanken vom ,,heiligen Tausch" verdeutlichen. Bei Luther ist der Tauschgedanke nicht mehr so sehr wie einst von der Vorstellung des Handelslebens bestimmt, so daß auch Christus nicht mehr wie ein himmlischer Kaufmann angesehen wird. Bestimmend ist für Luther vielmehr die Glaubenserfahrung der Stellvertretung Christi. Dadurch kommt ein starkes Element personaler Zuwendung zum Tragen, sowohl bei Christus gegenüber dem Menschen als auch beim Glaubenden gegenüber Christus:

,,so der Glaube der Art ist, daß Gott ihn schafft und erweckt im Herzen, so vertraut der Mensch in Christum, ja ist auch so kräftig auf Christum gegründet, daß er der Sünde, dem Tod, der Hölle, dem Teufel und allen Widersachern Gottes den Trutz bietet. Und das ist die Art des rechten Glaubens ..., dieweil Gott ... gibt dem Herzen seinen Sohn Jesum Christum gar und ganz eigen und was derselbige hat. Daher kommt dann der wunderbarlich Wechsel, daß Christus sich und seine Güter dem Glauben gibt und nimmt an sich das Herz und, was es auf sich hat, zu eigen ... Christus hat überwunden die Sünde, den Tod, die Hölle und den Teufel. So geschieht das alles in dem, der solches begreift, fest glaubt und vertraut, daß er wird in Christo Jesu ein Überwinder der Sünde, des Todes, der Hölle und des Teufels. Auch die Unschuld Christi wird seine Unschuld, dergleichen Christi Frommkeit, Heiligkeit, Seligkeit und was in Christo ist, ist alles in einem gläubigen Herzen mit Christo."[53]

Nur kurz gestreift sei hier die Vorstellung, daß sich Christus den Menschen als ihr Bruder zuwendet, um durch den Glauben deren Schuld und Gottverlassenheit aufzuheben. Christus redet nach seiner Auferstehung die Jünger, die ihn verleugnet und verlassen haben, dennoch als seine Brüder an und stiftet damit ,,aus lauter Gnade und Barmherzigkeit" ein Verhältnis der Bruderschaft. ,,Dies ist ein Wort voll alles Trostes, daß sich Christus eins solchen verzweifelten Bubens, als du und ich sind, annimmt und heißt ihn seinen Bruder."[54] In der Bruderschaft mit Christus kann der Glaube des Heils gewiß sein.

,,Leibliche Brüder sitzen in gemeinen [= gemeinsamen] Gütern, haben zugleich einen Vater, ein Erbe; sonst wären sie nicht Brüder. Also sitzen wir auch mit Christo in gemeinen Gütern und haben zugleich einen Vater und ein Erbe, welches Erbe durch die Teilung nicht geringer wird wie ander Erbe, sondern wird immerzu größer und größer, denn es ist ein geistlich Erbe."[55]

Wer Christus, den Gottessohn, zum Bruder hat, der hat Gott zum Vater. Er kann sich, da sich ihm Gott zum Vater anbietet, auf dessen Liebe verlassen. Das ist hier besonders hervorzuheben: Dem Glauben wird in der Gemeinschaft mit Christus ein neues Gottesbewußtsein vermittelt; ,,das ist eine ganze und reiche Bruderschaft, daß Gott nicht mit uns zürnet, uns richtet oder unser Tyrann und Henker ist, sondern unser Vater".[56] Angesprochen ist ein Bewußtsein der Sünde, wie es bei Petrus nach seiner Christusverleugnung vorhanden gewesen sein muß.

,,Der arme Petrus ... wenn er den Namen Gottes nur höret, so erschrickt sein Herz davor. Denn er kann nicht anders denken: Gott ist der Sünden Feind und hat die Hölle geschaffen, die Sünden zu strafen, wie wir denn auch denken müssen ... So will nun Christus mit den Worten ein solch Herz gar [= ganz] auswaschen und spülen und spricht: ,Lieber, es ist nicht also, wie du dich läßt dünken. Ich bin dein Bruder, so ist mein Vater auch dein Vater.‘ Also nimmt er aus dem Herzen den zornigen Anblick und setzt einen freundlichen und rechten Anblick an die Statt ... Wenn einer das glaubt, was will daraus folgen? Nämlich das, daß ich denke: wohlan, ist er Vater und kein schrecklich zornig Bild, vor wem will ich mich fürchten oder besorgen?“[57]

Der Gedanke des Tausches mit Christus bildet auch die Grundlage für Luthers eigentümliche Aufnahme der in der Brautmystik überlieferten Vorstellung. Luther knüpft in seiner ausgereiften Theologie nicht mehr an das Hohelied an, wenn er von Christus als dem Bräutigam und von der Christenheit oder dem Einzelchristen als der Braut spricht; er hält sich vor allem an Eph 5, 22ff., ferner an Mt 22, 1 ff., 2. Kor 11,2 und an Ps 45,10. Wenngleich Luther davon redet, daß Christus sich die Christenheit zur Braut erwählt hat,[58] setzt er auch jeden einzelnen Christen an die Stelle der Braut, und zwar ganz ausdrücklich jeden Glaubenden ohne Unterschied; denn jeder ist durch den Glauben in gleicher Weise Glied der Christenheit und hat in vollem Maße Teil am Heil der Christenheit. Wie Luther die Vorstellung der Brautmystik auf der einen Seite am Glauben des Einzelchristen und der Christenheit orientiert und nicht abstuft zwischen Heiligen und gewöhnlichen Gliedern der Kirche, so will er sie auf der anderen Seite streng auf Christus bezogen wissen. Hier darf kein kirchlicher Würdenträger als Repräsentant Christi eingeschaltet werden. Das geschah im kirchlichen Sprachgebrauch, wenn man in der Vertretung Christi den Bischof zum Bräutigam der ihm zugewiesenen Kirche erklärte.[59] Hingegen erklärte der Reformator:

„Hier soll kein Mittel sein; was wäre das für eine Ehe, so eine Mittelperson sich müßte zwischen die Ehen stellen und die Braut bei ihrem Bräutigam etwas werben und erlangen? ... Also sollen wir hier wissen, daß Christus unser lieber freundlicher Gespons ist, und wir sind die Braut; da ist kein Mittel vonnöten, sondern wir sollen selbst mit solcher ganzer Zuversicht zu ihm treten, wie je eine geliebte Braut zu ihrem holdseligen, freundlichen ehelichen Gemahl immer getreten ist; denn der christliche Glaube bringt zuwege, daß Christus ist der Bräutigam, ich bin die Gespons.“[60]

Luthers Brautmystik beruht vor allem auf den Vorstellungselementen der Verlobung, nicht so sehr auf denen der Hochzeit. Die lateinischen Begriffe sponsus und sponsa, zu deutsch Gespons, bezeichneten in erster Linie die Partner der Verlobung, die einander Treue versprechen. Zeichen des Versprechens war der Verlobungsring; er bildete meist die Gabe, die der Bräutigam der Braut bei der Verlobung machte und wurde der Mahlschatz (arra) genannt, nicht zu verwechseln mit der Morgengabe, dem Geschenk des Mannes an die Ehefrau am Morgen nach der Hochzeitsnacht. Der Glaube ist für Luther der Brautring oder Mahlschatz in der geistlichen Bindung des Christen an Christus.[61] Auch in der übertragenen Rede vom ehelichen Verhältnis blickt Luther auf das „recht herzlich Vertrauen zu beiden Teilen“.[62]

„Aus solcher Liebe und herzlichem Vertrauen folget nun auch die Gemeinschaft alles des, so sie beide miteinander haben oder ihnen beiden widerfähret, Gutes und Böses, daß sich dessen ein jedes muß annehmen als seines eigen und dem andern mit seinem Guten helfen."[63]

In seinem Erlösungshandeln läßt Christus als der Bräutigam seine Braut uneingeschränkt teilhaben an allen seinen Gütern. Bedingungen der Standesgemäßheit werden nicht gestellt. Die Seele muß nicht erst Reinheit erlangen, um als reine Braut ihres Bräutigams würdig zu sein; sie muß auch nicht erst ihren verborgenen Adel entdecken, um auf Grund dieses Adels mit Christus Gemeinschaft zu finden. Es ist gerade die Absicht dieses Bräutigams, eine verachtete Person zur Ehre zu erheben.[64]

Christus stiftet zwischen sich und den Glaubenden eine Gemeinschaft, die ähnlich wie die Ehegemeinschaft eine Gütergemeinschaft ist, in der die Ehegattin auch volles Recht über die Güter ihres Gatten erhält.[65] Die Güter, die Christus in die Gemeinschaft einbringt, sind die Heilsgüter, wie sie hier schon wiederholt genannt worden sind. Die Vorstellung von der Gemeinschaft zwischen Braut und Bräutigam kann in Luthers Augen vorzüglich zum Ausdruck bringen, daß es sich um ein Verhältnis der Zuneigung, der Treue und des Vertrauens handelt, und daß die Gütergemeinschaft in einer uneingeschränkten Teilhabe besteht. Die Zuwendung der Güter geschieht dem anderen zuliebe. In dieser Gemeinschaft sucht einer den anderen. Der Mensch wird bedingungslos von Christus geliebt und er kann gewiß sein, daß sich ihm in Christus Gott selber mit seiner Liebe zuwendet.

„Der Bräutigam will nur die Braut, er kümmert sich nicht um deren Kleider, Reichtümer und äußerliche Gaben, sondern er will sie selbst und will lieber alles andere entbehren als sie verlassen. So sucht wiederum die Braut nur den Bräutigam und kümmert sich nicht um den Ring oder die Kleider oder das Geld. Sie hat am Bräutigam allein genug, und sie will und kann nur zufrieden sein, wenn sie den Bräutigam selber ganz hat."[66]

III. Bedeutung und Wirkungsgeschichte

Luther hat im Zentrum seiner Theologie, wo er von der Rechtfertigung des Sünders durch Gottes Gnadenwort und durch den Glauben spricht, seine Gedanken immer wieder darum kreisen lassen, daß der Glaube eine unmittelbare Gemeinschaft, ja ein Einssein des Menschen mit Christus schafft und in dieser Gemeinschaft das Rechtfertigungsgeschehen trägt. Deswegen gehört Luther in die Geschichte der christlichen Mystik, deswegen nimmt er in dieser Geschichte aber auch einen ganz eigentümlichen Platz ein. Seine Gedanken von der Christusgemeinschaft des Glaubenden sind geprägt von seiner eigenen Glaubenserfahrung und von der Auseinandersetzung mit überlieferten Zeugnissen christlicher Religiosität. Luther hat seine eigene Glaubenserfahrung in der Begegnung mit verschiedenen Repräsentanten und Traditionen der christlichen Mystik zu klären versucht, den wirklich tragenden Grund hat seine Glaubenserfahrung jedoch in der biblischen Christusverkündigung gefunden. Der Christus, der durch den Glauben im Herzen präsent wird – formelhaft ausgedrückt, der Christus in nobis (in uns) –, ist nicht zu trennen von dem Christus, der als eigene Person der Geschichte bezeugt wird – formelhaft ausgedrückt, der Christus extra nos (außerhalb von uns). So kommt es zu keinem substantiellen Verschmelzen zwischen Christus und dem Glaubenden. Charakteristisch für Luthers Gedanken von der Christusgemeinschaft des Glaubens ist es außerdem, daß der Glaube die Heilsbedeutung Christi in der Konfrontation mit der eigenen geschichtlichen Wirklichkeit erfährt, wenn sich ihm im eigenen Leben die Frage nach dem Heil aufdrängt durch die Begegnung mit Gottes Forderung, durch das Bewußtsein der eigenen Sünde, durch das Affiziertsein vom Tode, durch die Macht der Gottesentfremdung, traditionell Teufel genannt. Angesichts dieser unheilvollen Lebenswirklichkeit erfährt der Glaube das Heil in Christus als das ganze Heil, das Gott dem Menschen zuwendet.

In der Theologie Philipp Melanchthons (1497–1560) verkümmerte die Rede von dem Christus, der im Herzen des Glaubenden präsent wird; zu einseitig war das Interesse am geschichtlichen Ereignis des Erlösungswerkes Christi, von dem her der Glaubende die Vergebung der Sünden empfängt, indem ihm Gott die Gerechtigkeit Christi zurechnet. Die Geschichte der evangelischen Theologie und Frömmigkeit verzeichnet mehrfach Rückgriffe auf Luthers Gedanken von der Christusgemeinschaft des Glaubens. Allerdings sah man auf der anderen Seite die Gefahr des Spiritualismus, der Preisgabe des geschichtlichen Christuszeugnisses und der Gleichsetzung eines geschichtslos abstrakt begriffenen Gotteswortes mit dem Geist des Menschen in absoluter Selbstbesinnung. Als Johann Arndt (gestorben 1621) der evangelischen Frömmigkeit zu Beginn des 17. Jahrhunderts mit seinen „Vier Büchern vom wahren Christentum“ neue Impulse gab, griff er nicht nur auf Traditionen der mittelalterlichen Mystik zurück, sondern auch auf „mystische“ Gedanken Luthers. Die Diskussionen, die damit von ihm ausgelöst und von seinen Anhängern fortgeführt wurden, hatten zur Folge, daß die orthodox lutherischen Dogmatiker in der Lehre von der Heilsaneignung im Glauben als einen eigenen Punkt die Unio mystica herausarbeiteten; sie meinten damit das Gegenwärtigwerden Christi im Glaubenden im Zuge des Rechtfertigungsgeschehens. In pointierter Form hat dann noch einmal Philipp Jakob Spener (gestorben 1705) den orthodox lutherischen Gedanken der Unio mystica in seine Bemühungen um eine Erneuerung der Frömmigkeit einbezogen. Unter Berufung auf Luthers Auslegung von Gal 2,20, die wir oben kennengelernt haben, vertrat er die Ansicht, daß der Glaubende in einem näher erläuterten Sinn sagen könne: „Ich bin Christus“.[67] Inwieweit Johann Arndt, seine Anhänger unter den orthodox lutherischen Dogmatikern und Philipp Jakob Spener sich mit Recht auf Luther beriefen oder Luthers Gedanken zu stark reduzierten und womöglich falsch interpretierten, bleibe dahingestellt.

Eine kritische Position gegenüber aller Mystik bezogen in der neueren evangelischen Theologiegeschichte mit besonderer Entschiedenheit erst Albrecht Ritschl (gestorben 1889) und dann nach dem Ersten Weltkrieg Karl Barth und seine Freunde der „dialektischen Theologie". Das geschah im ersten Fall im Interesse an den ethischen Elementen christlicher Religiosität, im anderen Falle in dem Bestreben, den Glauben von subjektiven Erfahrungen freizuhalten und ihn an das Wort Gottes als an eine absolute Größe zu binden. Diese kritischen Wendungen gegen die Mystik haben jedoch in der evangelischen Theologie auch jeweils dazu geführt, daß man die als mystisch erscheinenden Gedanken Luthers neu untersuchte und im Kontext seiner Theologie interpretierte. Solche Bemühungen sind noch im Gang und können desto fruchtbarer sein, je umfassender sie die Eigenart der von Luther aufgedeckten Glaubenserfahrung in Betracht ziehen. Was Luther über die Lebensgemeinschaft des Glaubens mit Christus sagt, wird für jeden, der den Fragen des geistlichen Lebens nachgeht, ganz gleich aus welcher Tradition er selber kommt, eine hervorstehende Bedeutung gewinnen, entsprechend dem völlig eigentümlichen Platz, den Luther in der Geschichte der christlichen Mystik einnimmt.

Paul Imhof

IGNATIUS VON LOYOLA

(1491–1556)

Wer von Mystik hört, assoziiert wohl zunächst irgend etwas Vages, Ungreifbares, Irrationales – oft im Gefolge eines falsch verstandenen Wittgenstein: ,,Wovon man nicht reden kann, darüber muß man schweigen"[1] –, ganz gleich, ob man dies in positiver Absicht tut, weil unsere durchrationalisierte Welt Freiräume des Irrationalen braucht, oder ob man sich negativ gegen ,,Mystisches" abschirmt und diese Bereiche des Irrationalen in die Sphären finsterer Unaufgeklärtheit verweist.

Dabei wird allerdings übersehen, daß dieser Sprachgebrauch von ,,Mystik" selbst ein Produkt des ,,aufgeklärten" Geistes ist. Michel de Certeau hat mehrfach gezeigt, daß das Substantiv ,,der Mystiker" erst nach 1600 entstand und daß der Gattungsbegriff ,,die Mystik" wohl noch jünger ist.[2] Vorher gab es das Adjektiv ,,mystisch" im Sinne der mystischen Theologie oder der mystischen Schau usw.; und bei ihm lag der Akzent viel stärker auf dem ,,Heiligen", ,,Ehrfurchtgebietenden" als auf dem ,,Vage-Irrationalen".

Noch schwerwiegender aber ist, daß man mit einem solchen Abschieben der Mystik in eine Sphäre ungestalten, wortlosen Nebeldunstes an einem Großteil der mystischen Phänomene vorübergeht. Im christlichen Bereich läßt sich bei fast jedem Mystiker zeigen, daß seine Erfahrung kein Versinken in irrationale Welten, sondern etwas anderes bedeutete, nämlich ein Erleben, zu dem das Geheimnisvolle, jede Worthülse Sprengende und immer nur annäherungsweise Auszusagende gehört.

Ignatius von Loyola nun ist eine geschichtliche Gestalt, an der die mystische Erfahrung in ihrer Klarheit, ihrer Gerichtetheit, ihrer Entscheidungskraft und ihrem gesellschaftlichen Engagement so deutlich wird wie bei kaum einem anderen. Und dabei ist Ignatius ein Mann, dem auch die extremsten Irrationalisten der heutigen Zeit nicht absprechen können, daß seine Erfahrungen mit Gott ,,Mystik" im Vollsinn des Wortes waren – ganz gleich, ob man sie im alten Sinn als Erfahrung des Heiligen oder im moderneren Sprachgebrauch als ein Tiefenerlebnis schildert, das insbesondere seit William James' ,,Varieties of religious experience"[3] das heutige Reden von Mystik zu bestimmen scheint.

Wenn am Beginn unserer Überlegungen bezüglich der Mystik und Spiritualität des hl. Ignatius von Loyola seine nur kurz zu skizzierende Lebensgeschichte steht, dann ist zu wissen, daß diese nicht wie ein bloß der Vergangenheit angehörender, also letztlich unerheblicher Gegenstand des Wissens zu rezipieren ist; im Vertraut-Werden mit seiner Entwicklung kommen wir zum *Verstehen des spirituellen und mystischen Gehalts* der Botschaft des Heiligen. In der Frühzeit seines Ordens wurde dieser gleichsam mystische Gehalt der Lebensgeschichte deutlich gespürt. Unter dieser Rücksicht spiegelt die in etwa offiziell gewordene Biographie von P. Ribadeneyra SJ über Ignatius von Loyola die Meinung des Ordens wider: „Ribadeneyra hat sicher nie die Auffassung geteilt, das Zufällige im Leben des einzelnen, in diesem Falle seines ‚Helden' Ignatius, sei unwichtig. Vielmehr repräsentiert er jene Jesuiten, die in den konkreten Episoden des Ignatiuslebens eine wichtige Quelle ihrer Spiritualität und der Ordenstradition sahen."[4] Entscheidende Einzelszenen im Leben des Ignatius, etwa die Vision von La Storta, in der er sich als dem kreuztragenden Christus zugesellt erfuhr, gelten nicht als Tatsachen, die nur für die Biographie des Ignatius relevant sind, sondern ihnen wird eine allgemeine, gleichsam übergeschichtliche Bedeutung für den gesamten Orden in Geschichte und Gegenwart zugeschrieben. „Man verbindet mit der Vision von La Storta die Berufung des Ignatius zum Ordensgründer und die Eingebung des Namens Societas Iesu. Schließlich gilt sie als die antizipativ göttliche Bestätigung des Ordens vor der päpstlichen – was eine gedankliche Parallele in dem Motiv findet, daß Ignatius bereits im Himmel heiliggesprochen sei, ehe man auf Erden daran dachte."[5]

Das prinzipielle Ineinander des chronologischen Lebensweges des Heiligen und dessen theologische bzw. mystische Relevanz kann in das Verständnis der ignatianischen Mystik einführen. Denn erst wenn beides – sowohl der nüchterne Alltag mit seinen religiösen Höhepunkten wie auch deren Bedeutsamkeit sowohl epochaler wie übergeschichtlicher Natur – zusammenkommt[6], wird glaubwürdig, was jemand von Gott zu sagen weiß. Da das Leben des Ignatius, das auch radikale Erfahrungen von Schmerz und Leid, von Versagen und Neuanfang kennt, gelungen ist, wird sein Wort kostbar. Denn er hat existentiell erlebt, was er berichtet, und zugleich ist seine Verkündigung rückgebunden an die allgemeine Offenbarungs- und Heilsgeschichte Gottes mit den Menschen des Alten und Neuen Bundes.

I. Biographische Skizze

Iñigo López de Oñaz y Loyola, der sich erst später während seiner Studienzeit in Paris *Ignatius* nannte, wurde 1491 auf Schloß Loyola in der baskischen Provinz Guipúzcoa geboren. Zusammen mit seinen fünf Schwestern und sieben Brüdern wuchs er in einer katholischen Adelsfamilie auf, die stolz war auf ihre kriegerische und königstreue Vergangenheit. Das Gedankengut der Reconquista, der Rückgewinnung der Iberischen Halbinsel durch das christliche Spanien, beeinflußte die gesellschaftlichen Prozesse. 1492 war die letzte maurische Festung, Granada, gefallen. Im selben Jahr entdeckte Kolumbus im Dienst der Königin Isabella die Neue Welt. Die Weite der Weltmeere wurde erschlossen, ferne Länder rückten ins Blickfeld. Das Mittelalter ging zu Ende, die Neuzeit begann. Erfindungen veränderten die Gebräuche und Sitten; es herrschte eine Zeit des Umbruchs und Aufbruchs; Helden und Abenteurer waren gefragt. Mit großem Ehrgeiz bereitete sich der spanische Hidalgo Iñigo auf eine Soldatenkarriere vor; er widmete sich dem Glücksspiel und pflegte nicht gerade lautere Beziehungen mit Frauen. Iñigo lebte, wie es sich für einen galanten und eleganten Höfling gehörte.

Bei der Verteidigung Pamplonas, der Hauptstadt Navarras, gegen die Franzosen wurde Iñigo am 20. Mai 1521 schwer verwundet: Ihn traf ein Kanonenschuß an einem Bein und brach es vollständig; und da die Kugel auf der Innenseite des Beines durchging, wurde auch das andere Bein schwer verletzt.[7] In einem 14tägigen qualvollen Marsch trug man ihn durchs Gebirge in sein Heimatschloß. Bevor er Ende Februar 1522 das väterliche Schloß verlassen konnte, war ihm in seiner Psyche ein wesentliches Moment der für ihn später typischen Spiritualität aufgegangen, die *Unterscheidung der Geister:* Immer wenn er in der Zeit seines Krankenlagers über seine höfische Vergangenheit und militärische Zukunft nachdachte, fand er zuerst an diesen Gedanken Gefallen. Waren die Gedankenreihen und vorgestellten Bilder aber zu Ende, fühlte er sich unzufrieden, mißmutig, leer und fad. Wenn er sich hingegen vorstellte, die Heiligen und ihre Taten nachzuahmen, spürte er, daß er auch nachher froh gestimmt war. Er begeisterte sich für die Heiligen Franziskus und Dominikus. ,,Trost" und ,,Trostlosigkeit" waren für ihn Wirklichkeiten geworden, mittels derer er den Willen Gottes für sein Leben erspüren konnte. Nach seiner anfänglichen inneren Bekehrung wollte er ein neues Leben beginnen und Buße tun.

Über Aranzazu pilgerte er zu dem berühmten Bergkloster Montserrat, um dort sein bisheriges Leben zu beichten. Degen und Schwert wurden seine Weihegaben an die Schwarze Madonna in der dortigen Kirche. Am Morgen nach seiner Nachtwache im Montserrat verließ Iñigo den Klosterbereich und ging in das fünf Stunden entfernte Manresa. Hier hatte der Pilger bei einer Höhle am Cardoner, der ganz in der Nähe fließt, ein entscheidendes ,,Erleuchtungserlebnis". K. Rahner läßt dazu Ignatius in einer fingierten Rede folgendes sagen: ,,Ich habe Gott erfahren, den namenlosen und unergründlichen, schweigenden und doch nahen, in der Dreifaltigkeit seiner Zuwendung zu mir. Ich habe Gott erfahren auch und vor allem jenseits aller bildhaften Imagination. Ihn, der, wenn er so von sich aus in Gnade nahekommt, gar nicht mit etwas anderem verwechselt werden kann. Ich bin Gott, dem wahren und lebendigen, dem, der diesen alle Namen auslöschenden Namen verdient, wirklich begegnet ... Gott selbst."[8] Wesentliche Einsichten seiner mystischen Gnadenstunde am Cardoner brachte Ignatius in sein Buch der ,,Geistlichen Übungen" ein.

Die Pilgerfahrt ins Heilige Land, die sich Ignatius in Loyola vorgenommen hatte, wurde im Jahre 1523 Wirklichkeit. In großer Ergriffenheit sah und berührte er die Orte, die direkt auf seinen Herrn und Erlöser Jesus Christus verwiesen. Die besondere Unmittelbarkeit zum Leben Jesu, die er an den Heiligen Stätten verspürte, war ihm Anlaß zu großer innerer Freude. Nach nur 20 Tagen Aufenthalt mußte er das Heilige Land wieder verlassen; die zuständige kirchliche Behörde ,,erneuerte sein Visum" nicht. Während seiner Rückfahrt ging ihm auf, daß er nun zunächst studieren müsse, um so besser ,,den Seelen helfen" zu können, wie bald eines seiner Lieblingsworte lautete. Zum Studium ging er zunächst nach Barcelona und dann nach Alcalá.

Zum ersten Mal in seinem Leben wurde Ignatius 1526 unmittelbar mit der Inquisition konfrontiert. Man sperrte ihn 42 Tage lang ein, da er verdächtigt wurde, ein Alumbrado (Anhänger einer ,,subjektivistischen" Erleuchtungsgruppierung, die jede kirchliche Ordnung ablehnte) zu sein. Es sollte nicht das letzte Mal sein. Sein weiteres Studium setzte er in Salamanca fort, dann in Paris.

Sieben Jahre lang, von 1528 bis 1535, blieb Ignatius in Paris. Er begann am Kolleg Montaigu, das wegen der Strenge seiner Studienordnung und der asketischen Lebensweise seiner Mitglieder bekannt war. (Auch Calvin hatte dort studiert.) Am 15. August 1534, dem Fest der Aufnahme Mariens in den Himmel, pilgerte Ignatius mit sechs Freunden auf den Montmartre, um dort eine neue, gemeinsame Lebensweise in Gelübden auszudrücken. In einer Eucharistiefeier versprachen sie Armut, Keuschheit und eine Wallfahrt nach Jerusalem. Falls diese Wallfahrt nicht möglich sein sollte, wollten sie sich inmittelbar dem Papst, dem sie die größte Übersicht über die Nöte der Christenheit zutrauten, zur Verfügung stellen.

Nach einem kurzen Besuch in seiner Heimat traf Ignatius seine Gefährten in Venedig wieder. Er und seine Freunde kümmerten sich in der Lagunenstadt vor allem um Arme und Kranke. Mit 45 Jahren wurde Ignatius von Loyola am 24. Juni 1537 dann zum Priester geweiht. Im Oktober 1537 zog er mit Pierre Favre und Diego Laínez nach Rom. Etwa zehn Kilometer nördlich von Rom betete Ignatius in der kleinen Kirche von La Storta an der Via Cassia. Hier wurde ihm eine Vision zuteil, durch die er eine intensive Umwandlung seines Herzens auf den dreifaltigen Gott hin verspürte. Im Pilgerbericht (einer autobiographischen Lehrerzählung) heißt es dazu: ,,. . . so deutlich eine Schau gehabt, wie Gott der Vater ihn Christus Seinem Sohn zugesellte, daß er daran überhaupt nicht mehr zweifeln konnte."[9] Ignatius wußte sich dem armen, geschmähten und kreuztragenden Christus zugesellt, den er ,,göttliche Majestät" (divina majestad) und ,,gekreuzigten Schöpfer" (criador crucificado) nennt.

Durch die ,,Porta del Popolo" betrat Ignatius Mitte November 1537 Rom, die Ewige Stadt. Bis zu seinem Tod wird sie sein Zuhause sein.

Nach langen Beratungen und Gebeten kamen die Gefährten im Jahr 1539 zu dem sorgfältig erwogenen Ergebnis, einem von ihnen die Gehorsamsgelübde abzulegen und einen Orden zu gründen. Am 27. September 1540 ließ Papst Paul III. (1534–1549) die Gründungsurkunde des Jesuitenordens, die Bulle ,,Regimini Militantis Ecclesiae", ausfertigen; 1541 fand die Wahl des Generaloberen der Societas Jesu statt. Alle wählten Ignatius. Nachdem 1544 Papst Paul III. mit der Bulle ,,Iniunctum nobis" die Begrenzung der Mitgliederzahl des Ordens auf 60 aufgehoben hatte, stimmte er 1546 dem Vorschlag des Generaloberen der Gesellschaft Jesu zu, daß nicht nur Priester, sondern auch Laien aller Berufsgruppen in den Orden nach Ablegen der Gelübde aufgenommen werden könnten – und so ist es bis heute.

Ignatius veröffentlichte fünf Jahre vor seinem Tod die ,,Geistlichen Übungen". Das päpstliche Breve ,,Pastoralis officii" vom 31. Juli 1548 hatte dazu die Approbation gegeben. Trotz seiner zahlreichen Aufgaben, die die Leitung des Ordens mit sich brachte, gab Ignatius weiterhin Exerzitien, schrieb viele Briefe, erteilte Katechismusunterricht und hielt Predigten. Außerdem gründete er sozial-karitative Werke in Rom, so das Marthahaus für ehemalige Prostituierte und ein Heim für Mädchen, die durch Ausbeutung besonders gefährdet waren. Er sorgte für Waisenhäuser und kümmerte sich um die Armenpflege. Er stiftete Frieden zwischen verfeindeten Städten und versöhnte Familien. Der Papst und viele Kardinäle nahmen seinen Rat an.

Am 21. Juli 1550 bestätigte Papst Julius III. (1550–1555) im Breve ,,Exposcit debitum" den Orden auf feierliche Weise. Ignatius war Anfang 1541 von seinen Mitbrüdern beauftragt worden, umfangreiche Satzungen vorzubereiten. Um den Jahreswechsel 1550/51 stimmten die in Rom versammelten Ordensmitglieder dem ausgearbeiteten Entwurf der Satzungen zu. Die ,,Sache Jesu" verlangte eine neue Mobilität in der Kirche und tiefere Sachbezogenheit in den jeweiligen Verhältnissen. So verzichtete Ignatius z. B. auf Chorgebet und kodifizierte Bußübungen, die für andere Orden charakteristisch waren.

Im Jahr 1551 bat Ignatius seine versammelten Mitbrüder, die Ordensleitung einem anderen zu übertragen; doch sie lehnten ab. Und so blieb er bis an sein Lebensende Generaloberer des Ordens. 1551 wurde das ,,Römische Kolleg" eröffnet, an der das wissenschaftliche Fundament für die Kirchenreform mit ausgearbeitet wurde. Nach kurzer Zeit war das Gründungshaus überfüllt. Im Zusammenhang mit dem Kolleg entwickelte sich später die päpstliche Universität Gregoriana. 1552 erfolgte durch Ignatius die Gründung des Collegium Germanicum et Hungaricum, in dem bis in unsere Zeit vor allem deutsche Theologiestudenten und Priester ausgebildet werden.

Auf wiederholtes Drängen seiner Mitbrüder erzählte Ignatius die Geschichte seiner göttlichen Führung, den ,,Bericht des Pilgers" (1555). Denn für ihn tat sich nicht zuletzt durch das Wollen seiner Mitbrüder der Wille Gottes kund. Auch dieses sein Sich-Überliefern geschah im Zeichen des Wahlspruchs des Ordens: ,,Omnia ad maiorem Dei gloriam" (Alles zur größeren Ehre Gottes).

Am 30. Juli 1556 abends fühlte Ignatius, daß er sterben werde. Seinen Wunsch nach dem Sterbesegen des Papstes wollte ihm sein Sekretär Juan de Polanco erst am nächsten Morgen erfüllen. Ignatius war einverstanden und sagte: ,,Tut, wie Ihr wollt, ich überlasse mich ganz Euch." Ein Mitbruder im Nebenzimmer hörte ihn um Mitternacht noch leise beten: ,,O mein Gott." Im Alter von 65 Jahren starb Ignatius in den Morgenstunden des 31. Juli. Die Konturen seines Lebens werden in einem Gebet transparent, das wohl von dem Heiligen selbst stammt:

,,Nimm hin, Herr, und empfange meine ganze Freiheit, mein Gedächtnis, meinen Verstand und meinen ganzen Willen, meine ganze Habe und meinen Besitz; Du hast es mir gegeben, Dir, Herr, gebe ich es zurück; alles ist Dein, verfüge nach Deinem ganzen Willen; gib mir Deine Liebe und Gnade, das ist mir genug."[10]

Über seinem Grab wurde in der Kirche Il Gesù zu Rom ein prunkvoller Altar errichtet, der sein Wesen eher verdeckt als verdeutlicht. Denn nach eigener Aussage möchte er nach dem Tod ,,lieber für die Vögel und Hunde weggeworfen sein"[11].

Im Jahre 1609 wurde er durch Papst Paul V. (1605–1621) selig- und am 12. März 1622 durch Papst Gregor XV. (1621–1623) heiliggesprochen.

II. Schriftliche Werke

Sowohl im *,,Pilgerbericht"* wie auch in seinen *,,Geistlichen Übungen"*, dem Exerzitienbuch, und in den Fragmenten seines *Tagebuchs*[12] nennt er ,,geistliche Dinge" so beim Namen, daß sie vielen ungewohnt, wenn nicht gar antiquiert und fremd vorkommen. Doch zur Zeit des Ignatius war die Rede von ,,Gott", von ,,Himmel", von ,,Buße", von ,,Majestät" usw. noch nicht durch atheistische und nihilistische Vorurteile verstellt. Es wird für uns heute daher eine gewisse Unvoreingenommenheit notwendig sein, um manche seiner *7000 Briefe und Weisungen*[13] positiv zu lesen. Es sind Briefe eines Mannes, der sich aufgrund seiner mystischen Gotteserfahrung radikal um die Heiligung und Selbstwerdung des Menschen mühte.

Ignatius brachte die neuzeitliche Frage der ,,Selbst-Werdung" des Menschen in die spirituelle Methodik der Exerzitien ein, in denen der einzelne unmittelbar zu Gott als dem Schöpfer und grundlosen Grund des einmalig gerufenen Geschöpfes das Wagnis der Gestaltung eines Lebensprozesses auf sich nimmt. Ignatius ist überzeugt, daß Gott während der Exerzitien mit dem einzelnen besonders wirkt. Die Anweisungen und Regeln für den, der Exerzitien begleitet, und für den, der Exerzitien macht, sind überzeitlich gültig und haben das Büchlein zu einem Klassiker für das geistliche Leben in der katholischen Spiritualität der Neuzeit gemacht:

„Unter dem Namen geistliche Übungen versteht man jede Art, das Gewissen zu erforschen, sich zu besinnen (meditar), zu betrachten (contemplar), mündlich und rein geistig (mental) zu beten und andere geistliche Tätigkeiten, wie später noch erklärt wird. Denn so wie Spazierengehen, Marschieren und Laufen körperliche Übungen sind, gleicherweise nennt man geistliche Übungen jede Art, die Seele vorzubereiten und dazu bereit zu machen (disponer), alle ungeordneten Neigungen (affectiones) von sich zu entfernen, und nachdem sie abgelegt sind, den göttlichen Willen zu suchen und zu finden in der Ordnung (disposición) des eigenen Lebens zum Heil der Seele."[14]

Im persönlichen Sich-Einlassen auf solche acht- bzw. dreißigtägige geistliche Übungen, in denen außer einigen grundsätzlichen Überlegungen und Betrachtungen vor allem das Leben Jesu innerlich erfaßt werden soll, wird der Übende zu einer Freiheit geführt, die ihn das Ausharren vor dem unmittelbaren Gegen-Über Gottes, der Liebe selbst, wagen läßt. Der den Exerzitienprozeß begleitende Exerzitienleiter hat sich wie folgt zu verhalten:

„Wer die Übung gibt, darf nicht den, der sie empfängt, mehr zur Armut oder zu einem Versprechen hin bewegen als zu deren Gegenteil, auch nicht zu einem Stand oder einer Lebensweise mehr als zu einer anderen. Denn wenn es auch außerhalb der Übungen erlaubt und verdienstlich ist, alle wahrscheinlich geeigneten Personen dazu zu bewegen, Enthaltsamkeit, Jungfräulichkeit, Ordensstand und jede Art von evangelischer Vollkommenheit zu erwählen, dennoch ist es innerhalb solcher geistlicher Übungen beim Suchen des göttlichen Willens mehr angemessen und viel besser, daß der Schöpfer und Herr selber sich seiner Ihm hingegebenen Seele mitteile, sie zu Seiner Liebe und Seinem Lobpreis entflamme und sie zu dem Weg bereit mache (disponer), auf dem sie Ihm künftig besser dienen kann. Auf diese Weise soll derjenige, der die Übungen vorlegt, weder zu der einen noch zu der anderen Seite sich wenden und hinneigen, sondern, mehr wie eine Waage in der Mitte stehend, unmittelbar den Schöpfer mit seinem Geschöpf und das Geschöpf mit seinem Schöpfer und Herrn wirken lassen."[15]

Der im Exerzitienbuch und in den Exerzitanden gegenwärtige Geist hat in den folgenden Jahrhunderten eine der größten geistig-geistlichen Bewegungen geweckt. Die Wahrheit und Kraft des schmalen Büchleins erschließen sich kaum einem bloß registrierenden Leser, dem „Übenden" jedoch weitgehend. Die einzelnen Kapitel und fundamentalen Grundeinsichten, die Ignatius in es hineinschrieb, sind während verschiedener seiner Lebensphasen entstanden. Das Buch ist gleichsam ein gewachsenes Resultat und nicht spekulativ am Schreibtisch erstellt.

Mit einer gewissen theologischen Naivität – man denke z. B. an die Begegnung mit dem Mauren, den Ignatius beinahe erdolcht hätte, wenn nicht, in Gottes Namen, sein Maultier „gescheiter" als er selbst gewesen wäre – diktiert er seinem Mitbruder Gonçalves da Câmara den *„Bericht* *des Pilgers"*, in dem vor allem die Jahre von 1521 bis ca. 1538 behandelt werden. Es ist die Geschichte eines Menschen, der sich bekehrte. „Der bloße Historiker, dem es nur um das Tun des Menschen geht und der ein so unmittelbares Eingreifen Gottes in ein menschliches Leben ablehnt oder zumindest aus seiner Betrachtung ausschließen möchte, steht hier vor einem ihm unzugänglichen Gebiet. ... Der Text in seinem ganzen Umfang eröffnet sich jedoch nicht einer bloß historischen oder psychologischen Zergliederung und Ausdeutung, sondern er ist ein Dokument des Glaubens und setzt daher eigentlich eine Theologie voraus. ... Das, was zwischen Gott selbst und der Seele des Einzelmenschen unmittelbar geschieht, das heißt die Gnadenführung, entzieht sich der kritischen Untersuchung eines Dritten und bleibt im letzten ein Geheimnis, dem man Ehrfurcht schuldet."[16]

Für die Ausarbeitung der *Konstitutionen* nahm Ignatius als Generaloberer des Ordens die Hilfe seiner Mitbrüder in Anspruch, widmete den Texten aber alle Zeit, die er dafür erübrigen konnte.[17] Über viele Details betete er so lange, bis eine klare Entscheidung getroffen werden konnte. Zeugnis davon geben die Reste seines *Tagebuches*. Um den Jahreswechsel 1550/51 stimmten seine Mitbrüder dem vorgelegten Entwurf der zehnteiligen Konstitutionen einstimmig zu. Ignatius aber arbeitete an Einzelheiten fast bis zu seinem Sterbetag weiter.

III. Mystik und Spiritualität

Unterscheidet man zwei Grundweisen mystischen Erlebens, nämlich Einung in der Begegnungsstruktur und das Geschehen der Verschmelzung, dann muß man sagen, daß Ignatius zweifelsohne zu gnadenhaften Einungserlebnissen hinführen möchte, in denen die je größere Ungleichheit zwischen Gott und Mensch erhalten bleibt. *„Deus semper maior" (Gott ist immer größer)*, das gilt – gerade auch – in der Dimension christlicher Mystik. Ein Blick in das Exerzitienbuch[18] macht klar, daß Ignatius rät, die neutestamentlich überlieferten Heilsereignisse als Begegnungen mit Jesus Christus innerlich nachzuerleben. Sie sind für die mystische Vertiefung des Exerzitanden entscheidend. Dabei sind sowohl spirituelle Erfahrungen im Sinne von Trost und Mißtrost wie auch Einzelerkenntnisse, bei denen letzter Sinn im konkreten historischen Ereignis aufleuchtet, wichtige Momente im von Jesus Christus gestifteten Dialog zwischen ihm und dem Menschen mit seiner Geschichte. Jede Interpretation, die das Konkret-Geschichtliche der Jesus-Gestalt und des Meditierenden nicht ernst nimmt, greift zu kurz. Es sind vor allem *personale* Akte und Redeweisen, in denen die unmittelbare Beziehung von Du zu Du, von Herz zu Herz, von Name zu Name, von Freiheit zu Freiheit stattfindet. Vollzüge des Wählens und Entscheidens, der Hingabe und der Liebe sind angezielt. Aussagen sollen „verkostet" – wie ein klassisches Wort sagt –, sollen „erfahren“, im Eigenen vernehmbar werden und zu neuer Praxis befreien – alles Züge einer Mystik, die das Ich nicht in einem unpersönlichen Größeren untergehen läßt, sondern zur eigenen, von Gott geschenkten Bewußtheit führt.

Bei allem Offenhalten der dialogischen Differenz wird während eines solchen mystagogischen Grundkurses, wie es Exerzitien sind, ein neues Verhältnis zur Welt angezielt, das besagt: *„Gott in allen Dingen finden“*[19], ohne daß in pantheistischer Manier die Welt mit Gott in eins gesetzt wird. Ganz im Gegenteil. Es gibt eine zutiefst christliche Sicht der Welt, in der sie als von Gott durchwirkt gespürt wird, ohne daß aufgrund dieser Wirksamkeit Gottes Gott nicht mehr der *Ganz-Andere* wäre – wie es für einen Judenchristen wie Paulus selbstverständlich ist. Gerade dieser Apostel verkündet nun auf dem Areopag: „Die Menschen sollten Gott suchen, ob sie ihn ertasten und finden könnten; denn keinem von uns ist er fern. Denn in ihm leben wir, bewegen wir uns und sind wir, wie auch einige von euren Dichtern gesagt haben: Wir sind von seiner Art.“ (Apg 17, 27f.)

Christliche Mystik, also das Finden Gottes und seines Willens in der Schöpfungswirklichkeit, ist prinzipiell immer ein trinitarisches Geschehen, weil ja der eine Gott, der dem Menschen nahe wird, ein dreifaltiger ist. Am gnadenhaften Ineinander von Existentialgeschichte und Neigung Gottes zu ihm hellt sich in den Lebensphasen des Ignatius besonders deutlich die Wahrheit des trinitarischen Geheimnisses auf. Wenn wir dabei der Zeit auf dem Krankenlager in Loyola die ersten und entscheidenden Einsichten in die Pneumatologie (Lehre vom Heiligen Geist), dem mystischen Erlebnis in Manresa die Theologie (im ursprünglichen Sinn: Lehre von Gott, dem Einen) und der Vision von La Storta die Christologie (Lehre von Jesus Christus) zuordnen, so ist dies jeweils nicht exklusiv zu verstehen, sondern im Sinne einer Akzentuierung. Denn es ist ja im Grunde immer derselbe Geist Gottes, die ewig schöpferische Liebe selbst, durch den Iñigo sich zu einem Heiligen umschaffen läßt. Seinen Ruf hat Ignatius im Kern seiner Freiheit vernommen und auf ihn gehört.

1. Pneumatologie

Im Unterschied zu de Guibert sind wir der Überzeugung, daß der mystische Prozeß der Hinwendung zu Gott nicht erst mit dem Erleuchtungserlebnis des Ignatius bei Manresa einsetzte, sondern auf dem Krankenlager in Loyola begonnen hat; ja, in einem gewissen Sinn muß man sagen: sogar schon vorher, nämlich mit dem Kanonenschuß bei Pamplona am Pfingstmontag 1521. Hier wurde Ignatius getroffen – im doppelten Sinn des Wortes. Die Kanonenkugel war zugleich auch der Auslösungsfaktor für ein inneres Geschehen. Die Bruchstelle des Beines ist eine Metapher für den Aufbruch des Ignatius nach innen, zum wahren Selbst, und nach oben, zu Gott hin. Die Zeit der Krankheit in Loyola sollte daher nicht als eine letztlich unbedeutende Vorphase vor dem eigentlichen religiösen Durchbruch gedeutet werden, sondern sie ist selbst schon eine notwendige und wesentliche Lebensphase, der konkrete Anfang der Bekehrung. Die Art des Einstiegs und der Verlauf der religiösen Bekehrung des Ignatius geben für unsere Zeit durchaus ein Exempel ab: Einmal sind es oft einschneidende Geschehnisse, die einen Menschen wieder zur „Besinnung" bringen, ihn die Spur seines Lebenssinnes wieder finden lassen. Mystagogisch gesehen sind Krankheitserfahrungen, besonders wegen ihrer konkreten leibhaftigen Auswirkungen, oft etwas, das den Menschen ganzheitlich vor sich selbst bringt und ihn mit dem Sinn und dem Unsinn seiner Existenz konfrontiert. Aber nicht nur der einzelne, sondern die Menschheit als ganze kommt angesichts der vielfältigen Krankheitssymptome der Gesellschaft nicht an der Frage nach den entscheidenden Grundlagen vorbei. Wo wirkt sich Ungeist und wo Gottes Geist aus? Was führt zur Katastrophe, und wo ist ein Weg in echte Zukunft? Gerade in unserer Zeit, die gekennzeichnet ist durch die Tendenz zu einer einzigen Weltgesellschaft, ist die Frage nach dem Prinzip der Einheit besonders aktuell. Der Dialog zwischen den Weltreligionen – leider oft einseitig doktrinierend konzipiert – ist, zumindest bei den Christen, als notwendig begriffen. Ohne die Kommunikation über die Welt des Geistigen sind religiöse Gespräche unfruchtbar. Eine Diskussion über soziale und gesellschaftliche Notwendigkeiten allein genügt nicht. Selbst für die innerkirchliche theologische Arbeit hat das neue Ernstnehmen der Weltreligionen Konsequenzen. „Vielleicht wird sie (eine ‚fernöstliche Theologie') eine Pneumatologie, eine Lehre von der innersten, vergöttlichenden Begnadigung aller Menschen (als Angebot an ihre Freiheit) wegen des allgemeinen Heilswillens und wegen des legitimen Respektes vor allen großen Weltreligionen auch außerhalb des Christentums zum fundamentalen Ausgangspunkt ihrer gesamten Theologie machen und von da aus – vielleicht gar nicht ohne erhebliche Anstrengungen – ein wirkliches und radikales Verständnis der Christologie zu gewinnen suchen."[20]

Wo westliche Frömmigkeit und Spiritualität ihren erfahrungsmäßigen Hintergrund nicht nur bewahrt, sondern daraus lebt, ist das pneumatische Erleben der Wahrheit Gottes eine bare Selbstverständlichkeit. Gerade bei Ignatius von Loyola sind solche inneren Erlebnisse der Schlüssel zu seinem neuen Welt- und Gottesverständnis. Mit ihnen beginnt seine Metamorphose. Auch neutestamentlich findet sich eine „Geist"-Erfahrung, die dann weiterführt zur Gestalt des Vater Gottes und seines menschgewordenen Sohnes. Schenkt nicht auch der auferstandene Christus zunächst seinen Frieden, die Frucht des Geistes? Er kehrt ja zum Vater heim, auf daß der Geist Gottes, der Heilige Geist, zur Erkenntnis der Frohbotschaft führe.

Vor diesem heilsgeschichtlichen Hintergrund spielt der Prozeß, in dem

Ignatius lernt, die Geister zu unterscheiden. Er spricht vom „guten" und vom „bösen" Engel, geistigen Grundkräften, die in der Psyche des Menschen sich auswirken. Gewiß ist die Differenz zwischen dem „guten Engel" und dem Heiligen Geist als ungeschaffener Wirklichkeit[21] radikal offenzuhalten; und doch kann man wohl sagen, daß der „gute Engel" die Repräsentationsfigur des Heiligen Geistes ist, der – Hochform der Mystik – auch als er selbst im „Trost ohne Ursache" am Werk ist, wie dies bei einer existentiell wesentlichen Berufung oder Wahl der Fall sein kann.[22]

„Mittels einer Ursache (con causa) vermag sowohl der gute wie der böse Engel die Seele zu trösten, jedoch zu entgegengesetzten Zielen hin: der gute Engel zum Fortschritt der Seele, auf daß sie wachse und vom Guten zum je Besseren aufsteige; und der böse Engel zum Gegenteil hin, um sie künftig zu seiner schändlichen Absicht und Bosheit hinzuziehen."[23]

„Allein Gott unserem Herrn kommt es zu, ohne vorausgehende Ursache der Seele Trost zu geben; denn es ist dem Schöpfer vorbehalten, in sie einzutreten, aus ihr auszugehen, in ihr Bewegungen hervorzurufen, indem er sie ganz zur Liebe Seiner Göttlichen Majestät hinzieht. Ich sage ohne Ursache (sin causa), das heißt ohne vorausgehendes Gespür oder vorausgehende Erkenntnis irgendeines Gegenstandes, durch den eine solche Tröstung vermittels der Akte ihres Verstandes und Willens herbeigeführt wurde."[24]

Die Regeln zur Unterscheidung der Geister zeigen, worauf bei der Entwicklung zu einer eigenständigen religiösen Persönlichkeit zu achten ist.

„Bei denen, die vom Guten zum je Besseren voranschreiten, berührt der gute Engel die Seele mild, leicht und sanft wie ein Wassertropfen, der in einen Schwamm eindringt; der böse hingegen berührt sie scharf und mit Lärm und Unruhe, wie wenn ein Wassertropfen auf einen Stein fällt."[25]

Es geht darum, eine kritische Sensibilität für das eigene Bewußtsein in seiner Prozessualität zu entwickeln, und zwar so, daß alle Dimensionen des Menschen, z. B. auch seine es-haften und körperlichen Komponenten, in diesen Werdeprozeß positiv integriert werden. Also nicht die Erzeugung von Sündenangst und Skrupulosität ist der Sinn der internen religiösen Auseinandersetzung, sondern das Achten auf die inneren Bewegungen zielt darauf, die Wirkungen des Geistes Gottes vom Blendwerk des lügnerischen Geistes zu unterscheiden. Natürlich gibt es in diesem religiösen Humanisierungsprozeß auch Zeiten innerer Leere, aber auch der Erfahrung der Fülle. Ein geistliches Leben kennt Phasen von Trost und Mißtrost. Ignatius schreibt dazu:

„Ich nenne es ‚Tröstung', wenn in der Seele irgendeine innere Regung verursacht wird, mit welcher die Seele dazu gelangt, in ihrer Liebe zu ihrem Schöpfer und Herrn zu entbrennen; und weiterhin, wenn sie kein geschaffenes Ding auf dem Angesicht der Erde in sich lieben kann, es sei denn im Schöpfer ihrer aller. Ebenso, wenn sie Tränen vergießt, die zu Liebe zu ihrem Herrn bewegen, sei es aus Schmerz über ihre Sünden oder über das Leiden Christi unseres Herrn oder über andere Dinge, die geradeaus auf seinen Dienst und Lobpreis hingeordnet sind. Überhaupt nenne ich Tröstung alle Zunahme an Hoffnung, Glaube und Liebe und alle innere Freudigkeit ... Ich nenne ‚Trostlosigkeit' etwas wie Dunkelheit der Seele, Verwirrung in ihr, Regung zu niedrigen und irdischen Dingen, Unruhe von verschiedenen Bewegungen und Versuchungen, die zu Unglauben bewegen, ohne Hoffnung, ohne Liebe, wobei sich die Seele ganz träge, lau, traurig und wie von ihrem Schöpfer getrennt findet."[26]

Ohne „Unterscheidung der Geister" und eine positive Beziehung zum Geist Gottes, der ja wesenhaft der Geist Jesu Christi ist, gelingt ein wirklich geistliches Leben, das immer mehr sich von Gott her in die Welt hinein konkretisiert, wohl kaum.

2. *Theologie*

Das mystische Erleuchtungserlebnis bei Manresa (1522) war die Sternstunde der unmittelbaren Gotteserfahrung des hl. Ignatius. Jahrzehnte später berichtet er davon – von sich in der dritten Person sprechend – in seinen autobiographischen Erinnerungen:

„Einmal führte ihn seine Andacht zu einer Kirche, die etwas mehr als eine Meile von Manresa entfernt war und – wie ich glaube – den Namen des heiligen Paulus trug. Der Weg dorthin führte den Fluß entlang. In Andacht versunken, ging er so dahin und setzte sich eine Weile nieder mit dem Blick auf den Fluß, der tief unten dahinfloß. Wie er nun so dasaß, begannen die Augen seiner Vernunft sich ihm zu öffnen. Nicht als ob er irgendeine Erscheinung gesehen hätte, sondern es wurde ihm das Verständnis und die Erkenntnis vieler Dinge über das geistliche Leben sowohl wie auch über die Wahrheiten des Glaubens und über das menschliche Wissen geschenkt. Dies war von einer so großen Erleuchtung begleitet, daß ihm alles in neuem Licht erschien. Und das, was er damals erkannte, läßt sich nicht in Einzelheiten darstellen, obgleich es deren sehr viele waren. Nur daß er eine sehr große Klarheit in seiner Vernunft empfing. Wenn er im ganzen Verlauf seines Lebens nach mehr als zweiundsechzig Jahren alles zusammennimmt, was er von Gott an Hilfen erhalten und was er jemals gewußt hat, und wenn er all dies in eines faßt, so hält er dies alles doch nicht für so viel, wie er bei jenem einmaligen Erlebnis empfangen hat. Dieses Ereignis war so nachdrücklich, daß sein Geist wie ganz erleuchtet blieb. Und es war ihm, als sei er ein anderer Mensch geworden und habe eine andere Vernunft erhalten, als er früher besaß."[27]

Die mystische Begegnung mit dem Heiligen Gott, der von sich her in Gnade nahekommt und so sich offenbart, ist unterscheidbar vom Nahekommen Gottes in Jesus Christus. Eine so unmittelbar erlebte, offenbare Begnadung eines einzelnen durch Gott, wie sie hier bei Manresa geschah, ist kein Konkurrenzphänomen zur Offenbarung Gottes in der allgemeinen Heilsgeschichte, die in Jesus Christus ihren unüberholbaren Gipfel und ihre authentische Quelle hat. Vielmehr vermag sich der Mensch unmittelbar von Gott her getroffen erleben, gerade weil die für den je einzelnen subjektiv schon geschehene Erlösung durch Christus dem Menschen eine neu geschenkte Freiheit vermittelt, in der er offen für den begnadenden Gott existieren kann. „Im Innersten der mystischen Erfahrung trifft die christliche Mystik auf einen Gott, der erst jenseits der Erfahrung voll und ganz Gott ist ... Gott ist der freie, transzendente, weltüberlegene Schöpfergott.“[28] Der christliche Gott ist ein *Du/Er,* kein Meer der Gottheit. Mit diesem Bekenntnis zum Monotheismus, der für Ignatius von Loyola Erfahrungstatsache ist, wird die Grenze zum Monismus mit seinen Seinsspekulationen gezogen. Gerade die echte Gotteserfahrung ist kein pantheistisches Vermischen und Versinken, sondern „je persönlicher die Erfahrung ist, je näher ein Zeugnis dem Urerlebnis steht, desto deutlicher tritt eine personal-dialogische Grundstruktur hervor“[29]. Wer in der Dimension der Mystik sucht, muß bereit sein, sich als *Person* einzubringen – und dies tat Ignatius.

Manresa bedeutet den endgültigen Durchbruch zur erfahrenen Anerkennung Gottes als des Schöpfers, vor dem der Mensch wesenhaft Geschöpf ist. Gott ist der letztlich und zutiefst *sein lassende* Grund der Schöpfungswirklichkeit, die sich an sich selbst deswegen als *Gabe* entdecken kann. Denn Gott läßt umsonst sein, schafft aus Gnade. Die Einsicht in diesen Vorgang läßt auf seiten des Menschen den Dank entspringen, die Antwort auf die Erfahrung von Umsonst: Ich bin mir an mir selbst geschenkt, kein metaphysisch notwendiges, sondern ein kontingentes Wesen: ein Geschöpf.

Während seiner Studien in Paris (ab 1528) formuliert Ignatius seine mystische Grunderfahrung von Manresa in der Sprache der damaligen Theologie bzw. Philosophie aus, die nur eine sekundäre und so relative Ausdeutung der Erfahrung ist. Gerade wegen der Authentizität der religiösen Erfahrung darf an der philosophisch-theologischen Reflexion nicht wie an einem starren Dogmatismus festgehalten werden. Der Text, den wir zu Beginn des Exerzitienbuches finden, ist eine Frucht der religiösen Erfahrung und eines soliden Studiums.

„Der Mensch ist geschaffen dazu hin, Gott Unseren Herrn zu loben, Ihm Ehrfurcht zu erweisen und zu dienen, und damit seine Seele zu retten.

Die andern Dinge auf der Oberfläche der Erde sind zum Menschen hin geschaffen, und zwar damit sie ihm bei der Verfolgung seines Zieles helfen, zu dem hin er geschaffen ist. Hieraus folgt, daß der Mensch dieselben so weit zu gebrauchen hat, als sie ihm auf sein Ziel hin helfen, und so weit lassen muß, als sie ihn daran hindern.

Darum ist es notwendig, uns allen geschaffenen Dingen gegenüber gleichmütig (indiferentes) zu verhalten in allem, was der Freiheit unseres freien Willens überlassen und nicht verboten ist. Auf diese Weise sollen wir von unserer Seite Gesundheit nicht mehr verlangen als Krankheit, Reichtum nicht mehr als Armut, Ehre nicht mehr als Schmach, langes Leben nicht mehr als kurzes, und folgerichtig so in allen übrigen Dingen.

Einzig das sollen wir ersehnen und erwählen, was uns mehr zum Ziele hinführt, auf das hin wir geschaffen sind.“[30]

Von diesem Gottesbezug her wird der jesuitische Gehorsam verständlich. Und zwar in einer doppelten Hinsicht: Wenn *erstens* Gott als Liebe geglaubt wird, dann ist das Hören auf seinen Willen bezüglich der eigenen Existenzgestaltung auf jeden Fall das je Bessere. Denn Hören-auf – die Intensivform davon ist Gehorsam – befreit und ermächtigt zu je mehr freiem Eigenstand und zu je mehr geschenkter Selbständigkeit – zumindest ist dies in lebendig liebenden Beziehungen der Fall, da es ja dem „Befehlenden" nicht um sich, sondern um das andere Du geht. Der Horizont der Beziehung ist dabei nicht nur diese Welt, sondern die Ewigkeit. Wird *zweitens* Gott als derjenige geglaubt, der auch jetzt noch eine Geschichte des Heiles und der Gnade mit dem Menschen lebt, dann ist selbstverständlich, daß diese Geschichte in der realen Konkretheit dieser Welt spielt. Für Ignatius ist die *Kirche* der Ort, an dem diese Geschichte besonders stattfindet. In ihr versammelt sich das Volk Gottes. Von daher wird der ignatianische Gehorsam verständlich gegenüber Kirche und Papst, des für ihn maßgeblichen Repräsentanten der Kirche, dem er sich durch ein besonderes Gelübde zur Verfügung stellte. Christlicher Gehorsam gründet in der je größeren spirituellen Erfahrung des „Befehlenden" bzw. in den Sachnotwendigkeiten, die – oft personalisiert – für ein gemeinsames Werk notwendig sind. Es geht nicht um eine ausbeutende und versklavende Unterwerfung des Gehorchenden durch den Befehl eines ihm übergeordneten Mächtigen, sondern um einen Gehorsam, der als solcher jene Flexibilität und innere Kraft der Metamorphose des Lebens begründet, durch die der (sogenannte) Abhängige durch die Autorität des Befehlenden gerade in die Freiheit seines Selbstseins freigesetzt wird. In diesem in der Geschichte des Jesuiten-Ordens – auch mit der Erbärmlichkeit menschlicher Versuchtheit – ausgetragenen Geschehen wird der Wille des Schöpfers transparent, der das aus dem Nichts Gerufene zur Freiheit seiner Herrlichkeit berufen hat. Den Hintergrund für christliche „Gehorsamsverhältnisse" bildet letztlich die Beziehung Jesu zu Gott.

3. Christologie

Das visionäre Geschehen bei La Storta (1537) kann man als den mystischen Höhepunkt des Ignatius im Hinblick auf sein Christusverhältnis bezeichnen. Selbstverständlich steht es nicht in Konkurrenz zu seinen immer neu geschehenen sakramentalen Eucharistie-Erfahrungen, ist jedoch als solche für seinen mystischen Jesus-Bezug zentral, der sich als *trinitarische* Begnadigung enthüllte.

In seiner Autobiographie berichtet Ignatius von jener göttlichen Bestätigung seines Weges:

„Als er eines Tages vor der Ankunft in Rom in einer Kirche weilte und dort betete, hat er eine solche Umwandlung in seiner Seele verspürt und so deutlich eine Schau gehabt, wie Gott der Vater ihn Christus Seinem Sohn zugesellte, daß er daran überhaupt nicht mehr zweifeln konnte, Gott der Vater habe ihn Seinem Sohn zugesellt. Ich, der Schreiber dieses Berichtes [L. Conçalves da Câmara], sagte zum Pilger, als er mir dies erzählte, daß Laynez diese Begebenheit noch mit einigen weiteren Einzelheiten berichtet habe, soviel ich wüßte. Er anwortete mir, daß alles, was Laynez darüber gesagt habe, der Wahrheit entspreche."[31]

P. Laínez betont, wie wesentlich der Weg nach Rom auch für das Werden der neuen Ordensgemeinschaft war. Denn jenes visionäre Ereignis sollte nicht auf die persönliche Sphäre des Ignatius, dem hier endgültig der Name der Gemeinschaft klar wurde, beschränkt bleiben, sondern zugleich das Selbstverständnis des Ordens im Laufe seiner Geschichte mitprägen. Seinen Mitbrüdern sagte P. Laínez in einer geistlichen Unterweisung (1559):

,,Als wir auf der Straße von Siena her nach Rom unterwegs waren, geschah es, daß unser Vater viele geistliche Tröstungen erhielt ... Er sagte mir [P. Laínez], es komme ihm vor, als habe ihm Gott diese folgenden Worte ins Herz geprägt: ,Ego ero vobis Romae propitius.' (Ich werde euch in Rom gnädig sein.) Da unser Vater nicht wußte, was diese Worte bedeuten sollten, bemerkte er: ,Ich weiß nicht, was mit uns geschehen wird, vielleicht werden wir in Rom gekreuzigt werden.' Dann, ein andermal, sagte er, es habe ihm geschienen, als ob er Christus mit dem Kreuz auf der Schulter sehe und daneben den Ewigen Vater, der zu ihm sprach: ,Ich will, daß Du diesen zu Deinem Diener annimmst.' Und so nahm Jesus ihn an und sprach: ,Ich will, daß du uns dienst.' Infolgedessen faßte er eine so große Andacht zum Namen Jesus und wollte, daß die Gemeinschaft ,Gesellschaft Jesu' genannt werde."[32]

Wenn auch der theoretische Status dieser Vision grundsätzlich schwer bestimmbar ist, so wird man doch von einer rein geistigen, intellektuellen Schauung sprechen können, in der der betende Ignatius von der Nähe des dreifaltigen Gottes, von dem alle Dinge ausgehen und zu dem sie heimkehren, zuinnerst geprägt wurde. ,,Wieder war durch die mystische Gnade sein inneres Auge für eine neue Wirklichkeit der ,Dinge Gottes' aufgegangen, neue, bisher unbekannte Klarheit durchströmte ihn, und er wußte von nun an durch alle kommenden Jahre hindurch, daß er auf die seiner kommenden Gesellschaft eigentümliche Weise in Christus mit dem ewigen Vater verbunden war."[33] Die visionäre Vereinigung mit der Trinität wird für Ignatius ein unaustrinkbares, mystisches Glaubenslicht des Trostes bleiben. ,,Seine Mystik und sein Beten und seine Schau aller geschaffenen Dinge (todas las cosas creadas) spiegeln, weil sie trinitarisch sind, nicht nur die Dreifaltigkeit im allgemeinen, sondern die spezifische Eigenart der einzelnen Personen wider: das genuine Zeichen echter Dreifaltigkeitsmystik."[34]

Christus, dem Ignatius sich zugesellt weiß, ist für ihn unbezweifelbar der geschichtliche Jesus. Seinem Antlitz und seinem Anspruch wollte er sich immer wieder aussetzen. ,,Ignatius ist überzeugt: Wer sich – selbstlos meditierend – diesem Jesus zuwendet, wird dessen lebendige Gegenwart erfahren. Wie ein Mensch den Unterschied erfährt, ob er an einer Gruppe Soldaten vorübergeht und diese in der Allgemeinheit ihres Soldat-Seins betrachtet, oder ob er einem Menschen persönlich als einem freien Du begegnet, so wird der Meditierende in den Exerzitien erfahren, daß Jesus ein lebendiges Gegenüber ist – wenn er nur sich von dessen historischem Leben dazu hinführen läßt. Was aber dann auf der Brücke zwischen mir und ‚Ihm', zwischen dem Meditierenden und der Person Jesu geschieht, das nennt Ignatius ‚Erfahrung'."[35]

Vor dem Hintergrund eigener Erfahrungen, gipfelnd in der Vision von La Storta, kommt Ignatius dazu, verantwortlich die Idiomenkommunikation (vom selben Jesus Christus werden göttliche und menschliche Eigentümlichkeiten ausgesagt) zu gebrauchen. So spricht er vom „gekreuzigten Schöpfer" und von der „göttlichen Majestät". Seine gnadenhafte Christuserfahrung ist die des inneren Erlebens des geschichtlichen Jesus. Diese Konkretheit der religiösen Erfahrung, ihre Leibhaftigkeit, gründet im Geheimnis der Menschwerdung Gottes. Inkarnation ist das christliche Urdogma, so daß Tertullian sagen kann: Caro Cardo Salutis (das Fleisch ist der Angelpunkt des Heiles).

Die Konsequenz für Ignatius heißt *Nachfolge Jesu.* Er ist ein Mystiker der Tat, die ihn und seinen Orden weithin geprägt hat, einer Tat, die aus dem Zentrum des eigenen Willens aufspringt, weil dieser plastisch und gefügig in Gottes Händen liegt. Für ihn selbst waren im Laufe seines Lebens sich überlassendes Gebet und Einsatz in unermüdlicher Arbeit eins geworden. Er lebte „contemplativus in actione" (besinnlich/betend im Handeln). Ein psychologisierendes oder historisierendes Denken wird ihn letztlich nicht verstehen können. Das Erspüren seines „Geistes" ist weithin ein geistig-geistlicher Prozeß, der durch die Suche nach „Gott in allen Dingen" gekennzeichnet ist. Dieses Suchen ist zugleich Anbetung des je größeren Gottes, dessen Herrlichkeit die tiefsten Abgründe des Menschen erfüllt, da er ein für allemal Mensch wurde in Jesus Christus, wie Dienst am Kommen des „Reiches Gottes".

Im Vertrauen auf die Gnade Gottes wollte Ignatius handeln. Seine Gnadentheologie spiegelt ein Merkspruch wider:

> „Vertraue so auf Gott, als ob der Erfolg der Dinge ganz von dir, nicht von Gott abhinge; wende dennoch dabei alle Mühe so an, als ob du nichts, Gott allein alles tun werde."[36]

Die praktischen Maximen und Handlungsweisen, die sich im Laufe der Geschichte daraus ergaben, waren nicht immer – vor allem von einem Außenort her – durchschaubar. „Jesuitisch" wurde sogar zu einem Schimpfwort. Vor allem im Bereich der Politik gab es Fragwürdigkeiten. Und doch ist dieser Bereich nicht prinzipiell von der Welt des Glaubens zu trennen. „Politischer Nutzen und taktisch kluges Vorgehen schließen den geistlichen Aspekt nicht aus – ein Moment, das gerade bei den Jesuiten Außenstehende immer verwirrt hat."[37] Diese Einheit von „Mystik und Politik" (J. B. Metz), von unmittelbarer Vertrautheit mit Gott und Engagement für die Sache der Menschen ist gerade das Erbe der ignatianischen Erfahrung und seines Lebens.

IV. Aspekte der Wirkungsgeschichte

In den letzten Lebensjahren des Ignatius wurde immer deutlicher, wie sehr sein Leben mit den Aktivitäten seines Ordens verschmolz. Wenn man daher von der Wirkungsgeschichte seines Lebens berichten soll, dann heißt das in erster Linie, die geschichtliche Wirksamkeit des Jesuitenordens in Blick zu nehmen zu versuchen. Eine jahrhundertelange Geschichte mit Zehntausenden von Persönlichkeiten, die ihrerseits wiederum je eigene Wirkungsgeschichten erzeugten, läßt sich aber nicht auf den Begriff bringen. Deshalb sollen nur exemplarisch einige Jesuiten genannt werden, deren Namen stellvertretend für viele andere und zugleich symbolisch für die zahlreichen Wirkungsfelder des Ordens stehen.

Zu nennen wäre *Franz Xaver* (1506–1552). Er war der erste große Missionar der Gesellschaft Jesu. Er wirkte in Indien und Japan. Das chinesische Festland vor Augen starb er 1552 auf der Insel Sancian. Nach ihm begann die große Jesuitenmission in China. Die rasch aufblühende Missionstätigkeit brachte den Orden in Konflikt mit kirchlichen Stellen (Ritenstreit); denn die Jesuitenmissionare bemühten sich, fremdes Volkstum – Kultur und Religiosität – möglichst ungebrochen ins Christentum einzubringen. Die Jesuiten setzten – damals wie heute – auf Inkulturation. So versuchten sie in den *südamerikanischen Reduktionen,* die Indios in einer Art Basisgemeinde langsam ins Christentum hineinwachsen zu lassen. Im gemeinschaftlichen Produktions- und Verteilungssystem gab es keine Klassengegensätze zwischen Arm und Reich. Traditionelle Gesellschaftsformen der Indios bildeten mit Elementen aus der Lebens- und Wirtschaftsform der europäischen Klostergemeinschaften eine Symbiose, in der anfänglich ein irdisches Paradies verwirklicht wurde.

Aus der Frühzeit des Ordens ist besonders der erste Provinzial der Oberdeutschen Jesuitenprovinz, *Petrus Kanisius* (1521–1597), bekannt geworden. Er erhielt von seinem Generaloberen den Auftrag, der zerrissenen Kirche in Deutschland neue Wege in die Zukunft zu weisen: „Somit wäre die Vervielfältigung von Schulen der Gesellschaft über viele Gegenden, hauptsächlich an den Punkten, wo sich ein guter Zulauf von Schülern erwarten läßt, das beste Mittel, um der Kirche in ihrer bedrängten Lage zu Hilfe zu kommen.“[38] Die Gründung von Kollegien und Universitäten wurde eine der großen Aufgaben des Jesuitenordens. In Europa standen im 18. Jh. etwa 750 unter seiner Leitung.

Seine Hauptaufgabe aber sah der Orden in der *inneren Erneuerung der Kirche,* besonders des Klerus, wozu die Geistlichen Übungen den Weg wiesen.

Aus dem „Magis“, dem „Mehr“, dem Suchen nach dem jeweils besseren Dienst an der Sache Jesu erwuchs die seelsorgliche Arbeit der Jesuiten an den *Krisenstellen der Christenheit:* Volksmission, Bildung, Wissenschaft, Kunst, Gegenreformation. Sie förderten Volksandachten wie die Herz-Jesu-Verehrung und waren als Wissenschaftler und Künstler Vorkämpfer einer neuen Zeit.

Die Aufhebung des Ordens im Jahr 1773 durch den schwachen Papst Klemens XIV. geschah auf Druck der absolutistischen Höfe Europas, die im Einfluß der Jesuiten die Macht der katholischen Kirche fürchteten. Seit der Wiedererrichtung (1814) erlebte die Gesellschaft Jesu einen ständigen zahlenmäßigen Aufschwung, der um 1965 mit 36000 Mitgliedern den Höchststand erreichte. Heute gibt es etwa 26000 Jesuiten in 112 Ländern. In die weltweite Krise, die am Ende der 60er und in den 70er Jahren die Kirche, ihren Klerus und ihre Orden traf, geriet auch die Gesellschaft Jesu. Das Zweite Vatikanische Konzil hat einen tiefgehenden Umgestaltungs- und Erneuerungsprozeß eingeleitet, an dem sich der Orden engagiert beteiligt hat. Das Anliegen der *Ökumene* und der *Dialog mit Nicht-Christen* wurden im Jesuitenorden intensiv aufgegriffen.

Als aktuelle Herausforderung hat der Orden in jüngster Vergangenheit die bedrückende Ungerechtigkeit erkannt, die vielen Menschen – gerade in den *Entwicklungsländern* – den Zugang zum Glauben erschwert oder sogar verunmöglicht. Pedro Arrupe, der frühere Generalobere des Ordens, betonte dies 1976 in der Frankfurter Paulskirche: „Die herrschende Ungerechtigkeit, die unter verschiedenen Formen die Würde und Rechte des Menschen als eines Bildes Gottes und Bruders Christi leugnet, ist praktischer Atheismus, ist Leugnung Gottes. Das Unrecht und die Ausbeutung geschehen nicht nur durch einzelne Menschen und Gruppen. Sie geschehen durch wirtschaftliche, soziale, politische und kulturelle Strukturen."[39]

Ignatius wollte einen Orden, der einsatzfähig und beweglich bleibt. Neben der zentralen „Exekutive", die der Generalobere ausübt, gibt es eine demokratische „Legislative", die Generalkongregation. Sie gleicht einem Parlament und setzt sich aus den gewählten Vertretern der einzelnen Provinzen zusammen, die es fast in jedem Land der Erde gibt.

Ein Jesuit will nach dem Geist des Evangeliums leben. Er besitzt nichts als Eigentum. Was er verdient, stellt er der Gemeinschaft zur Verfügung. Und die Gemeinschaft hat dafür zu sorgen, daß sie die Mittel richtig gebraucht: als Mittel für den Dienst an den Menschen.

Wer sich dem Orden anschließen will, hat eine lange und gründliche Ausbildungszeit vor sich, zuerst das zweijährige Noviziat, um den Geist des Ordens zu verstehen und in ihn hineinzuwachsen. Hier soll er in den 30tägigen Exerzitien seine Berufung klären und die Richtung seines Lebens finden. Dann erst darf er sich in den Gelübden an den Orden binden. Das Studium verläuft in zwei Etappen: Der junge Jesuit absolviert zunächst einen fünfjährigen Grundkurs in Philosophie und Theologie, meist an einer ordenseigenen Hochschule. Nach der Priesterweihe folgt ein Aufbaustudium, das mindestens zwei Jahre dauert. Ein Jesuit soll sich in einem bestimmten Gebiet, in dem er seine Fähigkeiten voll entfalten kann, spezialisieren. Von ihm soll in besonderem Maße gelten, was von einem Christen der Zukunft zu erwarten ist. K. Rahner sagt dies so: ,,Der Christ der Zukunft wird ein Mystiker sein, oder er wird nicht sein. Ich glaube, daß dieser vielleicht etwas prononcierte Satz im großen und ganzen richtig ist."[40]

So liegt die Hauptbedeutung des hl. Ignatius in seiner *spirituellen* Botschaft, die er nicht nur den Mitgliedern seines Ordens, sondern möglichst vielen Menschen vermitteln möchte. Sie kann nur angemessen rezipiert werden, wenn der Lernende während seines Lernprozesses eine entsprechende mystagogische Praxis vollzieht.

Die spirituelle Wirkungsgeschichte des Ignatius von Loyola lebt von seinem Insistieren auf den Leben-Jesu-Betrachtungen. Wer in seinem religiösen Leben vorankommen möchte, dem wird geraten, das neutestamentliche Geschehen innerlich zu erleben. Nach einer Phase der Konzentration und Sammlung wird eine Szene aus dem Leben Jesu in der Bilderwelt der eigenen Psyche imaginativ wiederholt. Das schlägt sich im Meditierenden nieder als die Erfahrung, die Ignatius als Bewegung von Trost und Mißtrost beschreibt und die er gipfeln läßt im Gebet zu Gott. Während des Verlaufs der Hinwendung zu Jesus und in ständiger Einbergung in Gebet und Meditation wird darüber nachgedacht, was dies bezüglich der eigenen Alltagspraxis bedeutet. Man muß selbst einmal die Dynamik solcher Meditationsübungen erleben, um zu verstehen, daß während einer solchen Zeit des bewußten Verweilens im Kraftfeld göttlicher Liebe innere Erfahrungen stattfinden, die mystische Qualität besitzen.[41] Wesentlich ist die Bindung des Meditierenden an das Leben Jesu. In seiner Beziehung zu Jesus Christus entscheiden sich für den Christen Heil und Unheil. Denn die Rettung der ,,eigenen Seele" geschieht nach christlicher Sicht nur aufgrund der Gnade Gottes, die ein für allemal in Fleisch und Blut erschienen ist: Jesus Christus.

Gemma Hinricher

TERESA VON AVILA
(1515–1582)

„Der hl. Teresa von Jesus haben wir soeben den Titel Kirchenlehrer verliehen – oder besser gesagt: anerkannt, daß er ihr gebührt." So beginnt die Homilie Pauls VI. am 27. September 1970. Er nennt Teresa: „Literarischer Genius von unglaublicher Fruchtbarkeit, Lehrerin des geistlichen Lebens, kontemplativ wie kaum eine zweite und unermüdlich tätig. Eine große, eine einmalige und doch so menschliche und anziehende Persönlichkeit."[1]

I. Leben

Das Leben der Teresa de Ahumada gehört der glanzvollsten Periode der Geschichte Spaniens an, dem Siglo de Oro, dem „Goldenen Zeitalter". Am 28. März 1515 wurde sie in Avila in Kastilien geboren. Es ist das Jahrhundert ungeheurer Machterweiterung Spaniens in Mittel- und Südamerika, nachdem 1492 Christoph Columbus den neuen Kontinent entdeckt hatte. Es ist auch das Jahrhundert gefestigter Herrschaft im Innern, die durch die Heirat Isabellas von Kastilien mit Ferdinand von Aragonien 1474 grundgelegt war. Nach Karl V., der als König von Spanien auch Erbe des Habsburgerreiches war (1519–1556), behielt Philipp II. nur die Herrschaft über die spanischen Reiche in Europa und Übersee (1556–1598). Er setzte seine Macht als absoluter Monarch ein zum Schutz der Kirche und des christlichen Abendlandes in den Türkenkriegen (1571 Seesieg von Lepanto) und in der Abwehr aller „ketzerischen" Bewegungen an den Grenzen – in Frankreich tobten die Hugenottenkriege – und im eigenen Land. Nach dem Fall Granadas 1492 wurden die Muslim 1502 endgültig aus Spanien ausgewiesen; siebenhundert Jahre lang hatten die Mauren große Teile Spaniens beherrscht. Die Juden mußten sich zum Christentum bekehren oder auswandern. Die Inquisition wachte über die Erhaltung der religiösen Einheit. Philipp II. sah sich auch als Anwalt der Reformbestrebungen des Konzils von Trient (1545–1563). Teresa fand die Unterstützung des Königs in einer kritischen Etappe ihrer Ordensreform. Vier Briefe von ihr an den König sind erhalten.

Teresa war jüdischer Abstammung. Ihr Großvater väterlicherseits, ein wohlhabender Tuchhändler, war ein Converso, ein zum Christentum bekehrter Jude. Seine Söhne heirateten in adelige Familien ein. Teresas Vater, Don Alonso Sánchez de Cepeda, und die Mutter, Doña Beatriz de Ahumada, wachten über die religiöse Prägung des Familienlebens. Die Mutter starb früh. Teresa war von klein auf der Mittelpunkt unter ihren elf Geschwistern. Mit sechzehn Jahren wurde sie in das Internat der Augustinerinnen von Santa Maria de Gracia in Avila geschickt. Unter dem Einfluß einer Schwester begann sie, über die Berufung zum Ordensleben nachzudenken. Geistliche Lektüre, besonders die ,,Briefe des hl. Hieronymus“[2], halfen ihr zu ihrer Entscheidung, ins Kloster zu gehen. 1535 trat sie mit zwanzig Jahren in das Karmelitinnenkloster von der Menschwerdung (Encarnación) zu Avila ein.[3] Teresa hat den inneren Kampf und die Motive, die den Ausschlag für ihren Eintritt in ein Kloster gaben, ausführlich und selbstkritisch beschrieben. Es waren Gedanken, die die Menschen ihres Jahrhunderts bewegten: die Nichtigkeit der Welt, der drohende Tod, die Unausweichlichkeit des Gerichtes, die Gefahr, für immer verlorenzugehen. Dazu kam die Einsicht, ,,daß der Ordensstand der beste und sicherste für mich sei“. Sie bemerkt dazu: ,,Jedoch scheint mich bei dieser Anregung zum Eintritt in den Ordensstand mehr knechtische Furcht als Liebe geleitet zu haben.“[4]

1537 erkrankte sie schwer; vermutlich war es ein physischer und nervlicher Zusammenbruch als Folge der Anspannung, mit der sie Gott so vollkommen wie möglich dienen wollte. Erst drei Jahre später wurde sie geheilt, aber ihre Gesundheit blieb geschwächt. In diese Zeit fällt die Begegnung Teresas mit einem Buch, das für sie wegweisend wurde: das ,,Tercer Abecedario“, das ,,Dritte (geistliche) ABC“ des Franziskaners Francisco de Osuna; es wurde ihre erste Einführung in das ,,innere Gebet“[5]. Es folgen Jahre der Schwierigkeiten im Gebet und der Halbheiten im Leben. Der Anblick einer Statue des Schmerzensmannes löst eines Tages eine tiefe Erschütterung in ihr aus, die zu ihrer Bekehrung führt. Teresas Weise zu beten ändert sich. Sie nennt es ,,übernatürlich“, um den Geschenkcharakter ihrer Gebetserfahrungen auszudrücken. Es ist der Anfang ihres mystischen Weges.

Ein kurzer Einblick in die religiösen Strömungen im Spanien des 16. Jahrhunderts ist für das Verständnis Teresas unerläßlich. Nicht nur politisch, sondern auch religiös gesehen war es eine Zeit außerordentlicher Vitalität. Ein starker Zug zur Verinnerlichung, zur Übung des ,,inneren Gebetes“ und zu den höheren Stufen des mystischen Lebens hatte viele erfaßt. Bereits vor der Reform des Tridentinischen Konzils hatte sich eine religiöse Wiedergeburt Spaniens angebahnt, besonders durch das Wirken des energischen, kämpferischen Kardinals Ximénes de Cisneros. Er unterstützte die Reformbestrebungen in den verschiedenen Orden und förderte die Übersetzung einer großen Zahl von Büchern des geistlichen Lebens. Bevor Teresa an die Reform ihres eigenen Lebens und ihres Ordens ging, übten also bereits andere Reformbewegungen ihren Einfluß aus. Nur ein Name sei genannt: Iñigo de Loyola und die „Gesellschaft Jesu".

Unter dem Einfluß einer starken pietistischen Strömung in den Niederlanden sowie des apokalyptisch-visionären Franziskaners Savonarola in Florenz entwickelten sich in Spanien auch verschiedene illuministische Richtungen, die alle unter die Sammelbezeichnung „Alumbrados" fallen.[6] Sie treffen sich mit den Anhängern des Erasmus von Rotterdam im Kampf gegen eine veräußerlichte Frömmigkeit und in der Betonung der „Innerlichkeit". Eine Gefahr lag bei manchen Gruppen in der Übertreibung und Einseitigkeit, mit der sie das Anliegen eines verinnerlichten Christentums verfochten. Manche kamen zu der Folgerung, daß Werke der Buße und der Caritas durch das innere Gebet überflüssig würden und daß die Vereinigung mit Gott durch den Gedanken an die Menschheit Christi gestört werde. In manchen illuministischen Kreisen herrschte geradezu eine Sucht nach außergewöhnlichen mystischen Phänomenen. Für die Inquisition lagen Luthertum und Illuminismus nahe beieinander. Wer das „innere Beten" verteidigte oder sogar lehrte, machte sich der Häresie verdächtig. Vor allem den Frauen wurde die Fähigkeit zum inneren Gebet abgesprochen. Sie sollten sich mit dem mündlichen Gebet begnügen. Mehrfach beschäftigten sich Theologen der Inquisition mit Teresas Schriften, ohne aber darin einen Widerspruch zur Heiligen Schrift und zur Lehre der Kirche zu finden. Mit sicherem Instinkt grenzte sich Teresa von den Fehlentwicklungen der Alumbrados ab. Aber sie hielt unbeirrt an ihrer Lehre fest, daß alle Christen zum Weg des inneren Gebetes berufen seien.

II. Werk

Die letzten beiden Lebensjahrzehnte Teresas sind in ihrem äußeren Ablauf so beherrscht von ihrem Werk der Ordensreform und der schriftlichen Weitergabe ihres inneren Weges, daß der biographische Aspekt dem des Werkes untergeordnet werden kann. Die „Werke" sind aber auch nach Teresas eigenen Worten Frucht und notwendige Folge des Gebetes. Das gilt sogar in besonderer Weise vom mystischen Gebet. Die Jahre größter Aktivität sind in Teresas Leben zugleich die Jahre höchster mystischer Begnadung.

1. Ordensreform

Hier können nur zwei Marksteine ihres Reformwerkes ins Auge gefaßt werden: die Gründung des ersten Reformklosters 1562 und der Schritt zur Ausweitung der Reform auf weitere Gründungen, auch auf den männlichen Ordenszweig, von 1567 bis zu ihrem Tod. Als erster Auslöser der Reform kann die ,,Höllenvision" gelten, die Teresa 1560 tief erschüttert. Sie erfährt ihre eigene Gefährdung und die vieler Menschen zwischen endgültigem Heil und endgültiger Verlorenheit. Der Wunsch, den Menschen in dieser letzten existentiellen Gefährdung zu Hilfe zu kommen, setzt ihr Leben in Bewegung. Sie beginnt bei sich selbst – sie will die Ordensregel auf möglichst vollkommene Weise erfüllen. Der entscheidende Anstoß zur Gründung eines Reformklosters geht von einem Gespräch in ihrer Klosterzelle aus, bei dem sich einige Nonnen und Laien über die Erneuerung des Ordenslebens Gedanken machen. Teresa greift nach einigem Zögern die Idee auf, ein kleines Kloster zu gründen, in dem die Bedingungen für ein Leben in Gebet und Buße besser zu schaffen seien als in dem übergroßen Konvent der Encarnación.

Trotz heftigen Widerstandes von vielen Seiten gelingt es Teresa zwei Jahre später, San José in Avila als erstes Kloster der Reform zu gründen. Sie nennt sich von nun an Teresa von Jesus. Eine Vision des leidenden Herrn bestimmt sie zu dem Entschluß, auf feste Einkünfte für das Kloster zu verzichten, um Christus in seiner Armut besser nachzufolgen. Die radikale Armutspraxis bleibt auch dann ihre Sehnsucht, als sie sie nicht mehr in gleicher Strenge für alle Gründungen durchsetzen kann.

Kernstück der Reform ist das ,,beständige Gebet". Damit will Teresa die ursprüngliche Regel des Karmelordens erneuern[7] und ebensosehr ihrer eigenen Berufung folgen.

Im Jahr der Gründung von San José brechen in Frankreich die Hugenottenkriege aus. Teresa bezieht sich in ihrem Ende 1562 begonnenen Buch ,,Weg der Vollkommenheit" auf Nachrichten von ,,diesen Lutheranern" – es sind Calvinisten –, von der ,,immer stärkeren Ausbreitung dieser unheilvollen Sekte". Von den Anliegen der Reformatoren und den politischen Hintergründen der Religionskriege wußte Teresa nichts. Aber was sie wußte, forderte ihre Antwort heraus. ,,Wenn wir alle es uns zur Aufgabe machten, für die Verteidiger der Kirche, für die Prediger und Gelehrten, die für sie streiten, zu beten, so würden wir dadurch nach unseren Möglichkeiten meinem Herrn helfen."[8] Die Fürbitte für die Kirche, für die Menschen, deren ewiges Heil auf dem Spiel steht, wird immer mehr zur treibenden Kraft in Teresas Reformdenken.

Der Bericht eines Franziskanermissionars im Jahre 1566 von seiner Arbeit unter den Indios Zentralamerikas löst in Teresa eine leidenschaftliche Resonanz aus. Der Gedanke an Millionen Menschen, die von Christus nichts gehört haben und darum verloren gehen müßten – so sah es ihre Zeit – erfüllt sie mit Schmerz. Kurz darauf erhält sie bei einem Besuch des Ordensgenerals Rubeo die Erlaubnis, soviele Klöster der Reform als möglich zu gründen, dazu zwei reformierte Männerklöster. Teresa ist mit kirchlichen Vollmachten ausgestattet wie wohl keine zweite Frau in diesem Jahrhundert. ,,Er erteilte mir die Vollmacht ungebeten, weil er aus meiner Gebetsweise entnahm, wie groß mein Verlangen war, wenigstens einige Seelen Gott näher zu bringen."[9]

1567 gelingt es Teresa, durch Vermittlung der Jesuiten in Medina del Campo ihr zweites Reformkloster zu gründen. Sie trifft dort im gleichen Jahr mit dem Karmeliten Johannes vom Kreuz zusammen. Diese Begegnung leitet eine ungemein fruchtbare Zusammenarbeit mit dem wesensmäßig ganz verschiedenen, genialen Mystiker ein. An der Reform der Männerklöster ist er führend beteiligt.

Weitere Gründungen folgen in einem atemberaubenden Tempo. Von 1567 bis zu ihrem Todesjahr 1582 sind es siebzehn Frauen- und zwei Männerklöster.

Nach einer schweren Krise, die durch Differenzen zwischen dem reformierten und dem nicht-reformierten Teil des Karmelordens in Spanien entstanden war, werden schließlich 1579 die reformierten Klöster von der Leitung durch die nicht-reformierten unabhängig.[10] Erstere erhalten die Erlaubnis, eine eigene Ordensprovinz zu gründen. 1593 erfolgt die völlige Trennung der reformierten Klöster vom Stammorden. Tatsächlich bringt Teresas Reform etwas Neues. Mit Klugheit und Kühnheit gelingt es ihr, aus dem bestehenden Rahmen heraus eine neue Lebensform für kontemplative Gemeinschaften zu entwickeln, indem sie sich gleichermaßen von den Anrufen ihrer Zeit wie von den Kräften der Tradition inspirieren läßt.

Teresa stirbt mit siebenundsechzig Jahren am 4. Oktober 1582[11] an völliger Erschöpfung. Ihre letzten Worte sind: „Am Ende bin ich immer noch eine Tochter der Kirche ...“.[12] 1622 wird Teresa durch Gregor XV. heiliggesprochen, zusammen mit Ignatius von Loyola und Franz Xaver.

Wollte man Teresas eigenen Beitrag zur Erneuerung der Kirche programmatisch zusammenfassen, so müßte er heißen: Erneuerung aus dem Gebet. Ihre Klostergründungen folgen dieser Idee, aber auch ihre Schriften, ohne die ihre Ordensreform nie zu solcher Fruchtbarkeit und Breitenwirkung hätte kommen können.

2. *Schriften*

1560–1562 schreibt Teresa ihr erstes großes Werk, das oft als Autobiographie bezeichnet wird, die „Vida“ („Leben“). Sie selbst nennt es „Buch der Erbarmungen Gottes“. Ihre Lehre von der Unbegrenztheit der göttlichen Gnade erwächst aus ihrer eigenen Lebensgeschichte. Teresa sieht sich selbst nicht als Ausnahme an, sondern als typischen Fall. So wird ihre Lebensgeschichte zur Lehre. Hauptthema des Buches ist letztlich nicht ihr Leben, sondern das „innere Gebet“. Ihre Erfahrungen im Gebet und ihre Lehre des Gebetes nehmen mehr als die Hälfte des Buches ein. Teresa ist sich bewußt, daß sie anders über ihr Leben nicht schreiben könnte als im Kontext dieses Themas. Wer sie verstehen will, muß sich bemühen, selbst tiefer in das innere Beten einzudringen. Die erste Fassung der „Vida“ ging bald verloren, so daß Teresa eine zweite erweiterte

Fassung schrieb, in die sie auch die Gründungsgeschichte von San José in Avila aufnahm.

Da das Manuskript der ,,Vida" von einem Beichtvater Teresas aus theologischen Bedenken zurückgehalten wurde, drängten die Nonnen von San José, daß Teresa ein anderes Buch über das Gebet für sie schreibe. So beginnt Teresa Ende 1562 mit dem ,,Camino de la perfección" (,,Weg der Vollkommenheit"); 1565 konnte sie das Buch abschließen. Es ist gleichsam ein Gespräch mit ihren Schwestern, in dem sie auf deren Fragen und Bedürfnisse eingeht und praktische Ratschläge und Weisungen erteilt, um sie in das Leben des Gebetes einzuführen. Einen großen Raum nehmen Betrachtungen zu den Vater-unser-Bitten ein. Eingebettet in diese Betrachtungen entfaltet Teresa eine Lehre des mündlichen und des inneren Betens und der mystischen Gotteserfahrung.[13]

Mit dem ,,Libro de las fundaciones" (,,Buch der Klosterstiftungen") führt Teresa von 1573 an auf Drängen ihrer Beichtväter den Bericht über die Gründung des ersten Reformklosters weiter. Sie berichtet – mit Unterbrechungen – über fünfzehn weitere Gründungen. 1581 schließt sie die Arbeit an dem Buch ab. Das Buch enthält eine Fülle anschaulicher Details zum Zeitkolorit. Die zahlreichen Exkurse zu Fragen der Moral, der Psychologie und des Ordenslebens geben dem Buch einen eigenen Wert, z. B. ihre Überlegungen zur Verbindung von Aktivität und beständigem Gebet oder ihre Analyse der Depression.

Der Inquisition verdanken wir Teresas Hauptwerk ,,Moradas del castillo interior" (,,Wohnungen der inneren Burg" oder einfach ,,Innere Burg", ,,Seelenburg"). Zu der Zeit, als die ,,Vida" der Inquisition vorlag und damit bestimmte Erklärungen mystischer Erfahrungen, die Teresa dort gegeben hatte, nicht erreichbar waren, gab ihr Pater Gracián, ihr Freund und Mitkämpfer bei der Reform, den Auftrag für ein neues Buch. Sie sollte darin in allgemeiner Form, ohne ausdrücklich auf ihre Person Bezug zu nehmen, ihre Gebetslehre darlegen.

Es ist das Jahr 1577. Teresa ist zweiundsechzig Jahre alt. In ihrer mystischen Erfahrung ist sie weit über das hinausgewachsen, was sie in ihrer ,,Vida" hatte beschreiben können. Aber sie ist in einem Zustand völliger Erschöpfung und zermürbt von den Streitigkeiten und Anfeindungen, die sich gegen sie und die Reform richteten. Um zu gehorchen, macht sie sich ans Werk. Sie vollendet dieses sublimste ihrer Bücher in zwei Monaten, mit einer Unterbrechung von fünf Monaten. Eine Augenzeugin berichtet im Heiligsprechungsprozeß: ,,. . . die Zeugin sah, daß sie (Mutter Teresa von Jesus) dieses Buch nach der Kommunion schrieb, und sie schrieb so schnell, und ihr Gesicht zeigte eine solche Schönheit, daß diese Zeugin voller Bewunderung war . . . und verstand, daß sie bei allem, was sie schrieb und während sie schrieb, im Gebet war."[14]

Der Titel des Werkes gibt das Bild an, das Teresa sowohl eine Zusammenschau ihrer geistlichen Lehre als auch deren Entfaltung ermöglicht. Die Burg ist das Bild der Seele, in deren Mitte Gott wohnt. Sieben

Wohnungen sind auf diese Mitte hingeordnet. Sie bilden zugleich die Haupteinteilung des Buches in sieben Kapitel. Die ersten drei Wohnungen zeigen den Zustand des Menschen, der sich Gott nähern will. Die übrigen vier Wohnungen schildern die passiven oder mystischen Elemente des geistlichen Lebens. Das geistliche Leben, das sich innerhalb der Burg vollzieht, ist ein komplexes Ganzes, in das die Fähigkeiten des einzelnen, die Vielfalt der Wege und des geistlichen Tiefgangs verwoben sind. Die sieben Wohnungen sind nicht in starrer Anordnung zu sehen, sondern „in jeder gibt es noch viele andere, darunter, darüber und an den Seiten, mit Garten und Springbrunnen und Labyrinthen – so herrliche Dinge, daß man aufgelöst sein möchte im Lobpreis des großen Gottes, der die Seele nach seinem eigenen Bild und Gleichnis geschaffen hat."[15] So sieht Teresa den Menschen. Er ist unendlich kostbar, weil Gott in ihm wohnt. Aber der Mensch selbst kann „außer sich" sein. Es gibt Menschen außerhalb der Burg, Lahme und Krüppel, die einer besonderen Heilung durch Gott bedürfen. Teresas Aufmerksamkeit gilt denen, die bereits eingetreten sind. Das Eingangstor zur Burg ist das Gebet. Es schließt das Geheimnis Gottes auf und stellt die Verbindung mit ihm her. Am wichtigsten sind für Teresa die vier letzten Wohnungen. Hier spürt sie, daß sie aufgrund ihrer Erfahrung anderen hilfreich sein kann.

Die siebte Wohnung ist der Zustand der vollkommenen Vereinigung mit dem Herrn, für die Teresa auch das alte biblische Bild der Vermählung gebraucht. Damit wird die Untrennbarkeit der Verbindung und die Größe der Liebe zwischen Gott und Mensch ausgedrückt.

Im Prolog zu der „Inneren Burg" nennt Teresa ihre Absicht, über das Gebet zu schreiben. In einem Brief vom 7. Dezember 1577, eine Woche nach Abschluß des Manuskriptes, drückt sie sich etwas anders aus. Es sei ein Buch über Gott – „es handelt nur davon, was er ist". Diese Bemerkung zeigt sehr deutlich, daß für Teresa der Weg des Gebetes durch die innere Burg bis in ihr Zentrum nichts anderes ist als das wunderbare Werk der Liebe Gottes.

III. Bedeutung

Die Autorität, die Teresa auf dem Feld der Mystik zuerkannt wird, ist die der Erfahrung und der Weitergabe von Erfahrung. „Über das, was ich aus Erfahrung weiß, kann ich sprechen ...", so steht es in vielen Variationen in ihren Schriften.[16] Die Kraft der persönlichen Erfahrungsgewißheit und der Reflexion machen Teresa zur berufenen Lehrerin des geistlichen Lebens, vor allem durch ihre Lehre vom Gebet. Was Teresa vom Gebet sagt, ist keine Theorie, kein Wissen „über", sondern ein Wissen „aus". Wie kaum jemand hat sie die Fähigkeit, das Erfahrene ins Wort zu bringen. Sie selbst empfindet diese Fähigkeit nicht als eine natürliche, ihr eigene, sondern als Gabe, als Geschenk Gottes. Sie sagt:

„Eine Gnade ist der Empfang der Gnade selbst, eine zweite die Erkenntnis dieser Gnade und eine dritte die Fähigkeit, die Gnade auch auszudrücken und anderen verständlich zu machen."[17]

Wenn Teresa schreibend Zeugnis von ihrem inneren Erleben gibt, erfährt sie erneut das, was sie beschreiben will. So gehen Erlebtes, Erleben und das Berichten darüber oft untrennbar ineinander über. Für den Leser ergibt sich eine Unmittelbarkeit, die ihn selber ins Gebet zieht und an Teresas geistlicher Botschaft teilnehmen läßt. So wie Teresa selbst aus dem Gespräch mit Gott zum Leser kommt, so wird dem Leser geschenkt, durch ihre Erfahrung zum Gespräch mit Gott zu kommen.

Teresa hatte nicht einmal eine Bibel zur Verfügung; die geistlichen Bücher über das Gebet, die ihr geholfen hatten, ihre Erfahrungen zu deuten, wurden 1559 mit anderen Werken geistlicher Autoren in der Inquisition verboten.

„Da sprach der Herr zu mir: ‚Betrübe dich nicht, ich will dir ein lebendiges Buch geben' ... Die göttliche Majestät selbst war das wahre Buch, in dem ich die Wahrheit schaute."[18]

Die Erfahrung mit Gott ist also für Teresa Erfahrung und Deutung zugleich. Das erklärt auch ihre unantastbare und unbestreitbare Gewißheit über die Echtheit ihrer Erfahrung: „Aus Erfahrung weiß ich, daß das, was ich sage, wahr ist ..."[19] Dennoch war sie darum besorgt, daß das, was sie so untrüglich erfuhr, mit der Hl. Schrift in Einklang sei. Die Hl. Schrift und die Lehre der Kirche sind die Kriterien, die sie an ihre Erfahrung anlegt.

„Nach meiner Einsicht und Erfahrung darf man nur dann glauben, daß eine Offenbarung von Gott kommt, wenn sie mit der Hl. Schrift übereinstimmt."[20]

Sie befragt Beichtväter und Theologen; diese sind für sie Sprecher dessen, was die Kirche lehrt. Doch „sie alle haben nichts gefunden, was mit der Hl. Schrift nicht vollständig im Einklang steht."[21]

Erfahrung im Gebet und Ermutigung zum Gebet – beides gehört für Teresa zusammen. „Inneres Gebet" nennt sie ihre Weise der Begegnung mit Gott, für die sie viele gewinnen möchte. Der Ausdruck ist nicht von ihr geprägt, jedoch von ihr neu gefüllt. Im Unterschied etwa zu Francisco de Osuna versteht sie unter dem inneren Gebet nicht eine bestimmte Gebetsstufe, sondern eine innere Einstellung, die der personalen Beziehung zu einem ‚Du'. Dabei ist die übliche Unterscheidung zwischen mündlichem und innerem Gebet – mündliches Gebet für die „einfachen Gläubigen", inneres oder kontemplatives Gebet für „besonders Begnadete" – in den Augen Teresas letztlich unbedeutend.

„Wißt, Töchter, daß sich das innere Gebet nicht dadurch vom mündlichen unterscheidet, daß ihr den Mund schließt. Wenn ich mündlich bete und mir dabei voll bewußt bin, daß ich mit Gott spreche und darauf mehr meine Aufmerksamkeit richte als auf die Worte selbst, so ist das zugleich mündliches und inneres Gebet."[22]

Nur das ,,innere Gebet" verdient in den Augen Teresas wirklich den Namen ,,Gebet". Zugleich enthält es die Elemente der höchsten Beschauung. Es ist das Bedenken, ,,wer der ist, mit dem ihr redet, und wer ihr seid ..."[23] Dieses Bedenken ist bei Teresa immer schon Begegnung mit dem Herrn, der zugleich Freund ist. ,,Obwohl er der Herr ist, kann ich doch mit ihm umgehen wie mit einem Freund."[24] Das ist der Kern ihrer Lehre vom Gebet.

,,Das innere Gebet ist meiner Ansicht nach nichts anderes als Umgang und vertraute Zwiesprache mit einem Freund, mit dem wir oft und gern allein zusammenkommen, um mit ihm zu reden, weil wir wissen, daß er uns liebt."[25]

Gebet als ,intimer Austausch', als Beziehung zwischen Freunden ist für Teresa zentral. Gebet ist Begegnung, freundschaftlicher Umgang mit Gott. Zur Freundschaft gehört, daß sie Geschenk ist. Das trifft um so mehr zu, wenn Gott dieser Freund ist.

,,Wie wahr ist es: Wer deine Nähe nicht erträgt, den erträgst du! Was für ein treuer Freund bist du ihm, o mein Herr."[26]

Freundschaft hat bei aller Initiative von seiten Gottes den Charakter des Dialogs. Der Mensch darf sich ganz dieser Freundschaft hingeben, mit allem, was zu seinem Menschsein gehört: ,,... Ich kann mit ihm umgehen wie mit einem Freund ..."[27] Gott zum Freunde haben und Freund Gottes sein dürfen, ist nichts Punktuelles, nicht etwas, das sich nur in den ,,Unterhaltungen" der Freunde verwirklicht. Freundschaft umgreift die ganze Existenz, sie ist die Vertrauensbasis, auf der der Umgang mit dem Freund sich ausdrücken und vertiefen kann. Dabei spielt das affektive Moment eine vorherrschende Rolle.

,,Will man auf diesem Weg (des Gebetes) gut vorankommen ..., geht es nicht darum, viel zu denken, sondern viel zu lieben; darum sollt ihr das tun, was euch mehr zur Liebe anregt."[28]

Teresas außergewöhnliche menschliche Begabung zur Freundschaft ist eingegangen in ihre Beziehung zu Gott, ohne daß sie etwas von ihrer menschlichen Spontaneität und Wärme verloren hat.

Umgang haben mit dem Freund – das bedeutet nach Teresa: seine Nähe suchen, ihn anschauen, sich Jesus Christus vergegenwärtigen, für ihn gegenwärtig sein, die ganze Aufmerksamkeit auf ihn richten.

,,... Die Seele kann sich in die Gegenwart Christi versetzen ... sie kann mit ihm reden, ihm ihre Wünsche mitteilen, ihre Leiden klagen, sich mit ihm freuen, wenn es ihr gut geht ... Dazu bedarf es keiner vorformulierten Gebete; es genügen ganz einfache Worte, die ihre Wünsche und Nöte ausdrücken."[29]

Ihr ganzes Bemühen ist, in der Gegenwart Gottes zu leben, sie in ihrem Inneren zu aktualisieren: ,,Jesus Christus an meiner Seite, bei mir, in mir gegenwärtig."[30] Notwendig für diese innere Aufmerksamkeit ist das Bewußtsein, daß Gott sehr nahe ist. ,,... niemals wendet er seine Augen von euch ab."[31] Für Teresa ist dieses Bewußtsein von der Nähe

Gottes charakteristisch. Es ist wie eine Quelle, die ihr Leben täglich neu speist.

„Es geschah mir einige Male, wenn ich mir Christus vergegenwärtigte oder auch wenn ich las, daß mich plötzlich ein Gefühl der Gegenwart Gottes überkam, so daß ich ganz und gar nicht zweifeln konnte, er sei in mir oder ich sei ganz in ihn versenkt."[32]

Teresa liebt die Vielfalt der Möglichkeiten, für Christus gegenwärtig zu sein; in Freude mit ihm als dem Auferstandenen zu sein; in Versuchung und Traurigkeit mit ihm in seinem Leiden, so wie er uns in den verschiedenen Evangelien gezeigt wird. Alles kann eine Hilfe sein bei der Übung der Sammlung, des inneren Aufmerkens auf ihn.

Es wird oft die Frage gestellt, ob Teresa eine bestimmte Methode des Gebetes gelehrt habe. Versteht man unter Methode ein planmäßiges Vorgehen im Gebet, so müssen wir diese Frage verneinen. Da im Gebetsverständnis Teresas der Gedanke der „gratuidad",[33] der Unverdientheit, des Beschenktwerdens, eine große Rolle spielt, meidet sie jeden Verdacht, man könne durch subtile Techniken die Nähe Gottes herbeiführen, ihn in den Griff bekommen. Ihr eigenes Gebet ist von großer Spontaneität: Bitte, Lobpreis, Anbetung, Danksagung – so wie sie innerlich bewegt ist.

Versteht man unter „Methode" das Nachgehen eines Weges, dann können wir Teresas Gebetsweise der Vergegenwärtigung, der Anwesenheit als solch einen Weg des Gebetes verstehen. Zu ihrer Zeit war eine geläufige Gebetsmethode die der diskursiven Meditation, des Durchdenkens, des Nachsinnens. Teresa bietet ihren Weg denen an, die dieser Methode nicht folgen können; „... nicht viel denken, sondern viel lieben ..." Mit ihrer „Methode" möchte Teresa denen helfen, deren Geist wie der ihre „wilden Pferden"[34] gleicht.

Um diesen Weg des inneren Gebetes zu gehen, bedarf es keiner subtilen Technik, keines geplanten Vorgehens, sondern anderer Voraussetzungen: Entschlossenheit, Jesus nachzufolgen, den Weg des Kreuzes zu gehen, das Bemühen um Demut und Wahrheit, echtes Loslassen, Geduld, Freiheit und Nächstenliebe, Offenheit für den Willen Gottes und für seine Geschenke, die niemand machen noch herbeiholen kann.

Der „Methode" entspricht der „Inhalt": Dasein vor *Ihm* mit allem, was den Beter bewegt.

„Alles diente mir dazu, Gott besser kennen zu lernen und ihn zu lieben und zu sehen, was ich ihm schuldete ..."[35]

Nicht nur die Selbsterkenntnis, sondern die ganze Heilsökonomie ist Inhalt des Gebetes. Gott und alles, was Gottes ist; nicht nur er in seinem göttlichen Geheimnis, sondern seine Anwesenheit in Christus, in der Kirche, in seinem Wort.[36]

Aber auch menschliche Begegnungen, Situationen, Schwierigkeiten haben im Gebet ihren Platz. In allem und durch alles hindurch ist Teresa der Mensch, der mit Gott im Gespräch ist. So ist die ,,Materie" des Gebetes in die *Du*-Beziehung hinein verwandelt.

Jesus Christus ist die Mitte ihres Lebens und Betens. ,,Mein ganzes Leben lang war ich so sehr eine Verehrerin Christi."[37] Wenn Teresa bemüht ist, sich im Gebet Szenen des Evangeliums zu vergegenwärtigen, so sucht sie darin Jesus und das, was ihn in seinem Leben und Leiden bewegt hat. Sie liebt ihn seiner Gottheit und Menschheit nach, vor allem sieht sie ihn als wahren Menschen.

,,... Da ist nun Christus ein sehr guter Freund für uns; denn wir sehen ihn als Menschen, wir sehen ihn in Schwachheit und Leiden, wir haben ihn also zum Gefährten."[38]

,,Die ,Humanidad sacratisima' durchzieht die ganze Gebetserfahrung Teresas."[39] Jesus ist seiner Menschheit nach die bleibende Vermittlung zum Geheimnis Gottes:

,,Ich habe deutlich gesehen, daß wir durch diese Pforte (die Menschheit Jesu) gehen müssen, wenn wir wollen, daß die allerhöchste Majestät uns große Geheimnisse offenbart."[40]

Auch auf den höheren Stufen des inneren Gebetes wollte sie sich – entgegen der vorherrschenden theologischen Lehrmeinung ihrer Zeit – nicht davon abbringen lassen, die Gegenwart Jesu im Gebet zu suchen. Sie schreibt:

Man meint, ,,wenn man die Anfangsstadien (des geistlichen Lebens) bereits hinter sich habe, so sei es besser, über die körperlichen Dinge hinwegzugehen und sich nur mit der Betrachtung der Gottheit zu befassen; jedoch wird man mich nie dahin bringen zu behaupten, dieser Weg sei gut ..."[41]

Nicht durch diskursive Betrachtung, sondern durch liebende Vergegenwärtigung sucht Teresa sich den Geheimnissen Christi zu nähern. Vor einem Bilde des leidenden, mit Wunden bedeckten Herrn erlebt sie 1554 ihre Bekehrung. Hier erfährt sie, daß die Vergegenwärtigung Christi überschritten wird zur Gegenwart Christi in ihrem Inneren. Die Erfahrung dieser Gegenwart bleibt der bestimmende Faktor ihres Lebens und Betens.

Alles, was ihr geschenkt wird an Gaben des inneren Lebens und Betens, ist nur noch eine Intensivierung dieser Gegenwart, bis hin zur erfahrenen Wirklichkeit des Paulus-Wortes: ,,Nicht mehr ich lebe, sondern Christus lebt in mir." (Gal 2,20) Für Teresa ist das Mysterium der Passion immer wieder Gegenstand des inneren Gebetes.

,,Um nochmals auf das zurückzukommen, was ich von der Betrachtung Christi an der Säule sagte, so ist es gut, wenn man eine Weile darüber nachdenkt, welche Schmerzen er da gelitten und für wen er sie gelitten; wer der ist, der sie auf sich genommen, und mit welcher Liebe er sie erduldet hat. Man soll sich aber nicht immerfort mit solchem Nachdenken abmühen, sondern den Verstand auch ruhen lassen und so vor dem Herrn verweilen."[42]

Doch im Gegensatz zu der manchmal übertriebenen Passionsfrömmigkeit ihrer Zeit ist die Christuserfahrung Teresas eine österliche. Für sie ist Christus auch als der gekreuzigte der lebendige, auferstandene, in der Herrlichkeit wohnende Herr, der ihr gerade so gegenwärtig ist.

„Fast immer zeigte sich mir der Herr in der Gestalt seiner Auferstehung ...“[43] „Es ist kein toter Mensch, sondern der lebendige Christus, der sich als Gott und Mensch zugleich offenbart.“[44]

Lebendigkeit und Intensität ihrer Erfahrung und ihres Verlangens, sich mitzuteilen, spiegeln sich in Sprache und Stil der teresianischen Schriften.[45] Die Vielfalt der Bilder und Gleichnisse zeigt die für Teresa charakteristische Weise, ihre Erfahrungen ins Wort zu bringen: den Vergleich. Die Natur ist eine Hauptquelle für ihre Bilder, ebenso der Bereich der menschlichen Beziehungen. Das hat für Teresa eine tiefe theologische Berechtigung. Die Natur als Schöpfung Gottes verweist auf die Transzendenz, und besonders der Mensch trägt das Bild Gottes in sich.[46]

Bezeichnend ist, welche Bilder Teresa besonders liebt und welche sie als Grundstock zur Ausgestaltung einer allegorischen Erklärung benutzt. Vom Wasser sagt sie, daß nichts zur Erklärung geistiger Dinge geeigneter sei, „... weil ich dieses Element so liebe, daß ich es mit mehr Aufmerksamkeit betrachtet habe als andere Dinge.“[47] Das Bewässerungsgleichnis in ihrer „Vida“ dient ihr zur Verdeutlichung ihres Gebetsweges und als anschauliche Lehre des inneren Gebetes. Wasser und Garten, Brunnen und Schöpfen, die Mühen des Gärtners und der Regen vom Himmel – das sind nur einige der Bildelemente, die im Gleichnis vom Weg des inneren Gebetes zu einem Ganzen verschmolzen sind. Alte biblische Bilder mit einer langen Tradition in der geistlichen Literatur und neue aus Teresas Umwelt genommene Bilder sind miteinander verknüpft. Die Hauptelemente der Allegorie sind die vier Arten, einen Garten zu bewässern. Ihnen entsprechen vier Stufen des Gebetes. Die mühsamste Art ist das Schöpfen des Wassers aus einem Brunnen mit einem Eimer; ihr entspricht die diskursive Meditation oder das geduldige Wiederholen mündlicher Gebete. Wichtig ist auf dieser Stufe die Betrachtung des Lebens und Leidens Jesu, durch die der Anfänger im inneren Gebet zu Reue und Dank geführt wird und zum Ausharren auf dem begonnenen Weg. Das Schöpfen mittels eines mit Schöpfgefäßen versehenen Rades entspricht dem Gebet der Ruhe. Gott beginnt, sich dem Menschen mitzuteilen.

„Tief im Innersten fühlt die Seele diese Berührung Gottes, ohne zu wissen, woher oder wie sie gekommen ist ...“[48] „Das Gebet der Ruhe ist ein Funke der wahren Liebe Gottes, die der Herr in der Seele zu entzünden beginnt.“[49]

Noch weniger Mühe macht die Ableitung des Wassers aus einem Bach in den Garten. Diese Art entspricht dem Gebet, in dem der Mensch mit all seinen Kräften, mit Verstand, Wille, Gedächtnis und Einbildungskraft, die in ihrer Eigentätigkeit gleichsam aufgehoben sind, sich mit Gott vereint erfährt.

„Es ist, als ob der Seele das Wasser der Gnade bis an die Kehle reicht, so daß sie weder vor- noch rückwärts gehen kann ..."[50]

Die „beste Art", die ohne irgend ein menschliches Bemühen zustande kommt, ist die Bewässerung durch einen reichlichen Regen. Mit diesem Bild ist das Gebet der Vereinigung gemeint. Teresa ringt darum, ihre Erfahrung auf dem Gipfel des mystischen Gebetes in Worte zu kleiden.

„... Man kann es nicht verstehen und noch viel weniger aussprechen ... Als ich darüber nachdachte, was die Seele während dieses Gebetes tut, sprach der Herr diese Worte zu mir: Sie löst sich selbst von allem, Tochter, damit sie besser in mich eindringe. Es ist nun nicht mehr die Seele, die lebt, sondern ich (bin es, der lebt). Da sie nicht begreifen kann, was sie versteht, so ist es ein Verstehen ohne zu verstehen."[51]

Die „Stufen" des Gebetes von der großen Mühe bis zum reinen Geschenk zeigen, daß das Gebet als Prozeß gesehen werden muß. Der Ausdruck „Stufen" oder „Grade" darf nicht dazu verleiten, sich die verschiedenen Weisen des Gebetes als streng voneinander abgegrenzt vorzustellen und zu meinen, daß sie nur in einer bestimmten Reihenfolge zu erklimmen seien. Das Bild der „Stufen" drückt auf seine Weise das aus, was Teresa an anderer Stelle „Weg" nennt, oder was in ihrem Werk „Die innere Burg" die sieben Wohnungen sind, die nicht in einem Nacheinander vorzustellen sind, sondern die sich untereinander durchdringen. Die Stufe des „vierten Wassers" soll keinen Endzustand darstellen. Vielmehr bereitet sie den Leser vor, die mystischen Gnaden zu verstehen, von denen Teresa in den folgenden Kapiteln der „Vida" berichtet: Ekstasen, Visionen, Auditionen, Verwundung des Herzens, eine neue Kraft der Liebe. Die Schilderung dieser Phänomene führt jedoch immer wieder über diese hinaus zu der Frage nach den Wirkungen, nach den „Werken", wie Teresa häufig sagt. Diese sind nicht Leistung, sondern Geschenk, Frucht einer inneren Verwandlung.

„... Ich sehe klar, daß es der Herr ist, der in mir wirkt. ...Solche Seelen, die bereits erstarkt sind, erwählt der Herr, daß sie anderen nützen; doch haben sie ihre Stärke nicht aus sich selbst."[52]

Als Teresa dies niederschrieb, hatte sie bereits das erste Kloster der Reform trotz vieler Widerstände gegründet. Vor diesem Hintergrund sind ihre Worte zu lesen:

„Wenn einmal die Seele diese Stufe des Gebetes erreicht hat, hat sie nicht nur Wünsche Gott gegenüber; seine Majestät gibt ihr die Kraft, diese Wünsche in die Tat umzusetzen ... Sie wagt sich an alles, wenn sie meint, Gott einen Dienst damit zu erweisen; sie tut nur, was Gott gefällt, da sie, wie schon gesagt, klar erkennt, daß alles andere keinen Wert hat."[53]

Teresas Lebensgeschichte ist ein beredtes Zeugnis für die Einheit von Mystik und Engagement, Gebet und Apostolat. Auch ihr reifstes mystisches Werk, „Die innere Burg", endet an diesem Punkt: „Meine Schwestern, wie sehr wird eine Seele, die sich der Herr zu seiner besonderen

Wohnung erwählt, ihre eigene Ruhe vergessen ...“[54] Die „Werke“ sind Frucht der mystischen Erfahrung und zugleich Kriterium für deren Echtheit.

IV. Wirkung

Sehr bald griff die Ordensreform über die Grenzen Spaniens hinaus. Es folgten Gründungen in Italien, Frankreich, Polen, in Flandern und in Deutschland. Die Bedeutung des Ordens für das kulturelle und religiöse Leben, besonders im Frankreich des 17. Jahrhunderts, bedürfte einer eigenen Darstellung.[55] Oft bereiten die Schriften Teresas neuen Gründungen den Weg. Bereits 1588 erfolgt die erste Ausgabe ihrer Werke durch Fray Luis de León.[56] Bis in die Gegenwart spielt die Aneignung der teresianischen Spiritualität auf dem Weg der Übersetzung eine bedeutende Rolle.

Bis 1967 sind 1212 Gesamtausgaben der Werke Teresas erschienen, allein in unserem Jahrhundert 528. Es gibt bisher Gesamtausgaben in 21 Sprachen. Die erste deutsche Übersetzung der Werke Teresas erschien 1649 in Köln.[57]

Heute stellt der reformierte Orden der Karmelitinnen mit etwa 13.000 Mitgliedern in über 70 Ländern[58] den größten kontemplativen Orden der Kirche dar. Die Begegnung einer kontemplativen Lebensform im Geiste Teresas mit außereuropäischen Kulturen und Religionen kann zu neuen Ausprägungen christlichen Betens führen. Dieser Prozeß hat wohl erst begonnen. So gibt es Bemühungen, von Meditation im Stil des Zen zum mystischen Gebetsweg Teresas eine Verbindung zu finden – und umgekehrt.[59]

Wie Teresa oft von sich gesagt hat, stand ihrem Denken der tätige Einsatz für die Kirche, besonders der Dienst der Verkündigung durchaus nahe. So ist es nicht erstaunlich, daß seit dem letzten Jahrhundert neue Ordensgründungen und Säkularinstitute mit apostolischer Zielsetzung entstanden sind, die sich als Erben des teresianischen Geistes verstehen.

Die Wirkungsgeschichte Teresas ließe sich wohl am eindringlichsten an den großen Gestalten ihres Ordens aufzeigen: Therese von Lisieux, Elisabeth von Dijon, Edith Stein.

Die Wirkungsgeschichte einer Idee wie eines Menschen umfaßt nicht nur die Vergangenheit. Lebendige Geschichte zeigt sich vielmehr darin, ob sie Perspektiven für die Zukunft entwickeln kann. Der Gedanke der Freundschaft mit Gott sagt den suchenden Menschen unserer Tage, daß Gott ein Gott der Nähe ist bei aller Erfahrung seiner Verborgenheit. Teresa will, wie sie an zentralen Stellen mehrfach sagt, „allen Christen“ Mut machen, den Weg nach innen zu gehen und das Gebet als ihren eigensten, tiefsten Lebensvollzug anzusehen. Viele suchen diesen Weg nach innen. Teresa erinnert auf jeder Seite ihrer Schriften daran, daß es kein einsamer Weg ist, sondern ein Weg „an der Seite des Freundes", der immer tiefer in das Geheimnis des nahen, gegenwärtigen Gottes hineinführt. Suchende und glaubende Menschen brauchen in unserer Zeit mehr denn je die Erfahrung, daß sie nicht allein sind. Für Teresa ist die Mitteilung von Glaubenserfahrung wesentlicher Vollzug des Glaubens selbst. Ihr Rat, daß Gleichgesinnte sich zusammentun und gegenseitig im Glauben stützen sollen, gilt besonders in der Situation einer Kirche, die sich von der Basis her erneuern muß.

Teresa verstand ihr Leben, ihre Berufung als Beitrag zur Erneuerung der Kirche. Sie ist Zeitgenossin des großen Reformkonzils von Trient. Das verbindet sie mit einer Zeit, in die wiederum die Ideen und Impulse eines Reformkonzils, des II. Vaticanum, hineinwirken sollen. Unsere Zeit lebt viel stärker als die Zeit Teresas von rationaler Planung und Programmen. Da kann Teresas Weg befreiend sein: Erneuerung aus der Kraft des Gebetes. Sie stand in Treue zur Lehre der Kirche und zu dem, was sie als ihren Auftrag erkannte. Es war oft für sie eine Gratwanderung. Aber sie hat niemals resigniert. Der vertraute Umgang mit dem lebendigen Christus war ihr eine unerschöpfliche Quelle der Kraft. Daß Teresa diese Erfahrung den zur Müdigkeit und Resignation versuchten Menschen unserer Zeit vermitteln kann, macht vielleicht ihre Aktualität als Lehrerin der Mystik aus.

Anton Mattes

FRANZ VON SALES
(1567–1622)

,,Die Suche nach Gott und die Leidenschaft für die Menschen waren stets Mittelpunkt seines Tuns", schreibt L. Cognet über Franz von Sales und rühmt ihm nach, daß der Heilige für heutige Historiker wie für seine Zeitgenossen die beherrschende Persönlichkeit der ersten zwei Jahrzehnte des 17. Jahrhunderts war. Vinzenz von Paul, der nicht zuletzt unter seinem Einfluß den Weg zur christlichen Nächstenliebe fand, drückte Louise de Marillac, der ersten der ,,vinzentischen" Krankenschwestern, den ,,Traktat über die Gottesliebe" in die Hand, damit sie dort über den Willen Gottes und die ,,Indifferenz", die ,,Losgelöstheit" (M. Eckhart übersetzte ,,Abgeschiedenheit") des Menschen nachlese. Und er schrieb: ,,Monsignore von Sales war von dem glühenden Verlangen erfüllt, ein Abbild des Gottessohnes zu sein. Wie ich feststellen konnte, ist er diesem Vorbild in einem Maße nahegekommen, daß ich mich oft verwundert gefragt habe, wie ein einfaches Geschöpf in seiner ganzen menschlichen Gebrechlichkeit einen so hohen Grad der Vollkommenheit erreichen konnte."

I. Leben und Werk

Am 21. August 1567 wird Franz auf Schloß Sales in Savoyen geboren. Es war ein Geschenk Gottes, daß er in einer Atmosphäre religiöser Festigkeit und Tiefe aufwuchs. Seine Mutter schreibt dazu: ,,Wäre ich nicht seine Mutter, so wüßte ich viel Wundersames über seine Kindheit zu offenbaren. Aber dies kann ich, ohne zu lügen, behaupten, daß der kleine Franz sich selber Seelenführer und sein eigener Lehrer der Frömmigkeit war, ganz in Gottes Liebe geborgen ... Ich habe ihn stets als einen Heiligen betrachtet, dessen Mutter zu sein ich nicht verdiente."

Schon die Jahre des Schülers in La Roche und Annecy zeigen die ersten Spuren seines zukünftigen Werdens und Wesens. Er arbeitet zäh daran, seine impulsive Art, sein empfindsames, leicht erregbares Gemüt, seine wechselnden Stimmungen zu beherrschen. Er ist allen ein liebenswürdiger Freund. Wo der Wurzelgrund priesterlicher Berufung liegt, bleibt im Dunkel. 1578 empfängt er die Tonsur, das Zeichen des Klerikerstandes, und will Priester werden. Viele Jahre später gestand er Mater Angelique

Arnauld, der Äbtissin von Port Royal: „Seit meinem zwölften Lebensjahre war ich so stark entschlossen, der Kirche zu dienen, daß ich meinen Entschluß nicht für ein Königreich geändert hätte." Im Herbst 1582 will der Vater François nach Paris auf das Elite-„Collège de Navarre" schikken. François aber zeigt seine Energie hinter aller Liebenswürdigkeit. Er wünscht das von den Jesuiten geleitete „Collège de Clermont", weil dort mehr Zucht und Frömmigkeit herrsche. Es war wohl mehr kluge Diplomatie als Angst vor der Weltstadt, wenn er seinem Vater sagte, er fühle sich schwach und kenne seine zum Bösen geneigte Natur. Es war keine Flucht vor der Welt – er suchte ihr niemals zu entfliehen! –, sondern innere Entschiedenheit, sich für das Leben in der Welt zu wappnen. Mit Hilfe der Mutter gelang es, den strengen Vater umzustimmen.

Während der acht Pariser Studienjahre profilierte er sich geistig und religiös. Die besonderen Merkmale seiner Persönlichkeit zeichnen sich ab: Zielbewußtes Streben, Ordnung, Methode und Tiefe – dazu und vor allem Maß und Harmonie zwischen Wissen und Tugend. Er beginnt bereits, erst heimlich, dann mit Erlaubnis seines Studienleiters, „nebenbei" Theologie zu studieren. „In Paris", sagt er später, „habe ich manches gelernt, um meinem Vater zu gefallen, die Theologie aber zu meiner eigenen Freude." Diese Freude, dieser heilige Eros beseelte ihn sein ganzes Leben. Bei allem geistig-wissenschaftlichen Bildungseifer bleibt das zielstrebige Reifen seines Lebens mit Gott maßgebend. In Paris angekommen, suchte er sich sofort einen geistlichen Vater, dem er die Fragen seines Gewissens anvertrauen konnte und der ihm den Weg zum ewigen Leben wies, genauso, wie man ihm einen Lehrer für die Wissenschaft gegeben hatte. Tief verehrte er die Jungfrau Maria, besonders in Gestalt der Schwarzen Madonna von Saint-Etienne des Grès und trat in die Marianische Kongregation ein. In den damals entworfenen Regeln für den Empfang der heiligen Eucharistie erscheint zum erstenmal das Wort „vie spirituelle militante", „das geistliche Leben zur Zeit des Kampfes". Dieser innere Kampf brach nun bald wie ein „Sturm" über ihn herein: Es schien ihm sicher, daß er verdammt sei und daß es kein Heil für ihn gebe. Nach wochenlanger Qual, die ihn gesundheitlich an den Rand des Todes brachte, kam jener Tag vor der Schwarzen Madonna in Saint-Etienne des Grès, „an dem es der göttlichen Vorsehung gefiel, ihn zu befreien", wie Frau von Chantal es ausdrückte. Der Heilige gab sich restlos in die Allmacht Gottes hinein – so dunkel sie ihm auch erschien. Diese totale „Selbsthingabe" zählt zu den erschütterndsten Dokumenten aus dem Leben der Heiligen.

„Herr, was auch geschehen möge, Du hältst alles in Deiner Hand, und alle Deine Wege sind gerecht und wahr; was Du auch immer über mich beschlossen hast in Deinen ewigen Gesetzen der Prädestination (Vorherbestimmung) und der Verwerfung, Deine Urteile sind ein tiefer Abgrund, und Du bist immer der gerechte, allerbarmende Vater. O Herr, immer werde ich Dich lieben, wenigstens in diesem Leben, wenn es mir schon nicht vergönnt sein sollte, Dich im ewigen zu lieben. Wenigstens hier, mein Gott, werde ich Dich lieben, und immer werde ich auf Dein Erbarmen hoffen, und immer werde ich Dich lobpreisen, ungeachtet dessen, was der Bote Satans mir unaufhörlich einflüstert. Herr Jesus, immer wirst Du meine Hoffnung und mein Heil sein auf dieser Erde. Und wenn ich wegen meiner Führung im Leben verflucht sein soll unter den Verfluchten, die Dein Antlitz nie sehen werden, so gewähre mir doch die Gnade, nicht unter denen sein zu müssen, die Deinen heiligen Namen verfluchen."

Nach einem Mariengebet weihte er sich Gott und der heiligen Jungfrau in Ehelosigkeit und verpflichtete sich, alle Tage seines Lebens den Rosenkranz zu beten. Da fiel die Qual und Finsternis seiner Seele wie „Schuppen des Aussatzes" von ihm ab und wich einer Fülle von Licht, Freiheit und Liebe. M. Müller sieht darin die Geburtsstunde jenes sieghaften Optimismus der frohen Gottesliebe, die den Heiligen fortan begleitete.

Um seinem Vater zu gehorchen, beginnt Franz 1588 in Padua das Studium des kanonischen und weltlichen Rechtes. Heimlich aber setzt er auch die Theologie fort. Er verordnet sich täglich acht Stunden Studium, vier für Jurisprudenz, vier für Theologie. Daneben interessiert er sich zum Zeitvertreib für Botanik und Medizin. Am 5. September 1591 ist der Tag der Promotion: der berühmte Rechtsgelehrte Guido Pancirolo überreicht ihm Ring und Diplom zum „Doctor utriusque iuris". Am 18. Dezember 1593 weiht der Bischof de Granier Franz zum Priester. Die folgenden fünf Jahre (1593–1598) zeigen uns Franz von Sales als einen Priester, der von der Liebe des „Guten Hirten" getroffen und gedrängt ist. Welch lebendiger Eifer wird wach für die ihm anvertrauten Menschen. Gleich neben dem Tor zur Kathedrale hat er seinen Beichtstuhl und ist dort bisweilen von Sonnenaufgang bis Mittag zu finden. Den Neidern, die ihn einen „unvernünftigen und übertriebenen Neuerer", einen „gefährlichen Fanatiker" nennen, antwortet er, daß „die Grundsätze des Evangeliums andere sind als die Grundsätze dieser Welt". Die Mitte seines Anliegens wird in den Worten an die Domherren bei seiner feierlichen Installierung als Dompropst in Genf deutlich. Er erinnert an die Tragik der Glaubensspaltung (die Stadt war kalvinisch geworden) und fordert: „Mit christlicher Liebe müssen wir die Mauern Genfs erschüttern, mit Liebe sie erstürmen, mit Liebe sie einnehmen."

Einer der Höhepunkte im Leben und Wirken des jungen Priesters bilden die Jahre als Missionar im Chablais, einer Region des Bistums, die sich vom katholischen Glauben abgewandt hatte. Er setzt sich ein, oft unter Lebensgefahr, erfährt zuerst Haß und Ablehnung, erschreckenden Mißerfolg, bis 1598 endlich die Rückgewinnung zum katholischen Glauben gelingt.

Am 8. Dezember 1602 wird Franz zum Bischof von Genf geweiht und tritt damit das schwere Erbe der Glaubensspaltung an. Die beiden Jahrzehnte seines Bischofsamtes sind randvoll von Mühe und Arbeit. Nach dem Vorbild des hl. Karl Borromäus will er mit ganzer Kraft seine

Diözese im Sinne des Konzils von Trient erneuern. Die Mißstände im Volk, vor allem aber im Klerus und in den Orden waren groß.

Neben dieser pastoralen Sorge wird Franz zum Meister der Seelenführung, als deren schönste Frucht die Freundschaft mit Johanna Franziska von Chantal reift. 1610 gründet er mit ihr den Orden der Schwestern von der Heimsuchung Mariä.

Als Schriftsteller spiritueller Theologie gilt der Bischof von Genf mit Recht als einer der Klassiker. 1608 erscheint sein berühmtes Werk „Philothea" – Einführung in das christliche Leben. Angesichts einer monastisch überfrachteten Last der bisherigen Frömmigkeitsformen hatte es epochale Wirkung für eine neue Sicht des Christseins mitten in der Welt. 1616 erfolgt die Fertigstellung und Herausgabe seines theologischen Hauptwerkes „Theotimus", der Traktat über die Gottesliebe.

Das Jahr 1621 bringt eine erneute Wende im Leben des Heiligen. Nachdem er die Kardinalswürde und den Ruf nach Paris abgelehnt hatte, will er sich in die Einsiedelei Saint-Germain zurückziehen. Seine Gesundheit ist schwer erschüttert, und er hat einen Koadjutor-Bischof erhalten. Sein Entschluß steht fest:

„Wir sollen entschlossen unserem Koadjutor die Last und Hitze des Tages überlassen, während wir hier in der Einsamkeit mit Rosenkranz und Feder Gott und seiner Kirche dienen werden. Wissen Sie, Pater Prior, hier oben werden uns die Gedanken so dicht und fein kommen wie der Schnee, der hier im Winter fällt."

Doch dieser Plan wurde nicht mehr erfüllt. Der 28. Dezember 1622 war der letzte Tag seines irdischen Lebens. P. Fourrier, sein langjähriger Beichtvater, empfahl ihm: „Beten Sie zu Gott: ‚Wenn ich Deinem Volke noch notwendig bin, weise ich die Arbeit nicht zurück!'" Der Bischof antwortete: „Ich, notwendig? . . . nein, ich bin nur ein unnützer, unnützer Knecht." Und auf die Frage, er habe doch sein Werk noch nicht vollendet, sagte er gelassen: „Deus perficiet, perficiet, perficiet." Ja, „Gott wird es vollenden", all unser Tun ist Stückwerk.

1661 wird Franz von Sales durch Papst Alexander VII. selig-, 1685 heiliggesprochen; 1877 ernennt ihn Papst Pius IX. zum Lehrer der Kirche und 1922 gibt ihm Pius XI. den Journalisten als Patron.

II. Bedeutung und Wirkung

Neben der Theologie und der Forschung braucht das Christentum Leitbilder von Gott-Erfahrenen und von Heiligen; sie sind das „lebendige Evangelium", ein Alphabet, das Gott in jede Zeit hineinspricht, um sich der Zeit vernehmbar zu machen. Glaube erwacht erst am lebendigen Glauben zum Leben.

Franz von Sales war und ist beides: Ein Lehrer des geistlichen Lebens und zugleich ein Heiliger und Mystiker, der das, was er lehrte, auch zu leben versuchte und erfahren durfte.

1. *,,Doctor Ecclesiae": Lehrer der Kirche*

An offiziellen kirchlichen Dokumenten über die Bedeutung des Franz von Sales ist kein Mangel. Zu seinem 400. Geburtstag, 1967, rief Papst Paul VI. auf, ,,den Lehrer der göttlichen Liebe und der evanglischen Milde mit weiser Erwägung und Frömmigkeit zu ehren." Er griff damit auf, was Pius IX. bei der Ernennung des Heiligen zum ,,Doctor Ecclesiae", 1877, in mehreren Dokumenten hervorhob: Daß er durch sein Leben ein Vorbild christlicher Vollkommenheit, durch seine Schriften ein Lehrer in der mystischen Theologie und durch sein Handeln einer der ,,weisesten Seelenführer" der Kirche geworden sei.

Bezeichnend ist, wie sehr Papst Johannes XXIII., dem die Kirche den Neuaufbruch des Zweiten Vatikanischen Konzils verdankt, durch die Gestalt des Bischofs von Genf geformt wurde. Schon 1903 (29. 1.) schrieb er in sein Tagebuch: ,,Wenn ich so sein könnte wie er, würde es mir nichts ausmachen, auch wenn sie mich zum Papst wählen würden ... Du mein liebevoller Heiliger, wieviel könnte ich dir in diesem Augenblick sagen. Ich liebe dich mit Zärtlichkeit ..." Immer wieder läßt er sich aus dem ,,Traité de l'amour de Dieu" inspirieren. Vor seiner Priesterweihe beruft sich der damalige Kandidat Guiseppe Roncalli ausdrücklich auf die zwei aszetischen Leitideen des jungen Franz von Sales: auf den ,,heiligen Gleichmut" – ,,denn das ist für mich im Grunde der härteste Brocken" – und auf das ,,Studium der Theologie" – ,,das zweite Element eines wirksamen, priesterlichen Lebens". ,,Das Studium ist ein Auge, sagen wir das linke, doch wenn das rechte fehlt, wie wenig wert ist ein Auge allein ... Ich muß gelehrt sein, aber in der Weise wie der heilige Franz von Sales."

Immer wieder – als Student, als Priester, als Bischof und Nuntius – beruft sich der künftige Papst auf Franz von Sales. Als Johannes XXIII. hob er in einer Audienz vor katholischen Journalisten (26. 1. 1963) ,,Die Gestalt des heiligen Franz von Sales" hervor: ,,In der Tat, der heilige Franz von Sales war der liebenswürdigste unter den Heiligen; und Gott sandte ihn in die Welt in einer Stunde der Trübsal ... und er schien und blieb wie die Inkarnation der lächelnden und starken Frömmigkeit, in der sich die einfältige Poesie des heiligen Franz von Assisi und die klarblickende Liebe des heiligen Augustinus mischten."

2. *,,Doctor theologiae cordis": Lehrer der Theologie des Herzens*

Dasjenige, was den Heiligen zu einem Vorläufer der Beschlüsse des Zweiten Vatikanischen Konzils machte, war neben der Reformarbeit für Kirche und Ordensleben, neben der ökumenischen Haltung, vor allem sein spirituelles Anliegen: weltoffenes Christsein, Bejahung der irdischen Wirklichkeit, Spiritualität des Christen in der Welt. Walter Nigg meint: ,,Die Kühnheit seiner Ansichten kann der heutige Mensch kaum noch ermessen ... Die Frömmigkeit in der Welt war das Ideal, das Franz von Sales verkündete, und er tat es auf eine solch liebenswürdige Weise, daß es sich dem Gedächtnis der Menschheit unauslöschlich eingeprägt hat."

Franz von Sales selbst war zu demütig, um sich unter die großen Theologen einzureihen, die er immer wieder zitiert: Paulus, Augustinus, Bonaventura, Thomas von Aquin und viele andere. In seinem theologisch-spirituellen Hauptwerk, dem „Theotimus", dem „Traktat über die Gottesliebe", schreibt er:

„Was ich hier vorlege, folgt jenen ausgezeichneten Büchern nur von ferne, ohne Hoffnung, sie je erreichen zu können ... Ich gebe mich aber nicht etwa als Schriftsteller aus. Dies gestattet mir weder mein schwerfälliger Geist noch mein Amt, das mich nötigt, mit vielen Menschen zu verkehren und ihnen zu dienen. Deshalb habe ich auch nur sehr wenig geschrieben und noch weniger veröffentlicht."

Veröffentlicht aber wurde später viel: 26 Bände der Oeuvres. Bezeichnend ist dabei, daß der Großteil seines überkommenen Werkes (15 von 26 Bänden enthalten Briefe und Predigten!) aus der pastoralen Arbeit entstanden ist. Auch die kontroverstheologischen Schriften, die er als Missionar im kalvinischen Chablais aus der unmittelbaren Not und Konfrontation mit den protestantischen Predigern verfaßte, will er nicht überbewertet wissen. Über sein theologisches Hauptwerk, die Abhandlung über die Gottesliebe, meint er:

„Ich habe nur daran gedacht, einfach und schlicht, ungekünstelt und ungeschminkt die Geschichte der Entstehung, des Fortschritts und Verfalls der göttlichen Liebe, ihrer Werke, Eigenschaften, Vorzüge und Erhabenheit zu beschreiben."

In diesem Bewußtsein, „nur" Zeuge zu sein, liegt die Größe des Kirchenlehrers, hier liegt auch seine Grenze.

Hans Urs von Balthasar ist dieser Frage in geistreicher, differenzierter Weise nachgegangen. Er nennt die neueren Kirchenlehrer: Johannes vom Kreuz, Canisius, Bellarmin, Alphons von Liguori. „Aber Johannes ist Kirchenlehrer nicht als Dogmatiker, sondern als Mystiker, Canisius – der gewiß kein Dogmatiker war – als Vermittler der Lehre an das einfache Volk, Bellarmin als Kontroversist und Alphons als Moralist. Keiner von ihnen hat die Mitte seiner Lebendigkeit, ich sage nicht: im Dogma, aber in der Dogmatik. Das gilt sogar von Franz von Sales, der, als der eigentliche Begründer der ‚spiritualité', dieser einen anerkannten, wenn auch nie wirklich festlegbaren Platz innerhalb der kirchlichen Wissenschaften gesichert hat."

Franz von Sales steht in der abendländischen Tradition der philosophia und theologia cordis, des Herzens, als einer der großen Mahner und Erneuerer – zurück zum Primat der Liebe, zur Dogmatik des lebendigen Zeugnisses, zur gebetsschöpferischen und aus dem Gebet geschaffenen Kraft allen theologischen Denkens, zur affektiven und effektiven Liebe. Ein theologischer Gedanke kann nur in der Atmosphäre des Dialoges mit Gott leben. Darum sei seine Abhandlung über die Gottesliebe schwierig, besonders für solche, die nicht ein tieferes Leben des Gebets führen, meint Franz von Sales. Das Ziel des Bischofs von Genf war eine „gebetete Dogmatik", eine Theologia mystica et spiritualis.

Sie ist ihm in hohem Maße gelungen, obwohl es für ihn „eine sehr große Qual war, nicht die erforderliche Zeit dafür finden zu können". Die Abfassung seiner Schriften litt durch unablässige Beanspruchung. Sein Werk gleicht ein wenig den wilden Weinstöcken, die gleichsam aus kluger Unachtsamkeit nicht nur Trauben, sondern ebenso auch Blätter und Weinranken hervorbringen, die ausgeputzt und beschnitten werden müssen, wozu er nicht mehr die Zeit fand.

Wir müssen daher sein Werk über die Gottesliebe in jener historisch bedingten Dimension lesen, die der Verfasser selbst aufgezeigt hat: „Natürlich berücksichtige ich die Geistesverfassung unserer Zeit. Ich mußte es tun; es ist sehr wichtig zu wissen, in welcher Zeit man schreibt." Wir dürfen aber jene „Ranken und Blätter", die zeitbedingt sind, abschneiden, sollen aber das bewahren und in seinem überzeitlichen Wert als gültig übernehmen, was sich für das Heute als christlich-unaufgebbar bewährt hat.

Die theologisch-anthropologische Konzeption von Gott, Schöpfung, Mensch und Erlösung des Franz von Sales ist klar: Es gibt eine „correspondance" zwischen Gott, dem Urgrund und Urquell der Liebe, und dem Menschen, aus Liebe geschaffen, zur Liebe befähigt und der Liebe wert. Darin gründet seine ganze Theologie und Pastoral. Diese Konzeption ist die Grundaussage Jesu Christi und seiner Frohen Botschaft.

Franz von Sales bietet uns also eine Weltanschauung der Liebe. Damit berührt er die Mitte der Beziehung zwischen Gott und der menschlichen Seele, das Geheimnis, das wir mangels eines besseren Ausdrucks ‚Gnade' nennen, die Gegenwart Gottes im Zentrum unserer Existenz. Rührt er damit nicht an das Herzstück des Christentums, ja jeder Religion, die diesen Namen verdient? Geht es da nicht um die erregendste Tatsache, die ein Mensch überhaupt ins Auge fassen kann? Franz behandelt dieses Zentralthema aber nicht von außen, wie ein Gelehrter, der seine Notizen zu einem Buch formt und zusammenfügt, sondern von innen her, als Seelenkenner, aus der Erfahrung. Er versucht eine Psychologie des Übernatürlichen in der Natur. Keiner hat das vor ihm mit solcher Klarheit getan.

Der Theologe Franz von Sales kennt und beschreibt den induktiven Weg einer Erfahrung des Glaubens, einer „Mystik", wie sie das berühmte Wort Karl Rahners für heute aufträgt: „Der Fromme von morgen wird ein ‚Mystiker' sein, einer, der etwas erfahren hat, oder er wird nicht mehr sein, weil die Frömmigkeit von morgen nicht mehr durch die im voraus zu einer personalen Erfahrung und Entscheidung einstimmige, selbstverständliche öffentliche Überzeugung und religiöse Sitte aller mitgetragen wird, die bisher übliche religiöse Erziehung also nur noch eine sehr sekundäre Dressur für das religiös Institutionelle sein kann." Deshalb fordert Karl Rahner eine „Mystagogie" in die Gottes- und Glaubenserfahrung, ein „Hineinführen" (– agogie) in die Mystik.

Darin war Franz von Sales ein Meister, und das vor fast 400 Jahren. Man vergleiche seinen eigenen Wachstums- und Lernprozeß, wie er ihn selbst für die Jahre der Abfassung seiner Gottesliebe und der Gründung des Ordens von der Heimsuchung Mariä bezeugt. Diese Wechselwirkung zwischen deduktiver Theologie und Spekulation einerseits – und induktiver Erfahrung des Geistwirkens Gottes im Menschen andererseits ist immer noch zu wenig erforscht und dargestellt.

Der Bischof von Genf beschreibt sein Anliegen so:

„Meine Darlegungen habe ich ganz schlicht und einfach abgefaßt. Ich bringe dabei weniger vor, was ich bei öffentlichen Streitreden gelernt habe, sondern was ich in der Sorge um die Seelen und in meiner zwanzigjährigen Erfahrung als Prediger als das Geeignetste zur Verherrlichung des Evangeliums und der Kirche erfahren habe."

Es ist eine Theologie des Seelsorgers, gereift im Kontakt mit dem Leben der Kirche, in Mühen, Gebeten und Sorgen für sie; eine pastorale Theologie im Vollsinn des Wortes, wertlos für Schulstreitigkeiten, aber kostbar für alle, die das Evangelium verwirklichen wollen. Die gesamte Lehre der Kirche besteht nach ihm „in der heiligen Liebe":

„Mögen auch die Schattierungen der Lehre, die sie verkündet, noch so verschieden sein, auf allen ruht doch der Glanz der heiligen Liebe. Überall nimmt man wahr, wie dieses Gold mit seinem Schimmer alle Wissenschaft der Heiligen verklärt und sie über jede andere Wissenschaft erhebt."

Der Bischof will also dartun, daß alles in der Kirche der Liebe Tribut schuldet, alles in der Liebe gründet, alles für sie bestimmt ist und aus Liebe besteht. Er bietet uns eine Mystik der Liebe.

Die spirituelle Vollendung des Menschen, das Staunen über die göttlichen Verheißungen, die Liebe zu den Mysterien des Christentums, das war das Hochziel des Bischofs von Genf. Die Wege dorthin sind heute vielleicht steiler geworden. Rein wissenschaftliche Disziplinen verlangen mit dem Erwerb der notwendigen Kenntnisse nur Fortschritte in der intellektuellen Entwicklung. Das spirituelle Leben verlangt viel mehr; man kann sein Wesen nicht einmal vollständig umschreiben, muß doch der ganze Mensch wachsen, wenn er nach spiritueller Vollendung strebt. Dabei helfen die Fortschritte im Wissen und in der Wissenschaft nicht unbedingt weiter. Doch eben hierfür bleiben die Lehre und die Erfahrung des heiligen Franz von Sales, als eines der Meister des geistlichen Lebens, des Lebens aus der Gnade, aus dem Grundvollzug von Glaube, Hoffnung und Liebe, bis heute aktuell und gültig.

„Der Mensch ist die Vollendung des Weltalls, der Geist die Vollendung des Menschen, die Liebe die Vollendung des Geistes und die göttliche Liebe die Vollendung der bloß naturhaften. Daher ist die göttliche Liebe Ziel, Vollendung und Krönung des Weltalls."

Diese Schau des Heiligen ist Herzstück seiner Theologie und Mystik, das auch für den Menschen des 20. Jahrhunderts auf seiner mühsamen, oft anonymen und einsamen Suche nach Sinn gültige Antwort bleibt.

Es sind wenige Leitlinien, an Hand derer man die grundlegende Schau des Heiligen für unsere Zeit auslegen könnte:

a) Das Bild von Gott, wie es Jesus Christus nach den Evangelien uns zeigt: Der Gott der Güte und des Erbarmens, der als sich verschenkende Liebe Wesensmitte und Ziel des Menschen ist.

„Nicht als wollte ich euch von einem unbekannten Gott sprechen, denn dank seiner Güte kennen wir ihn; aber ich könnte sicher von einem verkannten Gott sprechen. Daher werde ich euch diesen höchst liebenswürdigen Gott nicht erkennen, sondern wiedererkennen lassen."

b) Das Menschenbild: die Ehrfurcht vor dem einmaligen, von Gott geschaffenen, gewollten und erlösten Menschen. Dieser Mensch ist offen für das Liebeswerben Gottes – es gibt eine korrespondierende, geheimnisvolle Bewegung der Liebe: die „correspondance" zwischen göttlicher Fülle und menschlicher Armut und Bedürftigkeit.

c) Die Religion als Leben und Liebe: als Dienst am Menschen mitten in der Welt. Was uns heute selbstverständlich erscheint, was immer von Christen gelebt wurde, mußte in der theologischen Reflexion neu entdeckt werden, um von neuem wirksam zu sein. Franz von Sales ist dabei – besonders in bezug auf Spiritualität und Mystik – ein wichtiger Meilenstein.

d) Die Freude einer weltoffenen, weltbejahenden Menschlichkeit:

„Ich habe es Ihnen gesagt, und ich schreibe es jetzt wieder, ich will keine absonderliche, unruhige, traurige, griesgrämige und verdrossene Frömmigkeit, sondern eine milde, sanfte, angenehme und friedliche, mit einem Wort, eine freie und frohgemute, die liebenswürdig ist vor Gott und den Menschen."

e) Der Geist der Freiheit:

„Vor allem soll die heilige Freiheit und Weitherzigkeit herrschen; wir sollen kein anderes Gesetz, keinen anderen Zwang haben als den der Liebe . . . und ich glaube für eine gute Sache zu kämpfen, wenn ich die heilige, liebreiche Freiheit des Geistes verteidige, die ich, wie Sie wissen, besonders ehre, vorausgesetzt, daß sie wahr ist und fern von Ausschweifung und Zügellosigkeit, die nur Masken der Freiheit sind."

So schreibt der Heilige oft in seinen Briefen.

Diese Anstöße sind Kriterien und Schwerpunkte und als solche überzeitlich gültig für jede glaubwürdige christliche Neubesinnung und Neuwerdung. Nicht die strenge Klausur, nicht übergroße Härten und Werke der Buße, nicht Ekstase und deren moderne Verbilligung sind fähig, einen Menschen mit Gott zu vereinen – entscheidend ist die Liebe zu Jesus Christus. Alles Äußere des Lebens, selbst die tiefsten Erfahrungen sind nichts, wenn das Herz des Menschen nicht getroffen und von der Liebe besiegt wird. So lautet auch das Resümee der Theologia cordis:

,,Wer das Herz des Menschen gewonnen hat, der hat den ganzen Menschen gewonnen." Der Gott des heiligen Franz von Sales ist der Gott des menschlichen Herzens.

3. ,,Doctor indifferentiae": Lehrer des vertrauenden Gelassenseins

Nicht also Gelehrsamkeit, aber auch nicht ekstatische Erfahrung, sondern das Ergriffensein von Gottes Liebe macht die Mystik des Heiligen aus. ,,Gottes Wille ist Gottes Liebe", lautet sein Motto; und das bedeutet für sein konkretes Leben die Haltung des heiligen Gleichmutes und der Gelassenheit.

Manche schildern den heiligen Franz von Sales als den heiligen Gentleman, wie er oft genannt wird, als den Heiligen der Sanftmut, der Milde und Güte. Er sei der liebenswüdigste unter allen Heiligen, meinte auch Papst Johannes XXIII. Das ist er auch, aber das Maß seiner christlichen und menschlichen Vollendung ist ein anderes: Es ist der radikale Glaube an die gütige, liebende Vorsehung Gottes und die totale Hingabe an seinen Willen und seine Führung und Fügung. Deshalb ist für Franz Gelassenheit das letzte Richtmaß der Liebe: Gelassenheit zu den Dingen, Offensein für das Mysterium göttlicher Liebe, die alles Begreifen übersteigt.

Das ist kein blinder Fatalismus; das ist keine stoische Kälte und Härte und Lebensverneinung; das ist gelebtes Evangelium, Vollzug des Glaubens als vertrauende Hingabe an Gottes Führung und Fügung, auch wenn sie unser Begreifen übersteigen.

Als vierjähriger Junge soll Franz gesagt haben: ,,Der liebe Gott und meine Mutter, die haben mich sehr lieb." Darin liegen zugleich Urvertrauen wie Begnadung von Gott: ,,Ich weiß mich geborgen in der Güte und Liebe Gottes". Später bekennt er:

> ,,Wenn ich noch einmal anfangen könnte, ich würde mich noch vorbehaltloser und radikaler mit der Einfalt eines Kindes – auch in den kleinsten Dingen des Alltags – der Vorsehung Gottes überlassen."

Als sein Vater den jungen Priester und Dompropst von Annecy vor der gefährlichen Missionstätigkeit in den kalvinisch gewordenen Regionen des Chablais abhalten will, beruft sich Franz von Sales ausdrücklich auf die Führung und Vorsehung Gottes. Und als Bischof sagt er: ,,Nun muß ich die mühsame und gefahrvolle Last des Bischofsamtes auf mich nehmen. Es geschehe so nach der Vorsehung Gottes."

Am Ende seines Lebens nimmt er den Tod in völliger Gelassenheit an. Man drängte ihn, daß er Gott bitte, ihn für die Kirche und für die Diözese zu erhalten; denn sein Werk sei ja noch nicht vollendet. Er antwortet: ,,Ich bin nur ein unnützer, unnützer Knecht ... Mein Werk ist nicht vollendet ... Gott wird es vollenden." Die Schwestern bitten ihn um ein letztes Testament, um ein letztes Wort. Sprechen konnte er nicht mehr, er bat um ein Blatt Papier und schrieb darauf mit großen

Lettern ein einziges Wort: humilitè – Demut. Wir dürfen dieses letzte Wort so übersetzen und deuten: Demut vor der Größe und Unbegreiflichkeit Gottes, das heißt vor der Liebe Gottes, auch wenn wir sie oft nicht begreifen.

In den Gesprächen mit den Schwestern seines Ordens steht die Mahnung:

„Viele Menschen sagen zum Herrn: Ich überlasse mich Dir ganz und gar, ich behalte mir nichts vor, tu mit mir, was Du willst ..., aber nur wenige tun das wirklich."

Auf die Frage der Schwestern, ob eine solche Loslösung und Gelassenheit nicht sehr schwer sei, antwortet Franz von Sales:

„Ja, ihr habt recht, wenn ihr sagt, dazu gehöre ein ganz großes Vertrauen, sich so restlos der Vorsehung Gottes zu überlassen. Wenn wir uns aber ganz in seine Hand und Führung geben, dann wird er auch für uns sorgen."

Die Menschen, die dauernd nach besonderen asketischen Leistungen suchen, nach Opfern und Kreuzen, rügt er:

„Ich suche keine besonderen Kreuze, denn hier ist die Eigenliebe so erfinderisch, um sich selbst zu schmeicheln, aber ich nehme die Kreuze ergeben und aus ganzem Herzen an, die mir Gott in seiner weisen Vorsehung schickt."

Der Heilige kannte auch die Angefochtenheit und das Dunkel des Glaubens, die Spiritualität der „Wüste", der inneren Leere und Einsamkeit. In einem Brief gibt er den Rat:

„Du willst von der inneren Leere und vom Dunkel des Glaubens und des Gebetes frei werden. Gewiß darfst Du das wünschen, aber nicht an diesem Wunsch sklavisch hängen. Überlasse Dich einfach und schlicht der liebevollen Vorsehung Gottes."

In seinem Traktat über die Gottesliebe finden wir nach mühsamen philosophischen und theologischen Überlegungen das Bekenntnis:

„Die Beweggründe der göttlichen Vorsehung wären armselig, wenn wir kleine Geister sie einsehen und begreifen könnten ... Wir dürfen niemals unserem Verstand erlauben, in ehrfurchtlsoser Neugierde die Flamme göttlicher Ratschlüsse zu umflattern. Gleich Schmetterlingen würden wir uns dabei die Flügel verbrennen und im Feuer dieses abgrundtiefen Geheimnisses versinken."

4. *„Doctor discretionis": Lehrer der Unterscheidung*

Bei Mystikern wie Franz von Sales ist es oftmals nicht mehr möglich, aber auch nicht notwendig, zu wissen, was von seinen Worten nun persönliche Erfahrung oder was überkommenes Traditionsgut wiedergibt. Er stand so bewußt in der Überlieferung der christlichen Spiritualität, er wollte so entschieden das Leben der katholischen Kirche leben, daß für ihn Lehre und Leben, Doktrin und Erfahrung, Dogma und Mystik eins wurden.

Deutlich wird dies in der geistlichen Freundschaft mit der heiligen

Johanna Franziska von Chantal (1572–1641). L. Cognet schreibt dazu: ,,Als geistlicher Führer konnte er fordernd und streng sein, seine Anweisungen schnitten ins Lebendige." Nach dem Tode ihres Mannes, dem die Tochter des Parlamentspräsidenten von Burgund vier Kinder schenkte, wollte Johanna fortan ganz und gar Gott gehören und nur dem Gebet, der Nächstenliebe und der Erziehung der Kinder leben. Innere Schwierigkeiten führten sie 1604 zu Franz von Sales, in dem sie den Seelenführer und geistlichen Freund fand. Mit ihm zusammen gründete sie 1610 zu Annecy den Orden von der Heimsuchung Mariä, in dem Frauen in strenger Abgeschiedenheit Gott und Gotteserfahrung suchten. Franz von Sales war ihr ein strenger Begleiter, der sich gegen Ende des Lebens sogar bewußt von ihr entfernte, damit Gottes Wirklichkeit um so leuchtender würde.

Es ist kein Zweifel, daß in das Schrifttum des Heiligen, besonders aber in den Traktat der Gottesliebe, nicht nur die Eigenerfahrung, sondern mit der Erfahrung der großen Tradition auch dasjenige eingeflossen ist, was der Heilige im Umgang mit Frauen wie Johanna Franziska von Chantal erleben durfte. Das wird spürbar, wenn er in diesem Traktat, der den Namen Theotimus trägt, nach der ,,Ruhe der Seele" und der ,,Liebeswunde" auf die ,,Vereinigung der Seele mit Gott" zu sprechen kommt. Die wichtigen Unterscheidungen, die er für die höchste Stufe der Mystik trifft, beweisen neben der tiefen Erfahrung und der breiten Belesenheit auch die seelsorgerliche Klugheit des Heiligen.

Franz von Sales zeigt, daß die Ekstase – zu deutsch: ,,Aus-sich-Heraustreten" – und der Raptus – zu deutsch: ,,Hinweg-Gerissen-Werden" – zwei Seiten der einen Erfahrung sind.

,,Die Seele aber, die in dieser Weise von der göttlichen Begeisterung hinweggerissen wird, geht so restlos und intensiv darin auf, daß sie nicht nur gleichsam emporsteigt und sich erhebt, sondern sich aus sich selbst herauswirft und mitten in die Gottheit hineinstürzt."

Über den radikalen Unterschied zur ,,dämonischen", ,,finsteren Ekstase" hinaus, die die Seele hinabreißt, läßt sich die ,,heilige Ekstase" dreifach unterscheiden:

– Die Ekstase der Einsicht; also der Bewunderung, des Lichtes, der Schau, wie Franz von Sales anhand der mystischen Theologie des Areopagiten zeigt.

– Die Ekstase der inneren Glut und der Liebe.

,,Gott berührt (den Willen des Menschen) mit sanften Verlockungen; und wie die Magnetnadel vom Nordpol angezogen sich diesem zuwendet, so erhebt und schwingt sich der Wille zu Gott empor, sobald er von himmlischer Liebe berührt wird. Er läßt all seine irdischen Neigungen hinter sich und tritt in ein Kraftfeld des Hinweggerissen-Werdens ein."

Beide ,,Ekstasen" stehen in enger Verbindung zueinander. Aber ,,ein Übermaß von Erkennen hat nicht von selbst schon ein Übermaß von Liebe zur Folge; das Übermaß von Liebe ist auch nicht immer, ... von einem Übermaß an Erkennen begleitet." Und mit dieser Unterscheidung kann Franz von Sales zeigen, daß die Ekstase der Einsicht getäuscht werden kann, während ,,die wahre Ekstase des Willens, in der allein der Wille sich in die göttliche Güte hineinwirft, nur vom allerhöchsten Geist geschenkt wird, durch den die Liebe Gottes in unsere Herzen ausgegossen ist."

Und wiederum bringt der Heilige aus seiner und aus fremder Erfahrung Beispiele für diese wichtige Unterscheidung.

Gleichsam summiert und auf ihr Wesensmerkmal konzentriert, wird dann die Unterscheidungslehre prägnant und eindeutig vorgelegt:

,,Für vorliegenden Zweck genügt es, zwei Merkmale der richtigen und heiligen Ekstase vorzulegen.

Das erste ist, daß die heilige Ekstase sich immer mehr an den Willen als an die Einsicht wendet ... Man kann deshalb mit Fug und Recht sagen, wenn eine Ekstase mehr schön als gut, mehr leuchtend als erwärmend, mehr schauend als liebend ist, dann ist sie im höchsten Maße zweifelhaft und verdächtig."

– Die dritte Ekstase des Wirkens und des Lebens ist das zweite untrügliche Unterscheidungsmerkmal der heiligen Ekstase. Hierbei geht es um die ,,Impulse Gottes, denen wir nur nachkommen können, wenn Gott uns nicht nur über unsere Kraft, sondern auch über das Verlangen und über die Neigung der Natur hinaushebt." Es geht dabei also um ein Leben und Wirken in der Zeit, das eindeutig das Kalkulierbare und mit menschlichen Maßstäben Berechenbare überschreitet, das aus dem Impuls des Göttlichen heraus geschieht.

Erst mit der letzteren ,,Ekstase", die alles in Wissen, Nutzen oder Erfahren Einzuordnende übersteigt und direkt den transzendenten Gott als Grund hat, wird es für Franz von Sales eindeutig, daß es sich um eine ,,heilige Ekstase" handelt. Fehlt dies, dann wächst die Möglichkeit, daß ,,der böse Geist, der als Affe Gottes die Seele täuscht und den Schwachen Ärgernis gibt, sich in einen Geist des Lichts verwandelt (hat), indem er in Seelen, die in der wahren Frömmigkeit nicht solide genug unterrichtet sind, ein Hinweggerissen-Werden verursacht."

Mit dieser Kriteriologe, die nicht bei den erfahrungsimmanenten Zügen stehen bleibt, sondern deren Auswirkung in Leben und Wirken und deren letzte Motivation aus der Transzendenz Gottes miteinbezieht, steht Franz von Sales in der großen geistlichen Überlieferung der Kirche und stützt sich zugleich – wie Seite für Seite deutlich wird – auf seine eigene reiche Erfahrung.

,,Gottes Wille ist immer Gottes Liebe", so lautet die Grundeinsicht des Heiligen. Gott führt uns zwar oft seltsame Wege, aber wir dürfen wissen: er will immer unsere Erfüllung. Wir sollen ihm vertrauen, er weist uns den Weg, an seiner Hand werden wir vielleicht nicht zu dem gelangen, was wir für das Beste halten, aber immer zu dem, was für uns das Beste ist.

Diese totale Hingabe an Gottes Vorsehung ist der Gipfel der salesianischen Spiritualität. So bekennt der Bischof von Genf:

„Wenn alle Engel, alle Genies der Welt studiert hätten, was wohl in dieser oder jener Lage nütze – dieses Opfer oder jenes Leiden, diese Versuchung oder jener schmerzliche Verlust –, sie hätten nicht finden können, was für dich passender gewesen wäre, als was dich getroffen hat.

So hat Gottes ewige Weisheit von Urbeginn an gesonnen, um dir dieses Kreuz aus seinem Herzen als kostbares Geschenk zu geben. Er hat es, ehe Er es dir schickte, mit seinem allwissenden Auge betrachtet, mit seinem göttlichen Verstande durchdacht, mit seiner weisen Gerechtigkeit geprüft und seinem liebenden Erbarmen durchwärmt.

Er hat es mit seinen beiden Händen gewogen, ob es nicht um ein Millimeter zu groß, ein Milligramm zu schwer sei. Dann hat er es gesegnet mit seinem heiligen Namen, mit seiner Gnade gesalbt und mit seinem Troste durchhaucht und noch einmal auf dich und deinen Mut geblickt.

So kommt es nun geradezu aus dem Himmel zu dir als ein Ruf Gottes und als ein Geschenk seiner erbarmenden Liebe, damit du ganz du selber werdest und in Gott deine Erfüllung findest."

In einem Brief zum Neujahrs-Beginn schreibt er:

„Meine Vergangenheit kümmert mich nicht mehr,
sie gehört dem göttlichen Erbarmen,
meine Zukunft kümmert mich noch nicht,
sie gehört der göttlichen Vorsehung.
Was mich kümmert, ist das Hier und Jetzt und Heute;
das aber gehört Gottes Gnade und der Hingabe meines guten Willens."

Gerhard Ruhbach

GERHARD TERSTEEGEN
(1697–1769)

Die evangelische Kirche und ihre Theologie hat über lange Zeit hin ein gespanntes, wenn nicht gebrochenes Verhältnis zur Mystik gehabt. Um die Jahrhundertwende hat der Altmeister der kirchenhistorischen Wissenschaft, Adolf von Harnack, kategorisch festgestellt: ,,Die Mystik ist die katholische Frömmigkeit überhaupt, so weit diese nicht bloß kirchlicher Gehorsam, d.h. fides implicita ist.“[1] Deshalb hielt es Harnack für verfehlt, die Mystik zu differenzieren und zu typisieren; historisch gesehen wertete er sie als Phänomen des mittelalterlichen Katholizismus und folgerte, daß Reformation und Mystik getrennte Welten seien und nichts miteinander zu tun hätten. Zweifellos gründet diese Einschätzung in einem dogmatischen Vorurteil, aber auf Grund der Autorität Harnacks hat sie auch bei denen nachgewirkt, die ihm widersprochen haben. So ist das Verhältnis der Reformation zur Mystik über weite Strecken hin kontrovers und unbefriedigend behandelt worden.[2]

Die dialektische Theologie hat trotz ihrer theologischen Antithese zur liberalen Theologie an der Auffassung Harnacks festgehalten und sie sogar noch verschärft. Emil Brunners bekannte Veröffentlichung ,,Die Mystik und das Wort“ (1924) bringt den Gegensatz zwischen reformatorischer Wort–Gottes–Theologie und einer in der natürlichen Theologie wurzelnden Mystik prägnant auf den Begriff. Die Gleichsetzung von mystisch und katholisch ist so bis 1945 in Geltung geblieben, zumal die nationalsozialistische Naturmystik und die ihr nahestehende deutschchristliche Theologie – unter der Akzentuierung des Deutschen – Luther und die (nationalsozialistisch gedeutete) deutsche Mystik nah aneinander gerückt[3] und damit die Mystik einmal mehr für evangelische Theologie verdächtig gemacht hatten.

Erst seit etwa 1965 hat sich eine neue, offenere Einstellung zur Mystik durchgesetzt, veranlaßt durch die zunehmende interkonfessionelle Erforschung des späten Mittelalters einerseits und durch das intensiver gewordene ökumenische Gespräch zwischen den Konfessionen andererseits. So besteht mittlerweile Übereinstimmung darin, daß die ältere Forschung den Begriff Mystik viel zu eng, zu starr, zu konfessionalistisch verstanden hat, um die Vielfalt dieser Erscheinung recht erfassen zu können.[4] Gleichwohl hat auch der neuere Protestantismus seine Reserve gegenüber der Mystik noch nicht aufgegeben, weil sie nämlich nicht definierbar erscheint und man sich deshalb lieber mit einzelnen Mystikern wie Meister Eckhart, Tauler oder Johannes von Kreuz beschäftigt als mit dem Gesamtphänomen Mystik. Der Schwede Hägglund hat die gegenwärtige Forschungslage gut zusammengefaßt: „Die Ablehnung einer Klassifizierung der Mystiker hat eine ganz andere Bedeutung bei Oberman als vorher bei Harnack. Dieser wollte nicht klassifizieren, weil er die Mystik unterschiedslos als katholische Frömmigkeit und als theologisch uninteressant betrachtete. Oberman dagegen lehnt die Klassifizierung ab, weil er die Mystik als eine so komplizierte Erscheinung auffaßt, daß man sie nicht nach einer festgelegten Typencharakteristik beschreiben kann."[5] Auch dieser Sammelband steht mit seinem Interesse an großen Mystikern in dieser Tradition. Eine der auffallendsten Erscheinungen des Protestantismus unter dieser Fragestellung ist Gerhard Tersteegen, dem nun unsere Aufmerksamkeit gelten soll.

I. Leben

Gerhard Tersteegen, gelegentlich auch Ter Ste(e)gen geschrieben, erblickte am 25. 11. 1697 im Grenzland zwischen Deutschland und den Niederlanden, in Moers, das Licht der Welt. Sein Vater Henrich, im reformierten Pietismus des Niederrheins zu Hause, war ein begüterter Kaufmann, der schon 1703 verstarb. Von Tersteegens Mutter wissen wir nahezu nichts, ebenso wenig von seinen sieben Geschwistern. Der Kontakt zur Familie war offenbar minimal. Aus wirtschaftlichen Gründen mußte Tersteegen bereits mit 15 Jahren die Lateinschule verlassen, auf der er sich eine gute Allgemeinbildung und vortreffliche Sprachkenntnisse angeeignet hatte. Bei seinem Schwager Matthias Brink begann er in Mülheim/Ruhr eine Kaufmannslehre, von 1717 bis 1719 betrieb er, offenbar nicht sehr erfolgreich, ein eigenes Geschäft, erlernte dann die Leineweberei und – wegen seines angegriffenen Gesundheitszustandes – darauf die Seidenbandweberei, einen Beruf, dem er zeitlebens die Treue hielt.

Mülheim, die kleine Stadt an der Ruhr, war damals ein Ort mit lebendigem, geistlichem Leben. Theodor Under Eyck hatte durch seine Predigten die Gemeindeerweckung gefördert und wöchentliche Hauszusammenkünfte zur Besprechung der Bibel begründet. Allerlei durch die Zeitströmung des Pietismus bewegte Leute kamen damals nach Mülheim und fanden dort offene Ohren, so der Labadist (mystische Sekte des Exjesuiten J. Labadie, gestorben 1674) Yvon und der von vielen beargwöhnte Separatist Hochmann von Hochenau. Dessen Schüler Wilhelm Hoffmann wirkte in Mülheim und zog auch den jungen Tersteegen in seinen Bann. Als Kandidat der Theologie geriet Hoffmann in Konflikt mit der Kirche und ist, auch auf eigenem Wunsch, nie in ein geistliches Amt gekommen. Über den holländischen „Mystiker" Poiret

(1646–1719), den Herausgeber der Schriften Antoinette Bourignons (gestorben 1680) und Madame de Guyons (gestorben 1717), kam er in intensive Berührung mit dem französischen Quietismus (Lehre von der gänzlichen Nicht-Aktivität des Menschen während der ,,Gipfelerfahrungen" von Gott) und den Schriften J. de Bernières–Louvignys und Madame de Guyons, deren Kenntnis er dem literarisch aufgeschlossenen und lesehungrigen Tersteegen weitergab.

Innerhalb der reformierten Kirche und doch am Rand von ihr wurde Tersteegen wesentlich geprägt in einer merkwürdig unruhigen, erregten Zeit, in der die Frömmigkeit des Einzelnen mehr galt als die Bindung an die Kirche und in der, sicherlich auch durch den Dreißigjährigen Krieg und seine Folgen beeinflußt, das entschieden Christliche mehr im Vordergrund stand als das speziell Konfessionelle. Wer sich diesen Strömungen hingab, geriet gleichwohl unter Verdacht, an die Grenze. Was den Anhängern der Alumbrados in Spanien, den Quietisten und Jansenisten (rigoristische Gruppe innerhalb der Katholischen Kirche) in Frankreich, den Puritanern in England, ja selbst den jüdischen Chassidim in Galizien und Polen widerfuhr, erlebten auch die in sich so uneinheitlichen Pietisten in Deutschland. Gerhard Tersteegen ist ein typisches Beispiel für sie; seine Ausnahmestellung war unter denen, die ähnlich dachten wie er, in der damaligen Zeit wohl viel weniger auffallend, als sie uns Heutigen vorkommt.

Ab 1719 beginnt bei ihm ein Umwandlungsprozeß, der über mehrere Jahre anhält und in dem Freude und Dunkelheit abwechseln. Sehr viel später, erst 1744, spricht er selbst von einer ,,ersten" und einer ,,zweiten" Bekehrung. Ob er wußte, daß er damit Beschreibungen benutzt, die schon Tauler und Seuse, später Katharina von Siena und Lallement gebraucht haben, oder ob er damit nur unterbewußt auf mystische Traditionen anspielt, läßt sich nicht klären. Seinen Abschluß fand dieser geistliche Weg am Gründonnerstag 1724 durch die ,,Verschreibung" an Christus mit seinem eigenen Blut.

,,Meinem Jesu! Ich verschreibe mich dir, meinem einigen Heiland und Bräutigam, Christo Jesu, zu deinem völligen und ewigen Eigentum. Ich entsage von Herzen allem Recht und Macht, so mir der Satan über mich selbst mit Unrecht mochte gegeben haben, von diesem Abend an, als an welchem du, mein Blutbräutigam, mein Erlöser, durch deinen Todeskampf, Ringen und Blutschwitzen im Garten Gethsemane mich dir zum Eigentum und Braut erkaufet, die Pforten der Hölle zersprenget und das liebevolle Herz deines Vaters mir eröffnet hast. Von diesem Abend an sei dir mein Herz und ganze Liebe auf ewig zum schuldigen Dank ergeben und aufgeopfert! Von nun an bis in Ewigkeit nicht mein, sondern dein Wille geschehe! Befehle, herrsche und regiere in mir! Ich gebe dir die Vollmacht über mich und verspreche mit deiner Hilfe und Beistand eher dieses mein Blut bis auf den letzten Tropfen vergießen zu lassen, als mit Willen und Wissen, in- oder auswendig dir untreu oder ungehorsam zu werden. Siehe, da hast du mich ganz, süßer Seelenfreund, in keuscher, jungfräulicher Liebe dir stets anzuhangen. Dein Geist weiche nicht von mir und dein Todeskampf unterstütze mich. Ja. Amen. Dein Geist versiegle es, was in Einfalt geschrieben. Dein unwürdiges Eigentum am Gründonnerstag-Abend Anno 1724."[6]

Dieses in der Sprache der Zeit gehaltene Dokument ist im deutschen Pietismus ein durchaus einmaliger Text, der allerdings unter Berufung auf Tersteegen später vereinzelt Nachfolger gefunden hat. Vorläufer dafür gibt es in der quietistischen Mystik, besonders bei Madame de Guyon, die sich 1672 dem Kind Jesus schriftlich übereignete, Jesus seitdem ihren Blutbräutigam bezeichnete und ihr Gelübde jährlich wiederholte.[7] Trotzdem wird man die Formulierungen Tersteegens nicht eigentlich als mystisch ausgeben können, weil der Bezug auf das Heilsgeschehen und das Eigentumsrecht Gottes auf den Menschen zu deutlich dominiert. Jedenfalls hat dieser Gründonnerstag für Tersteegens weiteren Weg zentrale Bedeutung, und immer wieder hat er diese Verschreibung neu anklingen lassen.[8]

Dieser Tag markiert auch einen deutlichen Einschnitt in seinem Leben. Er trat aus seiner bisherigen Isolierung heraus, milderte seinen asketischen Lebenswandel und begann nun die Unterweisung der Kinder seines Bruders im christlichen Glauben. Dafür benutzte er seine erste Veröffentlichung, den „Unparteiischen Abriß christlicher Grundwahrheiten", in der er in Frage und Antwort eine eindrucksvolle Laiendogmatik vorträgt, die sich von der kirchlichen Lehre und Tradition weitgehend fernhält.[9] 1725 nahm er seinen treuesten Schüler Heinrich Sommer in sein Haus auf und führte mit ihm ein in Gebet und Arbeit intensiv geregeltes geistliches Leben. Seit 1727 wirkte er, auf Bitten von Wilhelm Hoffmann, in vielen Zusammenkünften der Erweckungsbewegung im Bergischen Land als Prediger und Seelsorger, und zwischendrin beschäftigte er sich als sprachgewandter Übersetzer vieler spiritueller Schriften aus dem Französischen.[10]

In diese Zeit, nämlich 1727, fällt die Gründung einer Bruderschaft von „bekehrten Mitpilgern" im Haus Otterbeck bei Wuppertal, in dem er acht Brüder sammelte und ihnen als geistlicher Vater diente, allerdings ohne selbst dorthin zu ziehen. Diese Bruderschaft ist auf protestantischem Boden schlechterdings einzigartig; erst im 20. Jahrhundert taucht dieser Gesichtspunkt bei der Entstehung evangelischer Kommunitäten wieder auf. Parallelen zu Otterbeck finden sich allerdings wieder im französischen Quietismus. Für diese Bruder-Gemeinschaft hat Tersteegen ausführliche und aufschlußreiche „Verhaltungs-Regeln" aufgestellt.[11] Ununterbrochenes Gebet auch während der Arbeit, Stille, Einfalt und Lauterkeit, Selbstverleugnung angesichts der Gegenwart Gottes, unverstellte Freundlichkeit im Umgang miteinander, ein bescheidener Lebensstil und Handarbeit zum Lebensunterhalt sind die Inhalte dieser Anweisungen. Tersteegen dachte dabei nicht im entferntesten an eine strenge Klosterordnung, und alle Ermunterungen sind im Geist großer innerer Freiheit gehalten. Allenfalls die Mahnung:

„Lebet eingekehrt im Grund des Herzens bei Gott wie die unschuldigen Kindlein, die keine Vernunft, aber viel Herz und Liebe haben,"

könnte die Aufnahme mystischer Frömmigkeit vermuten lassen. Aber damit erscheint Zurückhaltung geboten, weil das Bild vom „Herzensgrund" längst in die Topik des evangelischen Chorals eingegangen ist und der Akzent der Aussage offenkundig auf der Bruderliebe liegt. Trotzdem ist der Versuch gemeinsamen Lebens im Haus Otterbeck auf die Dauer nicht gelungen. Es gab viele Reibereien und Querelen, und für Tersteegen manche Enttäuschungen. Nach dem Tod des letzten der acht Brüder fanden sich keine Nachfolger mehr.

Für Tersteegen war die Versammlungstätigkeit mit einem zunehmenden Maß persönlicher Seelsorge verbunden. An vielen Orten bildeten sich Freundeskreise, die sich Tersteegen als geistlichem Führer unterstellten. 1728 gab er deshalb seine handwerkliche Tätigkeit auf und lebte fortan nur von den Einkünften seiner Schriften und von Gaben seiner Freunde, die er zeitlebens ausreichend erhielt. So war er frei für eine ausgedehnte seelsorgerliche Tätigkeit. Viele Menschen besuchten ihn auch in Mülheim, so daß er in den letzten Jahren stundenlang und in verschiedenen Zimmern Gespräche zu führen hatte; ungeheuer groß war seine Korrespondenz, auch weit über Deutschland hinaus; und oftmals war Tersteegen auf Reisen, in der näheren und weiteren Umgebung, immer wieder in Holland, aber auch in Dänemark und Schweden. Im Jahr 1740 erließ – aufgrund vieler und oft wohl auch stürmischer Zusammenkünfte überall im Land – die Regierung in Düsseldorf eine Generalverordnung, aufgrund deren das bestehende Konventikelverbot verschärft wurde und alle Versammlungen eingestellt werden mußten. Erst 1750 wurde dieses Verbot aufgehoben, gerade rechtzeitig, damit Tersteegen die Nacharbeit der um 1750 in Holland und am Niederrhein einsetzenden großen Erweckung übernehmen konnte. Ab Dezember dieses Jahres war er wieder in der Verkündigungsarbeit landauf landab unermüdlich und ohne Schonung seiner schwachen Kräfte tätig. Besondere Beschwerden erfuhr Tersteegen durch den Siebenjährigen Krieg, in dessen Verlauf französische, hannoversche und preußische Soldaten immer wieder durch Mülheim zogen und auch in Tersteegens Haus einquartiert wurden.

1754 bekam Tersteegen von dem Berliner Oberkonsistorialrat J. Hekker Besuch, der den Auftrag hatte, Tersteegens Tätigkeit zu überprüfen. Daraus entwickelte sich eine enge Freundschaft, in deren Zusammenhang Hecker die Bitte äußerte, Tersteegen möchte sich zu Friedrich des Großen literarischer Tätigkeit äußern. Dies geschah in den „Gedanken über eines Anonymi Buch, genant, Vermischte Wercke des Welt-Weisen zu Sanssouci", die 1762 im Druck erschienen. Der Preußenkönig soll sich erstaunt und anerkennend darüber geäußert haben: „Können das die Stillen im Lande"? Ob Friedrich der Große bei einem Besuch im Rheinland Tersteegen nach Wesel eingeladen hat oder dies nur eine spätere

Legende ist, muß offenbleiben. Jedenfalls hat Tersteegen den König nie gesehen.[12]

Erwähnung verdient schließlich, daß Tersteegen seine Seelsorge auch mit intensiver Leibsorge verband und wie viele Vorgänger und Zeitgenossen[13] nicht nur Interesse an Medizin, sondern auch an der Zubereitung von Medikamenten zeigte, die er an seine Besucher kostenlos verteilte. Wie viele andere Fromme hat er dem leidenden Menschen nicht nur den Heilsweg eröffnet, sondern sich auch um direkte Krankenpflege bemüht, jedenfalls aber seinen Freunden immer wieder konkrete Ratschläge für eine christliche und gesunde (!) Lebensweise erteilt. Niemand kann ihm nachsagen, er hätte sich nur um die Seele bemüht. Wieweit dieses Interesse auch mit seiner eigenen körperlichen Schwäche, an der er über 50 Jahre zu leiden hatte, zusammenhing, wissen wir nicht. Aus dieser Art seiner Tätigkeit hat Tersteegen nie großes Aufheben gemacht und nur gelegentlich mit freundlichem Spott von sich als dem ,,armen Doctor, der sich selbst nicht helfen kann,“ gesprochen. Immerhin ist Tersteegen 72 Jahre alt geworden, als er, von unzählig vielen Menschen betrauert und zu Grabe getragen, starb. In dem 1769, in seinem Todesjahr, aufgesetzten Testament erweist er sich in allem als rechtgläubiger Pietist.[14]

II. Werke

Tersteegen hat das typische Leben eines ,,Stillen im Lande“ geführt, wie man die Erweckten seiner Zeit bezeichnete. Sein Leben ist wenig spektakulär verlaufen, trotzdem hatte er schon zu Lebzeiten viele Menschen geprägt und lange über seinen Tod hinaus eine große Jüngergemeinde behalten. Seine Schriften sind immer neu gelesen und nachgedruckt worden, und seine Lieder haben selbst in fremdsprachige Gesangbücher hinein Aufnahme gefunden und ihn zu einem der großen Kirchenlieddichter über alle Konfessionsschranken hinaus werden lassen – bis in die Gegenwart hinein. Längst ist er als einer der großen Sprachschöpfer deutscher Literatur der Barock- und Rokokozeit auch von der Literaturwissenschaft anerkannt, und niemals hat er z. B. wie Zinzendorf einen Spangenberg gebraucht, um ,,verwendbar“ zu werden. Immer war er von zurückhaltendem, nüchternem Sinn und hat sich gegen alle Exaltiertheit frommer Zeitgenossen, etwa der Herrnhuter, nachdrücklich gewehrt. Der Obrigkeit gegenüber, z. B. in der Einhaltung des Konventikelverbots, war er ein gehorsamer Sohn seiner Zeit. Nichts deutet darauf hin, daß er Mystiker war, und doch hat sich diese Einschätzung – auch gegen z. T. wütenden Einspruch – beharrlich gehalten. Wir müssen dieser Frage nun nachgehen und zunächst sein literarisches Werk, sodann seine Theologie daraufhin befragen.

Daß Tersteegen neben seinen pastoralen Aufgaben unermüdlich literarisch tätig war und auch in diesem Bereich seine Kräfte nie schonte, wurde schon erwähnt. Wie viele andere Schriftsteller der Barockzeit begann er mit Florilegien und Übersetzungen, besonders aus dem Bereich des mystischen Quietismus. Wie Johann Arndt hundert Jahre vor ihm in seinem ,,Wahren Christentum" und seinem ,,Paradiesgärtlein" die mystische Frömmigkeit des Mittelalters dem Luthertum vermittelt hatte, so wirkte Tersteegen auf den reformierten Pietismus. 1729 brachte er seinen ersten Gedichtsband, das ,,Geistliche Blumengärtlein", mit 440 Schlußreimen, 60 gereimten Texten aus dem Propheten Jesaja und 5 kurzen ,,Erhebungen des Geistes", heraus, 1732 seinen zweiten Gedichtband ,,Der Frommen Lotterie" mit 235 Reimen.

Zwischen 1733 und 1754 erschien sein Hauptwerk, die ,,Auserlesenen Lebensbeschreibungen Heiliger Seelen", ein schon zu seiner Zeit erstaunliches Buch, da es 25 Biographien von ausschließlich römisch-katholischen Christen bietet. Tersteegen hat sich dabei intensiv um seine Quellen, aber auch die erreichbare Sekundärliteratur bemüht. Sein Anliegen war es keineswegs, zur Konversion zu ermuntern – er war Protestant und wollte es bleiben –, sondern er wollte vielmehr am Vorbild der Heiligen zu christlichem Leben anleiten und von der sterilen Lehrauseinandersetzung seiner Zeit – darin gut pietistisch – wegführen.

Eigentlich gab es für ihn nur zwei Religionen, ,,Babel und Jerusalem", und in der mystischen Frömmigkeit der von ihm dargestellten Personen erblickte er – über alle Konfessionsschranken hinweg – das eigentlich christliche Leben: das Verlangen nach völliger Einsamkeit, um Gottes Gegenwart ganz zu erfassen, die Notwendigkeit zur Demut und zum Leiden, das den Menschen von der Unreinheit läutert, die Sehnsucht nach dem inneren Gebet, die er bei Teresa von Avila lernte, die leidenschaftliche Liebe zu Gott und die Bereitschaft, seinem Willen ganz zu folgen, und nicht zuletzt die Zuwendung zur Natur und zu den Menschen, die ihn an Franz von Assisi faszinierte. Tersteegen wollte den ihm anvertrauten Menschen über die ,,Lebensbeschreibungen" nicht nur eine Einführung in die gesamte Geschichte der christlichen Kirche geben, sondern sie auf dem Weg der Heiligung, des inneren Lebens, der Pilgerschaft durch die Wüste anleiten. Er machte dabei ähnliche Erfahrungen wie viele Christen von heute, daß die Kirchen der Reformation ihren Gläubigen wenig spirituelle Hilfe zuteil werden ließen und deshalb andere Quellen erschlossen werden mußten.[16]

Daneben schrieb er eine Reihe kleiner Texte, Aufsätze, Abhandlungen und Sinnsprüche in Endreimen, denen er das Beiwort ,,erbaulich" gab. Sie sind im ,,Geistlichen Blumengärtlein inniger Seelen" und im ,,Weg der Wahrheit" gesammelt und haben noch zu Lebzeiten des Verfassers mehrere Auflagen erlebt. Vor allem aber hat Tersteegen durch eine umfangreiche Korrespondenz gewirkt. Besonders auf diesem Weg nahm er seine ,,Weltverantwortung" in großer Treue wahr, obwohl er einmal bemerkte, ,,daß ich jederzeit einige Abneigung gehabt, in mehrere äußere Bekanntschaften und Briefwechsel zu geraten. Gott fügt es aber vielfältig wider meine Neigung".[17]

An diese in sich recht disparaten Quellen haben sich alle zu halten, die Tersteegens Denken, die Quellen seines Lebens und die Absichten seiner Wirksamkeit kennenlernen möchten. Tersteegen macht es seinem Leser allerdings keineswegs leicht; denn niemals ging es ihm um sich und seine Person. So hat er nie erlaubt, sich porträtieren zu lassen, so daß wir kein einziges authentisches Bild von ihm besitzen. In aller Zurückgezogenheit und Demut hat er seine Tage verbracht, wirklich ein „Stiller im Lande", und er tritt auch ganz hinter seinem Auftrag zurück, so daß seine Schriften wenig Auskunft über sein eigentliches theologisches Wollen geben. Er hat weder die Bibel (oder wenigstens ein biblisches Buch) fortlaufend ausgelegt noch die Hauptstücke des Glaubens im Zusammenhang behandelt. Selbst seine konzentrierteste Veröffentlichung, „Der Weg der Wahrheit" 1750, enthält vor allem „Gebrauchs"-Texte.

In diesem Buch erhalten wir jedoch von ihm selbst einen wichtigen Deuteschlüssel in die Hand. Es geht ihm um den „nützlichen Gebrauch der heiligen Schrift" (Stück 1), um „Gebrauch und Mißbrauch der Vernunft im Göttlichen" (Stück 2), um den „Nutzen der wahren Gottseligkeit" (Stück 3), um das „Verhalten bei außerordentlichen Geistesgaben" (Stück 4), um die Warnung vor „Leichtsinnigkeit" (Stück 5), um „Fortgang, Gestalt und Kraft der Gottseligkeit" (Stück 6 und 7), um „den Umgang mit Gott und sich selbst" (Stück 8), um „kurze Anleitung, Gott und dessen Angesicht zu suchen" (Stück 9), um „Weg und Übung der Liebe" (Stück 10), um den „christlichen Gebrauch der Lieder und des Singens" (Stück 12). Immerfort begegnen Wörter wie „Gebrauch, Verhalten, Umgang, Übung", und von daher erschließt sich auch der Titel des gesamten Werkes: Die Wahrheit Gottes hat „Weg"-Charakter; sie ist „Weg der Wahrheit" wie die Liebe auch, die mit den Worten „der vortreffliche Weg und die Übung der Liebe" beschrieben wird. Tersteegens Pilgerlied „Kommt, Kinder, laßt uns gehen . . .", in dem das Leben der Glaubenden als Pilgerschaft durch die Wüste unter Jesu Führung beschrieben wird, entspricht dieser Haltung.

III. Mystik

Nur auf den ersten Blick erscheint Tersteegen damit als Vertreter des Frühpietismus, der um die Orthopraxie im Unterschied zur Orthodoxie („rechtes" Tun im Unterschied zur „rechten" Lehre) bemüht ist. Sicherlich verbindet ihn das Interesse an der Gestaltwerdung des Glaubens mit den großen Pietisten wie Arndt und Spener, Arnold und Bengel, und gelegentlich werden sie auch, besonders hervorgehoben Gottfried Arnold, eigens erwähnt.[18] Aber vieles unterscheidet ihn auch von diesen, die allesamt ein Amt in der Kirche bekleideten – selbst Zinzendorf ließ sich nicht zufällig ordinieren – und in der Lehrtradition vornehmlich der lutherischen Kirche standen. Er hat nicht nur den französischen Quietismus dem deutschen Protestantismus nahegebracht und vermittelt, er ist tief in dieser Glaubensüberlieferung verankert und hat ihr lediglich eine protestantische Ausprägung gegeben. Er spricht nicht nur von Erfahrung, sondern er ist ein „erfahrener" Christ und versucht, diesen Weg mit anderen zu gehen. Hätte Tersteegen Jahrhunderte früher gelebt, er wäre vielleicht in der „devotio moderna" (der „modernen Frömmigkeit", einer von den Niederlanden ausgehenden Reformbewegung des späten Mittelalters) zu Hause gewesen, aber auch die Geisteshaltung eines Johannes Tauler oder des unbekannten Verfassers der „Wolke des Nichtwissens" wäre ihm nahegekommen.

Ob Tersteegen Mystiker war oder nicht, hat die Forschung lange beschäftigt, und in jüngster Zeit wird ihm dieses Prädikat – weithin unpolemisch und respektvoll – immer häufiger zuteil.[19] C. van Andel, als niederländischer Reformierter durchaus des Enthusiasmus unverdächtig, würdigt Tersteegen besonders hinsichtlich seiner Lyrik so: „Diese religiöse Tiefe war eine echt evangelische Mystik".[20] Aber die Auseinandersetzung um Tersteegens Einordnung ist, aufs ganze gesehen, relativ unfruchtbar, weil sie von der jeweiligen Definition von Mystik abhängt. Tersteegen paßt jedoch in kein Schema von Mystik hinein, und ein bloßer Vermittler von Überlieferungen wie Johann Arndt war er schon gar nicht. Er ist vielmehr einen eigenständigen Weg gegangen.

Am 19. März 1769, vierzehn Tage vor seinem Tod, setzte Tersteegen ein Testament auf, in dem seine Grundeinstellung – allerdings ausdrücklich für die Außenwelt formuliert – hervortritt.

– Er befiehlt sich Gott, dem Vater, Christus, dem Erlöser, und dem Heiligen Geist, durch dessen „Erleuchtung das Werk der Heiligung und der Verklärung Jesu in ihm angefangen hat".

– Er bekennt sich zum dreieinigen Gott nach der Heiligen Schrift und dem Apostolischen Glaubensbekenntnis und will ihm „vollkommen und unverrückt leben, ihn loben und anbeten".

– Er beugt sich vor Menschen, weil Zeugnis und Wandel in seinem Leben nicht immer übereinstimmten, und bittet Verwandte und alle anderen, aufrichtig Buße zu tun und in „ungeheuchelter Gottseligkeit vor dem Angesicht Gottes zu wandeln".

Damit stellt sich Tersteegen eindeutig zum Glauben der Kirche und zum Dienst am Evangelium, den er allerdings weitgehend auf die Erweckten beschränkt. Sein Leben wie seine Frömmigkeit haben Begegnungs- und nicht Versenkungscharakter. Insofern ist diese späte Äußerung von Bedeutung. Im Testament findet sich allerdings auch das Wort, das zeit seines Lebens zum Leitthema seines Wirkens wurde: die „Gottseligkeit". Auch dem „Weg der Wahrheit" gibt er den Untertitel „die da ist nach der Gottseligkeit". Diesem Zentralwort seiner Existenz und Wirksamkeit gilt es nun nachzugehen.

Tersteegen nimmt mit ,,Gottseligkeit" Luthers Übersetzung von ,,Eusebeia" (z. B. in 1. Tim 3.16) auf und erwähnt auch das griechische Grundwort ausdrücklich. Allerdings hat es für ihn, anders bei Luther, verschiedene Dimensionen. In einem ersten Sinn versteht er unter Gottseligkeit ,,die Frömmigkeit oder den wahren Dienst Gottes und Religion".[21] In einem zweiten Sinn unterscheidet er zwischen dem äußeren Schein, der Form der Gottseligkeit (er kann auch von ,,Pietät" sprechen), und der ,,wahren" Gottseligkeit. Hier nimmt er zunächst Abgrenzungen vor, was wahre Gottseligkeit meint:[22]

– Sie ist nicht äußere, ehrbare Frömmigkeit, nicht ein ,,stilles, bürgerliches Leben". Wer nur das aufzuweisen hat, ist ,,ein Gottloser und Heuchler".

– Sie ist aber auch nicht nur formal praktizierte Frömmigkeit, die sich im Gottesdienst- und Sakramentsbesuch, in der Schriftbetrachtung, im Gebet und im Almosen ausdrückt. Wer so lebt, hat nur den Schein der Frömmigkeit, ist aber ,,im Grunde noch nicht fromm".

– Sie besteht auch nicht in außerordentlichen Gnadengaben, also in Offenbarungen, Visionen, Weissagungen und in Ekstase, da diese Charismen im Unterschied zur wahren Gottseligkeit nicht allen Christen zukommen.[23] Nicht das Außerordentliche, sondern das allen Glaubenden grundsätzlich Zugängliche ist für ihn entscheidend, nicht die ,,Mittel auf dem Weg", sondern der Weg selbst und sein Ziel.

Vor die Aufgabe gestellt, nun positiv das Wesen der Gottseligkeit zu beschreiben, reagiert Tersteegen eigentümlich.

,,Es ist schwer, ja gar unmöglich, einen geziemenden Begriff davon demjenigen beizubringen, der die Gottseligkeit nicht selbst besitzt".[24]

Ganz ähnlich antwortet er auf die Frage, was Mystik oder mystische Theologie sei:

,,Das kann keiner recht sagen, oder er muß selbst ein Mystikus sein, und keiner gebührend verstehen, wo er nicht selbst auf dem Wege ist, ein solcher zu werden."[25]

Beide Aussagen sind zusammen zu sehen, weil Tersteegen selbst ausdrücklich notiert:

,,Mystische Theologie ist eben das, was wir ... das inwendige Leben oder die Herzensgottseligkeit zu nennen pflegen."[26]

Tersteegen spricht also als Erfahrener zu Erfahrenen oder solchen, die sich auf den Weg zur Erfahrung machen wollen, und unterscheidet für das Verstehen der wahren Gottseligkeit zwischen der ,,spekulativischen Betrachtungserkenntnis der Vernunft" und der ,,wesentlichen Beschauungserkenntnis des reinen oder leidenden Verstandes".[27] Die eine erkennt nur ,,im Spiegel", die andere im ,,Herzen". Es geht deshalb um die ,,Herzensgottseligkeit"; deshalb muß das Herz ,,von Gott gefangen und willig gemacht werden", ,,Jesus im Herzen wohnen", das ,,Herz gezogen" werden,[28] der ,,verborgene Mensch des Herzens" erstehen, in

,,Herzenseinfalt wandeln" und die ,,wenigen gemäßigten Übungen ... in Herzensandacht wahrnehmen".[29] Statt vom Herzen, einem Zentralbegriff seiner Verkündigung, kann Tersteegen auch vom ,,Grund"[30] oder ,,Wesen" sprechen, die nur durch ,,Erleuchtung" verstehbar werden und zu einer ,,Erfahrungserkenntnis Gottes" führen.[31] ,,Das Wesen kommt ins Herz und die Wahrheit stellt sich selbst dar", diese Formulierung zeigt allerdings, daß der Mensch ,,Grund und Wesen" hat, um sich dem wahren Grund und Wesen, Gott selbst, aufschließen zu können.

Diese Erfahrung hat einen Anfang, den die meisten Christen machen, und einen ,,Durchbruch", der nur bei den Berufenen – und zwar bei den einen ,,geschwind", bei den anderen ,,allmählich" – erfolgt. Tersteegen urteilt ganz nüchtern und ist allem methodistischen Buß- und Bekehrungskampf abhold. Auch wenn der Durchbruch erfolgt ist, bleibt ständige Herzensübung erforderlich, um des ,,Zuges Jesu" gewahr zu bleiben und dem permanenten Sog nach außen zu widerstehen. Dieser Durchbruch erfolgt so, daß alles eigene Tun, vor allem der ,,geschäftige Verstand" zum Stillstand kommt, der Geschmack an den bisherigen Beschäftigungen und Vergnügungen ,,dürr, kraftlos, verdrießlich und unlustig wird"[32] und sich eine ,,mehr als gewöhnliche Neigung zur äußeren Stille und Einsamkeit, zur inneren Stille oder Leidentlichkeit der Seelenkräfte" einstellt. Die Abkehr, ja ,,die Vergessenheit" alles Geschaffenen und die ,,liebevolle Zuneigung zu Gott", die ,,Glaubensaufmerksamkeit auf Gottes Anwesenheit" im Menschen tritt nun deutlich zu Tage. Wie das Wort Durchbruch (bzw. ,,Überführung") passivischer Natur ist, so beschreibt Tersteegen den Weg in das ,,verborgene Leben mit Christo in Gott" mit einer Fülle medialer (Medium: die Verbalform zwischen Aktiv und Passiv) und passiver Erfahrungen.[33] Tersteegen spricht vom ,,Ausgang" aus sich selbst und allem ,,Kreatürlichen", vom ,,Eingang" in das Wesen Gottes und vom ,,Umgang" bzw. ,,Bleiben oder Wandeln im Angesicht Gottes".[34]

,,Unser Herz muß ein verschlossener Garten und ein versiegelter Brunn allen Kreaturen, dem Geliebten unserer Seelen aber allein offen sein. An den Pfosten seiner Tür sollen wir als geistliche Priester Tag und Nacht seiner Hut warten ..., den Herrn der Herrlichkeit inwendig in uns hören, beschauen und anreden."[35]

Bei vielen Christen kommt es jedoch nicht dazu; sie bleiben im Anfang stecken, ohne voranzukommen. Aus einer großen seelsorgerlichen Erfahrung heraus weiß Tersteegen viele Gründe dafür anzugeben;[36] vor allem ist es die Zerstreuung, die den Glaubenden immer neu ,,beunruhigt, verbildet und unbeständig macht",[37] die Liebe zur Kreatur und das ständige Herumschweifen in den Horizont, statt sich auf das Zentrum, das allein Notwendige einzulassen.

,,Wer auf unbekannten Wegen durch die Wüste wandert, muß nicht immer zur Seite hinaussehen und alle Nebenwege untersuchen wollen, wo er nicht in die Irre geraten will."[38]

Der „Fortgang" im Christsein ist also geboten,[39] und Tersteegen benennt dafür verschiedene Stufen, die zu erklimmen sind,[40] die allerdings nur durch Erleuchtung zuteil werden.

Allerdings liegt ihm nicht an bestimmten Graden der Vollkommenheit, die man nach und nach durchlaufen muß, sondern lediglich daran, daß auf dem Fundament, der durch Christus geschehenen Versöhnung, weitergebaut wird.[41] Nicht als ob das Fundament nicht ausreiche – Tersteegen bestreitet nirgends die Genugsamkeit des Werkes Christi –, aber ein Fundament ohne ein darüber gebautes Haus wäre ein Widersinn in sich. Er spricht in diesem Zusammenhang den dreifachen mystischen Weg der Reinigung, der Erleuchtung und der Einung durchaus an, aber da er hier – wohl wissend, was und warum er dies tut – immer die Heilige Schrift selbst sprechen läßt, ist der Weg des Glaubenden, der von Klarheit zu Klarheit führt, biblisch und nicht aus der Vätertradition dargelegt. Er gibt dafür folgende Beschreibung:

1. – das Bleiben in Jesu,
   – das Anhangen an Gott, um ein Geist mit ihm zu werden,
   – das Wandeln in der Gegenwart Gottes,
   – das Anbeten im Geist und in der Wahrheit,
   – die Reinigung von allen Befleckungen des Fleisches und des Geistes.
2. – die Ausgießung der Liebe Gottes ins Herz,
   – die Salbung durch Gott,
   – das Beschauen der Herrlichkeit Gottes mit aufgedecktem Angesicht,
   – die Offenbarung oder Inwohnung Gottes in der Seele.
3. – das Leben Gottes, da das Ich nicht mehr lebt, sondern Christus in ihm,
   – das Wandeln im Himmel,
   – der Friede Gottes, der über allem Verstand ist,
   – das Vollkommensein in Eins.[42]

Aus der Heiligen Schrift selbst entfaltet Tersteegen also, was andere vor ihm in anderen Worten, aber im gleichen Sinn beschrieben haben. Nicht zufällig bringt er diese Gedanken in dem „Kurzen Bericht von der Mystik"[43] und nennt den, der so lebt, einen „erfahrenen Mystiker". Er unterscheidet ihn aber sogleich von Theosophen, deren es nur wenige gibt, während alle Christen im eigentlichen Sinn ihrer Bestimmung Mystiker sein sollten, indem sie die „Gottseligkeit ausüben", die „Gnade und Herzensveränderung zum Grund" hat. Tersteegen kann dafür durchaus das biblische Wort „Nachfolgen"[44] verwenden, aber es geht ihm dabei nicht nur um den Ruf in die Nachfolge, sondern wesentlich um den Aufbruch, um den Weg der Nachfolge. Die Gnade Gottes und die Herzensveränderung des Menschen gehören unauflöslich zusammen wie Rechtfertigung und Heiligung in der reformatorischen Theologie.

Tersteegen wird daher nicht müde, die Konsequenzen des „Fortgangs" zu beschreiben: Am Anfang stehen ein „aufgeräumtes Gemüt und eine wohlgeordnete, unverworrene Lebensart";[45] dann folgen „die Aufmerksamkeit und Wahrnehmung des Inwendigen",[46] das „Sicheinsenken in die einzige Quelle der Gottseligkeit, in Christus, und das Bleiben in ihm",[47] das auch „Wandel und Umgang mit ihm" heißen kann.

„So leben sie in Gott und seiner Gegenwart ... gleich wie ein Fisch im Wasser oder wie ein Vogel in der Luft."[48]

Sie grünen, blühen und bringen Früchte wie die Bäume an Wasserbächen und kommen zur „lebendigen Erfahrung, daß seine Gebote nicht schwer sind".[49] Zwar bleiben die Glaubenden im „immerwährenden Gebet", im „Glaubenshungern", in ständiger Annäherung an Gott; noch leben sie im Glauben und nicht im „Schauen und Genießen", aber der Glaube wird nun wesentlich, sein Leben „einfältig, gelassen und kindlich". Die „Gottseligen" erhalten durch „unbedingte Überlassung an Gott und Verlassung aller Dinge"[50] Stille und Frieden, „tiefes Wohlsein und kindliche Ehrfurcht vor seiner Gegenwart". Ihr „Gemüt wird allmählich Gott immer gleichförmiger und fähiger, sein seligmachendes Angesicht anzuschauen".[51] Die „Fakultät der Freude und Ruhe"[52] wird nun zur Realität. Trotzdem, Tersteegen beschreibt damit nicht eigentlich den Jetzt-Zustand, sondern das Ziel des Weges, auf dem sich die Glaubenden im unterschiedlichen Fortgang befinden. Deshalb spricht er in der Wunsch- und Möglichkeits-Zeitform (Potentialis) von der vorwegnehmenden Schau des Künftigen und der gewissen Erwartung:

„Du würdest alle deine Lust, alle deine Freude und Seligkeit haben in Gott und Gott würde hinwiederum seine Freude und Gefallen in dir haben. Er würde in dir ruhen und wohnen als in seinem stillen Friedensthron; und dein Geist, der solange wie ein verjagtes Waisenkind in der Fremde herumgeirret, würde auch wieder süßiglich ausruhen in seinem rechten Ruhepunkt und Heimat und in den Schoß Gottes in unverrücktem Frieden sich niederlegen und sich verbergen in die stille Ewigkeit ... Also würdest du ein heiterer Himmel der hochgelobten Dreieinigkeit sein."[53]

Damit stehen wir bei den Zielaussagen, die Tersteegen in reicher Fülle, oft genug hymnisch entfaltet und die sich dennoch auf eines konzentrieren, nämlich die Erfahrung, „daß Gott ist":

„Wie so glückselig schätze ich mich, daß du bist und daß du nicht kannst nicht sein! Wie so glückselig bin ich, daß ich weiß, daß ‚Gott ist!' und daß ich dieses Bekenntnis abstatten kann, daß ‚Gott ist!' ... Ich gönne dir's, mein Gott, daß du bist; es gefällt mir so wohl, daß du bist. O wie so schön und wie so gut ist es, daß du bist und daß du bist derjenige, der du bist."[54]

Tersteegen wechselt in solchen Zusammenhängen immer wieder die Sprachform und tritt aus der Darlegung in den Bereich des Gebetes, der Anbetung[55].

Diese Erfahrung führt weiter zu der Erkenntnis, daß Gott nicht nur ist, sondern genug ist, „allgenugsam, allein, völlig, innig, rein vergnügt.“[56] An anderer Stelle formuliert er:

„So muß unser abgeschiedenes, welt- und geldverleugnendes Leben eine helle Stimme sein, die allen Menschen zuruft: Gott allein ist genug.“[57]

Solch abgeschiedenes Leben führt dazu, daß „Gott der alleinige und ganze Schatz der Seele wird.“[58] Nicht von ungefähr weist Tersteegen darauf hin, daß dies keine neue Verkündigung ist, sondern vom Dekalog und dem kleinen Credo Israels über Meister Eckhart, über Luthers Katechismusauslegung und Teresa von Avilas vielfach moduliertes Lebensthema das Grundbekenntnis der Kirche, die Grunderfahrung der Glaubenden und das Grundthema ihrer Verkündigung darstellt. „Wir sind nur, weil du bist.“[59] Deshalb ermuntern sich Christen auch gegenseitig:

„Laßt uns nur bei dem Herrn bleiben und uns immer inniger ihm lassen. Denn er ist sehr gut auch unter allen Proben denen, die auf ihn warten. Er ist unserm Geiste ewig genug.“[60]

In fast unzähligen Wendungen kommt Tersteegen immer wieder auf diese Alleingenügsamkeit Gottes zu sprechen.[61]

Deshalb ist es höchstes Ziel für den Glaubenden, Gott, seinen Lebensgrund und sein Wesen zu suchen, ihm stille zu halten, vor seinem Angesicht „Sabbat zu feiern und zu pausieren“ und in „der hellen Sonne der Gegenwart Gottes“ zu bleiben.[62] Nur so kommt Gott wirklich zur Wirkung, übernimmt er die Führung und Sorge für den Menschen und vermittelt ihm nicht nur Umgang mit sich, sondern gibt ihm auch teil an seinem ganzen Wesen. Dies nennt Tersteegen in der Gebetsanrede: mit Gott gleichförmig werden:

„Mache uns zu einfältigen stillen Kindern vor dir und setze du selbst uns jederzeit in solche Form und Gestalt, wie du uns am liebsten siehest, bis wir von einer Klarheit zur andern in das ursprüngliche Bild deiner Gleichförmigkeit vergestaltet werden durch deinen Geist.“[63]

In diesem Zusammenhang spricht er auch von der „Glaubensvereinigung mit Christus Jesus“[64], von der „Verbindung des Menschen mit Gott, seinem Ursprung“[65], und vom „Vollkommensein in Eins“[66]. So mißverständlich diese Formulierungen zunächst klingen, Tersteegen denkt nicht von ferne an eine Versenkungs- oder gar Verschmelzungserfahrung des Menschen mit Gott. „Vereinigung“ wechselt vielmehr mit „Gemeinschaft“ ab:[67]

„Trachte nur deinem Gemüte nach, Gott gleichförmig zu werden, so magst du ihn unfehlbar und leicht finden und erkennen. Gleich wie, wer die Sonne schauen und genießen will, sich ins Licht der Sonne begeben muß: also mußt du Gott ähnlich werden, wenn du auf eine wesentliche Weise Gemeinschaft mit ihm haben willst.“[68]

Vereinigung ist nichts anderes als die intensivste Form der „Liebesgemeinschaft, zu der uns Gott einlädt“,[69] die tiefste Erfahrung der Nähe, der Gegenwart Gottes, die in unmittelbare Gottschau übergeht und den Menschen mit höchster Seligkeit erfüllt.

Trotzdem bleibt die Distanz zwischen Mensch und Gott gewahrt: das „in Gott" wird sogleich durch „vor Gott" ergänzt und interpretiert:

„Wir müssen nicht so sehr durch Tun und Genießen, als durch Entblößung und Leiden vollendet und mit Gott vereinigt werden. Laßt uns bedenken und es wohl behalten, daß das Wesen des Christentums und der wahren Heiligung nicht in solchen Dingen bestehe, sondern darin, daß man sich selbst und allen Kreaturen absterbe und ein verborgenes Leben mit Christo in Gott und vor Gott führe."[70]

Wenn Tersteegen mit dem Wort „nackend" auf mystische Terminologie des Mittelalters anspielt, hat er die tiefste Reinigung, die Intentionalität dieser Haltung im Auge:

„Vor den Strahlen dieser ewigen Sonne müssen wir unsern Grund stets und in der Wahrheit bloß und nackend gelegt halten, damit wir in Einfalt und göttlicher Lauterkeit schlecht und recht einhergehen mögen. Gott ist ein Gott der Wahrheit; wir müssen auch in der Wahrheit und Herzenseinfalt wandeln, wo wir mit diesem reinsten Wesen Gemeinschaft haben wollen."[71]

Intensive Begegnung mit Gott und die Verfügbarkeit für Gott – darum geht es:

„Ganz für Gott sein, ist das wahre Geheimnis des inwendigen (mystischen) Lebens, ein Christenleben, wovon sich die Leute solche seltsamen und fürchterlichen Bilder machen. Und so leben wir, wenn Christus selbst unser Leben wird."[72]

Der Christ ist also keineswegs schon im Himmel angekommen, sondern sein Leben lang auf dem Weg nach Jerusalem. Kreuz und Elend, Einsamkeit und Verkennung gehören zur Signatur seiner Existenz.[73] Aber weil das Schauen der Wahrheit den Glaubenden in der Tiefe sättigt, lebt er in „unaussprechlicher Seligkeit",[74] kann er die Stürme und Wüsten dieser Welt durchschreiten und andere auf diesen beschwerlichen und gleichwohl fröhlichen Weg locken.

„Wer so vereinigt, kann die Gottheit selbst anbeten, umfassen, beschaun wie Cherubinen tun. Wer dieses kann verrichten, der mag gottselig und in Gott recht selig sein."[75]

Hier kommt das Wesen der Gottseligkeit zu ihrem wahren und tiefen Ausdruck.

IV. Wirkung

Es kann nicht verwundern, daß eine solche Glaubensverkündigung, die im protestantischen Raum durchaus ungewohnt war, unzählige Menschen in ihren Bann schlug. Als „Tersteegenianer" haben sie in Kirchen und Gemeinschaften ihren Lehrer lange über seinen Tod hinaus fast wie einen Heiligen[76] verehrt und seine Frömmigkeit bewahrt. Besonders durch seine Lieder wirkt er bis in die heutige Zeit hinein. Sein ,,Ich bete an die Macht der Liebe" ist gemeinsames christliches Traditionsgut geworden; andere seiner Lieder wie ,,Jauchzet, ihr Himmel" fanden Eingang in das katholische Gebet- und Gesangbuch ,,Gotteslob", das die deutschsprachigen Bischöfe gemeinsam herausgegeben haben. Im evangelischen Raum leben seine Dichtungen ganz selbstverständlich weiter.

Die Brüdergemeinschaft ,,Pilgerhütte" im Haus ,,Otterbeck" hatte keinen Bestand, war aber dennoch zukunftsweisend für evangelische Lebensordnung in unseren Tagen.

Wie sehr Tersteegens Schrifttum auch von modernen Menschen gelesen und geschätzt wird, zeigen die bis in unsere Zeit weiterlaufenden Neuausgaben seiner Bücher.

In einer großen Tiefe und Weite ist Tersteegen – mitten im konfessionellen Zeitalter – ökumenischer Christ gewesen. Er hat sich nicht einengen lassen durch die eigene Überlieferung, sondern Brücken geschlagen sowohl zu katholischen wie lutherischen Christen, die so dachten und lebten wie er. Ob man ihn als Mystiker bezeichnen will, wird nach wie vor eine Frage der Begriffsbestimmung der Mystik sein. Jedenfalls hat Tersteegen ,,Mystik" im genuin christlichen Sinn verstanden als Begegnungs- und Tiefenerfahrung im Umgang mit Gott. Und sicherlich ist dieser Zug der Persönlichkeit Tersteegens der Ansatz für eine ökumenische Besinnung unserer Tage. So schreibt die Karmelitin Giovanna della Croce (mit Zivilnamen: Gerda von Brockhusen) in Anlehnung an den evangelischen Kirchengeschichtler W. Zeller: ,,Mystische Theologie, die als inwendiges Christentum in Gemeinschaftsbezogenheit gelebt wird, führt überkonfessionell zu jener ethisch-religiösen Disposition des Menschen, die zur Grundlage für eine kommende Weltkirche dient. Denn nur auf dem mystischen Weg wird die Christenheit durch das Wirken des Heiligen Geistes in die Selbstverständlichkeit des einheitlichen Bewußtseins hineingeworfen und vermag noch bestehende Differenzen zu überbrücken. Tersteegens Spiritualität bietet Ausgangspunkte und Grundlagen einer gemeinsamen Gottessuche und Gotteserfahrung, in der sich Gott selbst zum Richtungsgeber einer heilsgeschichtlichen Dynamik macht, die der ,Vielfalt' der Äußerungen das Siegel einer einheitlichen Ordnung aufdrückt."[77]

Wenn auch in diesem Beitrag nur ein Ausschnitt der ,,Theologie" Tersteegens dargestellt werden konnte, freilich ein zentraler, so wird der Pietist aus Mülheim – hoffentlich – auch in der Gegenwart weitere Freunde unter Christen in allen Konfessionen finden, – hoffentlich – in der Geschichte der christlichen Mystik einen bleibenden Platz erhalten und – ebenso hoffentlich – im ökumenischen Gespräch der Christen wegweisend werden.

Guntram Spindler

FRIEDRICH CHRISTOPH OETINGER

(1702–1782)

Am 10. Februar 1982 hat sich der Todestag Friedrich Christoph Oetingers zum zweihundertsten Male gejährt. Die Feiern und Veranstaltungen sowie ein Symposion anläßlich dieses Gedenktages, über das ganze Jahr verteilt, haben in eindrucksvoller Weise das Interesse am Leben und Werk des schwäbischen Theosophen deutlich gemacht. Sie stellten in gewisser Weise den vorläufigen Höhepunkt einer neuerlichen intensiven Beschäftigung mit Oetinger dar, die in den letzten Jahren auch in einer Häufung von Veröffentlichungen ihren Ausdruck gefunden hat. Es haben sich dabei nicht nur neue Erkenntnisse über die große geistes-, wissenschafts- und frömmigkeitsgeschichtliche Bedeutung des württembergischen Prälaten ergeben, vielmehr ist auch gerade die bis zum heutigen Tag sich durchhaltende Lebendigkeit seiner Vorstellungswelt in bestimmten Kreisen der Bevölkerung sowie eine drüber hinausgehende, oftmals überraschende Aktualität seiner Erkenntnisweise und seiner Gedanken für unsere Zeit bestätigt und neu entdeckt worden.

I. Leben

Über das Leben Oetingers wissen wir gut Bescheid. Wir verdanken diese Kenntnis vor allem seiner Selbstbiographie, die er in seinen Sechzigern unter dem für ihn bezeichnenden Titel ,,Genealogie der reellen Gedanken eines Gottesgelehrten" verfaßt hat. Diese Niederschrift seiner Lebensgeschichte, die aber eben vor allem auch die Entstehungsgeschichte seiner Theologie darlegen sollte, jedenfalls so, wie er sie im Rückblick sah, ist von ihm dann immer wieder ergänzt worden. Sie wurde nach seinem Tode auf Grund von Abschriften mehrmals allein oder auch zusammen mit seinem Briefwechsel veröffentlicht.[1]

Friedrich Christoph Oetinger wurde am 6. Mai 1702 als Sohn des Stadt- und Amtsschreibers Johann Christoph Oetinger und seiner Ehefrau Rosina Dorothea in der württembergischen Kleinstadt Göppingen geboren. Vater und Mutter entstammten der bürgerlichen Oberschicht. Oetinger wurde in eine Zeit des Umbruchs hineingeboren, deren Problemstellungen und Lösungsversuche auch noch in unser Zeitalter hineinwirken. Er hat die geschichtliche Periode der Aufklärung, die schließlich zum Zerfall der Einheit und Ganzheit aller Erkenntnis und der Verbindung von Vernunft und Glaube, Natur und Offenbarung führte, selbst durchlebt und durchlitten und seine eigene Lebensarbeit der Auseinandersetzung mit der Philosophie und Theologie seiner Zeit gewidmet.

Schon früh zeigte sich die Begabung und außergewöhnliche religiöse Empfindsamkeit des Kindes. Bereits in ganz jungen Jahren hatte es anläßlich der Vertiefung in ein geistliches Lied das Erlebnis eines mit einer Erleuchtung verbundenen Aufschwungs der Seele in Gott. Daneben hatte es schreckliche Träume von den Gefängnissen der Unseligen nach dem Tode und ihren Qualen. Beides, so schreibt Oetinger im Rückblick, habe eine große Wirkung auf die spätere Bildung seiner Gedanken gehabt.

Entsprechend seiner Herkunft und Begabung wurde für den jungen Oetinger eine akademische Ausbildung ins Auge gefaßt. Er bezog deshalb nach Jahren eines strengen häuslichen Unterrichts mit fünfzehn Jahren die – niedere – herzogliche Klosterschule im württembergischen Blaubeuren. In dieser seiner Blaubeurener Zeit (1717–1720) stand Oetinger besonders unter dem Einfluß seines Lehrers Weißensee. Dieser war seiner Beschreibung nach nicht nur in der Naturgeschichte bewandert und ein „pünktlicher Geometer", sondern vor allem auch ein „tiefer mystischer Theologe". Er vermittelte dem Jüngling „ganz neue Ideen von der Mystik".

In der höheren Klosterschule zu Bebenhausen, die er von 1720–1722 besuchte, kam Oetinger dann in engen Kontakt mit zwei Verfechtern der Philosophie Christian Wolffs, der philosophischen Richtung, die in jenen Jahren ihren Siegeszug begann und dann für Jahrzehnte das Feld behauptete, in die aber auch wesentliche Elemente der Lehren des Leibniz eingegangen waren. Der eine, der spätere Professor Israel Gottlieb Canz, war sein Lehrer; mit dem anderen, dem im nahen Tübingen lehrenden außerordentlichen Professor der Philosophie Georg Bernhard Bilfinger, freundete er sich an.

Vom Jahre 1722–1727 weilte Oetinger im herzoglichen Stipendium zu Tübingen, um Theologie zu studieren. Dort schloß er sich noch enger an seinen Freund Bilfinger an und wurde von diesem mit der Mathematik und besonders mit der Philosophie des Leibniz und Wolff gründlich vertraut gemacht. In den ersten Jahren seines Studiums kam er auch nicht nur erstmals mit der Kabbala, der jüdischen Mystik, in Berührung, sondern er lernte darüber hinaus das Werk des Mannes kennen, der seine Gedanken dann in entscheidender Weise prägen sollte: ein Mann aus dem Volke, der Tübinger Pulvermüller, wies ihn auf Jakob Böhme hin und brachte ihn dazu, diesen zu lesen. Daneben nahm er Verbindung zu Johann Albrecht Bengel auf und ließ sich für dessen Auslegung der Offenbarung des Johannes gewinnen.

1725 wurde Oetinger zum Magister promoviert. Seine sich verstärkenden Zweifel an der Wolffschen Philosophie, die vor allem auch durch seine Bekanntschaft mit Böhmes Werk entstanden waren, veranlaßten ihn nun zu einem intensiven Studium der Bibel, um die „letzten Begriffe" der heiligen Männer und Jesu Christi selbst zu finden, die sowohl die Philosophie als auch die Theologie begründen sollten. Um dieser Erkenntnis der „Grundbegriffe der Apostel" willen hat er sich dann in den folgenden Jahren auch mit den Kirchenvätern und dem rabbinischen Schrifttum beschäftigt, ohne jedoch durch diese Lektüre im Blick auf sein Anliegen wirklich zufriedengestellt zu werden.

Oetinger zögerte die Bewerbung um ein kirchliches Amt in seinem Heimatland hinaus und begab sich nach überstandener schwerer Krankheit auf eine Reise (1729/30). Diese führte ihn nach Frankfurt a. M., Berleburg, Jena, Halle und Herrnhut. In Frankfurt ließ er sich in der Kabbala unterrichten, in Halle versuchte er, nach kurzer Tätigkeit an den Franckeschen Anstalten, an der Universität über die von ihm erstrebte „Heilige Philosophie" gemäß der Heiligen Schrift zu dozieren, gab diesen Versuch aber auf und reiste nach einer Zeit des erneuten Studiums der Kabbala nach Herrnhut weiter. Dort verfaßte er seine erste Schrift mit dem Titel „Aufmunternde Gründe zur Lesung der Schriften Jakob Böhmes", die dann im Jahr 1731 erschien. Dem Drängen des Grafen Zinzendorf, in den Dienst seiner Gemeinschaft zu treten, wich er aus und kehrte nach Tübingen zurück.

Nach einer Zeit der Tätigkeit als Repetent am herzoglichen Stipendium unternahm Oetinger eine zweite Reise (1733–1737). Über Erfurt, in dessen Nähe er mit einem Bauern bekannt wurde, der die Zentralschau besaß, reiste er erneut nach Herrnhut. Dieser zweite Besuch führte zur endgültigen Absage an den Grafen Zinzendorf und seine Gemeinde. Weitere Stationen seiner Reise waren Leipzig, Berlin, wiederum Halle, sodann die Niederlande und schließlich Homburg v. d. Höhe. In Halle hatte er nicht nur Vorlesungen über die „Heilige Philosophie", wie er sie in der Bibel fand, gehalten, sondern auch noch Medizin studiert. In Homburg ergänzte er diese Studien durch praktische Übungen.

Oetinger kehrte dann aber doch in seine Heimat zurück und rang sich nach einer erneuten Tätigkeit als Repetent endlich dazu durch, ein Amt in seiner Landeskirche anzunehmen. Nach längerem Zögern stimmte das Konsistorium seiner Anstellung zu. So übernahm er 1738 in bewußter Bescheidung die kleine Pfarrei Hirsau im Schwarzwald, denn er wollte weiterhin Zeit haben, der Wahrheit nachzuspüren. Im selben Jahr hat er dann nach langem Schwanken auch geheiratet.

Danach hat Oetinger seine engere Heimat nicht mehr verlassen. Er wirkte als Pfarrer und Dekan an verschiedenen Orten Württembergs. Im Jahre 1765 wurde er auf Betreiben seines Landesherrn, Herzog Karl Eugen, der sich seine alchemistischen Kenntnisse zunutze machen wollte, auch noch zum Prälaten von Murrhardt ernannt. In dieser Eigenschaft war er auch Mitglied der „Landschaft", der Ständevertretung. Wegen seines Buches ,,Swedenborgs und anderer irdische und himmlische Philosophie, zur Prüfung des Besten ans Licht gestellt", das 1765 erschien und Swedenborgs Lehren bekanntmachte, wurde Oetinger vom Konsistorium mit einem Veröffentlichungsverbot belegt. Obwohl er dem schwedischen Seher von Anfang an durchaus kritisch gegenüberstand, dessen Lehren aber doch als einen Beitrag zur Wahrheitsfindung angesehen und als solchen geprüft wissen wollte, und obwohl er dann später dessen Vorstellungen zum größten Teil entschieden ablehnte, nahmen die Schwierigkeiten Oetingers mit der Kirchenleitung wegen dieser Sache und wegen neuer Veröffentlichungen in den folgenden Jahren noch zu. So wie er sein schriftliches Werk begonnen hatte, hat er es auch beendet: mit einer Abhandlung über den ,,deutschen Philosophen", dem ,,Versuch einer Auflösung der 177 Fragen aus Jakob Böhme" von 1777. Gegen Ende seines Lebens ist Oetinger immer schweigsamer geworden und mehr und mehr in den Zustand eines Kindes zurückgekehrt. Auf die Vorhaltungen seiner Frau, warum er denn so geworden sei, hat er freilich einmal geantwortet: ,,Ich habe Gott lange genug darum gebeten." Oetinger starb in den frühen Morgenstunden des 10. Februar 1782 und wurde in der Klosterkirche zu Murrhardt beigesetzt.

II. Werk

Oetinger hat in seinem Leben eine große Zahl von Büchern veröffentlicht oder veröffentlichen lassen. Außer den schon erwähnten sind ungefähr 45, zum Teil sehr umfangreiche Schriften von ihm erschienen. Als besonders wichtig für das Verständnis der Gedanken und Absichten Oetingers seien hier noch genannt: ,,Abriß der evangelischen Ordnung zur Wiedergeburt" (1735), ,,Inquisitio in sensum communem et rationem" (Untersuchung über das allgemeine Wahrheitsgefühl und die Vernunft, 1752), ,,Die güldene Zeit" (1759–1761), ,,Die Philosophie der Alten" (1762), ,,Öffentliches Denkmal der Lehrtafel einer weiland württ. Prinzessin Antonia" (1763), die ,,Theologia ex idea vitae deducta" (Aus der Idee des Lebens entwickelte Theologie, 1765), die nicht von ihm selbst herausgegebene, aber von ihm inspirierte Schrift ,,Die Metaphysik in Konnexion mit der Chemie" (1770), der ,,Unterricht vom Hohenpriestertum Christi" (1772) und das ,,Biblische und emblematische Wörterbuch" von 1776.

Ihrem Inhalt nach sind diese Schriften sehr verschiedenartig. Sie beschäftigen sich mit fast allen Wissensgebieten der damaligen Zeit, darunter auch mit solchen, die heute weithin in Vergessenheit geraten sind, wie die Alchemie, die Emblematik, die Kabbala und die Physiognomik. Andererseits behandeln sie auch Bereiche des Wissens, die gerade damals das Interesse auf sich zu ziehen begannen, wie die Elektrizitätslehre und die Pädagogik. Allenthalten finden sich dabei Bezugnahmen auf zum

Teil entlegene Literatur, die auch schon damals schwer erhältlich war. Das Werk Oetingers erscheint deshalb auf den ersten Blick als das eines Vielwissers und Eklektikers, der gewaltige Stoffmassen angehäuft hat, dies dazu noch auf eine meist ganz unsystematische Weise. Außerdem ist schon immer der bildliche, symbolische Grundcharakter der Sprache Oetingers aufgefallen, der vor allem auch in seiner an Böhme, der Kabbala und der Alchemie orientierten Begrifflichkeit begründet ist. Einer eindringenden Beschäftigung mit den Ausführungen des so umfassend Interessierten und Gelehrten macht jedoch deutlich, daß im Grunde alle seine Veröffentlichungen, einschließlich der Predigten, Lieder und Gebete, einem Ziel dienen, das er sich schon frühzeitig gesetzt hatte. Und abgesehen davon, daß er einen eigenen Begriff von „System" hat, wonach „alles in jedem und jedes in allem" zu sein hat[2], zeigt sich bei genauer Betrachtung, daß die meisten seiner Vorstellungen und Aussagen durchaus in einer Verbindung miteinander stehen und durch eine innere Systematik zusammengehalten werden und dementsprechend einander zugeordnet werden können. Auch seine sinnbildlich, oder wie er es selbst nennt, „emblematisch" geprägte Ausdrucksweise hat in den Gegenständen seiner Erkenntnis ihren Grund und ist ihnen angemessen. Obwohl er sich als Kind der Aufklärung, das er ja auch ist, um deutliche „letzte Begriffe" bemüht und z. B. die für ihn so bedeutsamen Lehren Böhmes gern in „deutliche Sätze" bringen möchte, bleiben ihm doch Bilder und „Figuren" die Ausdrucksmittel der Wahrheit, die diesem unvollendeten Zeitalter am meisten entsprechen.

III. Bedeutung

Oetinger sah den Sinn und das Ziel seines Lebens und Werks schon seit seinen Studienjahren vor allem auch durch Wesen und Art der Philosophie seiner Zeit vorgegeben, wie er sie selbst kennengelernt hatte. Schon Leibniz, dann aber besonders Wolff, der mit seinen Schriften auch gerade die „Schulen", d. h. die Universitäten und Gymnasien, beherrschte, wollte mit seinen Lehren nicht nur die Weltwirklichkeit erklären, sondern nicht weniger als ein Gesamtsystem der Wahrheit darbieten, wie es für die menschliche Erkenntnis möglich und notwendig war. Daß eine solche Gesamtdarstellung der Wahrheit erreichbar sei, bei der dann nicht nur die einzelnen Wahrheiten oder Sätze, sondern auch die einzelnen Bereiche der wahren Erkenntnis miteinander verknüpft sein sollten, darüber gab es zumindest für Wolff keinen Zweifel. Hatte er doch schon in seinem ersten rein philosophischen Lehrbuch, den 1713 veröffentlichten „Vernünftigen Gedanken von den Kräften des menschlichen Verstandes und ihrem richtigen Gebrauch in Erkenntnis der Wahrheit", die „Weltweisheit", also die Philosophie, als „eine Wissenschaft aller möglichen Dinge, wie und warum sie möglich sind"[3], bestimmt. In Übereinstimmung damit hat Wolff dann bis zu seinem Tode in deutscher und lateinischer Sprache fast alle Gebiete des damaligen Wissens in Verbindung miteinander dargestellt. Dazu gehörten – entsprechend dem umfassenden Sinn, den der Begriff Philosophie damals bei ihm hatte – die Logik, Ontologie, „Psychologie" und Kosmologie, aber auch die „Physik" oder Naturlehre, die Mathematik samt allen Wissenschaften, in denen die Zahl eine Rolle spielt, die „Physiologie", sodann die Ethik, „Politik", Ökonomik, das Natur- und Völkerrecht und nicht zuletzt die Teleologie und die Theologie, diese freilich nur als „natürliche Theologie", d. h. soweit sie sich aus natürlicher Erkenntnis auf Grund von Verstand und Vernunft ergab. Aber auch Wolffs – wie auch Leibniz' – Verhältnis zur Bibel und damit zur Offenbarung und zum christlichen Glauben war noch positiv, wenn auch bei jenem vornehmlich aus Gründen der Selbstverteidigung. So betonte Wolff immer wieder, daß Vernunft als das natürliche Erkenntnismittel des Philosophen und Heilige Schrift sich nicht widersprechen könnten, und bei der Darstellung der „natürlichen Theologie" sieht er in der Übereinstimmung mit ihr einen entscheidenden Erweis der Wahrheit einer Aussage.[4] Diese Gleichgewichtigkeit von Vernunft und Offenbarung verschob sich aber in der Folgezeit in Philosophie wie Theologie immer mehr zugunsten der Vernunft bzw. dessen, was damals als „vernünftig" galt. Zugleich ist aber mit dieser zunehmenden Bevorzugung der Vernunft als entscheidendem Kriterium für die Wahrheit auch in theologischen Dingen, gerade auch durch den Einfluß der Wolffschen Philosophie, eine – für die Aufklärung typische – fortschreitende Ethisierung, ja Moralisierung des christlichen Glaubens zu beobachten.

Schon verhältnismäßig früh, in der Zeit nach seiner Promotion zum Magister (1725) und unter dem Einfluß seiner Bekanntschaft mit dem Werk Böhmes, begann sich die Einstellung Oetingers gegenüber der zeitgenössischen Philosophie, die für ihn vor allem mit den Namen Leibniz und Wolff verknüpft war, zu wandeln. Er hatte zuerst – wie andere auch – versucht, die Lehren dieser beiden Philosophen mit den Aussagen der Bibel und mit den geoffenbarten Wahrheiten der Theologie zu verbinden und damit diesen ein zeitgemäßes Fundament zu verleihen. Er war aber dabei in immer größere Zweifel geraten, ob dies überhaupt möglich sei, und er war schließlich zu der Überzeugung gelangt, daß die Vorstellungen Wolffs und Leibniz' in ihrem ganz überwiegenden Teil nicht mit der Heiligen Schrift vereinbar seien, sondern zu einer falschen Auslegung und zu einer verkehrten Erfassung ihrer Wahrheit führten. Er selbst schreibt in seiner Selbstbiographie im Blick auf die letzten Jahre seines Studiums:

„Die Wolffsche Philosophie war so tief in mir gewurzelt, daß ich in die größte Bekümmernis kam, ich möchte einen falschen Zusammenhang in die Heilige Schrift hineintragen ... Kurzum ich verwarf die Anwendung der Leibnizschen Philosophie auf die Theologie, wie Canz es lehrte."[5]

Diese Unvereinbarkeit der zeitgenössischen Philosophie mit der Bibel berührte ihn aber deshalb so sehr, weil er selbst in dieser die Quelle aller wahren Erkenntnis und den Maßstab für alle Wahrheit sah, und zwar gerade auch im Blick auf die philosophische, während das für Leibniz und Wolff faktisch nicht mehr galt. Die damit getroffene Entscheidung gegen die vorherrschenden philosophischen Lehrgebäude seiner Zeit war nun aber für Oetingers ganzes Leben höchst folgenreich. Die Auseinandersetzung mit den Vorstellungen jener beiden Philosophen, aber auch mit denen anderer Weltweiser, die in seinen Augen ebenfalls der Bibel widersprachen, wurde zu einem ganz wesentlichen Element seiner Gedankenarbeit und ihres schriftlichen Niederschlags. Sie war aber letztlich apologetisch begründet, nämlich in der Sorge um den Vorrang und die Unversehrtheit der biblischen Aussagen als der unverzichtbaren Quelle aller Wahrheit sowie um die Reinheit und Eigentlichkeit der darauf beruhenden theologischen Grundlehren. Denn von der Anwendung der Philosophie des Leibniz und Wolff und ihrer Methode auf die Theologie sah er zentrale christliche Wahrheiten nach Form und Inhalt bedroht, so vor allem hinsichtlich der Lehren von Gott, von der Schöpfung, von der Erlösung – hier besonders auch den Grundsatz von der wahren Menschheit Jesu Christi – sowie von den Sakramenten und von den letzten Dingen. Oetinger sah aber auch die Aufklärungstheologen verschiedener Färbung wie Semler, Spalding, Sack, Teller und Bahrdt, mit denen er sich in den letzten Jahren seiner öffentlichen Tätigkeit scharf auseinandersetzte, in Abhängigkeit von Leibniz und Wolff. Er stellte bei ihnen eine davon herrührende Neigung zur Abstrahierung von der Eigentlichkeit und Realität, ja der Sinnlichkeit und „Leiblichkeit" der biblischen Aussagen fest, die zu ihrer Entleerung führten und der er sich deshalb entschlossen widersetzte.

Ähnlich wie Wolff war aber auch Oetinger davon überzeugt, daß es möglich sei, ein alle Gebiete umfassendes Gesamtsystem der Wahrheit zu erstellen. Daran hielt er auch nach dem Bruch mit Wolff und Leibniz fest. Auch er wollte das Ganze aller möglichen Erkenntnis erheben und darstellen und damit die Einheit von Philosophie, Theologie und allen Wissenschaften sowohl in theoretischer wie in praktischer Hinsicht bewahren und neu begründen. Dieses Ganze aller Erkenntnis und Wissenschaft konnte für ihn jedoch nur in der Heiligen Schrift zu finden sein, als ihr „System"; und daß diese ein solches Philosophie und Theologie im weiten Sinne umfassendes Gesamtsystem enthalte, daran gab es für ihn keinen Zweifel. Fast sein ganzes Leben lang hat sich Oetinger dann bemüht, dieses Gesamtsystem, das er „philosophia sacra" nannte, zu erschließen und darzustellen. Dabei kam es ihm nun freilich besonders darauf an, den philosophischen „Teil" des Gesamtsystems der Wahrheit und damit des umfassenden „Systems" der Schrift zu erheben, den er als Grundlage aller theologischen Aussagen verstand. So bezieht sich denn auch der Ausdruck „Heilige Philosophie" bei ihm sowohl auf das Ganze der Wahrheit als auch – besonders – auf dessen grundlegenden philosophischen Bereich, der zugleich dem (natur)philosophischen ,,System" der Schrift entspricht. Ähnlich verhält es sich mit den anderen von ihm in diesem Zusammenhang verwendeten Ausdrücken ,,Schriftphilosophie", (wahre) ,,Grundweisheit" und ,,letzte Begriffe der Männer Gottes", d. h. der Propheten, Jesu und der Apostel. Oetinger war überzeugt davon, daß diese solche letzte Begriffe gehabt hätten, Grundbegriffe, auf denen sich ein ganzes ,,System" der Wahrheit aufbaute, und daß es zwar schwierig, aber doch möglich und notwendig sei, diese aufzufinden und miteinander in Zusammenhang zu bringen, obwohl nicht wenige von ihnen auf den ersten Blick nicht zu erkennen seien. Zwar würden sich diese letzten Begriffe wie das darauf beruhende philosophische ,,System" und das Gesamtsystem der Schrift erst in der ,,güldenen Zeit", dem Tausendjährigen Reich, wieder ganz offenbaren, aber bis dahin gelte es, sie so weit und so gut wie möglich zu erarbeiten. Und eben dieser Aufgabe wollte sich Oetinger mit all seiner Kraft widmen.

Bei dieser Fassung des Systems aller Wahrheit stützte sich Oetinger aber nicht allein auf die Bibel, auch wenn diese für ihn die maßgebliche Quelle dafür blieb. Er stellte vielmehr neben diese das ,,Buch der Natur", die ,,Werke Gottes" in Gestalt der Schöpfung. Es tritt in vielen Bereichen als zweite Quelle der wahren Erkenntnis ergänzend, bestätigend und verstärkend hinzu. Von dieser Voraussetzung her kam es für ihn nun darauf an, auch mit natürlichen Erkenntnismitteln zumindest ein eigenes philosphisches Gedankengebäude zu errichten, das nicht nur selbst das wahre war, sondern als solches mit demjenigen der Schrift übereinstimmte und dieses so – mit Hilfe der zweiten, natürlichen Erkenntnisquelle – bestätigte. Das hat er dann auch mit großem Eifer getan. Er hat dabei aber immer Ausschau gehalten nach Gedanken und Vorstellungen anderer Gelehrter und auch ,,Ungelehrter", die ihm beim Aufbau der wahren Philosophie nützlich sein konnten. Zugleich suchte er damit aber auch solche Lehren, die ihm bei der Erschließung und Verdeutlichung des philosophischen, und dann auch des Gesamtsystems der Schrift helfen sollten. Er fand diese Hilfe bei vielen, vor allem aber bei Böhme und Newton, bei den Kabbalisten und den Alchemisten, bei Hippokrates und anderen Philosophen des Altertums, bei Francis Bacon, der Physikotheologie, den Mystikern, bei Bengel, dem Kirchenvater Irenäus und bei dem französischen Jesuiten Guillaume Postel. Vor allem in Böhme, verbunden mit Newton, sah Oetinger, trotz mancher Klagen über dessen dunkle ,,Schreibart", den besten Interpreten des ,,Systems" der Heiligen Schrift. Da nun aber die Aussagen des Leibniz und Wolff für Oetinger in den meisten Stücken dem philosophischen ,,System" der Schrift einschließlich der Lehre von Gott, vom Menschen und der Seele widersprachen und damit auch die darauf beruhenden theologischen Wahrheiten verfälschten und zerstörten, so konnten sie auch für sich selbst betrachtet keine wahren Erkenntnisse darstellen, zumal sie auch mit dem nicht übereinstimmten, was er selbst mit den bzw. seinen Mitteln der Erkenntnis unter teilweisem Beistand anderer erfaßt hatte. Dadurch sah sich aber Oetinger veranlaßt, schon diese Mittel und dann auch die Methode sowie die Quellen der Erkenntnis seiner Gegner in Frage zu stellen.

Gegenüber dem Intellektualismus und Rationalismus Wolffs, der unter dem Einfluß des Leibniz den Verstand und die Vernunft als die wesentlichen Mittel zur Erlangung wahrer Erkenntnis ansah, brachte Oetinger die seelische Grundkraft des Fühlens ins Spiel. Besonders in seinen frühen Schriften, denen der dreißiger Jahre, beschäftigte er sich intensiv mit der Fassung eines letztlich auf Gefühl beruhenden Erkenntnisvermögens, das er dem logischen, auf diskursiv-sukzessive Weise vorgehenden Denken als Mittel der Wahrheitserfassung bei Leibniz und Wolff entgegenstellte.[6] Während dieses nach deren Ansicht mit Hilfe deutlicher Begriffe, richtiger Urteile und förmlicher Schlüsse unter stetiger Verknüpfung der Sätze die Wahrheit in zureichender, ja vollständiger Weise erfaßt, gesteht Oetinger dieser Erkenntnisart nur eine „stückweise" und damit unvollkommene Wahrheitsfindung zu. Demgegenüber verleiht die Zentralschau, das von ihm bevorzugte Erkenntnisvermögen, welches er unter Aufnahme von Vorstellungen Böhmes, Johann Baptist van Helmonts, der Mystikerin Marie de Sainte Thérèse und wohl auch Ruusbroecs versteht, als mystische Schau vollkommene Erfassung der Wahrheit. Sie ist wahre Erkenntnis des Marks, des Wesens der Dinge und der „Ordnung ihrer Geburt", des „Innersten der Natur", der Kräfte des Lebens, ja ihrer Verbindung mit dem Leben Gottes, und entspricht als unmittelbar-ganzheitliche, gleichzeitige Durchsicht dem – verlorengegangenen – „Verstand" Adams vor dem Fall. Weil sie von Oetinger ihrem Wesen nach als eine vollständige Verwandlung des erkennenden Subjekts in das erkannte Objekt beschrieben wird, ist sie letztlich eine Verschmelzung des Erkennenden mit dem Erkannten und kann deshalb von ihm mit der „unio mystica" als letzter Stufe der Wiedergeburt verbunden werden. Aber auch gerade bei der Interpretation der Zentralerkenntnis durch den dogmatischen Begriff der „mystischen Vereinigung" der Gläubigen mit Gott bzw. Christus – immer bleibt für Oetinger das kognitive Element von entscheidender Bedeutung. Obwohl die Zentralschau als „das letzte Ziel des Neuen Testaments" und als „Sensorium der Wiedergeburt" dem Grundsatz nach für alle wahren Christen erreichbar ist, wird es tatsächlich aber doch nur wenigen in dieser Welt geschenkt. Oetinger selbst blieb diese vollkommene Erkenntnisweise sein Leben lang verwehrt. Er hat freilich mit zunehmendem Alter eine distanziertere Haltung ihr gegenüber eingenommen. Zugleich hat er aber bis zuletzt viele seiner Ansicht nach durch Zentralerkenntnis erlangte Vorstellungen Böhmes und der jüdischen Mystik für sein eigenes „System" und somit für das der Schrift verwendet und ihnen entscheidende Bedeutung zuerkannt.

Seit den vierziger Jahren tritt bei Oetingers Erwägungen über die rechten Mittel der Erkenntnis dann ein anderer Begriff in den Vordergrund. Der ,,sensus communis", das ,,allgemeine Wahrheitsgefühl" als Vorstufe der Zentralschau, basiert zwar wiederum auf dem Grundvermögen des Fühlens, ist aber ,,erkennendes" Gefühl, d. h. in ihm sind Fühlen und Denken ,,ineinander". Es ist nicht nur aller Vernunfterkenntnis voraus und vermittelt nicht nur ,,deutliche" Erkenntnis auf allen Gebieten, sogar anfangsweise im Bereich der Theologie, sondern es erschließt auch im besonderen das Leben, und zwar sowohl das ,,gemeine", alltägliche Leben und seine Regeln als auch das Leben der Natur und seine Prinzipien. Es vermag nach Oetingers Ansicht gerade dies zu tun, ganz im Gegensatz zu Verstand und Vernunft, die nur eine abstrakte, mathematisierende und damit quantifizierende Erfassung der Weltwirklichkeit zulassen. Da der ,,sensus communis" aber daneben auch als Inbegriff des auf einfacher Erfahrung beruhenden Tatsachenwissens erscheint, verfließt er zuweilen mit der Sinnesempfindung und der darauf beruhenden Erfahrung. Gerade gegenüber Leibniz, aber auch gegenüber Wolff betont Oetinger immer wieder die Bedeutung der Sinne und der Erfahrung für die ,,Physik", jedoch auch für die Metaphysik, für die Erfassung der lebendigen Weltwirklichkeit, ihrer Kräfte und Prinzipien. Er stellt deshalb der deduktiven Erkenntnisweise des Leibniz wie der mathematischen, demonstrierenden Methode, deren Regeln Wolff auch auf Erkenntnis und Lehre in der Philosophie angewandt wissen wollte, die aber nach Oetingers Meinung zu einer auf abstrakten Ideen und bloßen Definitionen beruhenden, ,,künstlichen", mechanistischen Betrachtung der Welt führt, seine eigene, die ,,phänomenologische Denkungsart", entgegen, die ,,aus unzählig vielen einfachen und allen Menschen möglichen Erfahrungen in allgemeine Sätze aufsteigt". Dies ist nun aber auch bei Oetinger nicht ohne Hilfe des Verstandes und der Vernunft möglich. Da er aber nicht ohne durch Zentralschau erlangte Erkenntnisse auskommt, die er von anderen oder von der Schrift selbst übernimmt, so gewinnt er den philosophischen Teil seines ,,Systems", ähnlich wie Böhme, in einem beträchtlichen Maße durch die Verbindung von Empirie und Mystik.

Daneben hat Oetinger aber auch noch eine andere Weise der Erkenntnis entwickelt, die zwar ebenfalls die Natur und ihre Kräfte zum Gegenstand hat, aber auch noch darüber hinausgeht. Da für ihn die lebendige Weltwirklichkeit und ihre ,,Bestandteile" Spiegel, Abdruck und Ausdruck der Offenbarung Gottes sind, so beziehen sie sich gleichsam notwendigerweise auf die unsichtbare göttliche Welt, auf ihre ,,Gestalten" und Geschehnisse, aber auch auf die darin begründeten Prinzipien und Kräfte der lebendigen Natur. Die Dinge sind demnach nicht nur in sich selbst von Bedeutung, sondern sie sind durch eine Art von Analogie des Seins Embleme, Sinnbilder der Offenbarung Gottes in Natur und Geschichte und der unsichtbaren Welt als dem Urbild der sichtbaren. Als solche aber sind sie Gegenstand einer „emblematischen Theologie", um die sich Oetinger bemüht hat. Doch darüber hinaus weisen die als Emblem verstandene Welt und ihre Geschöpfe, Verhältnisse und Ereignisse auch noch auf die ganze Heilsgeschichte hin. Oetinger verarbeitet bei seiner Fassung der „emblematischen Theologie", die letztlich einen mystischen Charakter hat, vor allem auch Böhmes Signaturenlehre, bestimmte Elemente von Swedenborgs „Wissenschaft von den Entsprechungen" sowie einige Aspekte der klassischen Emblematik. Da aber die natürlichen Dinge oft wiederum als „Begriffe" in der Bibel vorkommen, so sind auch diese zumindest teilweise als Embleme zu verstehen, die ebenfalls die unsichtbare Welt Gottes, ihre Einwirkung auf die sichtbare samt ihrer Geschichte sowie auf die damit verbundene Heilsgeschichte abbilden. Dies ist umso mehr möglich, als ja für Oetinger eine wechselseitige Beziehung zwischen Natur und Schrift besteht. Obwohl er also unter dem Einfluß Bengels gerade auch gegenüber der zeitgenössischen Philosophie und Theologie immer wieder betont, daß die Worte der Bibel eigentlich und wirklich, ja in ihrer Fülle, Massivität und „Leiblichkeit" zu nehmen seien, gesteht er doch ebenfalls dem sinnbildlichen Verständnis mancher Ausdrücke und Aussagen Berechtigung und Wert zu. Denn „sinnbildliche Reden gehen mit sinnlichen Worten auf den wesentlichen, physischen Grund ..."[7] Bei der tatsächlichen Erhebung des wahren Gesamtsystems der Heiligen Schrift, das ja für Oetinger zu einem nicht geringen Teil verborgen in ihr liegt, erfolgt bei ihm dann aber häufig eine mystisch-spekulative Deutung der biblischen Aussagen, wie sie ähnlich in der Kabbala und bei Böhme zu beobachten ist. Dadurch erhalten nicht selten sonst eher weniger beachtete Bibelstellen eine besondere Bedeutung.

Seiner äußeren Gestalt nach ist nun aber dieses Ganze der Wahrheit, diese Einheit von Philosophie, Theologie und aller Wissenschaft nach Theorie und Praxis, wie es von Oetinger als „Heilige Philosophie" aus Natur und Schrift erhoben wird, eine Zuordnung und Verbindung der Lehre von Gott, vom Seienden und seinen Kategorien in Form von Potenzen, vom Wesen und Werden der Welt und ihren Prinzipien, von den Vorgängen in der Natur und ihren Kräften, vom Menschen, seiner Bestimmung und seinem Fall, von seinem Leib und seiner Seele, von Christus, der Erlösung, der Wiedergeburt, vom rechten Leben des einzelnen und der Gesellschaft, vom Recht, von der Kirche und ihren Gnadenmitteln und von den letzten Dingen bis hin zur „Wiederbringung aller Dinge". Auch an dieser formalen Ordnung seines „Systems" zeigt sich wieder der Einfluß des Vorbildes Böhme, der mit seinem Gesamtwerk einer ähnlichen Linie folgt.

Da nun aber Oetinger gleichsam von Gott her denkt und sich auch gerade darin als Theosoph erweist, sieht er wie jener in dem Prozeß der Selbstoffenbarung Gottes den – inneren – Ausgangspunkt und die Grundlage dieses Gesamtsystems.[8] Dieser entfaltet sich in Stufen von dem zeitlosen Geschehen in Gott selbst und in der Trinität über die Entstehung der unsichtbaren Welt bis zur Schaffung der sichtbaren, in der die Natur, die vorher als ,,ewige" wirkte und weiter wirkt, gleichsam geschichtlich wird, indem ihr sowohl ein Anfang als auch ein Ende bzw. ein Ziel gesetzt wird. Die Welt ist damit kein notwendiger Ausfluß Gottes – Oetinger bekämpft die Gleichsetzung von Gott und Natur genauso entschieden wie Gottes völlige Trennung von ihr –, vielmehr sind sie selbst, ihre Erscheinungen und Vorgänge und damit ihr Leben und seine Kräfte in ,,Gestalten", Potenzen als ,,Seinskategorien" gegründet, die er mit den sieben ,,Qualitäten" Böhmes, den Sefiroth der Kabbala, der ,,übermechanischen" Zentripetal-, der Zentrifugalkraft und der Zirkularbewegung Newtons, den sieben in der Apokalypse 4,5 erwähnten ,,Geistern" und anderen Vorstellungen identifiziert. Außerdem hat ja die Schöpfung als Akt der Freiheit, Güte und Liebe Gottes einen Anfang in Raum und Zeit, wobei – der präexistente – Christus, der mit der ,,Weisheit" und dem ,,Wort" gleichgesetzt wird, als ihr ,,Baumeister" anzusehen ist. Auf der anderen Seite sind auch jene Potenzen nicht ohne Verbindung mit Gott, denn sie machen letztlich als ein ,,unauflösliches Band" sein Leben aus. Sie sind damit aber der ,,Grund aller Dinge" und die ,,Wurzel alles Lebens". So hat Oetinger immer wieder zugleich von der Nähe Gottes zu seiner Schöpfung wie von seinem unendlichen Unterschiedensein von ihr zu reden. Auf Grund dieser Nähe zur Natur als den ,,Werken Gottes" kann man aber mit Hilfe der darin wirkenden ,,Weisheit" Gott, seine Kraft und seine Eigenschaften nicht nur ,,fühlen", sondern mittels der als Embleme verstandenen natürlichen Dinge auch ,,erkennen".

In die Natur und ihre ,,Geschichte" ist dann aber die Weltgeschichte integriert, die mit der von Oetinger als historisches Faktum verstandenen Erschaffung des Menschen beginnt, der ja bis zu einem gewissen Grade auch ,,Teil" der Natur ist; sie hat auch die Folgen seines Falles bis heute und darüber hinaus zum Inhalt. Aber auch diese Geschichte der Menschheit bleibt ,,Träger" der Offenbarung Gottes. In diese Geschichte ist dann wiederum die Heilsgeschichte eingebettet, die zwar mit den Vätern Israels beginnt und mit der Geburt Jesu Christi in die entscheidende Phase eintritt, an sich aber ebenfalls im Ewigen, in einem ,,Vorsatz" Gottes, gegründet ist. Das Heilswerk Christi, der ja auch schon ,,Baumeister" der Schöpfung war, geschieht nun aber nicht nur am Menschen, sondern mit ihm an der ganzen Natur und zugleich auf der Grundlage des Natürlichen. Das Ende und Ziel der Geschichte ist dann die von Christus bewirkte und geschenkte neue Leiblichkeit als Geistleiblichkeit, die sowohl dem erlösten Menschen wie auch der ganzen Natur in Gestalt des neuen Himmels und der neuen Erde zuteil wird.

Bei seinem Bemühen, die Einheit von göttlicher ,,Naturgeschichte", von Menschheitsgeschichte und Heilsgeschichte auch gerade als Ausdruck der Selbstoffenbarung Gottes zu erhalten und darzustellen, stützt sich Oetinger nun aber in besonderer Weise auf die „Idee des Lebens", die dann wiederum oft mit den Begriffen der Herrlichkeit und – geistlichen – Leiblichkeit verbunden wird. Dadurch erhält der Ausdruck „Leben" aber eine gewisse Mehrdeutigkeit. Er bezieht sich einmal auf das Leben Gottes, das im Gegensatz zu dem der Natur „unauflöslich" ist, aber zugleich den „Grund" des Lebens der Welt bildet und dieses letztlich unterhält. Weiter meint er damit das „gemeine", d. h. das alltägliche, praktische Leben, in dem sich der Mensch vorfindet und in dem er sich als einzelner und in der Gesellschaft mit anderen zu bewähren hat. Neben diesen beiden mehr philosophisch geprägten Begriffen des Lebens, aber in gleichsam organischer Verbindung damit, steht dann die theologische Lebensidee in Gestalt des durch Christus mitteilbaren wahren, ewigen Lebens. Das hauptsächliche Werk des Hohenpriesters Christus besteht darin, das geistliche, auf Gott ausgerichtete Leben, das vor dem Sündenfall als der Möglichkeit nach abtrennbares mit dem natürlichen verbunden war und durch den Fall dann tatsächlich verloren ging, wieder mit dem natürlichen zu vereinigen. Dieses geistliche Leben wird dem glaubenden und wiedergeborenen Menschen – vor allem durch das Abendmahl – als ewiges, unauflösliches und damit als göttliches Leben neu mitgeteilt. Dieser neuen, unzerstörbaren Lebenskraft wird in der Folge der in diesem Leben schon beginnenden Wiederherstellung des Menschen dann aber schließlich auch die gesamte Schöpfung teilhaftig.

IV. Wirkung

Oetinger hat zu seinen Lebzeiten von der wissenschaftlichen Welt seiner Zeit wenig Zustimmung erfahren und hat selbst nur wenige unmittelbare Schüler gehabt. Dagegen hat er vor allem nach seinem Tod mit seinen Schriften einen breiten Einfluß ausgeübt. Dieser ist im wesentlichen auf zwei Feldern erfolgt. Einmal im Bereich des mehr Erbaulichen, wobei besonders seine Predigten, Gebete, Lieder und Gedichte, aber auch manche seiner leichter verständlichen Schriften eine Rolle gespielt haben. Sie sind bis heute immer wieder nachgedruckt worden und werden vor allem in pietistischen Kreisen immer noch gelesen. Man sieht dort in Oetinger besonders den entschiedenen Biblizisten, der den vollen Wortsinn der Schrift und die Realität der biblischen Aussagen, gerade auch im Blick auf das Heilsgeschehen, festgehalten und verteidigt hat und so zu einem der Väter des Pietismus geworden ist. Auf der anderen Seite hat Oetinger auch mit Vorstellungen und Gedanken seiner Hauptschriften und damit seines Gesamtsystems, das sich aber auch in seinen Predigten widerspiegelt, bis heute immer wieder in vielfältiger Weise auf Philosophen, Theologen, Theosophen und Dichter eingewirkt. Dieser Einfluß erstreckt sich von den Spätrosenkreuzern, Lavater, Herder, Goethe über den württembergischen Theosophen Michael Hahn, dessen Anhänger heute noch eine verhältnismäßig große Gemeinschaft bilden, Schiller, Hölderlin, Schelling, Hegel, v. Baader, Kerner, Mörike, die Theologen R. Rothe, J. T. Beck, K. Heim und andere bis zu Hermann Hesse.[9]

Der genaue Verlauf und Umfang dieses häufig untergründig vonstatten gegangenen Einflusses ist allerdings erst anfangsweise erforscht.

Eine ebenso interessante Frage wie die nach der geistesgeschichtlichen Wirkung Oetingers ist aber wohl diejenige nach seiner Bedeutung für die heutigen geistig-religiösen Fragen und Lösungsversuche, und hier besonders für Theorie und Praxis des christlichen Glaubens in einem umfassenden Sinn, der er doch ohne Zweifel mit seinem Gesamtwerk dienen wollte. Wenig Zweifel kann wohl auch daran bestehen, daß er oft weniger mit seinen tatsächlichen Ausführungen als mit seinen Intentionen Vorbild für die Gegenwart sein kann.

So ist an Oetingers Streben nach Erfassung des Ganzen der Wahrheit ganz allgemein, besonders aber auch im Blick auf die Theologie und ihr Verhältnis zu den anderen Erkenntnisbereichen, zumindest im Versuch und mit Hilfe der Erkenntnismittel unserer Zeit festzuhalten. Nun wird aber Wahrheit, gerade auch im Bereich des Glaubens, nicht allein durch Denken erlangt, sondern auch durch Intuition, geistiges Gefühl, intellektuelle Anschauung, die das Wesen und das Wesentliche erfaßt. Gegenüber der Auffassung, daß Wahrheit allein in begrifflicher Fixierung und durch logisch richtige Sätze zum Ausdruck kommt, muß darauf verwiesen werden, wie notwendig und hilfreich daneben eine Wirklichkeitsdeutung und Wahrheitsfindung auf Grund und mit Hilfe von Symbolen ist – gerade auch auf religiösem Gebiet. Die Vertiefung ins Sinnbild erschließt und bekräftigt Wahrheit. Dies ist aber von Oetinger her möglich, weil zwar Gott von der Welt ganz unterschieden ist, zugleich aber die Schöpfung und ihre Geschichte als „Mittel" seiner Offenbarung auf ihn und seine Welt hinweist und das Heil sich in jener und in Verbindung mit ihr verwirklicht. Wenn aber das Heilsgeschehen und die ganze religiöse Wirklichkeit nur auf die Beziehung zwischen Gott und den Menschen beschränkt wird, so bedeutet dies eine unbiblische und verhängnisvolle Einengung, die zu einer Abstrahierung der Glaubensinhalte und zu einer Moralisierung des Glaubens selbst führt. Es gilt vielmehr mit der Schrift die kosmische Bedeutung des Erlösers und seines Werks und zugleich die Ganzheit, Realität und Konkretheit der Erlösung und ihrer Frucht zu wahren.

Oetinger, der sich damals schon mit der Rationalisierung und Moralisierung des christlichen Glaubens konfrontiert sah, versuchte diesem Anliegen eben dadurch gerecht zu werden, daß er einmal von Gott nicht ohne dessen Beziehung zur Natur reden mochte, zum anderen aber Christus sowohl als Mittler der Schöpfung als auch als Erlöser der ganzen Natur verstand. Zugleich geschieht aber die Erlösung bei ihm zusammen mit der Natur bzw. dem Natürlichen, nämlich mit ihr als Grundlage und auf naturhafte, leibliche und damit reale Weise. Ziel der

Erlösung ist dann freilich letztlich nicht die Erhaltung und Bestätigung des Natürlichen, Körperlichen, sondern seine Heilung und Vollendung durch Verwandlung und Erhöhung zur Geistleiblichkeit als dem „Ende der Werke Gottes" – im Blick auf den Menschen wie auf die gesamte Schöpfung. Damit ist dann aber das Ganze der Wahrheit, wie es ursprünglich in Gott verborgen war, in – geistlicher – Leiblichkeit und damit in Vollkommenheit offenbar geworden. Da nun aber nach Oetinger die Welt, die Natur nicht ohne Gott, nicht von ihm verlassen ist, sondern sich als Spiegel, ja Ausdruck seiner Offenbarung darbietet, und weil sie zugleich in ihrer Gesamtheit Gegenstand und „Träger" der Schaffung und Erlösung durch Christus ist, so hat sie damit eine unverlierbare Würde und einen Wert, der weit über ihre Einschätzung als bloßes nützliches Material hinausgeht. Deshalb ist Ehrfurcht und Achtung die angemessene Weise der Begegnung mit ihr und dem Menschen in ihr, und diese Einstellung ist es dann auch, die in die wesentliche Wahrheit über sie führt.

Thomas Špidlik

THEOPHAN DER REKLUSE
(1815–1894)

I. Leben

,,Durch seine Neigung zur Einsamkeit und seinen Arbeitseifer sticht er unter den anderen Zöglingen hervor ... Im Umgang mit seinen Kameraden ist er ein Seelsorger und ein Vorbild an Eifer und Wohlerzogenheit".[1] So charakterisieren die Professoren des Priesterseminars von Orjol (Orel) in ihren Jahresberichten den jungen Georg Goworrow. Am 10. Januar 1815 ist er als Sohn des Priesters Wassilij Goworrow, eines gebildeten Geistlichen aus Tchernawsk (Provinz Orjol), geboren worden. Mit zwölf Jahren schon wurde er Seminarist in Orjol. Aus dieser Zeit in Orjol ist ein wichtiges Ereignis zu berichten: eine Wallfahrt zum Grab des heiligen Tichons von Zadonsk. Dieser Bischof, Einsiedler, Schriftsteller und Starez[2] wurde für Georg das geistliche Vorbild.

Aufgrund seines ausgezeichneten Studiums schickte man den jungen Goworrow an die geistliche Akademie von Kiew. Dort war Innokentij Borisow (gestorben 1857) Rektor, der später als Prediger und Erzbischof berühmt wurde. Auf Georg aber übte eher der Rhetorikprofessor Jakob Amfiteatrow einen großen Einfluß aus; denn Georg hielt in seinem ganzen Leben an der Überzeugung fest, daß man auch dem einfachsten Menschen die tiefen christlichen Wahrheiten erklären könne. Auch die Kiewer Akademie stellt ihm ein gutes Zeugnis aus. Er wird von seinen Oberen beschrieben als ein ,,sehr bescheidener Mensch, ehrlich, gesittet, zuverlässig, voll Freude am Gottesdienst, ein Beispiel für die anderen"[3].

Diese seine Vorgesetzten waren im damaligen Rußland wichtige Persönlichkeiten und hatten große Pläne mit dem jungen Studenten. Dessen Absicht, Mönch zu werden, widersprach diesen Plänen keinesfalls; denn die Mönche spielten in der russischen Kirche von damals eine wichtige Rolle. Am 1. Oktober 1840 (dem Fest der schützenden und bittenden Gottesmutter, der sogenannten Prokow) schrieb Georg ein offizielles Gesuch an seine Vorgesetzten:

> ,,Ich verspüre in mir den Drang, mich in der Einsamkeit dem Theologiestudium zu widmen; um aber im künftigen Kirchendienst beides vereinen zu können, bitte ich, die Mönchsgelübde ablegen zu dürfen."[4]

Am 15. Februar 1841 empfing er die Mönchskutte und trug von nun an den Namen Theophan; mit ihm zusammen legte auch der spätere Metropolit von Moskau, Makarij Bulgakow, die Gelübde ab.

Bald nach seiner Einkleidung besuchte Georg im Kiewer Höhlenkloster den Starzen Parthenij. Dieser sagte der Besuchergruppe: „Ihr gelehrten Mönche, ihr habt euch der Klosterregel unterworfen; vergeßt aber nicht, daß eines notwendiger ist als alles andere: das Beten; und zwar ein inständiges Gebet, das aus dem Geist, der im Herzen wohnt, zu Gott steigt. Daran haltet fest."[5]

Das Wort „gelehrte Mönche", zu denen also Theophan gerechnet wurde, hatte bei den frommen Asketen nicht den allerbesten Klang. Doch für die kirchliche Behörde war es eine Empfehlung. Noch im selben Jahr, vor Beendigung seiner Studien, wird Theophan zum Priester geweiht.

Nun geht es schnell weiter. Theophan schreibt eine Magisterarbeit mit dem Titel „Überblick über die Religion des Alten Testaments". Er wird zum Rektor der konfessionellen Sophiaschule in Kiew ernannt; 1842 ist er Inspektor am Nowgoroder Seminar und lehrt dort Psychologie und Logik; drei Jahre danach doziert er an der geistlichen Akademie von Petersburg Moral und Pastoraltheologie. Doch an Bischof Jeremias schreibt er:

„Ich fange an, über alle Maßen an meiner Gelehrtentätigkeit zu leiden. Ich möchte in eine Kirche gehen und mich dort einfach hinsetzen."[6]

1847 konnte er dem Gelehrtendasein entrinnen. Er bekam die Erlaubnis, als Mitglied einer geistlichen Mission in Jerusalem den christlichen Osten zu erforschen. Während dieser schönen Zeit konnte er alte Klöster besuchen und die Schriften der Kirchenväter studieren. Doch diese glücklichen sieben Jahre waren schnell vorüber. Auf der Rückreise nach Rußland sammelte Georg einige ökumenische Erfahrungen. Die russische Delegation wurde in Rom vom Papst empfangen, der sich über den Zaren Nikolaus beklagte, weil dieser die Rechte der Kirche nicht achte; in Deutschland besuchte Georg auch protestantische Kirchenmänner, in Ägypten den koptischen Patriarchen[7].

Doch sofort nach der Rückkehr beginnt der volle Einsatz. Georg wird Rektor des Seminars zu Olonez, dann Oberer einer Gesandtschaft nach Konstantinopel; 1857 ernennt man ihn zum Rektor der geistlichen Akademie in Petersburg. Er richtet das fünfzigjährige Jubiläum dieser Akademie aus und erhält dafür nicht nur den „Orden dritter Klasse des heiligen Wladimir", sondern wird auch zum Bischof von Tambow und Schazk ernannt. In seiner Einführungsrede enthüllt er sein Innerstes: Er vergleicht sich mit einer Kugel, die ohne Geräusch bald hierhin, bald dorthin rollt, so wie man sie hin und her schiebt. So soll es sein. In Gehorsam soll der Mensch den Befehlen Gottes folgen. Aber ist Gott nicht auch im Herzen vernehmbar? „Ich verhehle nicht", meint damals Bischof Theophan, „daß es mein Herzenswunsch ist, dorthin zu gelangen, wo ich frei nach meiner inneren Sehnsucht leben kann."[8] Wie lange wird der Zwiespalt zwischen den äußeren Befehlen und der Stimme des Herzens noch klaffen?

Anfangs war die Lage eindeutig: Die Verwaltung der Diözese forderte alle Kräfte des Bischofs. Was er zu tun hatte, war keineswegs immer beglückend; am liebsten und mit Begeisterung aber predigte er. Man begann, seine Reden zu veröffentlichen. Doch sein Herz stand nicht nach der Verantwortung für so vieles; die Sorgen bedrückten ihn. Damals wurde Bischof Tichon heiliggesprochen, sein Vorbild seit der Seminaristenzeit. Hatte nicht auch Bischof Tichon die Arbeit in der Verwaltung der Diözese aufgegeben, um in der Einsamkeit zu leben? Doch diese Gedanken verflogen schnell, denn 1863 mußte Theophan ein noch wichtigeres und schwereres Amt übernehmen: die Leitung der großen Eparchie von Wladimir.

Gehorsam folgte er dem Ruf seiner Vorgesetzten. Aber diesmal fühlte er einen noch stärkeren inneren Widerstand. War er nicht ein Mönch, und hatte er nicht nach zwanzig Jahren Dienst in der Kirche das Recht, endlich auch als Mönch zu leben? Er war auch nicht mehr so gesund wie früher, und das Bistum von Wladimir war schwierig. Doch Bischof Ignatij Brjantschaninow[9] machte ihm Mut: „Wenn Gottes Vorsehung Sie in die Welt geschickt hat, sollten Sie diese nicht ohne einen neuen Ruf Gottes verlassen."[10] Doch selbst die Stimme dieses berühmten Schriftstellers verhallte schnell. 1866 richtete Theophan an den Heiligen Synod ein Gesuch mit der Bitte um Entlassung. Er wünschte, ins Kloster Wyschen übersiedeln zu dürfen. Diesmal wurde sein Antrag genehmigt. Bischof Theophan zog sich in die entlegene Einsiedelei zurück, die er bei einer früheren Visitation lieben gelernt hatte.

In seiner Abschiedsrede heißt es:

> „Ich gehe nicht in die Einsamkeit, um mich körperlich zu erholen, sondern um die Alltagssorgen hinter mir zu lassen; ich möchte mich ganz dem hingeben, was mein Herz wünscht."[11]

Und was war das? Vor allem das Ziel aller Mönche: die Rettung der Seele. Doch Theophan ergänzte dies durch ein anderes Motiv aus der Mönchsspiritualität: „Weiterhin möchte ich der Kirche Gottes dienen, allerdings auf eine andere Weise."[12]

Während der ersten sechs Jahre besuchte Theophan noch den gemeinsamen Gottesdienst im Kloster. Doch ab 1872 lebte er in völliger Abgeschiedenheit. Er sprach nur noch mit dem Abt des Klosters, mit seinem Beichtvater Tichon und mit Vater Eulampij, der ihm in der Zelle diente.

> „Ich möchte am liebsten alle Fenster und Türen schließen, um nicht mehr zu hören und zu sehen, was draußen geschieht."[13]

In der Zelle selbst errichtete er sich eine kleine Kapelle zu Ehren der Erscheinung des Herrn. Zu Beginn zelebrierte er die göttliche Liturgie an Sonn- und Feiertagen, während der letzten elf Jahre aber täglich.

Über die etwa zwölf Jahre in der abgeschiedenen Zelle wird wenig berichtet. Theophan soll ganze Tage und Nächte im Gebet verbracht haben und ob seiner Armseligkeit über Stunden hin geweint haben. Die liturgischen Gebete las und sang er manchmal laut. Seine körperliche Beschäftigung bestand in Schlosser-, Drechsler- und Buchbinder-Arbeiten. Er malte auch Ikonen. Doch in der freien Zeit verfaßte er Bücher und schrieb Briefe an die Menschen, die sich mit ihren Problemen an ihn wandten.

In den letzten Jahren wurden seine Augen immer schwächer; auf einem Auge wurde er blind.

„Sterben", so schrieb er, „ist nichts Besonderes. Aber Gott gebe, daß man im Herrn stirbt, auf daß man stets bei Gott ist."[14]

Am 6. Januar 1894 starb er. Diejenigen, die seine Beerdigung vorbereiteten, sahen, daß „sich auf seinem Gesicht ein Lächeln abbildete".

Die Grabrede hielt S. I. Nikolskij von der geistlichen Akademie in Moskau nach dem Schriftwort: „Wozu seid ihr hinausgegangen in die Wüste?" (Mt 11,7) Auf dem Grabstein sind drei Titel seiner Bücher eingemeißelt: die *Philokalia,* die *Kommentare zu den Briefen des Apostels Paulus,* die *Auslegung der christlichen Sittenlehre.*

II. Werk

Theophan war ein unermüdlicher Arbeiter. Seine Bibliographie umfaßt 466 Titel. Die meisten seiner Bücher waren beliebt und wurden oftmals aufgelegt. Was darunter wichtig war, ist durch die Grabinschrift charakterisiert: Übersetzungen aus der Patristik, exegetische Werke, moralisch-aszetische Abhandlungen. Dazu kommen noch viele Predigten und Briefe.

Rückkehr zu den Kirchenvätern – dieses Programm steht immer wieder über den Reformbewegungen ostkirchlicher Klöster. Doch Theophan denkt weniger an die Klöster; er glaubt, daß die ganze Kirche eine Erneuerung braucht. Erneuerung aber geschieht durch das Gebet; Beten aber kann nur wachsen im Kontakt mit der kirchlichen Überlieferung. „Es wäre zu wünschen", schreibt Theophan, „daß jemand die Gebete der Väter sammelt; diese Anthologie wäre ein Handbuch des Heils."[15] Theophan selbst las gerne und fließend Griechisch. Zwar gab es damals in Rußland viele Übersetzungen der Kirchenväter; doch auf dem Gebiet, das Theophan am Herzen lag: Gebet und geistliches Leben, herrschte ein Mangel. So begann er zu übersetzen; zu Anfang noch dilettantisch, aber dann immer geübter und auch in systematischen Abfolgen.

Dem *heiligen Antonius dem Großen* galt sein erstes Interesse. Das Leben dieses Mönchsvaters[16] ist eine Art Handbuch zum geistlichen Leben, das durch alle Jahrhunderte hindurch eifrig gelesen wurde.

Die *Sprüche der Wüstenväter,* die sogenannten Paterika, sind zweifelsohne ein wichtiges Dokument für die frühchristliche Spiritualität. Neben ihnen gibt es aber auch ein griechisches Meterikon, eine Sammlung von *Sprüchen der Einsiedlernonnen,* das oft vergessen wird. Jesaja, ein byzantinischer Mönch des 12./13. Jahrhunderts, hat sie herausgegeben. Außer in einer neugriechischen Übersetzung (1821) war diese Sammlung damals nicht greifbar. Theophans Übersetzung scheint die erste auf Russisch zu sein.[17] Sicherlich ein wichtiger Beitrag zur oft vernachlässigten Spiritualität der Frau, besonders der Frau im geistlichen Stand.

In der patristischen Psalmenexegese tat Theophan einen guten Griff. Seine Übersetzung der *Meditationen unseres hl. Vaters Ephräm des Syrers zu den Psalmen*[18] erschien 1913 in 10. Auflage.

Wer auch nur ein wenig von der Grundausrichtung der Spiritualität Theophans kennengelernt hat, den überrascht seine Vorliebe für den Mystiker des ,,Bewußtseins von der göttlichen Wirklichkeit", für Symeon den Neuen Theologen (gestorben 1022), nicht. Theophan übersetzte dessen Homilien[19] und das von Niketas Stethatos geschriebene Leben[20]. Hierher gehört auch die Anthologie aus den Kirchenvätern: *Die Lehren der heiligen Väter über die Nüchternheit und das Gebet,* oder: *Die Aufmerksamkeit des Herzens vor Gott und die Theologie des Betens, nach den Worten der Kirchenväter*[21].

Man könnte auch Nikodemus Hagiorites (das meint: vom Heiligen Berg Athos) zu den ,,Vätern" zählen, obgleich er erst 1809 starb. Sein Buch, *Der unsichtbare Kampf,* ist bis heute in den griechischen Klöstern hochgeschätzt, wenn es auch nur eine freie, sich der eigenen Tradition anpassende Übertragung des gleichnamigen Buches des italienischen Theatiners Lorenzo Scupoli ist.[22] Theophan schätzte die Praxisnähe, die Lehre von der Unterscheidung der Geister und die asketischen Grundsätze des Buches, das mit seiner aphoristischen Knappheit ganz im Geist der Kirchenväter verfaßt ist. Er übersetzte es nach der griechischen Übertragung, paßte es aber in den Kapiteln über das Gebet der Tradition der russischen Kirche an.[23]

Die wichtigste Frucht seiner Übersetzungsarbeit aber sind die fünf Bände der *Philokalia (Dobrotoljubie)*[24], die wir im Westen bis vor kurzem nur in kleinen Auswahlübersetzungen kannten[25]. Bei uns wurde die Philokalia bekannt und geschätzt über die *Aufrichtigen Erzählungen eines russischen Pilgers.*[26] Nikodemus Hagiorites stellt seine *Philokalia* in der Einleitung als ein ,,Instrument der Vergöttlichung" vor. Er wollte den mystischen Garten des mönchischen ,,Herzensgebets" wieder zum Blühen bringen. Und in der Tat beginnt mit seiner Anthologie eine Erneuerungsphase in der Spiritualität der Ostkirche[27], besonders der russischen Kirche. Dort besaß man schon seit 1793 das *Dobrotoljubie* des berühmten Starez Paisij Veltitchkowskij (gestorben 1794), aber es ist eine Übersetzung ins Kirchenslawische und daher für die meisten nicht leicht verständlich. Theophan übersetzte die *Philokalia* nun ins Russische und überdies auch in eine elegantere Sprache.

Ein zweites Gebiet der Arbeit Theophans ist die Exegese. Er schrieb

Kommentare zu den Paulus-Briefen[28], eine Auslegung von biblischen Lesungen für jeden Tag des Jahres[29] und einen Kommentar mit dem Titel: *Die Aussagen der Evangelien über den Gottessohn, der um unseres Heiles willen Mensch wurde, ausgelegt in der Abfolge der heiligen Evangelien*[30]. Hier zeigt sich die Belesenheit des Verfassers am deutlichsten. Er bietet Stoff zur Meditation und natürlich viele Vorlagen für die Predigt. Doch die Persönlichkeit Theophans tritt in diesen Büchern zurück.

Sie erscheint am klarsten in einer weiteren Gruppe seines Schrifttums, den Büchern über Moral und Pastoral. Auf seiner Grabinschrift wird ja auch als drittes Buch der *Entwurf einer christlichen Moral* erwähnt[31], das Buch, das seine Schüler wohl am meisten benutzten. Es ist ein Handbuch für die Vorlesung, aber ganz und gar auf die Seelsorge hin ausgerichtet. Es ist nicht nur zur Unterweisung künftiger Seelsorger, sondern auch als Lesebuch für gebildete Christen gedacht. Vor- und Nachteil des Buches liegen darin – den einen ist es zu theologisch, den anderen zu erbaulich. Aber den Seminaristen bedeutete es so viel, daß man den Titel dieses Buches auf den Grabstein setzte.

Die frommen Leser aber griffen mehr zum *Weg zur Rettung*[32], einem Buch, das man heute ein Handbuch der Aszetik nennen würde. Wie beliebt es war, läßt sich daran ermessen, daß es bis zum Ersten Weltkrieg 10 Auflagen erreichte.[33]

Ganz konkret aber wird Theophans Persönlichkeit in seinen zahlreichen Briefen, die in mehreren Ausgaben greifbar sind.[34] Er antwortet darin Priestern, Mönchen, Schwestern, Frauen aus der höheren Gesellschaft und anderen; meist geht es um Fragen des geistlichen Lebens: Glaubenszweifel, Beurteilungen von aktuellen Ereignissen und Tendenzen im kirchlichen Leben, Familienschwierigkeiten oder Differenzen mit den Ordensoberen, Verlangen nach einem tieferen Leben mit Gott, Sehnsucht nach höheren Gebetsstufen usw. Die Antworten sind im Geiste des russischen Starzentums geschrieben, aber meist konkreter und auf die aktuellen Probleme eingehend.

Die anziehende Abhandlung: *Was ist das geistliche Leben, und wie baut man es auf?*[35], ist ebenfalls in Form eines Briefes an eine Frau gehalten, die sich in die geistliche Führung Theophans begeben hat. Unter der lehrmäßigen Schlichtheit verbergen sich tiefe psychologische und geistliche Erfahrungen und das gründliche theologische Wissen des Autors.

Aus allen Gebieten Rußlands erreichten Theophan Briefe. Er beantwortete alle, denn er hielt das für seine Pflicht.

„Wenn man die Gabe des Schreibens empfangen hat, so ist sie am besten dadurch angewandt, daß man die Sünder belehrt und aus ihrem Schlaf aufweckt.“[36]

III. Lehre

Man kann die Spiritualität Theophans mit einem einzigen Wort charakterisieren: Herz.

„Das Herz", so schreibt er, „umschließt alle Kräfte der Seele und des Leibes. ... Es ist ein Barometer unseres Lebens."[37] „Im Herzen hat die gesamte geistliche Tätigkeit des Menschen ihre Mitte."[38]

Was für Theophan das Herz bedeutet, läßt sich nur innerhalb seiner gesamten geistlichen Lehre verstehen. Er beurteilt das geistliche Leben sehr deutlich in anthropologischer, auf den Menschen bezogener Weise – und dies sowohl unter psychologischer wie auch unter dogmatischer Rücksicht. Theophan weiß, daß der moderne Mensch gerne bei der Psychologie Zuflucht nimmt. Doch ein vertieftes Eingehen in die Psychologie führt zur Theologie; denn nur die christlichen Wahrheiten können das Geheimnis des Menschen, seine Wünsche und seine Möglichkeiten verständlich machen. Nur das Leben in der Gnade Gottes kann den Sehnsüchten des Herzens entsprechen.

So beginnt das Buch *Was ist das geistliche Leben* mit einer psychologischen Erfahrung:

„Der Mensch eilt von hier nach dort, aber bleibt dabei wie in einem geschlossenen Kreis. Die Möglichkeiten seines Wesens aber hungern weiter nach Sättigung ..."[39]

Aristoteles schreibt, daß am Beginn des Philosophierens die Bewunderung, das Staunen, die Begeisterung vor der Wirklichkeit stehe. In der „Geistlichen Philosophie" ist zu Beginn zu lesen: „Die Unzufriedenheit mit allen Geschöpfen"[40] ist der Anfang des geistlichen Lebens. So ähnlich lesen wir es auch bei den alten christlichen Mönchen des Ostens, und sie folgern daraus die Notwendigkeit einer radikalen Weltabsage. Doch Theophan kommt zu einer anderen Meinung, die nicht so „mönchisch", sondern eher – so könnte man sagen – „humanistisch" ist. Die Unzufriedenheit mit allen Geschöpfen hat ihren Ort nämlich nicht in der Realität der Welt, sondern in uns und unserem Verhalten zur Welt.

Bischof Theophan erklärt dies mit einem Bild: Wenn ein Tier hungrig ist, verlangt es nach Fressen; hat es gefressen, dann ist es satt und zufrieden. Woher kommt es aber, daß der Mensch niemals zufrieden ist? In seinem Wesen liegt ein Drang, der in diesem irdischen Leben stets mehr will. Wo ist dieser Drang im Menschen verwurzelt? Es kann nicht der Leib sein, denn der erhält oftmals mehr, als er braucht. Auch die Seele können wir sättigen. Das im Menschen aber, das in dieser Weltzeit niemals zufrieden ist mit dem, was es bekommt, ist der Geist, der hungrig ist nach Gerechtigkeit (vgl. Mt 5,6).

Nach dieser Einleitung kann Theophan nun den Aufbau des Menschen entwerfen. Von den griechischen Vätern, die ja seine ständige Lektüre bildeten, übernimmt er die traditionelle Dreiteilung (Trichotomie): ,,Die menschliche Person ist die Einheit von Geist und Seele und Leib."[41] Der geistliche Mensch ,,setzt sich zusammen aus dem Leib, aus der Seele und aus dem Geist"[42]. Mit Hilfe dieser theologischen Anthropologie entwirft Theophan die Lehre vom geistlichen Leben.

,,Das Leben des Menschen besteht aus drei Bereichen: aus dem Bereich des Leiblichen, aus dem des Seelischen und aus dem des Geistlichen. Jeder Bereich hat seine eigenen Bedürfnisse und Kräfte und auch die eigene Art und Weise, diesen zu entsprechen."[43] Theophan sieht, daß diese Einteilung mit der Lehre der Väter übereinstimmt. Er weiß zwar, daß es auch innerhalb der östlichen Geistlichkeit Lehrer gibt, die die ,,Seele" nicht vom ,,Geist" unterscheiden; aber die trichotomische Einteilung scheint ihm besser zu sein, um das christliche Leben zu erklären.

,,In uns gibt es den Leib und dann die Seele, die aus der natürlichen Fortpflanzung entstanden sind; aber es gibt auch den Geist, der von Gott eingehaucht ist. Man definiert den Menschen als ein Verstandeswesen, animal rationale ... Aber der Mensch ist auch ein Wesen, das geistlich ist."[44]

An dieser Einteilung ist die moralische und aszetische Grundhaltung schon ablesbar. Theophan untersucht die Bedürfnisse und die Kräfte jeder dieser Komponenten der menschlichen Person. Und nach einer Diagnose, was denn der Mensch sei und woran er kranke, zeigt er die notwendige Therapie und Hygiene auf.

In der Darstellung des Bereichs des Leiblichen überrascht es, daß Theophan bei seiner aszetischen Einstellung eine so positive Würdigung des Leibes gibt.

,,Der Leib ist ein Gefäß für Seele und Geist. Als Organ dient er unseren Beziehungen mit der Umwelt; er ist ein Werkzeug für unsere Ziele auf dieser Erde; er ist ein Mittel, das uns bis zu den ewigen Werten erhebt. Er verdient also unsere Aufmerksamkeit und unsere Fürsorge."[45]

Man muß dem Leib geben, was er nötig hat. Aber die Sorge um den Leib muß letztlich ,,geistlich" sein, das aber heißt: ,,aszetisch". Ist es wirklich ,,natürlich", wenn der Leib so viel verlangt? Theophan unterscheidet das ,,Bedürfen" vom ,,Verlangen": Das erste entspricht der Natur, z. B. das Bedürfnis zu trinken. Aus den Gewohnheiten des Lebens aber erwächst das Verlangen. Hat man immer nur dann Wein getrunken, wenn man durstig war? Warum verlangt man beim Durst sofort Wein und nicht Wasser? Es gibt also ein ,,Verlangen", das nicht einfachhin der Natur entspricht. Ziel der geistlichen Erziehung, der ,,Aszese", ist es also, die verschiedenen ,,Verlangen" aufgrund der wirklichen ,,Bedürfnisse" zu regeln.[46]

Die experimentelle Psychologie des vergangenen Jahrhunderts hat einen spürbaren Einfluß auf Theophans Lehre von der Seele ausgeübt. Er nimmt z. B. wie selbstverständlich eine Drei-Teilung der seelischen Aktivitäten an: Denken, Wollen, Fühlen; und dazu auch die entsprechenden Fähigkeiten: der Verstand, der Wille, das Herz.

Die alten mönchischen Lehrer wandten sich gegen die „Scrutatores", die „Analytiker", weil sie die Wahrheiten des Glaubens mit dem Verstand zu beurteilen suchten. Für die alten Mönche war die spekulative Theologie eine regelrechte Versuchung. Auch Theophan kämpft mit aller Macht gegen den Rationalismus. Aber er ist nicht der Meinung, daß der Mensch seinen Verstand innerhalb des Glaubens nicht benutzen dürfe. Denn der Mensch ist vom Grund her ein animal rationale, ein Vernunftwesen.

„Nach Gottes Willen ist das Leben im höchsten Maße ein vernünftiges Leben."[47] „Jeder Christ muß die Dinge um ihn herum beurteilen und muß ein echtes Wissen über die Grundwahrheiten des Glaubens erwerben. Darum sollen sich alle Menschen bemühen. Wie weit allerdings der einzelne kommt, hängt von seiner Begabung ab. Doch jeder muß ein Wichtiges tun: die Wirklichkeit beurteilen."[48]

Der Rationalismus meint dagegen etwas anderes. Er wurde in den letzten Jahrhunderten zum Satan Europas.[49] Die Rationalisten mißbrauchen den Verstand: Er dient ihnen dazu, sich von der Wirklichkeit abzuwenden; er hält die wunderbare Fähigkeit des Menschen mit unnützen und schadenbringenden Fragen besetzt. Die Rationalisten befolgen die Gesetze der Logik, aber ihr Verstand ist wie eine leblose Maschine, weil sie kein Gefühl für Werte besitzen. Die einzige Methode der Heilung wäre, „den Verstand in das Herz hineinzusenken"[50].

Für ein vernünftiges Leben genügt es noch nicht, klare, scharfe *Begriffe* zu haben. Viel wichtiger sind die *Ideen*; das meint: Sacheinsichten im Zusammenhang mit dem ganzen Leben und seinem Ziel.[51] Theophan erklärt seine Terminologie in Analogie zur Schönheit: Was hilft es, alle Maße eines Bildes zu kennen, die Farben zu studieren und vieles andere zu wissen, wenn es um das geht, was der Maler mit seinem Bild sagen will?[52] Das nämlich kann der Verstand nur im Zusammenwirken mit dem Herzen einfangen – diese Zusammenhänge nennt Theophan die „Idee".

Über den Willen äußert sich Theophan ganz in der Tradition der griechischen Väter. Der Wille ist frei. Darum tragen wir die volle Verantwortung für unser Tun. Der Wille ist stark. Wir können mit Gottes Hilfe die Sünde und ihre Folgen überwinden. Theophan weiß zwar von der Diskussion um das Verhältnis von der wirksamen Gnade Gottes zum freien Willen des Menschen, aber er findet, daß die Problemstellung zu theoretisch ist. Die Praxis ist einfacher. Gott alleine müssen wir das Vertrauen schenken, aber dabei alle unsere Kräfte anstrengen, um das Ziel zu erreichen.[53]

Doch der Schwerpunkt des geistlichen Lebens liegt nicht im Willen. Wenn das gute Tun des Menschen auf den Willen hin isoliert ist, fällt es zu schwer und ist deshalb nicht von Dauer. Auch der Wille muß seine Wurzeln im Herzen haben.[54]

Was ist nun das Herz?

Theophan sieht in ihm das Organ des Fühlens.

,,Durch das Fühlen erfahren wir lebendige Sympathie für eine Person oder für eine Sache. ... Und auch wenn es um Gott oder um die göttliche Ordnung der Welt oder um die geistliche, die wirkliche Welt geht, erfahren wir in diesen drei Bereichen Glück, weil wir dafür Sympathie fühlen."[55]

Mit anderen Worten: In Analogie zur Sympathie oder Antipathie des Alltags gibt es auch entsprechende Erfahrungen im geistlichen Leben. Ein falsches Reagieren der Gefühle ist so etwas wie eine Krankheit. Aus der Genesung des Herzens erwächst die Gesundheit im Geistlichen, so daß wir von Gott und seinen Wirklichkeiten angezogen werden, während die Welt und die Sünde in uns Abneigung und sogar Haß erregen.[56]

Im Blick auf diese Anthropologie ist verständlich, warum die russischen Schriftsteller des geistlichen Lebens und die Theologen normalerweise sagen, die Religion und die Frömmigkeit seien Sache des Herzens und des Gefühls.[57] Weil unser Sprachgebrauch darunter schnell etwas Primitives, Unreflektiertes versteht, ist es wichtig zu wissen, daß es hier nicht um banale Sentimentalitäten geht. Theophan mahnt uns, daß es sich um ,,geistliche" Gefühle handelt; sie wurzeln im Ähnlichsein der Seele mit Gott, im ,,natürlichen" Zusammenklingen des Menschen mit seiner ewigen Heimat (wobei ,,natürlich" nicht im scholastischen Sinn der ,,reinen Natur" verstanden werden darf). Das Unempfindlichsein für das geistliche Leben hingegen stammt aus der Sünde, während die ,,Apatheia", das Unempfindlichsein für die Leidenschaften, ein Zeichen der Vollkommenheit ist.[58]

Auch mit einem solchen Vorverständnis fällt es dem westlichen Leser nicht gerade leicht, die vielen Texte aus der östlichen Spiritualität, die vom ,,Gefühl des Herzens" handeln, recht zu würdigen. Die analytischen Untersuchungen Theophans können helfen, diese Thematik recht einzuordnen. Es ist also notwendig, kurz auf Theophans ,,Theologie des Herzens" einzugehen.

,,Herz" bedeutet zuallererst die Ganzheit der Persönlichkeit, das Zusammenspielen aller Tätigkeiten des Menschen. Theophan erläutert dies an einem Beispiel: Wo das gute Tun des Menschen allein aus dem Willen hervorgeht, ist es in sich gut, aber es gleicht dem Rezitieren eines Bühnentextes, wie es ein Schauspieler zu Hause auf-und-ab-gehend tut; wo hingegen das gute Tun des Menschen aus dem Herzen kommt, gleicht es der Rezitation auf der Bühne, also an dem Ort, wo es hingehört und seine ihm gemäße Umgebung hat.[59]

,,Herz" meint zweitens den Zusammenhang mit dem gesamten Lebensrhythmus, mit dem also, was einer früher schon getan hat, und mit der Verfaßtheit des Menschen. Nur was aus dem ,,Herzen" geschieht, gehört wirklich und ganz uns. Deshalb kann Theophan weiter folgern, daß die wahre Moral im Herzen des Menschen liegt und nur zum Teil in seinen Taten.

Hier stellt sich nun eine Schwierigkeit ein: Von einzelnen Taten kann der Mensch ohne besondere Mühe beurteilen, ob sie gut oder schlecht sind. Aber wie kann einer das ,,Herz" beurteilen? Theophans Antwort ist einfach: Dazu gerade hat uns Gott das ,,Fühlen" geschenkt. Alles, was die Persönlichkeit betrifft, verstehen wir durch das ,,Gefühl". Dazu muß man aber weiter fragen: Dürfen wir uns denn auf unser Gefühl verlassen?

Mit dieser Frage greifen wir eine Vielzahl von Einwänden auf, die man gegen diese ,,Spiritualität und Mystik des Gefühls" erhebt. Theophan ist sich der Gewichtigkeit der Einwände voll bewußt. Gemäß seinem anthropologischen Grundschema unterscheidet er daher sorgfältig dreierlei Gefühle: Gefühle des Leibes, Gefühle der Seele und geistliche Gefühle. Erst letztere führen, insoweit der Mensch dem Heiligen Geist gehorcht, zu einem sicheren Urteil. Auf Deutsch sollte man statt ,,Gefühl" vielleicht richtiger sagen: ,,geistliche Intuition". (Der jüdische Philosoph Max Scheler hat mit seinem ,,Wertfühlen" eine ähnliche Richtung der Anthropologie eingeschlagen wie ein Jahrhundert vor ihm Theophan der Rekluse.) Um die rechte ,,geistliche Intuition" zu erlangen, braucht es nach Theophan ein Doppeltes; negativ: die Reinigung des Herzens; positiv: die ,,Ernährung" der geistlichen Gefühle durch das Gebet.

Die Reinigung des Herzens gehört zu den Grundlehren des Hesychasmus und meint: die Askese, die die bösen Leidenschaften überwindet; die Antirhesis, das ,,Widersprechen", also eine Praktik, böse Gedanken mit Hilfe guter anderer Gedanken zu überwinden. Das Jesus-Gebet (die ständige Wiederholung von ,,Herr Jesus Christus, Sohn Gottes, sei mir armen Sünder gnädig") ist eine solche Antirhesis, die ,,alle bösen Teufel" verjagt. Es ist ein Stoßgebet, das wie das Schwert der Cherubim an der Pforte des Herzens wacht, um den Eintritt der bösen Gedanken abzuwehren[60]: Wer ein reines Herz hat, sieht Gott (Mt 5,8).

Positiv wird das Herz vom Beten umgestaltet. Theophan nennt es ,,das Atmen des Heiligen Geistes"[61], ,,das geistliche Barometer, an dessen Stand wir uns selbst erkennen können"[62]. Weil es dem Herzen entspringt, umgreift es das Tun der ganzen menschlichen Person, ruht auf allen ihren Fähigkeiten. Das Gebet hat also die gleiche anthropologische Struktur wie auch das übrige geistliche Leben. Man kann bei ihm wiederum drei Stufen unterscheiden.[63]

Wenn es um Gesten, Körperhaltungen, mündliches Rezitieren von Worten, Singen, also um Leiblichkeit geht, sprechen wir von einem ,,leiblichen Gebet". Es bildet die Voraussetzung für die höheren Stufen.[64]

Die Fähigkeiten der Seele sind der Verstand, der Wille, das Herz. Hier spricht Theophan von einem mehr reflexiven, ,,meditierenden" oder ,,aktiven" Gebet. Der Wille mit Vorsätzen und Entschlüssen spielt dabei eine wichtige Rolle.

Endlich gibt es auch ein Gebet des Herzens, das so tief in den Kern der Persönlichkeit eingedrungen ist, daß seine Worte das eigene Fühlen wiedergeben.

Theophan kennt darüber hinaus auch ein rein ,,geistliches Gebet". Es ereignet sich bei den Vollkommenen. Es ist eine Art der „Ekstase“. Aber auch im gewöhnlichen Leben gibt es dieses rein „geistliche Gebet“. Wie der Verstand in seiner Tätigkeit so stark werden kann, daß die Bedürfnisse und das Wissen um das leibliche Leben vergessen werden, so kann auch in entsprechender Weise der Heilige Geist in unserem Herzen so stark beten, daß wir sozusagen alle geschaffene Wirklichkeit vergessen.[65]

Es versteht sich, daß die höheren Gebetsstufen nicht so einfach zu beschreiben sind. Sie gehören ja auch nicht in das normale Leben hinein. Doch das „Gebet des Herzens“ muß Ziel für jeden Christen sein. Theophan betrachtet es als seine Aufgabe, gerade dies in der rationalistischen Umwelt zu betonen. In einem seiner Briefe kommt er in für ihn typischer Weise darauf zu sprechen. Er erzählt dort, daß er die Schriften des heiligen Franz von Sales ins Russische übersetzen möchte, weil er sie so hilfreich für die Praxis finde. Im Zusammenhang damit erwähnt er, daß er auch ein anderes französisches Buch über Meditation übersetzen wollte, es aber dann unzufrieden wegwarf. Die Katholiken, so schreibt er, scheinen wenig vom Gebet zu verstehen, weil sie alle Aufmerksamkeit auf die Verstandes-Erwägungen konzentrierten.[66] Wir wissen nicht, um welches Buch es sich dabei handelte, aber die Bemerkung ist typisch, um Theophans Urteil über die Meditationsbücher des Westens zu verstehen.

Zwar seien die Reflexionen im Gebet von Zeit zu Zeit nützlich, aber sie seien ermüdend und sollten nicht zu lange dauern. Bei der Arbeit stören solche Reflexionen, während das Herzensfühlen dabei wach bleiben kann.

„Wenn Sie also Ihre Gebete verrichten, sorgen Sie dafür, daß sie aus dem Herzen entspringen. Gebet ist nämlich wahrhaftig ein Seufzen des Herzens zu Gott.“[67]

Viele Menschen machen es falsch: Sie kommen nur zum Herzen, wenn sie mit ihrem Verstand aktiv ein „Gefühl“ erwecken.

„Man muß es anders machen: ständig im Herzen bleiben und den Kopf beiseite lassen. Auch wenn das Leben mit seinen Erfordernissen uns zwingt, mit dem Verstand tätig zu werden, so können wir doch dafür sorgen, daß dieser zwar sich betätigt, aber dabei immer im Herzen bleibt.“[68]

IV. Bedeutung

Für die russische Kirche war das neunzehnte Jahrhundert eine Zeit des Aufbruchs. Die Verfolgungen und Verbote Peters des Großen (1682–1725), der Zarinnen Anna (1730–1740) und Katharina II. (1762–1796) und die ständig weiter um sich greifende Säkularisation hatten das Mönchtum fast zugrunde gerichtet. Aber das Volk war in seinen Wurzeln gesund und tief christlich. Auf es setzten die Slavophilen (A. S. Khomkiakow, gestorben 1860, und seine Nachfolger) ihre Hoffnung für die Erneuerung der Kirche. Drei Ströme dieser Erneuerung sollen hier aufgezeigt werden, bei denen der Einfluß Theophans sichtbar wurde: das Starzentum, die Erneuerung des Studienbetriebs und der Hierarchie, die ,,Philokalia"-Bewegung.

Das russische Starzentum stammt aus der alten ostkirchlichen Tradition des Mönchtums. Der Starez (,,Greis", griechisch: geron) ist – gleich, ob Priester oder Laie – ein Mönch, der die Gabe der Diakrisis besitzt, die Gabe der Unterscheidung der Geister, der bösen und guten Gedanken, und der infolgedessen ein geistlicher Vater, ein Wegführer zur Vollkommenheit geworden ist.

Schon lange vor dem 19. Jahrhundert gab es in den russischen Klöstern Starzen. Aber als eigene Schule, gründend auf den Lehren der Kirchenväter und der Mönche, mit eigener Methode und Tradition verdankt das Starzentum in Rußland sein Entstehen dem Starzen Paissij Welitschkowskij (1722–1794). Aus seinen Klöstern in Rumänien kamen die Schüler nach Optino (,,Optina Pustynj") im Gouvernement Kaluga, in der Nähe der Stadt Koselsk. Dort lebten auch die meisten der berühmten Starzen: Leonid Nagolkin (1768–1841), Makarij Iwanow (1788–1860), Amwrossij Grenkow (1812–1891); im Kloster von SSarow in der Provinz Tambow wirkte der heilige Seraphim von SSarow (1759–1833).

Normalerweise zählt man Bischof Theophan nicht unter die Starzen; aber in Wirklichkeit war er einer der berühmtesten – wenn auch auf seine eigene Art und Weise, nicht so wie die Heiligen Seraphim und Tichon von Sadonsk (1724–1783). Diese beiden nämlich verließen ihre Zellen, um den Menschen persönlich zu begegnen. Theophan aber blieb in seiner Klause und stand durch seine Briefe in Kontakt mit den Menschen. Diese Welt der geistlichen Führung wurde in alter Zeit z. B. von Barsanuphios und Johannes (6. Jh.) gepflegt.[69] Theophan glaubte mit guten Gründen, daß so etwas in die moderne Zeit hineinpasse. G. Tertyschnikow hat sein Starzentum folgendermaßen charakterisiert: ,,Feinfühlend erspürte er die geistlichen Nöte der Hilfesuchenden und brachte mit persönlichem Einsatz und herzlicher Anteilnahme Klärung in die Fragen und Zweifel. Wegen seines wachen Einfühlungsvermögens knüpfte sich schnell ein geistliches Band zwischen ihm und seinem Briefpartner; das gestattete ihm nun, auf alle Schwierigkeiten ehrlich und aufrichtig einzugehen. . . . Wenn er jemanden hatte warten lassen, bat er ihn stets um Entschuldigung. Den Adressaten gaben seine Briefe Beistand im sittlichen Lebenskampf, Freude in schweren Minuten und Trost in Betrübnis."[70]

Die Reform der Russischen Kirche hat noch andere Wurzeln. Im 19. Jahrhundert wurden die geistlichen Schulen erneuert, um dadurch den Bildungsstand der Geistlichen auf Akademien und in Seminarien anzuheben und gleichzeitig Theologie und Hierarchie zu erneuern. Das hängt nämlich zusammen. Unter den Professoren spielten die ,,gelehrten Mönche" eine wichtige Rolle. Es waren Mönche, die auf den geistlichen

Akademien studierten; oft empfingen sie unmittelbar nach dem Klostereintritt die Priesterweihe. Sie wurden dann Lehrer oder Rektor an den Seminarien oder Professoren auf den Akademien; und oftmals wurden sie schon in jungen Jahren zum Bischof ernannt. So erhielt die Russische Kirche viele bedeutende Hierarchen: der Metropolit von Moskau, Philaret Drosdow (1782–1867)[71]; der Bischof von Tchernigow, Philaret Gumilewskij (1805–1866)[72]; Philaret von Kiew (1779–1857), Bischof Ignatij Brjantschaninow, der viele Bücher schrieb (1807–1867)[73] und eben auch unser Theophan.

Da der Bischof der Ostkirche ehelos leben muß, kommen alle Bischöfe der Russischen Kirche aus dem Mönchtum. Etwa 70 von ihnen wurden heiliggesprochen; einige wegen des hervorragenden Tugendlebens, weil sie auch als Bischöfe niemals die Askese des Mönchtums vernachlässigt hatten, andere waren Seelsorger, andere geistliche Schriftsteller; wieder andere stachen dadurch hervor, daß sie die Rechte der Kirche und des Glaubens in ihrem Sprengel verteidigten.[74]

Die großen Bischöfe des 19. Jahrhunderts ließen sich von diesen Beispielen der Vergangenheit inspirieren. Philaret von Moskau übte fast fünfzig Jahre lang einen tiefgehenden Einfluß auf das kirchliche Leben aus. Er verfaßte einen Katechismus und galt als berühmter Prediger. In ähnlicher Weise wirkte auch Philaret von Kiew. Von ihm sagt man, daß er jede Woche einmal den Katechismus seines Amtsbruders und Namensvetters ,,zur Selbstprüfung durchgelesen habe, um festzustellen, ob sein Denken sich innerhalb der Orthodoxie bewege"[75]. Einen ähnlichen Glaubenseifer finden wir bei dem gelehrten Philaret Gumilewskij. Ignatij Brjantschaninow und Theophan hingegen stehen eher dem mönchischen Leben nahe.

Doch Theophan trat auch als Verteidiger des rechten Glaubens auf. Wie andere russische Theologen betont er die Tserkownostj, den Sinn für das Kirchliche, den Willen, im Geist der Kirche zu leben, in Verbindung mit ihr nach der eigenen Vollkommenheit zu streben und sie zu verteidigen.[76] Genauer als andere erkannte er die große Gefahr für den Glauben in Rußland, die in den Kreisen der Gebildeten drohte: das falsche Verständnis von der ,,geistlichen Wirklichkeit". Es stamme aus der modernen westlichen Kultur, sei aber im Grunde nichts anderes als die alte Irrlehre der Gnosis: ,,Geistlich" werde mit ,,intellektuell" oder ,,verstandesbezogen" gleichgesetzt. Unter dem Vorwand, ,,höheres und reineres Geistliches" zu suchen, werde das Tun des Heiligen Geistes ausgeschlossen, die Traditionen der Kirche würden als ,,äußerlich" abgewertet und sogar die Sakramente vernachlässigt.[77] Der Ursprung dieser neuen Gnosis sei der Rationalismus. Es ist, so schreibt Theophan, als ob der Teufel, der tausend Jahre gebunden war (Apk 20,2), zur Zeit der Renaissance in Westeuropa wieder losgekommen sei und nun auch Rußland beeinflusse.[78]

Als Theophan einmal in einer Zeitung eine Karrikatur eines Menschen mit großem Kopf und kleinem Körper fand, meinte er: ,,Das ist der Mensch von heute!"[79] Gegen diese Verkrüppelung der menschlichen Ganzheit kannte er nur ein wirksames Mittel: ,,Aus dem Kopf ins Herz hinabsteigen!" – so mahnt er oft in seinen Briefen.[80] Gegen das unnütze Klug-Reden und Klug-Denken gebe es nur ein Mittel: das Beten; aus dem Spekulieren und Denken über den Glauben hineingehen in eine betende Theologie.

Damit stehen wir vor dem dritten, schon erwähnten Element der Erneuerung: vor der sogenannten Philokalie-Bewegung. Öfters schon gab es in der Geschichte der Spiritualität Bücher, die den Beginn einer neuen Epoche ausmachten. Ein solches Buch ist die *Philokalia tôn Hierôn Neptikôn* des Nikodemus Hagiorites, eines Athosmönchs (1749–1809), und des Bischofs Makarios von Korinth (1731–1805). Das Buch erschien 1782 in Venedig. Schon vom Titel her ist es ausgewiesen. *Philokalia* meint: Liebe zu dem, was gut und schön ist. Es ist, als ob die Autoren mahnten: Suchen wir in unserer Zeit doch wieder nach den echten Werten! Und dies führt das Buch gleichsam aus: Man findet diese Werte in reichlicher Weise bei den heiligen Vätern, die die ,,Nüchternheit", die ,,Wachsamkeit" (Nepsis) praktizierten; und das bedeutet: das innere Gebet[81]. Die Philokalia ist also eine Anthologie, eine Blütenlese über das hesychastische Gebet, gesammelt bei den griechischen Kirchenvätern und byzantinischen Autoren.

Zur gleichen Zeit wie Nikodemus übersetzte auch Paissij Welitschkowskij die Lehren der hesychastischen Väter ins Altslavische. Wahrscheinlich verglich er seine Texte mit der griechischen Ausgabe der Philokalia, bevor er sein *Dobrotoljubie (Liebe zum Guten)* im Jahre 1793 herausgab. Doch beide Bücher sind nicht identisch. Welitschkowskijs Anthologie wurde noch einmal 1822 herausgegeben. Es ist das Buch, von dem der russischen Pilger erzählt, daß er es ständig bei sich trug und daraus alles über das Herzensgebet lernte.

Das *Dobrotoljubie* Theophans kommt erst etwa hundert Jahre später heraus (1876–1889). Es ist eine erweiterte und angepaßte russische Übersetzung der griechischen Anthologie in fünf Bänden. Es ist keine Wort-für-Wort-Übersetzung, aber der Sinn der Texte ist so vorzüglich getroffen, daß noch heutzutage manche, die beide Sprachen, das Russische und das Griechische, beherrschen, den russischen Text vorziehen. Theophan hat die Übersetzung eben auch durch seine persönliche Erfahrung mitgeprägt.

Er widmete dem Werk viele Mühen; denn es lag im Gesichtskreis seines pastoralen Interesses und seiner Übersetzungsarbeiten. Er wußte, daß es nicht genügte, die Bedeutung des Gebets zu betonen. Der moderne Mensch braucht Anweisungen, wie man beten lernen kann; denn nur wenige kennen diese ,,Kunst der Künste". Und hier, so meinte Theophan, kann die Ostkirche viel zur Erneuerung des heutigen Christentums beitragen. So formte er in Scupolis *Der unsichtbare Kampf* (nach der

Übersetzung des Nikodemus) am stärksten die Kapitel um, die über das Gebet handeln. Er war überzeugt, daß der christliche Osten gerade auf diesem Gebiet seine eigene Tradition habe, die man wieder kennenlernen und lebendig machen müsse.

Der Ruf „Zurück zu den Vätern" erhält damit einen besonderen Klang. Meist meinte man damit die Rückkehr zur alten Disziplin und Klosterordnung. Die Philokalia-Bewegung aber zeigte, daß der Hesychasmus des Berges Athos eine traditionelle Gebetsform ist und nicht, wie man damals oft sagte, etwas Neues und Modernes. Hier ist zu beachten, daß auch die spätbyzantinischen Schriftsteller als „Väter" gelten; denn sie besaßen, was einen „Vater" ausmacht: Heiligkeit, Erfahrung im geistlichen Leben und die orthodoxe Lehre, die im Einklang mit der ganzen Kirche steht. Wenn wir also in der westlichen Kirche von der Traditionsgebundenheit der Ostkirche sprechen, müssen wir dies berücksichtigen: Zwar zitieren deren geistliche Schriftsteller ausschließlich „Väter", aber die „Zeit der Väter" endet niemals, sondern reicht bis in die Gegenwart.

Aus diesem „Väter"-Verständnis wird nun auch Theophan selbst zu den „Vätern" gerechnet. Ein großes russisches Kloster blieb von der sowjetischen Revolution verschont, weil es sich in Finnland befand. Dort, in Valaam, wurde die Philokalia-Bewegung fortgesetzt. Zwei neue Anthologien über das Jesus-Gebet wurden herausgegeben.[82] In ihnen findet man oftmals den Namen Theophan. Heute werden auch diese Anthologien in andere Sprachen übersetzt.

Es hat sich also bewahrheitet, was im „Kirchenboten" zum Todestag Theophans geschrieben steht: „Sein Name, das ist gewiß, wird mit seinem Tod nicht vergessen werden. Er wird in dem Maße bekannter sein, wie die Spiritualität unter den Christen wachsen wird. Sein Ruhm wird zunehmen; denn er war ein großer christlicher Aufklärer, der es verstand, auf die alltäglichen Fragen des geistlichen Lebens eine Antwort zu geben."[83]

Jean-François Six

CHARLES DE FOUCAULD
(1858–1916)

I. Leben

Am 15. September 1858 wird Charles de Foucauld in Straßburg als Kind einer begüterten aristokratischen Familie geboren. Mit fünf Jahren verliert er zuerst seinen Vater, der in Paris an Tuberkulose stirbt, dann seine Mutter, die in Straßburg bei ihrem Vater an den Folgen einer Fehlgeburt ums Leben kommt. Bei ihm nun, dem Colonel de Morlet, kommen Charles und seine jüngere Schwester Marie unter.

Bei Ausbruch des Kriegs zwischen Frankreich und Preußen ist Charles zwölf Jahre alt. Nach der Niederlage emigriert der Colonel mit den Seinen nach Nancy; dies und die Katastrophe seines Vaterlandes sind für das Kind ein Schock; hinzu kommt noch das Ärgernis der neuen republikanischen Verfassung für eine Familie, die monarchistisch gesinnt ist.

Colonel de Morlet ist viel zu nachgiebig mit seinem Enkel; er läßt ihm viel Freiheit, und das Kind – gezeichnet durch Elternlosigkeit und Verbannung – wird nach einer intensiv erlebten Erstkommunion unbeständig und eigensinnig. Die Schule zu Nancy, die vom Geist Voltaires geprägt ist, beeinflußt den Jungen; in lebhafter Wißbegierde beschäftigt er sich mit den Forschungen und experimentellen Methoden Claude Bernards und den Schriften Taines und Renans. Seine Cousine, die um neun Jahre ältere Marie Moitessier, wird ihm zur zweiten Mutter, die er gleichsam in Besitz nehmen möchte. Aber sie heiratet 1874 – ein neuer Schock für Charles. Zu dieser Zeit sagt er sich von seinem Glauben los und wird mit sechzehn Jahren ein Agnostiker. „Kein Gottesbeweis schien mir überzeugend genug." Und zwölf Jahre lang wird er „weder verneinen noch glauben".

Da er sich für eine militärische Laufbahn entschieden hat, bereitet er sich für die Militärakademie von Saint-Cyr vor und tritt 1876 dort ein. Aber während der zweijährigen Ausbildung studiert er kaum, sondern geht seinen Vergnügungen nach, gibt „Parties". Nach dem Tode seines Großvaters 1878 verfügt Charles über ein noch größeres Vermögen, das er leichtlebig verschleudert. Nach Saint-Cyr geht er für ein Jahr auf die Kavallerie-Schule von Saumur; die Abschlußprüfung besteht er als 87. unter 87. Er wird der Garnison von Pont-à-Mousson zugeteilt, wo sich Offiziere und Bevölkerung über seinen Luxus und seine Verschwendungssucht entrüsten. Im Dezember 1880 wird sein Regiment nach Algerien versetzt. Im ,,Gepäck" führt Charles die Halbweltdame Mimi mit; er setzt seine Vergnügungen fort. Seine Vorgesetzten befehlen ihm, die Liaison zu brechen; er weigert sich, wird entlassen und zieht sich nach Evian am Genfer See zurück, wo er sein leichtsinniges Leben weiterführt.

Drei Monate später erfährt Charles de Foucauld jedoch, daß sein altes Regiment im Süden Algeriens in Kämpfe mit den sogenannten ,,Unbefriedeten" verwickelt ist. Aus Stolz, aber auch aus Abenteuerlust ersucht er, wenigstens als einfacher Soldat wieder in die Armee aufgenommen zu werden; aber man gibt ihm seinen alten Dienstgrad wieder. Er setzt nach Algerien über und kämpft dort mit einem Einsatz und einem Mut, wie man es bei ihm nicht kannte.

Damit erobert er sich nun wieder das Wohlwollen des Oberhauptes seiner Familie, der Schwester seines Vaters, seiner Tante Inès Moitessier. Sie nimmt ihn wieder in den Familienkreis auf und verschafft ihm auch Zutritt zu dem politischen Salon in ihrem Haus, der im Leben der Hauptstadt eine nicht unbedeutende Rolle spielte.

Mit seinem Süd-Algerien-Einsatz hatte Foucauld von seinem verweichlichten Leben Abschied genommen und Geschmack an Tätigkeit und Einsatz bekommen. Vor allem aber gewann er eine Beziehung zur Wüste, die ihn fortan niemals mehr losließ. Die aszetische Härte eines Lebens in Einsamkeit brachte ihm eine ähnliche innere Befriedigung, wie sie jemand empfinden mag, der in eine Ordensgemeinschaft eintritt. Mit seinem übertriebenen Individualismus und Unabhängigkeitsstreben war er zwar nicht für die Armee, aber doch für das Abenteuer der Einsamkeit geschaffen. Er war damals besessen von dem, was Friedrich Nietzsche zur gleichen Zeit umtrieb: vom ,,Willen zur Macht". Foucaulds Pläne, Forschungsreisender zu werden, lassen seine Sehnsucht nach Abenteuer erkennen und geben ihm zugleich Gelegenheit, Revanche zu nehmen für die Niederlage von 1870: Er unternimmt 1883–1884 eine gefährliche ,,Erkundung Marokkos", wo damals Frankreich und Deutschland rivalisierten; und diese war durchaus auch militärisch gedacht, nämlich als Spähtrupp, um die feindlichen Linien zu erkunden.

Für seine Forschungen, die er ohne fremde Hilfe unternommen und der Fachwelt mitgeteilt hat, erhält er im April 1885 die erste Medaille in Gold der ,,Société de Géographie".

In Paris redigiert und ergänzt er die Ergebnisse seiner Reise. Da er nur wenige Schritte von der Privatwohnung seiner Tante Moitessier entfernt wohnt, kann er in ihrem Salon Politiker und Wissenschaftler treffen, darunter auch Duveyrier, einen Forschungsreisenden, der ins Herz der Sahara vorgedrungen war, zu den Tuaregs. Charles selbst lebt in seiner Wohnung wie ein Araber. Seine Cousine, Marie de Bondy, betreut ihn liebevoll. Er wird vom mohammedanischen Glauben, der ihn in Marokko stark beeindruckt hat, angezogen.

„Der Islam ist überaus verlockend, er hat mich aufs äußerste versucht. Er gefiel mir durch die Einfachheit und Klarheit seiner Glaubenssätze, seiner gesellschaftlichen Struktur, seiner Moral."

Bei seiner Tante trifft er Abbé Huvelin, einen Priester und Mystiker, der zwanzig Jahre älter ist als Charles. Trotz seiner Begabung hatte Abbé Huvelin es abgelehnt, Karriere zu machen; er wurde Vikar in Saint-Augustin in Paris, der Pfarrei der Moitessiers. Dieser Priester war durch und durch Seelsorger; sein großer Freundeskreis schätzte ihn wegen seiner Klugheit; Agnostiker wie Littré fragten ihn um Rat. Er war ein feinfühliger Mann, der Willensausbrüche verabscheute – darin das Gegenteil von Foucauld.

Abbé Huvelin setzt Charles de Foucauld nicht unter Druck; er läßt die Zeit arbeiten. Eines Morgens im Oktober 1886 kommt Foucauld zu ihm. Da heißt er ihn beichten und schickt ihn nach der Lossprechung zur Kommunion.

Foucauld ist ein Mensch, der vom Absoluten fasziniert ist. Mit seiner Bekehrung will er sofort das Ganze seiner Umkehr verwirklichen.

„Sobald ich an Gott glaubte, wußte ich, daß ich nichts anderes mehr tun könne, als für Gott zu leben. Meine Ordensberufung beginnt mit meinem neugewonnenen Glauben." (Brief vom 14. 8. 1901)

Allerdings ist seine Begeisterung noch eher stoisch als christlich geprägt. Er strebt nach der Art von „Seelengröße", die in der römischen „virtus" liegt; er sucht – wie er selbst es später sagt – „Anweisungen für eine völlig heidnische Tugend in christlichen Büchern". Eine tiefgreifende Bekehrung setzt sich nicht in einer Stunde durch, und Abbé Huvelin hat viel Mühe, das überschäumende Temperament Foucaulds zu zügeln, damit dieser kein Integralist wird, mit dem nicht mehr zu reden ist, und um ihn von einem versponnenen Mystizismus fernzuhalten. Foucauld ist ja ein Mensch, der es gewohnt ist, klare Vorsätze zu fassen und sie – koste es, was es wolle – durchzuführen. Die dreißig Jahre vom Tag seiner Bekehrung 1886 bis zu seinem Tod werden gekennzeichnet sein durch überraschende Wendungen, gescheiterte Pläne und unvorhergesehene Begegnungen.

Ohne Verzug will er in einen möglichst strengen Orden eintreten. Abbé Huvelin läßt ihn drei Jahre lang warten und führt ihn zu einer Spiritualität, die den Menschen Jesus im Zentrum hat. So schickt er ihn auf eine lange Pilgerreise ins Heilige Land (November 1888 – Februar 1889). Hier lernt Foucauld die erbärmliche Wirklichkeit Nazarets kennen, das damals ein schmutziges Dorf war; immer stärker zieht es ihn an, im wörtlichen Sinn das arme, niedrige Leben zu führen, das Jesus während seiner dreißig Jahre in Nazaret kannte.

Anfang 1890 tritt er bei den Trappisten von Notre-Dame des Neiges (Département Ardèche) ein mit dem Wunsch, in ein sehr armes Priorat entsandt zu werden, das diese Abtei in Akbès, Syrien, errichtet hatte.

Durch dieses Weit-entfernt-Sein wollte er Gott das „größte Opfer" bringen, das ihm möglich war; er wollte „für immer" seine Familie verlassen, die doch „sein ganzes Glück" bedeutete. Es ist ein schmerzhafter Abschied von Abbé Huvelin und seiner Cousine Marie, die ihm wie neue Eltern geworden waren.

Von Juli 1890 bis September 1896 ist Foucauld also Trappist in Akbès. Sein extremer Opferwille aber läßt ihm das Leben dort noch zu angenehm erscheinen; sehr bald ist er unzufrieden.

„Für die Reichen sind wir zwar arm", schreibt er an Abbé Huvelin, „aber doch nicht so arm, wie ich es in Marokko war, nicht so arm wie der heilige Franziskus."

Ab 1893 sucht er also ein Leben, das dem „Leben in Nazaret" noch mehr entspricht. Damals leidet er auch darunter, kein Martyrer zu sein wie die Armenier, die in dieser Gegend von den Türken regelrecht abgeschlachtet wurden. Seine Oberen wollen, daß er die Priesterweihe empfange und Prior von Akbès werde; aber er setzt sich dagegen zur Wehr. Dennoch schickt man ihn im September 1896 nach Rom zum Theologie-Studium. Von neuem gibt er seiner Sehnsucht nach totaler Armut Ausdruck, und im Januar 1897 erhält er vom Generalabt der Trappisten die Bestätigung für seine Berufung zum „Leben von Nazaret".

Foucauld will in Nazaret das „Leben von Nazaret" führen. Er fährt mit dem Schiff ins Heilige Land und kommt im März 1897 in Nazaret an. Er bietet sich dem dortigen Konvent der Klarissen an und wird Hausbursche für alles. In Bettlerkleidung macht er die Besorgungen im Ort; die Straßenjungen verspotten ihn – aber er ist glücklich.

Die Äbtissin der Jerusalemer Klarissen, der man von der Heiligkeit des Dienstboten berichtete, läßt ihn kommen, spricht eingehend mit ihm und erkennt seine Berufung, eine einfache Brüdergemeinschaft zu gründen, die das Leben von Nazaret führen will. Sie überzeugt ihn, daß er Priester werden müsse, um seine Absicht zu verwirklichen. Im August 1900, nach dreijährigem Aufenthalt im Heiligen Land, kehrt Foucauld also wieder nach Frankreich zurück. Sein altes Kloster, Notre-Dame des Neiges, nimmt ihn auf; am 9. Juni 1901 empfängt er die Priesterweihe auf den Titel „freier Priester" in der Diözese Viviers, in der Notre-Dame des Neiges liegt. Er steht vor seinem 43. Geburtstag.

Während der neun Monate Vorbereitungszeit auf das Priestertum reift in Foucauld der Plan weiter: das Leben von Nazaret – aber nicht mehr im Heiligen Land, sondern in Marokko; dort, wo man Jesus nicht kennt, dort, wo einem das Martyrium geschenkt werden kann.

Er läßt sich in Beni-Abbès, einer Oase am Rand Marokkos, nieder in der Hoffnung, bald in das Land eindringen zu können, das ihm jetzt noch versperrt ist. Es ist eine Station, welche die Karawanen nach Marokko und aus Marokko passieren müssen. Charles de Foucauld hat sich dort einen Platz zwischen der Bevölkerung und der französischen Garnison ausgesucht. Er will zwischen den beiden Gruppen vermitteln; aber vor allem will er ein Leben in äußerster Armut führen. Drei Monate nach seiner Ankunft schreibt er an seine Cousine:

„Ich möchte, daß alle Einwohner, Christen, Moslems, Juden und Heiden, mich als ihren Bruder, den Bruder aller Menschen, betrachten."

„Khaoua", Bruderschaft, nannte man seine erbärmliche Wohnung. Das kontemplative Leben, das er dort führt, wird durch die Wüstenerfahrung noch unterstrichen:

„Da zieht sich der nahezu unendliche Horizont der Steinwüste Hammada hin und verliert sich in den hellen Himmel der Sahara; man denkt an das Unendliche, an Gott, der so groß ist – Allah Akbar."

Aber Foucauld bleibt Realist. Vom ersten Tag seiner Ankunft an sieht er, daß die Sklaverei noch nicht abgeschafft ist und von der französischen Behörde geduldet wird. Er kämpft kompromißlos gegen dieses Unrecht und reicht Eingaben über Eingaben nach Paris ein:

„Wehe euch Heuchlern: Auf Briefmarken und überallhin schreibt ihr: ‚Freiheit, Gleichheit, Brüderlichkeit – Menschenrechte!', und legt zugleich Sklaven in Fesseln; Banknotenfälscher verurteilt ihr zur Galeere und duldet zugleich, daß man Kinder von ihren Eltern reißt und öffentlich verkauft."

Nach drei Jahren Kampf hat er Erfolg.

Er verurteilt auch die Übergriffe mancher Mitglieder der französischen Armee; sie sei nur eine Besatzungsarmee, so wie zur Zeit Jesu die römischen Legionen Palästina besetzt hielten, und könne nur eine positive Aufgabe haben: die arme Landbevölkerung vor den ständigen Übergriffen der Räuber zu schützen.

Die Grenze nach Marokko im Westen bleibt verschlossen. Foucauld orientiert sich deshalb nach Süden, in die Gegend des Hoggars, die Heimat der Tuaregs, die noch nie ein Wort der Frohen Botschaft gehört haben. Zweimal reist er nach Süden und gründet dann im August 1905 in Tamanrasset, im Herzen der Sahara, eine Einsiedelei ähnlich der von Beni-Abbès. Dort verbringt er zur Hauptsache die letzten elf Jahre seines Lebens, um das „Apostolat der Güte und der Freundschaft" zu leben; er will „Freund sein für alle, Gute oder Böse".

Mit Feuereifer lernt er „Tag und Nacht" die Sprache der Tuaregs. Neben Gebet und der Beschäftigung mit den vielen Besuchern widmet Foucauld einen großen Teil seiner Zeit dem Sprachstudium. Schon 1907 veröffentlicht er ein „Wörterbuch Tuareg-Französisch der Orts- und Stammesnamen im Dialekt der Ahaggar"; 1908 bringt er eine verbesserte Auflage des Entwurfs einer Tuareg-Grammatik von Molinski heraus. Er will der Kultur der Tuaregs das Bürgerrecht verschaffen. Sein Tuareg-Französisch-Wörterbuch ist eine wissenschaftliche Großtat, wird aber erst nach seinem Tod veröffentlicht.

In gleicher Weise interessiert sich Foucauld für alle neuen Techniken, die einer Entwicklung der Saharagebiete dienen können – sei es das

Projekt einer trans-saharischen Eisenbahn oder einer Telegraphenlinie zwischen Algier und Timbuktu. Bald darauf errichtet er im Hoggar-Gebirge eine meteorologische Beobachtungsstation.

Mit allen Kräften versucht er, überzeugte Christen zu gewinnen, die in der Sahara als ehrliche Kleinkaufleute oder auch als Krankenschwestern ein einfaches Leben nach dem Evangelium führen könnten. Aber er bleibt bis zu seinem Tod allein. Kein Ordensmann und kein Laie schließt sich ihm an. Seine Gründungspläne schlagen fehl. Wohl reist er dreimal für eine kurze Zeit nach Frankreich (1909, 1911, 1913), um Gefährten zu finden. Er will nach Beendigung des Krieges längere Zeit in Frankreich für seine Pläne werben. Aber er findet vorher den Tod und wird seine Geburtsstadt Straßburg, die er so gerne besuchen wollte, niemals mehr wiedersehen.

Inzwischen dringt er noch etwas tiefer in den Süden vor, ins Hoggar-Gebirge. Er wird immer mehr ein Einheimischer, ein Tuareg unter den Tuaregs. Das bereitet ihm, als Christen, eine gewisse Genugtuung, denn die Tuaregs waren es, die seinen Freund Morès ermordeten, als er den Hoggar erkunden wollte.

,,Ich lebe unter den Menschen, die meinen Freund Morès getötet haben; ich räche ihn, indem ich Böses mit Gutem vergelte."

Im Hoggar, auf dem Assekrem, errichtet er in 2700 m Höhe eine neue Einsiedelei. Dieser einsame Platz ist überaus schön. ,,Eine bizarre Gebirgslandschaft", schreibt er; ,,es ist wunderbar, auf dem Assekrem mit seiner so schönen Natur, seinem weiten Horizont und seinen starken Winden zu wohnen." Der Assekrem wird für ihn ein Ort der Kontemplation. Aber zugleich Stätte der Begegnung; die Karawanen ziehen hier durch. Charles de Foucauld pendelt zwischen beiden Orten, dem Assekrem und Tamanrasset.

Seine beiden letzten Lebensjahre stehen unter dem Vorzeichen des Krieges, der seine Schatten auch in diese Gegend wirft; es wird unsicherer, und plündernde Banden ziehen umher. Zum Schutz der Armen hat Foucauld seine Einsiedelei in Tamanrasset zu einer kleinen Burg ausgebaut: ,,Wenn ich meine Mauer-Zinnen überschaue, muß ich an die Burgklöster und Festungskirchen des 10. Jahrhunderts denken."

Am Freitag, den 1. Dezember 1916, bei Einbruch der Nacht, wird die Einsiedelei von etwa vierzig Plünderern umstellt; ein Verräter lockt Foucauld heraus. Ein junger Bursche bewacht ihn, während die anderen ihr Werk beginnen. Als zwei Méharisten eintreffen, gerät der Junge in Panik und schießt. Charles de Foucauld ist sofort tot.

Charles de Foucauld wurde also ermordet – zu Beginn des gleichen 20. Jahrhunderts, in dem so viele unschuldige Menschen wie er sterben müssen, Gefangene des mannigfachen Wirrwarrs dieses Jahrhunderts: Charles de Foucauld stirbt allein; ein Weizenkorn, das in die Erde fällt.

II. Schriften

Bruder Karl von Jesus, wie er sich nannte, hat geistliche Aufzeichnungen hinterlassen, die ungefähr fünfzehntausend Schreibmaschinenseiten füllen. Davon war außer den *Statuten für die Vereinigung der Brüder und Schwestern vom Heiligsten Herzen Jesu* (anonym 1909 in Algier gedruckt; in dieser ersten Fassung 39 Seiten dick) nichts für die Veröffentlichung gedacht. Unter seinen geistlichen Schriften gibt es auch keine systematische Abhandlung.

1. Betrachtungen aus der Zeit von 1897 bis 1900

Etwa dreiviertel seiner Schriften stammen aus der Zeit in Nazaret. Aber schon 1896 hatte er in Rom begonnen, geistliche Notizen niederzuschreiben (*Betrachtungen über das Alte Testament,* zu Gen 1–39). Um gegen seine Gebetsdürre anzugehen, schrieb er – auf den Rat Abbé Huvelins hin – seit März 1897 seine Meditationen nieder, in seiner engen Hütte von Nazaret oder in der Kapelle der Klarissen vor dem Heiligsten Sakrament. Er benutzte dabei dünne Schulhefte. Die Betrachtungen sind auf den ersten Blick ermüdend und können kaum Interesse wecken; tatsächlich enthalten sie aber sein ganzes Streben zu Jesus hin und sind gleichsam ein einziger Ausdruck seiner Anbetung und Liebe.

Eine erste Reihe von Heften trägt den Titel: *Lesung des heiligen Evangeliums.* Es handelt sich um die tägliche Meditation nach dem Matthäus-Evangelium von März 1897 bis März 1898. Es sind Herzensergüsse in ständigen Wiederholungen. Das Grundschema ist folgendes: 1. ,,Höre, was Jesus gesagt hat!“ 2. ,,Wie hat er sein Wort selbst gelebt?“ 3. ,,Was habe nun ich zu tun?“

Ab Juni 1897 geht er nach einer anderen Methode voran. Zu einem Katalog von fünfzehn Tugenden, den er sich zusammengestellt hat, sucht er im Evangelium entsprechende Texte. Das sind die *Betrachtungen über Evangelientexte in bezug auf fünfzehn Tugenden.* Nur vier der fünfzehn Themenkreise hat Charles de Foucauld allerdings durchgearbeitet.

Zur gleichen Zeit schreibt er die *Betrachtungen über die Psalmen und die Propheten* (Juni 1897 bis März 1898) und die *Kleinen Anmerkungen zur Bibel* (März bis Juli 1897) nieder.

Am umfangreichsten werden die *Betrachtungen über die Evangelien,* die über eine Zeit von 18 Monaten reichen (September 1897 bis März 1899).

In einer anderen Weise des Umgangs mit der Bibel folgte Foucauld einfach dem irdischen Leben Jesu – in drei Schritten: Advent, Wüste (Jesu Fasten) und öffentliches Leben. Diese Betrachtungen tragen den Titel: *Versuch, Jesus Gesellschaft zu leisten,* und bestehen nur aus den Texten des Evangeliums.

Er schrieb auch einfach *Auszüge aus den Evangelien* ab und stellte zwei

„Portraits" von Jesus zusammen: *Das eine Maß* und *Unser liebevoller Erlöser*.

Aus dieser Zeit gibt es auch noch andere biblische Meditationen. Die *Besinnungen über die Feste des Jahres* meditieren nämlich nicht die Heiligenleben, sondern das Geheimnis Jesu im Ablauf des liturgischen Jahres (31. Oktober 1897 bis 31. Oktober 1898). Auch die *Exerzitien in Efraim* (14.–21. März 1898) bilden eine Reihe von Betrachtungen über die siebzehn ersten Kapitel des Lukasevangeliums.

Von Bedeutung sind die *Exerzitien in Nazaret* (5.–15. November 1897); sie halten sich an das klassische Exerzitienschema, sind aber im Grunde nichts anderes als Betrachtungen über das Leben Jesu.

2. Betrachtungen und Notizen aus der Zeit von 1901 bis 1916

Nach seiner Rückkehr aus dem Heiligen Land und seiner Priesterweihe schreibt Foucauld viel weniger. In Beni-Abbès und Tamanrasset ist er mehr mit Besuchen und Kontakten zur Bevölkerung beschäftigt. Und während der letzten zehn Jahre seines Lebens gilt sein Arbeitseinsatz vor allem der Sprache der Tuaregs.

Die geistlichen Aufzeichnungen dieser Zeit bestehen hauptsächlich aus verschiedenen Notizen und Vorsätzen von den Exerzitien, die er jedes Jahr macht, und aus einigen anderen Aufzeichnungen und Gedankensplittern. Die Betrachtungen zu den Evangelien, vor allem von 1916, werden immer nüchterner und dichter.

3. Andere Schriften

Während der Zeit im Nahen Osten und in der Sahara entstehen auch die verschiedenen *Pläne zur Gründung einer Ordensgemeinschaft*. Am lebendigsten und reichhaltigsten unter den Schriften, die Charles uns hinterließ, ist – neben den genannten Plänen – seine *Korrespondenz*. Dort können wir die Entwicklung seines inneren Lebens am besten verfolgen und finden den zuverlässigsten Ausdruck seines geistlichen Suchens.

Es gibt keine Gesamtausgabe der geistlichen Schriften von Bruder Karl; undatierte und nicht einzuordnende Bruchstücke seiner Schriften finden sich in allen möglichen Werken; die wichtigsten sind in der Bibliographie angegeben.

Eine Übersicht der hinterlassenen Manuskripte und der Veröffentlichungen findet sich bei J. F. Six, *Itinéraire spirituel de Charles de Foucauld,* Paris 1958, 411–423. Der Verlag Nouvelle Cité (Paris) gibt seit 1977 eine Gesamtausgabe der Schriften Charles de Foucaulds heraus; bis 1982 sind es neun Bände.

III. Bedeutung

1. Grundsicht

Charles de Foucauld ist zwar ein überaus sorgfältiger Gelehrter, aber kein abstrakter Denker. Er gehört nicht zu den Wesensmystikern wie Suso oder Johannes vom Kreuz, sondern zu den Existenzmystikern wie Franz von Assisi, Vinzenz von Paul oder Therese von Lisieux. Er hat keine geistige Botschaft ausgearbeitet, aber das Lebenszeugnis einer Mystik des Evangeliums gegeben.

So wie Franz von Assisi sich am öffentlichen Leben orientierte, das Jesus während der drei Jahre seines Predigens in Palästina führte, so sehnte sich Foucauld danach, das verborgene Leben Jesu während der dreißig Jahre in Nazaret nachzuahmen. Vom Datum seiner Bekehrung an (1886) bis zu seinem Tod (1916) bezieht sich Foucauld ständig auf diese Grundintention, und seine Entwicklung ist eine Entfaltung dieser Sehnsucht. Er will das Evangelium nicht als unmittelbare Verkündigung, sondern verborgen und leise leben. Auch in der Theologie gibt es auf der einen Seite eine positive Lehre von Gott – durch Beweise seiner Existenz und durch Aufweis seiner vielfältigen Manifestationen –, auf der anderen Seite aber auch eine negative Theologie, die auf das „sanfte, leise Säuseln Gottes“ (1 Kön 19,12) als das Zeichen seiner Gegenwart hinweist. Foucauld steht auf der Seite dieser letzteren „Mystik der Nacht“, der Kenosis, der „Entäußerung Gottes“, seines Schweigens, in dem Gott im je größeren Verbergen sich immer deutlicher zu erkennen gibt. Therese von Lisieux hat diese Art der Mystik mit ihrem Verständnis des Hohen Lieds der Liebe entwickelt.

Damit hat Foucauld wohl eine Mystik gelebt, die in unsere Zeit paßt. Auch unsere Mitmenschen weichen zurück vor allzu lauttönenden Sätzen, mit denen man zuviel beweisen will. Sie hören lieber auf leise Töne. Sie ziehen indirekte Hinweise kategorischen Behauptungen vor. So verehrt man doch gerade in dem demütigen Papst Johannes XXIII. einen Gottesmann und hat ihn sogar ein „lebendiges fünftes Evangelium für unser Jahrhundert“ genannt.

Einige wichtige Jahre seines Lebens war Charles de Foucauld erfaßt vom stolzen Wollen der Moderne, die nach Macht um der Macht willen strebt, die fremde Völker zu kolonisieren und unbekannte Länder zu erforschen sucht; doch durch die Bekehrung zu „Nazaret“ ist er ein Zeichen für unsere Zeit geworden; ein Zeichen dafür, daß es nicht um Macht und Besitz geht, sondern um Entäußerung und zuerst um das Frei-werden von dem törichten Verlangen, das eigene Reich in dieser Welt zu errichten – ein Streben, für das Namen wie Hitler und Stalin bald nach dem Tod Charles de Foucaulds stehen werden.

Diese Selbstentäußerung ist für Foucauld nur lebbar durch die Gnade des unendlich gütigen Vatergottes, dem er sich in totalem Vertrauen überläßt.

In einer Meditation aus dem Jahre 1897 über die letzten Worte Christi, mit denen dieser sich am Kreuz dem Vater übergibt, hat Charles de Foucauld dies ausgesprochen. Der Kern dieser Meditation ist zu einem Gebet geworden, das die Jünger Bruder Karls immer wieder beten:

Mein Vater,
Ich überlasse mich Dir;
Mach mit mir, was Dir gefällt.
Was Du auch mit mir tun magst,
Ich danke Dir;
Zu allem bin ich bereit,
Alles nehme ich an.

Wenn nur Dein Wille sich an mir erfüllt,
An allen Deinen Geschöpfen –
So ersehne ich weiter nichts,
Mein Gott.

In Deine Hände lege ich meine Seele,
Ich übergebe sie Dir, mein Gott,
Mit der ganzen Liebe meines Herzens,
Weil ich Dich liebe
Und weil diese Liebe mich treibt,
Dir mich hinzugeben,
Mich in Deine Hände zu legen,
Ohne Maß,
Mit einem grenzenlosen Vertrauen.

Denn Du bist mein Vater.

2. Stufen

„Nazaret" heißt die Grundintuition Charles de Foucaulds, die sich stufenweise realisierte.

Zuerst wollte er sie gleichsam buchstäblich verwirklichen. Auch der Poverello (Franz von Assisi) hat ja zuerst mit eigenen Händen die Kapelle von San Damiano wiederaufgebaut; in ähnlicher Weise versuchte Foucauld anfangs, ein Leben unter den äußeren Gegebenheiten zu führen, wie er sie 1888 bei seinem Pilgeraufenthalt in Nazaret vorfand; er wollte diese Weise der gelebten Armut, er wollte ganz konkret die Rolle des Jesus von Nazaret als „armer Zimmermann" übernehmen. Im Evangelium suchte er alles das, was auf diese Armut hinweist, auf die Erniedrigung des Sohnes Gottes, der Mensch geworden ist; eine Erniedrigung, die er so armselig, so erdennah ausdeutete, wie er nur konnte. Ein Wort aus einer Predigt Abbé Huvelins begleitete ihn: „Jesus Christus hat so sehr den letzten Platz eingenommen, daß dieser ihm von keinem Menschen jemals streitig gemacht werden konnte." Dieses Wort will Charles de Foucauld so genau wie möglich auf sich anwenden, mit äußerstem Eifer und kompromißloser Radikalität. Deshalb genügt ihm auch das Priorat von Akbès nicht, obgleich dort äußerste Armut herrschte und es einen Prior hatte, der als ehemaliger Abt in bewundernswürdiger Demut alle seine Vorrechte aufgegeben hatte.

Charles de Foucauld kommt zur Überzeugung, daß dieser Nazaret-Weg, den keine kirchliche Gemeinschaft eingeschlagen zu haben scheint, in der Kirche gelebt werden muß. Seit 1893 ist er also getrieben von dem Anliegen, eine Gemeinschaft zu gründen, die wie er und mit ihm das Leben von Nazaret verwirklichen soll, die Lebensweise, die ihm am Herzen liegt und die zu verwirklichen er begonnen hatte. In einem Brief vom 22. September 1893 an Abbé Huvelin entwirft Charles in einer ersten Gesamtschau ein Bild dieses gemeinsamen Lebens von Nazaret, das er gründen möchte.

Vor allem muß die Gemeinschaft, wie er sie will, für die Armen da sein. Den Unterschied, den man in den monastischen Gemeinschaften zwischen handwerklicher und geistiger Beschäftigung, zwischen Brüdern und Patres macht, lehnt er ab. Alle ohne Ausnahme sollen zur körperlichen Arbeit verpflichtet sein; denn auch Jesus „hat mit seinen Händen gearbeitet".

Die Klöster dürfen auch keine großen landwirtschaftlichen Betriebe bilden, sondern müssen kleine Gemeinschaften bleiben. „Klöster mit einer großen Zahl von Ordensleuten bekommen fast notwendig ein großes materielles Gewicht." Das aber widerspräche Nazaret. Man soll weder große Gebäude noch viel Land haben; ja, was an Land und Gebäuden notwendig ist, soll man mieten. Auf keinen Fall dürfe man Eigentum – weder persönliches noch gemeinsames – besitzen. Der Lebensunterhalt der Gemeinschaft muß grundsätzlich durch die körperliche Arbeit der Mitglieder bestritten werden und darf nicht durch Almosen oder durch die Hilfe anderer Zuwendungen von außen gewährleistet sein.

Und weiter noch:

„Man muß alles teilen, von einem Tag auf den anderen leben, muß sich so weit wie möglich entäußern."

Da nun eine solche Gemeinschaft aus einfachen Arbeitern bestehen soll und alle gleichberechtigt sind – ob es sich um armenische Arbeiter handelt, wie man sie z. B. bei den Trappisten in Akbès beschäftigte, oder um Europäer –, muß auch die Liturgie für alle zugänglich sein. Foucauld findet die benediktinische Liturgie zu „kompliziert"; einfache, ungebildete Arbeiter kommen mit ihr nicht zurecht. Anstatt ihnen nun eine langwierige geistige Unterweisung zu geben, um sie in diese Liturgie einzuführen, findet Foucauld, daß man die Liturgie selbst durch einfache Gebete und durch die heilige Messe ersetzen soll.

„Unsere Liturgie verschließt unsere Klöster vor Arabern, Türken, Armeniern und anderen, die zwar alle katholisch sind, aber kein Wort unserer europäischen Sprachen verstehen." Daher soll man „am Morgen und Abend vor dem ausgesetzten Allerheiligsten beten; und der Tag sei der Arbeit geweiht".

Foucauld will schließlich, daß seine Gemeinschaften für alle da sind. Sie sollen überall, „besonders in den nicht-christlichen Ländern", errichtet werden. Sie müssen so geartet sein, daß man sie ohne große Anpassungsschwierigkeiten überallhin verpflanzen kann.

Das alles ist revolutionär im Vergleich zu den existierenden Orden; für diesen großartigen Plan findet Foucauld höchstens in der Vision des heiligen Franz von Assisi ein Vorbild. Jener wollte, daß seine Minderbrüder auf allen Wegen predigen, wie es Jesus in Galiläa und Judäa getan hatte; Charles de Foucauld will, daß seine Gemeinschaft „das verborgene Leben unseres Herrn verwirkliche, wie Franz von Assisi das öffentliche Leben Jesu verlebendigen wollte".

Von 1893 bis 1896 greift Foucauld diese Grundintuition immer wieder auf und entwickelt sie weiter. Oftmals spricht er von seiner großen „Sehnsucht":

„Wir werden niemals Geld von einer Woche für die nächste zurücklegen." – „Wie soll unsere Arbeit aussehen? So wie bei den Ärmsten des Landes, in dem wir leben." – „Sie muß einfach sein, damit alle, Ausgebildete oder Ungelehrte, Starke oder Schwache, sie tun können." – „Ohne Unterschied sollen Gebildete und Ungebildete, Junge und Alte, Priester und Laien aufgenommen werden." – „Es darf kein Unterschied herrschen zwischen Patres und Brüdern oder Laienbrüdern. Alle sind gleich, alle nennen sich Brüder." – „Wo leben wir? Vor allem in den Vorstädten, wo die Armen wohnen."

Bald darauf kann er in Nazaret selbst das „Leben von Nazaret" führen. Am 31. Januar 1897, bei der Abreise ins Heilige Land, schreibt er:

„Mein neues Leben, vor dem ich stehe, wird viel verborgener, viel einsamer sein als das, das ich jetzt verlasse."

Der brillante Offizier wird also mit 39 Jahren ein gewöhnlicher Hausbursche in einem Kloster von Ordensschwestern; der Europäer wird im Gewand der Armut zur Spottfigur für Gassenjungen. So also möchte er sich mit Jesus von Nazaret identifizieren. Und so verfolgt er seine Gründungsabsichten.

Abbé Huvelin hat schwere Bedenken; er schreibt an Charles de Foucauld: „Entwerfen Sie keine Regel, ich beschwöre Sie. Ihre Regel ist völlig undurchführbar. Bei der Regel des heiligen Franziskus hat der Papst gezögert, sie anzuerkennen, sie sei zu hart; aber was Sie vorhaben ...! Ehrlich gesagt, ich erschrecke." Aber in seiner Holzhütte von Nazaret erhalten die Gedanken an eine Gründung weiteres Leben; und durch die Begegnung mit Mutter Elisabeth vom Kalvarienberg, der Äbtissin der Jerusalemer Klarissen, im Juli 1898 bekommt er Sicherheit. Sie verweist ihn nach Akbès, wo er einen Novizen finden könne, den Charles gekannt hatte und der das Trappistenkloster verlassen hatte. Es ist Bruder Pierre. Auf der Reise von Jaffa nach Alexandrette (15.–18. September 1898) beginnt Charles de Foucauld den großen Entwurf der *Regel der Einsiedler vom Heiligsten Herzen Jesu* (die Namensänderung von *Kleine Brüder* in *Einsiedler* ist kennzeichnend für den damaligen Umschwung, den sein Eremitendasein in Nazaret und das noch ,,verborgenere" Leben dort mit sich gebracht haben). Bruder Pierre will ihm aber nicht folgen.

Am Dreikönigstag 1899 schreibt Foucauld vor dem Allerheiligsten eine lange Meditation nieder, in der er seine augenblickliche Verfassung zum Ausdruck bringt. Er schreibt sie noch einmal ab und macht daraus ein zweifaches Dokument: *Die vorläufige Regelung* (das sind die Konstitutionen) und *Die endgültige Regel der Einsiedler vom Heiligsten Herzen Jesu.*

Neu am Text und Kennzeichen einer endgültigen Wende im Leben Foucaulds ist die Betonung von Priestertum und Apostolat. Seit einigen Monaten ist er betroffen vom Geheimnis des Gangs Marias zu Elisabeth; sein Wille, ,,Heilbringer mit Jesus" zu sein, nimmt von dieser Zeit an den ersten Platz unter seinen evangelischen Bestrebungen ein. Das Dokument ist von grundlegender Bedeutung; in der Frische des Ursprungs bringt es nämlich die geistliche Synthese ins Wort, die Foucauld nun erreicht hat: Das Leben von Nazaret ist zugleich verschlossen und offen, zugleich schweigsam und gastfreundlich, zugleich ein Ort des vertrauten Lebens mit Jesus und des Aufbruchs zur Sendung.

Am Freitag, den 9. Juni 1899, am Fest des Heiligsten Herzens Jesu und genau zwei Jahre vor seiner Priesterweihe, greift Bruder Karl von Jesus die Meditation vom Dreikönigstag wieder auf, präzisiert sie und verfaßt ein langes Schriftstück: die *Regel der Einsiedler vom Heiligsten Herzen Jesu.* Sie hat drei Teile: (1) die Augustinus-Regel – denn seit Ende Oktober 1898 hat Charles sich von der Benediktinerregel gelöst, da sie ihm zu kompliziert ist, und hält sich nun an die Regel des heiligen Augustinus; (2) die Konstitutionen; (3) die Lebensordnung der Einsiedler vom Heiligsten Herzen Jesu.

Nach dem Vorbild der vierzig Anweisungen der Augustinus-Regel haben die Konstitutionen der Einsiedler vom Heiligsten Herzen Jesu vierzig Absätze. Die vierzig Kapitel der Lebensordnung bilden die Kommentare dazu. Ihnen geht ein Vorwort voraus, das fast wortgetreu die Meditation vom Dreikönigsfest 1899 wiedergibt.

Noch stärker als am Dreikönigsfest betont Charles de Foucauld nun das ,,Heil der Seelen". ,,Heil bringen" soll Wesensausdruck für die innere Liebe des Einsiedlers werden. Die Öffnung zum Apostolat weitet sich.

Das Leben der Einsiedler vom Heiligsten Herzen Jesu soll sich in einem doppelten Rhythmus abspielen: eine Zeit des innigen Allein-seins mit Jesus und in Jesus – eine Zeit also, in der der Eremit nichts anderes anschaut als das Sakrament des Altares, das Herz von ,,Klein-Nazaret"; und eine Zeit, in der er das Geheimnis Christi zu den anderen bringt und ihnen durch Gastfreundlichkeit, Güte, Hochachtung und Freundschaft die Liebe Jesu offenbart.

Die Exerzitien vor dem Diakonat (15.–23. März 1901) geben der Sehnsucht nach einer Ordensgründung neues Leben und bringen eine weitere Entfaltung mit sich: Das Priestertum lädt ihn dazu ein, sich inmitten der

Herde, die ihm anvertraut sein wird, aufzuopfern. Foucauld erkennt deutlich: Wenn das Priestersein die totale Hingabe an Jesus – das meint Martyrium – verlangt, dann fordert es ebenso die Hingabe eines jeden Lebenstages, eine unbegrenzte Liebe, eine bedingungslose Selbstübergabe an alle Menschen und besonders an diejenigen, die ihm anvertraut sind.

Diese Entwicklung seiner Gedanken und seiner Lebenshaltung drückt sich in der erneuten Umformulierung aus: Jetzt möchte er die zukünftigen Mitglieder seiner Gemeinschaft nicht mehr *„Einsiedler"*, sondern wieder *„Kleine Brüder" vom Heiligsten Herzen Jesu* nennen. Im Oktober 1901, nachdem er in Beni-Abbès angekommen ist, erkennt Foucauld deutlicher als je zuvor, wie notwendig die Gründung der Kleinen Brüder ist. Monsignore Charles Guérin, der apostolische Präfekt von Ghardaia, gibt ihm auch sogleich die Erlaubnis, Gefährten zu suchen. Anfang 1902 arbeitet Charles de Foucauld den Text von 1899 noch einmal durch, ändert aber kaum etwas.

Nach dieser ersten Periode voller Wünsche und Pläne kann man die zweite von 1901 bis 1916 als die Zeit ansehen, in der er das Leben von Nazaret verwirklicht. Das geschieht in der Sahara – also nicht mehr in Nazaret, wie er es zu Beginn erstrebte. Foucauld findet vom Buchstaben zum Geist. Sein Verlangen nach einer neuen Gemeinschaft bleibt lebendig. Da sich niemand findet, um mit ihm das Leben von Nazaret als Ordensangehöriger zu führen, schaut Foucauld nach Laien aus, mit denen er das Projekt „Nazaret" verwirklichen kann. Er entwickelt also Pläne für „weltliche" Gemeinschaften. Nicht neben den bis dahin angezielten Ordensgründungen, sondern nach ihnen, als seine nächste und letzte Entdeckung. Während der zehn letzten Lebensjahre setzt er alle seine Kräfte ein, um diese Gemeinschaft von Laien zu gründen: *„Die Vereinigung der Brüder und Schwestern vom Heiligsten Herzen Jesu".*

1909 beschreibt er diesen Plan:

„Die Brüder und Schwestern, die weder Priester noch Ordensleute sind, haben nicht die Aufgabe, die Ungläubigen über die christliche Religion zu belehren, ihre Bekehrung durchzuführen, sondern diese vorzubereiten, indem sie sich menschliche Hochschätzung unter ihnen erwerben, indem sie durch ihr eigenes Leben die Vorurteile entkräften, indem sie die christliche Moral mehr durch ihr Leben als durch Worte bekannt machen. Sie sollen die Nicht-Christen vorbereiten, indem sie ihr Vertrauen, ihre Hochschätzung, ihre persönliche Freundschaft gewinnen."

In folgenden Worten beschreibt er die Gemeinschaft von ihrer Aufgabe her:

„Das Werk hat ein dreifaches Ziel: im Leben von Menschen jeglicher Herkunft eine Rückkehr zum Evangelium zu bewirken; das Wachstum der Liebe zur Heiligen Eucharistie zu bewirken; einen Antrieb zur Evangelisation der Ungläubigen zu bewirken."

Es sollen also vorbildliche Christen dafür gewonnen werden, sich bei den Ungläubigen als ,,Landwirte, Siedler, Kaufleute, Handwerker, Grundbesitzer usw." niederzulassen.

,,Sie sollen eine wichtige Stütze für die Missionare bilden; denn sie sollen durch ihr Beispiel, ihre Güte, ihre Kontaktfreudigkeit den Ungläubigen den christlichen Glauben anziehend machen."

,,Überzeugte Christen, die unter den Ungläubigen leben, wird die Brudergemeinschaft zu einer Art Laienmissionare machen; sie wird andere überzeugte Christen dazu bewegen, ihre Heimat zu verlassen, um Laienmissionare unter den am meisten verlorenen Menschen zu sein." (Brief vom 11. März 1909 an M. Caron)

In den Statuten der ,,*Vereinigung*" finden sich diese Grundideen wieder. In deren Verdeutlichungen und einfachen, ja naiven Einzelanweisungen kommt eine brennende Liebe zu Jesus zum Ausdruck und eine unermeßliche Sehnsucht, mit Jesus zusammen Seelen zu retten.

Vier Monate vor seinem Tod schreibt Charles de Foucauld:

,,Mehr als je zuvor träume ich von dem schlichten Unternehmen ... Ich denke daran, die Statuten vereinfacht und stark gekürzt zu veröffentlichen; dabei möchte ich die Organisation völlig verändern und vereinfachen." (Brief an Marie de Bondi vom 29. Juli 1916)

Zwei Monate später beschreibt er mit wenigen Worten den geistigen Kern seiner Gemeinschaft, die Idee vom mystischen Leib, und ihre Grundorientierung:

,,Wir brauchen Priszillas und Aquilas (gemeint sind Menschen wie die Mitarbeiter des Apostels Paulus, vgl. Apg 18,1–3.18.26; Röm 16,3f.); sie müssen eins sein untereinander, in dem, was sie einzeln, und in dem, was sie gemeinsam tun; sie müssen einander kennen – geheimnisvolles Priestertum des Gläubigen, der sich zum Opfer bringt und Jesus als Opfer darbringt in allen Anliegen des göttlichen Erlösers (Verherrlichung Gottes, Kommen seines Reiches, Erfüllung seines Willens, Heil der Menschen) und der wie Jesus das Heil der Menschen zu seinem Lebenswerk macht." (Brief an J. Hours vom 1. Oktober 1916)

Aber auch jetzt – wie beim Plan für die Ordensgemeinschaft – findet Foucauld niemanden, der mit ihm das Leben von Nazaret teilt; er bleibt allein in der Wüste. Nach Beendigung des Krieges will er versuchen, in Frankreich Laien zu gewinnen, die mit ihm das Leben in der Sahara teilen wollen. Er hat auch die Absicht, die Statuten der Gemeinschaft zu überarbeiten (nach seinem Tode wurden sie von L. Massignon in ihrer unvollendeten Form veröffentlicht); er ist immer mehr erfüllt vom Bestreben, das Evangelium zu denjenigen weiterzutragen, die am weitesten vom Evangelium entfernt sind.

Aber zu seinen Lebzeiten findet sich niemand, der ,,Nazaret" zusammen mit ihm leben will. Nur 49 Mitglieder zählt die kleine *Vereinigung* (Priester, Ordensleute und einige Laien), in der man sich ohne große Verbindlichkeit bereiterklärt, seinem Aufruf zum Beten für die am weitesten Entfernten nachzukommen. Die letzten Jahre seines Lebens waren also eine ganz besonders „dunkle Nacht des Geistes", in der er erfahren mußte, daß seine Vision von „Nazaret" ein totaler Mißerfolg war.

Doch in dieser Nacht, in diesen letzten Lebensjahren, versteht Foucauld noch tiefer, was „Nazaret" bedeutet. Immer wieder kommt ihm der Gedanke, wie schlecht er diese Region des nördlichen Afrika kennt, wo er doch so viele Jahre vor und nach seiner Bekehrung gelebt hat, wo er doch seine Kräfte eingesetzt hat für die Sprachforschungen, die ihm eine sehr genaue Kenntnis der Redeweise und der Mentalität der Tuaregs verschafften; er strebt nach „einem noch viel engeren Kontakt" mit den Menschen, auf die er sich eingelassen hat, und beschreibt „Nazaret" immer mehr als eben diese Verwurzelung, als ein noch endgültigeres Sich-Binden an diese bestimmte Gruppe von Menschen. Er will immer mehr denken wie ein „Tuareg" und das Leben derer leben, die ihm Gastfreundschaft gewährt und ihn aufgenommen haben. Als Forscher wollte er Orte und Völker erobern; als Priester wollte er sie bekehren; je mehr er mit ihnen vertraut wird, um so mehr geht ihm auf, daß er von vorne anfangen und sich von denen erobern lassen muß, die ihn aufgenommen haben; er möchte sich von ihnen gleichsam „zähmen" lassen; er fühlt sich immer stärker nur als ein „Gast", den sie wohlwollend aufnehmen.

Aber man vergesse nicht: Er hat sich eingepflanzt in einer Bevölkerung von Nomaden, einer verlorenen Schar in der unendlichen Wüste Sahara; in einem Stamm, der zu den Völkern gehört, die man bald darauf „Dritte Welt" nennt; und er ist gestorben am Beginn des zwanzigsten Jahrhunderts auf eine Weise, wie noch viele andere durch das blinde Dreinschlagen des Krieges und der mannigfachen Konflikte sterben sollten.

IV. Einfluß

Charles de Foucauld starb unbemerkt von aller Öffentlichkeit. Die *Vereinigung,* die er gegründet hatte, zählte 1916 nur 49 Mitglieder. Aber dieser kleine Kreis von Getreuen ist das Samenkorn einer erstaunlichen Entwicklung.

Louis Massignon (gestorben 1962), eines der Mitglieder, veranlaßt eine bemerkenswerte Biographie. Wenn auch Stil und Sichtweise sehr zeitbedingt sind, gelingt es ihrem Autor, René Bazin, das geistige Gesicht Foucaulds aufleuchten zu lassen. Dieses Buch wird Ausgangspunkt für viele andere Biographien von sehr unterschiedlichem Format. Buchillustratoren und die Filmbranche greifen nach Charles de Foucauld und machen aus ihm eine heroische Kreuzrittergestalt.

Aber auf stille Weise greift sein Einfluß tiefer. Diese verborgenen Wege werden erst etwa dreißig Jahre nach dem Tod Charles de Foucaulds sichtbar.

Sie verlaufen über Mitglieder der Vereinigung, die sich regelmäßig treffen und einfach miteinander beten. Bei einigen Menschen wächst das Verlangen, das Vorbild von Bruder Karl nachzuahmen. Die einen stellen sich seinem Ruf zum strengen Einsiedlerleben, die anderen folgen ganz konkret seinem Appell, für gesellschaftliche Randgruppen, für die Armen und die Kranken dazusein.

1933 entstehen aufgrund der Schriften und der Pläne Charles de Foucaulds zur gleichen Zeit zwei Kongregationen: Eine Gemeinschaft von Männern: fünf junge Priester lassen sich im September 1933 in El-Abiodh-Sidi-Cheikh in der Nähe von Oran nieder unter dem Namen „Brüder von der Einsamkeit". Das Leben in der Wüste und die Erfahrung der Existenzbedingungen der Masse während des Krieges führen diese „Kleinen Brüder Jesu" dazu, in lebendiger Weise die Pläne Charles de Foucaulds auf die jeweiligen Lebensumstände zu übertragen. Heute, 1982, sind es etwa 350 Brüder, die über die ganze Welt verstreut sind. (Anzumerken ist, daß im laufenden Seligsprechungsprozeß Bruder Karl nicht als Ordensgründer anerkannt wurde.) Eine Gemeinschaft von Frauen: sie wurde im August 1933 zu Montpellier gegründet und hält sich treu an die Regel vom Mai 1902, die „Kleinen Schwestern vom Herzen Jesu". Diese Gemeinschaft hat Mitglieder in Frankreich, Deutschland, Marokko, Tunesien, Tamanrasset, Indien und in Lateinamerika.

1939 entstehen die *Kleinen Schwestern Jesu*. Krieg und Nachkriegszeit schenkten ihnen die gleiche Entwicklung wie den *Kleinen Brüdern*. Sie haben etwa 1200 Mitglieder und leben an vielen Orten der nicht-christlichen Welt oder unter den untersten Bevölkerungsschichten.

Andere Initiativen, wie die von Père Peyriguère (gestorben 1959) in Marokko, setzten auf ihre Weise das Beispiel von Bruder Karl in die Wirklichkeit um.

Seit 1950 erhält die Laiengemeinschaft von Charles de Foucauld einen lebendigen Auftrieb; Gruppen von Priestern und Laien konstituieren sich als „Weltliche Fraternitäten".

Zur gleichen Zeit formierte sich unter Priestern aus allen möglichen Ländern die „Priestergemeinschaft Jesus-Caritas". Auch Frauen, die ihrem weltlichen Beruf weiter nachgehen, leben nach den Evangelischen Räten als „Fraternität Jesus-Caritas".

Dazu kommt noch die Gruppe, die ihre Wurzeln auf Foucauld und L. Massignon zurückführt, die *„Sodalität":* Es sind Priester oder Laien, die dort, wo sie sind – oftmals auf einem „vorgeschobenen Posten" –, das Leben von Nazaret führen wollen; sie möchten einsam bleiben, wie es Foucauld während seines ganzen Lebens war, und ganz nahe bei den Ungläubigen leben, die „von Gott am weitesten entfernt sind". Das bedeutet tatsächlich ein Einsiedlerdasein, das zugleich völlig in der Welt engagiert ist.

1955 haben sich diese verschiedenen Gruppen in Beni-Abbès versammelt, um in aller Verschiedenheit ihre Einheit im Ursprung und in der Aufgabe zu bezeugen, nämlich Sorge dafür zu tragen, daß das Charisma von Charles de Foucauld in der Kirche für die Menschen von heute lebendig bleibt.

Der Seligsprechungsprozeß für Charles de Foucauld läuft in Rom die üblichen Bahnen.

Es ist erstaunlich: Charles de Foucauld ist in völliger Einsamkeit gestorben; heute aber berufen sich viele Menschen gerade auf ihn. Man kann Foucauld von dieser geistlichen Jüngerschaft nicht trennen. Dieser Mystiker hat nicht nur eine beeindruckende Anzahl von Nachfolgern hervorgebracht, sondern darüber hinaus eine erstaunlich Verschiedenheit ihrer Weise der Nachfolge. Die einen werden von seinem Einsiedlerleben angezogen, die anderen durch die Pläne für das gemeinsame Leben inspiriert; die einen folgen ihm als Ordensleute nach, die anderen als Laien; aber alle können sich legitimerweise auf ihn berufen.

Auch Ungläubige und von der Moderne geprägte Jugendliche blicken auf ihn. Man muß sich fragen: Worauf beruht dieses starke Interesse? Charles de Foucauld ist gewiß auch eine historisch und psychologisch interessante Gestalt, aber vor allem gibt er Zeugnis von einem Gespür für Gott, das ihn zum Propheten für das zwanzigste Jahrhundert macht, damit die Menschheit im dritten Jahrtausend weiterleben kann.

In seiner Jugend wuchs Charles im Rationalismus und Positivismus auf. Mit seiner Konversion kam er in eine Kirche, die die Weltsicht des heiligen Thomas von Aquin aufleben lassen wollte und damit eine Tradition, in der Gott in philosophischen Kategorien bedacht wurde, als höchstes Sein, als Ursache seiner selbst, als Grund der Welt, als oberstes Prinzip der Moral. Foucauld war kein Philosoph, aber man versuchte, ihn in eine Theologie einzuführen, die sich in philosophischen Kategorien aussprach. Aber in seiner Existenz, durch das, was er lebte, brach Foucauld mit dieser Weise, Gott ins Leben einzubringen. Für ihn ist Gott wie eine Mutter, die in ihrem Innersten um die Menschen bangt, für ihn ist Gott zuallererst Liebe und damit Verwundbarkeit, jemand, der sich selbst zu erkennen gibt und dem man antwortet, den man anerkennt. Foucauld läßt sich von Gott anschauen; er möchte ihn nicht unbedingt ergreifen, ihn um jeden Preis erkennen und erfahren, aber er läßt sich von ihm ganz erfüllen, von ihm, der sich als Geschenk und als Güte offenbart.

Wie der Apostel Johannes trägt Foucauld ständig auf den Lippen, daß Gott es ist, der uns zuerst geliebt hat. Wer sich aber von Gott lieben läßt, dessen Aufgabe kann es nur sein, ihm jegliche bestehende Kultur hinzuhalten, damit sich Gott auch in ihr offenbaren kann. Foucauld bemühte sich, daß Gottes Wort auch in der Sprache der Tuaregs zu „Wort" kommt.

In einer Welt also, in der die philosophischen Grundlagen des Deismus durch Nietzsche erschüttert und die Glaubwürdigkeit durch Freud in

Mißkredit geraten sind, bezeugt Foucauld einen Gott, der sich nicht in erster Linie als Gegenstand der Erkenntnis manifestiert.

Aber wo tritt Gott denn dann in die Begegnung mit uns ein? Für Foucauld ist diese Begegnung vermittelt. Der Arme ist es, der Fremde, der Gott offenbart. Dem Allerhöchsten, wie der Islam Gott nennt, nachfolgen heißt: durch sein Leben bezeugen, daß es nichts Größeres gibt als die Hinwendung zum Nächsten. Gott teilt sich nicht mit in einem Dialog von Geistigkeit zu Geistigkeit, sondern im Gespräch mit dem Nächsten, dem man sagt: „Da bin ich!", dem man sich ausliefert, dem man Frieden kündet. Der Nächste aber ist derjenige, für den ich mitverantwortlich bin als sein Bruder; er ist derjenige, der wichtiger ist als ich.

Das ist die Grundforderung Foucaulds: mich um die Existenz des anderen zu kümmern, mich zuerst für die anderen verpflichtet zu wissen, Unterpfand für die anderen zu sein, die Verantwortung für ihre Freiheit auf mich zu nehmen – ohne vorher Bedingungen zu stellen, daß auch der andere für meine Freiheit verantwortlich sein soll oder sein muß. Meine Verantwortung ist bedingungslos, betrifft alle Menschen – so kann man das Verlangen Foucaulds verstehen, „Bruder aller Menschen" zu sein. Und Gott ist es, der mich zu dieser Verantwortung auffordert. Er treibt mich aus meinem ruhigen „Zuhause" hinaus und hindert mich daran, den anderen „draußen" stehenzulassen. Er fordert mich auf, mich selbst für die Verantwortung der anderen verantwortlich zu fühlen und bis zur sühnenden Stellvertretung zu gehen. Louis Massignon, der große Schüler Charles de Foucaulds, hat dies in bewundernswerter Weise verstanden: „Ich darf nicht damit rechnen, daß der andere für mich eintritt, aber ich muß in jedem Moment bereit sein, an seine Stelle zu treten."

Bedeutet diese Art der Verantwortlichkeit nicht eine maßlose, unrealisierbare Überforderung des Menschen? Doch Foucauld appelliert in einer Welt, die den Menschen mindert, nivelliert und ständig niedriger einstuft, gerade an die Größe des Menschen. Einem solchen Menschen liegt es am Herzen, sich jeder Kleinmütigkeit zu widersetzen. Er lebt schutzlos wie eine offene Stadt. Er kann unendlich Widerstand leisten; er ist frei, wenn er sich dem Nächsten hingibt.

Die Botschaft Ghandis, Martin Luther Kings oder Oscar Romeros kündet Ähnliches. In einer Welt, die durch die Verantwortungslosigkeit der Menschen ein apokalyptisches Ende riskiert, ist der Aufruf Charles de Foucaulds zum Sein-für-den-anderen, zum Verwundbar- und Mutig-Sein von nie dagewesener Aktualität.

Karlmann Beyschlag

DAG HAMMARSKJÖLD
(1905–1961)

„In deinem Wind –. In deinem Licht –."
„Nur dieses – auf diesen Weiten, diesen Höhen."

Von Dag Hammarskjöld soll im folgenden die Rede sein.[1] Hierzu eine persönliche Vorbemerkung. Daß ich mit dem geistigen Vermächtnis Hammarskjölds in Berührung kam, verdanke ich einem reinen Zufall, nämlich der beiläufigen Lektüre eines Hammarskjöld-Aufsatzes, den Rolf Schäfer 1970, etwa neun Jahre nach Hammarskjölds Tod, in der „Zeitschrift für Theologie und Kirche" veröffentlicht hat. Bis dahin war mir nur der Politiker Hammarskjöld bekannt, seine religiöse Kontur dagegen völlig unbekannt. Ich stelle diesen Sachverhalt hier voran, weil er offenbar typisch ist für die Unkenntnis selbst eines professionellen Theologen in bezug auf eine wesentliche religiöse Erscheinung unserer Zeit, mitten im Zeitalter notorischer Überinformation. Ich bin der gleichen Hammarskjöld-Unkenntnis später noch bei vielen anderen gebildeten Protestanten begegnet.

Was mich an Hammarskjöld sofort fesselte, war zweierlei: Einmal die Begegnung mit einem einzelnen späteuropäischen Geistesaristokraten von ungewöhnlichem Format, dessen religiöse Erfahrung, gleichsam wie aus dem Nichts auftauchend, mir plötzlich in den Weg trat. Zum anderen war es das Empfinden, daß dieser Einzelne, ja Vereinzelte, trotz seiner unaufhebbaren Distanz zum kirchlichen Glauben eine exemplarische Erscheinung darstelle, d.h. einen Menschen, dem es ohne Wissen und Wollen auferlegt war, das christliche Grundproblem unserer Zeit zu durchschreiten, um selbst zum Zeichen zu werden für die, deren Glaube zeichenlos durch dieses unerbittliche Jahrhundert wandern muß. Man kann sich an Hammarskjölds innerem Schicksal nicht einfach vorbeidrücken, man müßte sich denn von der Christusfrage unserer Zeit überhaupt für dispensiert halten.

Das ist der Hintergrund, der im folgenden zu beachten ist. Hinzuzusetzen ist, daß es sich selbstverständlich nicht darum handeln kann, Hammarskjöld zum neuen Heiligen des Protestantismus aufzubauen – Heiligenbilder dieser Art gibt es ohnehin genug – und erst recht nicht kann es sich darum handeln, zu irgendeiner Art von Hammarskjöld-

Nachfolge aufzurufen. Wer unser Thema dahin mißversteht, der übersieht nicht nur die Singularität des Falles Hammarskjöld, sondern eben die Tatsache, daß es auch für Hammarskjöld nur *eine* Form der Nachfolge gibt: die Christusnachfolge. Was ich beabsichtige, ist lediglich der Versuch, die Realität unmittelbarer Gotteserfahrung am Schicksal eines Einzelnen zu bezeugen inmitten eines Zeitalters, das die Konzession einer solchen Möglichkeit – man darf wohl sagen: grundsätzlich verweigert.

I. Der Mensch

Damit zur Sache oder besser: zur Person. Wer war Hammarskjöld? Um das zu wissen, muß man mit seinem Tode beginnen, bzw. mit der Todesfrage überhaupt. Das heißt, wir übergehen an dieser Stelle Hammarskjölds gesamte äußere Karriere, angefangen beim schwedischen Adelssohn mit dem unverkennbaren Index geistiger Höchstbegabung, über den steilen Aufstieg durch mehrere schwedische Ministerien, bis hin zum Generalsekretär der „Vereinten Nationen", d.h. faktisch zum ranghöchsten Beamten der Welt, der in einem bis dahin unbekannten persönlichen Einsatz versuchte, die gefährdete Existenz des Menschlichen zu retten, bis die Kongokrise des Jahres 1961 sein Leben forderte. Wir übergehen das alles, um sofort mit seinem Tode zu beginnen. Was bedeutete dieser Tod? Daß Hammarskjölds bis heute nicht aufgeklärter Flugzeugabsturz am 17. September 1961 in der Landeschleife von Ndola in Katanga irgendetwas mit einem Opfertod zu tun habe, ahnten viele, die seinen Weg mit wachen Augen und wachsender Sorge verfolgt hatten. Es scheint für diesen Fall fast sinnbildlich, daß sein Vaterland ihm den Friedensnobelpreis nur noch auf den Sarg legen konnte. Daß sich aber mit diesem Tode ein einzigartiges religiöses Vermächtnis verbinden würde, mitten im religionslosen Zeitalter, das wußten auch Hammarskjölds engste Freunde kaum. Ja, man wollte es selbst dann noch nicht glauben, als längst bekannt war, daß unter Hammarskjölds Papieren in seiner New Yorker Wohnung ein schmales, zum Druck bestimmtes Manuskript gefunden worden war mit dem Titel „Wegmarken", dessen oft änigmatisch verschlüsselte, zuweilen bis zu dichterischer Höhe aufsteigende Eintragungen der Verfasser in einem hinterlassenen Brief als „das einzig richtige Profil" seiner selbst oder, wie er sich in seiner Diplomatensprache ausdrückt, als „eine Art Weißbuch meiner Verhandlungen mit mir selbst und mit Gott" bezeichnete.

Das war der Fund. Das Erstaunlichste aber war: Dieser Fund zeigte einen gänzlich anderen Hammarskjöld, als man je gekannt oder erwartet hatte: Hinter dem bekannten Bilde des kühlen, virtuosen Politikers, der die Nächte durcharbeitete und kaum je zur Kirche ging, trat mit einem Male ein ebenso ungewohntes wie völlig ungewöhnliches christliches

Profil hervor, und zwar mit einer geradezu bestürzenden Unmittelbarkeit und Direktheit. Vielleicht ist für die Ungewöhnlichkeit des Falles, freilich auch für die Unfähigkeit der heutigen Öffentlichkeit, einen Politiker anders als eben rein politisch zu beurteilen, nichts so bezeichnend wie die Urteile einiger Rezensenten, die das hinterlassene Werk kurzerhand für unglaubwürdig und seinen Verfasser mehr oder minder für verrückt erklärten. Hammarskjöld, so hieß es, habe sich offenbar im Zustande politisch-messianischer Selbstvergötterung schließlich mit Christus identifiziert und um dieser fixen Idee willen jenes Tagebuch gleichsam als sein eigenes Evangelium erfunden. Erst Jahre später – aber da war das allgemeine Hammarskjöld-Interesse längst auf dem Rückzuge – mehrten sich die besonnenen, nämlich wissenschaftlichen Nachweise, daß das umstrittene Tagebuch, abgesehen von einer behutsamen Redaktion, nicht nur durch und durch „echt", sondern daß auch die angebliche Christusidentität seines Verfassers tatsächlich nichts Geringeres sei, als der Ausdruck einer im 20. Jahrhundert kaum noch für möglich gehaltenen Christusmystik, von deren Erlebnisstruktur freilich Hammarskjölds Kritiker kaum eine nähere Ahnung hatten. Inzwischen gibt es längst eine ganze Hammarskjöld-Literatur, die das öffentliche Vergessen freilich eher befördert als verhindert hat.

II. Der Weg

So viel zu den Einleitungsfragen. Sie bilden gleichsam das Vorfeld dessen, was sich aus den „Zeichen am Weg", so heißt die deutsche Übersetzung der „Wegmarken", als existenzielles Schicksal mit Gott erhebt, das in den Jahren 1925–1961 in intensivster Form erlebt und in komprimiertester Kürze aufgezeichnet wurde. Dabei muß man sich freilich von vornherein im klaren sein, wen und was man hier vor sich hat, ehe man mit der Lektüre beginnt.

1. Das literarische Zeugnis

Einmal: Wer das schmale Bändchen mit seinen knapp 500 Eintragungen erstmals zur Hand nimmt, sieht sich zunächst einer fast zusammenhanglos anmutenden Kette von Aphorismen gegenüber, deren Verständnis und Verknüpfung vor scheinbar unüberwindliche Schwierigkeiten stellt. In der Tat führen Hammarskjölds Aufzeichnungen schon ihrer Form nach weder auf ein „geistliches Tagebuch" im üblichen Sinn der Frömmigkeitsgeschichte, noch hat man es mit Fragmenten im Stile von Pascals „Pensées" zu tun, d.h. mit einem literarisch unvollendeten Bekenntniswerk, dessen Verfasser vom Tode überholt wurde. Vielmehr handelt es sich durchweg um gleichsam senkrecht hochstilisierte, darum auch inhaltlich weithin wie chiffriert wirkende gedankliche Konzentrate, die ihrem Verfasser auch insofern aus dem Gesicht geschnitten scheinen, als selbst die kürzeste Aussage eine eigene, in sich geschlossene literarische Individualität bildet.

Das ist das Eine: die hochgeschlossene stilistische Form der Mitteilung. Tiefer noch greift das Zweite, was aus dieser Form wie mit innerer Notwendigkeit hervorwächst, das ist der schonungslose, zuweilen fast drohende Wahrheitsernst im religiösen Bereich. Hammarskjöld kam geistig von der Lebensphilosophie Henri Bergsons her, eines der ,,Väter" des sog. ,,Modernismus", d.h. jener Weltanschauung, die eine intuitive Hingabe an die Ganzheit des Lebens als entscheidende Voraussetzung von Wirklichkeitserkenntnis forderte. Dieser Erkenntnisansatz ist in der Tat überall spürbar, d.h. Hammarskjöld setzt sich dem, was er aufzeichnet, existenziell stets vollständig aus; er lebt, was er schreibt und schreibt nur, was er lebt. Von daher rührt das Unakademische, Maskenlose, aber auch künstlerisch Anspruchsvolle zahlreicher Einheiten der ,,Zeichen am Weg", zugleich aber auch die völlige Unabhängigkeit von jeder Prätention oder Sentimentalität, mit der der Durchschnittler auf sich selbst zu reagieren pflegt. Selten wird man im Zeitalter idiomaner Ich-Beschäftigung zu einer derartigen ,,Selbstlosigkeit" gezwungen wie – ausgerechnet – in diesen ,,Verhandlungen mit sich selbst und mit Gott". Damit erklärt sich auch die eigentümlich konzessionslose Form zahlreicher Einträge dem eigenen Ich gegenüber, zumal dort, wo sich die Ich-Aussage ins Du der zweiten oder gar ins Er der dritten Person verwandelt, das wie von einer unbekannten Stimme plötzlich angesprochen oder über das wie über einen Abwesenden verhandelt wird.

2. Das theologische Gewicht

Das etwa ist Hammarskjölds literarisches Profil. Nun zum Inhalt der Aufzeichnungen. Man könnte zunächst versucht sein, das ganze Tagebuch gleichsam als religiöse Entwicklungsgeschichte eines Höchstbegabten zu analysieren und würde bei diesem Verfahren zumindest religions- und geistesgeschichtlich gewiß nicht leer ausgehen. Und doch wäre damit das eigentliche Thema dieses Lebens bestenfalls gestreift. Denn – und damit betreten wir erst den Innenraum des Phänomens Hammarskjöld – das Entscheidende dieser Erscheinung liegt weder in der geistigen Höchstbegabung noch in der ,,religiösen Entwicklung" des Menschen Hammarskjöld, sondern darin, daß beides – Höchstbegabung *und* religiöse Entwicklung – an *einem* zeitlich ganz bestimmten Punkt senkrecht durchschnitten werden von einem einzelnen, völlig unverfügbaren transsubjektiven Eingriff. Und von diesem Eingriff aus *stürzt* nun dasselbe Leben wie in einem Katarakt in die vollständig neue Existenz einer überwältigenden Gottes- und Christusgeborgenheit, und dies, obwohl der Anmarsch bis zu diesem Punkt äußerlich gesehen eine einzige Kette von Erfolgen war, während der Weg des von Christus Gezeichneten diesseits der inneren Wende immer bewußter und unausweichlicher dem Tode entgegenführt.

Wie aber ist es zu dieser Lebenswende gekommen? Überblicken wir zunächst die Eintragungen Hammarskjölds bis zum entscheidenden Datum der Jahreswende von 1952/53, so kann kein Zweifel sein, daß Hammarskjöld diesen der entscheidenden Wandlung vorangehenden Teil allein deshalb seinen Aufzeichnungen mitgegeben hat, ja daß er das Ganze überhaupt nur darum zusammengestellt hat, weil er in *beiden* Teilen (ähnlich wie Augustin in seinen ,,Confessiones") eine zusammenhängende höhere Führung, nämlich die bewußte Hinführung zur unmittelbaren Christuserfahrung erblickte, die ihm seit dem Jahre 1953 immer klarer wurde.

Man muß diesen Sachverhalt im Sinne Hammarskjölds von vornherein völlig ernstnehmen, und zwar gerade darum, weil das empirische Erleben des ersten Zeitraums der späteren Sinngebung geradezu ins Gesicht zu schlagen scheint. Denn die Aufzeichnungen bis zum Jahre 1953 können – darin liegt gerade ihr ,,theologisches" Gewicht – abgesehen von Hammarskjölds hochgradigem Problembewußtsein nicht darüber hinwegtäuschen, daß die Jahre des äußeren Aufstiegs innerlich geradezu unter entgegengesetztem Vorzeichen erlebt wurden, d. h. als ein ratloses, schließlich verzweifeltes und zuletzt immer verzweifelteres Tasten und Suchen eines modernen Menschen nach irgend einem überempirischen Sinn des Daseins in einer scheinbar ausweglos empirischen Welt, nach irgendeinem metaphysischen Schimmer im Reich der allzu irdischen Zwänge, nach einer Überschreitung der Ich-Grenze unter Gottes unerbittlicher Verborgenheit. Der Mann, der als hoher Beamter arbeiten konnte wie wenige, irrt auf der inneren Bühne seines Lebens umher wie ein Arbeitsloser. Der überall Berufene findet keine Berufung, und so bleibt ihm als einziges überlebensgroßes Problem nur die erbarmungslose Ich-Erkenntnis und die Todesfrage, von der Hammarskjölds Aufzeichnungen von der ersten Zeile an wie gezeichnet sind. Und es besteht von der Existenzlage des Verfassers aus gesehen zunächst nicht die geringste Aussicht, daß die unerbittliche Einsamkeit jemals aufgehoben werden wird.

3. In der Nacht

Damit stehen wir an dem Punkt, wo Hammarskjölds eigene Stimme zu uns zu sprechen beginnt. Das Tagebuch setzt ein mit einem Gedicht, das – wie aus dem Zusammenhang gerissen – den inneren Weg des Zwanzigjährigen für einen Augenblick gleichsam blitzlichtartig beleuchtet:

> ,,Weiter treibe ich
> hinaus in fremdes Land.
> Beinhart die Erde.

Eisluft beißender kalt.
Berührt vom Winde
meines unbekannten Ziels
zittern die Saiten
im Warten."

Und nach einer Meditationspause die innere Bilanz:

„Immer ein Fragender
werde ich dort sein,
wo das Leben verklingt –
ein klar schlichter Ton
im Schweigen."

Schon diese beiden in stärkster sprachlicher Engführung konzipierten Strophen verraten das eigenartig vibrierende Fluidum Hammarskjöld'scher Stilistik. Und schon hier wird die innere Aussage mit Vokabeln und Bildern verdichtet, die wie Teile eines eigenen Wortschatzes wirken, der sich im Lauf der Aufzeichnungen denn auch immer deutlicher vervollständigt: das drängende „Weiter" zum unbekannten „Ziel", die schneidende Kühle des Winters, der „Wind", in dem Gott berührt, und nicht zuletzt das unentrinnbare Umzingeltsein des „Lebens" von der Todesfrage, die wie ein schwerer Schlagschatten schon über diesen allerersten Zeilen liegt. Und in der Tat kommt es noch auf derselben Seite zur unmittelbaren Konfrontation:

„Morgen treffen wir uns,
der Tod und ich –
Er wird seinen Degen stoßen in einen wachen Mann."

Scheinbar also ein Rendezvous; in Wahrheit ein Duell auf Leben und Tod, und dazu wieder die unerbittliche innere Bilanz:

„Wie brennt doch das Gedenken jeder Stunde,
die ich vertan."

Und die Todesfrage bleibt; sie läßt sich nicht abschütteln; der Schritt an die Grenze kehrt immer wieder. 1941 heißt es:

„Es gibt nur einen Weg aus dem verfilzten Dschungel, in dem der Kampf um Ehre, Macht und Vorteil geführt wird ... dieser Weg heißt: Ja sagen zum Tode."

Und noch in den letzten Lebensmonaten, im Jahr 1961, als die Welt schon überwunden ist, wiederholt sich die Begegnung der Anfänge in der Vision des Märtyrerschicksals:

„Gefragt, ob ich den Mut habe,
meinen Weg zu Ende zu gehen,
gebe ich Antwort
ohne Unterlaß.

Öffnen seh' ich geblendet
das Tor zur Arena
und geh' hinaus, um nackt
den Tod zu treffen."

Warum aber ist das Leben umstellt von der Todesfrage? Warum läßt sich der Tod schon in der Jugend nicht abschütteln? Um darauf eine Antwort zu erhalten, müssen wir zum existenziellen Grundmotiv vorstoßen, das nahezu die Hälfte aller Aufzeichnungen beansprucht. Es ist die Erfahrung des eigenen Ich in seiner Fragwürdigkeit. Wir beginnen mit zwei Eintragungen der Jahre 1941/42, die sofort mitten ins Problemzentrum führen. Zunächst eine Notiz in der dritten Person:

„Er stand aufrecht – wie ein Kreisel, solange die Peitsche pfeift. Er war bescheiden – kraft seines vierschrötigen Überlegenheitsgefühls. Er war nicht anspruchsvoll: was er erstrebte, war nur Freiheit von Unruhe, und die Niederlagen der anderen erfreuten ihn tiefer als eigene Siege. Er bewahrte das Leben, das er nie wagte. – Und er beklagte sich darüber, daß man ihn nicht verstand."

Das Ich also als der Kreisel, der sich immer nur um sich selbst drehen kann, getrieben von der eigenen Peitsche, bis in die unbewußten Motive hinein! Schonungsloser kann man kaum hinter den eigenen Vorhang schauen. Selbst wenn dieser Eintrag zunächst wirklich eine „dritte Person" beschreiben sollte, so ist doch der Bezug auf den Schreiber im Zusammenhang viel zu deutlich, als daß man am „tua res agitur" dieser Zeilen vorbeikäme. In der Tat, derselbe Mann, der noch kurz zuvor dem Tod wie ein ‚Ritter ohne Furcht und Tadel' entgegentritt, ist in Wahrheit sein eigener und damit unerbittlichster Duellant. – Dazu gleich noch ein weiteres, scheinbar ganz anderes Stück aus dem gleichen Umkreis, diesmal in der zweiten Person:

„Du kannst nicht spielen mit dem Tier in dir, ohne ganz Tier zu werden, nicht mit der Lüge, ohne das Recht zur Wahrheit einzubüßen, nicht mit der Grausamkeit, ohne die Zartheit des Geistes zu verlieren. Wer seinen Garten rein erhalten will, darf keinen Fleck dem Unkraut überlassen."

Das klingt wie hochgradige moralische Überlegenheit. Aber schon wenige Zeilen weiter folgt der vernichtende Zusatz:

„Du bist dein eigener Gott – und wunderst dich, daß die Wölfe dich über die dunkle Öde des Wintereises jagen."

Man muß solche meditativ aufgeladenen Eintragungen mehrmals lesen, man muß sie reihenweise lesen und das bereits Meditierte nochmals meditieren, ehe man gewahr wird, um was es bei derartigen Aussagen eigentlich geht: Es geht in der Tat um Leben und Tod; denn es geht um das ungelöste religiöse Grundproblem des modernen Menschen mit seiner Sehnsucht nach ‚Gott, Freiheit, Unsterblichkeit' und zugleich mit seiner unwiderruflichen Verfallenheit an die Sucht nach sich selbst – der Kreisel ist sein eigener Gott; die Peitsche verwandelt sich ins Wolfsrudel! – daher auch ausgeliefert an sich selbst: an Ich-Einsamkeit und Todesangst inmitten aller Erfolge und Moral. Und warum? Die Antwort ist einfach: Weil dieses sich selbst verfallene Ich scheinbar alles kann, was es von sich verlangt: Tugenden, Leistungen, ja selbst Freundschaft und „Nächstenliebe", nur das eine nicht, was es können müßte, um die furchtbare Selbst-Sucht zu übersteigen und freizuwerden: selbstlos werden! Sich selbst loswerden! Und den Ursprung des Lebens in *Gott* finden! Das ist die Unmöglichkeit.

Wie aber kann man sich selbst loswerden? Hammarskjölds Erfahrung bis zu seiner Lebenswende im Jahre 1953 lautet: Man selber kann es nicht. Ja, man *könnte* es, wenn man es ,,wagen" würde (wieder das nicht gewagte Wagnis!), sich wie Christus für andere zu ,,opfern", ,,auf daß ihr seid, wo ich bin", wie sich Hammarskjöld mit Joh 14,3 notiert. Aber gerade an dieser Gegenüberstellung erfährt der Schreiber nur umso tiefer, wie aussichtslos das Ich in sich selbst gefangen ist, weil es sein Ich-Sein ja gar nicht opfern *will,* weil es sich nicht ,,geben", sondern die anderen nur immer neu ,,besitzen", ,,als Mittel gebrauchen" will, und sei es in der sublimsten Tarnung, ein Vorgang, der für Hammarskjöld geradezu etwas Kannibalisches verrät:

,,Ich-Lust – dieser unheilbare Trieb, in Besitz zu nehmen – in der krassesten Bedeutung des Sich-Einverleibens – hat einen Zug zum Feinschmeckertum, für den unserer Sprache der rechte Tonfall fehlt."

Aber eben dieses ,,Feinschmeckertum" ist tödlich; denn so heißt es weiter:

,,Die Lust an sich selbst schlägt um das Ich einen eisigen Ring, der sich langsam an den Kern heranfrißt."

Eben weil aber der Mensch seine Ich-Sucht nicht loswird, darum wird er auch Gott nicht los, nicht den Gott freilich, den man aus der Bibel kennt, sondern den, der ,,wie ein stiller Richtspruch" über das ganze nicht gewagte Leben ,,hinweggeht", ,,unter dem du dich ängstigst Tag für Tag". Denn wer ist Gott?

,,Gott ist eine bequeme Formel auf dem Bücherbrett des Lebens – stets zur Hand und selten gebraucht. In der reinen Ruhe von Stunden der Geburt ist er ein Jubel und frischer Wind – den die Erinnerung nicht halten kann. Werden wir aber gezwungen, uns selbst zu sehen Auge in Auge – dann erhebt er sich über uns in furchtbarer Wirklichkeit, jenseits von allen Diskussionen und allem ,Gefühl', stärker als alles schützende Vergessen."

Damit erst öffnet sich das Ich-Geschehen in seine dritte Dimension: Ich-Sucht nicht primär als sozialer, sondern als metaphysischer Sachverhalt! Was aber bleibt dem Menschen, der das Opfer seines Ich nicht wagt, weil er von sich selbst nicht los kann? Antwort: Ihm bleibt nur die ,,Flucht" vor der eigenen Lebenswirklichkeit, z. B. die Flucht in das ,,Arbeitsleben" und ,,seine Öde", wie sie Hammarskjöld erlebt:

,,Naßdunkle Wolke. Abwehrende Blicke. Müde Lippen. Es ist spät. Im gleichgültigen Ablauf geschieht die Arbeit. Noch warten viele am schwarzen friedhofsblanken [!] Marmortisch. In Glas und Email spiegelt sich der weißen Lampenreihe geschlechtsloses Licht. Draußen steht Finsternis. Die Türe schlägt – und rauhe Feuchtigkeit durchzieht die trockene, chemikaliengesättigte Luft."

Leichenhaft, dieser Arbeitstag eines modernen Staatssekretärs. Nein, dies ist nicht ,,Leben"! Und so flüchtet er weiter in die unberührte Natur. Wenn er hinauszieht in die nordische Bergwelt, gelingen ihm seltsam eindrucksvolle Stimmungsbilder, wie schwermütige Verheißungen; etwa dies:

,,Stille – wie wenn lange Bitterkeit in Tränen zerbricht. Kahle Erde. Im linden Licht der feuchte Glanz weiten Wassers. Um mich die weichen Wände des Schmelzeises und der niedere Weltraum mit dem Malvenschimmer einer sinkenden Wintersonne. In des Wassers Spiegelwelt – bleiches Oliv gegen Zinn – wiegen sich kahle Ellernzweige im unmerklichen Wellenschlag eines trägen Lufthauches."

Und hernach:

,,Um die einsame Flamme eine Mulde aus warmem Licht im weichen Dunkel. Hyazinthenweiße Wolke über dem Spiegel eines tiefen Brunnens voll Finsternis. Schimmernde Stämme im raunenden Wald der Birken."

Man denkt an Sibelius. Aber auch in dieser Einsamkeit ist die Ich-Gefangenschaft unüberwindlich. Der Himmel bleibt verschlossen. Und so flüchtet er unter die Menschenmenge der großen Stadt, freilich nur, um in den Gesichtern der anderen seine eigene Erfahrung wiederzuerkennen:

,,Was kann man an einem düsteren Herbsttag anderes tun, als eine Zeitlang auf der Straße zu treiben – mit dem Strome zu treiben ... Der Novembertag hatte die Stunde erreicht, wo das Licht in der niedrigen gefrorenen Wolkendecke stirbt [wieder der allgegenwärtige Tod], aber die Dämmerung noch nichts versöhnt. Träge und grau –. [Hammarskjöld objektiviert sich selbst:] Er durchsucht jedes Gesicht. Aber die Menschen, die ziellos durch die grauen Gräben der Straßen strömen, gleichen ihm alle: Atome, deren Strahlung erlosch und deren Kraft die ewige Kreisbahn um das Nichts vollendet hat. [Und nach einem Zwischenspiel, das wie ein Dur-Trio in einem schweren d-moll-Satz wirkt, noch einmal:] Er durchsucht jedes Gesicht ... In tödlicher Selbstaufgabe geht jeder für sich allein. Und diesseits des Todes wird er niemals den Weg zu jemandem finden, der ihn durchschritt."

Den Weg zu ,,jemandem" finden. Man könnte in diesem Ausdruck absoluten Alleinseins zunächst ein rein privates Motiv vermuten. In der Tat, Hammarskjöld ist einsam geblieben; man kann sogar einen guten Teil seiner Probleme damit erklären, daß es ihm unerbittlich versagt war, eine Lebensgefährtin zu finden, überhaupt menschliche Gemeinschaft, die mehr ist als ein konventionelles soziales Phantom. Dennoch wäre es eine optische Täuschung, wollte man die über Hammarskjölds Leben verhängte Einsamkeit ausschließlich persönlich erklären oder gar psychologisch diagnostizieren. Denn tatsächlich ist gerade in dem scheinbar ganz unbestimmten ,,jemand" bereits die überpersönliche Wende anwesend, die Hammarskjölds Existenz, wenige Jahre vor seinem Tode, vollständig verwandeln wird, ohne daß der Verfasser davon in diesem Augenblick auch nur eine Ahnung hat. Hören wir ihn zunächst wieder selbst:

„Hunger ist meine Heimat im Lande der Leidenschaften, Hunger nach Gemeinschaft und Gerechtigkeit ... Nur Leben erfüllt des Lebens Forderung. Nur damit wird der Hunger gesättigt, daß sich ... mein Wesen als eine Brücke zu anderen, als Stein im Gewölbe der Gerechtigkeit verwirklicht."

Und dann, nach einer Pause, wie aus tiefer Versenkung die Worte:

„Von sich wußte er, [er verbessert sich:] wußte ich, was im Menschen ist: an Kleinlichkeit, Gier, Hochmut, Neid und Verlangen [nochmals eine Pause]. Verlangen –. Auch nach dem Kreuz."

Auch nach dem Kreuz! Wir schreiben das Jahr 1950. Hinter versagter menschlicher Gemeinschaft und Todesfrage öffnet sich zum ersten Mal der Blick auf die Passion Christi. Und in der Tat schließt schon das Jahr 1949 mit einem gänzlich unerwarteten Ausblick:

„Um Bürden batest du –. Und wimmertest, als du beladen wurdest. Dachtest du dir eine andere Last? Glaubtest du, das Opfer sei anonym? Das Opfer der Opferhandlung ist, als sein Gegenteil beurteilt zu werden."

Und dann die erstaunlichen Worte:

„O Caesarea Philippi: Die Verurteilung als die Frucht und Voraussetzung des Einsatzes hinzunehmen, dies hinzunehmen, wenn man seinen Einsatz erkennt und wählt!"

Was heißt das? Um diesen Satz zu verstehen, muß man bei seinem letzten Wort einsetzen; denn der Ausdruck „wählen" bildet eines der Schlüsselworte in Hammarskjölds Denken überhaupt. Es kann nur heißen, daß Ich-Verlassenheit und Todesfrage, beides das Einsamste, was es gibt, dann überschreitbar werden, wenn das Ich es wagen würde, die Preisgabe seiner Selbstbehauptung für andere als sein eigenes Schicksal *selbst zu wählen* unter Ausschluß jedweder Rückkehr in die bisherige Existenz, und zwar gerade auch dann, wenn das niemand verstehen würde oder, wie Hammarskjöld später schreiben wird, „wenn der Preis für den Lebenseinsatz Schmähung und tiefste Erniedrigung" bedeutet. Denn „Caesarea Philippi" (Mk 8, 27ff.) ist ja die Stunde der Bekanntgabe dessen, daß Christus zum Kreuz geht, an eine noch völlig verständnislose Jüngerschaft.

Freilich wer ist Christus dann? Ja, wer ist Christus überhaupt? War denn der Sinn seines Lebens bereits erfüllt mit der freien *Wahl* des Opfers für die Seinen? War der, an den der christliche Glaube glaubt, womöglich selbst nur ein Glaubender, mehr nicht? In der Tat, das Christusbild, welches in den nun beginnenden „Christusmeditationen" (H. Sundén) Hammarskjölds erscheint, ist auf den ersten Blick denkbar ungewöhnlich und zugleich radikal undogmatisch erfaßt. Es ist der pure Mensch Jesus im Sinne der „konsequenten Eschatologie" Albert Schweitzers, dessen „Geschichte der Leben-Jesu-Forschung" Hammarskjöld nachweislich studiert hat, d.h. der messianisch-eschatologische Mensch, der durch den freiwillig gewählten Entschluß zum Selbstopfer die Möglichkeit des von ihm geschauten „Reiches Gottes" förmlich herbeizwingen will, selbst auf die Gefahr hin, daß er sich in dieser Möglichkeit getäuscht haben sollte. Hören wir Hammarskjöld wörtlich:

„Ein junger Mann, streng in seiner Lebenshingabe ... einsam vor seinem endgültigen Geschick ... Er wußte, daß keiner der Gefährten einsah, warum er so handeln mußte, wie er es tat ... Er setzte auf eine Möglichkeit seines Wesens und Schicksals, die er erahnt hatte, als er aus der Wüste zurückkam. Wenn Gott etwas vorhatte mit ihm, würde er nicht versagen ... Das Ende konnte ein Tod ohne Bedeutung sein – über das hinaus, daß es das Ende der Möglichkeit war."

Das ist Hammarskjölds Christusbild, ein Christus, dessen gottmenschliche Einheit sich nicht mehr im metaphysischen Vorgang der Inkarnation, sondern nur noch im Entschluß zum bedingungslosen Selbstopfer vollzieht. Es ist, soweit ich sehe, das bisher einzige Mal, daß die Christusvorstellung eines kritischen Leben-Jesu-Forschers (dessen Leben freilich selbst erstaunliche Züge aufweist) derart existenziell übernommen und reflektiert worden ist. Denn indem sich Hammarskjöld für diese Christusgestalt entscheidet, indem ihm die Erniedrigung Christi als die gottgewollte Möglichkeit des eigenen Einsatzes bewußt wird, gewinnt die seit den Tagen des altkirchlichen Dogmas festgeschriebene Verklammerung von Gottheit und Menschheit in der Person Jesu auch weltanschaulich ein völlig modernes Profil: Auf der einen Seite „Gott", freilich ein Gott, der eigentlich keinen Namen hat, d.h. der „deus absconditus" (der „verborgene Gott") im umfassendsten Sinn, dessen „furchtbare Wirklichkeit" „wie ein stiller Richtspruch" über das Leben hinweggeht. In dieses Gottesbild hinein aber entwirft sich zugleich das Wagnis einer Christusnachfolge, die den gottmenschlichen Brückenschlag der Glaubensaussage als Inbegriff der eigenen Lebenshingabe „wählt", und zwar auch auf die Gefahr hin (wie Jesus) zu fallen, d.h. aber in Gottes Hände zu fallen, wie es schon im „Dur-Trio" des oben zitierten Textes angedeutet wird:

„Den Griff loslassen von der Gestalt, die vor der Welt einen Namen trägt ... Loslassen, um zu fallen, fallen – in blinder Hingabe vertrauend. Zu etwas anderem, zu einem anderen."

Freilich handelt es sich bei alledem zunächst nur um Reflexion, um ein inneres Abwägen, welchen übertatsächlichen Sinn die Gestalt Jesu vielleicht haben könnte. Und so führt das neue Christusbild denn auch an der akuten Existenzkrise nicht vorbei, sondern mitten durch sie hindurch.

„Bald naht die Nacht ...". Mit dieser Zeile eines schwedischen Kirchenliedes, das Hammarskjölds Mutter regelmäßig zum Jahreswechsel vorzulesen pflegte, beginnen seit 1950 (bis 1954) die Jahresanfänge von Hammarskjölds Notizen. Und in der Tat sind dies die Entscheidungsjahre. Schon mitten im Jahr 1951, d.h. im Jahr der ersten relativ ausführlichen Christusmeditation, blitzt in der Schwerelosigkeit eines großen Natureindrucks der Gedanke auf, daß Ich-Befreiung und Sinnerfüllung überhaupt nur durch einen überpersönlichen Eingriff zu haben sind:

„Jetzt. Da ich die Furcht überwunden – vor den anderen, vor mir, vor dem Dunkel darunter. An der Grenze des Unerhörten: Hier endet das Bekannte. Aber vom Jenseits her erfüllt etwas mein Wesen mit seines Ursprungs Möglichkeit. Hier wird Begehren zur Offenheit gereinigt: jedes Handeln Vorbereitung, jede Wahl [!] ein Ja dem Unbekannten."

Zwischen dem unbekannten „etwas" und dem „Ja" dieser Aussage – beide zusammenfallend in dem punktuellen „Jetzt" – spannt sich wie ein Lichtbogen die Ahnung einer Selbsterkenntnis, in der das Ich sich seines metaphysischen Ursprungs bewußt wird. Freilich auch das ist zunächst nur ein flüchtiger Augenblick, ein erstes Aufblitzen; denn wenn wir nun zu den Aufzeichnungen des Jahres 1952 fortschreiten, so hat man den Eindruck, als sei der Verfasser wahrhaftig am Rande der Nacht angekommen. Immer öfter verwandeln sich die Eintragungen in Gebete und Gebetsaufrufe, immer verzweifelter wird das Sinnverlangen, immer ausweglöser umzingelt die Todesfrage. Wir hören:

„Bete, daß deine Einsamkeit zum Stachel werde, etwas [da ist das Wort wieder] zu finden, wofür du leben kannst, und groß genug, um dafür zu sterben. [Und wie ein Aufschrei die nächste Zeile:] Gib mir etwas, um zu sterben dafür –!"

Aber alles bleibt still:

„Nicht das macht die Einsamkeit zur Qual, daß es keinen gibt, der meine Last mit mir teilt, sondern dies: daß ich allein meine eigene Last zu tragen habe."

Und weiter:

„Müdigkeit betäubt den Schmerz und lockt den Tod. So kannst du suchen, die Einsamkeit zu überwinden, eingeladen schließlich zur Flucht aus dem Leben. [Aber er widersteht der Versuchung:] Dies nicht! Der Tod mag deine abschließende Gabe an das Leben sein, nicht ein Betrug."

Und schließlich:

„Sinnlos, was ich fordere, daß Leben einen Sinn haben soll. Unmöglich, wofür ich kämpfe, daß mein Leben Sinn erhalten soll. Ich getraue mich nicht, weiß nicht, wie ich glauben könnte, daß ich nicht einsam bin."

Worte dieser Art haben aufgehört, geistiges Eigentum eines Einzelnen zu sein; sie sind vielmehr das erschütternde Bekenntnis für eine ganze, unglaublich spät geborene europäische Generation, deren Ich-Verlassenheit ins Metaphysische durchgebrochen ist. Man könnte auch sagen: Was wir hier hören, ist „theologia naturalis" („natürliche Theologie") nach dem Ende des christlichen Zeitalters, d.h. in ihrer letzten, äußersten Konsequenz.

4. *Unmittelbar berührt*

Vielleicht würde Gott zu solchen und ähnlichen Zeugnissen das sagen, was er zu Pascal gesagt hat: „Du würdest mich nicht suchen, wenn du mich nicht schon gefunden hättest." Damit aber stehen wir auch an der Schwelle jenes Augenblicks, wo Gott selbst, der Ewige und der Lebendige, gleichsam für eine Sekunde aus seiner unerbittlichen Verborgenheit heraustritt, um diesen Menschen in seiner ratlosen Verlassenheit anzurühren und sein Ich durch diese einzige Berührung vollständig zu verwandeln. Dabei ist es in unserem Zusammenhang verhältnismäßig unerheblich, daß der innere Durchbruch faktisch mit Hammarskjölds Berufung zum UN-Generalsekretär zusammenfallen dürfte. Erheblich sind vielmehr in diesem Fall allein Hammarskjölds persönliche Zeugnisse, sofern sie mit einem Schlage eine gänzlich neue, nach allem Bisherigen völlig unerwartete Sprache sprechen:

„Bald naht die Nacht ..."

– so beginnt auch das entscheidende Jahr 1953, aber nun ergänzt durch den jubelnden Zusatz:

„*Dem Vergangenen Dank* [man höre: dem Vergangenen!], *dem Kommenden Ja!*"

Man muß die „vorwärts-rückwärts" blickende Totalität dieser kurzen Aussage begriffen haben, um die Gewalt der inneren Wende zu ahnen: So hat Hammarskjöld noch nie geschrieben. Hier ist das einstige „Ja zum Tode" in das Ja zum Leben verwandelt. Es ist, als seien Berge gewichen und Hügel hingefallen. Und so setzen sich die Zeugnisse der inneren Erschütterung wie Erdbebenwellen auch in den folgenden Eintragungen fort und fort. Der Sprecher kann gar nicht aufhören, die Rettung seines Lebens in immer neuen Worten und Wendungen zu preisen. Hören wir Hammarskjöld selbst:

„Wenn Gott handelt, so geschieht das in den entscheidenden Augenblicken – so wie jetzt – mit einer harten Zielbewußtheit, ... Wenn die Zeit reif ist, nimmt er das Seine. Was aber hast du zu sagen? Du bist ja erhört. Gott braucht dich, auch wenn dir das im Augenblick nicht paßt. Gott der Menschen zermalmt, wenn er Menschen erhebt."

Oder unter der Überschrift „Reife":

„... auch eine neue Unbewußtheit, die du erlangst, wenn du dir selbst vollkommen gleichgültig geworden bist durch bedingungsloses Bejahen des Schicksals. Wer sich Gottes Hand überlassen hat, der steht den Menschen frei gegenüber, weil er ihnen das Recht gab, zu verurteilen."

Oder schließlich in mystischer Abwandlung von Gal 2, 20 (und nun immer wiederkehrend):

„Nicht ich, sondern Gott in mir."

Was wir hier vor uns haben, ist ein Mensch, dessen Leben durch eine unmittelbare überpersönliche Berührung beschlagnahmt worden ist. Wie alle, die solchen Eingriff erlebt haben – die Reihe reicht von Paulus über Augustin, Franziskus, bis zu Teresa von Avila, George Fox, Blaise Pascal, Hamann, Novalis u. a. – hat auch Hammarskjöld das Wie des überwältigenden Geschehens nicht beschreiben können. Nur zweimal, im Jahre 1957 und kurz vor dem Tode, in der Pfingstmeditation von 1961, hat er angedeutet, andeuten können, was in der entscheidenden Stunde an ihm geschah. Beide Aussagen sind so konzentriert, daß man aus ihnen das gesamte innere Dasein Hammarskjölds seit 1953 entwikkeln kann. Hier zunächst die Eintragung von 1957. Der sehr kurze Text wächst aus einem mystischen Zitat heraus, in dem das ,,Sprechen" Gottes und das ,,Schweigen" (nicht das Reden!) des Menschen einander gegenübergestellt werden. In diesem Augenblick aber bricht die Erfahrung von 1953 plötzlich in die Gegenwart:

,,Einmal packtest du mich, Schleuderer, *jetzt* in deinem Sturm. *Jetzt* gegen dein Ziel."

Dieser Text ist in seiner kompakten Kürze einer der stärksten, die Hammarskjöld niedergeschrieben hat. ,,Wie das Segel ... wenn es sich niederbeugt ... alle Kraft des Windes sammelt", so hat ihn ,,Gottes Atem" ,,gepackt", reißt ihn mit sich, vorwärts – jetzt:

,,Du der du auch ich bist."
,,In deinem Wind –. In deinem Licht –."

Um die Gewalt dieses Einbruchs zu ahnen, darf man aber bei solchen Bruchstücken nicht stehen bleiben. Vielmehr muß man an dieser Stelle die Gesamtheit aller Gottesaussagen des Tagebuches überblicken; denn hier entfaltet sich ein erstaunliches Panorama: Bis zum entscheidenden Wendepunkt nämlich gebraucht Hammarskjöld den sprachlichen Ausdruck ,,Gott" nur höchst selten, fast als wehre sich in ihm ein innerer Widerstand gegen die allzu persönliche Vorstellung des Glaubens. Weit häufiger redet er in naturhaften Bildern und Chiffren, zum Teil sogar in bewußter Verundeutlichung: Gott ist ihm ,,das Unerhörte" oder ,,ein Jubel und frischer Wind", das ,,Über-Ich" (,,was mehr ist als ich"), ,,das Schicksal" oder (lebensphilosophisch) ,,das Leben", sofern nicht einfach abstrakt von ,,einem anderen", von ,,jemand" oder ,,etwas" die Rede ist. Diese Titulaturen werden auch in den späteren Partien des Tagebuches nicht verlassen. Und doch ist die Szene seit 1953 geradezu schlagartig verändert, ja durchbrochen von der nunmehr sofort und überall wie selbstverständlich gebrauchten *personalen* Bezeichnung Gottes, wobei übrigens auch die biblischen Zitate und Motive sprunghaft zunehmen. Es ist, als sei der persönliche Gott für einen winzigen Augenblick aus den rätselhaften Kulissen seiner Selbstverhüllung hervorgetreten. Zugleich aber wandelt sich damit auch das (zunächst noch festgehaltene) ,,Er" der dritten Person in das ,,Du" einer unmittelbaren Zuwendung, ohne daß das strenge Inkognito dieses ,,Du" irgendwie antastbar geworden wäre:

,,Du,
den ich nicht kenne,
dem ich doch gehöre.
Du,
den ich nicht verstehe,
der dennoch mich weihte
meinem Geschick.
Du –"

So heißt es noch zwei Monate vor dem Tode. Diesem paradox erfaßten ,,Du" aber entspricht auf der Seite des Ich ein nicht weniger paradox beschaffener Existenzverhalt, das nämlich, was Hammarskjöld in immer neuen Ausdrucksversuchen als die ,,selbstgewählte Auslöschung der Persönlichkeit" formuliert, d. h. der Eintritt in eine der Ich-Existenz geradezu transzendent gegenüberliegende Lebensform der unbedingten Selbstverleugnung, ja ,,Selbsvernichtung" im Sinne des Opfers, oder besser des ,,Geopfertwerdens" als des einzigen total erfaßbaren Lebenssinns. Und hierhin gehört die andere Seite der Tagebucheintragung von 1957, jenes zweimalige zeitaufhebende ,,Jetzt" (,,*jetzt* in deinem Sturm. *Jetzt* gegen dein Ziel"), das zunächst abermals wie eine bewußte Verschlüsselung wirkt. Hammarskjöld hat dieses ,,Jetzt" wiederholt zitiert, ja er hat im ,,hier und jetzt" von Gottes Anwesenheit geradezu das ,,mystische Erlebnis" schlechthin erblickt.

Welcher tatsächliche Einsatz aber damit ,,gewählt" war, das wird erst dort sichtbar, wo das ,,Jetzt" den Blick auf das ,,Ziel" freigibt, dem Hammarskjöld seit dem Augenblick der inneren Berufung entgegengeht: Es ist die Gestalt der Passion Jesu, Sinnbild des Selbstopfers und Gegenbild aller Selbstbehauptung, die in ,,Unterwerfung" ,,bejaht", in ,,Selbstzucht, Treue und Mut" gelebt wird. Und so erhebt sich das von Hammarskjöld erfahrene ,,Jetzt" gerade im Passionszusammenhang zu unbedingter Größe, so in der Karfreitagsbetrachtung von 1955:

,,Die dritte Stunde. Und die neunte –. Das ist *jetzt*. Und *jetzt* –. Das *ist* jetzt! ,Jésus sera en agonie jusqu'à la fin du monde: il ne faut pas dormir pendent ce temps-là' (,Jesus ist im Todeskampf bis zum Ende der Welt; man darf in dieser Zeit nicht schlafen'. Pascal). Il ne faut pas –. Und für den Wachenden ist die Ferne gegenwärtig – gegenwärtig auch in Verbindung mit dieser Menschheit, in welcher Jesus jeden Augenblick stirbt in irgendeinem, der dem Weg der inneren Zeichen folgte bis zum Ende. Liebe und Geduld, Gerechtigkeit und Demut, Glaube und Mut. Stille."

Was hier unter der Signatur des Passionsgeschehens ergriffen wird und was sich unter den ,,inneren Zeichen" fortan als alternatives Leben vollzieht, das ist nicht mehr bloß ein von Selbst-Süchten gereinigtes Ich-Leben (das die Gefahr des Ich-,,Feinschmeckertums" (s. o.) ja nur umso tödlicher in sich birgt); es ist vielmehr die Preisgabe der Ich-Existenz überhaupt an die ich-transzendente Gottexistenz, in dem Augenblick nämlich, wo erkannt wird, daß im ,,Opfer für andere" der innere Sinn der Weltordnung Gottes beruht, der bisher allenfalls geahnt, höchstens gewußt, aber nicht ergriffen wurde. In diesem Augenblick – und das ist ,,jetzt" – wird die Schwelle zum Ursprung aller Dinge in Gott überschreitbar:

,,Wer Gott liebt, hat keine Religion außer Gott."
,,Ich bin das Gefäß. Gottes ist das Getränk. Und Gott ist der Dürstende."
,,Eine Landschaft kann singen von Gott. Ein Leib vom Geist."

Das sind die neuen ich-transzendenten Zeugnisse, wie sie in immer neuen Abwandlungen die Blätter von Hammarskjölds Niederschrift bedecken. Wie eine symbolische Anfrage, so erhebt sich die Berufung zu dieser Ich-Preisgabe inmitten einer Zeit, die gerade umgekehrt das Ich und seine „Selbstverwirklichung" (das Wort wird von Hammarskjöld stets paradoxal gebraucht) ins Zentrum selbst christlicher Belange einzubringen trachtet und damit Gott an den Horizont verweist: „... eine bequeme Formel auf dem Bücherbrett des Lebens."

Demgegenüber sprechen Hammarskjölds Aufzeichnungen eine diametral entgegengesetzte Sprache. Wir hören:

„Wer einmal unter Gottes Hand war, hat seine Unschuld verloren; er allein kennt die furchtbare Sprengkraft der Nachgiebigkeit. Aber wie stark ist er in der Sammlung, außerhalb und über, die er gewinnt, wenn Gott darum in ihm ist, weil er in Gott ist. Stark und frei, weil er selbst nicht mehr ist."

Dazu ein weiteres Zeugnis:

„Noch einige Jahre, und dann? Mein Leben hat Wert nur durch seinen Inhalt – für *andere*. Mein Leben ohne Wert für andere ist schlimmer als der Tod. Darum – in dieser großen Einsamkeit – diene allen. Darum: wie unbegreiflich groß, was mir geschenkt wurde, wie nichtig, was ich opfere. Hallowed be thy name, thy kingdom come, thy will be done –" (Geheiligt werde Dein Name, Dein Reich komme, Dein Wille geschehe).

Hinter den Vater-Unser-Zeilen steht Gethsemane, darum drittens:

„Für den Geopferten – den Opfernden – gilt nur eins: die Treue – einsam unter Feinden und Zweiflern – Treue trotz der Erniedrigung, welche die Folge und die Voraussetzung der Treue bleibt, Treue ohne jede andere Stütze als die Hoffnung auf Rechtfertigung in dem Glauben, welchen die Wirklichkeit so gründlich zu widerlegen scheint."

Nimmt man diesen Text, einen der wichtigsten des ganzen Tagebuches, mit der nah-verwandten Caesarea-Philippi-Eintragung (s. o.) zusammen, so tritt erst daraus die Christusgestalt der Hammarskjöld'schen „Selbstvernichtung" in ihrer umfassenden Verpflichtung hervor, sofern sich das „Opfer der Opferhandlung" im Sinne Christi nicht einfach schon im Selbstopfer „für andere" (das ohnehin), sondern erst im „Geopfertwerden", d. h. unter Verkennung, Erniedrigung und Schmach, vollzieht, unter Ausschluß jedweder „Rechtfertigung" des Geopferten vor aller Welt.

5. *Glaubensmystik*

Damit erhebt sich abschließend die Frage nach Hammarskjölds Christentum überhaupt. Es kann ja nach allem Bisherigen kein Zweifel bestehen, daß Hammarskjölds Christuskonformität bis in die Tiefe „mystisch" geprägt ist, d. h. von jener seit der Antike überlieferten Erlebnisfrömmigkeit, die das Ziel des Christseins in einer (meditativ gesteuerten)

Einswerdung (der „unio mystica") mit Gott suchte. Meister Eckhart, Juan de la Cruz u. a. Mystiker spielen in den „Wegmarken" in der Tat eine wichtige Rolle. Bei dem toten Hammarskjöld fand man ein Exemplar der „Imitatio Christi" des Thomas von Kempen.

Was bedeutet also die Mystik in Hammarskjölds geistiger Existenz? Um diese Frage zu beantworten, müssen wir den zweiten, bisher noch nicht behandelten Zentraltext des Tagebuches, die Pfingstmeditation von 1961 heranziehen. Auch er vergegenwärtigt auf seine Weise noch einmal den entscheidenden Erlebniseinbruch von 1952/53, freilich im Unterschied zu der kurzen Eintragung von 1957 nicht im Blick auf das göttliche „Du", sondern auf das von Gott gezeichnete Ich. Die Worte lauten:

„Ich weiß nicht, wer – oder was – die Frage stellte. Ich weiß nicht, wann sie gestellt wurde. Ich weiß nicht, ob ich antwortete. Aber einmal antwortete ich Ja zu jemandem oder zu etwas. Von dieser Stunde her rührt die Gewißheit, daß das Dasein sinnvoll ist und daß darum mein Leben, in Unterwerfung, ein Ziel hat. Seit dieser Stunde habe ich gewußt, was das heißt, ‚nicht hinter sich schauen' (vgl. Luk 9, 62), ‚nicht für den anderen Tag sorgen' (vgl. Mt 6, 34). Geleitet durch das Lebenslabyrinth vom Ariadnefaden der Antwort erreichte ich eine Zeit und einen Ort, wo ich wußte, daß der Weg zu einem Triumph führt, der Untergang, und zu einem Untergang, der Triumph ist, daß der Preis für den Lebenseinsatz Schmähung, und daß tiefste Erniedrigung die Erhöhung bedeutet, die dem Menschen möglich ist. Seither hat das Wort ‚Mut' seinen Sinn verloren, da ja nichts mir genommen werden konnte. Auf dem weiteren Weg lernte ich Schritt für Schritt, Wort für Wort, daß hinter jedem Satz des Helden der Evangelien ein Mensch und die Erfahrung eines Mannes stehen. Auch hinter dem Gebet, es möge der Kelch von ihm genommen werden, und das Gelöbnis, ihn zu leeren. Auch hinter jedem Wort am Kreuz."

Wie in einem Brennspiegel, so schießen in diesem Eintrag nahezu sämtliche Hauptmotive des Tagebuches zusammen: das Ja-Wort an „jemand oder etwas" im Zusammenhang mit dem bis 1953 verzweifelt gesuchten „Lebenssinn", das „Ziel" in „Unterwerfung" (ohne „Rück-Sicht" und „Vor-Sicht"), die Frage des „Mutes", der „Ariadnefaden" des „Lebens", der „Weg" Schritt für Schritt und nicht zuletzt das Passionsschicksal (Gethsemane und Golgatha in einem) unter der Forderung absoluter Erniedrigung, welche allein „die Erhöhung bedeutet, die dem Menschen möglich ist". Unter all diesen Motiven aber, die sich aus den übrigen Aufzeichnungen vielfach belegen lassen, ist das seit der Jahreswende von 1952/53 immer wiederkehrende „Ja"-Wort zweifellos das wichtigste.

Was bedeutet dieses Ja? Man kann darauf aus den Texten des Tagebuches sehr verschiedene Antworten geben. Die meines Erachtens richtige Antwort ist aber eine höchst überraschende. Sie findet sich in dem anfangs bereits genannten Hammarskjöld-Aufsatz von Rolf Schäfer und lautet: Dieses Ja – das Ja von Hammarskjölds persönlicher Existenzpreisgabe – kann nur so verstanden werden, wie es Erzbischof Nathan Söderblom, der große Freund des Elternhauses Hammarskjöld, in seiner Auslegung von 2 Kor 1, 19 („in Christus ist ein Ja geworden") verstanden hat, d.h. als das vorbehaltlose Ja des Glaubens, der „Ja" sagt „und nicht zweifelt", wie es bei Hammarskjöld heißt, Erst wenn man diesen Sinn von Hammarskjölds Ja-Wort wirklich ernstnimmt, ist man auch imstande, die zahlreichen Glaubensaussagen des Tagebuches zu entschlüsseln. So schon im Jahre 1953:

„Keiner ist demütig als im Glauben. Denn die Masken der Schwäche und des Pharisäertums sind nicht der Demut nacktes Gesicht. Keiner ist stolz als im Glauben. Denn die Spielarten geistig unreifer Anmaßung sind kein Stolz. – Demütig und stolz im Glauben: das heißt *dies* leben, daß ich nicht in Gott bin, aber Gott in mir." [Die Stelle befindet sich zwischen zwei anderen, die vom Ja-sagen handeln.]

Oder eine Stelle aus dem Jahre 1956:

„Wir handeln im Glauben – und es geschehen Wunder. So werden wir versucht, das Wunder zum Glaubensgrund zu machen. Und bezahlen unsere Schwäche mit dem Verlust der Glaubenszuversicht. Glaube ist, er schafft und trägt. Er wird nicht hergeleitet, nicht geschaffen, nicht getragen von irgend etwas anderem als seiner eigenen Wirklichkeit."

Schließlich noch einmal zur Passsionsgeschichte:

„Glaube ist Gottes Vereinigung mit der Seele (Juan de la Cruz). Glaube *ist,* kann daher nicht erfaßt werden mit Formeln, mit denen wir das umschreiben, was ist. – en una noche oscura *[Einleitungsverse der „Dunklen Nacht" des Johannes vom Kreuz].* Des Glaubens Nacht – so dunkel, daß wir nicht einmal den Glauben suchen dürfen. Es geschieht in der Gethsemane-Nacht, wenn die letzten Freunde schlafen, alle anderen deinen Untergang suchen *und Gott schweigt,* daß die Vereinigung sich vollzieht."

Natürlich kann man diese (und manche anderen) Aussagen, einfach als Ausläufer rein mystischer Erfahrung einordnen, indem man ihren Glaubensanspruch neutralisiert. Und doch, ist der Mystiker Hammarskjöld wirklich *nur* Mystiker? Wer das Ganze der „Wegmarken" auf sich wirken läßt, wer die wahrhaft unheimliche Ich-Verlorenheit der ersten Hälfte der Aufzeichnungen mit dem nur noch passional motivierten Opfergedanken der zweiten Hälfte vergleicht, der spürt, daß die Basis dieser Existenzhaltung doch noch tiefer gründet, als das im Anschauen lediglich der mystischen Dominante erkennbar wird und ... daß es eine protestantische Basis ist.

Denn das ist eben das Erstaunliche an allen Eintragungen Hammarskjölds, daß diese Mystik, wo immer die *erlebnishafte* Erfahrung der „Unio mystica" über den Horizont zu steigen beginnt,alsbald wie von einer mächtigen Gegenbewegung erfaßt wird, die das mystische Erlebenwollen mit wahrhaft numinoser Gewalt hineinstürzt in das „sola fide" („allein durch den Glauben") einer letztlich lutherischen Glaubensexistenz. „Glaube ist Gottes Vereinigung mit der Seele", sagt Johannes vom Kreuz, aber in Hammarskjölds anschließender Meditation dreht sich der Sinn des Wortes gerade um: Gottes Vereinigung mit der Seele vollzieht sich allein im Glauben, nämlich in einem solchen Glauben, der mit der Existenzhaltung Jesu grundsätzlich identisch ist. Denn in diesem Glauben – und nur durch ihn – sieht Hammarskjöld jene Brücke geschlagen, die auch das Ja-Wort Jesu in Gethsemane mit dem Willen des Vaters verband, jenes Ja der dritten Vaterunser-Bitte also, mit dem sich nach Hammarskjöld zugleich die gottmenschliche Einheit auch in Christi Nachfolgern vollzieht.

III. Das Exemplarische

Wir stehen am Schluß und fragen nach dem Sinn von Hammarskjölds innerem Auftrag, ein Sinn, der sich freilich nur dann erschließt, wenn er die Problematik des Falles Hammarskjöld nicht überspringt. Und zwar sind es zwei Hauptfragen, in denen beides – Problematik und Sinngebung – verklammert ist: einmal die Persönlichkeitsfrage, zum anderen die Gottesfrage; „Gott" und „Ich" im Spiegel einer modernen Existenz.

Einmal zur Persönlichkeit: Worin liegt das Exemplarische an Hammarskjölds Erscheinung inmitten unseres religionslosen Zeitalters? Es liegt nicht schon in der geistigen und künstlerischen Hochfrequenz, die hier begegnet, auch nicht allein in der Tatsache, daß dieser Ungewöhnliche ein seltenes inneres Erlebnis hatte, das ihn aus einem Verzweifelten zum Glaubensmystiker machte, sondern es liegt zunächst im Phänomen einer singulären persönlichen Einsamkeit.

Nirgend in der langen Geschichte christlicher Frömmigkeit, auch nicht in der Geschichte der christlichen Mystik, treffen wir auf eine ähnliche Individualität von derartiger innerer Vereinsamung, wie es bei Hammarskjöld, einem der einsamsten Menschen des 20. Jahrhunderts, der Fall ist: ohne jeden geistlichen Helfer und Beistand, ja streng genommen ohne einen einzigen Menschen letzten Vertrauens, selbst ohne die Geborgenheit einer christlichen Gemeinde und zuletzt sogar ohne posthumes Verständnis und geschichtliche Nachwirkung. Hammarskjölds Lebensproblem ist also im Kern ein Gemeinschaftsproblem, genauer: Es ist – wenn auch in einsamer Übersteigerung – das Gemeinschaftsproblem des Menschen am Ende des christlichen Zeitalters überhaupt, die Frage der Rettung des Vereinzelten aus seiner lebensgefährlichen Verlassenheit „zu etwas anderem, zu einem anderen".

Hammarskjöld hat diese Rettung suchen und erflehen müssen wie selten ein Mensch unserer Zeit, und was ihm schließlich zuteil wurde, war auch nicht die Aufhebung des Einsamseins, sondern nur seine Aufgehobenheit in Gott. Vielleicht ist dafür nichts so bezeichnend wie Hammarskjölds meditative Intensität. Denn so virtuos der Autor der „Wegmarken" auch imstande ist, biblische Texte meditierend zu erschließen, ebenso außerstande bleibt er doch zugleich zu jedweder objektiven

„Schriftauslegung". Die bekannte Neigung der Mystik, die ichorientierte Form der Meditation dem gemeinschaftsverbindlichen Verfahren biblischer „Auslegung" zumindest überzuordnen, ist also bei Hammarskjöld nicht durchbrochen, sondern gesteigert, d.h. sie hat zu einer Absolutsetzung der Meditation geführt, die in ihrer hermeneutischen Distanzlosigkeit fast etwas Narkotisches an sich hat.

Gleichwohl erhebt sich inmitten der meditativen Gefährdung zugleich Hammarskjölds überpersönliche Vollmacht: Daß der christliche Glaube im Zeitalter radikaler Ich-Verlassenheit nur noch überleben kann, wenn er von der Christusgegenwart umschlossen ist wie von einem bergenden Gewand, daß die Erlösung aus der klirrenden Kälte moderner Ich-Sucht und die Befreiung aus der Todesangst dieser Zeit nicht durch profane Gesellschaftsstrukturen und politische Visionen, sondern allein in der Hingabe des Einzelnen im Dienst einer neuen „Gemeinschaft der Heiligen" geschehen kann, das ist Hammarskjölds geistliches Vermächtnis.

Damit zur Gottesfrage. Hammarskjöld war weder Theologe noch Kirchenchrist, d.h. aber, es versammelt sich in seiner Erscheinung das Phänomen eines außerkirchlichen Christentums mit einer Grundsätzlichkeit, wie sie keinem Schultheologen zur Verfügung steht, geschweige denn gestattet ist. Denn hier wird dem theologisch abgesicherten „Reden von Gott" auf Kanzel und Katheder ein existenziell total unabgesichertes, ja völlig deckungsloses „Reden mit Gott" und „in Gott" gegenübergestellt, das sich auch in dogmatischer Hinsicht als „extra facultatem" (d.h. außerhalb der Theologie stehend) versteht. Daß Hammarskjöld zu einer derart unmittelbaren Sprache befähigt war, mag bis zu einem gewissen Grade in seiner persönlichen Veranlagung begründet sein. Aber das erklärt nicht alles. Vielmehr tritt bei ihm ein Motiv hinzu, das aller kirchlich gebundenen Sprache von oder mit Gott grundsätzlich fremd sein muß. Es ist die erstaunliche Verschränkung zwischen dem zur unbedingten Natur- und Schicksalsgröße entgrenzten „deus ipse" („Gott an sich") und dem daraus hervortretenden Menschen Jesus im Bilde der äußersten Erniedrigung, die zugleich „die Erhöhung" bedeutet, „die dem Menschen möglich ist".

Daß mit der dogmatischen Unkenntlichmachung Jesu („Ein junger Mann, streng in seiner Lebenshingabe ...") im Grunde die Heilsfrage des Menschen bei Gott relativiert wird, scheint Hammarskjöld auch als Christ kaum empfunden zu haben. Streng genommen gibt es in seiner modernistischen Lebensphilosophie denn auch keine den Tod überschreitende Heils- und Ewigkeitsgewißheit. Dennoch erhebt sich aus dem soteriologisch-christologischen Defizit ein geistlicher Anspruch von schlechthin eschatologischer Gewalt. Fast hat man den Eindruck, als würde unser Zeitalter mit Hammarskjöld gefragt, ob es die in Christus erscheinende Doppelwirklichkeit: das furchtbar verhüllte Gottesantlitz über dem Todesschicksal dieser Welt und das im Selbstopfer Christi geoffenbarte Menschenantlitz endlich ernst nehmen wolle, statt darüber zu debattieren und im übrigen unbeirrt weiterzuwirtschaften. Was die Gestalt Jesu unserem verirrten und verwirrten Jahrhundert bedeuten müßte, was der Gegensatz zwischen dem „stillen Richtspruch" Gottes und seiner Aufhebung in Christus eigentlich von uns will, und welches bisher unbekannte Maß an Selbstentäußerung von einer Kirche der Zukunft aufzubringen wäre, das alles steht in der Gestalt Hammarskjölds vor unseren Augen.

Bettina Bäumer

HENRI LE SAUX – ABHISHIKTANANDA

(1910–1973)

Ein Brückenschläger sowohl zwischen indischer und christlicher Spiritualität als auch zwischen der ältesten monastischen Tradition Indiens sowie der christlichen Wüstenväter einerseits und der heutigen Suche nach neuen religiösen Lebensformen andererseits, führte der 1973 verstorbene Henri Le Saux (mit indischem Mönchsnamen Swami Abhishiktananda) großenteils ein verborgenes Leben.

I. Leben

Am 30. August 1910 wurde Henri Le Saux in Saint Briac in der französischen Bretagne als Ältester von acht Kindern geboren. Erstaunlich früh verspürte er die Berufung zum Priestertum und trat schon mit zehn Jahren in das ,,Kleine Seminar" ein, später in das Große Seminar von Rennes, wo er als hervorragender Schüler bekannt war. Statt auf Anraten seiner Lehrer sein Theologiestudium in Rom fortzusetzen, entschloß er sich zum monastischen Leben und trat im Alter von neunzehn Jahren in die Benediktinerabtei St. Anne de Kergonan (Plouharnel) ein. 1935 legte er am Fest Christi Himmelfahrt seine ewigen Mönchsgelübde ab und wurde im selben Jahr zum Priester geweiht. Im Kloster erfüllte er u. a. die Aufgabe eines Zeremoniars, und die Liebe zur Liturgie und zum gregorianischen Gesang bewahrte er auch noch später in Indien. Der zweite Weltkrieg unterbrach 1939 das monastische Leben, als Henri Le Saux eingezogen und, später, die Abtei beschlagnahmt wurde, an deren Wiederaufbau er aktiv mitwirkte.

Die Liebe zu Indien und der Wunsch, sich in dem Land der Weisen und Seher als christlicher Mönch zu ,,inkarnieren", war schon früh in ihm erwacht. Als er durch die Lektüre eines Artikels auf Abbé Jules Monchanin aufmerksam wird, der eine bedeutende Rolle in der ökumenischen Bewegung in Frankreich gespielt hatte und nun in Südindien den Versuch einer Integration des Christentums in der indischen Tradition lebte, schrieb er 1947 an ihn:

> ,,Ich sehe endlich das Werk sich vollenden, das schon lange der Gegenstand meines innigsten Wunsches ist: die Gründung des monastischen Lebens in Indien . . . Seit mehr als dreizehn Jahren träume ich davon . . .[1]

Die Übereinstimmung seines Ideales mit dem von Abbé Monchanin war fast vollkommen, es war ein Leben, das „dem Verständnis und dem Dienst an Indien geweiht war, geleitet von dem einzigen Wunsch, das Christentum in Lebensweise, Gebet und Kontemplation der indischen Kultur entsprechend zu inkarnieren.“[2] Dieser innere Ruf nach Indien war so stark, daß er schließlich seinen Abt um Erlaubnis bat, ihm zu folgen. Die Wartezeit benützte er zur Vorbereitung durch Sprachstudien (Englisch, Sanskrit und Tamil) und Lektüre der heiligen Texte des Hinduismus. Im Jahre 1948 erhielt er die Exklaustration (Erlaubnis, außerhalb des Klosters zu leben) und schiffte sich nach Indien ein. Am 15. August, dem ersten Jahrestag der politischen Unabhängigkeit Indiens, erreichte er das Land seiner Bestimmung, das er bis zu seinem Lebensende nie wieder verlassen sollte.

Einer der ersten und nachhaltigsten Eindrücke der ersten Monate in Indien war die Begegnung mit Sri Ramana Maharshi in Tiruvannamalai, nicht viel mehr als ein Jahr vor dessen Tod im April 1950. In ihm begegnete er „dem einzigen Weisen des ewigen Indien“, der das alte indische Ideal der Entsagung, der Selbstverwirklichung und der Weisheit in seiner ganzen Reinheit verkörperte. Die Existenz dieses Heiligen forderte zutiefst das christliche Bewußtsein des Benediktinermönches heraus, und die folgenden Jahre brachten eine sowohl praktische wie theoretische Auseinandersetzung mit seiner Erfahrung. Er war davon überzeugt, daß das Christentum Indien nur dann geistig zu bereichern vermöchte, wenn es Mystiker wie Ramana hervorbrächte.

Gemeinsam mit Abbé Monchanin bereitete er die Gründung des christlichen kontemplativen Ashrams von Shantivanam („Wald des Friedens“) vor, am Ufer des heiligen Flusses Kavery, bei Kulittalai in Tamil Nadu. Anläßlich der Einweihung des der Trinität geweihten Ashrams am Fest des Hl. Benedikt (1950) nahmen die beiden Mönche auch Gewand und Namen von indischen Sannyāsīs[3] an: Henri Le Saux erhielt den Namen Swami Abhishikteshvarananda („die Freude des Gesalbten“, d.h. Christus, abgekürzt zu Abhishiktananda). Das Leben im Ashram war von der größten Einfachheit und Askese gekennzeichnet, es begann aber bald auszustrahlen. Die beiden Eremiten schrieben zwei Bücher über das Ideal ihrer Gründung, das gleicherweise in der frühen monastischen und benediktinischen Überlieferung wie in der hinduistischen asketischen und spirituellen Tradition verwurzelt war.[4]

Swami Abhishiktananda verbrachte die Jahre bis zum Tod seines Gefährten Monchanin (1957) nicht nur in Shantivanam, sondern lange Perioden in den Höhlen des heiligen Berges Arunachala, bei dem Ramana Maharshi gelebt hatte. Für ihn waren es Zeiten des Eindringens in die Lebensweise der Sannyāsīs und in die religiöse Welt des Hinduismus. In dieser Zurückgezogenheit und meist im Schweigen ereigneten sich auch entscheidende geistige Durchbrüche, die sein weiteres spirituelles Leben bestimmen sollten. Hier erfuhr er sowohl das beseligende „Hinabtauchen in die Tiefe seiner selbst"[5], als auch die innere Spannung zwischen seinem christlichen Glauben und der Spiritualität des Hinduismus, vor allem des Advaita[6], der er sich rückhaltlos aussetzte. Die Begegnung mit lebenden Vertretern dieser Geistigkeit, vor allem mit Sri Gñānānanda, den er als seinen Guru (geistlichen Meister) anerkannte[7], bestärkte seine Überzeugung, daß er in seinem Inneren die kreuzigende Synthese dieser beiden Erfahrungen, des Christentums und des Hinduismus, vollziehen müsse, koste es was es wolle.

Der Tod von Abbé Monchanin und die Tatsache, daß sich trotz einiger Versuche kein Inder dem Ashram anschloß, brachte eine Wende im Leben von Swami Abhishiktananda. Er war nicht mehr an der Gründung und ihrer Fortsetzung interessiert, sondern fühlte sich mehr und mehr zu einem eremitischen Leben hingezogen. Doch darf dies nicht so mißverstanden werden, als wäre der christliche Swami ein isolierter Einzelgänger gewesen – ganz im Gegenteil: Er pflegte intensiv den menschlichen Kontakt, mit Armen und Reichen, Gebildeten und Analphabeten, Mönchen und Laien, mit seiner christlichen Gemeinde auf dem Dorf ebenso wie mit seinen Hindu-Brüdern. Er empfand auch das Bedürfnis, seine innere Erfahrung mitzuteilen und andere auf dem Weg der Innerlichkeit zu ermutigen und zu führen. So hielt er häufig Exerzitien in kontemplativen Klöstern, vor allem im Karmel.

Im Jahre 1959 unternahm Swami Abhishiktananda die erste Pilgerschaft in den Himalaya, der ihn ganz gefangennahm.

„Der Mensch, der sich auf die Pilgerschaft zu den Quellen des Seins begibt, geht wahrhaft ins Unbekannte. Dies ist die ‚innere Pilgerschaft' der indischen Tradition, die symbolisiert wird durch die mühevollen Wallfahrten im Himalaya zu den Quellen des Ganges."[8]

Er träumte davon, sich in der Einsamkeit dieser Berge niederzulassen, die für den Hindu Symbol der Suche nach dem Absoluten sind. 1960 erhält er die indische Staatsbürgerschaft, ein weiterer Schritt in seiner Identifikation mit seinem „gelobten Land", und auch notwendige Voraussetzung für sein späteres Eremitendasein im Himalaya (damals war es Ausländern verboten, sich in den Grenzgebieten aufzuhalten).

Die Sechziger Jahre waren nicht nur durch viele Reisen von Süden nach Norden, zwischen Shantivanam und Uttarkashi im Himalaya gekennzeichnet, sondern auch durch eine wachsende Tätigkeit, sowohl schriftstellerisch (die wichtigsten Bücher sind in dieser Zeit entstanden)[9], wie auch die Teilnahme an wichtigen ökumenischen und inter-religiösen Treffen, die dem Dialog zwischen Christen und Hindus dienten.[10] Trotz seiner Zurückgezogenheit nimmt sein Einfluß in kirchlichen Kreisen zu, die mit der Anwendung der Entschließungen des II. Vatikanischen Konzils auf die besondere Situation Indiens beschäftigt waren. Nachdem er lange mißverstanden wurde, wird Swami Abhishiktananda plötzlich zum Pionier der indischen Kirche. Dieser Einfluß betrifft nicht nur die Spiritualität und das Verhältnis der Christen zu den Hindus, sondern auch die Liturgie, zu deren „Indisierung“ er wesentlich beigetragen hat. Im Jahr 1969 findet das „Nationale Seminar der Kirche Indiens“ in Bangalore statt, in dem er eine Arbeitsgruppe über Spiritualität leitet und auch sonst einen wichtigen Beitrag leistet.

Nach Jahren der „doppelten Existenz“, mit einem Fuß im Süden und einem anderen in Uttarkashi, wo er 1962 eine Einsiedelei errichtet hatte, konnte er 1968 endlich ganz in den Himalaya ziehen, weil er einen Nachfolger für Shantivanam gefunden hatte, den Benediktiner Bede Griffiths. Er wirkte bei der Gründung kontemplativer Gemeinschaften im Norden mit und nahm aktiven Anteil an ökumenischen Gruppen wie dem Ashram von Jyotiniketan bei Bareilly. Doch das Schwergewicht seines Lebens war die schweigende Kontemplation in der Einsamkeit des Himalaya, als einziger Christ unter Hindu Sannyāsīs.

In den letzten Jahren seines Lebens wurden ihm Schüler geschenkt, sowohl Hindus wie Christen, denen er von seiner reichen spirituellen Erfahrung in der Intimität des Verhältnisses eines Guru mitteilen konnte. Das Bewußtsein, daß sein hartes und oft mißverstandenes Leben nicht umsonst war, sondern in seinen Schülern geistige Frucht bringen sollte, brachte ihm eine tiefe Erfüllung. Nach langen Einkehrzeiten mit seinem engsten Schüler, dem Franzosen Marc Chaduc, die zu neuen Höhepunkten der inneren Erfahrung führten, wurde der Entschluß reif, diesem eine doppelte Mönchsweihe (*dīkṣā*) zu erteilen, die ihn sowohl mit der Hindu-Tradition des Sannyāsa wie mit der christlichen Mönchs-Tradition verbinden sollte. Diese „ökumenische Initiation“ fand im Juni 1973 in Rishikesh am Ufer des Ganges statt. Nach Tagen der intensiven Einkehr mit seinem Schüler im Dschungel des Himalaya-Vorgebirges, ereilte Swami Abhishiktananda bei seiner Rückkehr nach Rishikesh am 14. Juli 1973 ein Herzinfarkt. Er selbst beschreibt diese Erfahrung als sein höchstes „spirituelles Abenteuer“, in dem er zu einem Zustand jenseits von Leben und Tod erwachte. Doch konnte sein Körper dieser starken Erfahrung nicht lange standhalten. Im August wurde er nach Indore in eine Klinik von Franziskanerinnen gebracht, wo er, bis zuletzt in leuchtender Klarheit des Bewußtseins, am 7. Dezember 1973 starb, oder wie man in Indien den Tod eines Heiligen bezeichnet, in die „große Versenkung“ *(mahāsamādhi)* einging.

II. Werk

Das Werk eines Mystikers besteht nicht primär in seinen Schriften, sondern in den neuen Dimensionen der Erfahrung, in die er eingedrungen ist und an denen er stellvertretend andere teilnehmen läßt. So zurückgezogen er auch leben mag, das Kennzeichen der Echtheit seiner Erfahrung besteht darin, daß sie ohne sein Zutun ausstrahlt. Die Wirkung seiner

Worte besteht im Jenseits der Worte, das in ihnen aufleuchtet. So war sich auch Swami Abhishiktananda der Begrenztheit der Sprache, das Unaussprechliche auszudrücken, voll bewußt. Er empfand alles was er schrieb nur wie ein Stammeln oder Tasten. Sogar über sein Hauptwerk ,,Indische Weisheit – christliche Mystik" schrieb er im letzten Jahr seines Lebens, es habe sich alles ,,aufgelöst– und in dieser völligen Auflösung das Erwachen!" (Tagebuch, 2. 2. 1973) Seine Absicht war nicht, Theologie oder Literatur zu schreiben, sondern nur, Zeugnis abzulegen von seiner einzigartigen Erfahrung auf dem Kreuzungspunkt zweier religiöser Traditionen.

,,Ich habe keinen Wunsch, ein Meister der Theologie zu sein", schreibt er,[11] ,,meine einzige Berufung besteht darin, die Seelen nach innen zu führen, dorthin wo jede Frage überwunden ist – in das ursprüngliche Schweigen des Geistes, dort, wo das Wort aufbricht und wo es hinführt."

Das Problem der Sprache wird noch akuter in der Begegnung verschiedener Kulturen und Religionen, die das Mysterium in ganz verschiedenen mythischen, symbolischen, begrifflichen Sprachen ausgedrückt haben.

,,Derjenige, der mehrere geistige oder religiöse Sprachen kennt, ist unfähig, irgendwelche Formulierungen absolut zu setzen, seien es die des Evangeliums, der Upanishaden oder des Buddhismus. Er kann nur eine Erfahrung bezeugen, von der er stammelt. Alle Formulierungen sind *upāsanas,* Meditationen, betende, kontemplative, demütige Annäherungen. Es gibt das *upāsana* des Abba, das Jesus gelehrt hat. Es gibt das *upāsana* der Upanishaden. Sie widersprechen sich nicht."[12]

Ausgehend von einer ganz persönlichen inneren Erfahrung wurde sich Abhishiktananda bald der Konsequenzen seines ,,spirituellen Abenteuers" für die Kirche, das Christentum und besonders für die in der heutigen Zeit akut gewordene Begegnung zwischen den Religionen bewußt. Doch ging er seinen Weg in der letzten, radikalen Ehrlichkeit sich selbst, seinem christlichen Glauben sowie der indischen Spiritualität gegenüber, auf die er sich bedingungslos eingelassen hatte. Sein Werk wird nur verständlich auf dem Hintergrund seiner geistigen Pilgerschaft, die in sich zwei Traditionen vereinte, die hinduistische und die christliche. Mehr noch als seine veröffentlichten Schriften ist es sein geistliches Tagebuch, das die verschiedenen Phasen dieser Pilgerschaft am unmittelbarsten zum Ausdruck bringt.[13]

Sein zentrales Anliegen war klar:

,,Der Mensch hat nur eine Aufgabe in dieser Welt: in sich das innere Mysterium zu befreien, und indem er es in sich selbst befreit, es der Welt zu schenken."[14]

Doch lebt er diese Berufung in einem für einen christlichen Mönch außergewöhnlichen Kontext: in der religiösen Welt des Hinduismus.

"Es gibt eine Tatsache, die alles bestimmt: die religiöse Erfahrung in einer nichtchristlichen Umwelt, mit einer bis jetzt kaum erreichten Intensität und auf der

Linie alles dessen, was ich vorher dunkel geahnt hatte. Der Advaita[15] Ramanas (Maharshis) ist mein Geburtsort . . .",

schreibt er 1955 (Tagebuch, 3. 9.). Diese ,,Linie" war sowohl eine klare Kontinuität von den monastischen Anfängen, wie auch etwas völlig Neues.

Gewiß war sein anfängliches Anliegen ein ,,missionarisches", das er mit P. Monchanin teilte: das Ideal, das geistige Indien zu ,,verchristlichen", und das bedeutete, das christliche Mysterium in einer kontemplativen Tiefe zu leben, die es den für das Spirituelle sensiblen Hindus zugänglich machen würde. Wohlverstanden, von Anfang an ging es nicht darum, das indisch-christliche Mönchtum als eine Strategie für die Bekehrung zu verwenden. Schon 1952 schreibt er:

,,Ich bin nicht ein Hindu-Mönch, um Konversionen zu bewirken, das indisch-christliche Mönchtum ist für mich ein Selbstzweck, nicht ein Mittel. Die monastische Berufung ist ihrem Wesen nach zweckfrei. Sie besteht für Gott allein, nicht für die Menschen. Nur indem sie auf Gott ausgerichtet ist, kann sie den Menschen nützlich sein." (Tagebuch 31. 3.)

Doch bewirkt eben dieses Leben im geistigen Milieu des Hinduismus eine tiefgehende Verwandlung auch seiner ursprünglichen Absicht:

,,Ich bin aufgebrochen in das Hindu-Milieu, um ihm Christus und die Kirche zu bringen, doch habe ich allmählich verstanden, daß Indien mich viel tiefer in das Mysterium eindringen ließ, das sich mir bisher in den Zügen Christi und der Kirche geoffenbart hatte." (24. 9. 1955).

Es ist eigentlich eine Wende, die ihn aus einem Gebenden zu einem Empfangenden machte:

,,Ich war hierher gekommmen, um Dich (Jesus) meinen Hindu-Brüdern bekanntzumachen, doch bist Du es, der sich mir durch ihre Vermittlung zu erkennen gab . . ." (14. 11. 1956)

1. Die Gabe Indiens

Im Lichte dieser Einsicht war es eine gegenseitige Gabe, die in seiner Person und seinem Werk geschah: die Gabe Indiens an das Christentum und, im Sakrament seines Lebens, die Gabe des christlichen Mysteriums an Indien, was R. Panikkar die ,,gegenseitige Befruchtung" der Religionen nennt. Was dabei geschieht, hat nichts mit Synkretismus zu tun, sondern mit einer Offenheit für das göttliche Mysterium, in welchem Gewand auch immer es auftreten mag. Es braucht Menschen, die sich, sozusagen stellvertretend, für diese doppelte Erfahrung zur Verfügung stellen, um als Brücke zu dienen. Dies ist umso notwendiger nach einer Geschichte der Begegnung dieser Religionen, die voll von tragischen Mißverständnissen ist. Das Christentum ist in Indien kaum in seiner spirituellen Dimension bekannt, sondern vielmehr als eine soziale Institution, deren missionarische Tätigkeit immer noch als ein Überrest von

Kolonialismus verstanden wird. Auf der anderen Seite hatte zu der Zeit vor und unmittelbar nach dem II. Vatikanischen Konzil noch kaum eine ernsthafte Bemühung um den Dialog mit anderen Religionen begonnen. Swami Abhishiktananda war einer der wichtigsten Wegbereiter, und er mußte notwendig unter seiner Existenz als „Brücke" leiden:

„Die Gefahr, als Brücke zu leben, besteht darin, daß man riskiert, zu keiner Seite zu gehören, während man doch zu beiden Seiten ganz gehören muß, so schwierig es auch sein mag. Dies ist nur möglich im Mysterium Gottes."[16]

Die Entdeckung, daß das Christentum ebensoviel empfangen muß wie es zu geben hat, hat weitreichende Konsequenzen. Sie erfordert eine große Sensibilität für das, was der Geist Gottes durch die indischen Schriften und Mystiker zu sagen hat. Nur der Kontemplative, der selbst in der Innerlichkeit lebt, kann die Innerlichkeit einer anderen geistigen Tradition verstehen. Und für Abhishiktananda war die erste und wichtigste Gabe Indiens die der Innerlichkeit,[17] die dem heutigen Westen weitgehend verloren gegangen ist. So führt die Entdeckung der tiefsten Werte des Hinduismus zu der Wiederentdeckung derselben Werte in der eigenen Tradition, doch bereichert durch eine erweiterte Erfahrung.

Mit einem erstaunlichen Instinkt für das Wesentliche wandte sich Abhishiktananda den geistigen Strömungen des Hinduismus zu, die ihm am klarsten zu der unaussprechlichen Erfahrung jenseits aller psychischen und mentalen Begrenzungen zu führen schienen. Es waren dies vor allem die Upanishaden und der Advaita, sowie das damit verbundene Ideal des Sannyāsa. Das bedeutet keinen Eklektizismus, denn er war für alle Manifestationen des religiösen Geistes in Indien offen, aber nicht kritiklos. Er konnte klar die Degenerationserscheinungen erkennen, denen jede Tradition ausgesetzt ist. Sein innerer Gesprächspartner blieb die upanishadische Erfahrung, die sich in den Weisen Ramana Maharshi und Gñānānanda in unserem Jahrhundert neu inkarniert hatte.

2. *Advaita*

Dieses Wort faßt eine Mystik und eine davon abgeleitete Theologie und Philosophie zusammen, die trotz vieler anderer Strömungen an der Wurzel des indischen Geistes liegt. Oft fälschlich als Monismus übersetzt, heißt es wörtlich „ohne ein Zweites", Nichtdualität, ohne Vielheit. Es bezeichnet nicht nur die Einheit des Absoluten in sich (*ekam eva advitīyam,* „eines ohne ein zweites"), sondern die Nicht-Zweiheit in der letzten Erfahrung: das tiefste Selbst des Menschen (Ātman) und die alles umfassende, absolute Wirklichkeit (Brahman) können nicht zwei sein.

„Der Höhepunkt aller dieser upanishadischen Entsprechungen ist die Upanishad des *ātman-brahman,* die Entdeckung der Identität, oder vielmehr der Nichtdualität zwischen dieser innersten Mitte meiner selbst, die der Ātman ist, und der innersten Mitte des Universums, Brahman. Die letzte Intuition ist durch alle Ebenen des Seins, durch alle Bilder, alle Vermittlungen hindurchgegangen. Die Zielscheibe ist getroffen. Der Ātman hat sich selbst durch sich selbst gefunden. Wenn er das ‚ich', das er auf den verschiedenen Ebenen seines Bewußtseins ausgesprochen hatte, ... nun im Grund seiner selbst ausspricht, so ist es eins mit dem *Ich,* das das kosmische Absolute, das Brahman, im Ursprung seiner Selbstmitteilung ausspricht. *Aham asmi* (‚ich bin'), *aham brahma asmi* (‚ich bin Brahman'), verkündet die Bṛhadāraṇyaka Upanishad 1, 4, 10. ‚Das bist du', *tat tvam asi,* ist die letzte Unterweisung des Guru, wenn die großen Wasser alle Dämme weggeschwemmt haben und wenn der Glanz des einzigen Lichtes im Grund des Seins erschienen ist und die Welt in ihrer Totalität erleuchtet hat ... ‚Wahrlich, dies alles ist Brahman, dieses Selbst ist Brahman', verkündet der Seher der Māṇḍūkya, der von seiner Erfahrung zurückkehrt – ‚wenn er davon zurückkehrt'. Hat er sie wie von außen betrachtet oder ist es vielmehr das letzte Wort, das er ausspricht, in dem Moment, wenn er in den Abgrund dieser endgültigen Erfahrung versinkt?

In dieser letzten Erfahrung hat der Mensch alle Antinomien, alle *dvandvas* (Dualitäten) überstiegen, auch den grundlegenden *dvandva* Leben/Tod. Sein/Nichtsein, Erkenntnis/Nichtwissen."[18]

Diese Erfahrung ist wahrhaft unaussprechlich:

„Wovon die Worte und das Denken umkehren, ohne es zu erreichen – wer diese Seligkeit Brahmans kennt, der fürchtet nichts!" (Taittirīya Upanishad II, 9), oder: „Weder durch das Wort noch durch das Denken noch mit dem Auge kann es erfaßt werden. Wie anders kann man ihn erfassen, außer wenn man sagt: Er ist!" (Kaṭha Upanishad VI, 12)

Die Mystik des Advaita ist eine Erkenntnismystik und Seinsmystik, die das reine Bewußtsein anstrebt, die Verwirklichung des Selbst oder wahren Ich, die für Abhishiktananda jeder Gotteserfahrung vorausgehen muß. Der Weg zu ihr besteht nach Ramana Maharshi in der Selbsterforschung, die innere Frage „wer bin ich?", verbunden mit schweigender Meditation. Doch darf man sich keiner Täuschung hingeben: Dieser Weg verlangt eine totale Entblößung, eine innere und oft auch äußere Nacktheit, die es dem Menschen nicht mehr erlaubt, sich irgendwo einzurichten.

„Die Advaita-Erfahrung ist in der Menschheitsgeschichte ein unerreichtes Zeugnis für die Absolutheit des Seins, für das Geheimnis Gottes, dem man sich nicht entziehen kann. Sie ist ein verzehrendes Feuer, wenn man auch nur ein wenig wagt, sich ihm zu nähern."[19]

Der Nachvollzug der Advaita-Erfahrung führt für Abhishiktananda zu einer radikalen Reinigung und Vertiefung seiner christlichen Erfahrung.

3. Trinität

Im Zentrum der christlichen Erfahrung steht für Abhishiktananda das dreifaltige Mysterium.

„Die Trinität ist keine abstrakte Idee, sie ist die Gemeinschaft des Seins, die sich nach allen Seiten in alles ergießt, das sich des Seins bewußt ist. Ihre Erfahrung jenseits aller Theologie ist in zwei Blicken, die sich begegnen, liebend und frei. Sie ist das Pulsieren des Lebens selbst, wie es sich in Augenblicken der Wahrheit offenbart, die der Mensch jenseits alles künstlichen Religiösen erlebt. Und welcher Mensch kennt nicht solche Momente der Wahrheit, die sein Heil ausmachen: Augenblicke einer freien Liebe, wenn sich die ‚Knoten des Herzens' lösen." (Tagebuch 28. 5. 1972)

In der Trinität findet er nicht nur die Gotteserfahrung, sondern die innerste Selbsterfahrung ebenso wie die Beziehung zu den anderen und zur Welt.

Ausgangspunkt ist die Erfahrung Jesu selbst, seine erste Erleuchtung bei der Taufe am Jordan, wo ihm seine göttliche Sohnschaft offenbart wird, sowie die lichtvolle Bestätigung dieser Sohnschaft am Tabor.

„An Christus glauben bedeutet, an das Mysterium der eigenen göttlichen Sohnschaft zu glauben, seinen Ursprung vom Vater. Es ist die totale Hingabe an das innere Mysterium"[20]

Der christliche Mantra – im Sinn von Offenbarungswort –, der Abhishiktananda am tiefsten berührte und in Ekstase versetzen konnte, war der Psalmvers, der den Introitus der Weihnachtsmesse bildet: „Mein Sohn bist du, heute habe ich dich gezeugt!"[21] Darin fand er sein wahres Sein – im Schoß der Trinität. Die „Antwort" darauf ist das Gebet Jesu: „Abba, Vater!"[22] Nicht ohne Grund hat er in seinem Büchlein über das Gebet dieses Wort den Christen als Mantra empfohlen,[23] denn darin hat der Betende Anteil am dreifaltigen Leben: als Sohn ruft er im Geist den Vater an.

In seinem Buch „Indische Weisheit – christliche Mystik"[24] beschreibt Henri Le Saux die trinitarische Erfahrung und versucht, sie mit der Erfahrung des Advaita in Einklang zu bringen. In der Intuition des Saccidānanda, d. h. der Charakterisierung des Absoluten (Brahman) als Sein *(sat)*, Bewußtsein *(cit)* und Seligkeit *(ānanda)* findet er eine Präfiguration der Dreifaltigkeit.

„Wenn die christliche Erfahrung der Trinität dem Menschen neue Einblicke in die Bedeutung der Intuition des Saccidānanda eröffnet hat, so ist es ebenso wahr, daß die Begriffe *sat, cit* und *ānanda* ihrerseits dem Christen in seiner eigenen Meditation des zentralen Mysteriums seines Glaubens eine große Hilfe sind ... Die Erfahrung des Saccidānanda trägt die Seele jenseits aller intellektuellen Erkenntnis bis in ihre eigenste Mitte, den Ursprung ihres Seins. Nur dort ist sie fähig, das Wort zu hören, das innerhalb der ungeteilten Einheit und dem Advaita des Saccidānanda das Mysterium der Drei göttlichen Personen offenbart: in *sat* den Vater, den absoluten Anfang und die Quelle des Seins, in *cit* den Sohn, das göttliche Wort, die Selbsterkenntnis des Vaters, in *ānanda* den Geist der Liebe, der Fülle und der Seligkeit ohne Ende."[25]

Daß die Trinität bis zuletzt den Brennpunkt seiner inneren Erfahrung bildete, zeigt die letzte Eintragung in seinem geistlichen Tagebuch, nach seiner großen Erleuchtungserfahrung:

„Es gibt in mir die Quelle und die Nicht-Quelle, und diese sind nicht zwei. Das dreifaltige Mysterium ist die Offenbarung meiner eigenen Tiefe, die wir gottmenschlich nennen, in einem intensiven Grad gelebt ...“[26]

4. Die Begegnung der zwei Erfahrungen in der „Höhle des Herzens“

Swami Abhishiktananda war davon überzeugt, daß sich verschiedene spirituelle Traditionen in ihrer reinsten und höchsten Form begegnen müssen. Er wollte damit nicht die indische Meinung bestätigen, daß „alle Religionen auf der Ebene der mystischen Erfahrung eins sind“[27], denn diese Aussage setzt ein intellektuelles Apriori voraus, das, wenn überhaupt, nur der Mystiker selber einholen kann. Vielmehr ging er davon aus, daß alle äußeren Manifestationen der Religionen – einschließlich des Christentums – stark von kulturellen und historischen Faktoren bedingt sind, die im Licht einer anderen Kultur leicht mißverstanden werden können. Letztlich ist jeder Ausdruck der religiösen Erfahrung schon ihr Verrat, denn er ist wesentlich „Name und Form“ *(nāma-rūpa)*, die das Sein mehr verschleiern als offenbaren. Gott ist weder ein Begriff noch eine Projektion – Er ist vielmehr jenseits aller „Namen und Formen“. So geht es nicht um eine Auseinandersetzung zwischen verschiedenen Begriffssystemen, sondern um die lebendige Begegnung von Erfahrungen, „in der Höhle des Herzens“.[28] Gewiß ist dieser „innere Dialog“ nicht ohne Gefahren und Konflikte.

So überwältigend das Eindringen in die mystische Erfahrung der indischen Seher für Abhishiktananda war, so rief es in ihm auch tiefe innere Ängste hervor, vor allem die Angst, Christus und der Kirche untreu zu werden. So wurden der Friede und die Fülle, die er immer wieder erfuhr, durch Zweifel in Frage gestellt. Im Jahr 1953 schreibt er in sein Tagebuch:

„Ich habe schon zuviel vom Advaita verkostet, um den ‚gregorianischen‘ Frieden eines christlichen Mönches wiederzufinden. Ich habe früher zuviel von diesem ‚gregorianischen‘ Frieden gekostet, um nicht in meiner Advaita-Erfahrung beunruhigt zu sein.“ (27. 9. 1953)

„Den Frieden in einem Jenseits des Ich suchen, in dem innerlichen, überwesenhaften *Ich*? Doch habe ich als Christ kein Recht auf diesen Frieden ... Eben hier liegt die Angst, denn wie kann mir der advaitische Abgrund, der mich anzieht, erlauben, mich im christlichen Frieden in Sicherheit auszuruhen?“ (26. 12. 1954)

Dieser Gewissenskonflikt zeugt sowohl von einem echten Problem, wie von der absoluten Ehrlichkeit, mit der der christliche Mönch sich der indischen Mystik stellte. Es war ihm auch klar, daß nur eine höhere Einsicht eine Lösung bringen könnte, nicht eine Flucht in die eine oder andere Richtung. Diese Überwindung auf einer anderen Bewußtseinsebene wird ihm später geschenkt. In ihrem Licht kann er sagen:

„Alle Namen und Formen, ob hinduistische oder christliche, sind nur Kerzenstummel, die man am hellen Mittag anzündet, wenn die Sonne hoch am Zenit steht! Diesen inneren Menschen (Purusha) aus Feuer entdecken – wer sich ihm nähert, verbrennt." (10. 5. 1972)

Wie löst sich ihm dann das Problem der christlichen und hinduistischen Erfahrung?

Er schreibt in seinem Tagebuch (24. 7. 1971): „Ob ich es will oder nicht, ich bin zutiefst verbunden mit Jesus Christus und daher mit der Gemeinschaft der Kirche. In ihm hat sich mir das Mysterium geoffenbart seit meinem Erwachen zu mir selbst und zur Welt. In seinem Bild, in seinem Symbol kenne ich Gott, mich selbst und die Welt der Menschen. Bei meinem Erwachen zu neuen Tiefen meiner selbst, meines Selbst (Ātman) hier (in Indien) hat sich dieses Symbol wunderbar erweitert. Schon die christliche Theologie hatte mir die Ewigkeit des Mysteriums Jesu gezeigt: *in sinu patris* (im Schoß des Vaters). Später hat mir Indien das kosmische Ganze dieses Mysteriums offenbart – diese totale Offenbarung, in die sich die jüdische Offenbarung einfügt. Ich erkenne aber dieses Mysterium, das ich schon immer in dem Symbol Christus angebetet habe, auch in den Mythen von Nārāyaṇa, Prajāpati, Shiva, Purusha, Kr̀ishna, Rāma und anderen. Aber für mich ist Jesus mein Sadguru. Die Leute möchten, daß ich sie eine wunderbar schillernde Hindu-Gnosis lehre; ich habe nur eine Botschaft, die Botschaft des Absoluten. Es ist diese Botschaft, die Jesus und alle Seher gelebt haben: die Begegnung mit dem Tod, mit Gott, die völlige Nacktheit dieses Gegenübers ... Gott ist dieses Absolute, dieser Tod. Keiner kann ihn sehen und leben, denn diese Schau entreißt einem alle Bekleidungen ..."

Er empfindet dann Advaita und Trinität nicht mehr als Gegensätze, sondern als sich ergänzende und zugleich innewohnende Erfahrungen:

„Die christliche Erfahrung ist in Wirklichkeit die Advaita-Erfahrung, wie sie in der menschlichen Gemeinschaft gelebt wird. Und das ist die Trinität. Doch hat man versucht, sich von diesem *Feuer* zu befreien, indem man Formulierungen und Institutionen vergöttlicht hat." (3. 8. 1972)

Im Licht der upanishadischen Einsicht in die Fülle der göttlichen Wirklichkeit betrachtet er vor allem das Mysterium des Geistes neu, der selbst der Advaita von Vater und Sohn ist.

5. Etappen des Weges

Die Frage ist berechtigt, wie man diese Erfahrung nachvollziehen kann. Das gegenwärtige Interesse an Spiritualität und Meditation ist meist von einer übertriebenen Faszination für Methoden gekennzeichnet, als gäben sie eine Garantie, das Ziel zu erreichen. Als Schüler von Ramana Maharshi kann Abhishiktananda nur alle Methoden in Frage stellen, weil, wie die Upanishad sagt, „man das Ungeschaffene nicht mithilfe des Geschaffenen erlangt."[29] Doch bedeutet es nicht, daß er keinen *Weg* zu diesem Ziel zeigte.

Die erste Forderung des Weges ist die Verinnerlichung, das Eintauchen in den eigenen Grund,[30] in die „Höhle des Herzens" in den Worten der Upanishaden.

„Alles, jedes Gebet, jede Anbetung, jeder Akt ... besteht für mich darin, in den Grund einzutreten ... Indem ich es von außen nach innen nehme, bringe ich es zum Leben, lasse ich es auferstehen, führe ich es zu Gott."[31]

Ein konkretes, von beiden Traditionen erprobtes Mittel ist das Namensgebet *(nāmajapa)*, das den zerstreuten Geist in Gott sammelt und nach innen führt.[32] Verinnerlichung bedeutet auch ein Sichverlieren:

„Der Abstieg in die Tiefe, wo man nichts mehr sieht, nicht einmal sich selbst ... Denn man muß in den Grund des Abgrundes hinabsteigen, um am anderen Ufer zu erwachen ..."[33]

Die sowohl äußeren wie inneren Mittel sind das Schweigen und die Entblößung – nicht eine künstliche Askese, sondern die Befreiung von allem Überflüssigen, das das wahre Sein des Menschen verschleiert. Die schweigende Meditation ist gewiß das geeignetste Mittel, um den Geist Gottes in sich wirken zu lassen.

„Sich in die Gegenwart versenken, die Vorstellung, das Denken, ja selbst den Gedanken an die Gegenwart zum Schweigen bringen. Erst dann wird die Gegenwart aufleuchten."[34]

Die verschiedenen Methoden des Yoga wie Atemkontrolle, Sitzhaltung, Konzentration usw. zielen letztlich darauf hin, und er empfiehlt sie nur im Hinblick auf dieses Schweigen des Geistes, das das Zur-Ruhe-Kommen des Körpers voraussetzt.[35] Das Schweigen allein ist der Wirklichkeit Gottes angemessen, es ist sein einziges Lob.[36] Und doch darf man es ebensowenig verabsolutieren wie irgendeine andere Methode, „denn das Schweigen ist ebenso ein Zeichen, und der Einzige ist jenseits des Schweigens, er ist im Wort wie im Schweigen, weder innen noch außen, nirgends ..." (Tagebuch, 18. 3. 1970).

Obwohl der mystische Weg alle Zeichen transzendiert, gibt es doch für den Christen ein letztes Zeichen, das solange gültig bleibt, bis er in die volle Wirklichkeit eintritt: das Zeichen der Eucharistie. Abhishiktananda lebte zutiefst die mystische Dimension der Eucharistie, in der er die Opfer der Priester und Gläubigen aller Religionen mit einbrachte.[37]

Am 12. 6. 1952 schreibt er: „Wenn ich die Eucharistie esse, schaffe ich die Welten. Wenn ich die Eucharistie esse, bringe ich den Sohn des Vaters hervor und bin ich am Ursprung des Hervorgehens des Geistes, der die Gottheit vollendet. Denn das Essen der Eucharistie ist für mich das meiner Natur vollkommen angemessene Mittel, um dem Liebesangebot des Vaters zu antworten, um anzunehmen zu *sein* ... auf daß die dreifaltige Fülle in der ewigen Gegenwart der göttlichen Leere *(śūnyatā)* entspringe."

Die Innerlichkeit verbindet sich so mit kosmischer Weite, die Menschlichkeit mit dem göttlichen Mysterium.

Letztlich dienen alle Methoden und Mittel, sei es das Gebet, die Übung der Aufmerksamkeit (*sati* im Buddhismus), die Atembeobachtung, die schweigende Meditation, die Askese, dazu, das begrenzte Ich mit seinen Anhänglichkeiten, Wünschen, Gedanken und Vorstellungen zu überwinden, das wahre Selbst (Ātman) zu entdecken und in diesem Bewußtseinszustand, der dem Menschen „angeboren" und natürlich ist (*sahaja* der indischen Tradition) zu verharren. Das Resultat kann daher keine verkrampfte Religiosität sein, sondern die reine Spontaneität, die innere Freiheit, die aus der Übereinstimmung mit dem tiefsten Wesen des eigenen Selbst *(svarūpa)* fließt. In christlichen Begriffen ist es eine reine Offenheit für das Wirken des Geistes:

„Die christliche Freiheit besteht darin, daß nichts mehr im Menschen ist, was den inneren Antrieb des Geistes in uns beeinträchtigt." (Tagebuch, 15. 3. 1967)

Derjenige, der diesen Zustand der inneren Freiheit, der Verfügbarkeit für den Geist, der vollen Aufmerksamkeit auf den „inneren Blick"[38] verkörpert und kompromißlos lebt, ist der indische Sannyāsī, mit dessen Ideal sich Abhishiktananda vollkommen identifiziert hatte. Seine letzte Schrift ist diesem Ideal des Sannyāsa, des indischen Mönchtums gewidmet,[39] in dem er auch die radikale Verwirklichung der Forderungen des Evangeliums fand. Mehr als ein Suchender ist der Sannyāsī in der Entblößung seines Lebens ein Zeichen für die Transzendenz Gottes. Die mystische Tiefe des Sannyāsa wird in der Hymne deutlich, die Swami Abhishiktananda seinem Schüler bei dessen Initiation mitgab, in Anlehnung an die Upanishaden:

„Gehe hin mein Sohn, in der Freiheit des Geistes,
durch die grenzenlosen Räume des Herzens,
gehe hin zur Quelle, gehe zum Vater,
gehe zum Ungeborenen, der du selbst ungeboren bist,
‚zu der Welt Brahmans, die du selbst gefunden hast,
und von der niemand zurückkehrt.'
In dieser Welt, aus dieser Welt,
‚den Unsichtbaren schauend',
wandelt er im Verborgenen, unerkannt,
verrückt von der Verrücktheit des Wissenden,
frei in der Freiheit des Geistes,
glücklich in der wesenhaften Freude,
feststehend im nichtdualen Mysterium,
frei von jedem Gefühl der Andersheit,
das Herz erfüllt von der Erfahrung des Selbst,
für immer vollkommen *erwacht* . . ."[40]

6. Das Erwachen zum Sein

Das Ziel des oft mühevollen, aber nicht weniger freudvollen Weges besteht in dem, was Abhishiktananda in der Sprache des Buddhismus das „Erwachen" nennt, die Erleuchtung. Dieser Ausdruck ist deshalb angemessen, weil es, wie der Advaita immer wieder betont, nicht um die Erlangung eines neuen Zustandes oder neuer Erkenntnisse geht, sondern um das Erwachen „von der Unwirklichkeit zur Wirklichkeit."[41]

„Der Jñānī (der Weise) verwirklicht und entdeckt nichts Neues, er sieht einfach die Realität in ihrer ganzen Herrlichkeit. Er dringt ein bis zum Wesen der Dinge und entdeckt dort Jahwe, Brahman, den der *ist.*" (Tagebuch, 12. 11. 1966)

Dem Erwachen „zum anderen Ufer" geht notwendig der Tod voraus, nicht der physische, sondern der mystische, der „große Tod", in dem dem Menschen alles entzogen wird. Dann ist die Wirklichkeit der Auferstehung schon in diesem Leben gegenwärtig:

„. . . und er erwachte zum Sein am Ostermorgen, im Schoß des Vaters, in der Herrlichkeit, die er von Anbeginn der Welt bei ihm hatte (Joh. 17,5). ‚Ich erwache und ich bin bei dir . . .' (Ps. 139,5)"[42]

Abhishiktananda wurde selbst diese Erfahrung der Erleuchtung geschenkt – zuerst in blitzhaften Vorahnungen, in den letzten Jahren seines Lebens in der Fülle des Lichtes. Deshalb kann er mit Gewißheit von diesem Zustand sprechen, der in Wahrheit unaussprechlich ist:

„Got ist zu sehr Licht, als daß man ihm gegenüber bestehen könnte. Man verschwindet, absorbiert in der Quelle, die nichts als Licht ist. Bitten? Anbeten? *Sein.* Ich weiß, daß *ego sum* (ich bin) . . . ." (3. 8. 1972)

„Ich habe den Eindruck, daß ich entweder hier nichts mehr zu tun habe, oder aber, daß ich einzig und allein das volle Licht bezeugen soll." (10. 6. 1972)

Wer diesen Zustand erreicht hat, der hat letztlich „die Unterscheidung zwischen dem Suchenden und dem Gesuchten aufgehoben."[43] Er lebt erst wirklich in der reinen Gegenwart, befreit von der Last der Vergangenheit und der Sorge um die Zukunft.

Doch bedeutet dieses Verkosten des Augenblicks nicht eine höhere Art des Egoismus. Im Gegenteil, der Kontemplative leistet den größten Dienst an der Welt und seinen Mitmenschen:

„Man geht in die Einsamkeit, um einen Dienst zu verrichten, eine Art Gegengewicht gegen die menschliche Zerstreuung. Zeuge des Absoluten, Zeuge dafür, daß die *Res,* die Wirklichkeit, jenseits des Zeichens ist."

„Sein ist das Gebet von Gott aus gesehen. Das Erwachen zum Sein ist das wunderbarste Werk, das der Mönch in der Welt und für die Welt zu vollbringen hat. Er ist dann in Wahrheit ein Yogi, der verbindet und verbunden ist, der die zerstreute Welt im Sein, in der Einheit sammelt." (Tagebuch, 26. 11. 1956)

„Der Yogi hat für alle Wesen nur mehr den Blick Gottes. Und ebenso hat er auch für Gott nur mehr den Blick Gottes auf sich selbst." (5. 4. 1952)

In seiner Erleuchtung anläßlich seines Herzinfarktes erfährt Abhishiktananda einen Geisteszustand, der alle Dualitäten übersteigt, wie er es in einem Brief beschrieb:

„Wirklich eine Tür öffnete sich im Himmel, als ich am Straßenrand lag. Aber ein Himmel, der nicht das Gegenteil der Erde ist, etwas, was weder Leben noch Tod ist, sondern einfach ‚Sein', ‚Erwachen' . . . jenseits aller Mythen und Symbole." (10. 9. 1973)

Es war wie ein Nachvollzug der sogen. Himmelfahrt des Propheten Elias, eine Verklärung, die der Seher der Chāndogya Upanishad schon erfahren hatte:

> ,,Der Verklärte erhebt sich aus diesem Körper,
> er erreicht das höchste Licht
> und erscheint in seiner eigenen Gestalt.
> Dieser ist der höchste Mensch (Purusha),
> das Selbst, das Unsterbliche, Furchtlose.'' (8, 3, 4)

III. Bedeutung

Abhishiktananda liebte es, das indische Sprichwort zu zitieren, daß ,,nur der Weise den Weisen erkennen kann''. Die Bedeutung eines Mystikers kann nicht an äußeren Maßstäben gemessen werden, denn ,,er wirkt von innen''. Das, was nach außen sichtbar wird, sind oft nur Nebenwirkungen, die von der fundamentalen Erfahrung ausstrahlen, wie die Kreise, die sich im Wasser um den Punkt bilden, wo ein Stein in die Tiefe gefallen ist.

Wie R. Panikkar schreibt, ist es nicht der bloße Nachvollzug der advaitischen Erfahrung, die sich im Lauf der spirituellen Tradition Indiens immer wieder ereignet hat, was die Besonderheit des Zeugnisses von Abhishiktananda ausmacht. Es ist vielmehr die Tatsache, daß diese Erfahrung in einer christlichen Seele vollzogen wurde und so die beiden Welten des Westens und des Ostens in sich vereinte. ,,Ein Mittler, nicht ein Vermittler war nötig, ein Mensch, der wirklich in beiden Welten zuhause ist.''[44] Seine doppelte Erfahrung hat so einen paradigmatischen Wert für die heute unausweichliche Begegnung der Religionen, sowohl auf der Ebene des Dialoges wie der gelebten Spiritualität. Im Bereich des Dialogs hat Abhishiktananda gezeigt, daß jede bloß intellektuelle Auseinandersetzung, jeder nur doktrinäre Vergleich nicht nur unbefriedigend bleibt, sondern an der religiösen Wirklichkeit vorbeigeht, die immer in der Erfahrung – der Christ würde sagen im Glauben – begründet sein muß. Es ging ihm nicht um theoretische Lösungen, noch um eine einseitige Beurteilung des ,,anderen''. Nur wer bereit ist, an der Erfahrung des anderen von innen teilzunehmen, wird fähig sein, dessen Perspektive zu verstehen. Nur diese gegenseitige Offenheit, ohne Aufgabe des Eigenen, kann zu einem tieferen Verstehen führen und so letztlich zu einer Überwindung der geistigen Krise unserer Zeit beitragen.

Was die religiöse Erfahrung als solche betrifft, so war sich Abhishiktananda bewußt, daß weder eine bloße Nachahmung der traditionellen Spiritualität noch eine oberflächliche Anpassung dem tiefen spirituellen Bedürfnis des heutigen Menschen entsprechen können.

> ,,Wir leben nicht mehr im Zeitalter der traditionellen Mythen, noch in dem des Logos. Nur die unmittelbare Erfahrung des eigenen Selbst im Selbst, unseres

pneuma im Pneuma, des zeitlosen Ātman, wird unsere gegenwärtigen Probleme lösen." (Tagebuch, 27. 7. 1970)

„Wir bewegen uns auf eine wahre Atomexplosion im religiösen Bereich zu", schreibt er an einen Theologenfreund (29. 10. 1966).

„Alles sogen. ‚Religiöse' ist künstlich (surimposé), ein vom Menschen gemachtes Göttliches, um die göttliche Wirklichkeit zu ersetzen, die wegen ihrer totalen Transparenz unmerklich ist ... Man muß die Welt auf diese unvermeidliche Auflösung vorbereiten, das Göttliche, *sat* (das Sein) in seiner Immanenz und Transzendenz, in seiner vollkommenen Transparenz spürbar machen. Mit offenen Augen, aufmerksamen Ohren, *vacate et videte* („seid offen und merket auf", nach Ps. 45,11 Vulg.). Sonst wird diese Explosion eine Katastrophe ergeben."

Von daher rückt die Suche junger Menschen nach östlicher Weisheit, sofern sie echt ist, in ein neues Licht. Was immer die Motivationen sein mögen, sie ist doch ein Zeichen dafür, daß eine Vertiefung und Vereinfachung nötig ist, die das heutige westliche Christentum scheinbar nicht zu geben vermag. Abhishiktananda zeigt, daß es ebenso falsch ist, die eigenen christlichen Wurzeln im Gefolge östlicher Gurus zu verleugnen, wie es für den indischen Christen falsch ist, seine tiefen hinduistischen Archetypen zu unterdrücken. Nur eine wirkliche Integration kann erlösen. So liegt seine Bedeutung für das Christentum gleichzeitig in einer Befreiung des Kernes der christlichen Erfahrung aus der Enge westlicher Strukturen, und in einer „Vertiefung des christlichen Mysteriums"[45] durch die Betonung der kontemplativen Dimension als „Gegengewicht":

„Die Stunde ist gekommen für die Kontemplativen. Doch wie lebendig müssen sie der Welt gegenwärtig sein, aus der Tiefe ihres Schweigens! Nicht eine Flucht vor der Wirklichkeit, sondern ein Eindringen in das Herz der Dinge ..." (Tagebuch, 20. 10. 1968)

IV. Wirkung

Zehn Jahre nach dem Tod eines Menschen ist es noch zu früh, von einer Wirkungsgeschichte zu sprechen. Trotzdem ist es möglich, die Bereiche zu nennen, in denen das Leben und Werk von Henri Le Saux zu wirken begonnen hat. Sein Wunsch, zur Erneuerung der indischen Kirche beizutragen, ist teilweise in Erfüllung gegangen,[46] denn sein Einfluß auf die Indianisierung der Liturgie, auf die Spiritualität christlicher Ashrams und allgemein auf eine Besinnung auf die eigenen Wurzeln ist noch im Zunehmen begriffen. Sicher geschieht es nicht immer in der Tiefe, die er angestrebt hatte, sodaß z. B. die Verwendung indischer Symbole, Gesten und Texte in der Liturgie oft mehr eine äußere Anpassung ist, anstatt aus dem Eintauchen in die Quelle spontan zu fließen, wie es bei ihm selbst der Fall war. Doch hat er den indischen Christen ihr reiches kulturelles und spirituelles Erbe bewußt gemacht, das die Kirche in ihr Leben integrieren muß, um auch einen Beitrag für das ganze Christentum zu leisten; so wie im Lauf der Geschichte griechische, lateinische, germanische und viele andere kulturelle, philosophische und spirituelle Elemente es bereichert haben.

Man kann auch fragen, was die Wirkung seines Lebens auf das Hindu-Milieu war, in dem er gelebt hat. Wenn auch kaum nach außen sichtbar, so ist doch die größte Wirkung die, daß er von geistig hochstehenden Hindus als wahrer Sannyāsī und sogar als ,,Realisierter" anerkannt wird, obwohl er bis zuletzt seine Verbundenheit mit Christus, seinem wahren Guru, nie verleugnet hat.

In Europa, wo er durch seine Bücher und persönliche Kontakte bekannt wurde, scheint der Einfluß dieses hindu-christlichen Mönches noch zu wachsen. Für viele Suchende, die Methoden östlicher Meditation folgen, ist er zum Symbol dafür geworden, daß es möglich ist, die indische Weisheit mit der christlichen Mystik zu integrieren, ohne in Sektierertum oder Synkretismus zu verfallen. Christliche Kontemplative finden in ihm ein Vorbild für die Erneuerung kontemplativen und nicht zuletzt eremitischen Lebens.

Die Auswirkung des Lebens und Denkens von Henri Le Saux auf die Theologie, besonders was die theologische Bewältigung des religiösen Pluralismus betrifft, sowie die Herausforderung theologischer Spekulation (vor allem über Trinität und Christologie) durch den ,,Sprengstoff" seiner Erfahrung, hat noch kaum begonnen. Doch wird es nötig sein, seiner doppelten Erfahrung Rechnung zu tragen, wenn die Theologie überhaupt beginnen wird, die spirituelle Erfahrung der anderen Religionen ernst zu nehmen.

LITERATURHINWEISE UND ANMERKUNGEN

Josef Sudbrack: Christliche Mystik – Vorüberlegungen

Anmerkungen

[1] Um Hoffnung kämpfen, Bornheim-Merten 1983, 168.

[2] Kritik der zynischen Vernunft, Frankfurt 1983, 943. 157.

[3] Nada Brahma – Die Welt ist Klang, Frankfurt 1983, 60.

[4] Shiva et Dionysos. La religion de la Nature et de l'Eros. De la préhistoire à l'avenir, Paris 1979.

[5] *Rombold/Schwebel,* Christus in der Kunst des 20. Jahrhunderts, Freiburg 1983, 48.

[6] In: *W. Schmied,* Zeichen des Glaubens – Geist der Avantgarde. Religiöse Tendenzen in der Kunst des 20. Jahrhunderts, Stuttgart 1980, 127.

[7] Rationalität und Mystik, Frankfurt 1981; ferner: Die Entstehung der Moderne aus dem Geiste der Mystik. Mystische Tendenzen in Philosophie und Kunst eines ,,atheistischen" Jahrhunderts, in: Mystik ohne Gott? Tendenzen des 20. Jhts., Karlsruhe 1982.

[8] Wendezeit, Bausteine für ein neues Zeitalter, Bern 1983, 340, 416f.

[9] Olten, Freiburg 1978.

[10] LSD im Dienste der tiefenpsychologischen Forschung, Stuttgart 1978.

[11] Nach *Capra* (Anm. 8), 428.

[12] Die Mutation des Bewußtseins, Frankfurt 1980. Bestürzend ist, daß *Hugo M. Enomiya-Lassalle* SJ ,,Symptome" zu dieser ,,Analyse" aufzeigen will (Verändert die Praxis des Zen das religiöse Bewußtsein?), aus denen *K. Walf* ,,Folgen" zieht: ,,Daß ein Ende der Religion und damit auch der Kirche(n) bevorsteht . . ."; so im Sammelband: Stille Fluchten. Zur Veränderung des religiösen Bewußtseins, München 1983.

[13] Zusammenfassend und erläuternd in: *J. Sudbrack,* Herausgefordert zur Meditation, Freiburg 1977, 99ff.

[14] Entsprechend *G.-Kl. Kaltenbrunner,* Die Suche nach dem anderen Zustand, Freiburg 1976, sich auf G. van der Leew stützend. Der geschichtlichen Wurzel dieses Urteils ist hier nicht nachzugehen.

[15] Mystik. Harmonie und Dissonanz. Die östlichen und westlichen Religionen, Olten 1980.

[16] Artikel ,,Mystik" in: Wörterbuch der Religionen (*A. Bertholet, H. v. Campenhausen, K. Goldammer*), Stuttgart 1976.

[17] Nos extra nos. Luthers Theologie zwischen Mystik und Scholastik, Tübingen 1972.

[18] In seinem umfassenden Grundwerk: Zen-Buddhismus, Köln 1972.

[19] Die entsprechenden Äußerungen sind gesammelt bei: *A. Haas,* Teilhard de Chardin – Lexikon, Freiburg 1971, II, 140.

[20] Die Meditation des Herzensgebets, Bern 1983, 13–17.

[21] Bei *Haas* (Anm. 11), I 236.

[22] Artikel ,,Mystik" in: Brockhaus Enzyklopädie in zwanzig Bänden, Wiesbaden 1966–1976, XIII, 141.

[23] Zeit der Orden. Zur Mystik und Politik der Nachfolge, Freiburg 1977.

[24] Dazu *J. Sudbrack,* Die Geist-Einheit von Heilsgeheimnis und Heilserfahrung, in: Das Mysterium und die

Mystik. Beiträge zu einer Theologie der christlichen Gotteserfahrung, hrsg. v. *J. Sudbrack,* Würzburg 1974, 9–55; und ders., Wege zur Gottesmystik, Einsiedeln 1980.

[25] Bei *Haas* (Anm. 19), II, 183.

Mariette Canévet: Gregor von Nyssa

I. Literaturhinweise

1. *Übersetzungen*

Die *Bibliothek der Kirchenväter* hat in ihren verschiedenen Ausgaben (Kempten/München 1869–1888; 1911–1937) viele Werke Gregors von Nyssa übersetzt.

Balthasar, Hans Urs von, Gregor von Nyssa. Der versiegelte Quell. Auslegung des Hohenliedes, Salzburg 1939.

Blum, M., Gregor von Nyssa. De Vita Moysis, Freiburg 1963.

Gregor von Nyssa, Über das Wesen des christlichen Bekenntnisses, über die Vollkommenheit, über die Jungfräulichkeit (eingel., übers. u. mit Anm. versehen von *Wilhelm Blum*), (Bibliothek der griechischen Literatur, Bd. 7), Stuttgart, Hiersemann, 1977.

Ders., Die große katechetische Rede (eingel., übers. u. kommentiert von *Joseph Barbel),* (Bibliothek der griechischen Literatur, Bd. 1), Stuttgart, Hiersemann, 1971.

2. *Untersuchungen*

Balthasar, Hans Urs von, Présence et pensées, Paris 1942.

Canévet, Mariette, Art. „Grégoire de Nysse", in: Dictionnaire de Spiritualité VI, 971–1011 (Paris 1967).

Dies., Gregoire de Nysse et l'hermeneutique biblique. Études des rapports entre la langage et la connaissance de Dieu, Paris, Et. Augustinienne, 1983.

Daniélou, Jean, Platonisme et théologie mystique, Paris ^{2}1954.

Ders., L'être et le temps chez Grégoire de Nysse, Leyden 1970.

Dörrie, H., Art. „Gregor von Nyssa", in: Reallexikon für Antike und Christentum, Lieferung 94 (1983) 863–895.

Mühlenberg, E., Die Unendlichkeit Gottes bei Gregor von Nyssa, Göttingen 1966.

Völker, W., Gregor von Nyssa als Mystiker, Wiesbaden 1955.

II. Anmerkungen

[1] *Gregor von Nazianz,* 11. Brief (PG= *Migne, J.-P.,* Patrologia Graeca, Paris; 37, 41 B–D).

[2] *Gregor von Nyssa,* Ansprache über die vierzig Martyrer (PG 46, 785 A). Zum Leben Gregors vor seiner Er-

hebung zum Bischof vgl. *M. Aubineau,* Grégoire de Nysse. Traité sur la virginité, SC (Sources Chrétiennes) 119, Paris 1966, Einleitung (29–82).

[3] Traktat über die Jungfräulichkeit, III, 1, 9–15.

[4] *Gregor von Nazianz,* Ansprachen (PG 35, 842 C).

[5] *Basilius von Cäsarea,* Briefe (PG 32, 840 A–841 B).

[6] Die Unterscheidung der Seienden findet sich in verschiedenen Traktaten *Gregors von Nyssa,* besonders aber und einigermaßen breit im Vorwort zu: Homilie über das Hohelied Salomos (PG 44, 885 A–888 B).

[7] Über die Erschaffung des Menschen, Kap. 11 (PG 44, 156 A–B).

[8] Katechetische Unterweisungen, 5, 6 (PG 45, 21 D).

[9] Homilien über die Seligpreisungen, 6 (PG 44, 1272 D).

[10] Gegen Eunomius III, 6, 74 (in: *W. Jaeger,* Hrsg., Gregorii Nysseni Opera, vol. II, 212).

[11] Von der Seele und der Auferstehung (PG 46, 148 C–149 A).

[12] Homilien über das Hohelied Salomos, 4 (PG 44, 832 D).

[13] Homilien über die Seligpreisungen, 5 (PG 44, 1248 D).

[14] Homilien über den Prediger, 7 (PG 44, 729 D).

[15] Das Leben des Mose II, 163 (PG 44, 377 A).

[16] Homilien über das Hohelied Salomos, 3 (PG 44, 893 C).

[17] Katechetische Unterweisungen, 37, 1 (PG 45, 93 A).

[18] Homilien über das Hohelied Salomos, 3 (PG 44, 828 D–829 A).

[19] Homilien über den Prediger, 8 (PG 44, 737 D–740 A).

[20] Vgl. den Traktat über die Psalmentitel II, 6 (PG 44, 508 B).

Heinrich Bacht: Euagrios Pontikos

I. Literaturhinweise

1. Quellen

Über die Quellen, die zum Teil in syrischer oder aramäischer Sprache überliefert sind, und über deren Ausgaben mit den damit verbundenen Problemen unterrichten umfassend:

Altaner, Berthold/Stuiber, Alfred, Patrologie. Leben, Schriften und Lehre der Kirchenväter, Freiburg [9]1981, 265–267.

Greßmann, Hugo, Nonnenspiegel und Mönchsspiegel des Euagrios Pontikos (Texte und Untersuchungen 13/14), Leipzig 1913, 143–165.

Guillaumont, Antoine et Claire (Hrsg.), Évagre le Pontique, Traité pratique ou Le Moine (Sources Chrétiennes, Nr. 170/171), Paris 1971, I/II.

Deutsche Übersetzungen sind nur vereinzelt, gelegentlich unter anderen Namen, greifbar, z. B. Basilius von Cäsarea, Brief 8, deutsch von A. Stegmann, BKV 46, 25–42; dazu vgl. R. Melcher, Der 8. Brief des hl. Basilius, ein Werk des Evagrius Ponticus, Münster 1923.

2. Sekundärliteratur

Bacht, Heinrich, Evagrius Ponticus und Pachomius von Tabennési, in: J. Sudbrack (Hrsg.), Zeugen christlicher Gotteserfahrung, Mainz 1981, 34–63 (mit einigen Texten).

Balthasar, Hans Urs von, Die Hiera des Evagrius Ponticus, in: ZKTh 63 (1939) 86–106, 181–206.

– Metaphysik und Mystik des Evagrius Ponticus, in: ZAM 14 (1939) 31–47.

Dempf, Alois, Evagrios Pontikos als Metaphysiker und Mystiker, in: PhJ 77 (1970) 297–319.

Grillmeier, Alois, Evagrius Ponticus (als Origenist), in: Jesus der Christus im Glauben der Kirche, I: Von der Apostolischen Zeit bis zum Konzil von Chalcedon, Freiburg 1979, 561–568.

Guillaumont, Antoine, Art. Evagrius Ponticus, in: Theologische Realenzyklopädie, Berlin/New York 1982, X, 565–570 (umfassend).

Ders. (mit Claire Guillaumont), Art. Evagrius Ponticus, in: Reallexikon für Antike und Christentum, Stuttgart 1966, VI, 1088–1107 (ausführlicher).

Ders., Les Képhalaia Gnostica d'Évagre le Pontique et l'histoire de L'Origénisme chez les Grecs et chez les Syriens, Paris 1962 (grundlegend).

Hausherr, Irénée, Les Leçons d'un contemplatif, Paris 1960 (Übersetzung mit einem wichtigen Kommentar).

Rahner, Karl, Die geistliche Lehre des Evagrius Pontikus, in: ZAM 8 (1933) 21–38.

Vitestam, Gösta, Seconde Partie du traité qui passe sous le nom de ,,La Grande lettre d'Évagre le Pontique à Mélanie l'Ancienne", in: SMHVL 1963–1964.

II. Anmerkungen

[1] Vgl. *P. Godet,* Art. ,,Évagre", in: DTC 5 (1924) 1611f.

[2] *W. Bousset,* Apophthegmata, Tübingen 1923, 281–335.

[3] *W. Frankenberg,* Euagrius Ponticus, in: AbhKönGesWiss Gött., Phil.-HistKl. NF Bd. 13, 2, Berlin 1912.

[4] *K. Rahner,* Die Geistliche Lehre des Euagrius Ponticus, in: ZAM 8 (1933) 21–38, hier 21.

[5] *Palladios* (gestorben vor 431) lebte 388–399 als Mönch in Ägypten. Seine dem Kammerherrn Lausus gewidmete Schrift ist eine wichtige Quelle für das frühe Mönchtum; vgl. *C. Butler,* The Lausiac History of Palladios, 2 Bde. 1898/1904.

[6] Vgl. Évagre le Pontique, Traité Pratique, ed. *A.* et *C. Guillaumont,* Paris 1971, Bd. I, 21–28, hier 23; PG 37, 393 B.

[7] Zu Melania d. Ä. vgl. *F. X. Murphy,* Melania the Elder: A Biographical Note, in: Traditio 5 (1947) 59–77; die Hauptquellen sind *Palladios,* Hist. Laus. 46; 54–55; *Paulinus von Nola,* Epp. 28–29; 31; 45: CSEL 29, 245f.; 251–262; 267f.; 380.

[8] *A. Guillaumont,* Les ,Kephalaia Gnostica' d'Évagre le Pontique et l'Histoire de l'Origénisme chez les Grecs et chez les Syriens, Paris 1962, 51.

[9] Nach *Guillaumont,* Les ,Képhalaia Gnostica', 52, Anm. 16, lag die Kellienwüste ungefähr 18 km südlich von Nitria entfernt. Zum Gesamt der mönchischen Überlieferung vgl. *H. Bacht,* Das Vermächtnis des Ursprungs. Studien zum frühen Mönchtum I. u. II., Würzburg 1972 und 1983, mit den Anmerkungen,

die den Forschungsstand besonders in Bezug auf die asketisch-mystische Begrifflichkeit aufarbeiten.

[10] Vgl. PG 65, 176 A; deutsch bei *B. Miller,* Weisung der Väter. Apophthegmata Patrum, auch Gerontikon oder Alphabeticum genannt., Freiburg i. Br. 1965, 92 n. 233.

[11] Hierzu vgl. *Guillaumont,* Les ‚Képhalaia Gnostica', 53, Anm. 20; daß es sich um einen Ausspruch des Evagrios handelt, bezeugen die lateinische, syrische und armenische Version.

[12] *Epiphanios,* Panarion 64, 4: GCS 31, 409f.

[13] Über Ammonios und die „Langen Brüder" vgl. *Guillaumont,* Les ‚Képhalaia Gnostica' 56f.

[14] *Rufinus Tyrannius von Aquileja* (345–410/11) war seit 368 eng befreundet mit Hieronymus. 372 ging er nach Ägypten, wo er mit Melania d. Ä. Kontakt aufnahm. 394 überwarf er sich mit Hieronymus; 401 schrieb er seine berühmt gewordene „Apologie" gegen seinen ehemaligen Freund; vgl. dazu *J. Steinmann,* Hieronymus – Ausleger der Bibel. Weg und Werk eines Kirchenvaters, Köln 1961, 265–269.

[15] Hist. Laus. 35 ed. *Butler* II, 100–106.

[16] Antirrhet. ed. *Frankenberg* 524; zu Johannes von Lykopolis vgl. *Palladios,* Hist. Laus. 35 ed. *Butler* II, 100–106.

[17] Vgl. *I. Hausherr,* Le traité de l'oraison d'Évagre, in: RAM 15 (1934) 34–93; 113–170.

[18] Vgl. *Guillaumont,* Les ‚Képhalaia Gnostica', 61.

[19] Vgl. *G. Florovsky,* The Anthropomorphites in the Egyptian desert, in: Akten des 11. Internationalen Byzantinistenkongresses, München 1960, 154f.

[20] Hist. Laus, 38 ed. *Butler* II, 116–123.

[21] Hist. eccl. IV, 23: PG 67, 516 AB.

[22] Vgl. *Gennadius,* De viris illustr., 11: PG 58, 1060f.

[23] Das literarische Genus der Centurie ist möglicherweise von Euagrios eingeführt worden; vgl. Dict. Spir. II, 1 (1953) 416–418 (I. Hausherr).

[24] Abgedruckt bei PG 40, 1221–1254.

[25] La teneur du Practicus d'Évagre le Pontique, in: Le Muséon 42 (1929) 74–89.

[26] *Évagre le Pontique,* Traité Pratique ou Le Moine, Bd. I (Introduction), Bd. II (Edition, Traduction, Commentaire et Tables), Paris 1971 (= Sources Chrét. 170 u. 171).

[27] *Guillaumont* a. a. O. II, 483–495.

[28] Vgl. *W. Frankenberg,* Euagrius Pontikus, 546–553.

[29] *Sokrates,* Hist. eccl. IV, 23: PG 67, 516.

[30] Vgl. *A. Guillaumont,* Les ‚Képhalaia Gnostica', 22–37; ders., Les Six Centuries des ‚Képhalaia Gnostica' d'Évagre le Pontique, in: Patrol. Orient. 28,1, Paris 1958.

[31] Vgl. *J. Quasten,* Patrology III, Westminster/Maryland 1963, 171f.

[32] Vgl. *H. Gressmann,* Nonnenspiegel und Mönchsspiegel des Euagrios Pontikos ..., Leipzig 1913 (= TU 39, 4b). Bereits *Rufinus* hatte eine lateinische Übersetzung angefertigt. Nach *L. Th. Lefort,* À propos d'un aphorisme d'Evagrius Ponticus, in: BullAcadBelgique 36 (1950) 70–79; hier haben wir also einen Beleg für die Abhängigkeit des Euagrios von Pachomius.

[33] PG 40, 1253–1260.

[34] Die Hiera des Evagrius, in: ZkTh 63 (1939) 86–106; 181–206.

[35] Vgl. *Palladios,* Hist. Laus. 11; s. auch *Quasten,* Patrology, III, 175f.

[36] Vgl. Dict. Spir. IV, 2 (1961) 1731–1744, 1736 (A. und C. *Guillaumont).*

[37] *I. Hausherr,* Le traité. (s. Anm. 17).

[38] Vgl. *Frankenberg,* Euagrius Ponticus (s. Anm. 3), 554–635.

[39] *R. Melcher,* Der achte Brief des Basilius, ein Werk des Evagrius Ponticus, Münster/W. 1923; deutsche Übersetzung des Briefes von *A. Stegmann,* in: BKV 46, München 1925, 25–42.

[40] Zum Begriff der ,,apatheia" vgl. *G. Bardy,* Art. ,,apatheia", in: Dict. Spir. 1, 1937, 727–746, vor allem 734–736; s. auch Évagre, Traité pratique (s. Anm. 6) Bd. I, 98–112 (L'impassibilité).

[41] Les Grands Courants de la Spiritualité Orientale, in: OrChrPer 1 (1935) 114–138.

[42] Vgl. Évagre le Pontique, Traité Pratique, ed. *Guillaumont* Bd. I, 498.

[43] Zur patristischen Lehre von der Vergottung aus Gnade vgl. *M. Lot-Borodine,* La déification de l'homme. Selon la doctrine des Pères grecs, Paris 1970.

[44] Évagre le Pontique a.a.O., n. 78, 667.

[45] Vgl. *M. Viller* u. *K. Rahner,* Aszese und Mystik in der Väterzeit, Freiburg i. Br. 1939, 115–121.

[46] Über die Achtlasterlehre der Mönchsspiritualität in der Frühzeit vgl. neuestens die Studie von *R. Jehl,* Die Geschichte des Lasterschemas und seiner Funktion. Von der Väterzeit bis zur karolingischen Erneuerung, in: Franz. Stud. 64 (1982) 261–359, vor allem 265–284 (mit reicher Literatur). Die Wirkungsgeschichte ist kaum zu ermessen.

[47] *K. Rahner,* Die Geistliche Lehre (s. Anm. 4) 24.

[48] Évagre, Traité Pratique, cap. 6–14, ed. *A. u. C. Guillaumont,* Bd. II, 506–534.

[49] Ebd. cap. 12, 520–526. Die Aktualität dieser Analysen zeigt *F. J. Illhardt,* Trauer. Eine moraltheologische und anthropologische Untersuchung, Düsseldorf 1982, 22–39: Trauer in der monastischen Theologie der Spätantike; vor allem aber vgl. Évagre, Traité Pratique (s. Anm. 48) Bd. I, 84–90.

[50] Dazu s. *A. Voegtle,* Die Tugend- und Lasterkataloge im NT, Münster/W. 1936 (= Neutestamentl. Abhandlungen 16, 4–5).

[51] Vgl. *K. Rahner,* Die Geistliche Lehre (s. Anm. 4) 25.

[52] Ebd. 26.

[53] *K. Rahner,* Über das Problem des Stufenweges zur christlichen Vollendung, in: ZAM 19 (1944), 65–78.

[54] *K. Rahner,* Die Geistliche Lehre (s. Anm. 4) 31.

[55] *K. Rahner,* Die geistlichen Sinne nach Origenes, in: Ders., Schriften zur Theologie, XII, Einsiedeln – Köln 1975, 111–136.

[56] *Rahner,* Die Geistliche Lehre (s. Anm. 4) 34.

[57] Ebd. 35.

[58] Ebd. 36.

[59] Ebd. 36.

[60] *A. Guillaumont,* Les Six centuries (s. Anm. 30), III, 88, S. 135; dazu vgl. *I. Hausherr,* Ignorance infinie ou science infinie?, in: OrChrPer 25 (1959), 44–52.

[61] *L. Bouyer,* La Spiritualité du Nouveau Testament. Nouvelle Édition, Paris 1966, 467–471.

[62] Vgl. *Frankenberg,* Euagrius Ponticus (s. Anm. 3), 443.

[63] Vgl. *I. Hausherr,* Le Traité de l'Oraison d'Evagre le Pontique, in: RAM 15 (1934) 34–93; 113–170, hier 114; es handelt sich um No 66 in dem Traktat des Evagrius: ,,Ne te figure pas la diversité en toi, quand tu pries, ni ne laisse ton intelligence subir l'impression d'aucune forme; mais va immatériel à l'immatériel, et tu comprendras."

[64] Dazu vgl. *Frankenberg,* Euagrius Ponticus (s. Anm. 3) 425.

[65] Ebd. 581–583.

[66] Vgl. Anm. 39.

[67] *Hausherr,* Le Traité (s. Anm. 63) 117.

68 Vgl. *W. Löser,* Im Geiste des Origenes. H. U. von Balthasar als Interpret der Theologie der Kirchenväter, Frankfurt-Main 1976, 124–128.

69 Hist. Laus. ed. *Butler* 86.

70 *M. J. Rondeau,* Le commentaire sur les Psaumes d'Évagre le Pontique, in: OrChrPer 26 (1960) 307–348.

71 In: ZAM 14 (1939) 31–47.

72 Ebd. 31.

73 Ebd. 31 f.

74 Hierzu vgl. *Guillaumont,* Les ‚Képhalaia Gnostica', 124–170.

75 Metaphysik und Mystik des Evagrius Ponticus, in: ZAM 14 (1939) 38 f.

76 *U. von Balthasar,* Kosmische Liturgie. Das Weltbild Maximus' des Bekenners, 2. Aufl., Einsiedeln 1961, 182.

77 Im Geiste des Origenes (s. Anm. 68) 124–128.

78 Ebd. 124.

79 Für das Nachfolgende vgl. *Guillaumont,* Les ‚Kephalaia Gnostica' 173–332.

80 Ebd. 80–123.

81 *Theophilos,* Osterfestbrief von 402, s. *Hieronymus,* Ep. 98: CSEL 185–211.

82 *Guillaumont,* Les ‚Kephalaia Gnostica' 103–113.

83 Ebd. 113–117.

84 Ebd. 113–117; 123–159.

85 Zwei Ausnahmen s. ebd. 124, Anm. 1.

86 *Kyrill von Skythopolis,* Vita Sabae ed. *E. Schwartz* s. 124 Z. 25–29; s. *Guillaumont,* Les ‚Kephalaia Gynostica' 130.

87 Über diese Vorgänge vgl. Guillaumont ebd. 133–140; ferner *Rh. Haacke,* Die kaiserliche Politik in den Auseinandersetzungen um Chalkedon, in: *A. Grillmeier* u. *H. Bacht* (Hrsg.), Das Konzil von Chalkedon II, 94–177, hier 162–175.

88 Text dieser Anathematismen bei Mansi 9, 396–400; vgl. *Guillaumont,* Les ‚Kephalaia Gnostica' 144–146.

89 In Dict. Spir. 4, 1961, 1741–1743.

90 Aux sources de la spiritualité de Saint Maxime. Les oeuvres d'Évagre le Pontique, in: RAM 11 (1930) 156–184; 239–268.

91 *H. U. von Balthasar,* Metaphysik und Mystik (s. Anm. 75) 31–47, hier 31.

Wolfgang Wieland: Augustinus

I. Literaturhinweise

1. Quellen

a) Gesamtausgaben

Die beste Gesamtausgabe der Werke Augustins ist immer noch die sog. *Maurinerausgabe,* Paris 1679–1700. Sie ist übernommen in der Ausgabe von *Migne, J.-P.:* Patrologia Latina Bd. 32–47, Paris 1841/42.
Noch nicht abgeschlossene textkritische Ausgaben sind
Corpus scriptorum ecclesiasticorum latinorum (CSEL), Wien 1866 ff., und
Corpus Christianorum (CC), series latina, Turhout 1954 ff.

b) Übersetzungen und kommentierte Ausgaben

Bibliothek der Kirchenväter (BKV), Des heiligen Kirchenvaters Aurelius Augustinus ausgewählte Schriften, Kempten/München 1911–1935, 12 Bde.
Deutsche Augustinusausgabe, Aurelius Augustinus. Werke in deutscher Sprache, Paderborn 1940ff.
Bibliothèque Augustinienne, Oeuvres de Saint Augustin, Paris 1947ff.
Confessiones – Bekenntnisse, eingeleitet, übersetzt und erläutert von *J. Bernhart,* München ³1966 (übertrifft alle anderen deutschen Übersetzungen).
Vom Gottesstaat, eingeleitet und übertragen von *W. Thimme,* Zürich 1955; dtv-Bibliothek München 1977/78.
Psychologie und Mystik. De Genesi ad Litteram 12, Übersetzung und Einleitung gemeinsam *M. E. Korger* und *H. Urs von Balthasar,* Einsiedeln 1960.
Über den dreieinigen Gott, ausgew. und übers. von *M. Schmaus,* München ²1951.

c) Auswahlbände

Balthasar, H. U. von, Augustinus. Das Antlitz der Kirche, Einsiedeln-Köln 1942.
Augustinus. Über die Psalmen, ausgewählt und übertragen von *Hans Urs von Balthasar,* Einsiedeln 1983.

2. *Sekundärliteratur*

a) Zur Bibliographie

Bibliographia Augustiniana, hrsg. von *Carl Andresen,* Darmstadt 1962, ²1973.

b) Monographien

Adam, K., Die geistige Einwicklung des hl. Augustinus, Augsburg 1931 (anast. Darmstadt 1958).
Brown, P., Augustine of Hippo. A Biography, London 1967 (deutsch: Augustinus von Hippo. Eine Biographie, Frankfurt/M. 1973).
Cayré, F., La divine contemplation d'après s. Augustin, Paris 1933.
Duchrow, U., Sprachverständnis und biblisches Hören bei Augustinus, Tübingen 1965.
Flasch, K., Augustin. Einführung in sein Denken, Stuttgart 1980.
Geerlings, W., Christus exemplum. Studien zur Christologie und Christusverkündigung Augustins, Mainz 1978.
Gilson, E., Introduction à l'étude de Saint Augustin, Paris 1929, ³1949 (deutsch: Der heilige Augustinus, Breslau 1930).
Hendrikx, E., Augustins Verhältnis zur Mystik, Diss. Würzburg 1936 (= Cassiciacum 1).
Henry, P., La vision d'Ostie, sa place dans la vie et l'oeuvre de saint Augustin, Paris 1933 (deutsch in: Zum Augustinus-Gespräch der Gegenwart Bd. 1, hrsg. von *C. Andresen,* Darmstadt 1962).
Hessen, J., Augustins Metaphysik der Erkenntnis, Leiden/Brill ²1960.
Löhrer, M., Der Glaubensbegriff des Hl. Augustinus in seinen ersten Schriften bis zu den Confessiones, Einsiedeln/Zürich/Köln 1963.

Lorenz, R. Gnade und Erkenntnis bei Augustinus, in: Zeitschrift für Kirchengeschichte 75, Stuttgart 1964, 21–78.

Marrou, H.-I., Saint Augustin et la fin de la culture antique, Paris [4]1958 (deutsch: Augustinus und das Ende der antiken Bildung, Paderborn 1981).

Mayer, C. P., Die Zeichen in der geistigen Entwicklung und in der Theologie des jungen Augustinus, Würzburg 1969.

Meer, F. van der, Augustinus der Seelsorger, Köln [3]1958.

Ratzinger, J., Volk und Haus Gottes in Augustins Lehre von der Kirche, München 1954.

Schmaus, M., Die psychologische Trinitätslehre des hl. Augustinus, Münster 1927.

Strauss, G., Schriftgebrauch, Schriftauslegung und Schriftbeweis bei Augustin, Tübingen 1959.

Wieland, W., Offenbarung bei Augustinus, Mainz 1978.

Wittmann, L., Ascensus. Der Aufstieg zur Transzendenz in der Metaphysik Augustins, München 1980.

II. Abkürzungen

C. Acad.	Contra Academicos
Beata v.	De beata vita
Cat. rud.	De catechizandis rudibus
Civ.	De civitate Dei
Conf.	Confessiones
Div. qu. Simpl.	De diversis quaestionibus ad Simplicianum
Doctr. chr.	De doctrina christiana
En. ps.	Enarrationes in psalmos
Ep.	Epistula
C. Fort.	Contra Fortunatum
F. et symb.	De fide et symbole
Gn. litt.	De genesi ad litteram
Gn. c. Man.	De genesi contra Manichaeos
Jo. ev. tr.	In Joannis evangelium tractatus
Praed. sanct.	De praedestinatione sanctorum
S.	Sermones
Sol.	Soliloquia
Vera rel.	De vera religione

Maurice de Gandillac: Pseudo-Dionysios

Literaturhinweise

1. *Ausgaben*

Opera Omnia I/II (*Migne,* Patrologia Graeca, Tomus III u. IV).

La Hiérarchie céleste *(René Roques, Günter Heil, Maurice de Gandillac),* Paris 1958 (Sources Chrétiennes; 58).

Dionysiaca 1/2 *(Ph. Chevallier),* 1937/50 (lat. Übersetzungen).

Des heiligen Dionysius Areopagita angebliche Schriften über die beiden Hierarchien / über „Göttliche Namen" *(Josef Stiglmayr),* München 1911/33 (Bibliothek der Kirchenväter 25/I, II).

Mystische Theologie und andere Schriften mit einer Probe aus der Theologie des Proklus *(Walther Tritsch),* München 1956.

Von den Namen zum Unnennbaren *(Endre von Ivánka),* Einsiedeln 1956.

Oeuvres complètes du Pseudo-Denys l'Areopagite *(Maurice de Gandillac),* Paris 1943.

2. *Sekundärliteratur*

Altaner, Berthold, Stuiber, Alfred, Patrologie. Leben, Schriften und Lehre der Kirchenväter, Freiburg [8]1978, 501–505.

Ball, Hugo, Byzantinisches Christentum. Drei Heiligenleben, Frankfurt 1979.

Balthasar, Hans Urs von, Herrlichkeit. Eine theologische Ästhetik, Bd. 2: Fächer der Stille, Einsiedeln 1962, 147–214.

Denys l'Aréopagite (Le Pseudo-), in: DictSpir III, 1957, 244–429 (viele Autoren).

Koch, Hugo, Pseudo-Dionysius Areopagita in seinen Beziehungen zum Neuplatonismus und Mysterienwesen, Mainz 1900.

Louth, Andrew, The Origins of the Christian Mystical Tradition. From Plato to Denys, Oxford 1981.

Semmelroth, Otto, Das ausstrahlende und emporziehende Licht. Die Theologie des Pseudo-Dionysius Areopagita in systematischer Darstellung, Bonn 1947 (Diss. Theol., Masch.schrift), z. T. in: Scholastik 1949 bis 1954.

Stein, Edith, Wege der Gotteserkenntnis – Dionysius der Areopagit und seine symbolische Theologie, München 1979.

Stiglmayr, Josef, Der Neuplatoniker Proclus als Vorlage des sogenannten Dionysius Areopagita in der Lehre vom Übel, München 1895.

Viller, Max, Rahner, Karl, Aszese und Mystik in der Väterzeit, Freiburg 1939, 229–239.

Völker, Walter, Kontemplation und Ekstase bei Pseudo-Dionysius Areopagita, Wiesbaden 1958.

Hermenegild M. Biedermann: Symeon, der Neue Theologe

I. Literaturhinweise

Hausherr, I., Un grand Mystique Byzantin. Vie de Syméon le Nouveau Théologien (949–1022) par *Nicétas Stéthatos* (= OrChr nr. 45), Rom 1928.

Biedermann, H. M., Das Menschenbild bei Symeon dem Jüngeren dem Theologen (= Das östl. Christentum N. F. 9), Würzburg 1949.

Stathopoulos, D. L., Die Gottesliebe bei Symeon, dem neuen Theologen. Diss. Phil., Bonn 1964.

Deppe, K., Der wahre Christ. Eine Untersuchung zum Frömmigkeitsverständnis Symeons des Neuen Theologen und zugleich ein Beitrag zum Verständnis des Messalianismus und Hesychasmus. Dissertation, Göttingen 1971.

Völker, W., Praxis u. Theoria bei Symeon dem Neuen Theologen. Ein Beitrag zur byzantinischen Mystik. Wiesbaden 1974.

Kambylis, A., Symeon Neos Theologos. Hymnen. Prolegomena, krit. Text, Indices. Berlin 1976.

Krivochéine, B.,Dans la Lumière du Christ. St. Syméon le Nouveau Théologien 949–1022. Vie – Spiritualité – Doctrine. Chevetogne 1980.

NB. Eigens sei auf die wichtigen Einleitungen zu den kritischen Ausgaben der Werke Symeons in den entsprechenden Bänden der *Sources Chrétiennes* (SC) verwiesen. Sie bieten jeweils auch hilfreiche Einführung in den theologischen Inhalt der einzelnen Schriftengruppen bzw. eine Ortsbestimmung im Gesamtwerk. Die Einleitung zu den Katechesen führt darüber hinaus an die Persönlichkeit Symeons besonders heran *(B. Krivochéine)*.

II. Anmerkungen

[1] *B. Krivocheine,* The Writings of St. Symeon the New Theologian in: OrChrPer 20 (1954) 298–328.

[2] *H.-G. Beck,* Kirche und Theol. Literatur im Byzantinischen Reich, München ²1977, S. 362.

[3] *H. M. Biedermann,* Symeon der Neue Theologe. Gedanken zu einer Mönchskatechese (= Kat. 14), in: *P. Hauptmann* (Hrsg.), Unser ganzes Leben Christus unserem Gott überantworten (= Festschr. F. v. Lilienfeld), Göttingen 1982, S. 203–220; ders., Novizenunterweisung in Byzanz um die Jahrtausendwende (= Kat. 26), in: OstkSt 1 (1952) 16–31.

[4] Vgl. *I. Hausherr,* Vie S. LXXVI.

[5] Vgl. *I. Hausherr,* Penthos, La doctrine de la componction dans l'Orient chrétien (= OrChrAn. 132), Rom 1944.

[6] Hrsg. von *I. Hausherr,* La méthode d'oraison hésychaste (=OrChr nr. 36), Rom 1927.

[7] Dans la lumière, S. 424.

NB. Zugrundegelegt wurde die kritische Ausgabe der Werke Symeons in den *Sources Chrétiennes* (SC). Nach dieser Ausgabe wird, soweit möglich, zitiert; einzelne Schriften sind mit Anfangsbuchstaben angeführt.

Bernardin Schellenberger: Bernhard von Clairvaux

Literaturhinweise

1. *Lateinische Textausgaben*

Die Ausgabe von Mabillon in den Bänden 182 und 183 der Patrologia Latina von *J. P. Migne,* Paris 1862.

Neue kritische Ausgabe von *J. Leclercq* und *H. M. Rochais:* S. Bernardi Opera (8 Bde.), Editiones Cistercienses, Romae 1957–1977.

2. *Übersetzungen*

Geist des hl. Bernhard. Geistliche Lesung auf alle Tage des Jahres, aus den Schriften des hl. Abtes und Kirchenlehrers, hrsg. v. *Nivard Schlögl,* 4 Bde. Schöningh, Paderborn 1898–1899 (viele Predigten, etliche Traktate).

Die Schriften des honigfließenden Lehrers Bernhard von Clairvaux, übers. v. *Agnes Wolters,* 6 Bde. Georg Fischer, Wittlich 1934–1938 (alle Predigten).

Gotteserfahrung und Weg in die Welt: Bernhard von Clairvaux. Herausgegeben, eingeleitet und übersetzt von *Bernardin Schellenberger,* Walter-Verlag Olten u. Freiburg/Brsg. 1982.

3. *Biographien und Studien*

Die Gesamtbibliographie aller bis 1979 über Bernhard erschienenen Bücher, Studien, Aufsätze usw.: Bibliographie Générale de l'Ordre Cistercien, par *H. Rochais* et *E. Manning,* Editions La Documentation Cistercienne, vol. 21, fasc. hors série 1, Abbaye N.-D. de St-Remy, Rochefort 1979. Sie umfaßt knapp 3000 Titel.

Bredero, A. H. Études sur la Vita prima de S. Bernard, Rom 1960.

Ders., Bernhard von Clairvaux im Widerstreit der Historie, Wiesbaden 1966.

Gilson, St., Die Mystik des hl. Bernhard von Clairvaux, übers. v. *Ph. Böhner,* Wittlich 1936.

Knotzinger, K., Hoheslied und bräutliche Christusliebe bei Bernhard von Clairvaux, in: Jahrbuch f. myst. Theologie 7 (1961), 5–88.

Köpf, K., Religiöse Erfahrung in der Theologie Bernhards von Clairvaux (Beitr. z. hist. Theologie 61), Tübingen 1980.

Ders., Bernhard von Clairvaux, in: Klassiker der Theologie 1. Bd., hrsg. v. *H. Fries* u. *G. Kretschmar,* München 1981, 181–197.

Leclercq, J., Études sur S. Bernard et le texte de ses écrits, in: Analecta Sacri Ordinis Cisterciensis 9 (1953), fasc. 1–2.

Ders., Recueil d'études sur S. Bernard et ses écrits, 3 Bde. (Storia et Letteratura 92, 104, 114), Rom 1962–1969.

Ders., Nouveau Visage de Bernard de Clairvaux. Approches psycho-historiques, Paris 1976.

Linhardt, R., Die Mystik des hl. Bernhard von Clairvaux, München 1924 u. 1937.
Lortz, J., (Hrsg.), Bernhard von Clairvaux, Mönch und Mystiker. Internationaler Bernhardkongreß Mainz 1953, Wiesbaden 1955.
Schellenberger, B., Bernhard von Clairvaux, Mystik der Liebe, in: J. Sudbrack (Hrsg.), Zeugen christlicher Gotteserfahrung, Mainz 1981, 64–94.
Vacandard, E., Leben des hl. Bernhard, übers. v. *M. Sierp*, 2 Bde., Mainz 1897 u. 1898.

Adelgundis Führkötter/Josef Sudbrack: Hildegard von Bingen

I. Literaturhinweise

1. Leben

Gottfried und Theoderich (Mönche), Das Leben der heiligen Hildegard. (Ein Bericht aus dem 12. Jahrhundert) Übers. u. kommentiert von *Adelgundis Führkötter*. Salzburg ²1980 (= Leben).
Führkötter, Adelgundis, Hildegard von Bingen, Salzburg ²1979.
Dies., Hildegard von Bingen. Leben und Werk. In: Hildegard von Bingen 1179–1979. Festschr. zum 800. Todestag der Heiligen. Hrsg. von *Anton Ph. Brück* (= FS). Mainz 1979, S. 31–54. (Quellen u. Abhandl. der Gesellsch. f. mittelrhein. Kirchengesch. 33.)
May, Johannes, Die heilige Hildegard von Bingen, Kempten u. München 1911.
Schrader, Marianna, Die Herkunft der heiligen Hildegard. Neu bearbeitet von *Adelgundis Führkötter*, Mainz 1981. (Quellen und Abhandl. der Gesellschaft f. mittelrhein. Kirchengesch. 43.)

2. Werke

a) Latein

Migne, J.-P., S. Hildegardis Abbatissae Opera omnia. Patrol. Lat. 197, Parisiis ³1953 (= PL).
Pitra, J. B., Analecta sacra 8, Nova S. Hildegardis Opera. Typis sacri Montis Casinensis, Parisiis 1882. Nachdruck Farnborough, Hants.: Gregg Press 1966.
Hildegardis Scivias. Ed. *Adelgundis Führkötter* coll. *Angela Carlevaris*. CC CM 43 et 43 A, Turnhout 1978 (= Sc).
Kaiser, Paul, Hildegardis Causae et curae, Lipsiae 1903. Nachdruck Basel 1980.
Barth, P./Ritscher, M. I./Schmidt-Görg, J., Hildegard von Bingen, Lieder. Kritische Edition. Mit Übers., Salzburg 1969 (= Ld).
Haug, Franciscus, Epistolae S. Hildegardis secundum codicem Stuttgartensem. In: Rev. bén. 43, 1931 (= Haug).

b) Deutsch

Wisse die Wege (Scivias). Nach dem Originaltext des illuminierten Rupertsberger Kodex ins Deutsche übertr. u. bearb. von *Maura Böckeler,* Salzburg [7]1980 (= WW).

Der Mensch in der Verantwortung (Liber vitae meritorum). Übers. u. erl. von *Heinrich Schipperges,* Salzburg 1965 (= MV).

Welt und Mensch (De operatione Dei oder Liber divinorum operum). Übers. u. erl. von *Heinrich Schipperges,* Salzburg 1965 (= WM).

Briefwechsel. Übers. u. erl. von *Adelgundis Führkötter,* Salzburg 1965 (= Bw).

Naturkunde (Liber simplicis medicinae oder Physica). Übers. u. erl. von *Peter Riethe,* Salzburg [3]1980.

Heilkunde (Liber compositae medicinae oder Causae et curae). Übers. u. erl. von *Heinrich Schipperges,* Salzburg [4]1981.

Das Buch von den Steinen (Teil aus der Physica). Übers. u. erl. von *Peter Riethe,* Salzburg 1979.

3. Wirkungsgeschichte

Jürgensmeier, Friedhelm, St. Hildegard „prophetissa teutonica“. In: Hildegard-Festschrift 1979, 273–293.

4. Hildegardforschung

Schrader, M. u. *Führkötter, A.,* Die Echtheit des Schrifttums der heiligen Hildegard von Bingen. Quellenkritische Untersuchungen, Köln/Graz 1956. X, 208 S. 1 Bild u. 19 Schrifttafeln (Archiv für Kulturgeschichte, Beiheft 6). (= Echtheit).

Lauter, Werner, Hildegard Bibliographie. Ein Wegweiser zur Hildegard-Literatur (von 1880–1969), Alzey 1970 (vergriffen). Band II. 1970–1982. Alzey 1983. Verlag der Rheinhessischen Druckwerkstätten. Alzey.

II. Anmerkungen

[1] Vgl. im Literatur-Verzeichnis unter Leben.

[2] PL 197, 93C–94A; Übers.: Leben 54f.

[3] PL 94A–C; Leben 56.

[4] 30. 11. 1147 bis Februar 1148.

[5] Hildegard lebte 1147/48 noch auf dem Disibodenberg.

[6] Teile aus ihrem Erstlingswerk „Scivias“.

[7] PL 94C–95C; Leben 56–58. Das Schreiben des Papstes an Hildegard ist uns nicht überliefert.

[8] Briefwechsel (Bw) 100.

[9] Bw 86.

[10] Vgl. *Ritscher, Maria Immaculata,* Zur Musik der heiligen Hildegard von Bingen. FS 189–210. Zitat: Pitra 7.

[11] Zur kritischen Ausgabe der Hildegard Lieder, 1969.

[12] Vgl. PL 218–221; Bw 235–240.

[13] Vgl. Bw 241–246.

[14] PL 116 B–D; Leben 97f.

[15] *Schrader, Marianna,* Hildegarde de Bingen. In: Dictionnaire de Spiritualité, Tome VII/1. Paris 1969, 512.

[16] Vgl. dazu: Echtheit 201, Sp. 2.

[17] Ld.
[18] Psal 242/040 479 PET.
[19] Vgl. Anm. 12.
[20] Vgl. den Aufsatz von *M. I. Ritscher* (Anm. 10) 191f.
[21] Vgl. dazu *Sudbrack, Josef,* Meditieren und Schauen. Hildegard von Bingen und unsere Daseinserfahrung. In: Geist und Leben 52 (1979) 336–353.
[22] Sc 3f.; WW 89.
[23] Sc 329f.; WW 218.
[24] PL 116 B–D; Leben 97f.
[25] Bw 226f.
[26] Sc 129; WW 158f.
[27] Sc 128f.; WW 158.
[28] *Schrader, Marianna,* in: Dict. de Spir. 517.
[29] PL 743 B–D; WM 25f. Auf die natur- und heilkundlichen Schriften Hildegards, die auf Beobachtungen und Erfahrungen beruhen oder die schriftlich oder mündlich vermittelt wurden, kann im Rahmen dieser Darlegungen nicht eingegangen werden.
[30] Pitra 14f.; VM 35f.
[31] Sc 635; WW 369.
[32] Bw 169–172.
[33] Sc 484; 492; WW 281; 285f.
[34] PL 244; Hildegard von Bingen. Mystische Texte der Gotteserfahrung. Hrsg. von *Heinrich Schipperges.* Olten 1978, 191.
[35] Ebd. 51f.
[36] Vgl. Einleitung zu Leben, 11–49.
[37] Vgl. dazu *Meier, Christel,* Zum Verhältnis von Text und Illustration im überlieferten Werk Hildegards von Bingen. FS 159–169.
[38] *Jürgensmeier, Friedhelm,* St. Hildegard „Prophetissa Teutonica", FS 273–293 (273 alte und neue Stimmen zitierend).
[39] Vgl. Literaturhinweise: Hildegardforschung.

Jürgen Kuhlmann: Gregor Palamas

I. Literaturhinweise

1. *Quellen*

Migne, Patrologia Graeca (= PG) Band 150. Abdruck älterer Ausgaben verschiedener Qualität, jeweils mit lateinischer Übersetzung.

Meyendorff, Jean (Hrsg.), Grégoire Palamas, Défense des saints hésychastes, Louvain 1959 (Spicilegium Sacrum Lovaniense, fasc. 30 + 31). Kritische Ausgabe der drei Triaden (= Tr) mit französischer Übersetzung.

Chrestou, K. (Hrsg.), Gregoriou tou Palamã Syngrammata, Thessaloniki, Band I, 1962, Band II, 1966, Band III, 1970. Auf sechs Bände angelegte Gesamtausgabe, leider ohne Übersetzung.

Einzeltext: *Schaeder, Hildegard (Hrsg.):* Das Glaubensbekenntnis des Gregor Palamas, in: Wort und Mysterium, Dokumente der orthodoxen Kirchen zur oekumenischen Frage, Bd. II, Witten 1958, 217–224.

2. *Sekundärliteratur*

a) Umfassende Einführung in Leben, Werk und Denken

Meyendorff, Jean, Introduction à l'étude de Grégoire Palamas, Patristica Sorbonensia 3, Paris 1959. Auch auf Englisch: A Study of Gregory Palamas, ISBN 0913836141

b) Zur Spiritualität

Meyendorff, John, St. Gregory Palamas and Orthodox Spirituality, ISBN 0913836117.

Miquel, Dom Pierre, Grégoire Palamas, Docteur de l'Expérience, in: Irénikon 37/1964, 227–237.

c) Zur Theologie

Palamitische Stimmen

Scazzoso, Piero, La teologia di S. Gregorio Palamas, Milano 1970.

Yannaras, Christos, The Distincion between Essence and Energies and its Importance for Theology, in: St. Vladimir's Theological Quarterly 19/1975, 232–245.

Ware, Kallistos: The Debate about Palamism, in: Eastern Churches Review (Clarendon Press, Oxford) 9/1977, Nr. 1–2 (Themenheft ,,Palamism Today") 45–63.

Eher antipalamitische Stimmen

Trethowan, Dom Illtyd, Irrationality in Theology and the Palamite Distinction, in: ECR 9/1977, 19–26 (s. o. Ware).

Williams, Rowan D., The Philosophical Structures of Palamism, in: ECR 9/1977, 27–44 (s. o. Ware).

Schultze, Bernhard, Grundfragen des theologischen Palamismus, in: Ostkirchliche Studien 24/1975, 105–135.

Wendebourg, Dorothea, Geist oder Energie, München 1980 (These: Der Begriff ,,Energie" entfunktionalisiert die Trinität).

Vermittlungsversuche

Kuhlmann, Jürgen, Die Taten des einfachen Gottes. Eine römisch-katholische Stellungnahme zum Palamismus, Würzburg 1968.

Halleux, André de, Palamisme et Scolastique, in: Revue théologique de Louvain 4/1973, 409–442.

Kuhlmann, Jürgen, Vergottung im Heiligen Geist. Die Botschaft des Athosmönches Gregorios Palamas, in: Geist und Leben 57/1984, 352–369.

Literaturübersicht

Stiernon, Daniel, Bulletin sur le Palamisme, in: Revue des Etudes Byzantines 30/1972, 231–341.

Neueste historische Untersuchungen

Richter, Gerhard, Ansätze und Motive für die Lehre des Gregorios Palamas von den göttlichen Energien, in: Ostkirchliche Studien 31/1982, 281–296.

Ders., Gnade als Topos der Theologie des Gregorios Palamas, in: Unser ganzes Leben Christus unserm Gott überantworten (Festschrift Fairy v. Lilienfeld), Göttingen 1982, 245–262.

II. Anmerkungen

[1] *Ernst Benz,* Patriarchen und Einsiedler, Der tausendjährige Athos und die Zukunft der Ostkirche, Düsseldorf 1964, 205f.

[2] Tr I, 3, 34; 185. Kant hat vermutlich nie ein Wort von Palamas gelesen. Um so anregender ist die hübsche Parallele: „So enthält das Wirkliche nichts mehr als das bloß Mögliche. Hundert wirkliche Taler enthalten nicht das mindeste mehr als hundert mögliche ... Aber in meinem Vermögenszustand ist mehr bei hundert wirklichen Talern als bei dem bloßen Begriff derselben (d.i. ihrer Möglichkeit)." (Kritik der reinen Vernunft, II. Buch, des 3. Hauptstücks 4. Abschnitt).

[3] Dieser Absatz erhält besonderes Gewicht dadurch, daß er nicht nur in einer Privatschrift Gregors vorkommt, sondern auch in den „Tomos hagioretikos" aufgenommen worden ist (PG 150, 1229 Df.).

[4] Von anderen Seiten her nähern sich auch die tiefsten Geister der modernen Naturwissenschaft dieser mystischen Einsicht. Zwei wegweisende Beispiele führe ich an: Werner Heisenberg erzählt von einem Gespräch mit Wolfgang Pauli; dabei drückt er dessen Frage nach dem persönlichen Gott so aus: „Kannst du, oder kann man der zentralen Ordnung der Dinge oder des Geschehens, an der ja nicht zu zweifeln ist, so unmittelbar gegenübertreten, mit ihr so unmittelbar in Verbindung treten, wie dies bei der Seele eines anderen Menschen möglich ist? Ich verwende hier ausdrücklich das so schwer deutbare Wort ‚Seele', um nicht mißverstanden zu werden. Wenn du so fragst, würde ich mit Ja antworten ..." „Du meinst also, daß dir die zentrale Ordnung mit der gleichen Intensität gegenwärtig sein kann wie die Seele eines anderen Menschen?" „Vielleicht." „Warum hast du hier das Wort ‚Seele' gebraucht und nicht einfach vom anderen Menschen gesprochen?" „Weil das Wort ‚Seele' eben hier die zentrale Ordnung, die Mitte bezeichnet bei einem Wesen, das in seinen äußeren Erscheinungsformen sehr mannigfaltig und unübersichtlich sein mag." (Werner Heisenberg, Der Teil und das Ganze, München 1969, 292) – Und Alfred N. Whitehead, der Begründer der einflußreichen „Prozeß-Philosophie" (und -Theologie), skizzierte 1925 „ein Gedankensystem, welches die Natur auf den Begriff des Organismus gründet und nicht auf den Begriff der Materie". (Science and the Modern World, Kap. 5, Anfang).

[5] *Chr. Yannaras,* The Distinction ..., 244.

[6] *Meyendorff,* Introduction, 151.

[7] *Metropolit Seraphim,* Die Ostkirche, Stuttgart 1950, 37.

[8] Wie Palamas den christlich-atheistischen Dialog befruchtet hat, berichte ich in meinem Buch „Gott Du unser Ich" (Düsseldorf 1977) auf S. 77. Wie wunderbar Pneumamystik und Logosmystik (dazu Du-Religion und Selbstmystik) trinitarisch ineinander schwingen, dazu siehe mein Buch „An Quintulum. Ein Vater vor der Sinnfrage" (Nürnberg 1982).

[9] *Ernst Benz,* ebd. 206.

[10] *Jean Gebser,* Ursprung und Gegenwart, 1. Teil, dtv München 1973, 40ff.

[11] Die zusammenfassende Übersetzung stammt von *E. v. Ivánka* (Plato Christianus, Einsiedeln 1964, 405f.).

Alois M. Haas: Meister Eckhart

I. Literaturhinweise

1. *Werke*

Die deutschen und lateinischen Werke, hrsg. im Auftrag der deutschen Forschungsgemeinschaft; Die deutschen Werke, hrsg. von *Josef Quint,* I–III, V, Kohlhammer Verlag, Stuttgart 1958/71/78/83 (zitiert als DW mit Band-, Seiten- und Zeilenzahl); Die lateinischen Werke, a. a. O., hrsg. von verschiedenen Bearbeitern, I und IV, zahlreiche Lieferungen der andern Bände liegen vor (zitiert als LW mit Band-, Seiten- und Zeilenzahl).

Franz Pfeiffer, Deutsche Mystiker des 14. Jahrhunderts, Bd. 2: Meister Eckhart, Leipzig 1857, Neudruck: Aalen 1962 (zitiert als Pf. mit Seiten- und Zeilenzahl).

2. *Sekundärliteratur (Auswahl)*

Albert, K., Meister Eckharts These vom Sein, 1976.

Beierwaltes, W., Identität und Differenz, 1980.

Böhme, W., (Hrsg.), Meister Eckhart heute, 1980.

Degenhardt, I., Studien zum Wandel des Eckhartbildes, 1967.

Denifle, H. S., M. Eckharts lateinische Schrift und die Grundanschauung seiner Lehre, in: Archiv f. Litt.- u. Kirchengesch. d. MA's 2 (1886) 417–652.

Fischer, H., M. Eckhart, Einführung in sein phil. Denken, 1974.

Flasch, K., Die Intention M. Eckharts, in: *H. Röttge* u. a., Sprache und Begriff, Festschrift B. Liebrucks, 1974, 292–318.

Fues, W. M., Mystik als Erkenntnis?, Kritische Studien zur M. Eckhart-Forschung, 1981.

Haas, A. M., Nim din selbes war, Studien zur Lehre von der Selbsterkenntnis bei M. Eckhart, J. Tauler und H. Seuse, 1971.

Ders., Sermo mysticus, Studien zu Theologie und Sprache der deutschen Mystik, 1979.

Ders., Meister Eckhart als normative Gestalt geistlichen Lebens, 1979.

Ders., Geistliches Mittelalter, 1984.

Karrer, O., M. Eckhart, Das System seiner religiösen Lehr- und Lebensweisheit, 1926.

Kern, U. (Hrsg.), Freiheit und Gelassenheit, Meister Eckhart heute, 1980.

Koch, J., Zur Analogielehre M. Eckharts, in: Mélanges offerts à E. Gilson, 1959, 327–350.

Ders., Kritische Studien zum Leben M. Eckharts, in: AFP 29 (1959) 5–52.

Kremer, K., Gott und Welt in der klassischen Metaphysik, 1969.

Lossky, V., Théologie négative et connaissance de Dieu chez M. Eckhart, 1960.

Margetts, J., Die Satzstruktur bei M. Eckhart, 1969.

Mieth, D., Die Einheit von vita activa und vita contemplativa in den dt. Predigten und Traktaten M. Eckharts und bei J. Tauler, 1969.

Nix, U./Ochslin, R., (Hrsg.), M. Eckhart der Prediger, Festschrift zum Eckhart-Gedenkjahr, 1960.
Quint, J., Die Überlieferung der deutschen Predigten M. Eckharts, 1932.
Rahner, H., Die Gottesgeburt in der Seele, in: Symbole der Kirche, 1964, 13–87.
Ruh, K., Meister Eckhart, in: VL 2 (1980) 327–348.
Ueda, Sh., Die Gottesgeburt in der Seele und der Durchbruch zur Gottheit, 1965.
Wackerzapp, H., Der Einfluß M. Eckharts auf die ersten phil. Schriften des Nikolaus von Kues, 1962.
Weiss, B., Die Heilsgeschichte bei M. Eckhart, 1965.
Welte, B., M. Eckhart, Gedanken zu seinen Gedanken, 1979.

II. Anmerkungen

[1] *Bernhard von Clairvaux*, Super Cant. 23, 15; Opera 1, 148, 20.
[2] DW 5, 28, 37ff.: 426, 1ff.; Anm. 89 weitere Stellen.
[3] LW 1, 63, 32ff.; 70, 12ff.; 238, 2ff.; 239, 5ff.; 242, 1ff.; 262, 7ff.; 512, 10ff.; DW 1, 377, 1ff. Vgl. Kremer, 1969, S. 13ff.
[4] Vgl. LW 4, 226, Anm. 3; DW 2, 31, 6ff.; 32 Anm. 1; 76, 2ff.; 77, Anm. 1; 504, 4ff.; 515f. Anm. 55.
[5] LW 3, 101, 14ff., n. 117; DW 1, 171, 4ff. und 171, Anm. 3.
[6] DW 2, 433, 8ff.; DW 1, 72, 8ff.
[7] DW 2, 437, 2ff.
[8] DW 2, 502, 6ff.
[9] DW 5, 411, 11.
[10] Conf. X, 9, 16; CSEL 33, 238, 5.
[11] DW 1, 331, Anm. 5; 332f., Anm. 4; DW 2, 211, Anm. 1; 419, Anm. 2; DW 3, 315 Anm. 3.
[12] Vgl. DW 1, 333, Anm. 5.
[13] Vgl. Predigt 86, DW 3, 481ff., zu Lk 10, 38–40.
[14] Vgl. Predigt 71, DW 3, 211ff.
[15] DW 1, 212, 3ff.

Wolfgang Riehle: Die Wolke des Nichtwissens

I. Literaturhinweise

1. *Ausgaben*

The Cloud of Unknowing and related treatises, ed. *Ph. Hodgson*, Analecta Cartusiana, 3, Salzburg 1982 (Ausgabe des Originaltextes der Wolke und der mit ihr verwandten Traktate mit ausführlicher Einleitung und Kommentierung).
Die Wolke des Nichtwissens, Übers. und Einl. *W. Riehle* (Christliche Meister 8), Einsiedeln 1980.

2. *Sekundärliteratur*

a) Zur politischen und geistigen Situation im spätmittelalterlichen England

Borst, A., Lebensformen im Mittelalter, Frankfurt 1973.
Gurjewitsch, A. J., Das Weltbild des mittelalterlichen Menschen, München 1980.

Kluxen, K., Geschichte Englands, Stuttgart 1968.
Leff, G., Medieval Thought, London 1959.
Medcalf, S., (Hrsg.), The Later Middle Ages, London 1981.
Myers, A. R., England in the Late Middle Ages, Harmondsworth [8]1976.
Pantin, W. A., The English Church in the Fourteenth Century, Toronto/Buffalo/London [2]1980.

b) Zur englischen Mystik und speziell zur „Wolke des Nichtwissens"

Butler, C., Western Mysticism, London [3]1967.
Coleman, T. W., English Mystics of the Fourteenth Century, London, 1938.
Colledge, E., The Mediaeval Mystics of England, London 1962.
Dickinson, J. C., Monastic Life in Medieval England, London, 1961.
Glasscoe, M. (Hrsg.), The Medieval Mystical Tradition in England (Exeter, 1980 und Dartington, 1982).
Graef, H., Der Siebenfarbige Bogen, Auf den Spuren der großen Mystiker, Frankfurt 1959.
Hodgson, Ph., Three Fourteenth-Century English Mystics, London 1967.
Knowles, D., übers. *K. D. Ulke*, Englische Mystik, Düsseldorf 1967.
Riehle, W., Studien zur englischen Mystik des Mittelalters, Heidelberg 1977.
Underhill, E., Mysticism, London [12]1930.
Ders., The Mystics of the Church, London 1925.
Walsh, J., (Hrsg.), Pre-Reformation English Spirituality, New York 1966.

II. Anmerkungen

[1] *B. W. Tuchman*, Der ferne Spiegel. Das dramatische 14. Jahrhundert, München 1982 (dtv. 10060).

[2] *A. Schopenhauer*, Werke in zehn Bänden, Zürich 1977, bes. Band IV: Die Welt als Wille und Vorstellung, II/2, bes. S. 717.

[3] *Johannes vom Kreuz*, Des Heiligen Johannes vom Kreuz sämtliche Werke in 5 Bänden, München 1929.

[4] Vgl. dazu *Ph. Hodgson*, ed., The Cloud of Unknowing and related treatises, Analecta Cartusiana, 3, Salzburg 1982. S. XVII.

[5] Vgl. *D. Knowles*, Englische Mystik, Düsseldorf 1967, S. 151 ff.

[6] Vgl. *Hodgson*, a. a. O., S. XVIII.

[7] *T. S. Eliot*, Gesammelte Gedichte 1909–1962, Frankfurt 1972, S. 6 ff.

[8] Ebd. S. 83 ff.

[9] *O. Karrer*, Die große Glut. Mystik im Mittelalter, München 1926.

[10] *T. S. Eliot*, a. a. O., S. 278 ff.

[11] Ebd. S. 333.

[12] Ebd. S. 335.

[13] *E. F. Schumacher*, Rat für die Ratlosen. Vom sinnerfüllten Leben, Reinbek 1979.

[14] *E. Fromm*, Haben oder Sein. Die seelischen Grundlagen einer neuen Gesellschaft, München 1979, dtv. 1490.

Reinhard Schwarz: Martin Luther

I. Literaturhinweise

1. *Quellen*

D. Martin Luthers Werke, Kritische Gesamtausgabe (Weimarer Ausgabe), Weimar 1883ff., Nachdruck Graz 1966f; vier Abteilungen: Abt. Werke (WA), Abt. Briefe (WAB), Abt. Tischreden (WATR), Abt. Deutsche Bibel (WADB).

AWA (Archiv zur Weimarer Ausgabe). Köln, Wien 1981 ff.

Die verschiedenen Auswahlausgaben enthalten aus dem reichen Material der Vorlesungen und Predigten Luthers unverhältnismäßig schmale Teile. Die komplizierte Überlieferung der Vorlesungen und Predigten konnte in dieser Darstellung der Mystik Luthers nicht berücksichtigt werden.

Die deutschen Texte werden in modernisierter Orthographie geboten.

2. *Sekundärliteratur*

Gottschick, Johannes, Luther's Lehre von der Lebensgemeinschaft des Gläubigen mit Christus, in: Zeitschrift für Theologie und Kirche 8 (1898) S. 406–434.

Koepp, Wilhelm, Wurzel und Ursprung der orthodoxen Lehre von der unio mystica, in: Zeitschrift für Theologie und Kirche 29 (1921) S. 46–71, 139–171.

Quiring, Horst, Luther und die Mystik, in: Zeitschrift für systematische Theologie 13 (1936) S. 150–174, 177–240.

Vogelsang, Erich, Luther und die Mystik, in: Luther-Jahrbuch 19 (1937) S. 32–54.

Ders., Die Unio mystica bei Luther, in: Archiv für Reformationsgeschichte 35 (1938) S. 63–80.

Ruhland, Friedrich Theophil, Luther und die Brautmystik nach Luthers Schrifttum bis 1521, Diss. Theol. Gießen 1938.

Rühl, Artur, Der Einfluß der Mystik auf Denken und Entwicklung des jungen Luther, Diss. Theol. Marburg 1960.

Asheim, Ivar (Hrsg.), Kirche, Mystik, Heiligung und das Natürliche bei Luther, Göttingen 1967 (mit Beiträgen von *H. A. Oberman, E. Iserloh, B. Hägglund* zum Problem Luther und die Mystik).

Ozment, Steven E., Homo Spiritualis. A comparative Study of the Anthropology of Johannes Tauler, Jean Gerson and Martin Luther (1509–1516) in the Context of their Theological Thought, Leiden 1969.

Ruhbach, Gerhard, Tauler und Luther, in: Ebernburg-Hefte 3, 1969, S. 10–21 (= Blätter für Pfälzische Kirchengeschichte 37/38, 1970/71, S. 285–296).

Bach, Hedwig, Bernhard von Clairvaux und Martin Luther. Wahrgenommene Parallelen, in: Erbe und Auftrag 46 (1970) S. 347–351, 453–459; 47 (1971) S. 36–43, 121–125, 193–196.

Rochler, Wolfgang, Luther und die mittelalterlichen Mystiker: ein forschungsgeschichtlicher Überblick von Ullmann bis zum Dritten Internationalen Kongreß für Lutherforschung 1966, Diss. Theol. Leipzig 1973.

Hoffman, Bengt R., Luther and the Mystics. A re-examination of Luther's spiritual experience and his relationship to the mystics, Minneapolis, Minn. 1976.

Ozment, Steven E., Eckhart and Luther. German Mysticism and Protestantism, in: Thomist 42 (1978) S. 259–280.

Benrath, Gustav Adolf, Luther und die Mystik. Ein Kurzbericht; in: *P. Manns* (Hrsg.), Zur Lage der Lutherforschung heute, Wiesbaden 1982, S. 44–58.

II. Anmerkungen

[1] Die Vorlesungen und Predigten sind uns zum geringsten Teil in eigenhändigen Manuskripten Luthers überliefert. Einen Teil hat er selber in den Druck gegeben. Einen großen Teil kennen wir nur aus Nachschriften von Hörern. Auf Grund dieser Nachschriften ist dann etliches noch zu Luthers Lebzeiten von einigen seiner Freunde überarbeitet und veröffentlicht worden.

[2] Vgl. *Martin Brecht*, Martin Luther. Sein Weg zur Reformation 1483 bis 1521, 2. A. Stuttgart 1983, S. 88ff.

[3] WA 5, S. 508, 23ff. (1519/20) zitiert Luther ein zentrales Wort Bernhards von Clairvaux (in Cant. serm. 37, n. 6) in folgender Form: Sicut enim, ut Bernhardus ait, cognitio sui sine cognitione Dei desperationem, ita cognitio Dei sine cognitione sui praesumptionem operatur, si modo cognitio Dei dicenda est, quae sine sui cognitione est, cum speculativa tantum sit necessario. Zur Thematik vgl. *Gerhard Ebeling*, Cognitio Dei et hominis, in Lutherstudien Bd. 1, Tübingen 1971, S. 221–272.

[4] WA 54, S. 186, 8ff.; Übersetzung nach M. Luther, Ausgewählte Schriften, hg. von K. Bornkamm und G. Ebeling, Frankfurt/M. 1982, Bd. 1, S. 23.

[5] Luthers Randbemerkungen zu diesen und zu etlichen kleineren Schriften des Kirchenvaters WA 9, S. 2ff. und 15ff.

[6] WA 43, S. 407, 41ff.; TR 2, S. 515, 10ff./516, 19ff. Nr. 2544a/b; TR 4, S. 380, 23ff. Nr. 4567; TR 5, S. 434, 7ff. Nr. 6006.

[7] TR 3, S. 295, 6ff. Nr. 3370b; TR 5, S. 154, 6f./15f. Nr. 5439a/b; vgl. WA 18, S. 644, 8ff. und 40 III, S. 354, 3ff./17ff.

[8] TR 1, S. 435, 32ff. Nr. 872, S. 272, 4ff. Nr. 584; vgl. WA 15, S. 755, 7ff./27ff. und 43, S. 581, 11ff.

[9] WA 5, S. 47, 1ff. = AWA 2, S. 63, 14ff.

[10] WA 3, S. 640, 40, S. 645, 29ff. zu Ps. 83/84, 4 denkt Luther an Bernhard in Cant. serm. 61,3 und 43,3f. Den Satz „Turbabor, sed non perturbabor, quia vulnerum Domini recordabor" hat Luther später irrtümlich Augustin zugeschrieben.

[11] Bernhard in annunt. beatae Mariae serm. 1,2 liefert Luther ein Argument für sein Verständnis des rechtfertigenden Glaubens gegenüber Cajetan 1518, WA 2, S. 15, 35ff.; vgl. schon WA 56, S. 79, 16f., S. 369, 28ff. und 57 III, S. 169, 13ff. Melanchthon griff in seiner Apologia Confessionis Augustanae auf denselben Bernhard-Text zurück (Bekenntnisschriften der evangelisch-lutherischen Kirche, herausgegeben 1930, S. 225, 3ff., 266, 27ff., 387, 36ff.) und unterstrich später seine Bedeutung für Luther, CR (Corpus Reformatorum, hg. von Bretschneider/Bindseil, 28 Bde., Braunschweig 1834–1860) 6, Sp. 159.

[12] Alanus von Auxerre, S. Bernardi vita secunda c. 13 n. 39 MPL 185, Sp.

491, auch in der Legenda aurea des Jacobus de Voragine c. 120. Bei Luther zum ersten Mal 1513 ohne Nennung Bernhards und in einen eigenen Gedankengang eingearbeitet WA 55 II 1, S. 120, 5ff.; später häufig, vgl. WADB 11 II, S. 94/95, 13ff. mit Anm. 3.

[13] WA 55 II 1, S. 138, 5ff.; WA 3, S. 372, 13ff. In den Jahren 1515–1518 schwanken Luthers Äußerungen über den Areopagiten zwischen Zustimmung und Kritik; WA 56, S. 229, 25ff. 299, 28f. 307,4ff. 374,14ff.; vgl. S. 295,13ff. 318,16ff.; WA 57 III, S. 179,6.

[14] TR 1, S. 302, 30ff. Nr. 644; WA 23, S. 732, 2ff.; 33, S. 155, 10ff.; 40 III, S. 199, 5ff./31ff.; wichtig schon WA 56, S. 299, 27ff.

[15] Eine wesentliche Hilfe zu dieser Einsicht gab ihm offenbar Johannes von Staupitz mit dem Hinweis, Bernhard habe sich ganz an den gekreuzigten Christus gehalten; heilsam empfand Luther außerdem die Nötigung, sich als Professor intensiv mit der Auslegung des Bibeltextes zu befassen; vgl. WA 43, S. 667, 31ff.

[16] Z. B. WA 40 III, S. 199, 5ff. 657, 9ff.; 43, S. 71, 39ff. 667, 26ff.

[17] Z. B. WA 18, S. 136ff.; 21, S. 468f.; 34 II, S. 487; 36, S. 491 u. 499ff.; 50, S. 245 u. 646; 54, S. 173.

[18] WA 6, S. 562, 8ff.; vgl. WA 13, S. 604,42; 39 I, S. 390,3; 42, S. 175,2.

[19] WA 5, S. 163,9ff. = AWA 2, S. 294, 10ff. Eine charakteristische Beispielerzählung bei Tauler Predigt 9 (Vetter S. 45,11ff.) erwähnt Luther WA 1, S. 298, 29f. und 586,19f.; vgl. WA 1, S. 557, 26f. und 9, S. 102, 34ff.

[20] WA 1, S. 674, 34f. bezieht sich Luther auf eine einprägsame Tauler-Stelle (Predigt 60e, Vetter S. 306, 9ff.); sie lautet in dem von Luther benutzten Taulerdruck von 1508 (orthographisch modernisiert): Du sollst eigenen Willens, eigener Liebe und eigener Meinung ganz leer und ausgegangen sein, ja sogar, stünde das Himmelreich vor dir offen, du solltest nicht dareingehen; du sollst zu dem ersten wahrnehmen, ob es Gott so von dir haben wollte. Vgl. WA 9, S. 99, 13ff. 100, 35ff.

[21] WA 9, S. 98, 14ff. 101, 15ff.; 56, S. 378, 13f.

[22] WA 1, S. 152f. und 375ff. Luthers Vorreden.

[23] WA 1, S. 376 Luthers knappe Inhaltsangabe auf dem Titelblatt.

[24] Die Theologia Deutsch wurde bis 1520 mehrfach in verschiedenen Städten gedruckt. Taulers Predigten wurden 1521/22 zweimal in Basel neu gedruckt, eine Folge und zugleich ein Verstärkungsfaktor der von Luther ausgelösten Taulerbegeisterung.

[25] WA 1, S. 219, 21ff.; ebenso in der Ausgabe von 1525 WA 18, S. 529, 1ff.

[26] WA 1, S. 219, 32ff. bzw. WA 18, S. 529, 15ff.

[27] WAB 6, S. 100f., eine lateinische Nachschrift Luthers zu einem Brief Melanchthons an den schwäbischen Reformator Johannes Brenz; der Text wurde schon im 16. Jahrhundert der Öffentlichkeit bekannt. Zur Sache vgl. WA 40 I, S. 228, 14ff./33ff. (1531/35).

[28] WA 40 I, S. 545, 7ff./26ff. (1531/35).

[29] Vgl. WA 33, S. 225,12ff. (1530–32).

[30] WA 40 I, S. 546, 2ff./16ff. (1531/35).

[31] WA 33, S. 225, 18ff. (1530–32).

[32] *Erich Vogelsang,* Die Unio mystica bei Luther, in: Archiv für Reformationsgeschichte 35, 1938, S. 70f. *Reinhard Schwarz,* Fides, spes und caritas beim jungen Luther unter besonderer Berücksichtigung der mittelalterlichen Tradition, Berlin

1962, S. 308ff. *Karl-Heinz zur Mühlen,* Nos extra nos, Luthers Theologie zwischen Mystik und Scholastik, Tübingen 1972, S. 101ff. 161ff. – WA 4, S. 263,38 (1513–15); 56, S. 241,3ff. (1515f.); WA 5, S. 35,5 144,20ff. = AWA 2, S. 43, 25f. 259,11ff. (1518–21).

[33] WA 57 III, S. 156, 20ff. 187, 17ff. (1517f.); 7, S. 25, 26ff. (1520).

[34] WA 39 I, S. 314, 4ff./21ff. (1537).

[35] Z.B. WA 40 I, S. 284,2.6ff. 235,6 290,10 u. 545,5 (1531).

[36] WA 28, S. 184,13f. (1528): „Unum" i.e. unum corpus, res, Kuch, non tantum de concordia dicit, quia mundus etiam concors. Vgl. WA 29, S. 300,12f. (1529) zu Joh 20,17: Si ipse ad patrem fährt, da wird ex patre, Christo et fratribus ein Kuch.

[37] Übersetzung einer gemischt deutsch-lateinischen Predigtnachschrift WA 28, S. 184,4ff. (1528); es folgen Verweise auf 1 Kor 12,26, Luk 10,16 und Mt 25,40.

[38] Joh. 6 redet nach Luthers Ansicht nicht vom Abendmahl, sondern von der im Glauben zustande kommenden Einheit zwischen Christus und den Christen.

[39] Z.B. WA 33, S. 227,13.32 u. 229,9 (1530–32).

[40] WA 33, S. 226,13ff. (1530–32); vgl. ebd. S. 225,32ff.

[41] WA 33, S. 230,25ff. (1530–32). Vgl. WA 12, S. 483,1ff. (1523).

[42] WA 33, S. 226,31ff. (1530–32): Da gehört ein Mut zu und nicht ein Gedanken; es muß im Herzen stecken, daß einer das Herz fröhlich mache wider den Tod und alle Anfechtung und sagen könne: fahre hin Ehre und Gut, Leib und Leben und alles, was auf Erden ist; hie will ich bleiben.

[43] WA 28, S. 185,1ff. (1528).

[44] WA 40 I, S. 285,5f. (Kollegnachschrift 1531): fides facit ex te et Christo quasi unam personam, ut non segregeris a Christo, imo inhaerescas. Ebd. S. 285,24ff. (Druckbearbeitung 1535): Verum recte docenda est fides, quod per eam sic conglutineris Christo, ut ex te et ipso fiat quasi una persona, quae non possit segregari sed perpetuo adhaerescat.

[45] Fortsetzung der Zitate der vorigen Anmerkung, WA 40 I, S. 285,6ff.: quasi dicas te Christum, et econtra: ego sum ille peccator, quia inhaeret mihi et econtra. Ebd. S. 285,26ff.: et dicat: Ego sum ut Christus, et vicissim Christus dicat: Ego sum ut ille peccator, quia adhaeret mihi, et ego illi. Da diese Stelle später lebhaft diskutiert worden ist, muß beachtet werden, daß die folgende Textfassung der Druckbearbeitung von 1538 die größte Verbreitung gefunden hat (vgl. den Textapparat zu WA 40 I, S. 285,26ff.): ut cum fiducia dicere possis: Ego sum Christus, hoc est Christi iustitia, victoria, vita etc. est mea, et vicissim Christus dicat: Ego sum ille peccator, hoc est eius peccata, mors etc. sunt mea, quia adhaeret mihi et ego illi. Die Textänderung entspricht durchaus dem Sinn Luthers.

[46] Für den Gedanken der Stellvertretung Christi haben in Luthers Theologie 1 Kor 1,30, 2 Kor 5,21, Gal 3,13, Phil 3,9 größtes Gewicht; vgl. seine Auslegung von Gal 3,13 WA 40 I, S. 432ff. (1531/35).

[47] WA 12, S. 485,1ff. (1523).

[48] WA 12, S. 488,9ff. (1523).

[49] WA 7, S. 25, 30ff. (1520): das, was Christus hat, das ist eigen der gläubigen Seele, was die Seele hat, wird eigen Christi. So hat Christus alle Güter und Seligkeit, die sein [= sind] der Seelen eigen. So hat die Seel alle Untugend und Sünd auf ihr, die werden Christi eigen. Hie hebt sich an der fröhlich Wechsel und Streit.

[50] *Theobald Beer,* Der fröhliche Wechsel und Streit, Einsiedeln 1980, gibt weder eine zutreffende Interpretation von Luthers Gedanken noch eine richtige theologiegeschichtliche Ableitung.

[51] *Martin Herz,* Sacrum Commercium. Eine begriffsgeschichtliche Studie zur Theologie der Römischen Liturgiesprache, München 1958.

[52] Vgl. Sermo 130, 2. Ein anderes Mal – Enarr. 2 in Ps. 30 sermo 1, 3 – meint Augustin, der himmlische Kaufmann kommt zu uns Menschen, um Schande vor Gott gegen Ehre, Tod gegen Leben, Schmach gegen Herrlichkeit zu tauschen. Diese beiden Augustin-Stellen waren der mittelalterlichen Überlieferung besonders gut vertraut; vgl. *Jacobus de Voragine,* Legenda aurea, Kap. 1, das vom Advent handelt.

[53] WA 10 III, S. 356,9ff. (1522). Vgl. WA 22, S. 337,23ff. (1537): Daher soll auch solch herzliche Zuversicht gegenüber ihm [Christus] in dir wachsen und zunehmen, daß er ... sich deiner angenommen, dich von der Sünden, des ewigen Todes und des Satans Gewalt zu erlösen und zu dir sein Leib und Leben und alles, was er hat, gesetzt, ja sich so gar [= ganz] dir gegeben, daß du dich nicht allein des, das er um deinetwillen getan und dir geschenkt, sondern auch seiner selbst magst tröstlich und fröhlich rühmen als des deinen.

[54] WA 10 I 2, S. 214,32ff. (1526). Luther stützt sich hier und bei der Aufnahme desselben Gedankens in anderen Osterpredigten auf Mt. 28,10 und Joh. 20,17.

[55] WA 10 I 2, S. 214,39ff. (1526).

[56] WA 32, S. 89,1ff. (1530).

[57] WA 32, S. 89,5ff. (1530).

[58] WA 22, S. 335,23ff. (1537); WA 40 II, S. 555,13ff./34ff. (1532/33).

[59] WA 40 II, S. 557,8ff./25ff. (1532/33), 50, S. 300,36 (1537), 637,29ff. (1539).

[60] WA 10 III, S. 357,28ff. (1522).

[61] WA 7, S. 25,37 26,3 (1520); 21, S. 152,26f. (1528); vgl. 10 III, S. 416,24f. (1522): die Verkündung und Vermählung geschieht durch den Glauben.

[62] WA 22, S. 336,1f. (1544).

[63] WA 22, S. 336,14ff. (1544).

[64] WA 7, S. 26,4ff. (1520): Ist nun das nicht eine fröhliche Wirtschaft [= Hausstand], da der reiche, edle, fromme [= vor Gott gerechte] Bräutigam Christus das arme verachtete böse Hürlein zur Ehe nimmt und sie entledigt von allem Übel, zieret mit allen Gütern? WA 10 III, S. 416,26f. 417,23 (1522); 41, S. 555,7ff./19ff. (1536).

[65] WA 41, S. 557,32ff. (1532): So du nun also seine Braut worden bist, so hast du die Schlüssel und bist die Frau im Haus und sitzest in seinen himmlischen Gütern ...daß weder Sünde noch Tod noch Teufel forthin kein Recht noch Macht über dich hat. WA 10 III, S. 357,32ff. (1522); 40 II, S. 556,13ff. 33ff. (1532/33).

[66] Übersetzung von WA 10 III, S. 415,11ff. (1522); vgl. WA 22, S. 337,1ff./23ff. (1537); 45, S. 178,14f. 179,25ff. (1537).

[67] Anlaß zu einer literarischen Diskussion gab eine Predigt Speners von 1668 über Joh. 1,20 ,,Von genauer Vereinigung Christi und eines Christen", veröffentlicht 1672 in der kleinen Predigtsammlung ,,Von der Pharisäer ungültigen und frommer Kinder Gottes wahrer Gerechtigkeit". Gegenüber Kritikern verteidigte Spener seine Ansichten 1678 in einer Schrift, die er noch dreimal erneut herausgab: ,,Abgenötigte Erörterung dreier Lehr-Punkten: 1. Ob ein gläubiger Christ könne sagen: Ich bin Christus? 2. Ob ein

Wiedergeborener Sünde tue? 3. Ob die Lehre von der Erbsünde dem Sündigen Tür und Tor auftue?" Nachdruck der Erstausgabe in Speners Schriften, hrsg. von *E. Beyreuther,* Abt. 1, Bd. 1, Hildesheim 1979, S. 853–899.

Paul Imhof: Ignatius von Loyola

I. Literaturhinweise

1. *Ausgaben*

Monumenta Ignatiana. Series prima ad Series quarta, Madrid 1903–1918 (bzw. Rom 1943–1965) (= Mon. Ign.). Die Quellen zur Geschichte des Ignatius und der frühen Gesellschaft Jesu liegen in mustergültigen Editionen vor, die allerdings verschieden zitiert werden: Mon(umenta) Ign(atiana), Mon(umenta) Hist(oriae) S(ocietatis) J(esu), unter dem Namen der frühen Mitarbeiter des Ignatius: als „Nadal" u. ä. Hier wird hauptsächlich nach den vorzüglichen deutschen Übersetzungen zitiert.

Der Bericht des Pilgers *(Burkhart Schneider),* Freiburg ^{4}1977 (= PB).

Das geistliche Tagebuch *(Alois Haas, Peter Knauer),* Freiburg 1961.

Geistliche Übungen (*Alois Haas,* Freiburg ^{3}1977; *Hans Urs von Balthasar,* Einsiedeln ^{7}1981; *Peter Knauer,* Graz 1978) (= EB).

2. *Sekundärliteratur*

Bakker, Leo, Freiheit und Erfahrung. Redaktionsgeschichtliche Untersuchungen über die Unterscheidung der Geister bei Ignatius von Loyola, Würzburg 1970.

Ebneter, Albert, Der Jesuitenorden, Zürich 1982.

Eßer, Brigitta/Gemmingen, Eberhard von, In Gesellschaft Jesu, Mainz 1979.

Guillermou, Alain, Ignatius von Loyola in Selbstzeugnissen und Bilddokumenten, Hamburg 1962.

Imhof, Paul, Ignatius von Loyola, in: Gestalten der Kirchengeschichte. Reformationszeit II, hrsg. von *Martin Greschat,* Stuttgart 1981, 29–58.

Jesuiten. Ein Tonbild über den Jesuitenorden, hrsg. von *Vitus Seibel,* München 1980.

König-Nordhoff, Ursula, Ignatius von Loyola. Studien zur Entwicklung einer neuen Heiligen-Ikonographie im Rahmen einer Kanonisationskampagne um 1600, Berlin 1982.

Lies, Lothar, Ignatius von Loyola. Theologie – Struktur – Dynamik der Exerzitien, Innsbruck 1983.

Marxer, Fridolin, Die inneren geistlichen Sinne. Ein Beitrag zur Deutung ignatianischer Mystik, Freiburg 1963.

Rahner, Hugo, Ignatius von Loyola als Mensch und Theologe, Freiburg 1964.

Rahner, Karl, Betrachtungen zum ignatianischen Exerzitienbuch, München 1965.

Rahner, Karl/Imhof, Paul/Loose, Helmuth Nils, Ignatius von Loyola, Freiburg ²1978.

Ravier, André, Ignatius von Loyola gründet die Gesellschaft Jesu, Würzburg 1982.

Schneider, Michael, ,,Unterscheidung der Geister". Die ignatianischen Exerzitien in der Deutung von E. Przywara, K. Rahner und G. Fessard, Innsbruck 1983.

Stierli, Josef (Hrsg.), Ignatius von Loyola. ,,Gott suchen in allen Dingen", Olten 1981.

Wulf, Friedrich (Hrsg.), Ignatius von Loyola. Seine geistliche Gestalt und sein Vermächtnis, Würzburg 1956.

II. Anmerkungen

1 *Ludwig Wittgenstein,* Tractatus logico-philosophicus, Frankfurt 1963, 83.

2 *Michel de Certeau,* La fable mystique, XVIᵉ–XVIIᵉ siècle, Paris 1982, 138–155.

3 *William James,* Varieties of religious experience, London 1908 (Erstauflage).

4 *Ursula König-Nordhoff,* Ignatius von Loyola. Studien zur Entwicklung einer neuen Heiligen-Ikonographie im Rahmen einer Kanonisations-kampagne um 1600, Berlin 1982, 53.

5 Ebd. 131.

6 Worum es sich dabei handelt, ist schon dargelegt in einer umfangreichen Skizze zu seiner spirituellen Biographie; *Paul Imhof,* Ignatius von Loyola, in: Gestalten der Kirchengeschichte. Reformationszeit II, hrsg. von *Martin Greschat,* Stuttgart 1981, 29–58.

7 Vgl. Ignatius von Loyola, Der Bericht des Pilgers, übers. von *Burkart Schneider,* Freiburg ⁴1977, Nr. 1–2 (= PB).

8 *Karl Rahner* (zus. mit *Paul Imhof, Helmuth Nils Loose*), Ignatius von Loyola, Freiburg 1978, 10f.

9 PB, Nr. 96.

10 Ignatius von Loyola, Geistliche Übungen (= EB). Übersetzungen von *Alois Haas* (Freiburg 1977): *Hans Urs von Balthasar* (Einsiedeln 1981); *Peter Knauer* (Graz 1978). Nr. 234.

11 Mon. Hist. SJ IV/1, 379.

12 Vgl. Ignatius von Loyola, Das geistliche Tagebuch, hrsg. von *Alois Haas* u. *Peter Knauer,* Freiburg 1961.

13 Es gibt verschiedene Sammlungen: Ignatius von Loyola, Briefe, hrsg. von *Otto Karrer* u. *Hugo Rahner,* Einsiedeln 1942; *Hugo Rahner,* Ignatius von Loyola. Geistliche Briefe, Einsiedeln 1956; *ders.,* Ignatius von Loyola. Briefwechsel mit Frauen, Freiburg 1956. Zitiert wird nach: Ignatius von Loyola, Trost und Weisung. Geistliche Briefe, hrsg. von *Hugo Rahner,* neu bearb. von *Paul Imhof,* Einsiedeln 1979 (= GB).

14 EB, Nr. 1.

15 EB, Nr. 15.

16 PB, Einführung, 23f.

17 Das grundlegende Buch von *André Ravier,* Ignatius von Loyola gründet die Gesellschaft Jesu, Würzburg 1982, gibt besonders ausführlich über die Zeit des Ignatius als Ordensoberer der Gesellschaft Jesu Auskunft.

18 Vgl. EB, Nr. 264–312.

19 Nadal Epp. IV, 651; vgl. *Josef Stierli,* Das Ignatianische Gebet: ,,Gott suchen in allen Dingen", in: Ignatius von Loyola. Seine geistliche Gestalt und sein Vermächtnis, hrsg. von *Friedrich Wulf,* Würzburg 1956, 151–182.

[20] *Karl Rahner,* Schriften zur Theologie, Bd. XV: Wissenschaft und christlicher Glaube, Zürich 1983, 102f.

[21] Vgl. *Paul Imhof,* Rückkehr zum Ursprung – Der Geist Gottes und die Zukunft der Kirche, in: GuL 56 (1983) 15–29, bes. 20f.

[22] Vgl. EB, Nr. 171, 175.

[23] EB, Nr. 331.

[24] EB, Nr. 330; vgl. *Leo Bakker,* Freiheit und Erfahrung. Redaktionsgeschichtliche Untersuchungen über die Unterscheidung der Geister bei Ignatius von Loyola, Würzburg 1970, bes. 87–118.

[25] EB, Nr. 335.

[26] EB, Nr. 316f.

[27] PB, Nr. 30.

[28] *Josef Sudbrack,* Wege zur Gottesmystik, Einsiedeln 1980, 29.

[29] Ebd. 20.

[30] EB, Nr. 23.

[31] PB, Nr. 96.

[32] PB, Erläuterungen, 185.

[33] *Hugo Rahner,* Ignatius von Loyola als Mensch und Theologe, Freiburg 1964, 106.

[34] Ebd. 86.

[35] *Josef Sudbrack,* Ignatius von Loyola und sein Orden – Ursprung aus der Erfahrung, in: GuL 56 (1983) 280.

[36] *Gabriele Hevenesi,* Scintillae Ignatianae, Regensburg 1919, 2.

[37] *Ursula König-Nordhoff,* a.a.O. (s. Anm. 4), 55.

[38] GB, Nr. 32, 125.

[39] *Pedro Arrupe,* Unser Zeugnis muß glaubwürdig sein, Ostfildern 1981, 95.

[40] Karl Rahner im Gespräch, Bd. 2: 1978–1982, hrsg. von *Paul Imhof* u. *Hubert Biallowons,* München 1983, 34f.

[41] Konkrete Hinführung mit praktischen Beispielen, vgl. z.B. *Paul Imhof,* Ignatianisch meditieren. Die vier Jahreszeiten und die Struktur einer Betrachtung, in: GuL 56 (1983) 292–297; *ders.,* Saulus vor Damaskus. Die Begegnung mit dem Auferstandenen, in: GuL 57 (1984) 52–57; *ders.,* Die Bergpredigt. Selig, die reinen Herzens sind – Selig die Barmherzigen, in: GuL 57 (1984) 151–155.

Gemma Hinricher: Teresa von Avila

I. Literaturhinweise

1. *Quellen*

Efrén de la Madre de Dios/Otger Steggink (Hrsg.), Santa Teresa de Jesús, Obras completas, in: Biblioteca de Autores Cristianos (BAC), Madrid 1979.

Luis de San José (Hrsg.), Concordancias de las obras y escritos de Santa Teresa de Jesús, Burgos ²1965.

2. *Deutsche Übersetzungen und Textsammlungen*

Alkofer, Aloysius (Hrsg.), Sämtliche Schriften der hl. Theresia von Jesus, 6 Bde., München/Kempten 1931–1941 (mit unveränderten Neuauflagen = Kösel).

Vogelgsang, Fritz (Hrsg.), Teresa von Avila, Die innere Burg, Zürich 1979.
Dobhan, Ulrich (Hrsg.), Teresa von Avila, Gotteserfahrung und Weg in die Welt, Olten 1979.
Behn, Irene (Hrsg.), Teresa von Avila, Wege zum Gebet, Zürich/Einsiedeln/Köln ³1982.
Lorenz, Erika (Hrsg.), Teresa von Avila, ,,Ich bin ein Weib und obendrein kein gutes", Freiburg 1982.

3. *Sekundärliteratur*

Dobhan, Ulrich, Gott – Mensch – Welt in der Sicht Teresas von Avila, Frankfurt/Bern/Las Vegas 1978.
Herbstrith, Waltraud, Teresa von Avila, Die erste Kirchenlehrerin, München ⁴1981.
Dies., (Hrsg.), Gott allein – Teresa von Avila heute, Freiburg 1982.
Hinricher, Gemma, Freundschaft mit Gott und den Menschen, Mainz 1982.
Kotschner, Josef (Hrsg.), Der Weg zum Quell. Teresa von Avila 1582–1982, Düsseldorf 1982.
Lapauw, Camillus, Teresa von Avila. Kommentar zur ,,Inneren Burg", Innsbruck/Wien/München 1981.
Lorenz, Erika, Teresa von Avila, Schaffhausen 1982.
Sudbrack, Josef, Erfahrung einer Liebe, Freiburg ²1979.
Steggink, Otger, Erfahrung und Realismus bei Teresa von Avila und Johannes vom Kreuz, Düsseldorf 1976.
Teresa de Jesús, Weisheit der Liebe, Festschrift der ,,Christlichen Innerlichkeit" Heft 2/4, A-Mariazell 1982.

II. Anmerkungen

Die Schriften Teresas werden nach der Numerierung der Köselausgabe zitiert. Die Übersetzung von *Alkofer* wurde auf der Grundlage der spanischen Ausgabe (BAC) überarbeitet; z. T. wurde auf die Übersetzung von *Erika Lorenz* zurückgegriffen. (Leben = Kösel Bd. 1; Klosterstiftungen = Bd. 2; Innere Burg = Bd. 5; Weg (Weg der Vollkommenheit) = Bd. 6).

[1] Zit. in: Teresa de Jesús. Eine Frau als Kirchenlehrer, Linz 1972,4.

[2] Erste spanische Ausgabe 1520.

[3] Im 15. Jh. durch den Anschluß eines sog. Beatinnenhauses an den Bettelorden der Karmeliten entstanden. Z. Zt. Teresas waren etwa 180 Nonnen im Konvent. Es gab keine Klausurvorschrift.

[4] Leben 3,6.

[5] Ein Schlüsselbegriff in der geistlichen Lehre Teresas; vgl. die weiteren Ausführungen.

[6] Alumbrados oder Iluminados, Erleuchtete: eine mystische und paramystische Bewegung in Spanien, bes. im 16. Jh.

[7] Es handelt sich um eine 1247 veränderte Fassung der ursprünglichen Regel von 1209; 1432 gab Papst Eugen IV. dem Orden eine gemilderte Regel.

[8] Weg 1,2.

[9] Klosterstiftungen 2,2.

[10] Vom Volk wurden die reformierten

Karmeliten und Karmelitinnen „Unbeschuhte“ genannt im Unterschied zu den Nichtreformierten, den „Beschuhten“. Diese Bezeichnung ist bis heute geläufig.

[11] Bei der Einführung des Gregorianischen Kalenders folgte auf den 4. der 15. Oktober 1582.

[12] Prozeß von Alba 1592, Biblioteca Mistica Carmelitana (BMC) I, 18, 101.

[13] Nach dem Aufbewahrungsort im Escorial (E), bzw. im Karmelitinnenkloster in Valladolid (V) werden die zwei inhaltlich verschiedenen Fassungen bezeichnet.

[14] BMC Bd. 18, 315.

[15] Innere Burg, Epilog Nr. 3.

[16] Leben 8, 5.

[17] Ebd. 17, 6.

[18] Ebd. 26, 7.

[19] Ebd. 27, 12.

[20] Ebd. 25, 12.

[21] Berichte 3, Kösel Bd. I, 443f.

[22] Weg 22, 1.

[23] Ebd. 22, 1.

[24] Leben 37, 5.

[25] Ebd. 8, 5.

[26] Ebd. 8, 6.

[27] Ebd. 37, 5.

[28] Innere Burg IV 1, 9.

[29] Leben 12, 1.

[30] Ebd. 27, 3.

[31] Weg 26, 3.

[32] Leben 10, 1.

[33] Für diesen Zusammenhang vgl. *Guerra, Augusto,* Oración teresiana, in: REDES 13, Teresa de Jesús, Mujer, Cristiana, Maestra, Madrid 1982, 157ff.

[34] Weg 19, 3.

[35] Leben 21, 11.

[36] Vgl. *Tomás de la Cruz,* La oración, camino a Dios, in: Sancta Teresia a Jesu, Doctor Ecclesiae, Ephemerides Carmeliticae XXI 1970 1–2 (Roma), 115ff.

[37] Leben 22, 4.

[38] Ebd. 22, 10.

[39] Vgl. *García-Mateo, Rogelio,* Die Christuserfahrung Teresas von Avila und die Christologie, in: Gott allein, Freiburg 1982, 160ff.

[40] Leben 22, 6.

[41] Innere Burg VI 7, 5.
Vgl. auch Mateo a. a. O.

[42] Leben 13, 20.

[43] Ebd. 29, 4.

[44] Ebd. 28, 7.

[45] Zum Folgenden vgl. *Vega García-Luengos, Germán,* La dimensión literaria de Santa Teresa, in: REDES 13, Madrid 1982, 29ff.

[46] Teresa ist nicht in dem Sinne schöpferisch, daß sie neue Bilder erfindet – sie nimmt sie vielmehr aus vielen Quellen auf –, sondern in der Weise, wie sie sie verknüpft. Bilder und Allegorien werden assoziativ miteinander verbunden, und zwar so, daß sie in Wechselwirkung miteinander stehen, sich gegenseitig korrigieren oder verstärken und zusammen ein komplexes Ganzes bilden. Zu fragen bleibt nach der Ontologie der Bilder.

[47] Innere Burg IV 2, 2.

[48] Leben 14, 5.

[49] Ebd. 15, 4.

[50] Ebd. 16, 1.

[51] Ebd. 18, 12.

[52] Ebd. 21, 12.

[53] Ebd. 21, 5.

[54] Innere Burg, VII 4, 6.

[55] Vgl. den Ausstellungskatalog „L'Art du XVIIe Siècle dans les Carmels de France“, Musée du Petit Palais, 17 Novembre 1982–15 Février 1983, Paris 1982.

[56] 1527–1591; einer der größten Lyriker spanischer Sprache, Augustiner. – Nach der Lektüre der Schriften Teresas meinte er: „Es muß mehr sein als das Genie eines Menschen (Mannes), was ich da vernehme.“ (zit. bei *Lorenz, Erika,* Teresa von Avila, Schaffhausen 1982, 157).

[57] Vgl. die Angaben im Katalog der

„Ausstellung zum 400. Todesjahr der hl. Teresa von Avila", München 1982.

[58] Stand vom 31. 12. 1978.

[59] Vgl. *Enomiya-Lassalle, Hugo,* Teresa von Avila und der Osten, in: Gott allein, hrsg. v. *W. Herbstrith,* 235ff.; *ders.,* Die spanische Mystik des XVI. Jh., Theresia von Avila, in: Zen-Buddhismus, Köln [3]1974, 330ff.

Anton Mattes: Franz von Sales

Literaturhinweise

1. *Quellen*

Oeuvres de Saint Francois de Sales, Edition complete, Monastere d'Annecy, 26 Bände, Annecy 1892–1932.

Deutsche Ausgabe der Werke des hl. Franz von Sales, 12 Bände, Eichstätt/Wien 1959–1983.

2. *Sekundärliteratur*

a) Zum Leben

Hämel-Stier, Angela, Franz von Sales. Der Heilige der Harmonie, Eichstätt/Wien 1956.

Lajeunie, Etienne-Jean, Franz von Sales. Leben-Lehre-Werk, Eichstätt/Wien 1980[2].

Ravier, André, Franz von Sales, Heidelberg 1963.

Franz von Sales. Über die Gottesliebe. Mit einer Kurzbiographie des Heiligen von *Reinhold Schneider,* (Klassiker der Meditation) Zürich/Einsiedeln/Köln 1978.

Waach, Hildegard: Franz von Sales. Das Leben eines Heiligen, Eichstätt/Wien 1955.

b) Zum Werk und zur Theologie

Beck, Irene, Liebe und Werk in der Theologie des hl. Franz von Sales, Eichstätt/Wien 1964.

Hehberger, Erich: Voraussetzungen und Prinzipien der religiösen Bildung bei Franz von Sales, Eichstätt/Wien 1972.

Hornstein, Xaver/Roesle Maximilian (Hrsg.), Franz von Sales. Gnade und Maß, Einsiedeln/Zürich/Köln 1962.

Königbauer, Ludwig, Das Menschenbild bei Franz von Sales, Regensburg 1955.

Kopp, Johanna, Bruderliebe im Licht der Inkarnation, Eichstätt/Wien 1963.

Leidenmühler, Josef, Die Stellung der theologischen Tugend der Liebe im übernatürlichen Organismus der Seele, Eichstätt/Wien 1963[2].

Müller, Michael, Frohe Gottesliebe. Das Ideal des hl. Franz von Sales, Eichstätt/Wien 1968.

Nigg, Walter, Franz von Sales, in: Große Heilige, Zürich 1947.
Nobis, Anton, Geistlicher Briefwechsel des hl. Franz von Sales mit Johanna Franziska von Chantal, Eichstätt/Wien 1967.
Pauels, Hubert, Gottes Leuchten auf einem Menschenantlitz, Köln 1957.
Pauels, Hubert, Die Mystik des hl. Franz von Sales in ihrer Grundhaltung und Zielsetzung, Eichstätt/Wien 1963.
Schwendenwein, Hugo, Franz von Sales in der Entwicklung neuer Formen des Ordenslebens, Eichstätt/Wien 1966.
Jahrbuch für Salesianische Studien (Hrsg. Arbeitsgemeinschaft für Salesianische Studien), Eichstätt 1963–1982 (bisher erschienen 17 Bände).

Gerhard Ruhbach: Gerhard Tersteegen

I. Literaturhinweise

1. *Quellen*

Tersteegen, Gerhard, Weg der Wahrheit, Stuttgart 1968, Nachdruck (zitiert: „Weg“).
Ders., Geistliches Blumengärtlein inniger Seelen, Stuttgart 1969.
Nigg, Walter (Hrsg.), Gerhard Tersteegen. Wir sind hier fremde Gäste, Wuppertal ^{2}1980.
Löschhorn, Albert/Zeller, Winfried (Hrsg.), Gerhard Tersteegen, Geistliche Reden (Bd. 1 der Gesamtausgabe), Göttingen 1979.

2. *Sekundärliteratur*

van Andel, Cornelis Pieter, Gerhard Tersteegen, Neukirchen 1973.
Croce, Giovanna della, Gerhard Tersteegen. Neubelebung der Mystik als Ansatz einer kommenden Spiritualität, Bern 1979.
Deichgräber, Reinhard, Gott ist genug. Liedmeditationen nach Gerhard Tersteegen, Göttingen 1975.
Fritzsche, Margarete, Bruder Laurentius und Gerhard Tersteegen, in: Wege zum wahren Glauben, Gütersloh 1980, S. 33–48.
Ludewig, Hansgünter, Gebetserfahrungen. Das Gewahrwerden der Gegenwart Gottes bei Gerhard Tersteegen (Diss.), Hamburg 1979.
Goes, Albrecht, Gerhard Tersteegen. Andacht bei nächtlichem Wachen, in: *Böhme, Wolfgang* (Hrsg.), Christus in uns, Karlsruhe 1983, S. 94–98.
Moltmann, Jürgen, Grundzüge mystischer Theologie bei Gerhard Tersteegen, in: Evangelische Theologie 16 (1956) S. 205–224.
Nigg, Walter, Große Heilige, Zürich, 1949^{3}, S. 309–354.
Roeßle, Leben und Werk des Gerhard Tersteegen, Gießen 1948.
Zeller, Winfried, Gesangbuch und geistliches Lied bei Gerhard Tersteegen, in: Theologie und Frömmigkeit, Marburg 1971, S. 186–194.

II. Anmerkungen

1 *Adolf von Harnack,* Lehrbuch der Dogmengeschichte III, 1894^3, S. 392.

2 Zum Stand der Auseinandersetzung und zur Literatur vgl. *Gerhard Ruhbach,* Tauler und Luther, Ebernburg-Hefte 3, 1969, S. 10ff.

3 Vgl. *Alfred Rosenberg,* Der Mythos des 20. Jahrhunderts, 1934^{34}, S. 225ff.; *Hans Leisegang,* Luther als deutscher Christ, 1934, passim und *Erich Vogelsang,* Luther und die Mystik, in: Luther-Jahrbuch 13, 1937, S. 32ff. u. a.

4 Vgl. dazu *Heiko A. Oberman,* Spätscholastik und Reformation I, 1965, S. 305.

5 *Bengt Hägglund,* Luther und die Mystik, in: Kirche, Mystik, Heiligung und das Natürliche bei Luther, 1967, S. 87.

6 Zitiert nach der sogenannten „Alten Lebensbeschreibung", in: *Walter Nigg* (Hrsg.), Gerhard Tersteegen, Wir sind hier fremde Gäste, Wuppertal 1980, S. 8f. Die „Alte Lebensbeschreibung" ist dem dritten Teil von Tersteegens gedruckten Briefen vorangestellt und von einem Anonymus geschrieben, der zweiundvierzig Jahre mit Tersteegen zusammengelebt hat und damit sein Andenken ehren wollte; vgl. dazu *Cornelis P. van Andel,* a. a. O., S. 273f.

7 Vgl. dazu die Nachweise bei *C. van Andel,* S. 23.

8 Vgl. Blumengärtlein, S. 157, 339, 350, 374, 396, 401 u. a.

9 Mit Recht ist über das Wort „unparteiisch" auf den Einfluß von *Gottfried Arnolds* „Unparteiische Kirchen- und Ketzergeschichte" (1699–1700) verwiesen, die Tersteegen gekannt und benutzt hat.

10 *J. de Labadie* (Handbüchlein der wahren Gottseeligkeit), *J. de Bernières-Louvigny* (Das verborgene Leben mit Christo in Gott), *Thomas von Kempen* (Nachfolge, ohne das 4. Buch über die Eucharistie) und andere Schriften wurden von ihm übersetzt.

11 Abgedruckt bei *W. Nigg,* (Anmerkung 6), S. 97–102.

12 Vgl. dazu *C. van Andel,* S. 64ff. und *Ernst Benz,* Der Philosoph von Sans-Souci im Urteil der Theologie und Philosophie seiner Zeit, Abhandlungen der Akademie der Wissenschaften und der Literatur Mainz, Geistes- und sozialwissenschaftliche Klasse, 1971, Nr. 10, S. 41–65.

13 Johann Arndt soll in seinem Pfarrhaus ein eigenes Labor gehabt haben (vgl. dazu *J. Wallmann,* Johann Arndt und die protestantische Frömmigkeit, in: Frömmigkeit in der frühen Neuzeit, 1984, S. 74), und sowohl der Markgraf von Renty als auch Gregorius Lopez, Madame de Guyon, Chr. Oetinger und Chr. F. Richter haben Medizin hergestellt und an Kranke weitergegeben, vgl. dazu *C. van Andel,* S. 197ff.

14 Das Testament ist abgedruckt im biographischen Vorwort zur Neuausgabe des „Blumengärtleins", Stuttgart, ^{16}1969, S. 19–22.

15 Lebenserinnerungen III, S. 5.

16 Bis in die Gegenwart hinein hat Tersteegen mit diesem Werk wenig Verständnis, dafür aber viele Gegner gefunden, vgl. dazu *C. van Andel,* S. 44. Gleichwohl sind und bleiben die „Lebensbeschreibungen" ein Schlüssel für Tersteegens Frömmigkeit und Theologie. *C. van Andel* sagt zu recht: „Dieser Frömmig-

keitstyp gehört zu seiner eigenen Existenz" (S. 45).

[17] Weg, S. 266.

[18] Vgl. Weg, S. 253, 248, 270; vgl. dazu auch *C. van Andel* S. 233ff.

[19] C. van Andel nennt ihn – nach ausführlicher Auseinandersetzung mit der Literatur – durchweg „Mystiker", vgl. S. 60, 76, 230, 241, 243, 246 u. a.

[20] *C. van Andel,* S. 246.

[21] Weg, S. 123.

[22] Vgl. zum folgenden: Weg, S. 124ff.

[23] Tersteegen grenzt sich damit offenkundig gegenüber Radikalformen des Pietismus ab, vielleicht auch von seinem Freund und Lehrer Hoffmann, jedenfalls aber von dem unruhigen Treiben der Herrnhuter, das ihm immer mißfiel. Er spürt offenbar aber auch, daß er Erlebnisformen zurückweist, die gemeinhin als mystische Erfahrung gelten, und widmet dieser Frage deshalb einen eigenen Traktat „Von dem Verhalten bei außerordentlichen Geistesgaben, Gesichten, Offenbarungen usw." (Weg, S. 150–162) und weist auf die besonderen Gefahren der Überheblichkeit einerseits und die Schwierigkeit, die Geister zu prüfen, andererseits hin.

[24] Weg, S. 130.

[25] Weg, S. 270.

[26] Weg, S. 270.

[27] Weg, S. 286ff.

[28] Das schöne Bildwort vom „Zug Gottes" begegnet mehrfach; vgl. Weg, S. 138, 247, 266, 342 u. a.

[29] All dies nennt Tersteegen „Herzensleben, welches nicht durch Lesen und Kopfanstrengen, sondern durch Sterben und Lieben gründlich erkannt und erfahren wird" (Weg, S. 267).

[30] Weg, S. 260, 263.

[31] Weg, S. 274.

[32] Weg, S. 239ff.

[33] Vgl. die Verben: sich überlassen, warten, stillesein, erniedrigt werden, gefangen genommen werden, willig gemacht werden, loswerden, losgemacht werden, ihm von ganzem Herzen anhangen, die Wahrheit schauen, erleichtert werden, erfreut werden und getröstet werden, sich selbst verleugnen, eingelassen werden, abgeschieden sein, sich auskehren, abgestorben sein, kindlich bleiben u. a.

[34] Vgl. dazu Weg, S. 243, 263, 274, 287.

[35] Weg, S. 258.

[36] Weg, S. 293f.

[37] Weg, S. 297.

[38] Weg, S. 297f.

[39] Weg, S. 231, 233.

[40] Weg, S. 278.

[41] Vgl. Weg, S. 277.

[42] Weg, S. 275; die Bezifferung als Versuch einer Gliederung stammt vom Verfasser.

[43] Weg, S. 269–278; vorangestellt ist diesem Traktat ein Anhang zum 6. Stück „Von der Unterscheidung und Fortgang in der Gottseligkeit", überschrieben „Handbüchlein von der wahren Mystik", Weg, S. 266–269.

[44] Vgl. Weg, S. 246, 268.

[45] Weg, S. 141.

[46] Weg, S. 237.

[47] Weg, S. 144.

[48] Weg, S. 244.

[49] Weg, S. 144.

[50] Weg, S. 267.

[51] Weg, S. 341.

[52] Weg, S. 326.

[53] Weg, S. 345.

[54] Weg, S. 302.

[55] Vgl. dazu Weg, S. 265, 290f., 294f., 298, 302–305. Hier liegt die eigentliche Bedeutung so vieler Tersteegen-Lieder, die aus der Anbetung kommen und zur Anbetung führen: „Gott ist gegenwärtig"; „Jauchzet, ihr Himmel"; „Siegesfürste, Ehrenkönig"; „Der Abend kommt, die

Sonne sich verdecket"; ,,Allgenugsam Wesen" u.a.; vgl. dazu *R. Deichgräber,* der unter dem Titel ,,Gott ist genug" (1975) eine Reihe Tersteegen-Lieder vorgestellt und feinsinnig ausgelegt hat.

[56] Vgl. *R. Deichgräber,* S. 92.

[57] Weg, S. 256 mit Hinweis auf Ps 73.25.

[58] Weg, S. 268.

[59] Weg, S. 303.

[60] Weg, S. 269.

[61] Vgl. Weg, S. 134, 139, 145f. u.a.

[62] Vgl. Weg, S. 301, 339.

[63] Weg, S. 295, 341.

[64] Weg, S. 134; vgl. auch S. 143: ,,In Jesum Christum mit Glauben und Liebe übergehen und sich mit ihm auf eine geistlich-geheime Weise gemeinsam machen und vereinigen"; vgl. auch S. 262, 288f.

[65] Weg, S. 138.

[66] Weg, S. 275 mit Bezug auf Joh 17.23.

[67] Vgl. Weg, S. 143, 260, 264, 266f., 337.

[68] Weg, S. 337.

[69] Weg, S. 266.

[70] Weg, S. 262, vgl. auch eine ähnliche Formulierung auf S. 291.

[71] Weg, S. 260, vgl. auch S. 293.

[72] Weg, S. 267.

[73] Weg, S. 145, 241, 264, 278, 290 u.a.

[74] Weg, S. 138.

[75] Weg, S. 122.

[76] *W.-Nigg,* Große Heilige, ^{3}1949, hat ihn mit Recht den ,,Heiligen im Protestantismus" genannt.

[77] *G. della Croce,* Gerhard Tersteegen, S. 162.

Guntram Spindler: Friedrich Christoph Oetinger

I. Literaturhinweise

1. Quellen

Selbstbiographie. Genealogie der reellen Gedanken eines Gottesgelehrten, hrsg. von *J. Roessle,* Metzingen 1961.

Die Lehrtafel der Prinzessin Antonia. Hrsg. von *Reinhard Breymayer* und *Friedrich Häussermann.* Texte zur Geschichte des Pietismus, Abt. VII, Bd. 1, Teil 1 und 2, Berlin/New York 1977.

Theologia ex idea vitae deducta. Hrsg. von *Konrad Ohly.* Texte zur Geschichte des Pietismus, Abt. VII, Bd. 2, Teil 1 und 2, Berlin/New York 1979.

Etwas Ganzes vom Evangelium. F. Chr. Oetingers Heilige Philosophie. Unter Mitarbeit von *Richard Haug* ausgewählt und zusammengestellt von *Guntram Spindler,* Metzingen 1982.

Predigten. Vier Bände, Metzingen 1968–78.

2. Sekundärliteratur

Rainer Piepmeier, Aporien des Lebensbegriffs seit Oetinger. (Symposion, Bd. 58) Freiburg/München 1978.

Sigrid Grossmann: Friedrich Christoph Oetingers Gottesvorstellung. Versuch einer Analyse seiner Theologie. (Arbeiten zur Geschichte des Pietismus, Bd. 18) Göttingen 1979.

II. Anmerkungen

[1] Siehe z. B. Friedrich Christoph Oetingers Leben und Briefe, als urkundlicher Commentar zu dessen Schriften, hrsg. von *Karl Chr. E. Ehmann,* Stuttgart 1859.

[2] Siehe *F. Chr. Oetinger,* Biblisches und Emblematisches Wörterbuch . . ., 1776, 400.

[3] *Christian Wolff,* ,,Deutsche Logik", hrsg. von *H. W. Arndt,* in: Christian Wolff, Gesammelte Werke, 1. Abt., Bd. 1, Hildesheim 1965, Vorbericht von der Welt-Weisheit, § 1.

[4] Siehe dazu *M. Wundt,* Die deutsche Schulphilosophie im Zeitalter der Aufklärung, Hildesheim 1964, 171, 178f., 194, 231.

[5] Siehe die in den Literaturhinweisen unter 1. angegebene Selbstbiographie, hrsg. von *J. Roessle,* 40–42. Vgl. auch ebd., 43.

[6] Vgl. zum Folgenden das in den Literaturhinweisen unter 1. verzeichnete Buch ,,Etwas Ganzes vom Evangelium", a. a. O., 68ff.

[7] *F. Chr. Oetinger,* Bibl. und Embl. Wörterbuch . . ., 1776, 365f.

[8] Vgl. zum Folgenden ,,Etwas Ganzes vom Evangelium", a. a. O., 156ff., 100.

[9] Vgl. dazu *H. F. Fullenwider,* Friedrich Christoph Oetinger. Wirkungen auf Literatur und Philosophie seiner Zeit. (Göppinger Arbeiten zur Germanistik, Nr. 174) Göppingen 1975, 2ff.

Thomas Špidlík: Theophan der Rekluse

I. Literaturhinweise

1. Ausgaben

Verzeichnisse der russischen Ausgaben finden sich in *T. Špidlík,* op. cit., p., S. XIX–XXI und *Tertyschnikow,* op. cit., S. 143ff.

Kurze Auszüge aus den Werken Theophans in:

Bubnoff, N., Russische Frömmigkeit. Briefe eines Starzen, Wiesbaden 1947.

Smolitsch, I., Leben und Lehre der Starzen, Wien 1936, S. 110–127.

Tertyschnikow, op. cit., passim.

2. Sekundärliteratur

Bossuyt, F., Theophane le Reclus (1815–1894). Sa doctrine sur l'Oraison, Roma 1959.

Krutikov, I. A., Bischof Theophan. Klausner und Asket der Einsiedelei von Wyschen, Moskau 1895.
Špidlík, T., La doctrine Spirituelle de Théophane le Reclus. Le Coeur et l'Esprit, OCA 172, Roma 1965.
Ders., I grandi mistici russi, Rom 1977, S. 219–249; Les grands mystiques russes, Paris 1979, S. 239–268.
Tertyschnikow, G., Auf dem Wege zu Gott. Leben und Lehre des Starzen Theophan, Mit einer Einführung von *G. Schröder*, Leipzig 1978.

II. Anmerkungen

[1] *G. Tertyschnikow*, op. cit., S. 33.
[2] Vgl. *I. Kologriwow*, Das andere Rußland, München 1958, S. 277–326.
[3] *Tertyschnikow*, S. 34.
[4] Ebd.
[5] Ebd. S. 35.
[6] Ebd. S. 38.
[7] *Krutikow*, op. cit., S. 61ff.
[8] *Tertyschnikow*, S. 40.
[9] Vgl. Anmerkung 73.
[10] *Tertyschnikow*, S. 43.
[11] Ebd. S. 44.
[12] Ebd.
[13] Ebd. S. 46.
[14] Ebd. S. 49.
[15] Entwurf einer christlichen Morallehre (Načertanie christianskogo nravoučenija), Moskau 1895, S. 411.
[16] Tambow 1973; Moskau 1905.
[17] In der Zeitschrift Lesungen für Sonntage (Voskresnoe Čtenie) 1853–1859; als Buch Moskau 1891, 1898, 1909; in der dritten Aufl. sind die Kap. 204–403 zugefügt aus dem Manuskript des Panteleimon-Klosters auf Athos.
[18] Moskau 1874.
[19] In der Zeitschrift Dušepoleznoe čtenie (Für die Seele nützliche Lesungen) 1877, als Buch Moskau 1879; in derselben Zeitschrift 1881: Capita practica et theologica.
[20] Dušepoleznoe čtenie 1877.
[21] Moskau 1881, 1889.
[22] Venedig 1549.
[23] Moskau 1886, 5. Aufl. Moskau 1912.
[24] Die Ausgabe des russischen Panteleimon-Klosters auf dem Athos, 1877, umfaßte 5 große Bände. Sie war in Rußland sehr gefragt, besonders einzelne Bände, und wurde darum immer neu gedruckt. Die Ausgabe desselben Klosters von 1883 wurde 1963 photomechanisch neu herausgegeben vom Holy Trinity Monastery in Jordanville, N. Y., USA.
[25] Deutsch: *M. Dietz-I. Smolitsch*, Kleine Philokalie, Einsiedeln/Zürich/Köln 1956: Italienisch I. Bd., Torino 1982; englisch London/Boston 1979ff.
[26] Die erste deutsche Übersetzung stammt von *R. von Walter*, Ein russisches Pilgerleben, Berlin 1926.
[27] Vgl. Un moine de l'Église orthodoxe Roumaine (Scrima), L'avènement philocalique dans l'Orthodoxie Roumaine, Istina 1958, S. 295–328; 443–474.
[28] Für die Ausgaben vgl. *Tertyschnikow*, S. 142–143.
[29] Moskau 1881; 5. Aufl. St. Petersburg 1900; letzte Aufl. Petrograd 1915.
[30] Moskau 1885; letzte Aufl. Moskau 1918.
[31] Moskau 1895; 1896.
[32] St. Petersburg 1868.
[33] Moskau 1919.
[34] Vgl. *Tertyschnikow*, S. 142.

[35] Moskau 1878; 6. Aufl. Moskau 1914.
[36] *Tertyschnikow,* S. 55.
[37] Was ist das geistliche Leben ..., Moskau 1897, S. 26ff.
[38] Der Weg zur Errettung, Moskau 1908, S. 238.
[39] S. 11ff.
[40] Predigten, Moskau 1883, S. 33.
[41] Entwurf einer christlichen Morallehre, S. 189.
[42] Ebd. S. 188ff.; La doctrine spirituelle de Théophane le Reclus, S. 10.
[43] Was ist das geistliche Leben, S. 7.
[44] Gesammelte Briefe, Bd. I, Moskau 1898, S. 97–101.
[45] Entwurf einer christlichen Morallehre, S. 479.
[46] Der Weg zur Errettung, S. 29ff.
[47] Entwurf ..., S. 209.
[48] Was ist das geistliche Leben, S. 21.
[49] Predigten, S. 317.
[50] La doctrine spirituelle S. 62ff.
[51] Was ist das geistliche Leben, S. 37ff.
[52] La doctrine spirituelle S. 62ff.
[53] Was ist das geistliche Leben, S. 170.
[54] La doctrine spirituelle, S. 71ff.
[55] Entwurf einer christlichen Morallehre, S. 307.
[56] La doctrine spirituelle, S. 51ff.
[57] *Th. Spáčil,* Doctrina theologica Orientis separati de revelatione, fide, dogmate, Roma 1935, S. 106ff.
[58] *T. Špidlík,* La spiritualité de l'Orient chrétien. Manuel systématique, OCA 206, Roma 1978, S. 265.
[59] Entwurf einer christlichen Morallehre, S. 306.
[60] *Nicetas Stethatos,* Centuriae I, 89, PG 120, 893 A.
[61] Entwurf einer christlichen Morallehre, S. 406.
[62] Was ist das geistliche Leben, S. 165.
[63] La doctrine spirituelle, S. 244ff.
[64] Ebd. S. 245ff.
[65] Ebd. S. 252ff.
[66] Briefe, Moskau 1899, Bd. VI, S. 115.
[67] Gesammelte Briefe I, Moskau 1898, S. 205.
[68] Briefe, Moskau 1892, S. 331.
[69] Übersetzung von *L. Regnault,* Solemnes 1966; vgl. *I. Hausherr,* Barsanuphe, DSp 1 (1937), 1255–1262.
[70] *Tertyschnikow,* S. 54–55.
[71] *J. Groetschel,* philaret, in: LThK VIII (^{2}1963), 444–445.
[72] *B. Schultze* in: Enciclopedia Cattolica V (1950), 1291.
[73] *B. Schultze* in: LThK II (^{2}1958), 684–685.
[74] *I. Kologriwow,* Das andere Rußland, S. 33ff.
[75] *G. Schröder,* in der Einleitung zu Tertyschnikow, S. 23.
[76] La doctrine spirituelle, S. 176.
[77] Ebd. S. 180ff.
[78] Predigten, S. 157ff., 317.
[79] *Krutikow,* S. 30.
[80] La doctrine spirituelle, S. 249ff.
[81] *P. Adnès,* Nepsis, DSp 11, 110–118.
[82] Anthologie über das Gebet Jesu (Sbornik o molitve Jisusovoj) von Archimandrit *Chariton,* Serdobol 1936; englisch The Art of Prayer, London 1966; italienisch L'arte della preghiera, Torino 1980; Dialoge über das Gebet Jesu (Besedy o molitve Jisusovoj), Valamo 1938.
[83] Tertyschnikow, S. 56.

Jean-François Six: Charles de Foucauld

Literaturhinweise

1. *Werke*

Der Verlag Neue Stadt München/Zürich/Wien hat mit der Herausgabe einer deutschen Gesamtausgabe der Werke Charles de Foucaulds begonnen. Es liegen vor:

Dem geringeren Bruder. Meditationen über die Liebe nach dem Evangelium (1897–1898), 1974.

Allein Gott im Blick. Meditationen über die Grundbeziehung zu Gott, den Glauben, die Hoffnung nach dem Evangelium (1897–1898), 1974.

Immer den letzten Platz. Notizen aus den Einkehrtagen in Nazareth (5.–16. November 1897), 1975.

Das Evangelium mein Leben. Notizen von den Einkehrtagen in Efraim (14.–21. März 1898), 1976.

Entschlüsse aus der Stille. Persönliche Aufzeichnungen aus den Exerzitien in den Jahren 1900–1909, 1981.

Briefe an Madame de Bondy. Von La Trappe nach Tamanrasset, 1976.

Weitere wichtige Zusammenstellungen:

Aufzeichnungen und Briefe. Zusammengestellt von *J.-F. Six,* Freiburg ²1962.

Beten–Lieben–Glauben. Unveröffentlichte Meditationen, Luzern/München ³1972.

Die geistlichen Schriften. Wien 1963.

Der letzte Platz. Aufzeichnungen und Briefe. Einsiedeln ⁶1967.

Briefwechsel Charles de Foucauld – Abbé Huvelin. Hrsg. von *J.-F. Six,* Salzburg 1961.

Anthologie:

Die Schriften von Charles de Foucauld. Zusammengestellt von *Denise Barrat,* Zürich/Köln 1961.

Der Einsiedler in der Sahara. Aus Aufzeichnungen und Briefen von Charles de Foucauld, Zürich 1964.

Charles de Foucauld. Er will unser Herz. Gedanken für jeden Tag. Kevelaer ²1975.

2. *Biographien*

Der neueste Stand der biographischen Daten findet sich in:

Six, Jean-François, Charles de Foucauld, Bruder aller Menschen, Freiburg ³1981, sowie in

Ders., Charles de Foucauld, der geistliche Werdegang, München/Zürich/Wien 1978.

Weitere biographische Schriften:

Klein, Karl, Tanz ins Abenteuer der Wüste. Das Leben des Charles de Foucauld. Freiburg 1981.

Six, Jean-François/Loose, Helmuth N., Charles de Foucauld. Freiburg 1981.
Waach, Hildegard, Die Sahara war sein Schicksal. Charles de Foucauld. Ausgezehrt, beraubt, entstellt, getötet. Mödling b. Wien 1978.

Karlmann Beyschlag: Dag Hammarskjöld

I. Literaturhinweise

1. *Werke*

Zeichen am Weg, übersetzt von *A. Graf Knyphausen,* München 1979 (Alle nicht weiter gekennzeichneten Zitate stammen aus diesem Text).

2. *Sekundärliteratur*

Berendson, W. A., Dag Hammarskjöld und sein Werk, Dortmund 1965 (Neuauflage).
Hardy, Richard P., Hammarskjöld, the Mystic, in: Ephem. Carmeliticae, Rom 1978, S. 266ff. (Mit Nachweis der fremdsprachigen, insbesondere englischen Literatur).
Kelen, E., Hammarskjöld. New York, 1966.
Kurz, P. K., Politiker, Ästhet, Mystiker. Zu Dag Hammarskjölds geistlichem Tagebuch, in: Geist und Leben 38 (1965) S. 185ff.
Rolf Schäfer, Glaube und Werk – ein Beispiel aus der Gegenwart (Beobachtungen zu Dag Hammarskjölds geistlichem Tagebuch), in: Zeitschrift für Theologie und Kirche 67, 1970, S. 348ff.
Söderberg, S., Hammarskjöld, eine Bildbiographie, 1962.
Stephan, L., Der einsame Weg des Dag Hammarskjöld, 1983.
Stolpe, S., Hammarskjölds geistiger Weg, Frankfurt, ^{2}1967.
Sundén, H., Die Christusmeditationen Dag Hammarskjölds, 1967.
Van Dusen, H. P., Dag Hammarskjöld, The Man and his Faith, New York, 1969.
Welte, M., Gedanken zu den Neujahrseintragungen im Tagebuch Dag Hammarskjölds, in: Geist und Leben 48 (1975) S. 458ff.

II. Anmerkungen

[1] Der vorstehende Text ist ein teils gekürzter, teils kritisch vertiefter Wiederabdruck meines Aufsatzes ,,Dag Hammarskjöld; ein protestantischer Mystiker unserer Tage", der in dem von *H. Reller* und *M. Seitz* herausgegebenen Sammelband ,,Herausforderung: Religiöse Erfahrung" (Göttingen 1980, S. 21ff.) zusammen mit meinem Beitrag ,,Was heißt mystische Erfahrung?" (ebda. S. 119ff.) erschienen ist. Der notwendigen Kürzung sind vor allem die über 30 weiterführenden Fußnoten, sowie einzelne Textpartien zum Opfer gefallen; kritisch vertieft wurde insbesondere die Fassung des Schlußabschnittes.

Ursprünglich war eine Gegenüberstellung zwischen Hammarskjöld und dem Katholiken Dr. Carl Sonnenschein beabsichtigt. Doch erwiesen sich beide Persönlichkeiten als so eigenständig, daß der Plan aufgegeben werden mußte.

Bettina Bäumer: Henri Le Saux

I. Literaturhinweise

1. *Werke von Henri Le Saux (Swami Abhishiktananda)*

a) In Französisch

Ermites du Saccidānanda (mit *J. Monchanin*), Paris 1956.
Sagesse hindoue, Mystique chrétienne – du Vedānta à la Trinité, Paris 1965.
La rencontre de l'hindouisme et du christianisme, Paris 1966.
Une Messe aux sources du Gange, Paris 1967.
Gñānānanda. Un maître spirituel du pays tamoul, Sisteron 1970.
Eveil à soi – Eveil à Dieu, Essai sur la prière, Paris 1971.
Souvenirs d'Arunāchala, Paris 1978.
Initiation à la spiritualité des Upanishads, „Vers l'Autre Rive", Sisteron 1979.
Les yeux de lumière. Ecrits spirituels, présentés par *A. Gozier* et *J. Lemarié,* Paris 1979.
Intériorité et révélation, Essais théologiques, Sisteron 1982.

b) In Englisch (Auswahl)

The Church in India, Madras 1969, ²1971.
Saccidānanda: A Christian Approach to Advaitic Experience, Delhi 1974.
Guru and Disciple: Gñānānanda, A Sage of the East and The Mountain of the Lord, London 1974.
The Further Shore, Two Essays: Sannyāsa and the Upanishads, Delhi 1975.

c) In deutscher Übersetzung

Die Eremiten von Saccidānanda (mit *J. Monchanin*), Übers. von *M. Mayr* und *M. Vereno,* Salzburg 1962.
Indische Weisheit – christliche Mystik, Übers. von *H. Pfiffner,* Luzern 1968.
Das Feuer der Weisheit, Übers. von *M. Kämpchen,* Bern/München 1979.
Der Weg zum Anderen Ufer. Die Spiritualität der Upanishaden, Übers. von *B. Bäumer,* Düsseldorf 1980.
Die Gegenwart Gottes erfahren, Übers. von *B. Bäumer,* Mainz 1980.

2. *Sekundärliteratur*

Davy, Marie-Madeleine, Henri Le Saux, Swami Abhishiktananda, Le Passeur entre deux rives, Paris 1981.

II. Anmerkungen

[1] Brief vom 18. 8. 1947, zitiert in: Les yeux de lumière, 10 (s. Literaturhinweise).

[2] *J. Monchanin,* Mystique de l'Inde, Mystère chrétien, Paris 1974, V.

[3] Sannyāsi: Entsager, Asket, Wandermönch der indischen Tradition. Swami („Herr") ist der Titel eines Mönches. Sannyāsa ist der monastische Lebensstand, der strenge Besitzlosigkeit verlangt.

[4] Die Eremiten von Saccidānanda (s. Lit.).

[5] Der Weg zum Anderen Ufer, 12 (s. Lit.).

[6] Advaita: Mystik der Nicht-Dualität, s. später.

[7] S. Lit., Gñānānanda (Deutsch: Das Feuer der Weisheit).

[8] Saccidānanda, 64 (Lit. 1b).

[9] S. Lit.

[10] Vgl. La rencontre de l'hindouisme et du christianisme, s. Lit.

[11] Brief vom 4. 2. 72, zitiert in: Intériorité et révélation, 20.

[12] Tagebuch, 30. 4. 73.

[13] Eine Auswahl wird demnächst in Französisch erscheinen.

[14] Tagebuch, 26. 11. 56.

[15] Siehe Anm. 6.

[16] Brief vom 9. 2. 67.

[17] Vgl. das Kap. „Die Gnade Indiens" in: Der Weg zum Anderen Ufer, 34–41.

[18] Ebd. 129–130.

[19] Indische Weisheit, christliche Mystik, 100.

[20] Tagebuch, 8. 9. 55, zitiert bei *M.-M. Davy,* 110 (s. Lit. 2).

[21] Psalm 2, 7.

[22] Vgl. Röm 8, 15; Gal 4, 5.

[23] Vgl. Die Gegenwart Gottes erfahren, s. Lit.

[24] In der englischen Fassung vom Autor überarbeitet (s. Lit. 1b).

[25] Ebd. 178.

[26] Tagebuch, 12. 9. 73.

[27] Besonders vertreten von der Ramakrishna-Vivekananda-Richtung des neueren Hinduismus.

[28] Der Ausdruck entstammt den Upanishaden. Vgl. Hindu-Christian-Meeting Point Within the Cave of the Heart. Delhi 1976 (revised ed.) (Engl. Übersetzung von: La rencontre . . .).

[29] Muṇḍaka Upanishad 1, 2, 12.

[30] Über die Nähe zu Meister Eckhart, vgl. *M.-M. Davy,* s. Lit.

[31] Tagebuch, 12. 4. 53 (zitiert bei *M.-M. Davy,* ebd. 120).

[32] Die Gegenwart Gottes erfahren, 83ff.

[33] Der Weg zum Anderen Ufer, 30–31.

[34] Tagebuch, 9. 11. 56, vgl. Les yeux de lumière, 180.

[35] Vgl. Die Gegenwart Gottes erfahren, 64ff.

[36] Vgl. silentium tibi laus, Psalm 65, 2 (ebd. 74). Vgl. *M.-M. Davy,* 124ff.

[37] Vgl. Une Messe aux sources du Gange, s. Lit.

[38] Vgl. Der Weg zum Anderen Ufer, 164.

[39] Der Weg zum Anderen Ufer, Kap. IV.

[40] Ebd. 200–201.

[41] Vgl. Bṛhadāraṇyaka Upanishad I, 3, 28: asato mā sad gamaya . . .

[42] Die Gegenwart Gottes erfahren, 106.

[43] Tagebuch, 6. 3. 56, zitiert bei *M.-M. Davy,* 173.

[44] *R. Panikkar,* „Letter to Abhishiktananda", erscheint demnächst in einem Gedenkband für Abhishiktananda in Indien.

[45] Vgl. *M.-M. Davy,* 161.

[46] Vgl. Towards the Renewal of the Indian Church, Bangalore 1970.

DIE AUTOREN

Bacht, Heinrich, geb. 1910 in Essen. Philosophisch-theologische Studien 1931–1938 in Valkenburg (Holland), Dr. theol. Rom-Valkenburg 1938–1940; Professor für Fundamentaltheologie in Valkenburg 1940–1942, Büren/Westf. 1946–1950, Frankfurt/Main 1950–1978. Mitglied des Wissensch. Beirats des J. A. Möhler-Instituts. *Veröffentlichungen:* Das Konzil von Chalkedon. I–III, 1951–1954 (mit A. Grillmeier); Vermächtnis des Ursprungs, I–II, 1972–1983; Weltnähe oder Weltdistanz?, 1962.

Bäumer, Bettina, geb. 1940. Studium der Theologie, Philosophie und Indologie in Wien, Zürich, Rom und München. 1967 Promotion in München bei Karl Rahner. 1967–1974 an der Hindu-Universität in Varanasi (Indien), zuerst als Forschungsstipendiatin für indische Philosophie, dann als Lektorin. 1975–1979 Assistentin und Lektorin für Indologie an der Universität Wien. Leitet seit 1980 eine private Foschungsstiftung in Varanasi, Indien. *Veröffentlichungen u. a.:* Die Wurzeln des Yoga, 1976; Mitarbeit an R. Panikkar, The Vedic Experience, 1977; A. Boner, Vāstusūtra Upaniṣad, 1982; Hrsg. von Rūpa Pratirūpa, 1982; Mitarbeit am Wörterbuch der Symbolik, 1979; andere Beiträge zu Zeitschriften und Sammelbänden.

Beyschlag, Karlmann, geb. 1923. Kriegsteilnehmer 1941–45, Studium der ev. Theologie in Bethel, Erlangen, Marburg; Pfarrdienst 1951–53; Promotion zum Dr. theol. 1953, Habilitation 1955; seit 1971 o. Professor für Historische Theologie in Erlangen. *Veröffentlichungen u. a.:* Die Bergpredigt und Franz von Assisi, 1955; In der Welt – nicht von der Welt, 1964, holländ. 1966; Clemens Romanus und der Frühkatholizismus, 1966; Vom Urchristentum zur Weltkirche, 1967/68; Lessings theol. und phil. Schriften, 1967; Die verborgene Überlieferung von Christus, 1969; Simon Magus und die christliche Gnosis, 1974; Evangelium als Schicksal, 1979; Grundriß der Dogmengeschichte Bd. I, 1981.

Biedermann, Hermenegild M., OSA, geb. 1911. Promotion 1939, Habilitation 1948, o. Prof. an der Universität Würzburg für das Fach Theologie und Geschichte des christlichen Ostens, Emeritus seit 1977. Leiter des Ostkirchlichen Instituts der deutschen Augustiner, Würzburg; Herausgeber und Schriftleiter der Zeitschrift ,,Ostkirchliche Studien" (seit 1952) und der Monographienreihe ,,Das östliche Christentum" (seit 1950). *Veröffentlichungen u. a.:* Die Erlösung der Schöpfung beim Apostel Paulus; Der eschatologische Zug in der ostkirchlichen Frömmigkeit; Das Menschenbild bei Symeon dem Jüngeren dem Theologen; Aufsätze in Zeitschriften und Sammelwerken, v. a. zur Ostkirchenkunde.

Canévet, Mariette, Professorin an der Universität Straßburg. *Veröffentlichungen u. a.:* Grégoire de Nysse, in: Dictionnaire de Spiritualité VI, 971–1011, Paris 1967. Grégoire de Nysse et l'Hermeneutique Biblique. Études des Rapports entre la Langage et la Connaissance de Dieu, Paris 1983.

Gandillac, Maurice de, geb. 1906. Professor an der Sorbonne für Philosophie des Altertums, des Mittelalters und der Renaissance. *Veröffentlichungen u.a.:* Schriften über Cusanus, Dante, Plotin.

Führkötter, Adelgundis, geb. 1905. Studium der Philologie in Freiburg, München u. Berlin. 1933 Staatsexamen. 1953 Eintritt in die Benediktinerinnenabtei St. Hildegard in Rüdesheim-Eibingen. Ab 1950 Hildegardforschung in Zusammenarbeit mit Marianna Schrader. *Veröffentlichungen:* zus. mit M. Schrader: Die Echtheit des Schrifttums der heiligen Hildegard von Bingen. Quellenkrit. Untersuchungen, 1956; Hildegardis Scivias. Krit. Edition (zus. m. Angela Carlevaris), 1978; Übersetzungen: Hildegard von Bingen, Briefwechsel. 1965; Hildegard-Vita (aus d. 12. Jh.); 2. Aufl. 1980; zahlreiche Einzelbeiträge über Hildegard von Bingen.

Haas, Alois, geb. 1934. Studium der Germanistik, Philosophie und Geschichte in Zürich, Berlin, Paris, München. Promotion zum Dr. phil. 1963 in Zürich. Habilitation im Fachgebiet Germanistik 1969. 1969–1971 Associate Professor an der McGill University in Montreal. Ab 1971 außerordentlicher, ab 1974 ordentlicher Professor für deutsche Literaturgeschichte von den Anfängen bis 1700 in Zürich. 1978 Dr. theol. h. c. von der Theologischen Fakultät der Universität Freiburg i. Ue. *Veröffentlichungen u.a.:* Parzivals tumpheit bei Wolfram von Eschenbach, 1964; Nim din selbes war, Studien zur Lehre von der Selbsterkenntnis bei Meister Eckhart, Johannes Tauler und Heinrich Seuse, 1971; Meister Eckhart als normative Gestalt geistlichen Lebens, 1979; Sermo mysticus, Studien zu Theologie und Sprache der deutschen Mystik, 1979; Geistliches Mittelalter, 1984.

Hinricher, Sr. Gemma, geb. 1932, Studium der kath. Theologie und der Philosophie, Diplom der Theologie. 1959 Eintritt in das Karmeliterinnenkloster Bonn-Pützchen. 1964 Mitbegründerin des Karmel Heilig Blut in Dachau. 1970–1982 Priorin in Dachau. 1982 mit Schwestern aus Dachau Gründung des Karmel Regina Martyrum in Berlin, seither dort Priorin. *Veröffentlichungen:* Freundschaft mit Gott und den Menschen, Mainz 1982; Beiträge in verschiedenen Büchern und Zeitschriften zu Fragen der Spiritualität. 1982 Romano-Guardini-Preis.

Imhof, Paul, geb. 1949. Eintritt in den Jesuitenorden 1968; Philosophiestudium 1970–1972 Pullach/München, Theologiestudium 1974–1977 Frankfurt/M., Dipl. theol., Priesterweihe 1977; Dr. phil., Regensburg 1982; Wiss. Assistent bei Karl Rahner 1978–1984; Schriftleitung „Geist und Leben" seit 1981; seit Herbst 1982 Lehrbeauftragter für Fundamentaltheologie und Spiritualität an der Universität Innsbruck. *Veröffentlichungen:* Maria Theotokos bei Cyrill von Alexandrien, 1981; Zu einer Archäologie der Freiheit, 1982; Die Eucharistie der Einen Kirche, 1983; Bibliographie Karl Rahner 1974–1984.

Kuhlmann, Jürgen, geb. 1936. Studium der Philosophie und kath. Theologie an der Gregoriana in Rom, dort 1965 Promotion („Thomas von Aquin und Gregor Palamas als Dionysios-Erklärer"). Seit 1975 Berufsberater in Nürnberg. *Veröffentlichungen* zum Thema Pluralismus-Bewältigung, zuletzt: Wider die Arroganz der Apparate, 1984.

Mattes, Anton, geb. 1926. Studium der kath. Theologie in Eichstätt, Wien und Fribourg. Promotion Dr. theol. Wien 1964. Akademischer Direktor und Dozent für Christliche Spiritualität und Homiletik an der Katholischen Universität Eichstätt, Referent in Angeboten für Erwachsenenbildung. *Veröffentlichungen:* Mitarbeit in Predigt-Literatur. Beiträge in Werken und Zeitschriften über spirituelle Theologie.

Riehle, Wolfgang, geb. 1937, Studium der Anglistik und Germanistik in Tübingen, Durham/England und München, Promotion 1964 in München, Habilitation 1972 in München, Privatdozent München 1972, seit 1973 o. Prof. für Englische Philologie an der Universität Graz. *Veröffentlichungen u.a.:* Studien zur englischen Mystik des Mittelalters, 1977 (erweiterte englische Ausgabe: The Middle English Mystics, 1981); T. S. Eliot, 1979; Übersetzung der „Wolke des Nichtwissens", 1980; zahlreiche Beiträge in wissenschaftlichen Zeitschriften und Sammelbänden.

Ruhbach, Gerhard, geb. 1933. Studium der ev. Theologie und klassischen Philologie 1953–1958 in Bethel, Heidelberg und München; 1961 Ordination zum geistlichen Amt; seit 1958 wiss. Assistent an der Univerität Heidelberg, 1962 Promotion, 1966 Habilitation ebendort; seit 1967 o. Professor für Kirchen- und Dogmengeschichte an der kirchlichen Hochschule Bethel. *Veröffentlichungen u.a.:* Glaubensbekenntnisse für unsere Zeit, 1971; Kirchengeschichte, 1974; (Hrsg.) Meditation – Versuche, Wege, Erfahrungen, 1975; (Hrsg.) Glaube – Erfahrung – Meditation, 1977; (Hrsg.) Texte zur Kirchen- und Theologiegeschichte 1–28, 1966–1982

Schellenberger, Bernardin, geb. 1944, seit 1966 Mönch der Zisterzienser-(„Trappisten"-)Abtei Mariawald (Eifel). Studium der kath. Theologie in München, Salzburg, Freiburg/Brsg. 1972 Priesterweihe. *Veröffentlichungen:* Aufsätze und Bücher zum geistl. Leben und zur Spiritualität der Zisterzienser, z. B. Ein anderes Leben, 1980. Nacht leuchtet wie der Tag, 1981. Ein Lied, das nur die Liebe lehrt, 1981. Bernhard von Clairvaux, Gotteserfahrung und Weg in die Welt, 1982.

Schwarz, Reinhard, geb. 1929. studierte ev. Theologie in Berlin und Tübingen. Promotion Dr. theol. 1959, Tübingen; Habilitation für das Fach Kirchengeschichte 1966, ebenda. Mitarbeiter der Kommission zur Herausgabe der Werke Luthers seit 1953; o. Professor für Kirchengeschichte an der Universität München seit 1971. *Veröffentlichungen u.a.* Fides, spes und caritas beim jungen Luther unter besonderer Berücksichtigung der mittelalterlichen Tradition, 1962; Vorgeschichte der reformatorischen Bußtheologie, 1968; Die apokalyptische Theologie Thomas Müntzers und der Taboriten, 1977.

Six, Jean-François, geb. 1929. Studien in Lille und Paris (Sorbonne), Dr. theol., Dr. ès Lettres, Diplom de L'Ecole des Hautes Etudes. Professor am Grand Seminaire de la Mission de Nanci (1962) und am Institut Catholique de Paris (1967) für Fundamentaltheologie (Fragen des Unglaubens und des Glaubens heute). Hauptdelegierter der Assoziation „Menschenrechte und Solidarität". *Veröffentlichungen u.a.:* Correspondance Foucauld-Huvelin, 1957; Itinéraire spirituel de Charles de Foucauld, 1958; Du Syllabus au Dialogue, 1970; Thérèse de Lisieux au Carmel, 1973; Jésus, 1975; Les jeunes, l'avenir et la foi, 1977; L'incroyance et la foi ne sont pas ce qu'on croit, 1979; Vincent de Paul, 1981; Les Béatitudes aujourd'hui, 1984.

Špidlík, Tomáš, geb. 1919. Studium der Linguistik und der Philosophie, Brünn-Velehrad, Tschechoslowakei 1938–45; Theologie, Maastricht, Holland 1946–1950; Päpstliches Orientalisches Institut, Rom 1951–54; Promotion 1955. Seit dieser Zeit Professor der östlichen Spiritualität und Patristik an demselben Institut, an der Universität Gregoriana und am Teresianum, Rom. *Wichtigste Veröffentlichungen:* La spiritualité de l'Orient chrétien. Manuel systématique, Rom 1978; I grandi mistici russi, Rom 1977 (französisch Paris 1979); Spiritualität des östlichen Christentums, in E. von Ivánka – J. Tyciak – P. Wiertz, Handbuch der Ostkirchenkunde, Düsseldorf 1971, S. 483–502.

Spindler, Guntram, geb. 1940. Studium der ev. Theologie in Tübingen, Heidelberg, Edinburgh und Marburg, 1967 Assistent in Heidelberg, seit 1972 Gemeindepfarrer, seit 1983 Krankenhauspfarrer in Ostfildern-Ruit bei Stuttgart. *Veröffentlichungen:* Etwas Ganzes vom Evangelium, Friedrich Chr. Oetingers Heilige Philosophie, 1982; Oetinger und die Erkenntnislehre der Schulphilosophie des 18. Jahrhunderts, in: Pietismus und Neuzeit, Bd. 10, 1984 (im Druck).

Sudbrack, Josef, geb. 1925. Studium der Philosophie und kath. Theologie in München-Pullach, Frankfurt, Bonn; Promotion in Bonn, Habilitation in Innsbruck. Dozent für geistliche Theologie in Innsbruck; Visiting Professor in Cambridge, Mass., Harvard University; Redaktion der Zeitschrift „Geist und Leben": *Veröffentlichungen u.a.:* (Hrsg.) Große Gestalten christlicher Spiritualität, 1969; Beten ist menschlich, ^{2}1981; (Hrsg.) Das Mysterium und die Mystik, 1974; (Hrsg.) Zeugen christlicher Gotteserfahrung, 1981; Geistliche Führung, 1981; Auf Gott hinausgespannt. Der Weg des Meditierens, 1983; „Komm in den Garten meiner Seele". Einführung in die christliche Mystik, 1979; Teresa von Avila. Der Dienst des Betens (mit E. Münzebrock), 1983.

Wieland, Wolfgang, geb. 1943. Studium der kath. Theologie in Tübingen und Paris, Promotion Dr. theol. 1977. Seit 1976 Referent für theologische Erwachsenenbildung der Diözese Rottenburg-Stuttgart. *Veröffentlichungen:* Offenbarung bei Augustinus, 1978. Mehrere Seminarmodelle und Handreichungen für die theologische Erwachsenenbildung zu fundamentaltheologischen, ethischen und biblischen Themen.